Roosevelt & Lindbergh: Aqueles dias raivosos

1939 - 1941

Coleção Globo Livros

História

A Revolução de 1989, queda do império soviético, Victor Sebestyen
A história perdida de Eva Braun, Angela Lambert
O Expresso Berlim-Bagdá, Sean McMeekin
Napoleão, André Maurois
Diário de Berlim ocupada 1945-1948, Ruth Andreas-Friedrich
O conde Ciano, sombra de Mussolini, Ray Moseley
Churchill e três americanos em Londres, Lynne Olson
Declínio e queda do império otomano, Alan Palmer
Churchill, o jovem titã, Michael Shelden
Napoleão, a fuga de Elba, Norman Mackenzie
Depois da rainha Victoria, Edward VII, André Maurois
A vida de George F. Kennan, John Lewis Gaddis
Memórias do III Reich, Albert Speer
Lênin, Victor Sebestyen
Napoleão — A fuga de Elba, Norman MacKenzie
História secreta da rendição japonesa de 1945, Lester Brooks
Roosevelt & Lindbergh: Aqueles dias raivosos — 1939-1941, Lynne Olson

Lynne Olson

ROOSEVELT & LINDBERGH

AQUELES DIAS RAIVOSOS 1939 - 1941

Tradução

Joubert de Oliveira Brízida

GLOBO LIVROS

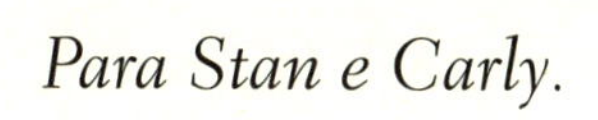

Para Stan e Carly.

Embora os historiadores tenham lidado com questões políticas, justiça não foi feita ao abrasador impacto pessoal daqueles dias raivosos.

–ARTHUR M. SCHLESINGER JR.

Em uma democracia, supõe-se que um político mantenha a orelha colada no chão. Espera-se também que cuide do bem-estar nacional e tente orientar o povo quando, em sua opinião, está meio perdido.

–JOHN F. KENNEDY

Pode-se sempre contar que os americanos farão a coisa certa — depois de tentarem tudo o mais.

–WINSTON CHURCHILL

Texto fixado conforme as regras do novo Acordo Ortográfico
da Língua Portuguesa (Decreto Legislativo nº 54, de 1995)

Título original: *Those Angry Days*
Roosevelt, Lindbergh and America's Fight
Over World War II*, 1939–1941*

Revisão: Ana Maria Barbosa e Daiane Cardoso
Capa: João Motta Jr.

1ª edição, 2022

CIP-BRASIL. CATALOGAÇÃO NA PUBLICAÇÃO
SINDICATO NACIONAL DOS EDITORES DE LIVROS, RJ

O62r

Olson, Lynne
Roosevelt & Lindbergh : aqueles dias raivosos (1939-1941) / Lynne Olson ; tradução Joubert de Oliveira Brízida. - 1. ed. - Rio de Janeiro : Globo Livros, 2022.
558 p. ; 23 cm.

Tradução de: Those angry days : Roosevelt, Lindbergh, and America's fight over World War II, 1939-1941
ISBN 978-65-5987-050-9

1. Roosevelt, Franklin D. (Franklin Delano), 1882-1945 - Visão política e social. 2. Lindbergh, Charles A. (Charles Augustus), 1902-1974 - Visão política e social. 3. Guerra Mundial, 1939-1945 - Estados Unidos. 4. Guerra Mundial, 1939-1945 - História diplomática. 5. Isolacionismo - Estados Unidos - História - Séc. XX. 6. Intervenção (Direito Internacional) - História - Séc. XX. 7. Estados Unidos - Política e governo - 1933-1945. 8. Estados Unidos - Relações Exteriores - 1933-1945. 9. Estados Unidos - Política militar. I. Brízida, Joubert de Oliveira. II. Título.

22-76659 CDD: 940.5310973
CDU: 94(100)"1939/1945"

Meri Gleice Rodrigues de Souza - Bibliotecária - CRB-7/6439

Direitos de edição em língua portuguesa
adquiridos por Editora Globo S.A.
Rua Marquês de Pombal, 25 — 20230-240 — Rio de Janeiro, RJ

www.globolivros.com.br

SUMÁRIO

INTRODUÇÃO

Em uma tranquila manhã de abril de 1939, Charles Lindbergh foi convidado à Casa Branca para uma conversa com Franklin D. Roosevelt, possivelmente a única pessoa na América que se igualava em fama com o presidente. As imagens dos dois tinham permanecido indelevelmente gravadas na consciência da nação por anos — Lindbergh, cujo voo solo atravessando o Atlântico em 1927, galvanizara e inspirara seus compatriotas; e Roosevelt, cuja liderança plena de energia e confiança ajudara a sacudir de volta à vida uma América atolada na Depressão.

Levado ao Gabinete Oval, Lindbergh encontrou FDR em sua escrivaninha. Era o primeiro encontro dos dois face a face, porém ninguém poderia imaginar que o fosse, a julgar pelo modo amável e familiar do presidente. Inclinando-se para a frente para apertar a mão de Lindbergh, Roosevelt ofereceu-lhe as boas-vindas como se tratasse de um velho amigo, indagando-lhe sobre a esposa, Anne, a qual, o presidente fez questão de ressaltar, fora colega de turma de sua filha Anna na escola secundária.

Com a cabeça um pouco jogada para trás e a marca registrada da piteira meio na vertical, Roosevelt transpirava charme, alegria de viver e a imbatível aparência de poder e comando. Durante a conversa de cerca de meia hora com Lindbergh, o presidente não deixou transparecer o menor indício dos graves problemas que lhe acossavam a mente.

Ele se encontrava, na verdade, em meio a uma das maiores crises de sua presidência. Europa à beira da guerra. No mês anterior, Hitler se apossara de toda a Tchecoslováquia, violando a promessa feita na Conferência de Munique, em 1938, de cessar a agressão contra outros países. Em reação,

Inglaterra e França prometeram ajuda à Polônia, a próxima na lista de vítimas da Alemanha, caso fosse invadida. As duas nações ocidentais, contudo, careciam desesperadamente de armas, situação que FDR tentava remediar. Mas ele estava num dilema. Em função das cláusulas de neutralidade da legislação aprovada pelo Congresso poucos anos antes, Inglaterra e França ficavam impedidas de adquirir armamento dos Estados Unidos. Como Roosevelt bem sabia, suas chances de persuadir a Câmara e o Senado a reconsiderarem o banimento das armas eram quase zero.

Porém nada falou a respeito com Lindbergh. Tampouco, no exercício de sua genial dissimulação, emitiu qualquer sinal da suspeita e desconfiança que alimentava a respeito do homem mais jovem sentado à sua frente. Cinco anos antes, Roosevelt e Lindbergh se engalfinharam naquilo que o escritor Gore Vidal chamou de "duelo mano a mano",[1] do qual o presidente saiu perdedor. FDR odiava perder, e suas lembranças do incidente de 1934 ainda doíam amargas.

A colisão se dera em virtude do cancelamento feito por Roosevelt do contrato de entregas aéreas garantido por seu antecessor, Herbert Hoover, às principais empresas aéreas do país. Alegando fraudes e subornos no processo contratual, Roosevelt determinou que o Corpo Aéreo do Exército americano operasse como correio aéreo. Lindbergh, que era assessor em uma das companhias, criticou FDR em público por impugnar os contratos sem dar às empresas a oportunidade de argumentar.

Menos de sete anos após seu histórico voo, Lindbergh, com seus 32 anos de idade, era a única pessoa capaz de competir com a popularidade nacional do presidente, então com 52 anos. Ambos tinham muitos outros aspectos em comum: eram determinados, teimosos, acreditavam piamente em sua própria superioridade e tinham o senso de terem sido abençoados com dom especial. Costumavam ter as coisas resolvidas ao modo deles, relutavam em reconhecer erros e não eram receptivos a críticas. Muito absorvidos em seus próprios pensamentos e problemas, e não orientados por emoção, insistiam manter sempre rédeas firmes. Um amigo e parente distante de FDR, certa vez, descreveu-o com "um traço de frieza em sua personalidade, como se fosse incapaz de sentir qualquer emoção".[2] Sobre Lindbergh, um biógrafo escreveu: "As pessoas que ele chamava de amigos eram, principalmente, companheiros de viagem e pessoas úteis para ele. Parecia tirar muito mais do que oferecer em termos de afeição e de cordialidade".[3]

O conflito entre FDR e Lindbergh rapidamente chegou às primeiras páginas dos jornais. Ele mesmo ex-piloto do correio aéreo, Lindbergh alertou que os aviadores do Corpo Aéreo não tinham experiência nem o tipo correto de instrumentos em seus aviões para enfrentar a arriscada tarefa de entregar encomendas e correspondências, que quase sempre envolvia voos em nevascas, chuvas pesadas e outras condições extremas de clima. Para desconforto do governo, sua avaliação comprovou-se acertada. Nos quatro meses em que os pilotos do exército cumpriram a missão, houve 66 acidentes, doze mortes e, observou um escritor, "tremenda humilhação"[4] para o Corpo Aéreo e a Casa Branca. Em 1º de junho de 1934, após apressadas negociações entre o governo e as companhias aéreas para o encontro de novos acordos de entregas, as empresas comerciais voltaram a funcionar como correio aéreo.

Pela primeira vez em seu ano e meio de presidência, FDR viu-se derrotado no tribunal da opinião pública. Segundo o historiador Arthur M. Schlesinger Jr., "a rixa fissurou o mito da invulnerabilidade de Roosevelt. Acelerou um pouco o ritmo da intensidade das críticas ao governo. [...] (a rixa) também identificou em Charles Lindbergh quem, possivelmente, tocasse mais os corações americanos do que qualquer outro, exceto Franklin Roosevelt".[5]

No ano seguinte, Lindbergh levou a família para morar na Inglaterra, depois na França. Nos três anos de Europa, ele fez diversas viagens à Alemanha nazista, onde inspecionou companhias aéreas e bases da força aérea — e deixou claro achar a força aérea alemã invencível, e que Inglaterra e França deviam apaziguar Hitler.

Agora ele voltara para casa, ostensivamente para trabalhar com o general Henry "Hap" Arnold, comandante do Corpo Aéreo, no sentido de criar o poder aéreo americano com a maior brevidade possível. Mas arquitetaria algo mais? A última coisa de que Roosevelt precisava era uma campanha para agitar a oposição pública à ideia de venda de armas para a Inglaterra e a França. Ele convidara Lindbergh à Casa Branca a fim de sondar o homem e tentar avaliar quanto problema poderia significar nos dias turbulentos que viriam.

Durante a sessão com Roosevelt, Lindbergh teve clara consciência de que o presidente o analisava meticulosamente. Escrevendo mais tarde em seu Diário, registrou: "Roosevelt avalia com rapidez o interlocutor e joga sagaz com ele". Apesar de achar FDR "um pouco suave demais, agradável demais, fácil demais", Lindbergh gostou do encontro. "Não há razão para antagonismo entre nós", observou. "A situação do correio aéreo é coisa do passado." Ele continuaria a trabalhar com o governo de modo a aprimorar as defesas aéreas da nação, porém, acrescentou, "tenho a sensação de que não será por muito tempo".[6]

Estava certo. No início de setembro, apenas cinco meses depois, Hitler invadiu a Polônia, e a Inglaterra e a França declararam guerra à Alemanha.

Fotógrafos em torno de Charles Lindbergh na saída da Casa Branca após encontro com o presidente Roosevelt em abril de 1939.

Na primavera seguinte, tropas alemãs varreram a Europa Ocidental derrotando a França e ameaçando a sobrevivência da Inglaterra. Líder e porta-voz oficioso do movimento isolacionista da América, Lindbergh emergiu como o mais ativo adversário de Franklin Roosevelt no que se tornou a batalha feroz e sem quartel pela alma da nação.

ATÉ MAIO DE 1940, A MAIORIA DOS AMERICANOS vinha assistindo à guerra na Europa como um filme — um drama que, embora interessante de acompanhar, nada tinha a ver com a vida deles. Mas o choque da *blitzkrieg* alemã demoliu tal crença. Forçou o país a se engalfinhar com duas questões cruciais: deveria ir em ajuda à Inglaterra, última esperança de liberdade na Europa? Ou ir mais além e entrar na guerra?

Nos dezoito meses seguintes, o debate sobre as duas perguntas ressoaria raivoso pela nação inteira, da Casa Branca às salas do Congresso, passando pelos bares, pelos salões de beleza, pelos escritórios, pelas salas de aula, nas maiores cidades e nos pequenos vilarejos. "A guerra estava em toda parte", lembra um historiador. "Como plano de fundo de tudo que se dissesse ou fizesse."[7] Milhões de americanos foram arrastados à grande discussão sabendo que, qualquer que fosse o resultado, a vida de todos seria muito afetada. Em jogo estava não só a sobrevivência da Inglaterra, mas a forma e o futuro dos Estados Unidos da América.

Que deveriam ser os Estados Unidos? País-fortaleza que se recusasse a sair da concha isolacionista, aferrado à fé de poder sobreviver e somente prosperar caso livre do emaranhado de compromissos estrangeiros? Os defensores dessa opinião batiam no que se seguiu à Primeira Guerra Mundial como prova de sua validade. Fôramos enganados, argumentavam, a nos lançarmos em auxílio à Inglaterra e à França em 1917, onde perdemos mais de 50 mil de nossos rapazes e fizemos aos Aliados empréstimos que jamais foram quitados. Supostamente, estávamos tornando o mundo mais seguro para a democracia, mas essa mesma democracia havia, de fato e covardemente, aberto o caminho para Adolf Hitler. Inglaterra, França e o restante da Europa Ocidental tinham, repetidas vezes, mostrado incapacidade de resolver as próprias desavenças. Se esses países não pararam Hitler quando podiam, por que iríamos nós agora de novo em socorro deles? Precisávamos nos preparar para lutar em defesa de nossa própria nação, não de ninguém mais.

De sua parte, os que advogavam a intervenção dos Estados Unidos diziam que a América não podia mais fugir à responsabilidade internacional: os tempos eram por demais desastrosos. A sobrevivência da Inglaterra era absolutamente essencial à nossa segurança e bem-estar. Se os ingleses caíssem e Hitler controlasse toda Europa, ele partiria para dominar a África e se infiltrar na América do Sul, representando então séria ameaça aos Estados Unidos. A América, afiançavam os intervencionistas, teria pouca chance de sobreviver como sociedade livre e democrática.

Outros partidários da intervenção frisavam aquilo que viam como obrigação moral da América em barrar Hitler — personificação do puro mal. Como poderíamos deixar de nos envolver, insistiam, enquanto a Alemanha nazista escravizava países soberanos, desencadeava fúria assassina contra judeus e ameaçava varrer a civilização ocidental tal como a conhecíamos?

As paixões deslanchadas no debate se revelaram tão altas quanto o que estava em jogo. O correspondente da CBS Eric Sevareid lembrou-se daquele período como "amargo" e "rancoroso".[8] Arthur Schlesinger disse que a contenda foi "o debate político mais selvagem de toda a minha vida." E acrescentou: "Já houve bom número de acirradas disputas nacionais — sobre o comunismo no fim dos anos 1940, sobre o macarthismo nos anos 1950, sobre o Vietnã nos anos 1960, mas nada que dividisse famílias e liquidasse amizades como aquela luta".[9]

Uma das famílias mais profundamente afetadas foi a da esposa de Lindbergh, Anne, cuja mãe era ostensivamente favorável ao envolvimento americano na guerra, e cujo cunhado, um galês chamado Aubrey Morgan, era um dos propagandistas de topo do governo inglês nos Estados Unidos. Enquanto Anne Morrow Lindbergh apoiava o marido em seu isolacionismo, sua irmã, Constance Morrow Morgan, trabalhava com o marido dela, em Nova York, tentando alinhar a opinião pública americana em favor de Winston Churchill e dos ingleses.

APESAR DE MOMENTOSA COMO FOI, a apaixonada batalha pré-guerra sobre o destino americano quase foi apagada da memória nacional. "Os sentimentos intensos e os conflitos penosos da ocasião acabaram engolidos pelos eventos que se seguiram a Pearl Harbor", observou Anne Lindbergh décadas depois. "Hoje em dia, dificilmente alguém dá muita atenção ao que outrora foi denominado 'o Grande Debate'."[10]

É certo que pouco se tem escrito que possa reviver aquele período repleto de tensões, tumultuado e vital na história dos Estados Unidos, com seus personagens vivazes e marcantes. "Embora os historiadores tenham lidado com questões políticas", escreveu Arthur Schlesinger, "não se fez justiça ao abrasivo impacto pessoal daqueles dias raivosos".[11] George Marshall, que se tornou Chefe do Estado-Maior do Exército no dia em que Hitler invadiu a Polônia, observou para o seu biógrafo: "As pessoas se esqueceram da grande hostilidade daquele tempo".[12]

Marshall, tal qual muitos outros em Washington, envolveu-se por inteiro na disputa. Ao longo de toda a controvérsia, a capital da nação foi ninho de intrigas e de rixas internas. No início de 1941, um debate agudo entre parlamentares isolacionistas e intervencionistas terminou numa indecorosa troca de socos no plenário da Câmara. No gramado em frente ao Capitólio, manifestantes jogaram uma corda por cima de um galho de uma árvore para o enforcamento do boneco de palha simulando a figura de um senador favorável à ajuda à Inglaterra. A esposa de um colunista de Washington defensor da ajuda, recebeu certa manhã um pacote dos correios. Ao abri-lo, viu um pequeno caixão contendo um esqueleto de papel. Pregado nele um rótulo: "Seu marido".

O alto escalão do governo Roosevelt, inclusive o Ministério, dividiu-se em dois sobre os rumos que o país deveria tomar. Bom número de oficiais de alta patente do Exército, da Marinha e do Corpo Aéreo se opunha veementemente a FDR e à sua proposta de ajuda aos ingleses. Convencidos de que a América deveria se manter distante da guerra, diversos deles trabalharam para sabotar as políticas de seu comandante supremo, vazando informações ultrassecretas a membros isolacionistas do Congresso, a Lindbergh e a outros membros-chave do movimento antiguerra. Pouco antes de Pearl Harbor, Hap Arnold, chefe do Estado-Maior do Corpo Aéreo, se viu implicado no vazamento de um dos segredos militares mais bem guardados do governo — o plano de contingência para uma guerra total contra a Alemanha.

O general Marshall diria mais tarde que subordinados o procuraram diversas vezes naquela ocasião solicitando-lhe que "tomasse ostensiva providência contrária ao governo".[13] Marshall, que acreditava verdadeiramente no controle civil sobre os militares, jamais o fez. Não obstante, seu papel na batalha pré-Pearl Harbor foi bem mais complexo do que aquele que comumente desempenhava. Concentrado em transformar um definhado Exército dos Estados Unidos em uma força poderosa, o homem que é de modo geral e com exatidão considerado a maior figura militar americana na Segunda Guerra Mundial era hostil à ideia de partilhar com os ingleses os poucos recursos militares modernos que a América então possuía. E até com 1941 bem avançado, ele não era favorável à entrada dos Estados Unidos na guerra. Apesar de jamais ter se rebelado em público contra as políticas de FDR, Marshall apoiou e protegeu os membros de sua equipe que o fizeram.

O presidente, enquanto isso, de modo algum se mostrou um observador distante do embate. Em setembro de 1939 disse a um assistente que aquela seria um "embate sujo."[14] A previsão foi correta, é evidente, e ele concorreu bastante para torná-la assim. Convicto de que os isolacionistas, particularmente Lindbergh, representavam ameaça importante ao próprio país, Roosevelt e seus seguidores, apoiados por uma operação sigilosa da inteligência britânica, embarcaram numa campanha para destruir credibilidades, influências e reputações. Como parte desse esforço, FDR autorizou investigações do FBI a respeito de seus oponentes políticos, tachados por porta-vozes do governo e por boa parte da imprensa como subversivos, quintas-colunas e até mesmo nazistas. Como forra, seus inimigos pintaram Roosevelt como o ditador que destruíra a liberdade de expressão na América e corria para a guerra sem consentimento do povo. Segundo Lindbergh, democracia "não existe hoje, nem em nosso próprio país".[15]

A imagem do presidente como sinistro "super-Maquiavel" que atirava a América na guerra por meios insidiosos e ilegais, não vingou. Nem a noção mais benevolente, apresentada por muitos historiadores, de que Roosevelt, sabendo perfeitamente bem que a América precisava entrar na guerra, porém contido pela forte opinião pública isolacionista até Pearl Harbor, não teve alternativa senão levar o país à beira da intervenção por métodos indiretos e, muitas vezes, duvidosos.

Na verdade, por volta de dezembro de 1941, o povo americano estava completamente informado sobre os prós e contras da entrada do país na guerra, e já fazia menos oposição a intervir do que aquela difundida. E está longe de óbvio que o próprio Roosevelt, por certo disposto a ajudar a Inglaterra, pretendia a entrada da América no conflito, pelo menos no sentido de enviar soldados. Com efeito, há ampla evidência, como registram os historiadores William Langer e S. Everett Gleason, de que o presidente, "horrorizado com a perspectiva de guerra, estava determinado a não poupar esforços para manter esta nação fora dela, e devotamente esperava, de uma maneira ou de outra, ser bem-sucedido".[16]

Apesar da liderança destemida de FDR nos primeiros anos de sua presidência e, de novo, depois que a América foi catapultada para a guerra, ele se manteve notavelmente cauteloso e hesitante nos dois anos que antecederam o ataque japonês contra solo americano. Eloquente e poderoso nas suas repetidas conclamações por ação para ajuda à Inglaterra e término da agressão alemã, ele, com frequência, procrastinou na hora de transformar palavras em ação. Intimidava-se com os parlamentares isolacionistas, cuja força tendia a exagerar e era avesso a desafiá-la.

George Marshall mais tarde lembrou que, de 1939 a 1941, duvidara da capacidade do presidente de liderar a América numa emergência nacional. Observando as rápidas e resolutas decisões de FDR logo após Pearl Harbor, Marshall finalmente concluíra que seu comandante supremo era, de fato, um líder. "Antes, eu não achava", disse o Chefe do Estado-Maior do Exército. "Ele não era claro nas decisões. Podia ser levado."[17]

O vazio de poder no topo da liderança foi preenchido, em grande medida, por diversos grupos de cidadãos comuns, que montaram campanhas — algumas das quais encorajadas na surdina pelo presidente — para informar e mobilizar a opinião pública americana em favor da intervenção. O trabalho dessas organizações, de acordo com destacado intervencionista, permitiu que Roosevelt se "movesse cautelosamente rumo à salvação de seu adormecido país".[18]

Um dos mais notáveis — e não muito exaltados — aspectos da batalha pela entrada dos Estados Unidos na guerra foi o crítico papel desempenhado pelos americanos comuns. Milhões de indivíduos, convencidos de que a sobrevivência do país estava em jogo, entraram no debate, o qual, malgrado iras e difamações, foi um autêntico exercício da democracia. Ativismo de raiz floresceu em toda a nação quando voluntários dos dois lados circularam petições, telefonaram para os vizinhos, promoveram publicidade e fizeram lobby junto aos seus congressistas.

Esses movimentos de cidadãos provocariam considerável impacto na política externa dos Estados Unidos e, por fim, no curso da própria guerra. Em Yale, universitários antiguerra — entre eles um futuro presidente dos Estados Unidos, o primeiro chefe do Corpo da Paz e um futuro juiz da Corte Suprema — fundaram o Comitê Primeiro a América, que rapidamente se tornou a mais influente organização isolacionista da nação. Grupos intervencionistas, por seu lado, foram bastante proativos na controvertida decisão governamental de enviar cinquenta contratorpedeiros velhos para a Inglaterra em troca do arrendamento à América de bases britânicas no Hemisfério Ocidental. Intervencionistas também ajudaram a persuadir Roosevelt a fazer decisivas mudanças em seu Gabinete, e elas foram capitais no convencimento de um Congresso altamente vacilante, no verão de 1940, a aprovar a primeira conscrição militar em tempo de paz.

Dois meses antes de a lei do recrutamento passar, uma coalizão de políticos amadores tomou conta de um partido republicano muito isolacionista e, numa das convenções mais excitantes da história americana, arquitetou a indicação, como candidato à presidência, de Wendell Willkie, um azarão intervencionista que anunciara sua candidatura apenas sete semanas antes. Embora Willkie viesse a ser o oponente mais forte que Roosevelt enfrentou em toda sua carreira política, o presidente considerou a indicação republicana uma "dádiva dos céus para o país"[19] porque retirava a guerra da agenda de campanha dos dois candidatos e sinalizava para o mundo que os líderes americanos de proa estavam unidos contra a agressão do Eixo.

Graças em parte a esses esforços de cidadãos comuns, o povo americano se conscientizou da necessidade de preparar-se, tanto militar quanto psicologicamente, para a guerra que espreitava no horizonte. Quando ocorreu o ataque a Pearl Harbor, as atitudes quanto à entrada ou não na guerra mudaram radicalmente. Segundo as pesquisas, substancial maioria da população dos Estados Unidos encarava agora a "derrota do nazismo" como "a maior tarefa com que se defrontava o país";[20] maioria semelhante preferia a entrada dos Estados Unidos na guerra à vitória da Alemanha sobre a Inglaterra.

Após todo o conflito amargo dos dois anos anteriores, a América estava, enfim, pronta para lutar por seu futuro.

AQUELES DIAS RAIVOSOS
1939-1941

1
UM GALAHAD MODERNO

O TÁXI PAROU EM FRENTE AO PRÉDIO DE ARTES e Indústrias do Smithsonian, e Charles Lindbergh desceu. Olhou por momentos para a construção estilo vitoriano do museu com suas torres em tijolos aparentes e coloridos, depois caminhou em torno de seu perímetro esperando encontrar uma porta. Não vendo nenhuma, retornou à entrada principal pensando como poderia se esgueirar entre os turistas sem ser reconhecido.

Já naquela época, evitar atenção pública se tornara tão natural para Lindbergh quanto respirar. Abaixou a cabeça, cobriu metade do rosto com um lenço, assoou o nariz e entrou desapercebido no museu. Uma vez lá dentro, caminhou rapidamente para a primeira sala à direita, que exibia trajes usados pelas primeiras-damas da nação, e parou ao lado do vestido de baile outrora pertencente a Martha Washington. Daquela posição tinha visão perfeita do *Spirit of St. Louis*, pendurado no teto do salão principal.

Era março de 1940, e a Europa estava em guerra. Lindbergh se encontrava no epicentro da batalha sobre o papel da América no conflito. Porém, por cerca de uma hora, fugiu do frenesi daquele agitado presente para se refugiar no passado. Deixando a imaginação tomar conta de sua mente, o louro e esguio aviador olhou fixamente para o *Spirit of St. Louis* suspenso por cabos acima da cabeça dos turistas, que se inclinavam para trás a fim de apreciá-lo. Lindbergh alimentava por longo tempo uma associação mística com aquele pequeno avião cor de prata. Quando ele pousou em Paris, em 21 de maio de 1927, ao fim do primeiro voo transatlântico solo na história, sua primeira reação foi protegê-lo das hordas de franceses excitados que corriam pelo campo para recepcioná-lo.

Para Lindbergh, o *Spirit* era "criatura viva", com a qual havia compartilhado uma experiência transcendente, e cuja lealdade a ele era inquestionável. Na sua cabeça, os dois estavam inseparavelmente ligados: ele sempre se referia ao avião e a si mesmo como "nós". (Com efeito, *We* [Nós, em português] foi o título dos primeiros dois livros que escreveu sobre o voo.) Mais de uma vez nos anos recentes, ele sonhara ter se infiltrado à noite no Smithsonian, cortado os cabos que amarravam o *Spirit* e decolado. Uma vez no ar — longe de sua vida tumultuada e complicada — era só alegria. Podia cavalgar pelo céu "como um deus [...] mergulhar sobre um pico; tocar uma nuvem; subir acima delas todas. Aquela hora era minha, livre da terra".[1]

Homem extraordinariamente racional e pragmático por natureza, ele surpreendeu pelo lirismo, até pela fantasia, quando mais tarde descreveu em seu diário a visita ao Smithsonian. Ressaltou a proximidade que sentiu com o manequim que representava Martha Washington enquanto os dois apreciavam juntos o *Spirit*: "Invejei muito a constante intimidade que ela desfrutava com o avião, antes privilégio meu".[2]

Foi quando, escreveu ele, duas mocinhas começaram a olhá-lo com insistência. Já estava familiarizado com aquele tipo de olhar. Seria ele mesmo? Não tardaria elas se aproximarem para verificar. Até aquela altura, fora uma visita maravilhosa: só ele, Martha e o *Spirit of St. Louis*. Determinado em guardar o encanto do momento, Lindbergh virou-se e saiu do prédio.

QUANDO O JOVEM LINDBERGH, COM SEUS 25 ANOS, aterrissou no aeroporto Le Bourget, em Paris, num anoitecer de 1927 já com a primavera bem avançada, havia muita coisa esperando por ele, observou sua esposa mais tarde: "Fama — Oportunidade — Riqueza, e também tragédia & solidão e frustração. [...] E ele tão inocente e inconsciente".[3] Diversas décadas após o voo, a filha de Lindbergh, Reeve, especulou: "Por vezes [...] imagino se ele teria voltado caso soubesse para que vida rumava".[4]

Embora seu voo tivesse despertado considerável atenção mesmo antes da decolagem, Lindbergh estava convencido de que qualquer fama que resultasse desapareceria rapidamente. Logo depois de chegar à França, ele entregou cartas de apresentação a Myron Herrick, embaixador dos Estados Unidos, inseguro até de que Herrick soubesse quem ele era. Não tinha a menor noção da notável reação internacional àquilo que havia

Charles Lindbergh e o *Spirit of St. Louis.*

sido, na essência, uma proeza — proeza que a imprensa e as pessoas, em especial na América, transformaram em algo infinitamente maior.

O *Evening World* de Nova York, por exemplo, fez a incrível declaração de que Lindbergh executara "a maior façanha de um homem solitário nos registros da história humana".[5] No dia seguinte ao voo, o normalmente comedido *New York Times*, sob uma enorme manchete — "Lindbergh conseguiu!" —, devotou toda a primeira página e mais quatro internas a histórias sobre o jovem piloto e seu triunfo.

Com o que sabemos agora, a razão para tão extraordinária reação ficou clara: a América, aproximando-se do fim de uma década marcada por cinismo, desilusão e apatia política, precisava desesperadamente de um herói. Como observou um historiador, Lindbergh tornou-se "um Galahad moderno para uma geração que renunciara a Galahads".[6]

Os anos 1920 na América foram tempos agitados, caracterizados por corrupção e fraudes no governo, *boom* espetacular no mercado de ações, o crime organizado em escala sem precedentes, a rebelião alastrada contra o convencional, a perda de ideais e a ênfase no "aproveite bastante". Tudo isso alimentou uma explosão de tabloides de circulação em massa, especializados em prodigiosas coberturas da última sensação nacional, fosse ela o julgamento de um assassino, uma luta de boxe de pesos-pesados, ou um resgate dramático, porém fracassado, de um homem perdido em uma caverna do Kentucky. Sob forte pressão da concorrência, os outros mais respeitáveis jornais, com maior frequência que o normal, seguiam a linha dos tabloides, da mesma forma que as revistas nacionais e um recém-chegado meio de massa chamado rádio.

No início de 1927, a imprensa insaciável de sempre voltara o foco para o prêmio de 25 mil dólares oferecido por Raymond Orteig, rico negociante nascido na França e que vivia em Manhattan, para quem realizasse o primeiro voo sem escalas de Nova York a Paris (ou vice-versa). Apesar de diversos pilotos já terem fracassado — e morrido — na tentativa, nova safra de aviadores anunciara planos de competir. A maioria era bem conhecida, com aviões caros e tecnologicamente avançados, grandes financiamentos de patrocinadores, e exércitos de auxiliares, inclusive assistentes cuja única tarefa era obter publicidade para a participação de seus patrões. E havia Lindbergh, desconhecido e virtualmente sem um tostão, piloto do correio aéreo de Minnesota, que reunira os fundos estritamente necessários de um grupo de empresários de St. Louis, para construir um simples e pequeno avião chamado *Spirit of St. Louis*, em homenagem aos seus patrocinadores.

Para os especialistas em aeronáutica, o avião de Lindbergh era mais que quixotesco: era suicida. Sem jamais ter sobrevoado grande extensão de água, o piloto teria de cruzar o Atlântico guiando-se pelas estrelas, método de navegação relativamente desconhecido por ele. Não levaria paraquedas ou rádio. Mais atrevido ainda, planejava fazer sozinho as mais de 33 horas de voo. Nunca se tentara tão perigosa jornada solo; conforme comentou um observador sagaz, nem Colombo navegara por si só. O Lloyd de Londres, que proporcionava seguro para virtualmente qualquer empreitada, recusou-se a fazê-lo para a aventura de Lindbergh. "Os avalistas acreditam que o risco é demasiadamente grande,"[7] declarou um porta-voz do Lloyd.

A América sempre adorou um azarão, em especial um polido, despretensioso, autodisciplinado e vistoso como Lindbergh — gritante contraste com os contrabandistas de bebidas, os gângsteres, os playboys, os banqueiros arrogantes, os jovens rebeldes e os funcionários corruptos do governo, que constituíam substancial parcela dos que frequentavam as grandes manchetes da época. Não surpreendeu que, quando ele decolou da pista escorregadia pela chuva do Aeródromo Roosevelt, em Long Island, bem cedo na manhã de 20 de maio de 1927, toda a nação acompanhou com ansiedade seu progresso. Jornais de todo o país tiveram edições extras, e as rádios boletins especiais. Durante luta de boxe valendo cinturão no Yankee Stadium, 40 mil presentes, incitados pelo locutor, levantaram-se e rezaram pelo jovem aviador. Na sua coluna jornalística de 21 de maio, o humorista Will Rogers escreveu: "Não farei piadas hoje. Um rapaz americano alto, magro, acanhado, sorridente está em algum lugar no meio do oceano Atlântico, onde antes nenhum ser humano se aventurou sozinho".[8]

Quando correu a notícia de Lindbergh ter conseguido, a América enlouqueceu. "Medimos heróis da mesma maneira como fazemos com a construção de navios, pela quantidade daquilo que deslocam", disse Charles Evans Hughes que logo seria juiz da Corte Suprema. "O coronel Lindbergh deslocou tudo."[9] O presidente Coolidge despachou um navio-capitânia de almirante para trazer Lindbergh e o *Spirit* de volta para casa. Em Washington, o presidente condecorou-o com a medalha de honra do Congresso e a cruz de distinção da Aeronáutica. Em Nova York, mais de 4 milhões de pessoas — 75% da população da cidade — abarrotaram as calçadas para assistir ao maior desfile com chuva de papel picado lançado das janelas já visto na história da metrópole. Poucos meses mais tarde, a revista *Time* selecionou Lindbergh para ser seu primeiro "Homem do Ano".

Depois do momentoso retorno, Lindbergh passou três meses visitando todos os 48 estados no *Spirit*. Trinta milhões foi a estimativa da quantidade de pessoas que se aglomeraram para ver aquele novo ídolo nacional, rotulado como "semideus"[10] por um jornalista; onde ele aparecia, multidões espremiam-se para se aproximar dele. Visivelmente desconfortável com toda a adulação, Lindbergh procurava tirar proveito da fama para aumentar o interesse público pela aviação comercial. Em vez de aceitar os milhões de dólares oferecidos para propagandear produtos ou aparecer em filmes, ele se tornou consultor técnico de duas companhias aéreas que davam os primeiros passos — a Pan American Airways e a TAT, que depois virou Transcontinental and Western Air (TWA). Trabalhando com as duas para ajudar na criação do serviço de passageiros, Lindbergh voou por todo o país e, mais tarde, pelo mundo, sondando possíveis rotas aéreas, testando aviões e desempenhando papel crucial na construção dos primeiros aeroportos modernos.

Por mais que tentasse, no entanto, aquele homem solitário e intensamente reservado se mostrava incapaz de recuperar a privacidade e de restaurar o equilíbrio em sua vida. Sua inata modéstia, acoplada com a recusa em capitalizar financeiramente a celebridade, só fez aumentar o apetite dos compatriotas por informações a seu respeito. "Com seu voo e, ainda mais, com sua reputação, ele provou que heroísmo pessoal, decência e dignidade ainda são possíveis no mundo",[11] escreveu Kenneth S. Davis, um biógrafo de Lindbergh. Os americanos não se dispunham a deixar esse modelo de perfeição em paz, muito menos a imprensa.

Aonde fosse, era imediatamente cercado. Estranhos se chegavam para apertar-lhe as mãos ou dar-lhe tapinhas nas costas, mulheres tentavam beijá-lo, aglomerados se formavam nos saguões dos hotéis e no lado de fora de restaurantes, esperando sua aparição. No piquenique ao qual compareceu com membros da sua unidade da guarda nacional em St. Louis, testemunhou, desgostoso, diversas jovens mulheres rastejando por baixo da corda de isolamento a fim de recolher sabugos de espigas de milho que ele acabara de mastigar.

O furor só aumentou quando, em maio de 1929, Lindbergh se casou com Anne Morrow, a tímida e bela filha do embaixador dos Estados Unidos no México, então com 22 anos. Os Lindberghs foram caçados em todos os cantos, pelo público e a imprensa, até mesmo na embarcação em que passavam a lua de mel ao largo do Maine, onde foram perseguidos por lanchas repletas de repórteres e fotógrafos. "Como criminosos ou amantes ilícitos, evitamos ser vistos juntos no mundo", escreveu mais tarde Anne Lindbergh, "e nos privamos dos prazeres corriqueiros de passear pelas ruas, de fazer compras ou turismo, de frequentar restaurantes".[12]

Retraído por temperamento, Lindbergh, surpreendentemente, não estava preparado para tudo aquilo. Filho único de um advogado e uma professora, moradores de uma pequena cidade de Minnesota, ("his schoolteacher wife"), ele levou a vida isolado e sem raízes desde a infância. Quando tinha quatro anos, seu pai, um homem austero, mas com viés populista, foi eleito para o Congresso e, durante os dez anos seguintes,

Charles viajou vezes sem conta entre Washington e a fazenda da família perto de Little Falls, Minnesota.

O matrimônio dos pais era muito infeliz, pontilhado de discussões violentas, e Charles reagia controlando rigidamente suas emoções e se escondendo em seu próprio mundinho isolado. Na escola, não tinha amigos, não participava dos esportes ou das atividades extracurriculares, permanecia calado na sala de aula e não namorava. Após o voo para Paris, seus companheiros de escola secundária, quando questionados pelos jornalistas, revelavam ter poucas lembranças ou nenhuma do colega.

Como um conhecido de Lindbergh observou mais tarde, seu feito histórico e o que se seguiu mergulharam-no "em águas que não entendia e em que não podia navegar".[13] Obstinado, rechaçou a ideia de que ele e a esposa eram pessoas públicas. Enquanto, de pronto, respondia

Anne Morrow Lindbergh com o filho recém-nascido, Charles Jr., que foi sequestrado e morto em março de 1932.

às perguntas dos repórteres sobre o voo e a aviação em geral, recusava abruptamente quaisquer questões sobre sua vida pessoal, não dava autógrafos nem posava para fotos. Sua teimosia apenas inflamava a curiosidade. "Por se manter distante", notou a *Time*, "mais histéricas ficaram as pessoas".[14]

Sendo assim, os Lindberghs viviam acossados, em reclusão forçada dentro da casa situada no meio de bosques próximos a Hopewell, Nova Jersey. Repórteres de jornais sensacionalistas vasculhavam o lixo da residência, furtavam a correspondência do casal e ofereciam suborno aos empregados em troca de nacos a respeito da vida privada deles. Um jornalista chegou a se oferecer para o trabalho de serviçal da casa, dando ao casal referências forjadas.

Foi quando, em 1º de março de 1932, o assédio deu lugar à tragédia: o filho de vinte meses dos Lindberghs, Charles Jr. — conhecido como Charlie — foi sequestrado de seu quarto de bebê enquanto os pais faziam refeição no andar de baixo. Dois meses mais tarde, o corpo do neném foi encontrado em um bosque perto da residência dos Lindberghs. H.L. Mencken considerou o sequestro a maior história "desde a Ressureição",[15] e o inusitado desvario da mídia que se seguiu ao sequestro pareceu provar a comparação.

Os desconsolados Lindberghs estavam convencidos de que os excessos da imprensa eram responsáveis pelo desaparecimento e assassinato do filho. "Não fosse a publicidade que nos cerca, talvez ainda o tivéssemos",[16] escreveu Anne amargamente em seu diário. Mesmo antes do funesto evento, Lindbergh aprendera a odiar os jornais de circulação de massa, vendo-os como "personificação da maldade, que deliberadamente incitou as multidões enlouquecidas".[17] Tal certeza só foi reforçada quando dois fotógrafos de noticiários invadiram a funerária em que estava o corpo do bebê, abriram o caixão e tiraram fotos dos restos mortais de Charlie.

O circo da mídia que envolvia o sequestro continuou por outros quatro anos, com milhões de palavras e fotos devotadas à prolongada investigação sobre o crime, a prisão, o julgamento e a condenação de um carpinteiro de origem alemã chamado Bruno Richard Hauptmann, bem como à execução final de Hauptmann em abril de 1936. Por grande parte desse período, os Lindberghs se refugiaram em Englewood, Nova Jersey, na propriedade da mãe viúva de Anne, Elizabeth Morrow.

Cinco meses após a morte de Charlie, nasceu o segundo filho do casal, Jon. Quando Hauptmann foi condenado, os Lindberghs receberam tantas cartas ameaçando a vida de Jon que guardas armados foram contratados para vigiar 24 horas por dia a residência dos Morrows. Diversos intrusos, inclusive um interno fugitivo de um hospital psiquiátrico, foram detidos nas proximidades da casa em várias ocasiões.

Poucos meses depois do julgamento de Hauptmann, o pequeno Jon, com três anos de idade, voltava para casa na companhia de um professor da pré-escola quando o carro em que viajavam foi forçado para fora da estrada por outro veículo. Diversos homens portando máquinas fotográficas usadas pela imprensa saltaram do outro automóvel, correram para o que conduzia Jon e foram tirando fotos com flashes do apavorado menino enquanto dele se aproximavam.

Em seguida a esse último ultraje cometido pela imprensa, Charles Lindbergh decidiu que sua família não tinha outra alternativa a não ser deixar os Estados Unidos. "Entre a [...] imprensa marrom e os criminosos, geram um modo de vida que é intolerável para nós",[18] ele escreveu à mãe. Poucos dias antes de partir, Lindbergh disse a um amigo próximo que "nós americanos somos um povo primitivo. Não temos disciplina. Nossos padrões morais são baixos. [...] Isso é demonstrado nos jornais, na curiosidade mórbida por crimes e por julgamentos de assassinos. Os americanos parecem ter pouco respeito pela lei, ou pelos direitos dos outros".[19] Não foi a primeira vez — nem a última — que ele equalizou sua situação pessoal com o corrente estado da democracia americana.

A morte do filho, acompanhada pelo odioso comportamento da mídia, deixou em Lindbergh a ferida psicológica que jamais cicatrizou. Reeve Lindbergh, que nasceu treze anos depois de seu irmão mais velho, lembrava que o pai nunca se referiu ao menino sequestrado. A dor, acreditava ela, era demais, insuportável. "Posso imaginar quanto aquele bebê significou para meu pai, que fora criado como filho único [...] aquele Charles, seu xará", escreveu. "Sei que a perda foi incomensurável e inexprimível."[20]

Certo dia, após pilotar um pequeno avião em meio a uma violenta tempestade, Lindbergh sorriu para a assustada esposa, que voava com ele e disse: "Você tem de confiar em mim". Depois, ficou sério: "Tenho fé em você", arrematou ele. "Só não tenho mais fé nenhuma na vida."[21]

Pouco antes da meia-noite de 21 de dezembro de 1935, os Lindberghs foram de carro a um cais deserto em Manhattan e subiram sorrateiramente a bordo de um cargueiro americano com destino à Inglaterra. Antes de zarpar, Lindbergh deu entrevista a um jornalista do *New York Times*, um dos poucos veículos de notícias que ele ainda respeitava. No dia seguinte à partida, o *Times*, numa reportagem que ocupou grande parte da primeira página, descreveu para seus leitores como "o homem que, oito anos atrás, foi exaltado como herói internacional [...] está levando sua esposa e filho para criar, se puder, num porto seguro para eles em terras estrangeiras".[22]

No interior do Reino Unido, os Lindberghs, de fato, encontraram a privacidade que procuravam. Por pouco mais de dois anos, alugaram Long Barn, uma casa em Kent, meio tortuosa e metade de madeira, cujos donos eram Harold Nicolson — membro do Parlamento, ex-diplomata e autor que escrevera biografia do pai de Anne, Dwight Morrow — e a esposa dele, a romancista Vita Sackville-West. Durante aquele período, nasceu o terceiro filho dos Lindberghs, Land.

Em seu diário, Anne registrou que os anos passados em Long Barn estavam entre os mais felizes de sua vida. Pela maior parte do tempo, a imprensa inglesa e as pessoas deixaram os Lindberghs em paz. Jon podia brincar nos extensos jardins em forma de terraços e explorar os alagados mais além sem um guarda armado a acompanhá-lo. Anne e Charles, enquanto isso, podiam dirigir pelo campo com "a maravilhosa sensação de liberdade, [sabendo] que podíamos parar em qualquer lugar, que não seríamos seguidos ou notados".[23]

No verão de 1938, os Lindberghs se mudaram de Long Barn para antiga mansão feita de pedra, na pequena ilha de Illiec, na costa da Bretanha francesa varrida pelo vento. "Jamais vi lugar em que gostaria tanto de viver",[24] registrou Lindbergh no seu diário. Consideravelmente mais isolada do que Kent, Illiec mostrou-se outro retiro para ele e a mulher.

APESAR DE A INGLATERRA E A FRANÇA poderem ser paraísos de tranquilidade para os Lindberghs, a segurança dos dois países se encontrava no mais grave risco àquele tempo. A Itália fascista e a Alemanha nazista estavam em pé de guerra, e o perigo de ela vir a eclodir se aproximava inexoravelmente. Dois meses antes de os Lindberghs navegarem para a Inglaterra, forças italianas invadiram a Abissínia, país do leste da África. Cinco meses depois disso, a Alemanha ocupou a Renânia desmilitarizada — flagrante violação do Tratado de Versalhes e provocação desafiadora para Inglaterra e França, seus principais adversários na Primeira Guerra Mundial. Nenhum dos dois países levantou um dedo sequer para barrar as incursões, tampouco a Liga das Nações, que desde sua criação em 1919 vinha fracassando consistentemente no confronto com agressores e na manutenção da paz. E como poderia ser de outra forma, se os Estados Unidos haviam recusado a filiação à Liga, a Alemanha dela se retirara depois que Hitler assumiu o poder, e seu membro principal, a Inglaterra, desmontara suas forças armadas tão logo a guerra terminou?

Quando Hitler anexou a Áustria, em março de 1938, e milhares de judeus austríacos foram presos e enviados para campos de concentração, os governos da Inglaterra e da França, mais uma vez, fingiram não ver. Contudo, a França não se acomodou tanto na ocasião em que o Führer fez sua vítima seguinte, a Tchecoslováquia: os franceses eram obrigados por tratado a prestar ajuda à Tchecoslováquia na eventualidade de desavença com a Alemanha.

Mas os ingleses não tinham assumido tal compromisso de tratado. Sabedor de quão pateticamente pequenas eram suas forças armadas, o primeiro-ministro inglês Neville Chamberlain mostrou-se disposto a ter boas relações com Hitler e a procurar uma solução pacífica para o problema tcheco. Após quatro anos de desanimado rearmamento (consistindo em sua maior parte no desenvolvimento e produção de aviões de caça), a Inglaterra ainda não tinha um exército digno desse nome, não produzia bombardeiros modernos e, virtualmente, não possuía estoque nenhum de suprimentos essenciais ou de matérias-primas. "Seria um crime enviar nossas forças além-mar a fim de lutar contra uma potência de primeira categoria",[25] informou o chefe do Estado-Maior Imperial ao primeiro-ministro.

No fim de setembro de 1938, Chamberlain e o presidente francês Édouard Daladier, em reunião com Hitler em Munique, abriram mão de parcela substancial da Tchecoslováquia — os Sudetos — junto com suas vitais fortificações e centros industriais importantes. Irado com a entrega, Winston Churchill, inimigo figadal da política de apaziguamento de Chamberlain, qualificou-a como "o mais grosseiro ato de traição tirânica desde Benedict Arnold".[26*]

A DESPEITO DO ANSEIO DE CHARLES LINDBERGH por privacidade, ele começou a desempenhar papel cada vez mais público durante aquele período. Foi convidado por funcionários ingleses, franceses e alemães a inspecionar suas fábricas de aviões e outras instalações aeronáuticas. O que viu o convenceu de que nem a Inglaterra nem a França tinham espírito ou capacidade para uma guerra moderna contra a Alemanha. E por ressaltar as deficiências francesas e inglesas em poder aéreo, bem

* General que combateu originalmente pela independência na Guerra Revolucionária Americana e, depois, se bandeou para o Exército inglês.(N.T.)

como por exagerar as façanhas alemãs, sem querer acabou ajudando a encorajar a capitulação para Hitler em Munique.

Como Lindbergh observou, o governo e o povo franceses estavam rachados por feudos e por facções, e suas cidades, em frangalhos. A corrupção política e a efervescência trabalhista eram endêmicas, como também a forte propensão à apatia e ao cinismo. Os ingleses, de seu lado, estavam ultrapassados, julgou Lindbergh: eles "jamais se ajustaram ao ritmo da era moderna. Sua mentalidade ainda era sintonizada na velocidade da navegação à vela, e não na do avião".[27] Escreveu no seu diário: "Não consigo ver futuro para este país.[28] [...] A aviação em grande parte acabou com a segurança do Canal, e a superioridade industrial [da Inglaterra] é coisa do passado".[29]

Embora agradecido à Inglaterra pelo porto seguro à sua família, ele se exasperava com o que via como mediocridade, ineficiência e complacência. Até mesmo o gosto dos ingleses pelo chá o irritava. "Toda a ideia a mim parece um tanto afeminada", registrou logo depois de chegar à Inglaterra. "É difícil explicar o porquê, salvo dizendo que cresci com essa noção. Eu achava que chá era apenas para mulheres da sociedade e 'janotas do Leste.'"[30] Mais tarde, escreveria: "É necessário entender que a Inglaterra é um país composto por grande massa de pessoas lentas, algo estúpidas e indiferentes, e por um pequeno grupo de gênios. É a estes últimos que ela deve o seu império e a sua reputação".[31]

Lindbergh, todavia, fez esses pronunciamentos sem realmente conhecer os ingleses. Na verdade, na maior parte da vida, Charles e Anne Lindbergh pouco interagiram com as pessoas comuns, situação que Anne lamentou em anos posteriores. Isolados como viviam em Long Barn, nos meados dos anos 1930, eles só se deram com um pequeno número de ingleses. Quando participavam de atividades sociais, normalmente era com pessoas das classes elevadas e dos círculos políticos — aristocratas, funcionários dos altos escalões do governo Chamberlain, membros da família real e empresários destacados — a maioria tendente ao apaziguamento e pró-Alemanha. Achavam que os alemães tinham sido muito mal tratados pelos Aliados depois da Primeira Guerra Mundial, e que uma Alemanha forte, nazista ou não, era contrapeso necessário para a União Soviética comunista. (Uma pessoa com quem Lindbergh, definitivamente, não confraternizou foi Winston Churchill, o qual mais tarde diria sobre seus compatriotas: "Os ingleses foram sempre o diacho dos maiores tolos no mundo. São muito indolentes no aprestamento [para a guerra]. Então, no último minuto, correm para todos os lados, apertam-se juntos de algum jeito e lutam como leões".[32]

Charles Lindbergh com um oficial alemão em Berlim. E *à direita*, o coronel Truman Smith, adido militar dos Estados Unidos na Alemanha.

Enquanto convicto de que os dias de glória da Inglaterra haviam acabado, Lindbergh tinha certeza de que os da Alemanha apenas começavam. A convite do coronel Truman Smith, adido militar americano em Berlim, ele passou considerável tempo na Alemanha, entre 1936 e 1938, coletando informações sobre a força aérea germânica.

Graduado em Yale e falando fluentemente alemão, Smith era destacado no Exército americano como especialista em Alemanha. Durante serviço anterior naquele país, no início dos anos 1920, ele fora o primeiro funcionário americano a entrevistar Adolf Hitler, então obscuro ativista político em Munique. Enquanto a maioria dos observadores estrangeiros naquela fase encarava Hitler como oportunista inconsequente, Smith acreditava que o futuro Führer, por ele qualificado como "fanático" e "maravilhoso demagogo",[33] havia sensibilizado o povo germânico ainda amargo e ressentido com a derrota de seu país na Grande Guerra. Smith estava convencido, e disse aos seus superiores que Hitler e seu recém-formado Partido Nacional Socialista "já eram perigo potencial, se não imediato, uma ameaça à república alemã".[34]

Reenviado a Berlim em 1935, Smith continuou acompanhando de perto a explosiva expansão das forças armadas alemãs, uma clara contravenção ao Tratado de Versalhes. Porém, enquanto coletava fatos e números relativamente atualizados sobre os efetivos do exército, armamentos e comandantes, ele pouco conhecia questões da aviação e carecia de boa inteligência sobre o crescimento igualmente maciço da Luftwaffe.

Smith achou que Hermann Göring, comandante da Luftwaffe, gostaria muito de exibir sua elogiada força aérea ao mundialmente famoso Charles Lindbergh. E era verdade. Quando Smith, em nome de Göring, pediu que Lindbergh fosse à Alemanha em 1936, adoçou o convite com a observação de que "a mais estrita censura seria imposta pelo Ministério da Aviação com respeito à sua visita".[35] (A promessa não foi integralmente cumprida; repórteres e fotógrafos tiveram permissão para fotografar Lindbergh e para comparecer aos seus eventos públicos na Alemanha, porém foram proibidos de entrevistá-lo.)

Durante a viagem, bem como em diversas visitas subsequentes, Göring e seus subordinados proporcionaram recepções efusivas a Lindbergh, revelando seus últimos modelos de bombardeiros e de caças, levando-o para giros por alvoraçados complexos industriais aeronáuticos em todo o país e realizando demonstrações de bombardeios de

Charles e Anne Lindbergh, em Berlim, com Hermann Göring, chefe da *Luftwaffe*.

mergulho e de precisão. Anos mais tarde, Anne reconheceria: "Não há dúvida de que Göring, com efeito, 'usou' [meu marido] para exibir sua produção aeronáutica, seguro de que as histórias sobre seu poder correriam o mundo e retardariam a oposição ao programa agressivo de Hitler".[36]

Em seus relatórios, repassados aos governos americano, inglês e francês, Lindbergh concluiu que os aviões militares alemães eram muito superiores em qualidade e quantidade aos de qualquer outro país europeu, ou, por sinal, aos dos Estados Unidos. Ademais, alertou, "a Alemanha possui agora os meios para destruir Londres, Paris e Praga, caso deseje fazê-lo. Inglaterra e França, juntas, não possuem aviões modernos de guerra o bastante para defesa eficaz ou contra-ataque".[37]

Mas havia sérias falhas nas descobertas de Lindbergh, como Truman Smith admitiu mais tarde. O aviador não sabia — e, em decorrência, os repórteres deixaram de mencionar — que a superioridade germânica no fim dos anos 1930 se centrava apenas na capacidade em apoiar forças alemãs terrestres em ataques limitados no continente europeu. A Luftwaffe não havia ainda desenvolvido bombardeiros de longo alcance com possibilidade de fazer incursões a Londres (ou qualquer outra cidade distante) a partir da Alemanha. De fato, Göring fora informado pelos subordinados, no fim de 1937, que nenhum dos bombardeiros ou caças da Luftwaffe poderia "operar eficazmente" sobre a Inglaterra. "Em função de nossos recursos atuais", disseram a Göring, "o máximo que podemos esperar é um efeito de inquietação. [...] Uma guerra de aniquilação contra a Inglaterra parece incxequível".[38]

A omissão de Lindbergh sobre esse ponto crucial serviu para apoiar a convicção — e o medo — do governo inglês e do povo "de que os bombardeiros sempre poderiam passar".[39] Por anos, os líderes dos altos cargos da Inglaterra alertaram seus compatriotas que, em qualquer guerra futura, bombardeios maciços dizimariam a nação em questão de dias.

Apesar de as sombrias avaliações do americano não terem sido fator importante para a decisão de Chamberlain de apaziguar Hitler em Munique, elas certamente robusteceram a crença do líder britânico de que o poderio aéreo alemão era proibitivamente forte e, assim, seria melhor dar a Hitler o que ele queria na Tchecoslováquia em vez de arrastar seu país a uma guerra para a qual ele estava despreparado. Os franceses, mais influenciados pelas observações de Lindbergh, chegaram à mesma conclusão. Pouco antes da conferência de Munique, o vice-chefe do Estado-Maior Geral francês declarou que se os Sudetos não fossem entregues a Hitler, "as cidades francess se transformariam em ruínas, [sem] meios para se defender".[40]

O adido militar britânico em Paris, claramente duvidando do relatório de Lindbergh, escreveu aos seus superiores: "O Führer encontrou no coronel Lindbergh um embaixador conveniente, que parece ter passado aos franceses uma impressão de poder e aprestamento [alemães] antes não possuídos".[41] Na opinião do coronel John Slessor, diretor de planejamento do Estado-Maior da aviação britânica, Lindbergh, apesar "de muito querido" e "transparentemente honesto e sincero", era "exemplo flagrante do efeito exercido pela propaganda germânica".[42] O aviador americano lhe dissera, registrou Slessor em seu diário, que "nossa única política sensata [era] evitar a guerra agora a qualquer custo".

As impressões de Lindbergh sobre o poder militar da Alemanha eram inquestionavelmente influenciadas por sua afinidade pessoal com os germânicos, claramente contrastante com seus sentimentos sobre ingleses e franceses. "Durante toda a sua vida ele se obrigara a depender da precisão absoluta e da especialização completa; nada podia ficar ao acaso", observou certa vez um amigo. "Tudo, em sua maneira de ver a vida, tinha que ser calculado e posto na ordem correta. Ele não tolerava nem entendia abordagem amadora para qualquer coisa."[43] Como Lindbergh analisava a situação no fim dos anos 1930, franceses e ingleses eram amadores em termos de aviação e de outras questões militares, ao passo que os alemães eram especialistas, cuja eficiência e atitude perfeccionista rivalizava com as dele. "Não posso deixar de gostar dos alemães", escreveu no seu diário em março de 1938. "Eles parecem [americanos]. Devíamos estar trabalhando com eles e não constantemente nos digladiando. Se lutarmos, nossos países apenas perderão seus melhores homens. Não ganharemos coisa alguma. [...] Isso não pode acontecer."[44]

Tanto ele quanto Anne, que o acompanhava nas viagens à Alemanha, admiravam bastante o que viam, creditando tudo à vitalidade do país, à sua juventude e entusiasmo, e bem como sua "recusa em admitir que alguma coisa era impossível ou qualquer obstáculo era demasiadamente difícil de sobrepujar"[45] — tão diferente do ânimo na França e na Inglaterra. A Alemanha lhes parecia próspera, organizada e efervescente, com "um senso festivo" e "nenhum de pobreza".[46]

O que Lindbergh mais apreciava em suas viagens, no entanto, era o respeito dos alemães por sua privacidade. "Por doze anos, senti pouca liberdade na [América], o país que, supostamente, exemplifica a liberdade", ponderou no seu diário. "Não sentia liberdade genuína até chegar à Europa.

O estranho é que, de todos os países europeus, descobri mais liberdade pessoal na Alemanha, depois na Inglaterra e, em seguida, na França".[47] Aparentemente, ele não levava em conta que, numa ditadura como o Terceiro Reich, que extinguira toda a dissidência e esmagara a oposição, nenhum alemão seria suficientemente idiota para violar a privacidade de um convidado oficial do Estado. A liberdade de Lindbergh, em outras palavras, custara a de outros.

O conhecimento e a compreensão que os Lindberghs tinham sobre a Alemanha eram, para colocar de forma branda, superficiais. Não tiveram oportunidade de avaliar o que realmente se passava no país; só viram o que os nazistas desejaram que vissem. Nenhum dos dois falava ou escrevia em alemão. Quase todos os seus contatos foram com funcionários ou militares alemães. Não se misturaram com as pessoas comuns e, por certo, não tiveram chance de testemunhar a perseguição cada vez mais cruel aos judeus.

Homem impassível que, virtualmente, simplificava cada problema que enfrentava e que jamais deu muita atenção às complexidades da natureza humana, Lindbergh, resolutamente, fechou os olhos ao que o colunista Walter Lippmann chamou de "o mal frio como gelo"[48] da ditadura de Hitler. Lindbergh escreveria mais tarde: "Eu partilhava a repulsa que as pessoas democráticas tinham pela demagogia de Hitler, pelas eleições controladas, pela polícia secreta. Ainda assim, sentia que estava presenciando na Alemanha, a despeito da rispidez de sua forma, a alternativa inevitável para o declínio".[49] A um amigo, observou que, enquanto o Führer era claramente um fanático, também era "sem dúvida um grande homem, e eu acreditava que ele havia feito muita coisa pelo povo alemão. [...] Conseguira resultados (bons e, também, ruins) que dificilmente seriam obtidos sem um certo fanatismo".[50]

Descrito por um jornalista como "homem hipersensível, mas insensível aos outros",[51] Lindbergh, de maneira semelhante, mostrou-se alienado na reação aos relatos da crescente selvageria dos nazistas contra os judeus. Quando tomou conhecimento da *Kristallnacht*, o brutal pogrom chefiado pela Gestapo em novembro de 1938, que resultou no assassinato de centenas de judeus alemães e no vandalismo e queima de inúmeras sinagogas, residências e negócios, tudo o que fez foi questionar a estupidez nazista. "Não entendo essas sublevações por parte dos germânicos", escreveu. "Elas parecem tão contrárias ao seu senso de ordem e inteligência em outros aspectos. Sem dúvida, eles têm tido um difícil problema judeu, mas qual a necessidade de tratá-lo de modo tão ilógico? Minha admiração pelos alemães vem sendo constantemente desapontada quando se choca com rochas como essa."[52] Especulando sobre os motivos da falta de empatia de Lindbergh com as vítimas de Hitler um conhecido comentou: "Talvez seja a distância que ele mantém por longo tempo das pessoas comuns que o incapacita de se enraivecer com o aviltamento que elas sofrem sob o fascismo".[53]

Desinteressado por questões morais, Lindbergh acreditava que a França e a Inglaterra não tinham nenhuma outra escolha a não ser chegar a acordos com a Alemanha, não importa quão intoleráveis seus termos fossem. "Se Inglaterra e Alemanha entrarem em outra guerra importante em lados opostos", declarou, "poderá ser o fim da civilização ocidental",[54] deixando a porta aberta para incursões da União Soviética e do comunismo.

Nos Estados Unidos, enquanto isso, as notícias sobre as visitas de Lindbergh ao Reich começaram a erodir a simpatia e a admiração por ele em grande parcela do povo americano. O autor teatral e crítico literário Wolcott Gibbs escreveu com acidez em *The New Yorker* que Lindbergh "tem, se é que algum homem jamais teve, singular motivo para odiar a democracia e admirar um sistema que pode proteger a privacidade com a mesma eficiência com que destrói a vida e a esperança".[55]

Quando Göring condecorou Lindbergh com uma medalha em 18 de outubro de 1938, apenas três semanas após o acordo de Munique, os ataques em casa voltaram a recrudescer. A cerimônia de condecoração teve lugar em recepção que precedeu jantar só para homens oferecido por Hugh Wilson, embaixador dos Estados Unidos na Alemanha, na própria embaixada americana em Berlim. Nem Lindbergh nem Wilson sabiam com antecedência sobre a medalha — a Cruz da Águia Germânica — que, segundo Göring, destinava-se a homenagear os serviços do aviador ao mundo da aeronáutica e comemorar seu histórico voo de 1927. Embora Lindbergh se mostrasse surpreso pela condecoração (um jovem oficial do exército americano postado próximo a ele o descreveu como "pasmo"[56]), não deu muita consideração ao evento. Sua esposa, no entanto, teve reação bem diferente. Quando Lindbergh e Truman Smith, também presente ao jantar, mostraram a Anne a medalha, mais tarde na mesma noite, ela a olhou por algum tempo e, sem rodeios, a apelidou "o albatroz".[57]

E, de fato, era. A outorga da medalha ocorrera apenas dias antes dos tumultos da *Kristallnacht*, que chocaram profundamente a opinião pública nos Estados Unidos. Nunca, desde a Primeira Guerra Mundial, os americanos haviam demonstrado tamanha aversão pela Alemanha, reportou o cônsul-geral alemão em Los Angeles. Hans Dieckhoff, embaixador alemão em Washington, telegrafou a Berlim: "Um furacão está passando por aqui".[58] Como reação aos atos dos nazistas, Roosevelt chamou de Berlim o embaixador Hugh Wilson e, em decorrência, Hitler fez o mesmo com Dieckhoff, de Washington.

Levando-se em conta o forte sentimento antigermânico nos Estados Unidos, não foi de admirar que as notícias sobre a medalha de Lindbergh levantassem enorme controvérsia. Àquela altura, o ostensivo desprezo de Lindbergh pela imprensa americana voltou a assombrá-lo. Por muito tempo ressentidos com o desdém em relação a eles, os jornalistas não só fizeram estardalhaço sobre a medalha como também, em alguns casos, inventaram detalhes para enodoar ainda mais sua reputação. A revista *Liberty*, por exemplo, publicou que Lindbergh voara para Berlim com o único intuito de receber a condecoração. Até o *New York Times*, tão simpático a ele no passado, erroneamente reportou que o aviador ostentara a medalha com orgulho durante toda a noite. Na realidade, Lindbergh nunca a usou.

"Nós bem sabemos que Charles nunca refutou qualquer coisa que os jornais publicam e sabemos também que muitas coisas ultrajantes foram impressas a seu respeito. Mas essa nos parece ser diferente", escreveu para Anne um parente distante. "Pela primeira vez, a situação posiciona Charles em certo lado, alinhando-o com algo que este país considera errado e ruim, e isso pode provocar ímpeto e encorajamento em qualquer homem mais fraco com tendências criminosas."[59]

Ignorando apelos dos amigos para colocar tudo em pratos limpos, Lindbergh repetidas vezes se recusou a dar sua versão do que havia ocorrido naquela noite. Como a revista *Life* sublinhou, "sua recusa em falar sobre a medalha deu destaque acima de toda a proporção à importância do evento".[60] De forma espantosa, Lindbergh insistiu pelo resto da vida que a aceitação da medalha jamais foi problema para ele. Em 1955, escreveu a Truman Smith dizendo que sempre encarou "o escarcéu a respeito como tempestade em copo d'água".[61]

Essa declaração simplesmente evidenciou a miopia política de Lindbergh. Na realidade, de 1938 em diante, o incidente sobre a medalha foi usado por seus críticos como bordão para espancá-lo. Destacado entre seus inimigos era Harold Ickes, durão e briguento ministro do Interior, amplamente conhecido pela língua ferina com que atacava os considerados adversários dele e de FDR. "Não posso ser tolerante com bobocas", disse Ickes certa vez a Roosevelt, "e há, no cômputo geral, bobões demais por todos os cantos".[62] Segundo T.H. Watkins, biógrafo de Ickes, "um mundo que não tivesse alguma coisa que o irritasse seria incompreensível para ele".[63]

Um decepcionado senador, que fora alvo de assalto verbal por parte de Ickes, o chamou de "inveterado rabugento aumentado pelo alto cargo que ocupa".[64] Para um colega de Ministério, Ickes era "o linha-dura de Washington".[65] Para outro, "o cão-mordedor do presidente". Encontrando-se com o rechonchudo Ickes e seus indefectíveis óculos em jantar da embaixada britânica, o secretário de Estado-assistente Adolf Berle recusou-se a apertar-lhe a mão, descrevendo o secretário mais tarde em seu diário como, "fundamentalmente, um piolho".[66]

Feroz belicoso, Ickes era também defensor ferrenho dos direitos e das liberdades civis. Como jovem advogado em Chicago, fora presidente da representação na cidade da Associação Nacional para o Progresso das Pessoas de Cor (NAACP). Como secretário do Interior, baniu qualquer segregação em seu departamento e foi responsável por conseguir um concerto de Marian Anderson, em 1939, no Lincoln Memorial, depois de a cantora negra ter sido impedida de se apresentar no Constitution Hall de Washington. Após a ascensão de Hitler ao poder, Ickes tornou-se ostensivo crítico da Alemanha e do tratamento por ela dispensado aos judeus.

A aceitação de Lindbergh da medalha germânica o colocou em alta prioridade na já entulhada lista de inimigos de Ickes. Pouco depois da Kristallnacht, durante discurso para uma plateia predominantemente judia em Cleveland, o secretário desancou Lindbergh por aceitar "condecoração das mãos de um brutal ditador, o qual, com as mesmas mãos, rouba e tortura milhares de seres humanos". Quem recebesse medalha da Alemanha, acrescentou, "automaticamente abjurava a prerrogativa de ser um cidadão americano".[67] A partir de então, Ickes passou a se jactar de ter sido "o primeiro homem na vida pública a criticar Lindbergh".[68]

Por meio de cartas e telegramas, amigos e familiares informaram aos Lindberghs que as plateias nos cinemas de Nova York e de outras cidades agora vaiavam sempre que imagens de Charles apareciam em noticiosos. Lindbergh, segundo o cunhado, Aubrey Morgan, transformara-se em "conveniente canal"[69] pelo qual o público americano podia extravasar sua crescente irritação com o que ocorria na Alemanha. "Você virou bode expiatório", escreveu Morgan a Lindbergh. "A mídia decerto vem exagerando para fazer de você o verdadeiro vilão e intrigante maquiavélico por trás dos cenários europeus."

Anne ficou muito abalada com os ataques ao marido, achando que eram totalmente injustos. Lindbergh, ao contrário, exibia o que a esposa considerava "sua despreocupação imutável e tolerante."[70] No diário, ela anotou: "O desprezo deles não o atinge, da mesma forma que os elogios do passado."[71] De fato, no início de abril de 1939, poucos meses após o incidente da medalha, Lindbergh de repente decidiu que ele e sua família deveriam retornar aos Estados Unidos, abrindo mão da privacidade e mergulhando de novo no redemoinho da celebridade, da qual haviam fugido mais de três anos antes.

Sua decisão foi tomada após Hitler ter ocupado toda a Tchecoslováquia em 15 de março de 1939. Pouco tempo mais tarde, Neville Chamberlain, finalmente percebendo a inutilidade da política de apaziguamento, anunciou à Câmara dos Comuns uma das mais dramáticas reviravoltas na política externa da história britânica moderna. A Inglaterra, declarou ele, iria em socorro da Polônia, amplamente reconhecida como a próxima vítima de Hitler, se ela fosse invadida. A França declarou compromisso semelhante.

Entendendo que a Europa estava às portas da guerra, Lindbergh concluiu que nada mais podia fazer no continente para evitar o conflito. Seu caminho, raciocinou, era de volta para casa. "Achei que podia exercer influência construtiva na América, tentando convencer seus cidadãos da necessidade de estrita neutralidade no caso da guerra", escreveu em seu diário. "Então, ao menos uma nação forte do Oeste restaria para proteger a civilização ocidental."[72]

2
FOMOS TOLOS

Quando o transatlântico *Aquitania* aportou em Nova York, 14 de abril de 1939, dezenas de repórteres e fotógrafos armaram cerco junto à cabine de Charles Lindbergh, acampando no corredor e esperando nas escadas que desciam para o cais. Inconformados com a recusa de Lindbergh em se encontrar com eles, um fotógrafo forçou a porta da cabine, tirou um instantâneo do assustado aviador e fugiu correndo. Poucos minutos depois, Lindbergh, cuja esposa e filhos chegariam mais tarde em outro navio, desceu rapidamente pela prancha, cercado por um grupo de policiais uniformizados. Jornalistas se acotovelavam à frente e atrás da comitiva, na tentativa nervosa de conseguir uma foto ou algum comentário do homem espremido no centro do grupo. "Eram no mínimo uns cem deles", escreveu Lindbergh no diário, "e as passarelas ficaram repletas de cacos de vidro do bulbo dos flashes que jogavam fora. Nunca tinha visto tantos, mesmo em 1927, penso eu. Foi a entrada bárbara num país civilizado".[1]

Dias antes, enquanto o *Aquitania* cruzava o Atlântico, Lindbergh trocara radiogramas com o general Henry "Hap" Arnold, pedindo uma reunião com ele logo que possível. No dia seguinte à chegada, os dois se encontraram sigilosamente em West Point. O segredo da reunião foi coisa tanto de Lindbergh quanto de Arnold: o general, registrou o biógrafo de Arnold, Murray Green, "pisava em ovos porque Lindbergh, àquela época, tornara-se palavrão na Casa Branca".[2]

O general Henry "Hap" Arnold, comandante do Corpo Aéreo do Exército dos Estados Unidos.

Por três horas, conversaram no almoço em um hotel próximo, cujo restaurante, por solicitação de Arnold, fora interditado para outros frequentadores. Quando o salão de refeições foi fechado a fim de ser preparado para o jantar, Lindbergh e Arnold continuaram a conversa na arquibancada do campo de beisebol de West Point, cercados por cadetes da academia. O comandante do Corpo Aéreo não dava a mínima para a controvérsia que envolvia Lindbergh. Nem se preocupava com as ramificações políticas causadas pelas visitas do aviador à Alemanha. Homem que "parecia correr atrás de problemas"[3] e que, como Lindbergh, vibrava com o perigo e com a aventura, Arnold, com 52 anos de idade, fora muitas vezes repreendido severamente por indisciplina. Pessoa independente, teimosa e sem tato, inclinada a criticar os superiores e desbordar a cadeia de comando com o intuito de conseguir o que desejava, o general chegou a ser ameaçado de corte marcial em ocasião passada de sua carreira, por fazer lobby sigiloso junto a membros do Congresso em apoio à legislação que desejava.

Quanto a Lindbergh, tudo o que Arnold queria era que ele proporcionasse ao Corpo Aéreo informações muito necessitadas sobre o tamanho e o poderio da Luftwaffe — dados que o próprio Arnold pedira ao aviador que coletasse, "como grande favor pessoal e ato de patriotismo".[4] Mais importante ainda, os dramáticos relatórios de Lindbergh sobre o poder aéreo alemão ajudaram a influenciar na decisão do presidente Roosevelt, apenas cinco meses antes, de determinar grande aumento na produção de aeronaves nos Estados Unidos. Para Arnold, disposto a organizar a mais poderosa força aérea do mundo, a proposta de FDR foi uma verdadeira Carta Magna militar.

Pioneiro e visionário, troncudo e de ombros largos, Arnold acalentava grandes sonhos sobre o futuro da aviação, àquela época ainda relativamente nova. Só 35 anos haviam decorrido desde que Orville e Wilbur Wright voaram pela primeira vez sobre as praias arenosas de Kitty Hawk, Carolina do Norte. Os irmãos Wright ensinaram Arnold a voar e ele se tornou um dos primeiros pilotos militares da América. Quando assumiu o comando do Corpo Aéreo, em 1938, a organização estava em estado lamentável — sombra esmaecida da poderosa Luftwaffe ou da britânica RAF. O próprio Arnold qualificou sua força como "praticamente inexistente".[5] Classificada em 20º lugar entre as forças aéreas do mundo e ainda sob controle do Exército, ela possuía poucas centenas de aviões de combate, muitos deles obsoletos, e efetivo menor que 19 mil oficiais e praças.

A partir de sua assunção do comando, Arnold foi tomado pela ideia de provar que o poder aéreo era superior a qualquer outro tipo de força singular. Era brusco e impaciente com funcionários de proa em Washington que não acreditavam na sua absoluta fé a respeito da dominação futura do Corpo Aéreo, e achavam que "nós, malditos aviadores, somos muito metidos e nos damos importância maior do que temos".[6]

Entre os céticos estava Roosevelt, amante dos mares, ex-subsecretário da Marinha e que sempre privilegiou a força naval. Na esteira do acordo de Munique, entretanto, os assessores do presidente o persuadiram de que a suposta supremacia aérea alemã significava não apenas ameaça importante para a segurança da Europa, mas também da América e do restante do mundo. Apesar de os relatórios sobre o poderio da Luftwaffe serem, inclusive os de Lindbergh, muito exagerados, eles convenceram Roosevelt, "pela primeira vez", nas palavras do memorando do Departamento da Guerra, "que a produção aeronáutica americana deveria ser muito estimulada com a máxima velocidade possível".[7]

Em 14 de novembro de 1938, o presidente determinou ao Exército que formulasse um plano bienal para a fabricação de 10 mil novos aviões, a maioria bombardeiros. Ficou seduzido pela noção de travar a guerra do ar, dizendo ao seu Gabinete que, assim, "custaria menos dinheiro, significaria, comparativamente, menos baixas e teria mais chances de sucesso do que a guerra tradicional".[8] E se ele vendesse boa parcela das novas aeronaves para Inglaterra e para França, tornando-as capazes de se defenderem da Alemanha, talvez a América evitasse ser sugada para o conflito que então ameaçava a Europa. Para Arnold, a ideia de despachar aviões muito necessitados por seu próprio Corpo Aéreo era anátema; no decorrer dos três anos seguintes, ele faria todo o possível para se opor à medida, chegando mesmo a se insubordinar.

Na sua perseguição da maior e melhor força aérea concebível, Arnold dispôs-se a utilizar o poder estelar de Lindbergh. Na reunião dos dois em West Point, ele pediu ao aviador que liderasse o esforço de acelerar o desenvolvimento de aviões americanos mais rápidos e mais sofisticados. Anuindo à solicitação de Arnold, Lindbergh, coronel da reserva do Exército, voltou ao serviço ativo poucos dias após seu retorno à América. Embora aguerrido advogado da neutralidade dos Estados Unidos, também estava firmemente convencido de que precisava fomentar a construção do poderio militar da América com a maior brevidade, a fim de que ela pudesse se defender adequadamente. Após diversas semanas de giros pelas fábricas de aviões do país e pelos centros de pesquisas aeronáuticas, Lindbergh concluiu que o potencial era "tremendo",[9] porém, na situação existente, era bem inferior ao da Alemanha. Mais uma vez, a pedido de Arnold, o aviador participou de comissão, que depois de breve estudo, fez recomendações vigorosas por um programa expandido e bastante acelerado de pesquisa, desevolvimento e produção aeronáutica.

Por uma causa como essa, Lindbergh — como Arnold esperara — não se incomodava em usar sua celebridade. Ele se transformou em homem de ponta e esclarecedor do Corpo Aéreo, envolvendo-se em incontáveis debates com membros do Congresso, burocratas, diplomatas, executivos da indústria, cientistas e engenheiros sobre o que precisava ser feito — e gastar — para fazer dos Estados Unidos o número um em poder aéreo.

LINDBERGH, QUE PASSARA UM ANO na Escola de Aviação do Exército no início dos anos 1920, gostou de voltar ao serviço militar ativo. Foi--lhe designado um gabinete do outro lado do vestíbulo, em frente ao de Arnold, no Edifício do Material Bélico, enorme estrutura no Washington National Mall, onde trabalhavam os militares do Exército e do Corpo Aéreo. Ao fim do expediente de cada dia, para evitar fotógrafos que pudessem estar à espreita na entrada principal, um assistente de Arnold escoltava Lindbergh até porta dos fundos, onde havia um táxi à espera.

Após apenas alguns dias em Washington, Lindbergh percebeu que muitos outros partilhavam seus sentimentos de alienação ao mundo exterior. Seus colegas de trabalho no Edifício do Material Bélico e em outras partes das forças singulares eram um bando combalido e desmoralizado, tratado como pária por seus compatriotas profundamente antiguerra e contra os militares. O povo americano não queria mais "tornar o mundo seguro para a democracia", como o presidente Woodrow Wilson prometera em 1917, quando os Estados Unidos entraram na Primeira Guerra Mundial. Nas palavras dos historiadores William Langer e S. Everett Gleason, "os americanos, antes convencidos, erroneamente, de que a guerra acertava tudo, estavam agora dispostos a endossar a falácia contrária de que a guerra não resolvia coisa alguma".[10]

Quando a Grande Guerra terminou, os americanos se apegaram à crença de que a América fora atraída a ela pela propaganda inglesa, pelos banqueiros americanos e por seus fabricantes de armamentos, que agiram em nome dos aliados europeus. Segundo pesquisa Gallup de 1937, 70% dos americanos consideravam um equívoco a entrada do país na guerra. E o nebuloso idealismo do período pré-Primeira Guerra Mundial deu lugar a um isolacionismo ferrenho e determinado, que rejeitava aceitar qualquer das responsabilidades inerentes à posição americana de potência econômica líder do mundo. Porta-voz do estado de espírito nacional, Ernest Hemingway escreveu em 1935: "Do caldo diabólico que se cozinha na Europa, nem uma gota precisamos. [...] Fomos tolos antes em nos deixar arrastar para uma guerra europeia, e nunca mais deveremos ser sugados".[11]

Nas cidades próximas às bases militares, não eram incomuns cartazes nas vitrines e portas de lojas alertando: "Fora cães e soldados". A atmosfera na capital do país era tão antimilitar que a maioria dos oficiais, inclusive Lindbergh, não andava uniformizada pelas ruas. Quando oficiais de alta patente prestavam depoimento ante comitês no Congresso, também compareciam em trajes civis, de modo a não provocar antagonismos no poderoso bloco isolacionista do Capitólio.

Carente por muito tempo de recursos financeiros alocados tanto pela Casa Branca quanto pelo Congresso, o Exército estava em 17º lugar entres os exércitos do mundo, apertado entre o de Portugal e o da Bulgária. Enquanto a Marinha era, de longe, a mais poderosa força singular (malgrado o fato de a maior parte de seus navios ser da Primeira Guerra Mundial), o Exército era, como ressaltou a *Life*, "a menor e pior equipada força armada de qualquer grande potência".[12] Com menos de 175 mil homens, estava em forma tão ruim que seria incapaz, como realçou um historiador militar, "de repelir incursões de bandoleiros mexicanos que cruzassem o rio Grande".[13] As armas eram tão escassas que apenas um terço dos soldados treinara com elas; e as existentes eram quase todas da Grande Guerra.

Limitados a solicitar apenas os menores acréscimos em seus orçamentos, os chefes militares do país estavam acostumados a ver até aqueles parcos adicionais cortados. Com a maioria dos americanos se opondo à própria ideia de rearmamento, a possibilidade era mínima de conseguir dinheiro para substituir as armas e equipamentos deteriorados, e muito menos para organizar força mecanizada moderna que se equiparasse ao poder da Alemanha ou de outros potenciais inimigos.

Ainda que todos os presidentes da era pós-Primeira Guerra Mundial tivessem mantido as forças armadas com rédeas curtas, Roosevelt tornou-se objeto de desconfiança e ódio particulares de parte dos altos escalões militares. "Apesar de Roosevelt ter defensores entre os oficiais, as opiniões variavam da aversão ao desdém e rancor por ele, em especial de parte da geração mais antiga",[14] observou o historiador Milton Goldin. Em grande parcela conservadores na sua visão política, muitos oficiais americanos acusavam FDR de ter enfraquecido a defesa nacional nos últimos seis anos, enquanto gastava bilhões de dólares naquilo que consideravam desperdício em programas domésticos que, no seu modo de ver, mimavam desempregados e pobres.

Bom número de militares também criticava FDR por seu crescente antagonismo à Alemanha. Embora condenando a brutalidade e repressão nazistas, eles, tal como Lindbergh, admiravam os feitos militares e econômicos alemães e sua evidente restauração do orgulho nacional. Muitos também tinham grande respeito pelo profissionalismo e pela capacitação do exército alemão, e nada viam de errado no grande crescimento da *Wehrmacht* nos anos 1920 e 1930 — expansão expressamente proibida pelo Tratado de Versalhes. Em 1934, o general Douglas MacArthur, então chefe do Estado-Maior do Exército, disse ao general Friedrich von Boetticher, adido militar alemão em Washington, que considerava o Tratado de Versalhes uma "grossa injustiça"[15] e que a Alemanha tinha todo o direito de ampliar seu exército.

Como muitos de seus compatriotas, larga porcentagem dos militares americanos acreditava que a Alemanha fora iniquamente tratada depois da Grande Guerra e que grande parte da culpa cabia à França e à Inglaterra. De fato, considerável quantidade de oficiais de altos postos era bem mais adversa aos antigos aliados do que ao ex-inimigo. Muitos julgavam que a América fora enganada pela Inglaterra e pela França para entrar na Grande Guerra, a qual, na opinião deles, não atendera aos interesses americanos, nem os havia promovido. Acreditavam piamente numa Fortaleza América e compartilhavam da rigorosa oposição de Lindbergh ao envolvimento noutra guerra europeia.

Quem pensasse nas forças armadas americanas, no fim dos anos 1930 e início dos anos 1940, como "incubadoras de prolíficas ninhadas de projetos militaristas para a guerra [...] ficaria muito surpreso com o forte elemento de isolacionismo e a ausência de militância em suas deliberações",[16] observou o historiador Forrest Pogue em sua biografia do general George Marshall. Como encarava o general Malin Craig, antecessor de Marshall como chefe do Estado-Maior do Exército, outra guerra "seria o fim da civilização".[17]

As opiniões antiguerra das figuras militares americanas de destaque eram fielmente transmitidas a Berlim por von Boetticher, que estabelecera contatos cerrados e amizade com diversos oficiais do alto comando do Exército americano. Homem de cultura, cuja mãe nascera na América e crescera na Inglaterra, o baixo e encorpado von Boetticher começou a cultivar relações com oficiais americanos nos anos 1920, como parte de sua tarefa de oficial de inteligência do exército alemão. Designado adido militar em Washington em 1933, alugou uma imponente mansão nos arredores da cada vez mais na moda Georgetown, onde recebia soberba e elegantemente. Em junho de 1938, por exemplo, deu uma festa nos jardins da mansão em homenagem ao filho de Hap Arnold, que seguia para a Escola Naval de Annapolis.

Von Boetticher conseguira certa reputação como historiador militar, e seu conhecimento da Guerra Civil Americana dava-lhe franco acesso aos círculos sociais militares e civis. Com efeito, a Escola Superior de Guerra do Exército americano o convidou em diversas ocasiões para proferir palestras aos estagiários a respeito das batalhas de Bull Run e de Chantilly. Entre os amigos de von Boetticher estava o editor de jornal da Virgínia e historiador Douglas Southall Freeman, autor da biografia em quatro volumes de Robert E. Lee, ganhadora do prêmio Pulitzer. Outro era o coronel George Patton, comandante de Fort Meyer no norte da Virgínia que, como o adido militar, era entusiasta da Guerra Civil, frequentemente acompanhando von Boetticher em excursões pelos campos de batalha próximos de Washington, onde os dois caminhavam horas debatendo as batalhas por lá ocorridas.

Graças às suas conexões estreitas com oficiais americanos dos altos escalões, von Boetticher tinha liberdade para viajar pelos Estados Unidos, visitando instalações de pesquisas, comandos regulares do Exército, complexos de produção aeronáutica, de armamentos e de outros equipamentos militares. Após um giro pelos fabricantes de aviões de todo o país no verão de 1939, ele relatou a Berlim: "Não há o menor indício de que [os Estados Unidos] se preparam para a guerra".[18]

Franklin Roosevelt, de sua parte, considerava aquela inércia um enorme erro. Desesperadamente, queria convencer seus concidadãos de que os Estados Unidos tinham de prestar ajuda à Inglaterra e à França se a guerra irrompesse na Europa, como tinha certeza que ia acontecer. Porém, até aquela altura, quase nada fizera para persuadi-los sobre a necessidade de ação. Como poderia fazer com que agora ouvissem?

ROOSEVELT, POIS, APROXIMAVA-SE DO FIM de seu segundo mandato. Quando assumiu a presidência em 1933, seu otimismo, sua eloquência e seu ativismo agressivo ajudaram a restaurar a esperança e a confiança em um país desmoralizado. No seu primeiro discurso de posse, comprometeu-se com a "ação agora" — promessa que cumpriu melhor do que qualquer expectativa. Por causa de Roosevelt e dos estonteantes programas internos lançados por seu governo, a vida dos americanos foi transformada, e o governo federal assumiu vastos novos poderes e autoridade.

Mas o presidente não mostrara a mesma determinação em sua política externa. Ao longo de sua carreira política, FDR oscilou de lá para cá entre o isolacionismo e o internacionalismo. Começara como defensor da cooperação internacional e segurança coletiva; no rescaldo da Primeira Guerra Mundial, apoiara Woodrow Wilson e a Liga das Nações. Mas era, sobretudo, um político consumado. Agudamente consciente de que a maioria dos americanos era contra a Liga, ajustou-se convenientemente à perspectiva popular. Quando concorreu à presidência em 1932, assegurou aos eleitores que se opunha à participação dos EUA na organização.

No decurso de todo o seu primeiro mandato e em grande parte do segundo, Roosevelt subordinou a política externa aos seus esforços para estimular a reforma econômica interna e o conserto dos estragos da Depressão. Só em 1939, seu governo começou a considerar o envolvimento na situação sombria europeia. Em meio à campanha presidencial de

O general Friedrich von Boetticher, adido militar alemão em Washington (à direita) e o coronel T. Nakamura, adido militar japonês (à esquerda), observam manobras do Exército no interior do estado de Nova York, um mês antes da deflagração da Segunda Guerra Mundial. O general americano Walter C. Short está no centro.

1936, Roosevelt declarara: "Escapamos dos compromissos que podem nos emaranhar em guerras estrangeiras. [...] Procuramos nos distanciar completamente da guerra".[19]

Igualmente disposto a manter os Estados Unidos fora de futuras guerras, em meados dos anos 1930 o Congresso passou a série das chamadas Leis da Neutralidade, que entre outras coisas, baniu a venda de armas americanas para países beligerantes e tornou ilegal o ingresso de cidadãos dos Estados Unidos nas forças armadas de países em guerra, ou a viagem deles em belonaves de tais nações. Enquanto Roosevelt apoiava a ideia de embargo de armas, também acreditava que apenas os países agressores deveriam ser proibidos de comprar material bélico, e que ele, como presidente, deveria ter autoridade para decidir quais dos beligerantes deveriam ser assim qualificados. Mas o Congresso recusou proporcionar-lhe tal autoridade, e ele, ante a perspectiva de obstrução parlamentar isolacionista, sancionou as leis.

Sendo assim, enquanto Hitler e Mussolini se preparavam para o embate, Roosevelt e seu governo se encontravam despidos do poder para suprir qualquer ajuda material futura aos países na lista prevista de vítimas dos ditadores. Os líderes do Eixo, enquanto isso, convenciam-se de que os Estados Unidos, naquilo que o historiador Richard Ketchum classificou como "quase patológico desejo de não se envolver nas disputas europeias",[20] permaneceriam quietos enquanto eles se apossavam de qualquer país que desejassem.

Em 1938, após Hitler ter anexado a Áustria, e depois feito o mesmo com os Sudetos da Tchecoslováquia, o governo Roosevelt deplorou as agressões (em particular, o presidente as chamava "banditismo armado"[21]) e instou por acordos pacíficos para as crises. Porém não se comprometeu nem deu assistência significativa à concretização de tais acordos. "É sempre melhor e mais seguro", observou com acidez Neville Chamberlain, "não contar com coisa alguma dos americanos que não sejam palavras".[22]

Após o Acordo de Munique, Roosevelt se convenceu de que o apaziguamento não levaria a lugar nenhum, de que a guerra logo viria e de que os Estados Unidos não escapariam incólumes, a despeito do que os isolacionistas clamassem. Mas temeu passar tal pensamento ao público americano. Quando Harold Ickes insistiu para que o fizesse, o presidente replicou que não acreditariam nele.

No seu mandato de presidente, Roosevelt, tão eficaz ao lidar com o povo em questões internas, jamais conseguiu tal sucesso em política externa. Como seu biógrafo, James MacGregor Burns, observou, "ele esperava que o povo fosse instruído pelos acontecimentos".[23] Aconteceu que o povo foi, mas não da maneira como o presidente desejava. Com ele fazendo pouca ou nenhuma tentativa para persuadir os americanos que era do maior interesse do país ajudar a barrar os ditadores, os horríveis acontecimentos na Europa apenas confirmaram a determinação geral em permanecer o máximo possível afastados daquele vespeiro.

Em decorrência, quando FDR tentou redirecionar a política externa americana, no início de 1939, para maior envolvimento na crise europeia, percebeu claramente que a opinião pública não o apoiaria. Convencido, àquela altura, de que o embargo de armas era um erro de proporções épicas, desejou que o Congresso ao menos o revisasse para que nações em guerra — quer dizer, Inglaterra e França — pudessem adquirir armas dos Estados Unidos, desde que pagassem em dólares e levassem o armamento em seus próprios navios. Mas não fez muita pressão por essa emenda. Em vez disso, foi persuadido pelo senador Key Pittman, o ineficiente e alcoólatra *chairman* do Comitê de Relações Exteriores do Senado, a abdicar da liderança presidencial e permanecer calado sobre o assunto enquanto o comitê debatia diversas medidas sobre neutralidade recém-apresentadas. O presidente e o secretário de Estado Cordell Hull "ansiavam por fazer o que pudessem para ajudar",[24] reportou para o Foreign Office inglês um funcionário da embaixada britânica em Washington, "mas estão obcecados com o risco de ir muito além do que pensa a opinião pública, perdendo assim o controle do Congresso".

Passaram-se semanas, depois meses, sem Pittman agendar as audiências; em consequência o comitê permanecia inerte. Quando o *chairman*, finalmente, se mexeu e anunciou que começaria a considerar as várias peças da legislação, os isolacionistas do Senado ameaçaram obstruir qualquer tentativa de "repelir ou emascular"[25] as existentes leis da neutralidade, e Pittman recaiu em seu normal estado de sonolência. Em maio de 1939, dois meses após a tomada de Hitler de toda a Tchecoslováquia, o democrata por Nevada informou o governo sobre outro adiamento do exame pelo Comitê para e revisão da Lei de Neutralidade, pretextando "que a situação europeia não parece merecer qualquer ação urgente".[26]

Mesmo consciente do absurdo dessa declaração, a Casa Branca não conseguiu convencer Pittman e seus colegas congressistas do contrário.

3
ONDE ESTÁ MEU MUNDO?

POUCO DEPOIS DE CHARLES LINDBERGH VOLTAR À AMÉRICA, a esposa e os seus dois filhos pequenos fizeram a própria viagem de retorno. Em carta para Anne pouco antes de ela deixar a França, Lindbergh informou--lhe que, devido ao enxame de jornalistas que o seguiam, não estaria no porto para aguardá-la. Também a instruiu a trancar a porta da cabine quando o navio atracasse em Nova York e cobrir ao máximo o rosto dos meninos para impedir fotos. Anne fez o que o marido pediu, para ira dos repórteres e fotógrafos que se amontaram junto à prancha de desembarque do transatlântico francês *Champlain*, quando ela e os filhos chegaram ao país.

Desde que pôs os pés em terras americanas, Anne Lindbergh sentiu-se uma estranha. Passara boa parte da vida em Nova York ou no seu entorno, mas o incessante brilho, agitação e barulho agora a desorientavam. Diferente da Europa, achou, Nova York não tinha "nada sólido, real e calmo".[1] Logo Anne sentiu falta desesperada de sua vida na França, "do senso de provar, tocar e saborear a existência enquanto ia".[2] Acima de tudo, saudade da paz e da segurança que a França — e, antes, a Inglaterra — proporcionara a ela e sua família. Anne, já então com 32 anos, foi tomada de um inquietante mau presságio sobre o futuro. E não era sensação nova. Desde o assassinato de Charlie, pressentia desastre logo à frente, e que "bem perto da superfície da bela, porém débil, camada de vida pacata, segura e pacífica, espreita o terrível, o insuportável".[3] Vivia, e acreditava mesmo, "num mundo

Anne Morrow na adolescência.

meio louco, onde nada podia ser considerado garantido e confiável, onde qualquer coisa podia acontecer".[4]

Mas outro receio, mais específico, superava o senso geral de catástrofe anunciada — a premonição de que os Estados Unidos estavam prestes a se partir em dois na questão da guerra na Europa. O país embarcava, na opinião de Anne, "num longo período de ódios, invejas e acepções falsas",[5] acrescentava. "Não vejo nessa situação lugar para mim [...] que não desejo luta, que não quero me impor — nem intelectual, nem espiritual, nem emocionalmente — a outro ser humano."[6] Apesar disso, cedo se veria no meio do "ódio e inveja" que tão acuradamente previra e temera.

GRAÇAS À GRANDE FORTUNA DO PAI, Anne Morrow Lindbergh cresceu em uma redoma de ouro, tão distanciada da realidade social e econômica da América do início do século XX quanto alguém poderia estar. Anos mais tarde, descreveria a si mesma e às duas irmãs como "belas adormecidas".[7] Havia, afirmou ela, uma "névoa de isolamento que permeou nossos anos iniciais, um indefinível senso de alheamento do mundo real".[8]

Um dos homens mais influentes na Wall Street dos anos 1920, Dwight Morrow foi parceiro antigo do empreendimento bancário de J.P. Morgan, o qual, na virada do século, emergira como o mais poderoso — e controverso — império financeiro do mundo. Diferentemente da maioria de seus colegas, Morrow jamais se sentiu por inteiro satisfeito com a vida de financista multimilionário. Formado por Amherst e insaciável leitor, ele se considerava um intelectual e alimentava sonhos de retornar ao ambiente acadêmico como professor. Mas seu anseio por dinheiro e influência — apetite partilhado pela enérgica esposa, Elizabeth — venceu quaisquer ideias de se refugiar na monástica e sóbria vida peculiar da intelectualidade, parca de recursos financeiros.

Os Morrows e as filhas viveram, em diversas ocasiões, em um espaçoso apartamento nas proximidades da Quinta Avenida, em Manhattan, e numa grande mansão georgiana com grande terreno em Englewood, Nova Jersey. Todo verão, viajavam para sua casa numa ilha ao largo do Maine; no inverno, passavam temporadas de algumas semanas em Nassau. Não era incomum Morrow escapulir com a família para a Europa, onde se encontrava com banqueiros e chefes de Estado, enquanto a esposa se encarregava do turismo das crianças.

Tímida, sensível e também inveterada leitora, Anne se sentia ofuscada pelas irmãs mais exuberantes. A mais velha, Elisabeth, era brilhante, loura e linda — "a beleza da festa", como Constance, a mais nova das três, costumava descrevê-la. "Os rapazes se ajoelhavam a seus pés."[9] Constance, por sua vez, era expansiva, alegre, amável e vista como a mais inteligente das Morrows — mais tarde, ela se graduaria *summa cum laude* pela Smith College.

Anne não deixava de destacar-se. Na escola para moças de Miss Chapin que frequentou em Nova York, Anne presidiu o diretório estudantil, foi capitã do time de hóquei na grama e muitas vezes contribuiu na revista literária da escola. Pequena e graciosa, olhos tristes e sorriso radiante, tinha um bom séquito de admiradores do sexo oposto.

No entanto, ninguém saberia de nada disso se lesse apenas seu diário ou as cartas daquele período. Convencida de que era um fracasso, "completo desastre para nossa família",[10] desculpava-se constantemente pelas deficiências de que tinha consciência e sentia-se, em especial, inferior à sua vistosa, exigente e dominadora mãe. Afiliada ativa dos clubes da moda, Elizabeth Morrow também era poetisa, autora de livros infantis, curadora da Smith College, faculdade em que estudou e foi reitora interina. "Ela carrega ação e vida para qualquer sala em que entra", registrou Anne em seu diário. "Eu só levo timidez, silêncio e inação, que se espalham como uma poça à minha volta onde eu esteja."[11]

Com toda sua insegurança e aparente conformismo, Anne Morrow ansiava por afirmar-se, libertar-se do círculo familiar rígido e coeso. Tentou resistir à vontade dos pais para que frequentasse a Smith, como a mãe e a irmã antes dela. No fim, porém, matriculou-se lá. "A corrente era forte demais para quebrar", observou Constance mais tarde. "Nenhuma de nós de fato tinha escolha."[12]

Ainda assim, foi na Smith que o evidente talento literário de Anne desabrochou e foi estimulado a florescer. Encorajada por Mina Kirstein Curtiss, sua professora de escrita criativa, ela contribuiu com poesias e ensaios para as publicações da faculdade e ganhou os prêmios mais destacados da Smith estilo literário. Vezes sem conta em seus versos, Anne manifestou o desejo de romper o casulo, descrevendo a si mesma em um de seus poemas como "quaker virginal de cabelo castanho" que sonhava ser "uma escarlate dançarina flamenca".[13]

Em dezembro de 1927, durante seu ano de veterana, Anne viajou à Cidade do México para passar o Natal com a família. Mais cedo naquele mesmo ano, seu pai fora nomeado embaixador americano no México por

Anne Morrow Lindbergh com a mãe Elizabeth Morrow.

seu grande amigo, o presidente Calvin Coolidge. Ao contrário dos recentes antecessores, que viam como suas obrigações principais trabalhar pelas companhias petrolíferas americanas, Dwight Morrow dispôs-se a melhorar a contenciosa relação entre os Estados Unidos e seu vizinho do sul. Para ajudar nessa meta, convidou o menino de ouro americano, Charles Lindbergh, a voar para a Cidade do México num giro de boa vizinhança e passar o Natal com a família Morrow. Lindbergh aceitou.

Embora ainda não soubesse, Anne estava a ponto de encontrar seu meio de escapar.

TINHAM SE PASSADO APENAS SETE MESES desde o voo histórico de Lindbergh, e ele estava no ápice da fama. Porém, com os Morrows no México o aviador se comportou mais como um colegial desajeitado do que como uma mimada celebridade internacional. Apesar de relaxado e confiante nos círculos aeronáuticos, "aquele recatado e calmo rapaz",[14] como Anne o pintou em seu diário, tinha pouco talento social quando interagia com estranhos, principalmente com as moças. Lindbergh era o solteiro mais cobiçado do mundo, contudo, até onde se sabia, jamais tivera uma namorada. Desconfiado e distante, encarava a conversa, escreveu Anne, "como uma transação comercial ou uma pílula do médico que tinha de engolir".[15]

Nada disso teve importância para a jovem Anne, com seus 21 anos, que quando lhe perguntaram na escola secundária qual era sua ambição de vida respondera sem pestanejar: "Quero me casar com um herói".[16] A despeito de toda a esquisitice e falta de sofisticação de Lindbergh, ela, como tantas mocinhas, estava enlouquecida por ele, mesmo antes de conhecê-lo. Poucos meses após seu primeiro encontro, Anne observou no diário: "O coronel L [...] é o último dos deuses. É inacreditável, e é revigorante acreditar no inacreditável".[17]

No outono de 1928, após a graduação de Anne na Smith College, Lindbergh renovou o contato com ela. Na primeira saída de namorados, ele a levou para um voo sobre Long Island. No ar, Lindbergh ficava tão relaxado e natural quanto era sem graça em terra, e os dois começaram a se abrir um para o outro. "Descobri que podia [...] dizer qualquer coisa para ele, que não tinha *nem um pouquinho* de medo dele e que nem a idolatria existia mais", exultou Anne em carta para Constance. "O deus nórdico havia desaparecido."[18] Ele confiou à namorada seus sonhos e esperanças no futuro da aviação; ela revelou-lhe a ambição de se tornar escritora. Menos de um mês depois, ficaram noivos.

Por trás da aparência de Anne, Lindbergh descobriu amor pela natureza, curiosidade e sede de aventura, características que casavam com as suas. Ela, de sua parte, "ganhou confiança, força e quase uma nova personalidade"[19] através da relação com Lindbergh. "O simples fato de me descobrir amada [...] mudou meu mundo, meus sentimentos sobre o mundo e sobre mim mesma", escreveu depois. "O homem com quem eu iria casar acreditava em mim e no que eu podia fazer. [...] Ele abriu a porta para a 'vida real' e, embora aquilo me assustasse, também me atraía. Tive de cruzá-la."[20]

No entanto, por mais apaixonada que estivesse, Anne tinha plena consciência desde o início das vastas diferenças entre os dois. "Ele não parece, realmente, tocar minha vida em nenhum lugar que seja",[21] anotou ela. "Tenho mais em comum com *qualquer* pessoa — a mais afastada das pessoas distantes — do que com ele."[22]

As diferenças começavam nos pais. Charles A. Lindbergh Sr., que faleceu em 1924, fora um parlamentar republicano radical populista, que devotara sua carreira política à campanha orientada para a quebra do poder e da influência da House of Morgan e de outros bancos de Wall Street, que chamava de "parasitas especulativos".[23] Apesar de não conviver muito com o pai, Lindbergh o admirava e respeitava bastante. Em muitos aspectos, os dois eram parecidos — em seus traços fisionômicos bem esculpidos, independência, teimosia, aversão por metrópoles e preferência pelos valores rurais e das pequenas cidades.

No fundo, Lindbergh era um moço do interior, enquanto Anne era urbana. Ele abandonara a faculdade, odiava escola, e raramente pegava um livro. Tendo crescido em uma família intelectualizada, ela valorizava a educação e a leitura. Quando, pela primeira vez, disse a ele que queria ser escritora, Lindbergh exclamou, atônito: "Você gosta de *escrever* livros? Eu gosto de *vivê-los*".[24] Ela era emotiva, sensível; ele, pragmático e, frequentemente, quase imune ao sentimento dos outros. "Ele é terrivelmente imaturo e rude em muitos detalhes", escreveu Anne a Elisabeth antes do casamento. "Por vezes é capaz de dizer alguma coisa terrivelmente chocante."[25]

Anne ficou caidinha por aquele "homem surpreendente, avassalador e extremamente determinado",[26] porém sabia muito bem, mesmo no estado sonhador em que se encontrava, que a vida em comum nunca seria fácil. Em carta a uma amiga, observou que "se você me escrever desejando-me a felicidade convencional, jamais a perdoarei. Não me augure felicidade

— não espero ser feliz; quero, de alguma forma, transcender isso. Deseje--me coragem, força e senso de humor — vou precisar disso tudo".[27]

DESDE O INÍCIO DO MATRIMÔNIO, Lindbergh fez de sua jovem esposa parceira em termos iguais do trabalho da vida dele — ou, pelo menos, assim pareceu. Depois de aprender a pilotar um avião, operar um rádio e navegar, ela se juntou às suas explorações aéreas, viajando por todo o mundo a fim de mapear possibilidades de aerovias para a nascente indústria de linhas aéreas. Ela adorava voar — a beleza e a aventura da atividade — porém, mais importante ainda, a liberdade que proporcionava a ela e a Charles. O céu passou a ser o único lugar em que podia estar a a sós com ele.

Apesar de sua vida parecer ter dado uma reviravolta completa, na verdade Anne apenas trocou um casulo por outro. Isolada dos contatos humanos normais pela constante pressão da fama de Lindbergh, foi orientada por ele a ser muito prudente em tudo o que dissesse, o que fizesse ou o que escrevesse. "O pior problema", disse ela a Constance, "é manter uma conversa polida e, ainda assim, não revelar *nada* pessoal, tendo a cada instante a consciência que tudo o que você diz [...] pode ser repetido e transformado em 'um artigo'."[28]

O que ela odiava acima de qualquer coisa era a total falta de privacidade. "Oh, isto é brutal", lamentou-se com a mãe. "Nunca podemos nos encontrar de improviso com gente ou com a vida. [...] É como nascer sem nariz ou deformado — todos na rua olham para você e voltam a olhar; sempre olham de novo — aquele segundo olhar, furtivo. [...] Como se fôssemos diversão pública, macacos de jaula."[29] Sempre que ela e Charles compareciam a festas ou outros eventos, disse Anne mais tarde a um entrevistador, os presentes perdiam imediatamente a naturalidade tão logo eles surgiam na entrada: "Pareciam congelar, como se tivéssemos cabeças de Medusa".[30]

O anseio de Anne de se tornar sua própria persona também morreu no nascedouro. Descobriu que havia trocado a forte influência da mãe pelo domínio do marido — um controle que aceitava externamente enquanto se rebelava no íntimo. Ao preservar seu afeto por românticos contos de fadas, escreveu mais tarde que havia visto em Lindbergh "um cavaleiro de armadura brilhante, com ela sendo seu devotado pajem. O papel de pajem viera naturalmente a meu encontro".[31] Todavia, com o passar dos anos, ela foi se ressentindo cada vez mais daquele papel, explodindo em determinada ocasião em seu diário: "Dane-se, dane-se, dane-se tudo isso! Estou cansada de ser a 'empregada do lorde' [...] a 'valorosa ajudante', uma sombra clara e boa no mundo de C. [...] Onde está o meu mundo, algum dia o encontrarei?"[32]

O assassinato do filho dos Lindberghs só aguçou as diferenças entre o casal. Ela ficou arrasada com a perda de Charlie, seu "alegre, nobre e confiante menininho".[33] Lindbergh também ficou abalado, porém, diferente de Anne, recusou-se a demonstrar dor. Detestava demonstrações ostensivas de emoção e repreendia Anne sempre que ela revelava angústia. Certo dia, durante a comoção provocada pelo julgamento de Hauptmann, ele lhe disse que ela era dominada demais pelos sentimentos e era, de fato "um fracasso".[34]

Mergulhada no desespero, Anne aprendeu a chorar sem emitir um som, a mostrar uma face indecifrável ao mundo. "Sinto-me inteiramente frustrada", amargou no diário. "Cercada por todos os lados e me chocando contra as paredes [...] não posso falar. Não posso chorar [...] Não posso sonhar. Tenho de controlar minha mente — tenho de controlar meu corpo — tenho de controlar minhas emoções. Tenho, pelo menos, de mostrar a C. aparência de calma".[35]

Anos mais tarde, Anne escreveria um romance intitulado *Dearly Beloved*, com personagens claramente inspirados nela mesma e em Charles. Sobre o casal supostamente fictício, escreveu: "Ela não o conhecia em absoluto. Oh, é claro que conhecia; acontece que ela não podia falar com ele; tinha outra linguagem: sentimentos, poesia, música. [...] Ele era professoral; ela escutava. E as preocupações dela, as falhas — ela nunca mais comentou. Simplesmente as escondia, como uma prova de aritmética péssima na escola. Ele não conseguia aguentar as deficiências dela. [...] E as desarmava com os potentes golpes de sua lógica. Bang, bang, bang com o bom e pesado martelo de seu cérebro. Pregada a suas falhas em definitivo".[36]

Sobre Charles, a filha mais velha dos Lindberghs, Anne, observaria: "Havia apenas duas maneiras de fazer as coisas — a do papai e a errada".[37] A irmã de Anne, Reeve, lembrava do pai como "o mais furiosamente intratável ser humano que conheci". Apesar de abençoado pelo humor, charme e "cortesia recatada", ele era também "um perfeccionista colérico, impaciente e dogmático [...] obcecado por suas próprias concepções e inquietações".[38]

Perto de um ataque de nervos em meados dos anos 1930, Anne Lindbergh começou, passo a passo, a encontrar um caminho que a distanciava da infelicidade, graças em parte a Harold Nicolson, biógrafo de Dwight Morrow. Dipomata inglês culto e muito preparado, que escrevera diversos romances e não-ficção reputados, Nicolson permaneceu na propriedade de Elizabeth Morrow, em Nova Jersey, enquanto pesquisava para a biografia do marido dela falecido em 1931. Lá, o escritor criou uma bela amizade com Anne, a quem, numa carta à esposa, descreveu: "tímida e retraída [...] com uma tragédia no canto da boca".[39]

Impressionado com um artigo da *National Geographic* escrito por Anne sobre um voo dela e de Charles em 1931 através do Canadá e do Alasca até o Japão e a China, Nicolson elogiou o estilo e encorajou-a a continuar escrevendo. Anne, exultante com o louvor e a aprovação de "alguma coisa dentro de mim [...] e que eu tentava ignorar com medo de me ferir",[40] transformou o artigo em livro. Em junho de 1935, a editora Harcourt Brace publicou *North to the Orient*, que granjeou aplausos quase universais por sua prosa lírica e se tornou um dos livros de não-ficção mais vendidos no país.

O sucesso animou Anne a começar um segundo livro, dessa vez sobre a jornada que o casal empreendeu em 1933 à Groenlândia, à Europa e à África. Desde o início, Lindbergh apoiou a atividade da esposa e a incentivou a buscar sucesso. Ao mesmo tempo, deixou bem claro que ele e suas necessidades tinham precedência sobre filhos e livros. Ela então passou a viver em constante conflito, irada e ressentida, mas "como fora criada para ser 'boa moça' e querer agradar a todos",[41] em geral acedia aos caprichos do marido. "Quem sou eu para dizer 'Não, quero minha vida própria?'"[42] — observou com melancolia.

No outono de 1935, todavia, ela se afirmou o suficiente para encontrar "um cantinho só seu",[43] o minúsculo apartamento em Manhattan que alugou como refúgio de paz que usar para seus escritos. Menos de dois meses depois, Lindbergh abruptamente a informou que decidira sobre a necessidade se mudarem para a Europa, a fim de se verem livres da imprensa intrometida; ela deveria estar pronta para partir no fim da semana — 24 horas após a tomada da decisão. Em 21 de dezembro, os Lindberghs partiram de navio para a Inglaterra.

ANNE TEMIA O TUMULTO DE OUTRA RUPTURA IMPORTANTE, escrevendo em seu diário que "toda a minha vida parece ocorrer em torno de tentativas de 'me estabelecer' enquanto C. me sacode do lugar".[44] Para seu deleite, no entanto, sentiu-se bem mais acomodada nos paraísos que ela e

Charles criaram na Inglaterra e na França do que em qualquer outro lugar em que viveram durante o casamento. Ela terminou o segundo livro, intitulado *Listen! The Wind*, em Long Barn, a casa do Kent rural que o casal alugou de Harold Nicolson e Vita Sackville-West. No fim de 1938, o trabalho foi publicado com generalizada aprovação — *The New Yorker* chamou-o "pequena obra de arte"[45] — e, a exemplo de *North to the Orient*, alcançou o topo da lista dos mais vendidos.

Até a residência temporária dos Lindberghs na Europa, Anne não demonstrara interesse pelas questões políticas e sociais que fervilhavam ao seu redor. Apenas quando Charles se envolveu no debate se Hitler deveria — ou poderia — ser ou não barrado, foi que ela começou a expressar seus pontos de vista, os quais, em sua maioria, eram repetição daqueles do marido. Em um jantar elegante em Paris, por exemplo, ela argumentou que os Aliados Ocidentais haviam sido tão injustos com a Alemanha no acordo de paz pós-Primeira Guerra Mundial que os alemães, compreensivelmente, se viram compelidos a violar o Tratado de Versalhes, a robustecer suas forças e a retomar território que tinham perdido. Para sua mãe, escreveu que Hitler "é um grande homem, muito grande, é como um inspirado líder religioso — e, sendo assim, meio fanático — mas não maquinador, não egoísta, não sedento de poder".[46]

Ao mesmo tempo, contudo, seus diários eram pontilhados de expressões de dúvida quanto à correção de tais pontos de vista, que diferiam tanto daquelas com que fora criada. Ao contário do pai de Lindbergh, que fora isolacionista ferrenho antes e durante a Primeira Guerra Mundial, os pais dela eram fervorosos adeptos do internacionalismo. "As conversas que ouvi à mesa de refeições da família", lembrava Anne mais tarde, "eram entusiastas dos Quatorze Pontos de Woodrow Wilson; do direito de "autodeterminação" das nações e de "uma nova ordem de paz mundial".[47]

Em outubro de 1938, ela declarou que "fora convertida por Charles aos fatos práticos e reais"[48] da vida política, mas também lamentava o uso do terror dos nazistas, "seu tratamento para com os judeus, seus modos de força bruta, sua estupidez, sua grosseria, sua arregimentação. Coisas que odeio tanto que custo a crer que a eficiência, a unidade e o espírito que derivem delas valham a pena".[49]

Depois que a Alemanha engoliu toda a Tchecoslováquia em março de 1939, ela escreveu em seu diário: "Desta vez vocês foram longe demais. Vocês estão errados. A Alemanha está se posicionando errado e no fim fracassará por isso. [...] Todas as nações terminam não honrando a palavra, mas os alemães deixam de cumpri-las tão logo elas saem de seus lábios".[50] Um mês depois, os Lindberghs retornaram aos Estados Unidos.

PARA ANNE, DEIXAR A EUROPA foi um sofrimento maior do que imaginara. Mais tarde, escreveria que não percebera "quão ligados à Europa" estavam seus planos, seus sonhos e suas esperanças para o futuro. "A Europa é a meca, o lar espiritual de muita coisa que amo".[51]

No entanto, a volta à América proporcionou um consolo: a reunião com a mãe e com o restante da família Morrow. Apesar de seus sentimentos conflitantes e rebeldes a respeito de Elizabeth Morrow, Anne permanecia muito apegada a ela. Convidados pela mãe, ela, Charles e as duas filhas foram morar na propriedade de Elizabeth em Nova Jersey enquanto procuravam casa.

Sempre houve certa dose de tensão entre a determinada Elizabeth Morrow e o seu genro igualmente dominador. Embora impressionada com os feitos e a fama dele, ela jamais achou Lindbergh suficientemente bom para a filha. "Lindbergh é, de fato, de um estrato social mais baixo", disse um amigo dos Morrows a Harold Nicolson, "e eles o tratam com polidez distanciada". Com efeito, acrescentou o amigo, o genro dos Morrows era "não mais do que um mecânico e que se não fosse pelo voo que o tornou o Águia Solitária ele hoje seria gerente de posto de gasolina nos arrabaldes de St. Louis".[52]

Porém não era apenas esnobismo social que alimentava a relação por vezes difícil entre Elizabeth Morrow e Lindbergh. Ela se incomodava com o que via como rigidez — sua insistência em que, por exemplo, as pessoas davam valor demasiado às ocasiões especiais, como datas de nascimentos, aniversários e matrimônios. Essas celebrações, ele acreditava, eram desnecessariamente sentimentais, e ele franzia o sobrolho para Anne ou para qualquer pessoa que delas participassem. Mas, sobretudo, Elizabeth desaprovava a maneira como Charles tratava a sua filha. "Charles é incapaz de entendê-la — a beleza de sua alma e de sua mente", escreveu certa vez. Achava que ele forçara Anne a adotar dupla identidade — a pessoa que ela realmente era e a que Charles queria que fosse. "Ele a ama, porém deseja *reformá-la* — encaixá-la em seu próprio e prático molde científico. Pobre Charles! Que castigo para ele!"[53]

Para desconsolo de Anne, a relação entre o marido e a mãe se deteriorou ainda mais quando os Lindberghs voltaram da Europa. Elizabeth, acreditava convictamente que os EUA tinham de dar ajuda à Inglaterra

Constance Morrow Morgan.

e à França, e discordava com veemência das opiniões isolacionistas de Lindbergh. Anne se viu acuada, mais uma vez em meio à "batalha eterna entre aquilo que tenho de ser para C., que tenho de ser para a mãe, e o que preciso ser para mim mesma".[54]

Ocorre que Elizabeth não era a única convicta intervencionista entre as pessoas próximas de Anne. Sua querida irmã mais nova, Constance, conhecida como "Con", casou-se com o galês que estava prestes a se tornar um dos porta-vozes do governo britânico nos Estados Unidos. Con, por sua vez, logo emergiria como parceira muito ativa naquele esforço.

A despeito dos sete anos de diferença de idade e de suas distintas personalidades, Anne e a pequenina loira Con sempre foram extraordinariamente unidas. Anne podia ter sentimentos ambivalentes — amor mesclado de inveja e um senso de inferioridade — sobre sua mãe e a irmã mais velha, mas jamais sentiu-se ambivalente quanto à afável e confiante Con, a única da família a cultivar uma relação relaxada e brincalhona com Lindbergh. "Ela provoca o aviador a respeito de seu complexo de fama", observou Harold Nicolson. "Ele apenas sorri para ela. Então ela arremata: 'Bem, coronel Lindbergh, não adianta usar o sorriso Lindbergh, famoso em dois continentes, para impressionar sua pequena cunhada. Não funciona'".[55]

Con era a pessoa a quem Anne confidenciava seus pensamentos e emoções mais íntimos. "Nos entendemos às mil maravilhas", escreveu ela em seu diário, realçando "o intenso prazer de conversar com ela sobre qualquer assunto".[56] Em carta a Lindbergh antes de casarem, Anne lamentou a dificuldade que tinha de expressar para ele exatamente o que sentia, acrescentando: "Você sente isso — essa barreira entre nós? Por que não consigo escrever para você como escrevo para Con?".[57]

Con e Anne tornaram-se ainda mais chegadas depois da morte, em 1934, da irmã Elisabeth, que sofria de problemas cardíacos desde a infância. Dois anos antes de falecer, Elisabeth desposara Aubrey Morgan, formado na Cambridge University e herdeiro da fortuna de uma loja de departamentos galesa. Brilhante, expansivo e preparado, Morgan se tornou um valioso membro da família Morrow e assim permaneceu mesmo após a morte de Elisabeth. Bom amigo de Anne e Charles, acompanhou Lindbergh em todos os dias do julgamento de Hauptmann. Quando o casal se mudou para a Inglaterra, ele viajou à frente para poder recepcioná-los e levá-los à privacidade da casa de sua família no País de Gales, onde Charles e Anne ficaram por várias semanas.

Elizabeth e Con Morrow se juntaram aos Lindberghs no País de Gales para uma curta visita. Lá, Con informou a Anne que ela e Aubrey estavam noivos. Espantada de início pela notícia, Anne chegou à conclusão, como escreveu no diário, de que "sim, está certo — certo para ela, certo para ele".[58] Homem que gostava de rir, Morgan foi descrito pelo amigo, o conhecido historiador inglês John Wheeler-Bennett, como "cordial, indômito e muito agradável, cheio de iniciativa e imaginação [...] que menospreza a afetação, oficial ou oficiosa".[59] Tal descrição também sumariza Con. Os dois gravitaram em torno um do outro no pesar pela morte de Elisabeth, e, ao longo do processo, se apaixonaram. Anos mais tarde, Reeve Lindbergh escreveria: "Embora muita gente considerasse romântica a história de Elisabeth e Aubrey, eu, de minha parte, jamais achei que falecer jovem concorre para a consolidação de um romance. [...] Já a história de Con e Aubrey, por outro lado — aí sim há romance!".[60]

Pouco depois do casamento da irmã, Anne escreveu a Con: "Que ótimo que C. e você, Aubrey e C., Aubrey e eu, você e eu, todos nos damos tão bem. [...] Isso vale para a segurança lá na frente".[61] O senso de segurança, porém, se desfez quase tão logo os Lindberghs voltaram para casa vindos da Europa. No verão de 1939, sir Robert Vansittart, pricipal assessor diplomático do governo britânico, privadamente convocou Aubrey Morgan e John Wheeler-Bennett para um papel relevante na campanha para convencer os americanos de que precisavam ir em socorro da Inglaterra na eventualidade de guerra — exatamente o que Charles Lindbergh estava determinado a evitar.

MESMO ANTES DE A GUERRA COMEÇAR, os ingleses tinham a nitidez de que não conseguiriam vencê-la sem ajuda dos Estados Unidos. Para conseguir tal ajuda, teriam de apelar não só ao governo do país mas também ao povo americano. Estavam cientes da formidável tarefa, dado o forte sentimento antibritânico entre os americanos.

De saída, havia vestígios de suspeita e antipatia contra a Inglaterra como a tirânica potência da qual os Estados Unidos arrancaram sua independência. "As relações anglo-americanas começaram num conflito,

Aubrey Morgan, cunhado de Anne e de Charles Lindbergh, um dos propagandistas-chefe da Inglaterra na América durante a Segunda Guerra Mundial.

e esse conflito nunca esteve muito abaixo da superfície",[62] comentou um diplomata inglês em Washington. O senador Burton Wheeler, que logo emergiria como mais influente legislador isolacionista na capital americana, lembrava de como, menino em um subúrbio de Boston, adorava assistir às reencenações das batalhas entre os insurretos americanos e os soldados ingleses a cada 4 de julho. "Nenhum colono em 1775 vibrou tanto quanto eu quando via um casaco-vermelho beijar a poeira", recordou-se Wheeler. "Havíamos assumido as tradições da Revolução, e eu ainda guardo certo rancor de John Bull."[63]

Nos primeiros anos do jovem país, os republicanos de Thomas Jefferson e seus sucessores, os democratas de Andrew Jackson, rotularam-se como populistas, em direta oposição às elites do Leste, as quais, na mente popular, eram muito cerradamente associadas aos esnobes ingleses e ao seu rígido sistema de classes. Virtualmente, cada movimento populista nos Estados Unidos desde aquela época trazia no bojo significativos traços de nativismo e antielitismo. No início dos anos 1900, Benjamin Tillman, destacado senador populista da Carolina do Sul, conhecido como "Pitchfork Ben" [Ben Forcado], gostava de bradar: "América para os americanos, e ao inferno com a Inglaterra e seus *tories*!".[64]

Ao longo de todo o fim do século XIX e já com o XX bem avançado, uma substancial parcela dos fazendeiros dos Estados Unidos culpava os cobiçosos investidores ingleses e os implacáveis banqueiros de Wall Street por seus muitos problemas econômicos, inclusive as excessivas tarifas do transporte ferroviário e a incapacidade de se obter crédito barato. Segundo um historiador, fazendeiros do Meio Oeste e das grandes planícies sentiam-se "vítimas pastoris inocentes de uma conspiração incubada nos departamentos de contabilidade de Nova York e Londres".[65]

As políticas imperialistas da Inglaterra também atraíram considerável fogo, com alguns críticos argumentando que a Inglaterra era bem pior em seu tratamento daqueles que colonizava do que a Alemanha nazista com os judeus e outros que subjugava. Um desses detratores era o senador D. Worth Clark, democrata isolacionista por Idaho, que declarou da tribuna do Senado em 1939: "Pintem-me uma imagem dos seis anos de perseguição contra judeus, católicos e protestantes na Alemanha, pintem com as cores mais vivas da maldade e da sangria, e eu pintarei para vocês um quadro dez vezes mais brutal, dez vezes mais selvagem, dez vezes mais sangrento dos anos de destruição, pilhagem, estupros e banhos de sangue ingleses na Irlanda".[66] Independentemente da hipérbole da declaração de Clark, não havia dúvida de que muitos irlandeses-americanos, se não sua maioria, eram hostis à Inglaterra, como também o era bom número de germano-americanos.

No fim dos anos 1930, um congressista irlandês-americano chamado Martin Sweeney propôs que os Estados Unidos adotassem novo hino, com a mesma música de "God Bless America" [Deus Salve a América, em tradução livre], mas com os seguintes versos:

> *God save America from British rule:*
> *Stand beside her and guide her*
> *From the schemers who would make her a fool.*
> *From Lexington to Yorktown,*
> *From bloodstained Valley Forge,*
> *God save America*
> *From a king named George.*[67,*]

Para falar a verdade, o governo inglês não ajudara sua causa nos Estados Unidos ao exercitar sua aparente e cega determinação de apaziguar tanto Hitler quanto Mussolini. A notícia sobre a entrega dos tchecos a Hitler, por Neville Chamberlain em Munique, foi recebida na América com espanto e fúria. Depois de uma viagem aos Estados Unidos, em dezembro de 1938, Anthony Eden, que renunciara ao cargo de ministro do Exterior mais cedo naquele mesmo ano, em função da política de apaziguamento de Chamberlain, realçou que o primeiro-ministro "perdeu totalmente a simpatia americana. Enquanto estive lá, a maior parte de meu tempo foi afirmando que Neville não era fascista".[68]

Poucos meses depois, Robert Bruce Lockhart, autor dos mais vendidos e ex-diplomata inglês, testemunhou por si mesmo o que classificou como "a melodramática e quase histérica atitude dos americanos em relação à Inglaterra".[69] Durante um giro de palestras pelos Estados Unidos, que durou três meses, ele encontrou um intenso sentimento antinazista, porém, para sua surpresa, descobriu que a "crítica ao governo britânico era ainda mais amarga".[70] Em determinada cidade, viu mulheres usando na lapela dos vestidos pequenos guarda-chuvas de fustão branco — zombaria ao guarda-chuva, a marca registrada de Chamberlain, que passara a simbolizar o apaziguamento.

* Deus salve a América do domínio da Inglaterra:/ Fique ao seu lado e a afaste/ Dos oportunistas que zombariam dela./ De Lexington a Yorktown,/Do ensanguentado Valley Forge,/Deus salve a America/De um rei chamado George. (N. E.)

Era essencial os ingleses agirem rapidamente para combater tal hostilidade e raiva, mas eles avançaram com extrema cautela. Boa parte do antagonismo americano em relação à Inglaterra no fim dos anos 1930 derivava da sofisticada — e bem-sucedida — campanha britânica, cerca de vinte anos antes, a fim de arrastar a América para a Primeira Guerra Mundial. Muitos americanos passaram a acreditar que seu país entrou na guerra não porque seus interesses nacionais assim o exigiam, e sim porque fora iludido pelos articuladores e dúbios ingleses. E estavam determinados a não se deixar enganar de novo.

"CUIDADO COM A SERPENTE INGLESA!",[71] alertavam em letras garrafais os cartazes pendurados nas paredes dos prédios em Chicago e em outras cidades do Meio-Oeste nos últimos meses de 1939. Mais abaixo, a explicação: "Uma vez mais a *boa constrictor* — a Pérfida Albion — rasteja pelo cenário americano cuspindo suas oleosas mentiras".

Ingleses famosos, como Bruce Lockhart, que percorreram o país fazendo palestras, foram alvos de muitas raiva e suspeita. Ao chegar a São Francisco, Duff Cooper, que também renunciara ao cargo de Primeiro Lorde do Almirantado em protesto contra o Acordo de Munique, foi recebido por incontroláveis manifestantes acenando grandes pirulitos de papelão com o slogan "Não chupe propaganda inglesa". Depois de seu próprio giro, o crítico literário inglês William Empson escreveu com tristeza: "Houve ocasiões em que tive certeza de que, se eu plantasse uma bananeira e cantasse 'Three Blind Mice' [Três Ratinhos Cegos, em tradução livre], [meus anfitriões americanos] especulariam sobre o porquê de o governo inglês me pagar para fazer *aquilo*".[72]

Bem consciente da má vontade americana, o governo britânico proibira qualquer propaganda adicional oficial ou campanhas especiais por ajuda nos Estados Unidos. O único remanescente de seu esforço na Primeira Guerra Mundial era um pequeno escritório de imprensa, conhecido como Biblioteca Britânica de Informação, que continuava a funcionar, embora devagar, em Nova York. Sem o conhecimento de seus superiores no Foreign Office, sir Robert Vansittart, que vinha sendo uma das figuras mais vocais antiapaziguamento no governo britânico, decidira transformar a pequena biblioteca em unidade de inteligência da imprensa, cuja primeira tarefa seria monitorar de perto a opinião pública americana com o objetivo de, no futuro, tentar influenciá-la. Para tanto, ele precisava de ingleses que não só conhecessem os Estados Unidos como também se dessem bem com os americanos e tivessem condições de manejar opiniões.

Da perspectiva de Vansittart, o cunhado de Lindbergh, Aubrey Morgan, satisfazia esses pré-requisitos. Bem como John Wheeler-Bennett. Herdeiro da fortuna do pai, rico importador londrino, o gregário Wheeler-Bennett viveu na Alemanha no início dos anos 1930, onde testemunhara a ascensão de Hitler, escrevera diversos livros sobre diplomacia e, sendo arraigado antinazista, escapou por pouco de ser preso pela Gestapo. Logo depois, tornou-se palestrante sobre relações internacionais em Oxford e, mais tarde, na Universidade da Virgínia.

A avó por parte de mãe de Wheeler-Bennett era da Virgínia, e ele, desde criança, se enamorara dos EUA, em particular do Sul. Parente remoto de A.P. Hill, distinto general confederado, ele se tornou especialista em Guerra Civil Americana e passava longos períodos a cada ano ensinando em Charlottesville. Seus estudantes na universidade incluíam o filho do presidente, Franklin D. Roosevelt Jr., que, em janeiro de 1939, o convidou para um fim de semana na Casa Branca, onde FDR conseguiu extrair dele informações sobre o acordo de Munique.

Tanto John Wheeler-Bennett quanto Aubrey Morgan pasmaram com o "espírito de letargia"[73] na Biblioteca Britânica de Informação. Por iniciativa dele e com dinheiro próprio, Morgan montou uma equipe de escritores para coletar informações sobre o ânimo da América, grande parte garimpada nos jornais dos EUA e na difusão das rádios, e enviá-las a Whitehall e à embaixada britânica em Washington. Os empregados do novo departamento de pesquisas, conhecido como *clip club* (clube dos recortes), eram alguns bons amigos de Morgan, de seu secretário particular e de sua esposa de 25 anos.

O próprio Morgan iniciou contatos com jornalistas americanos importantes e com membros pró-Inglaterra do establishment da Costa Leste. Como observou o historiador Nicholas Cull: "Logo um rio de inteligência fluíu para o escritório de Morgan. Seria tarefa modesta mudar a direção da torrente e transformar a biblioteca de escritório receptor de informações sobre a opinião pública numa completa agência de propaganda".[74]

Para os ingleses, essa nova ofensiva veio na hora. A *gathering storm* (tempestade em formação), como Churchill chamou a guerra que ameaçava a Europa, finalmente estava a ponto de irromper.

4

VOCÊ NÃO CONSEGUIU OS VOTOS

NA SUPERFÍCIE, PARECIA O INÍCIO DE UM TÍPICO FIM DE SEMANA do Dia do Trabalho. Os americanos faziam suas últimas idas à praia e a outros pontos favoritos do verão, preparavam-se para desmontar barcos à vela, guardar caniços na garagem e voltar às rotinas de casa e do emprego. Em milhares de clubes de campo e restaurantes de todo o país, as músicas da moda invadiam a noite. Grandes multidões, tirando proveito do feriadão, amontoaram-se na Feira Internacional de Nova York, em 1939.

Mais cedo naquele verão, Charles e Anne Lindbergh haviam finalmente encontrado um lar para a família — uma casa grande revestida de compensado branco, no litoral norte de Long Island, pendurada no alto do morro e com uma bela vista para o canal daquela ilha. Depois de uma violenta tempestade na noite anterior, a sexta-feira, 1º de setembro, chegou com um amanhecer excepcionalmente brilhante, e Anne decidiu fazer uma caminhada pela praia lá embaixo. Antes de sair, ligou o rádio para ouvir as últimas notícias — e soube que a Alemanha acabara de invadir a Polônia. Abalada, dirigiu-se para a praia, onde caminhou por horas, tentando, como milhões de outros americanos, entender o que aquilo tudo queria dizer.

Em 3 de setembro, após dois dias de hesitações, os governos francês e inglês finalmente honraram seu compromisso com a Polônia e declararam guerra à Alemanha. À noite, o presidente Roosevelt entrou no ar para proclamar a neutralidade americana na guerra. Ainda assim, deixou claro que não tinha a intenção de pedir aos americanos que "fossem imparciais em pensamento ou em ações",[1] como Woodrow Wilson pedira no começo da Primeira Guerra Mundial. "Esta nação permanecerá neutra", declarou FDR, "mas [...] até uma nação neutra tem o direito de estar plenamente atenta aos fatos. Mesmo a uma nação neutra não se pode pedir que feche a mente ou a consciência".[2]

Depois dessa sutil indicação de apoio aos Aliados Ocidentais, Roosevelt prosseguiu garantindo: "Espero que os Estados Unidos fiquem fora dessa guerra. Acredito que ficarão. E posso vos assegurar e reassegurar que todo o esforço do vosso governo será dirigido a esse fim".[3] Numa entrevista coletiva no dia seguinte, procurou de novo acalmar o país. "Não existe a ideia, em qualquer maneira ou forma, de pôr o país, quer nas suas defesas, quer na sua economia interna, em pé de guerra", disse aos repórteres aglomerados à sua volta, "manteremos o país numa base de paz".

Segundo o famoso autor teatral Robert Sherwood, que se tornaria alto assistente de FDR menos de um ano depois, tais declarações "foram provavelmente as palavras mais fracas que Roosevelt jamais pronunciou. Ultrapassava até Warren Harding ao levar o país 'de volta à normalidade, antes mesmo de a guerra realmente começar".[4]

Mas que outra coisa poderia ele fazer? Estava imobilizado pelo estado de ânimo do público e do Congresso. Adesivos declarando EUA FORA DA GUERRA adornaram o para-brisa dos carros por toda a América poucos dias após a declaração de guerra dos ingleses e franceses. Um jornalista francês em Nova York observou: "Este país está literalmente intoxicado de pacifismo. A guerra, inferno absoluto por si só, tornou-se misticismo. Ninguém mais ousa pronunciar a palavra nem pensar nela, salvo com piedoso horror. Poupar nossos rapazes assumiu o valor de missão nacional".[5]

Porém Roosevelt, enquanto se comprometia a manter o país distante da guerra, estava determinado a ir em ajuda da Inglaterra e da França repelindo o embargo de armamentos da Lei de Neutralidade. Persuadir o Congresso a autorizar "pague e leve" aos despachos de armamento para os Aliados Ocidentais tornar-se-ia o objetivo primordial do governo no outono de 1939 e a primeira decisão de tempo de guerra a ser enfrentada pela América. Como o presidente sabia muito bem, seria uma batalha dolorosamente difícil.

MENOS DE DOIS MESES ANTES, numa quente noite de julho, Roosevelt convidara senadores-chave dos dois partidos à Casa Branca, derradeiro esforço de última trincheira, para tentar convencê-los a emendar ou derrubar a Lei de Neutralidade antes que a guerra estourasse. Depois de os senadores se servirem de drinques na mesa lateral coberta de garrafas, Roosevelt e o secretário de Estado Cordel Hull argumentaram que o mundo estava à beira do abismo e pediram aos legisladores que deixassem a América lançar seu peso na balança antes que fosse tarde.

Recostando-se para trás em sua cadeira, o senador William Borah balançou sua leonina cabeça com gélido desdém. Com 74 anos de idade, o republicano de Idaho já ouvira aquilo antes. Membro do Senado desde 1907, Borah vinha sendo o mais feroz e eficaz proponente do isolacionismo daquela Casa desde que ajudara como ponta de lança na batalha congressista contra Woodrow Wilson e a Liga das Nações em 1919. Quando Wilson, frustrado pelo Senado, embarcou num giro de palestras pela nação em prol da Liga, o senador e um grupo de parlamentares que pensavam da mesma forma seguiram-no por todos os cantos argumentando ao contrário para grandes multidões. Graças em grande parte à oratória persuasiva de Borah, a opinião pública se voltou contra a Liga das Nações, e Wilson, com a saúde alquebrada por um derrame, viu seu sonho dourado caminhar para a derrota.

Agora Borah olhava para Roosevelt e depois para Hull. "Não haverá qualquer guerra na Europa neste ano", disparou. "Toda essa histeria é maquinada e artificial."[6] Esforçando-se para manter baixo seu tom de voz, o secretário de Estado disse ao senador: "Gostaria que você fosse ao meu gabinete e desse uma olhada nos cabogramas que chegam. Não tenho dúvida de que sua opinião mudaria".[7] Borah descartou o comentário de Hull com desdenhoso gesto da mão. Tinha, disse ele, "fontes de informação na Europa que considero mais confiáveis que as do Departamento de Estado". E tais fontes tinham garantido "que não haveria guerra nenhuma".*

Pasmo com o que o colunista Joseph Alsop chamou mais tarde de "inconcebível arrogância"[8] de Borah, um pálido Hull permaneceu calado. Roosevelt, de sua parte, manteve o habitual bom humor, pelo menos exteriormente, mesmo quando seu vice-presidente, John Nance Garner, lhe disse: "Bem, comandante, temos que encarar os fatos. Você não conseguiu os votos, e isso é tudo".[9]

*Quando Joseph Alsop perguntou depois a Borah que fontes eram aquelas, o senador abriu uma das gavetas de sua escrivaninha e puxou um exemplar da revista altamente tendenciosa *The Week*, escrita e editada por Claud Cockburn, obstinado comunista inglês.

Roosevelt sabia muito bem que não conseguira vencer qualquer votação no Congresso nos últimos meses. Em grande parte devido a dicas políticas erradas, uma poderosa coalizão de republicanos e democratas conservadores havia se formado e se saído muito bem ao barrar importantes propostas de legislação desejadas pelo governo. No início de 1939, quando líderes parlamentares democratas instaram seus colegas dissidentes a apoiarem FDR, um dos rebeldes respondeu: "O Congresso cooperou em tudo no passado. Chegou a hora de o presidente cooperar".[10]

A extensão da perda de influência presidencial fora imensa. Quando assumiu o Executivo pela primeira vez, em 1933, Roosevelt não podia fazer nada errado. O povo, enfrentando uma catástrofe econômica e ansiando por liderança forte, apoiava quase qualquer programa que o governo propusesse, e o Congresso se alinhava com o presidente.

Nos últimos anos, o New Deal vinha atraindo crescente fogo dos executivos do comércio e da indústria, dos banqueiros de Wall Street e de outros americanos de fortuna que condenavam o gosto do presidente por gastos elevados do governo, por regulação federal mais rigorosa dos negócios dos bancos e pelo seu encorajamento aos sindicatos. Os rivais conservadores do presidente asseveravam que ele era um revolucionário, inclinado a destruir o "estilo de vida americano".

Mesmo assim, Roosevelt parecia invencível. Apesar do disparo ácido dos críticos, permanecia popularíssimo com a maioria dos americanos, como demonstrara a arrasadora vitória sobre o republicano Alf Landon nas eleições de 1936. Landon só venceu em dois estados, e seus companheiros republicanos sofreram perdas calamitosas no Congresso, conseguindo apenas 89 assentos na Câmara dos Representantes e vendo sua bancada no Senado reduzida a 17 membros. Tantos democratas se elegeram para o Senado que 12 dos novatos tiveram de sentar no lado republicano do plenário — uma rara vantagem para os democratas e outra indignidade humilhante para o Grand Old Party (republicanos).

Com as assimétricas maiorias nas duas Casas, quem poderia se meter no caminho de FDR? Mesmo enquanto saboreava seu espetacular triunfo, o presidente se ocupava com a resposta à pergunta. Nos dois anos anteriores, a Suprema Corte, dominada por juízes conservadores, bombardeara várias iniciativas capitais do New Deal. Programas do novo governo, inclusive o de Seguridade Social, estavam a ponto de ser julgados inconstitucionais pela mais alta corte do país. Não apenas corria perigo a agenda legislativa do segundo mandato do governo, como parecia também em risco todo o New Deal. Amparado na expressiva vitória eleitoral, Roosevelt se mostrou determinado a acabar com aquela ameaça.

Em 5 de fevereiro de 1937, o presidente esboçou para líderes do Congresso uma proposta legislativa que terminaria prejudicando demais sua influência e autoridade e seria assaz perniciosa para seu governo, para o país e para o mundo nos anos seguintes. O maior erro de sua presidência, a proposta — e a batalha em torno ela — fortaleceria enormemente os inimigos políticos de FDR e o deixaria tão inseguro de sua posição no país que, dali por diante, relutaria em avançar até alguns milímetros à frente da opinião pública. De que se tratava?

Pela legislação sugerida, o presidente poderia ampliar a Suprema Corte, nomeando mais seis juízes, passando o total de nove para o máximo de quinze. O propósito oficial do plano era aumentar a eficiência do tribunal; mais da metade dos juízes de então tinha setenta anos ou mais — muito idosos, ponderava FDR, para a carga de trabalho.

Todo mundo sabia que o objetivo oficial era conversa fiada. O que o presidente pensava era uma nova safra de juízes de opiniões alinhadas com as suas. Por que não foi sincero? Por que tentou iludir o Congresso e a opinião pública com uma explicação em que ninguém acreditou? Afinal de contas, o presidente não era o único que achava preciso fazer alguma coisa quanto à Suprema Corte e sua implacável obstrução ao esforço pelas reformas, e quanto à sua aparente determinação em retirar do Congresso o poder para interferir nas questões sociais e econômicas mediante legislação. Por mais de um ano, vinham sendo emitidos sinais de Capitol Hill e de outros cantos para que fosse aprovado um estatuto ou emenda constitucional limitando os poderes do Supremo Tribunal.

Assessores e membros do Ministério instavam que Roosevelt fizesse da Suprema Corte um tópico da campanha na eleição de 1936, que explicasse aos eleitores o quanto a mais alta estância do Judiciário do país vinha esmagando a vontade popular expressa pelo Congresso. A campanha seria o fórum perfeito para buscar um mandato por reformas, sustentavam os seguidores de Roosevelt; dissesse ele o que dissesse nos palanques sobre a Suprema Corte, não havia como perder a eleição.

Roosevelt, receoso de qualquer coisa que pudesse diminuir sua margem na vitória, recusara o conselho. Apenas uma inequívoca vitória eleitoral, julgava, poderia lhe proporcionar a sanção popular que precisava para opor-se à Suprema Corte. E isso ele conseguira em novembro. FDR sempre transbordara "ilimitada autoconfiança",[11] observou seu preparador de discursos Samuel Rosenman, mas agora brotava nele uma "superconfiança que, mesmo para ele, era espetacular e perigosa".[12] Vezes sem conta, o presidente disse aos auxiliares: "O povo falou".[13] Com isso a seu favor, julgou não precisar de mais ninguém.

Sentados em atônito silêncio enquanto liam a proposta de lei, os líderes do Congresso começaram a pedir vênia para discordar. Estavam perturbados por Roosevelt lhes ter revelado medida tão extraordinariamente controversa como se eles nada tivessem de fazer para que ela se tornasse lei. Eram eles quem teriam de atormentar, perseguir, acossar e convencer os colegas a aprová-la. O presidente não os consultara, não trabalhara para criar uma ampla coalizão favorável à proposta antes de apresentá-la; da maneira mais flagrante imaginável, demonstrou considerar os parlamentares moleques de recado.

Já por um bom tempo, parecia aos membros do Congresso que FDR pensava tê-los na mão. "Muitos políticos se ressentiam com a noção de que eram simples lacaios ou carimbadores de decisões de um chefe do Executivo que assumira a função legislativa",[14] observou um jornalista. Tal insatisfação só fermentava o conflito da cultura de colisão que vinha ocorrendo entre o Congresso e o governo Roosevelt desde os dias iniciais.

Na Colina do Capitólio, não existia nem vestígio da atmosfera vivaz e elétrica encontrada por todos os lados na Washington do New Deal. No Congresso, ainda prevalecia o ambiente modorrento e afável do fim do século XIX, como evidenciavam as escarradeiras de cobre espalhadas pelo assoalho e as caixas de rapé nas bancadas dos senadores, as palmeirinhas em vasos e os sofás e poltronas estilo McKinley que adornavam os espaços públicos do imenso edifício do Legislativo. Parlamentares do Oeste, como William Borah, ainda usavam gravatinhas estreitas com laços de fitas ou cordão, e os congressistas do Sul compareciam às sessões trajando ternos de linho branco, posando ao mundo como donos de plantações, que, de fato, alguns eram.

Nas tardes modorrentas, alguns senadores mais idosos podiam ser vistos cochilando nas poltronas de fora do plenário. Ambiente parecido imperava na sala de imprensa do Senado, onde "as notícias eram raras e não havia muito que fazer", recordou-se Joseph Alsop, então jovem correspondente na Capitol Hill para o *New York Herald Tribune*. "Um ou dois dos mais velhos, sonolentos, ficavam oscilando cabeça nos amplos sofás, enquanto nós arrastávamos enormes cadeiras de couro para perto da lareira e ficávamos contando histórias e fazendo mexericos."[15]

Já os órgãos do Executivo não mostravam tal letargia. Durante os anos 1930, as repartições do governo se transformaram em verdadeiros cadinhos de energia e de experimentações, que chegavam a parecer hospícios onde "homens entravam e saíam em disparada e praguejavam contra a lentidão dos elevadores".[16] Jovens economistas, advogados, professores e especialistas nas disciplinas mais misteriosas, formados por universidades da Ivy League, chegavam aos magotes a Washington a fim de se juntar à equipe das agências governamentais.

Muitos desses intelectuais demonstravam ostensiva condescendência e desdém pelos congressistas e pelos membros de seus comitês, em sua maioria protegidos indicados para as funções, com evidente dificuldade de acompanhar os depoimentos de servidores do Executivo preparados e falantes. Segundo um estudo de 1942, somente 4 dos 76 comitês do Congresso contavam com "especialistas profissionalmente preparados até mesmo para conferir depoimentos anteriores de experts dos ministérios e secretarias a fim de comprovar a exatidão".[17]

Os parlamentares só podiam culpar a si próprios pelo atraso em que se encontravam. Os conservadores democratas sulinos, que ocupavam posições de liderança na Colina, não tinham o menor interesse em aumentar e aperfeiçoar suas equipes, ou tomar outras providências com o objetivo de ajudar o Congresso a monitorar efetivamente o Executivo e a se equipar para ficar à altura do complexo mundo exterior rapidamente cambiante. "Eles não desejavam mudanças nas instituições",[18] observou o jornalista e autor Neil McNeil, especialista em história do Congresso. Isso, no entanto, não significava que os líderes da Câmara e do Senado vissem com bons olhos o governo jogá-os para escanteio. "Não é divertido trabalhar com [o presidente]", disse certa vez a um repórter o deputado Joseph Martin, líder da minoria na Câmara. "Ele nada pergunta a você, ele lhe *diz*."[19]

O ministro da Justiça Robert Jackson, que conheceu Roosevelt quando ele era governador de Nova York, achou certa ocasião que o presidente transferira ao Congresso boa parcela da atitude combativa que demonstrara em relação ao Legislativo estadual, primordialmente republicano. Como governador, FDR tratara o Legislativo "como alvo, não como colaborador", disse Jackson, "e sempre tentava passar-lhe a perna".[20]

Deparando-se com o Projeto de Lei sobre a Suprema Corte, alguns líderes congressistas finalmente se rebelaram. Após a reunião com o presidente, o republicano Hatton Sumners, do Texas, presidente da Comissão de Justiça da Câmara dos Deputados, anunciou aos colegas: "Rapazes, é aqui que eu desconto minhas fichas e tiro meu time de campo".[21] Na sala dos sobretudos do Senado, o vice-presidente John Nance

Garner, ex-deputado pelo Texas, deu sua opinião sobre o Projeto de Lei aos senadores apertando o nariz com o polegar e o indicador de uma das mãos e apontando para o carpete com o polegar da outra.

Como o comitê de Sumners desempenharia papel crucial na análise da medida, sua oposição imediata foi um péssimo presságio do que estava por vir. Pouco depois da apresentação do projeto de lei, a Casa Branca começou a receber desconfortáveis relatórios sobre outros congressistas democratas, antigos e fiéis seguidores do presidente, que se bandeavam para a oposição. Segundo Marquis Childs, influente colunista de jornal de Washington, a sugestão de reforma do Supremo Tribunal foi "o vento que inflamou a animosidade latente abafada por baixo das cinzas" da indiscutível vitória eleitoral de Roosevelt. "Em poucas horas", escreveu Childs, "fixaram-se as linhas de frente da batalha, que serviu, em grande parte, para neutralizar a maioria esmagadora de dois meses antes".[22]

E havia notícias ainda piores para FDR. O líder no Senado contra a legislação viria a ser Burton Wheeler, exuberante democrata progressista que, apenas poucos anos antes, fora um robusto pilar de Roosevelt. Para deleite dos republicanos, membros do próprio partido do presidente decidiram assumir a iniciativa na luta contra ele.

O gregário Wheeler, fumante de charutos, foi certa vez descrito pela revista *Life* como "um dos mais astutos e capciosos operadores na política americana".[23] Adepto da luta aberta e sempre com o "sorriso frio e letal",[24] no rosto, o senador adotara como lema: "Se eu não os pegar, pegam-me eles".[25] Levando-se em conta seu histórico, o mote fazia todo o sentido.

Décimo filho de um pobre sapateiro quaker em Hudson, Massachusetts, Wheeler lutou muito para se formar na Faculdade de Direito da Universidade de Michigan, depois rumou para o Oeste a fim de exercer a nova profissão. Acabou se fixando em Butte, Montana, cidade de vida dura onde mineravam cobre e que parecia ter emergido dos livretos de dez centavos sobre o faroeste que Wheeler devorara quando menino.

Butte era dominada — como o restante de Montana — pela Anaconda Copper Co., conhecida por Wheeler e pelos demais residentes do estado como "a Companhia". Semelhante à cobra que lhe emprestava o nome, a Anaconda se caracterizava pela força com que se enrolava em torno de tudo, quase controlando a vida política e econômica do estado. Quem a desafiasse o fazia por sua conta e risco, como Wheeler descobriu quando, jovem advogado e membro do Legislativo estadual, fez campanha por melhores condições de trabalho para os mineradores da empresa. Ameaças de agressão física e de represálias políticas não foram capazes

O Senador Burton K. Wheeler.

de atemorizá-lo. "A qualquer coisa que 'a Companhia' apoiasse, ele se opunha *ipso facto*",[26] comentou Marquis Childs.

Em 1922, Wheeler foi eleito para o Senado dos EUA controlado pelos republicanos. Imediatamente propôs investigação sobre o envolvimento do ministro da Justiça Harry Daugherty, amigo próximo do recém-falecido presidente Warren G. Harding, na venda de sentenças de indulto, na aceitação de suborno de contrabandistas de bebidas alcoólicas, na criação de cartéis ilegais no mercado de ações e na intimidação e chantagem de críticos do governo.

Daugherty, que ainda estava na função, se opôs ferrenhamente àquele arrivista democrata. Agentes federais vasculharam e saquearam o escritório de Wheeler e de outros membros da comissão de inquérito. Mantiveram também sua residência sob vigilância e seguiram sigilosamente Wheeler e esposa. Em 1924, o senador foi indiciado por supostamente usar a influência de parlamentar para ajudar antigo cliente legal a adquirir concessões petrolíferas. O caso, no entanto, tinha todos os indícios de armação, e um comitê do Senado rapidamente isentou o parlamentar de culpa; pouco depois, um júri o absolveu de pronto após apenas dez minutos de deliberações.

No fim, o sucessor de Harding, Calvin Coolidge, forçou Daugherty a renunciar, e Wheeler emergiu como figura política nacional. Anos mais tarde, um livro baseado na luta de um senador novato contra a corrupção governamental, intitulado *The Gentleman from Montana*, foi vendido para Hollywood. O filme resultante, sucesso de 1939, *A Mulher Faz o Homem*, teve James Stewart como astro.

Em 1930, Wheeler foi o primeiro democrata de estatura nacional a propor a indicação de Franklin Roosevelt, governador de Nova York, para presidente. Em 1932, na convenção dos democratas, Wheeler se sobressaiu na defesa da nomeação de FDR para a disputa eleitoral e, durante a campanha, viajou por todo o Oeste fazendo campanha para Roosevelt. Em 1935, o presidente solicitou-lhe que liderasse a batalha pela aprovação no Senado de uma medida controversa que limitava o poder das empresas concessionárias de serviços públicos. A disputa maldosa e indecentemente travada resultou em triunfo tanto para o democrata de Montana quanto para o governo.

No início de 1937, contudo, o ambicioso Wheeler, que também tinha seus próprios projetos para a presidência dos Estados Unidos, se desencantou com o homem que ajudara a eleger. Queixou-se da crescente dificuldade de acesso a Roosevelt e de o governo favorecer seus rivais políticos em Montana com patronagens que deveriam ser dadas a ele. Ressaltou que, na sua última campanha pela reeleição, o presidente viajara pelo estado sem sequer mencionar seu nome. Wheeler era inveterado colecionador de ressentimentos e coletara substancial quantidade deles contra FDR.

Durante a presidência de FDR, Wheeler fizera parte, pela primeira vez na vida, da equipe governante. Mas aquele papel no governo realmente não se ajustara bem a ele. Sempre se sentira mais confortável na oposição, fosse "à Companhia", à corrupção no governo, ou, como em 1937, àquilo que considerava o crescente apetite presidencial pelo poder, o que, em sua opinião, ameaçava o Congresso tanto quanto a Suprema Corte. "Venho observando Roosevelt por longo tempo", disse Wheeler ao assessor presidencial Thomas Corcoran. "Outrora ele foi apenas um de nós quando ajudávamos a fazê-lo subir. Agora acha que é o chefe de todos nós. O plano para a Corte não tem importância: ele quer é nos pegar."[27]

Saboreando antecipadamente a luta vindoura, Wheeler arregimentou suas forças contra a Casa Branca e contra a liderança democrata no Senado. Foi embate de intensidade extraordinária que iria perdurar por meses e desencadear paixões por todo o país. Joseph Alsop chamaria mais tarde a contenda de "o maior debate nacional que teve lugar no Congresso durante minha carreira por lá" e "o maior drama singular político que jamais testemunhei em Washington".[28]

Quando chegou a primavera, a hemorragia do apoio congressista à proposta do presidente ganhou força. O que começara como colisão entre o presidente e a Suprema Corte evoluiu para uma batalha amarga e sem quartel entre o Executivo e o Legislativo. Após semanas de discussões, o Senado derrotou a proposta em 22 de julho, com vinte membros a favor e setenta contra. A maioria que votou em oposição foi democrata.

Quando começaram as sessões legislativas em janeiro, Roosevelt, logo após sua acachapante vitória eleitoral, era a figura política mais alta na paisagem de Washington. Agora, enquanto o Congresso se preparava para o recesso parlamentar, ele estava tão politicamente debilitado que, como assinalou um historiador, "a chance de aprovação congressista para qualquer coisa que propusesse havia diminuído pelo simples fato de ter sido proposta por ele".[29]

Tendo causado a Roosevelt a pior derrota de sua presidência, Wheeler era alegria pura. "Preciso confessar", escreveu mais tarde, "que me deu grande animação quando derrotamos o presidente. Não poderíamos ter enfrentado antagonista mais esperto e poderoso".[30] Vitorioso, Wheeler podia se dar ao luxo de ser magnânimo. O profundamente humilhado FDR experimentou sentimento exatamente oposto.

Na aparência, o presidente permaneceu como de hábito imperturbável, confiante e cordial. Mas na realidade estava ofendido, magoado, furioso e ávido por desforra. Francis Biddle que foi juiz e ministro da Justiça no governo Roosevelt, certa vez o descreveu como "um cristão do Velho Testamento, que acreditava ser necessário recompensar os amigos e infligir represália aos inimigos porque [...] uma vez sua vontade organizada em favor de uma determinada visão, era pecado outros interferirem em seu desfrute."[31]

De acordo com os jornalistas Joseph Alsop e Turner Catledge, FDR "havia decidido que, se ele era obrigado a sofrer, os homens do Congresso que responsabilizava por isso sofreriam o dobro mais tarde".[32] Instado pelos auxiliares mais próximos, o presidente resolveu liderar nas primárias de 1938 para o Congresso, uma tentativa de derrotar um grupo selecionado de senadores e deputados democratas conservadores que havia se oposto ao pacote de propostas para a Suprema Corte. (Wheeler, que não concorreria à reeleição naquele ano, teve seu imposto de renda cerradamente auditado pela primeira vez na vida.)

Nas eleições anteriores, Roosevelt sempre confiara na enorme popularidade pessoal entre os votantes para conseguir seus propósitos eleitorais. Por volta de 1938, todavia, a situação mudara dramaticamente. O país se encontrava em meio a severa recessão e, numa pesquisa Gallup realizada alguns meses antes, nem metade dos que responderam disse que votaria no presidente se ele concorresse à reeleição naquele ano.

Ainda gostavam dele como pessoa, deixaram claro os entrevistados, mas estavam cada vez mais cansados de seus programas, de seus assessores e, sobretudo, de seu modo de governar. Havia preocupação particular a respeito do que viam como esforços do presidente de amealhar muito poder, com metade dos pesquisados declarando julgar que FDR deveria ter menos autoridade.

Não surpreendeu, portanto, que a campanha excessivamente amarga encetada por Roosevelt para expurgar seus adversários congressistas tivesse resultado em fracasso. Apenas um de seus alvos foi derrotado nas primárias dos democratas. Pior ainda, os republicanos conseguiram expressiva vitória na eleição, quase dobrando o número de seus membros na Câmara dos Deputados e ocupando oito novos assentos no Senado. Apesar de os democratas ainda manterem vastas maiorias nas duas Casas, ambas se tornaram mais conservadoras do que nos cinco anos anteriores.

Aquele foi o nadir da presidência de Franklin Roosevelt — e coincidiu com o período em que Hitler e Mussolini aumentaram a velocidade de sua marcha para a guerra. Independentemente do quanto FDR desejasse interferir na sombria situação da Europa, ele se sentia impotente para adotar qualquer ação concreta. "Atordoado com os golpes",[33] que sofrera no Congresso e nas pesquisas de opinião pública, como afirmou o ministro do Interior Harold Ickes, Roosevelt perdeu a inabalável confiança de que o povo americano sempre lhe daria apoio. Dali em diante, seus atos e decisões seriam ditados por uma inusitada cautela e cuidados incomuns — com a determinação de jamais se afastar em demasia da opinião pública, a qual, à época, ainda era profundamente contrária ao envolvimento americano em uma guerra europeia.

PASSADOS APENAS DIAS DAS DECLARAÇÕES DE GUERRA da Inglaterra e daFrança contra a Alemanha, os membros isolacionistas do Congresso e seus aliados lançaram campanha para instigar oposição pública às tentativas do governo de ajudar os Aliados Ocidentais. Centenas de milhares de cartas, cartões-postais, petições e telegramas inundaram os gabinetes de senadores e deputados. Alguns parlamentares receberam tanta correspondência que foram necessários carrinhos de mão para a entrega.

Embora muitos nas duas casas do Congresso se opusessem ardentemente à intervenção dos EUA na guerra, o verdadeiro bastião do isolacionismo era o Senado, onde muitos membros mantinham as relações exteriores em rédea curta. Entre eles estavam Burton Wheeler e diversos outros senadores progressistas de destaque do Meio Oeste e do Oeste como William Borah, Hiram Johnson, da Califórnia, e Gerald Nye, de Dakota do Norte.

Irônico era que, apesar de todos, salvo Wheeler, serem republicanos, eles haviam antes apoiado abertamente FDR em legislação interna, brigando com o governo apenas quando achavam que ele não era suficientemente corajoso ou esquerdista. Agitados, cheios de manias e rebeldes, os progressistas do Grand Old Party, em suas lutas por justiça econômica e social e contra a concentração do poder econômico, repetidas vezes desafiaram os três governos republicanos que precederam o de Roosevelt. Exasperado pela recusa desses progressistas em se ajustarem ao molde republicano conservador, um líder do GOP os qualificou como *sons of the wild jackass*[34] [filhos de jumento selvagem, em tradução livre] — expressão que os progressistas orgulhosamente adotaram como "senha ou lema de honra".

Desse grupo, Wheeler era o único recém-adepto da causa isolacionista. Apesar de ter sido sempre pacifista, ele tentara persuadir o povo americano da importância da segurança coletiva após a Primeira Guerra Mundial e apoiara a Liga das Nações. Sua oposição à campanha de Roosevelt para dar ajuda à Inglaterra e à França derivava menos das aferradas crenças do núcleo isolacionista do que de sua intensa aversão ao presidente e à sua determinação em evitar que FDR adquirisse qualquer poder adicional. Compartilhava a opinião de Hiram Johnson de que Roosevelt "quer derrubar dois ditadores na Europa, de modo que um possa ser firmemente implantado na América".[35]

Borah e Johnson, os dois republicanos mais antigos na Comissão de Relações Exteriores do Senado, eram os próceres do isolacionismo americano. Como Wheeler, eram combativos, do contra, impetuosos e independentes rebeldes do Oeste, que sempre se sentiram desconfortáveis no clube de cavalheiros do Senado. Em 1919, eles e outros inimigos do Tratado de Versalhes e da Liga das Nações foram denominados "o Batalhão da Morte" e "os Irreconciliáveis" em virtude da feroz oposição que fizeram à Liga.

Nascidos pouco depois da Guerra de Secessão, os dois senadores sempre se afiguraram influenciados pelo fim do século XIX em que cresceram — um mundo sem aviões de guerra e sem submarinos, que via a América como fortaleza inexpugnável, e a ideia de uma ameaça da Europa como absurda. Borah, que muito se orgulhava de nunca ter viajado ao exterior, juntou-se a Johnson na recusa em aceitar a noção de que, como maior potência econômica do mundo, o país deles não mais podia agir, nas palavras de Oliver Wendell Holmes Jr., como "tranquilo e superseguro canto do mundo".[36] Tão determinados em barrar o envolvimento americano na Segunda Guerra Mundial como foram no torpedeamento de Woodrow Wilson, ambos, entretanto, já haviam entrado pelos setenta anos, e sua saúde declinava. Eles teriam papel ativo na luta contra a proposta de FDR de revisão da Lei da Neutralidade, porém, depois, o bastão passaria às mãos de Wheeler.

Apesar de até os mais ferrenhos inimigos de Borah, Johnson e Wheeler reconhecerem que eles eram senadores eficientes e sérios, o mesmo não podia ser dito do quarto membro da liderança isolacionista no Senado, Gerald Nye. Roosevelt chamava o republicano por Dakota do Norte de "inescrupuloso".[37] Joseph Alsop escreveu que Nye, ex-editor de um jornal do interior, "não possuía quaisquer princípios".[38] Briguento e semelhante ao inseto que sempre voa para as lâmpadas, fizera sua estreia no plenário do Senado, em 1925, com sapatos amarelos de cano alto, gravata berrante e corte de cabelo coroinha, esportivo e fora de moda. Apesar de adotar depois outro corte de cabelo e usar gravatas e sapatos mais arrumados, Nye

O senador Gerald Nye.

jamais se afastou muito de suas raízes do interior e de sua política populista-progressista.

Em 1934, após avalanche de livros e artigos revisionistas que incitaram o clamor público a respeito das causas da Primeira Guerra Mundial, Nye foi nomeado para chefiar comissão de inquérito do Senado sobre o papel dos banqueiros americanos e europeus, bem como dos fabricantes de material bélico, na entrada dos Estados Unidos na guerra europeia. Como outros populistas agrários, Nye vinha denunciando por muito tempo o poder dos grandes empresários e de Wall Street. Para ele, a investigação no material bélico vinha na medida para convencer o povo americano de que os "mercadores da morte" e os "reis da economia" haviam ludibriado o governo e o povo dos Estados Unidos a entrarem em um conflito que nada tinha a ver com os interesses americanos, tão somente com o objetivo de amealhar lucros exorbitantes.

Algumas empresas americanas de fato ganharam muito dinheiro com a Primeira Guerra Mundial. Mas, durante os depoimentos a respeito, o comitê de Nye se recusou a cogitar a possibilidade de os Estados Unidos poderem também ter legítimas razões comerciais e geopolíticas para se envolver. Em especial, ninguém mencionou que, na América, o venerado isolacionismo das questões europeias foi tornado possível, em grande parte, em função da supremacia da esquadra inglesa. Se a Alemanha tivesse conseguido o controle não só da Europa como também das águas europeias e das rotas marítimas do Atlântico, a ameaça à economia e à segurança dos Estados Unidos teria crescido exponencialmente.

O colunista Walter Lippmann considerou as conclusões do comitê de Nye "uma falsificação da história".[39] Mas, nos anos que antecederam a Segunda Guerra Mundial, elas tiveram efeitos de longo alcance. Altamente influenciados pelo relatório do comitê, muitos americanos vieram a acreditar que as guerras eram travadas exclusivamente para o benefício de uns poucos capitalistas gananciosos. Passou então a ser razoável pensar que, se fosse desacelerada a venda de armamentos e o comércio com beligerantes, a América poderia se manter fora da guerra. Ideias simplistas assim levaram à aprovação da legislação de neutralidade, para a qual Nye desempenhou papel vital.

O senador Nye adorou ser o foco das atenções e rapidamente capitalizou a fama recém-adquirida. Uma agência privada de palestras organizou prontamente um giro pelo país durante o qual, a preços mais que razoáveis, Nye arengou contra os "mercadores da morte". Enquanto Roosevelt se esforçava para tirar a América do seu isolacionismo do início dos anos 1930, Nye deslanchava ataques crescentemente virulentos contra o presidente.

Quando Roosevelt anunciou, em 13 de setembro de 1939, que solicitara ao Congresso a convocação de sessão especial para rever a Lei da Neutralidade, Nye e outros senadores isolacionistas ficaram à espreita. Na noite seguinte, William Borah, considerado o melhor orador do Senado, foi escolhido para fazer o discurso no rádio com difusão de âmbito nacional, dando o pontapé inicial na maciça campanha publicitária contra o "pague e leve".

Embora consciente do formidável oponente que Borah era, o presidente se inquietava mais com outro adversário. Como Roosevelt receava havia meses, Charles Lindbergh se encontrava aprestado para adentrar a arena. A batalha pela alma dos Estados Unidos estava prestes a começar.

5
ME APARECEU ESTA GUERRA

APÓS A DECLARAÇÃO DE GUERRA DOS ALIADOS OCIDENTAIS, Lindbergh inicialmente ficou indeciso sobre sua postura no debate que se seguiria. Antes de deixar a Europa, ele jurara tudo fazer ao seu alcance para manter neutra a América, porém, desde seu retorno, devotara toda a energia à organização do poder aéreo dos EUA. Agora que a guerra finalmente chegara, ele ainda hesitava, sabendo que seu envolvimento o catapultaria de volta ao redemoinho de celebridade que tanto detestava. Por fim, em 7 de setembro, Lindbergh se decidiu. Por menos que gostasse de política e da vida pública, escreveu: "Não pretendo ficar inerte e ver este país arrastado para a guerra".[1]

No início do verão, ele fora convidado para jantar na casa de William R. Castle, ex-diplomata que fora subsecretário de Estado de Herbert Hoover e ativo assessor de política externa, que também era então fervoroso oponente do envolvimento dos Estados Unidos no conflito armado. Estava presente ao jantar Fulton Lewis Jr., jovem comentarista de rádio conservador da rede Mutual. Enquanto os três conversavam, Lewis, percebendo que o famoso aviador "tinha algo a declarar", sugeriu que ele fosse ao ar como convidado para "dizer ao povo americano como se sentia sobre toda aquela situação".[2] Após refletir alguns momentos a respeito da proposta, Lindbergh respondeu: "Não me creio capaz para fazer isso. Mas gostaria de pensar um pouco mais sobre o assunto".[3] Uma semana depois de a guerra começar, aceitou; e acertou com Lewis um pronunciamento pelo rádio em 15 de setembro.

O coronel Truman Smith, amigo de Lindbergh desde que fora adido militar dos EUA na Alemanha e que o convidou para visitar Berlim em 1936, foi um dos que o incentivaram a aceitar. Em abril de 1939, Smith recebera ordens de retornar aos Estados Unidos por ter sido diagnosticado com diabete. Tendo passado obrigatoriamente para a reserva por motivo de saúde, o coronel foi convocado pelo então vice-chefe do Estado-Maior do Exército George Marshall, que vinha agindo como uma espécie de mentor da carreira de Smith na força terrestre. Marshall reintegrou Smith ao serviço ativo como seu analista-chefe e assessor em questões alemãs, função na qual Smith permaneceu quando Marshall foi nomeado Chefe do Estado-Maior do Exército, dia 1º de setembro de 1939.

Pró-germânico e fervorosamente anti-Roosevelt, Smith concordava com Lindbergh que a Inglaterra e a França deveriam procurar um acerto com a Alemanha, em vez de arriscarem outra guerra. Alegava que o Terceiro Reich não constituía ameaça à América e que se deveria permitir à Alemanha seguir com sua política do *Lebensraum*, a qual, se implementada, significaria a conquista germânica de toda a Europa Central e Oriental, inclusive da União Soviética. Enquanto foi assessor-chave de Marshall, Smith trabalhou ativamente com Lindbergh contra a política externa do governo.

Poucos dias antes de falar no rádio, Lindbergh mostrou cópia de seu pronunciamento a Hap Arnold, com quem tinha grande intimidade. Na verdade, algumas semanas antes, jantara com Arnold e Marshall na residência de Arnold. Em seu diário, Lindbergh registrou que o comandante da Força Aérea se mostrou bastante receptivo às ideias contidas no pronunciamento e declarara que ele "tinha todo o direito de falar como cidadão americano".[4] Apesar disso, Arnold aconselhou Lindbergh a interromper seu trabalho para o Corpo Aéreo enquanto estivesse tomando parte na política. O aviador seguiu a sugestão de Arnold, retornando ao status de inativo da reserva do Exército.

A atitude tranquila de Arnold em relação à entrevista pelo rádio não foi de modo nenhum acompanhada pelos funcionários do governo Roosevelt. Sinais de alarme logo soaram na Casa Branca, onde, com exceções, Lindbergh era considerado o único homem do país capaz de rivalizar com Roosevelt em despertar a opinião pública. Nos quatro meses anteriores, por meio de uma campanha bem-difundida pelo crescimento e melhora do poderio aéreo dos EUA, Lindbergh melhorara sua reputação algo enodoada. "Ele é o leal americano de sempre, tem o mesmo interesse por sua profissão e alimenta o já expresso desejo de fazer alguma coisa valiosa para o mundo",[5] assegurou o *New York Times* aos seus leitores.

Desde seu histórico voo, o solitário Lindbergh era figura misteriosa para o povo americano. Em todos aqueles anos, jamais revelou publicamente opiniões políticas ou debateu seus sentimentos pessoais. Também nunca se expressou pelo rádio, nem mesmo durante o sequestro do filho. Sabedora de que a radiodifusão de Lindbergh atingiria enorme audiência, a Casa Branca se apressou em evitá-la.

Na véspera de ir ao ar o programa, Truman Smith foi visitá-lo. Repassou-lhe uma mensagem verbal de Hap Arnold, que a havia recebido do secretário da Guerra Harry Woodring, que, por sua vez, a recebera de anônimos funcionários da Casa Branca. Se Lindbergh cancelasse a fala, dizia a mensagem, o governo criaria novo cargo no ministério para ele. Seria nomeado secretário do Corpo Aéreo, posição que o igualaria a Woodring e a Charles Edison, o secretário da Marinha.

Lindbergh, incrédulo, fixou o olhar em Smith, depois deu uma gargalhada. O mesmo fez Smith, que disse: "Como vê, eles estão apavorados".[6] Hap Arnold sabia que Lindbergh rechaçaria a proposta, acrescentou Smith, mas como ela viera do gabinete do ministro da Guerra, o comandante da Força Aérea sentiu-se compelido a repassá-la.

O aviador, de fato, rejeitou a oferta. Na noite de 15 de setembro, diante de seis microfones num salão do Carlton Hotel de Washington, Lindbergh partilhou com o povo americano sua oposição a qualquer envolvimento dos EUA na guerra europeia. Graças ao enorme interesse público pela fala, as três redes nacionais de rádio a transmitiram.

Embora sem fazer menção direta à batalha vindoura no Congresso a respeito das revisões na Lei de Neutralidade, Lindbergh, com sua voz de taquara rachada, em tom alto e com vestígio fanhoso do sotaque do Meio Oeste, declarou que o envio de material bélico aos Aliados Ocidentais jamais garantiria a vitória. "Para tomar parte com sucesso" no conflito, o país teria que despachar para além-mar milhões de rapazes americanos — milhões que "provavelmente perderemos [...] o melhor da juventude americana".[7]

Para ele, a guerra não era uma batalha do bem contra o mal, da democracia contra o totalitarismo. Era mais uma da longa história de rivalidades internas europeias, "uma contenda decorrente de erros do último conflito", que os americanos nada podiam — nem deviam — fazer para resolver. Lindbergh aconselhou sua enorme audiência a encarar a situação mundial como ele — com distância total, jamais permitindo que "nosso sentimento, nossa piedade, nossa simpatia pessoal obscureçam a questão [ou] afetem as vidas de nossos filhos. Sejamos impessoais como o cirurgião que usa um bisturi".[8]

Era dever dos Estados Unidos, acrescentou, agir como depositório da civilização ocidental prestes a ser despedaçada na Europa. "Este é o teste agora posto diante da América. [...] Se mantivermos um Exército, uma Marinha e uma Força Aérea dignos do nome, se a América não se deteriorar por dentro, não devemos temer invasão alguma deste país."[9]

Ao expor seu argumento central, Lindbergh deixou por um momento escapar uma inquietante nota de supremacia racial. A verdadeira ameaça à civilização ocidental, asseverou, não partia da Alemanha, e sim da União Soviética ou de outro "intruso asiático". Ao invés de combater uns aos outros, os países europeus — e os Estados Unidos — deveriam se agregar para "defender a raça branca contra invasão estrangeira".[10]

A defesa de Lindbergh da pureza racial, que apareceria constantemente em seus discursos e escritos nos dois anos seguintes, assemelhava-se às teses racistas de Hitler e outros nazistas. Mas era uma crença amplamente espraiada em todos os Estados Unidos e na Europa durante o século XIX e o início do XX. Tinha origens na eugenia, pseudociência que advogava o aperfeiçoamento dos traços da herança humana pela procriação seletiva. Do ponto de vista dos proponentes da eugenia, os brancos de descendência do norte e do oeste da Europa — "exemplares do patamar mais alto de civilização até então evoluída"[11] — eram inerentemente superiores, mental e moralmente, "às raças negra, mestiça e amarela". (Os russos eram incluídos na categoria não branca: a infusão do sangue mongol significava que "as características raciais dos russos [se tornaram] fundamentalmente mais asiáticas que europeias."[12])

No ápice de sua popularidade, a eugenia era fomentada pelos governos, tratada como disciplina acadêmica e apoiada por nomes influentes, entre os quais Theodore Roosevelt, Woodrow Wilson, H.G. Wells, George Bernard Shaw e John Maynard Keynes. Por volta dos anos 1930, contudo, ela começava a cair em descrédito, em especial devido a sua identificação com a Alemanha nazista, que a usava como pretexto para as cruéis políticas raciais do Reich, inclusive o extermínio de populações "defeituosas" como a dos homossexuais, dos deficientes cognitivos, a dos ciganos — e, mais vergonhosamente, a dos judeus.

Não obstante, as teorias racistas, como as esposadas por Lindbergh em seu discurso, ainda eram estimuladas no final dos anos 1930 por americanos bem conhecidos e em posições destacadas. Também se encontravam profundamente arraigadas na cultura das Forças Armadas americanas. Livros de defensores da supremacia branca, como os de Lothrop Stoddard, foram por muito tempo leitura obrigatória em West Point e noutras instituições de ensino superior do Exército. Doutrinados sobre o fato de a raça ariana branca ter sempre assumido "a liderança no grande drama do progresso do planeta",[13] os oficiais eram encorajados a se ver como guardiões do americanismo genuíno, personificado pela sociedade anglo-saxônica.

Talvez em razão de tais atitudes serem muito comuns, pouca atenção pública foi dada na ocasião às referências raciais que Lindbergh fez no rádio. Mas, como a Casa Branca previra, a fala foi uma sensação nacional, não tanto pelo que foi dito (pouco diferente dos argumentos de outros isolacionistas), mas por quem dissera.

Foi dito que Anne Lindbergh editara o pronunciamento, e que a frase "Temos de ser impessoais como o cirurgião que usa um bisturi" era dela. Porém, se fosse, não combinava com suas opiniões. Diferentemente de Lindbergh, Anne jamais foi imparcial em relação àquela guerra. No dia da declaração, ela ficou horrorisada com as visões da catástrofe — destruição das forças aéreas inglesa e francesa, Paris e Londres sob bombardeios intermináveis, seus amigos franceses e ingleses mortos, "todas as coisas que amamos [...] destruídas".[14] Enquanto observava Charles falando ao microfone no Carlton, ela rezava para que os amigos europeus dos Lindberghs entendessem quão difícil era para ele dizer tudo aquilo, virar as costas, na realidade, para os países que lhes haviam dado conforto. Bem no íntimo, Anne sabia que eles nunca entenderiam.

Ela própria também temia a reação que pudesse ter. Poderia acompanhar Charles como "empregada do lord" na batalha que se iniciava exatamente naquele momento? Anne não tinha certeza. "Este é o pesadelo — separação dele", escreveu no diário. "Suponha-se que eu o decepcione? [...] Sinto-me terrivelmente sozinha."[15]

APÓS APENAS UM PRONUNCIAMENTO, Charles Lindbergh — homem com pequeno conhecimento e virtualmente sem experiência em política e em relações exteriores — viu-se transformado na figura mais controvertida do cenário político americano. Em questão de horas, virou também o advogado de ponta do isolacionismo.

Milhares de cartas e telegramas de "todo o tipo de gente" chegaram logo depois do programa, escreveu Anne a Evangeline Lindbergh, sua sogra, "mães e pais agradecidos, professores escolares e acadêmicos, empresários, e fazendeiros. [...] O discurso de C. atendeu a uma real necessidade, foi a luz no fim do túnel".[16] Entre os missivistas estava Hap Arnold, que afirmava a Lindbergh que seu chefe, o ardoroso isolacionista Harry Woodring, julgara o pronunciamento "muito bem fraseado e lido",[17] o que Arnold também achava.

Outro dos defensores de Lindbergh, todavia, ficou muito agastado com o que ouvira naquela noite. Poucas semanas antes, Albert Einstein escrevera a Lindbergh solicitando-lhe que entregasse uma carta ao presidente Roosevelt com as ideias do próprio cientista e de dois outros físicos de renome, Leo Szilard e Edward Teller. A carta alertava FDR que homens da ciência de diversos países estavam próximos da produção de uma reação explosiva nuclear em cadeia — desenvolvimento que poderia chegar a uma bomba de extraordinário poder. Realçando que os pesquisadores alemães estavam bem avançados na pista por tal artefato, a carta instava Roosevelt a estabelecer contato formal com os físicos que trabalhavam com reações em cadeia na América.

Einstein, que conhecera Lindbergh em Nova York poucos anos antes e claramente desconhecia a propensão pelo isolacionismo do famoso aviador, sugeriu aos colegas que ele talvez fosse o perfeito intermediário entre os cientistas e a Casa Branca. Por Lindbergh não responder à carta de Einstein, Szilard enviou-lhe um lembrete em 13 de setembro. Dois dias depois, o discurso foi ao ar e ficou clara a razão do silêncio. "Lindbergh", disse Szilard, melancólico, "não é o nosso homem".[18]*

A maioria dos que escreveram a Lindbergh tinha ponto de vista diferente, com muitos insistindo para que ele apresentasse um programa específico com a finalidade de manter a América fora da guerra. Após aconselhar-se com Truman Smith, William Castle e outros, Lindbergh decidiu fazer um segundo discurso de âmbito nacional pelo rádio em 13 de outubro, justamente na oportunidade em que estava mais aceso o debate no Congresso sobre a revisão da Lei da Neutralidade. Dessa vez, suas palavras foram oficialmente registradas como contrárias à venda de aviões e navios americanos e à maior parte de outros materiais

*Um mês mais tarde, a carta finalmente encontrou o caminho da Casa Branca, levando Roosevelt a desencadear de imediato o processo que conduziu ao desenvolvimento da bomba atômica americana.

bélicos para a Inglaterra e a França, acrescentando, contudo, que aos Aliados deveria ser permitida a compra de armas defensivas, tais como canhões antiaéreos. Como o próprio Lindbergh havia dito repetidas vezes que a única defesa eficiente contra ataque aéreo era uma força aérea poderosa, na essência ele concedia vantagem à Alemanha.

Lindbergh também disse que a Inglaterra e a França eram responsáveis pela deflagração do conflito, afirmando que se tivessem "estendido a mão à empenhada república da Alemanha" no fim da Primeira Guerra Mundial, "não haveria guerra hoje".[19] E, reiterando sua fé no solidarismo e na superioridade branca, declarou: "Fortalecimento da raça é fundamental; política é luxo. Se a raça branca estiver seriamente ameaçada, poderá chegar a hora de tomarmos parte em sua proteção, de lutar lado a lado com ingleses, franceses e alemães, e não uns contra os outros para nossa destruição mútua".[20]

Mais uma vez Lindbergh provocou uma tempestade de reações, porém agora muitos comentários foram intensamente críticos. "Para muitos cidadãos dos EUA", escreveu a *Time*, "ele foi um enganador".[21] Círculos sociais e de negócios, que anteriormente saudaram a volta do aviador, receberam então gelidamente sua mensagem. Entre eles os parceiros da J.P. Morgan & Co., que o convidaram para um almoço em certo dia de outubro no QG dos Morgans em Wall Street.

Durante a permanência na House of Morgan, Dwight Morrow havia aconselhado Lindbergh a respeito de aplicações financeiras, e seus colegas da empresa também fizeram amizade com o genro de Morrow, recebendo o jovem casal em casa e cuidando da administração de seus recursos enquanto estava na Europa. Mas no almoço, os parceiros deixaram claro que se opunham firmemente à sua postura quanto à Lei da Neutralidade. Os homens da Morgan, como um deles disse mais tarde, eram havia muito tempo "pró-Aliados por herança, por instinto, por opinião, como também eram quase todos que conhecíamos no leste dos Estados Unidos".[22] Após a refeição, Lindbergh anotou em seu diário que "obviamente, minha posição era de extrema impopularidade. [...] Despedimo-nos de maneira cortês (vocês sabem, nada de arrufos pessoais), porém em atmosfera tensa."[23]

A reação inglesa à fala de Lindbergh foi ainda pior. Tal como Anne receava, os ingleses magoaram-se com o desdém dele por um país que lhe dera refúgio e à sua família quando mais precisaram. No fim de outubro, as plateias de uma revista musical de Londres cantavam alto uma canção com a seguinte letra:

Then there's Colonel Lindbergh
Who made a pretty speech,
He's somewhere in America,
We're glad he's out of reach.

Em particular dolorosa para Anne foi a coluna que Harold Nicolson escreveu sobre seu marido para *The Spectator*, semanário inglês de assuntos correntes. Publicada como explicação para a atitude de Lindbergh, o artigo de Nicolson afirmava que seu horror "quase patológico" à publicidade e à imprensa levou-o a descrer na liberdade de expressão "e depois, quase, também na liberdade [em si]. Começou a odiar a democracia". Nos mais de dez anos desde seu voo histórico, escreveu Nicolson, sua "virilidade e suas ideias" tornaram-se "não só inflexíveis, mas realmente rígidas; sua autoconfiança endureceu em arrogância e suas convicções viraram granito". Contudo, observou o escritor britânico, as pessoas deveriam entender que Lindbergh, na verdade, nunca crescera e, portanto, não de*ver*ia ser julgado com tanto rigor: "Até hoje ele continua [um] bom menino do Meio Oeste".[24]

O tom condescendente do artigo de Nicolson mascarava a fúria real de seu autor. Membro do Parlamento desde 1935, Nicolson fazia parte de pequeno grupo de rebeldes antiapaziguamento na Câmara dos Comuns, que acreditava a Inglaterra à beira da catástrofe e que o governo Chamberlain precisava fazer muito mais para derrotar Hitler. Nicolson não tinha simpatia nem paciência com as opiniões daquele americano que outrora considerara amigo.

Lindbergh, de sua parte, descartou, curto e grosso, os comentários de Nicolson como "meio tolos". Registrou em seu diário: "Como muitos outros (eu esperava coisa melhor dele), me ataca pessoalmente em vez de atacar as coisas que apoio e com as quais não concorda. É natural os ingleses não gostarem de meus pronunciamentos, porém eu esperava crítica mais objetiva. [...] Mas, o país está em guerra, e deve-se fazer vista grossa e desculpar muitos atos de seus cidadãos".[25]

Anne não podia ser tão impassível e soberba quanto o marido. Quando leu pela primeira vez "o artiguinho mordaz", senti como se "me faltasse ar para respirar".[26] A amizade de Nicolson, cuja casa em Kent havia lhe proporcionado tanta felicidade e cuja cordialidade e encorajamento tinham lhe ajudado a se lançar na carreira de escritora, significavam muito para ela, e o desdém do inglês por Charles a feriu profundamente.

Bem mais danoso para Lindbergh foi o ataque da ativa colunista política Dorothy Thompson, líder na América nas críticas contra Hitler e seu regime. Com uma coluna publicada em mais de 150 jornais dos Estados Unidos associados ao *New York Herald Tribune*, ela era lida por cerca de 10 milhões de pessoas por dia. Esse público imenso e mais o programa de rádio semanal na NBC e aindaa coluna muito lida na revista mensal *Ladies' Home Journal* tornavam Thompson uma das mais influentes formadoras de opinião do fim dos anos 1930 e início dos 1940.

"Pessoas que provavelmente jamais haviam lido um livro na vida citavam-na com familiaridade dia a dia", observou o jornalista Vincent Sheean, amigo de Thompson. "Ela brilhava mais que qualquer jogador de beisebol ou estrela do cinema."[27] A opinião de Sheean foi reforçada pela popularidade do filme de 1942 *Woman of the Year* (Mulher do Ano), cuja personagem principal, representada por Katharine Hepburn, era ficcional porém mal disfarçava tratar-se de Dorothy Thompson.

A jornalista encontrara-se com Lindbergh pela primeira vez em 1930, três anos após o voo para Paris, num jantar formal no norte da Califórnia. Antes da refeição, Thompson viu, horrorizada, o jovem aviador praticar uma de suas brincadeiras preferidas e das quais tanto gostava: às escondidas, derramou boa dose de líquido para higiene dental num decantador pousado em aparador lateral, onde um valioso Burgundy arejava. A lei

A colunista Dorothy Thompson depõe ante comitê do Senado, em setembro de 1939, favoravelmente ao banimento das restrições à venda de armas para a Inglaterra e a França.

seca ainda vigorava no país e, para Dorothy, "um perfeito Burgundy era coisa rara e preciosa", explicou Vincent Sheean. "Ela nunca esqueceu [o que Lindbergh havia feito], aquilo formou, ou ajudou a formar, a impressão que tinha do piloto."[28]

Contudo, por irritante que fosse a travessura, o que a incomodava mais era a racionalização fria e pouco emocional de Lindbergh quanto à agressão alemã. Ao contrário do aviador, Thompson não fizera apenas umas poucas — cuidadosamente dirigidas — visitas ao Reich antes de expor ao mundo seus pontos de vista sobre o país. Como correspondente estrangeira de dois jornais dos EUA, ela vivera na Alemanha e na Áustria durante a ascensão de Hitler ao poder e testemunhara em primeira mão a flagrante malignidade de seu regime. Presenciara brutamontes nazistas arrombando casas de judeus, de esquerdistas e de outros chamados inimigos do Reich, espancando-os com canos de aço, quebrando seus dentes, urinando sobre eles e fazendo-os ajoelhar para beijarem bandeiras com a suástica. Nazismo, escreveu ela no começo de 1930, "é ruptura total com a razão, com o humanismo, com a ética cristã, fundamentos do liberalismo e da democracia. [...] É inimigo do que quer que signifique amor à liberdade e felicidade na vida".[29]

Em 1934, Dorothy foi expulsa da Alemanha, sem aviso prévio, por ordem direta do Führer. Era a primeira vez que os nazistas ejetavam um repórter americano, o que a transformou em celebridade internacional da noite para o dia. Ela começou sua coluna em 1936 e, durante os quatro anos seguintes, a maior parte do que escreveu tomou a forma de cáusticos ataques à Alemanha nazista, bem como à indiferença de outros países em relação à ameaça daquele país. "O espetáculo de nações grandes, poderosas, ricas e democráticas capitulando a toda hora diante do banditismo, da extorsão, da intimidação e da violência é a visão mais aterradora e desencorajante no mundo de hoje", declarou ela. "Mais desencorajadora do que a própria agressão."[30] Noutra coluna, a jornalista escreveu que "o mundo civilizado recebeu tapa no rosto e ofereceu a outra face com tanta frequência que o movimento já se tornou giratório".[31]

Sua preocupação com a situação internacional estendeu-se também à sua vida pessoal. Em jantares e outras ocasiões sociais, ela não tinha chance de falar sobre outra coisa. "Se eu um dia me divorciar de Dorothy", brincou certa vez seu marido Sinclair Lewis, o romancista ganhador do Prêmio Nobel, "vou citar Adolf Hitler de corresponsável".[32] Thompson se irritava particularmente com a inação do seu próprio país. "Ela acha mesmo que a neutralidade da América é uma espécie de covardia", publicou *The New Yorker*, "e tem dito repetidas vezes que se os Estados Unidos conseguirem ficar fora da guerra, o farão sem sua aprovação".[33]

Diferentemente de Lindbergh, Thompson julgava, apaixonadamente, que a guerra era, de fato, uma luta do bem contra o mal e que a América tinha obrigação moral de intervir. "Acredite ou não", escreveu ela, em golpe claramente desferido contra o aviador, "há certas coisas no mundo como moralidade, lei, consciência e conceito nobre de humanidade que, uma vez despertadas, são mais fortes do que todas as ideologias".[34]

A ferocidade dessas crenças sem dúvida contribuiu para a selvageria do ataque dela a Lindbergh. Ele era, escreveu Thompson em sua coluna, "um cretino da pior espécie", homem "sem sentimentos humanos", um "pró-nazista que recebeu medalha alemã".[35] Acusou-o ainda de "ter a noção de ser o Führer americano". Embora reconhecendo não ter prova para essa teoria, ela insistiu que "a inclinação do coronel Lindbergh pelo fascismo é bem conhecida de seus amigos".[36]

Eleanor Roosevelt, que igualmente tinha uma coluna jornalística amplamente divulgada, aplaudiu Thompson pelo que chamou de suas reveladoras opiniões sobre Lindbergh: "Ela reparou na fala do coronel Lindbergh uma simpatia pelos ideais nazistas, que também percebi, mas não tive coragem para acreditar que ela existia".[37] Outros, todavia, acharam que as observações incendiárias de Thompson haviam ido longe demais. Até Harold Ickes, que atacara Lindbergh um ano antes com linguajar igualmente duro, especulou se a jornalista deveria ter escrito o que escreveu. Apesar de "aprovar de coração o que ela tinha a dizer", Ickes ponderou "se era prudente ou questionável dizer aquilo tudo de uma só vez".[38]

A coluna de Dorothy, assim como outras críticas da imprensa ao pronunciamento de outubro de Lindbergh, decerto contribuiu para a torrente de correspondência odiosa que desabou sobre ele e a mulher, inclusive cartas ameaçando sequestrar e matar os dois pequenos filhos do casal. No recôndito da mente de Anne estava sempre o que ocorrera em março de 1932 — "aquele terrível, insano e maldoso mundo do 'Caso'".[39] Registrou então em seu diário: "Fomos lançados de volta àquela horrorosa atmosfera. [...] Não há chance. Estou furiosa, amarga e encurralada de novo. Onde podemos viver, para aonde podemos ir?".[40]

Embora Lindbergh partilhasse da inquietação da esposa, ele se mostrava disposto a continuar a luta pelo não envolvimento da América na guerra. "Sinto que preciso fazer isso, mesmo que tenha de cercar minha casa de guardas armados", escreveu no diário. E fechou a observação com acre pós-escrito: "Curiosa situação num país que pretende ser civilizado: as pessoas não gostam do que você faz, então ameaçam assassinar seus filhos".[41]

Contudo, os Lindberghs não estavam sozinhos em sentir as chicotadas da colérica opinião pública. Durante dias após sua coluna anti-Lindbergh, Dorothy Thompson recebeu tantas cartas ameaçadoras que disse aos amigos temer por sua segurança. "Rezo para que a primeira bomba despejada sobre os EUA caia sobre seu filho",[42] começava uma das cartas. Outra dizia: "Por que você não dá o fora dos EUA, já que não temos a menor consideração por pessoas da sua espécie?".[43] O destinatário de grande parte das cartas foi "Dorothy Thompson, Instigadora de Guerras". Mas Thompson recusou-se a ser intimidada pela hostilidade contra ela. Atacaria Lindbergh em outras três colunas naquele ano, seguidas por seis em 1940 e quatro em 1941.

ROBERT SHERWOOD FOI OUTRO DOS NOTÁVEIS ESCRITORES americanos profundamente afetados pelo que Lindbergh dizia sobre a América e a guerra. Porém, diferentemente de Dorothy Thompson, ele não aferroou publicamente o aviador — ao menos naquela oportunidade. Seu único comentário acerca das falas de Lindbergh foi feito em branda carta ao editor da *Time*, que havia enigmaticamente declarado em artigo que o piloto, em seu segundo pronunciamento, "havia representado ninguém, ainda assim a todos".[44] Sherwood pediu licença para dizer que ele não o representava.

Robert Sherwood.

Personalidade literária das mais conhecidas em Nova York e membro-fundador da Algonquin Round Table, Sherwood, com seus 43 anos, era autor de diversas peças da Broadway. A última delas, *Abe Lincoln in Illinois*, estreada poucos meses antes, era um tremendo sucesso, e logo iria dar ao escritor um segundo Prêmio Pulitzer. (Ele ganhou mais dois Pulitzers e um Academy Award na carreira.)

Sherwood combatera na Primeira Guerra Mundial e, assombrado com a experiência, tornara-se um amargo pacifista. Ainda assim, pelo outono de 1939, já se convencera de que Hitler representava perigo mortal não só para a Europa como também para os Estados Unidos e para o resto do mundo. O choque e a fúria que sentiu fizeram-no entrar em ação. Ao longo do ano seguinte, ele se tornaria um dos mais ativos militantes na batalha pela intervenção — cruzada que, no fim, o faria chegar à Casa Branca como alto assessor do presidente. E, a exemplo de Thompson, sua *bête noire* central seria Charles Lindbergh, homem que já considerara herói.

Sherwood sempre necessitou de heróis em quem acreditar. Sob o verniz de charme sofisticado e fina sutileza existia um empedernido romântico e idealista. "Sherwood continua incorrigível otimista", notou *The New Yorker*. "Tem fé no triunfo final do princípio democrático."[45]

Filho de um corretor de ações de Wall Street, Sherwood cresceu no seio de família rica e bem relacionada. O pai frequentara Harvard, onde ajudou a fundar a revista humorística *The Harvard Lampoon* (A Sátira de Harvard) e foi membro do Hasty Pudding Club, famosa sociedade teatral da universidade. Seguindo as pegadas do pai, Sherwood também estudou em Harvard, tornando-se autor teatral de destaque do Hasty Pudding e presidente da *Lampoon*. Acreditando que a América tinha obrigação de ajudar os Aliados, tentou se alistar no Exército, mas foi dispensado porque, com seus 2,04 metros, foi considerado muito alto. Persistente, largou os estudos e entrou para um um regimento canadense — o 5º de Royal Highlanders, também conhecido como "The Black Watch". A unidade foi enviada para a França no início de 1917.

Naquele agosto, o Black Watch, com outras forças canadenses, desempenhou papel importante na batalha pela Serra de Vimy, sofrendo expressivas baixas. Entre os feridos Sherwood que, intoxicado por gás no mês anterior, tropeçou numa armadilha explosiva durante o combate e se viu seriamente cortado por arame farpado. Seus ferimentos infeccionaram seriamente, causando problemas respiratórios e cardíacos, os quais resultaram em diversos meses de hospitalização.

Apesar de horrorizado com o banho de sangue que testemunhara, Sherwood acreditava os sacrifícios da guerra justificados pela vitória dos Aliados, a qual, tinha certeza, desaguaria num mundo de justiça, altruísmo e paz. Como isso não aconteceu, sentiu-se ludibriado e traído. Voltou para Nova York um desiludido, mordaz e extremado oponente da Liga das Nações. Em 1920, votou pela primeira vez para presidente e escolheu Warren Harding, contribuindo dessa forma, como observou mais tarde, "com sua parcela de culpa para a grande mentira. [...] O que eu e outros americanos conseguimos com a vitória de Harding foi uma década de hipocrisia, corrupção, crime, glorificação da ganância e depravação, seguida por uma década de hitlerismo ascendente".[46]

Essa percepção, no entanto, viria muitos anos mais tarde. Na ocasião do retorno, Sherwood, como outros veteranos, teve dificuldade de adaptação à vida civil. Buscando uma saída para seus pesadelos, ele se atirou nos insensatos bons tempos dos anos 1920. Com 23 anos, conseguiu colocação na *Vanity Fair*, excelente e requintada revista mensal, que publicava ensaios literários, contos curtos e poesia, bem como atualíssimos artigos sobre teatro, arte e alta sociedade. Foi lá que ele conheceu Dorothy Parker, de 25 anos, e Robert Benchley, de 28, outro ex-aluno de Harvard. O trio tornou-se inseparável, tanto que, quando Sherwood saiu da *Vanity Fair* a fim de escrever para uma revista de humor chamada *Life*,* Parker e Benchley logo o acompanharam.

Os três almoçavam todos os dias no restaurante do Algonquin Hotel, próximo aos escritórios da *Life*, no centro de Manhattan. Não tardou para que outros escritores e editores se juntassem ao grupo. Com o tempo, a reunião passou a ser conhecida como a Mesa Redonda do Algonquin, considerada por seus membros e por boa parte de Nova York como personificação da verve e sofisticação urbanas. Além de Sherwood, Parker e Benchley, os assíduos eram autores teatrais como Marc Connelly e George S. Kaufman; colunistas da estirpe de Heywood Broun e Franklin P. Adams; o crítico Alexander Woollcott; o editor do *New Yorker* Harold Ross; e a romancista Edna Ferber. Outros expoentes, como o escritor Ring Lardner, o comediante Harpo Marx e a atriz Helen Hayes, passavam por lá.

Ideias abstratas despertavam pouco interesse na maioria daquelas celebridades literárias, tampouco conversavam sobre política, economia

*Em 1936, *Life*, que não ia bem, foi comprada pelo editor de revistas Henry Luce, o qual a fechou e usou seu nome para a nova revista à base de fotos que estava prestes a lançar.

ou problemas sociais. Por grande parte dos anos 1920, eles ficaram descontraidamente distanciados do mundo real, absorvidos por incessantes e animadas conversas sobre assuntos mais leves e sociais. Sherwood não era exceção, normalmente emendando os almoços no Algonquin com uma noite de teatro, um *nightclub* ou um jogo de pôquer na própria Round Table. Os fins de semana eram com frequência passados em festas regadas de muita bebida nos apartamentos de Manhattan ou nas casas de campo de outros membros da Round Table, onde o *croquet* era muitas vezes jogado com demasiada competição, que chegava a ser quase um esporte de sangue.

Por muito que apreciasse a companhia dos amigos da Round Table, o fato é que Sherwood se sentia cada vez mais deslocado naquele estilo de vida superficial e autocentrado. Ainda às voltas com suas experiências da Primeira Guerra Mundial, desejava fazer algo significativo, mas não tinha certeza do quê.

Foi então que, no verão de 1925, em fim de semana na casa de campo de Long Island, Edna Ferber puxou Sherwood, então com 28 anos, para um canto para conversarem de coração aberto. Autora de romances vencedores do Prêmio Pulitzer como *So Big*, *Show Boat* e *Giant*, Ferber era um dos poucos membros da Round Table que levavam a literatura a sério. Ignorando "os jogos de dados à nossa direita, os de bacará à esquerda e Irving Berlin à nossa frente",[47] como se lembrou Sherwood, ela lhe disse: "A melhor coisa que poderia ocorrer com você seria escapulir do Algonquin e exilar-se em Kansas City por uns dois anos. No fim desse período, você voltaria com alguma valiosa obra".[48]

A conversa com Ferber provou ser momento definitivo na vida de Sherwood. Apesar de não ter se exilado em Kansas City, ele seguiu o resto do conselho. Distanciando-se da Round Table, começou a escrever peças teatrais, produzindo mais de uma dúzia na década seguinte, a maioria enfocando, de alguma forma, aquilo que considerava estúpida e insensata tolice da guerra. Como muitos de seus esforços anteriores, o primeiro estrondoso sucesso de Sherwood, *Road to Rome*, disfarçou sua irada mensagem antiguerra atrás da cortina de fumaça de inteligente diálogo urbano cujos alvos ostensivos eram as plateias de Nova York; o crítico Charles Brackett descreveu a peça no *New Yorker* como "um hino odioso contra o militarismo — alegremente dissimulado como canção de amor".[49]

Diversas de suas peças, inclusive *Waterloo Bridge*, *Reunion in Vienna* e *The Petrified Forest*, se transformaram em filmes. O mesmo aconteceu com *Idiot's Delight*, que estreou na Broadway em 1936 e lhe valeu o primeiro Prêmio Pulitzer. Tanto antifascista como antiguerra, *Idiot's Delight* foi a última peça de Sherwood a apresentar personagens que bradavam contra malfeitores, mas não faziam nada de construtivo em prol do que acreditavam.

Quando a Europa se aproximou do abismo, no fim dos anos 1930, Sherwood lutou para equilibrar seu furor contra a guerra com a convicção de que Mussolini e Hitler deveriam ser barrados. "Meu Deus", escreveu em seu diário em 1937, "como espero viver para ver o dia em que esses dois repulsivos bárbaros receberão a devida punição!"[50]

Cada vez mais obcecado com a piora da situação europeia, Sherwood abandonou a escrita para se dedicar à leitura "de praticamente tudo que era notícia estrangeira nos jornais — colunas, editoriais — e a ouvir todas as transmissões que pude".[51] Depois da entrega da Tchecoslováquia em Munique, ele finalmente desistiu de seu pacifismo: "Sinto que tenho que começar a batalhar por uma coisa — o fim de nosso isolamento. Não há esperança para a humanidade a menos que participemos vigorosamente das preocupações do mundo e assumamos nosso lugar adequado de liderança, com todas as responsabilidades inerentes a ela".[52]

Não muito depois de Munique, sua mudança de postura estimulou-o a escrever outra peça. Nela, não mais utilizou a característica e sutil mordacidade nem a costumeira e gentil abordagem niilista. Recorrendo ao passado, a peça centra em um dos heróis mais venerados na América, o qual, como Sherwood e milhões de outros americanos, foi um homem da paz compelido a enfrentar o dilema do apaziguamento *versus* guerra.

Abe Lincoln in Illinois acompanha a vida de Abraham Lincoln nos dias que antecederam sua posse como presidente, enquanto ele se engalfinha com a atitude que deveria assumir quanto à escravidão: ficar quieto e deixar que a maléfica instituição se alastrasse como metástase pela América ou se mostrar firme contra ela, aceitando assim a possibilidade da guerra civil, ideia que detestava tanto quanto a escravatura?

No rastreio da tortuosa jornada de Lincoln pela neutralidade até seu reconhecimento da necessidade de tomar alguma medida, Sherwood reencena brevemente os famosos debates Lincoln-Douglas de 1858. Quando o senador Stephen Douglas insiste para que cada Estado seja livre para decidir sobre seus próprios problemas e "deixar seus vizinhos em paz", Lincoln replica que essa atitude "é a política complacente da indiferença para com o mal; é política que só posso odiar". E explica: "Eu a repudio porque ela priva nossa república de sua justa influência no mundo; permite que os inimigos das instituições livres, que estão por todos os cantos, nos ridicularizem como hipócritas, e faz com que os autênticos amigos da liberdade duvidem de nossa sinceridade".[53]

A implícita comparação do dilema da América dos anos 1850 com os do fim dos 1930, ficou muito evidente para as plateias. Heywood Broun, do *World* de Nova York, qualificou *Abe Lincoln in Illinois* como "a mais admirável peça de propaganda que chegou aos nossos palcos. [...] Para os satisfeitos e convencidos, ela parecerá subversiva até a alma. [...] Ela é o verdadeiro grito de guerra da liberdade".[54]

Porém, após soltar o grito de guerra, Sherwood, assaltado "pelo frenesi da incerteza",[55] revelou-se ainda ambivalente sobre os passos que o país deveria dar para combater Hitler. Mesmo quando a Alemanha invadiu a Polônia, sua voz não se fez ouvir no discurso público. Somente quando escutou os pronunciamentos de Lindbergh foi que resolveu abandonar a persona de autor teatral e falar alto como Robert Sherwood.

Grande admirador de Lindbergh desde seu voo de 1927, Sherwood acreditava que a decência e a dignidade do jovem aviador haviam proporcionado um farol para o país, em meio à corrupção e ao materialismo dos anos 1920, que Sherwood mais tarde descreveria como "a mais sórdida das épocas".[56] Quando outros criticaram Lindbergh e a esposa pelas viagens à Alemanha, ele os defendeu. No início de 1939, registrou em seu diário: "Fico doente só em pensar na maneira com que os Lindberghs foram execrados como pró-nazistas — ela demonstra como as pessoas perderam o equilíbrio nesse assunto tão horrendo".[57]

No entanto, quando ouviu Lindbergh declarar que os Estados Unidos não deveriam fazer nada para ajudar os Aliados Ocidentais e que foram eles, não a Alemanha, os responsáveis pela guerra, ficou espantado, horrorizado, "até nauseado".[58] Apesar de não pôr em dúvida a sinceridade das crenças de Lindbergh, sentiu-se alarmado com o fato de o homem que outrora considerara herói fosse tão insensível à perversidade do nazismo e à ameaça que ele representava para o mundo. Enquanto escutava as falas do piloto pelo rádio, convenceu-se, como mais tarde escreveu, de que "o nazismo estava poderosa e persuasivamente representado em nosso próprio meio".[59] Logo depois da primeira declaração de Lindbergh, Sherwood escreveu no seu diário: "Será Lindbergh algum dia nosso Führer?".[60]

Poucos dias mais tarde, quando o afamado editor de jornais do Kansas, William Allen White, enviou um cabograma a Sherwood solicitando-lhe que se juntasse a um movimento de amplitude nacional para lobby junto ao Congresso pela revisão da Lei da Neutralidade, Sherwood de imediato disse sim. Afirmou a White que "daria toda a ajuda física, moral e financeira ao seu alcance. [...] Se os Aliados fossem derrotados então outra guerra rapidamente se seguiria, e seria travada neste hemisfério".[61]

Diversas semanas depois desse fato, numa longa e comovida carta em busca do aconselhamento de White sobre que papel deveria assumir no florescente debate sobre o conflito na Europa, Sherwood realçou que continuava detestando a guerra com todas as suas forças. Porém adicionou que "a terrível verdade é que, quando a guerra bate à sua porta, tem-se que travá-la; e esta guerra me apareceu em casa".[62]

6

ESTOU QUASE LITERALMENTE PISANDO EM OVOS

Robert Sherwood nem de longe era o único a pedir os conselhos de William Allen White. Desde William McKinley, a maioria dos presidentes americanos fizera o mesmo. Na verdade, recorrer às opiniões de White tornara-se hábito americano. Ele era, observou um historiador, "o mais próximo de uma instituição nacional que um idoso editor de jornal poderia ser".[1]

Roliço e de óculos, White, aos seus 71 anos de idade, passara a maior parte da vida na cidadezinha de Emporia, no Kansas. Seu jornal, o *Emporia Gazette*, jamais teve tiragem superior a 7 mil exemplares, mas o nome de seu editor — vencedor do Prêmio Pulitzer — era instantaneamente reconhecido por milhões de pessoas em todo o país.

Foi também biógrafo, fazedor de reis, romancista, escritor de artigos e de pequenas histórias para *The Saturday Evening Post* e para outras grandes revistas nacionais, além de ostensivo opositor da Ku Klux Klan. No entanto, o mais atraente para seus compatriotas eram seus poucos refinados comentários políticos e sociais, assim como os valores que defendia — a necessidade de tolerância e trabalho pela comunidade, por exemplo, e a importância das instituições locais, tais como igrejas e escolas, na construção da democracia. Seus escritos se pareciam com pinturas de Norman Rockwell, descrevendo inatas pessoas decentes que se abstinham do conflito e se congregavam para o bem comum, tudo o que ajudava a dar aos leitores — e aos observadores dos quadros — um senso de orgulho e conforto por si mesmos e por seu país.

William Allen White.

Republicano progressista ao velho estilo, que fora amigo chegado de Theodore Roosevelt, White mantinha relação bastante complicada com o presidente de então. Por muito tempo apoiara diversas das reformas sociais e econômicas que Franklin Roosevelt implementou; ao mesmo tempo, continuava fanático e leal republicano que nunca votara em candidato democrata para presidente, mesmo quando concordava com as posições do partido opositor em várias questões. Numa parada em Emporia na campanha presidencial de 1936, Roosevelt, que considerava White um amigo, declarou sorrindo para a multidão que podia contar com o apoio do editor "em três anos e meio de cada quatro deles".[2]

Esse apoio estendia-se também à política externa de Roosevelt. Como Robert Sherwood, White tinha enorme aversão à própria ideia de guerra e, por ser do Meio Oeste, poder-se-ia facilmente tomá-lo por isolacionista. Porém era homem do mundo, incansável viajante que visitara seis dos sete continentes e defendia por muito tempo cooperação mais cerrada dos Estados Unidos com o resto do mundo.

Antes, dera suporte irrestrito à aprovação da Lei de Neutralidade, esperando que ela mantivesse os EUA fora da guerra que se aproximava na Europa. Mas, quando a Alemanha invadiu a Polônia, mudou de ideia, apoiando a proposta de Roosevelt de revisão da lei, de modo que a França e a Inglaterra pudessem comprar armas. Bem consciente da popularidade de White no centro do território americano, o presidente solicitou-lhe ajuda para "vender" o plano ao povo.

White relutou de início devido a sua idade avançada. Rendeu-se, por fim, à capacidade persuasiva de FDR e se tornou chefe de um grupo cujo complicado nome era Nonpartisan Committee for Peace Through Revision of the Neutrality Act (Comitê Apartidário pela Paz Através da Revisão da Lei de Neutralidade). Recrutando Sherwood e mais de cem outros destacados americanos como membros, o comitê trabalhou para mobilizar a opinião pública mediante editoriais, publicidade em jornais e rádios. Depois de instar para que o Congresso fosse inundado de cartas e telegramas de apoio, White foi pessoalmente a Capitol Hill para conquistar senadores republicanos e outros parlamentares.

Quando chegou, parecia que os isolacionistas, pelo menos de início, estavam vencendo a batalha. A primeira fala pelo rádio de Lindbergh tivera impacto dramático, da mesma forma que os pronunciamentos também pelo rádio de Burton Wheeler e Gerald Nye, bem como outras figuras antiguerra de proa. "Se a América deseja realmente ficar fora dos conflitos estrangeiros, deve lembrar como é fácil entrar neles", declarou Nye num de seus discursos que foi ao ar. "Precisamos da Lei de Neutralidade. Necessitamos peias num presidente."[3]

Tais apelos ao sentimento antiguerra resultaram em milhões de telegramas, cartas e cartões-postais aos legisladores, em sua maioria exigindo que o embargo de armas permanecesse intocável. Das 1.800 cartas recebidas por um senador republicano, apenas 76 eram pela revogação da lei. Apesar de se inclinar ao suporte à proposta do presidente, o senador disse que, então, provavelmente votaria contra ela. Outros congressistas fizeram declarações similares.

Contudo, apesar dos presságios sombrios, a situação continuava extremamente fluida, como percebeu Roosevelt analisando as últimas pesquisas de opinião pública. A maioria dos americanos ainda estava determinada a ficar distante da guerra, porém, ao mesmo tempo, grande parte (85%, segundo uma das pesquisas) queria que franceses e ingleses vencessem. Em outra, 24% foram a favor da ajuda aos Aliados, enquanto 30% se opuseram à assistência a qualquer dos países beligerantes. Enquanto isso, 37% diziam não favorecer nem os Aliados nem a Alemanha, mas aprovavam a venda de armas aos países em guerra, na base do "pague e leve".

Esse grupo intermediário, com ideias quase indiferentes, combinado com aquele firmemente favorável à ajuda, daria ao presidente o suporte público de que precisava. Como ele via, a única maneira de garantir apoio seria diminuir a importância do salvamento das democracias europeias e, em vez disso, argumentar que substituir o embargo por "pague e leve" era o melhor modo de manter a América longe da guerra.

Em sua campanha por suporte congressista, Roosevelt, agudamente consciente de quão vulnerável ainda estava depois dos desastres políticos dos dois anos anteriores, movimentou-se tão cuidadosa e prudentemente quanto possível. "Estou quase literalmente pisando em ovos",[4] disse a um conhecido. Antes de convocar sessão extraordinária do Congresso, ele se esmerou por preparar o caminho, pedindo a opinião de líderes do Senado e da Câmara e conversando individualmente com parlamentares na tentativa de ganhar apoio. Ao mesmo tempo, governadores, prefeitos e empresários importantes, simpáticos à causa dos Aliados, eram recrutados para ajudar a amealhar votos, enquanto o comitê de William Allen White recebia a tarefa de convencer a opinião pública. A influentes intervencionistas, como o ex-secretário de Estado Henry Stimson, pediram-se declarações pelo rádio que se contrapusessem às dos isolacionistas

Da maior importância foi a criação de uma coalizão totalmente nova de legisladores pró-governo. Da mesma forma que os principais oponentes do presidente eram então os progressistas que antes apoiavam seus programas internos, muitos de seus novos adeptos, naquele conturbado período, passaram a ser conservadores que no passado atacaram selvagemente o New Deal.

Roosevelt foi particularmente intenso na corte aos democratas sulinos, região tradicionalmente pró-militar e pró-britânica. Entre eles, o senador Walter George, da Geórgia, um dos principais alvos na lista de expurgos de 1938 do presidente. Para administrar a revisão da lei no Senado, a Casa Branca escolheu o senador James Byrnes, astuto representante da Carolina do Sul que, segundo um conhecido, "era capaz de encantar uma serpente sem flauta e de olhos vendados".[5] O governo também distribuiu generosamente aos sulistas substancial quantidade de bons cargos.

Concluídos os trabalhos preparatórios, o Congresso reuniu-se em sessão extraordinária, e Roosevelt foi à Colina do Capitólio em pessoa para apresentar seu pedido. Na esteira da deflagração da guerra na Europa, Washington se eriçava com segurança extra contra potenciais sabotadores e espiões, e o Capitólio e suas imediações assumiam o aspecto de acampamento militar. Dezenas de policiais e destacamentos reforçados do serviço secreto enxameavam em torno do presidente quando ele adentrou o edifício e, apoiado no braço de um assistente, caminhou lenta e desajeitadamente para a tribuna da Câmara dos Deputados.

Não demonstrando vestígio de seus modos normalmente agradáveis e bem-humorados, Roosevelt, de pé, permaneceu sério no pódio, mal agradecendo a onda de aplausos com que foi recebido. Um repórter descreveu-o "cansado e desgastado".[6] No entanto, quando começou a falar, não houve um pingo de desgaste em sua voz. Até aquele momento, Lindbergh, Borah e seus outros adversários haviam dominado a discussão. Agora era a vez do presidente de ficar sob os holofotes, e ele estava determinado a tirar dela o máximo proveito.

Para os parlamentares reunidos e para milhões de americanos que ouviam o discurso pelo rádio, FDR declarou sem abaixar o tom: "Lamento que o Congresso tenha aprovado a Lei [da Neutralidade]. Lastimo também que eu a tenha sancionado". Argumentou que a revisão da lei era a melhor maneira de garantir a paz e a segurança dos EUA no tormentoso período à frente: "Nossos atos têm de ser guiados por um único e consistente pensamento — manter a América fora desta guerra!".

FDR insistiu que os isolacionistas não se considerassem únicos membros do "bloco da paz", acrescentando: "Todos pertencemos a ele". E frisou de novo: "Este governo não pode perder tempo ou poupar esforço para evitar que a nação seja arrastada à guerra"[7] — comentário que provocou os maiores aplausos naquele dia.

Enquanto a limusine presidencial se afastava do Capitólio, após o pronunciamento, um aglomerado de manifestantes, agitando pequenas bandeiras, protestou contra sua aparição no Congresso e contra sua proposta. "Somos mães!", berrou uma mulher. "Não queremos nossos meninos na guerra!".[8] No cômputo geral, contudo, a reação pública foi extremamente favorável. Em poucos dias, a Casa Branca foi atulhada por dezenas de milhares de cartas e telegramas aplaudindo o discurso, enquanto parlamentares acusavam mudança em sua correspondência favorecendo a revogação do embargo. Segundo pesquisa feita imediatamente após o pronunciamento presidencial, pouco mais de 60% do povo americano agora apoiava a revogação.

Quando começou o debate no Congresso alguns dias mais tarde, "os nervos se mostraram à flor da pele",[9] observou a *Time*. Centenas de pessoas, a maioria opositora da lei, lotaram as galerias de ambas as Casas. Herbert Agar, bem conhecido editor de jornal sulista, que presenciou, do local reservado para a imprensa, diversos dias de discussões no Senado, comentou sobre a reação dos observadores: "Poder-se-ia pensar que o presidente solicitara permissão para vender os Estados Unidos à Inglaterra". Agar, entusiasmado intervencionista, viu adversários da medida "invadindo os corredores do prédio de gabinetes do Senado e bradando sobre 'mercadores da morte', 'a House of Morgan', 'propaganda inglesa' e expressões semelhantes do passado distante — visão não muito condizente com uma democracia trabalhando em formulação de política externa".[10]

Logo após o discurso do presidente, um grupo de mais de vinte senadores isolacionistas jurou lutar contra a proposta de revogação "do começo ao fim".[11] Durante todas as seis semanas de intensos debates que se seguiram, cumpriram a promessa. O rival mais eloquente foi William Borah, o qual, apesar de fisicamente frágil, mostrou mais uma vez por que era considerado o melhor orador do Senado. Com a voz tremendo de fúria, o idoso Borah disse aos seus colegas senadores que a passagem da revogação seria o primeiro passo na descida escorregadia para a ativa intervenção na guerra. Dirigindo seu comentário seguinte ao povo americano, asseverou: "Caso se acredite no que agora é pregado em todo o país, em breve estaremos entregando material bélico sem pagamento e enviando nossos moços para os abatedouros da Europa".[12]

Descartando as advertências de Borah, os senadores pró-governo, que falaram em favor da proposta de revogação, seguiram a pista de Roosevelt jamais mencionando a necessidade de ajudar a Inglaterra e a França, e sim insistindo que o fim do embargo era a melhor garantia de paz para a América. Ao fazê-lo, disse o historiador Robert Divine, continuaram "o 'faz de conta' de que a venda de armas aos Aliados não passava de subproduto acidental de um programa orientado para manter os Estados Unidos fora da guerra".[13]

Embora os parlamentares isolacionistas tivessem prolongado o debate ao máximo possível, a causa deles era claramente batalha perdida, em especial quando o governo, numa concessão ao sentimento isolacionista, concordou com a permanência da cláusula da Lei de Neutralidade que proibia a entrada de belonaves americanas em zonas de guerra. No Senado, conservadores democratas sulistas se juntaram aos colegas liberais do Norte e votaram pela revogação do embargo; a apuração final foi 63 a trinta pela aprovação da proposta presidencial. Na Câmara dos Deputados houve margem semelhante e grande. Nas duas Casas, a maior parte dos votos negativos veio do Meio Oeste e do Oeste.

Depois do evento, extasiado, Cordel Hull disse: "Vencemos uma grande batalha".[14] Mas os isolacionistas acharam que o triunfo do governo fora vitória de Pirro. "Em razão de nossa luta, será muito mais difícil para FDR levar nosso país à guerra." O senador Arthur Vandenberg, republicano de Michigan, anotou em seu diário: "Nós o obrigamos e ao seu grupo no Senado a serem veementes nas devoções à paz — e incitamos o país a uma vigilância pela paz, que é poderosa".[15]

Advogados da revogação do embargo, nesse meio-tempo, externaram pesar pelos repetidos argumentos do presidente e de seus aliados congressistas de que a legislação aprovada ajudaria a manter a América longe da guerra. Dorothy Thompson, por exemplo, queixou-se da promessa ao povo de que teria "mais segurança do que seria sensato pensar em ter. Nem uma só pessoa neste mundo de hoje tem segurança".[16]

FDR colocou de lado essas críticas. Reagiu friamente quando o agente literário George Bye, amigo dos Roosevelts, repassou-lhe uma carta de amigo que dizia em certo trecho: "Por que não dizer ao nosso amigo FDR para deixar de ficar enrolando, ir ao rádio e ser franco com seu povo? [...] É *claro* que não podemos nos dar ao luxo de deixar a França e a Inglaterra afundarem. É *claro* que devemos nos preparar para ajudá-las — inicialmente com material bélico, e então, se isso não for suficiente, com tudo que tivermos. Qual a razão da inércia? Por que esses senadores evasivos brincam com o povo americano sobre a crença de que podemos ficar fora de outra guerra? Por que não expor o brutal realismo ao nosso povo *antes* que seja tarde demais?"[17] Claramente impassível, o presidente instruiu seu secretário a responder com expressão de agradecimento inócua: "Diga que fiquei deleitado em recebê-la".[18]

Depois do duplo desastre da Suprema Corte e do expurgo no Congresso, Roosevelt precisava ainda recuperar a outrora confortável certeza de que o povo o apoiava. Ao longo dos dois anos seguintes, para tristeza de seus aliados na batalha pela intervenção, ele repetidas vezes recusaria o uso do manto da liderança pura e simples que envergara no início dos anos 1930. E, sempre que dava um passo na direção de maior envolvimento na guerra, invariavelmente o fazia, como o historiador Richard Ketchum observou, "com desconfiado olhar atrás a fim de ver se a oposição ganhara alguma coisa".[19]

7

PARANOIA PEGA

COM A REVOGAÇÃO DO EMBARGO DE ARMAS EM SETEMBRO DE 1939, a vida nos Estados Unidos voltou rapidamente ao normal. O Congresso retornou ao recesso, o presidente entrou em férias, e a América relaxou, crente que se livrara do fantasma da guerra.

Os eventos — ou melhor, a falta deles — reforçavam a ideia. A declaração de guerra dos Aliados à Alemanha parecia não significar o que especificava. O suposto conflito era, como disse a *Life*, "esquisita espécie de guerra mundial — irreal e inconvincente".[1] Não houve hostilidades na Europa Ocidental, nem incursões aéreas alemãs sobre Paris e Londres, nenhum assalto aéreo dos Aliados ao Ruhr. Tendo, pelo menos oficialmente, declarado guerra por causa da Polônia, Inglaterra e França nada fizeram para ajudar a salvar o atormentado país, salvo enviar umas poucas e fracas patrulhas através da Linha Maginot e fazer alguns voos de reconhecimento sobre o território alemão. Na Inglaterra, o combate fantasma foi chamado de "*phony war*", na França, "*drôle de guerre*". O senador Borah, sarcasticamente, o apelidou "guerra de mentira", nome pelo qual ficou conhecido nos EUA.

A maioria dos americanos tinha pouca dúvida de que, mesmo se as hostilidades esquentassem, os Aliados venceriam facilmente e seu próprio país escaparia do envolvimento. De acordo com o *Denver Post*, "o mais insignificante problema interno é agora mais importante para o povo americano do que a momentosa crise na Europa".[2]

No discurso sobre o Estado da União de janeiro de 1940, Roosevelt alertou seus concidadãos para os perigos da complacência, observando que "não é bom para a saúde dos avestruzes enfiar a cabeça no chão".[3] Mas ele próprio dificilmente era um modelo de ação. Quando a URSS, então uma quase-aliada da Alemanha, invadiu a Finlândia em novembro de 1939, o presidente protestou energicamente, da mesma forma que a imprensa e o povo americanos. Mas os Estados Unidos não mandaram ajuda material aos finlandeses em sua luta de David contra Golias com os soviéticos, mesmo depois de o embaixador finlandês declarar que a decisão dos EUA de não vender armas à sua nação "equivaleria a assinar uma sentença de morte".[4] Embora não antipático à ideia da ajuda, o secretário de Estado Cordell Hull só pôde responder que o governo dos EUA "não se engajaria em atos ou declarações que pudessem, materialmente, pôr em perigo sua paz e sua segurança, ao fazer com que o país fosse arrastado para a guerra".[5]

Tamanha inação irou Robert Sherwood, que registrou em seu diário: "Quanto tempo pode a consciência americana permanecer adormecida?".[6] Inspirado na desesperada resistência dos finlandeses, Sherwood começou a trabalhar, em janeiro de 1940, na primeira peça teatral depois de *Abe Lincoln in Illinois*. Intitulada *There Shall Be No Night*, [Não Haverá Noite] o drama sobre uma família finlandesa colhida pela guerra, objetivou ser protesto contra "o escapismo histérico e a atitude de Pôncio Pilatos recusando-se a decidir",[7] que na opinião de Sherwood, caracterizavam a opinião pública americana quanto à guerra.

Escrita com furor, *There Shall Be No Night* estreou na Broadway em abril e percorreu o país logo depois. A variedade de reações do público à peça evidenciou claramente a crescente divisão da opinião americana sobre a guerra. Em Nova York, manifestantes distribuíram panfletos afirmando que "incitadores de guerras capturam o Teatro Alvin" e descrevendo a peça como uma "arma apontada diretamente para o coração do povo americano".[8] Na Filadélfia, piquetes bloquearam a entrada do teatro no qual a peça era apresentada e, em Chicago, o isolacionista *Chicago Tribune* se recusou a publicar uma palavra sequer sobre ela. Apesar disso, os teatros lotaram em todas as cidades pelas quais a peça passou.

Em Washington, a divulgadíssima coluna de Raymond Clapper desaprovou a propaganda feita por Sherwood — "obra fértil e incitante" — mas ressalvou que a produção "foi apresentada para plateias repletas, que normalmente pouco se emocionam por aqui, e elas voltaram para casa com olhos lacrimejantes. A maioria [...] realmente estonteada".[9] Um dos assíduos de teatro em Washington que chegaram às lágrimas foi o presidente, que enviou carta de fã a Sherwood logo depois de assistir à peça. Mas o entusiasmo de Roosevelt não se traduziu em auxílio concreto à Finlândia, que, sem amparo de qualquer país ocidental, capitulou diante dos soviéticos no início da primavera de 1940.

Durante esse período, escreveu um historiador: "A política externa americana permaneceu quase em estado latente, paralisada por sua manifesta neutralidade".[10] FDR e seus assessores estavam seguros de que a "guerra de mentira" não duraria — a Alemanha claramente consolidava seu poderio — mas sentiam-se de mãos atadas para fazer alguma coisa importante que mudasse o curso dos eventos.

Em março, Roosevelt enviou o subsecretário de Estado Sumner Welles em missão pela Europa para explorar a possibilidade de uma paz negociada. O único resultado das conversas de Welles com Chamberlain, Daladier, Mussolini e Hitler foi a raiva da Inglaterra e da França pelo que viram como intromissão dos Estados Unidos. Aos seus colegas no Foreign Office inglês, sir Robert Vansittart, amargurado, referiu-se ao subsecretário Welles como "Um perigo internacional. [...] Seu principal crime contra o bom senso e a humanidade é agora ter chegado a querer que façamos a paz com Hitler".[11] Welles, de sua parte, reconheceu que apenas uma promessa dos EUA de ilimitada ajuda aos Aliados na eventualidade de guerra poderia amansar Hitler. Porém, como todos sabiam, a chance disso era zero.

De fato, desde o início da guerra, em setembro, o governo Roosevelt pouco fizera para aperfeiçoar as próprias defesas americanas, muito menos para mobilizar ajuda à Inglaterra e à França. Do ponto de vista dos historiadores William Langer e S. Everett Gleason, Roosevelt parecia "julgar que a simples revogação do embargo de armas era programa suficiente para o momento [e] achar que tal medida era quase tudo que o povo aceitaria".[12] Até o plano do presidente de fabricação de mil aviões de guerra por ano, que tanto agradou Hap Arnold no fim de 1938, teve seus recursos cortados em quase 70%.

Com efetivo menor que 200 mil homens, o Exército Americano ainda se encontrava em estado lamentável, e o general George Marshall instou Roosevelt a solicitar do Congresso um aumento substantivo nas alocações de recursos financeiros militares para o ano fiscal de 1941. Marshall estava fadado à decepção: a requisição do governo foi pouco maior do que a metade dos meios originalmente propostos pelos altos escalões do exército. No final dos anos 1940, Marshall diria ao seu biógrafo, Forrest Pogue, que se os Estados Unidos tivessem embarcado em amplo programa de rearmamento no outono de 1939, provavelmente teriam "encurtado a guerra em pelo menos um ano" e evitado a perda de "bilhões de dólares e cerca de 100 mil baixas".[13] O ex-chefe do Estado Maior do Exército culpou muito a relutância de Roosevelt em pressionar o Congresso por uma agenda mais expandida da defesa, o que causou o atraso no esforço de guerra americano.

No entanto, mesmo que Roosevelt tivesse sido mais agressivo em suas reivindicações, é altamente duvidoso que conseguissem aprovação legislativa. A posição de FDR no Capitólio ainda era consideravelmente fraca, e os líderes parlamentares deixaram patente, na sessão de 1940, que provavelmente fariam profundos cortes até no modesto orçamento militar proposto. Citando a ausência de luta armada na Europa e focando nas eleições vindouras, os membros do Congresso deram pouca atenção ao alerta de Marshall de que o tempo se esgotava para a América. Devido às "caóticas condições mundiais",[14] o chefe do Estado-Maior do Exército declarou que os Estados Unidos certamente enfrentariam desafios militares críticos em futuro próximo, para os quais estavam perigosamente despreparados.

Em 3 de abril, o Comitê de Alocações da Câmara dos Deputados cortou em 10% os gastos militares sugeridos pelo governo. Seis dias mais tarde, milhares de soldados de infantaria e paraquedistas alemães, apoiados por navios de guerra e centenas de aviões, caíram sobre a Escandinávia, derrotando a Dinamarca em um só dia e cercando a Noruega. Nem um mês depois disso, soldados alemães invadiram a Holanda, a Bélgica e a França, esmagando os dois primeiros países em pouco mais de uma semana e encurralando as forças francesas e inglesas em Dunquerque, na costa norte da França.

A "GUERRA DE MENTIRA" DECIDIDAMENTE ACABARA, deixando os americanos em estado de choque. Na Times Square, Nova York, multidões olhavam assustadas o letreiro luminoso da Times Tower anunciar derrotas dos Aliados, uma atrás da outra. O louvado exército francês, supostamente melhor do mundo, desabava como um castelo de cartas, e a Força Expedicionária Britânica — BEF) enfrentava a extinção nas praias de Dunquerque. Décadas mais tarde, americanos que viveram aquelas semanas dramáticas ainda achavam difícil expressar em palavras o pânico e perplexidade que sentiram sobre o que Roosevelt chamou "furacão de eventos".[15]

Parecia impossível deter a *blitzkrieg* alemã. A sensação era de que a América, cuja imunidade à agressão externa parecia certa apenas dias antes, "restaria como única grande democracia da Terra, para travar a luta do Hemisfério Ocidental contra o continente germânico unificado da Europa."[16] No seu diário, Harold Ickes temerosamente anotou: "Não há dúvida em minha mente de que este país está na mais crítica situação desde que ganhamos nossa independência".[17]

A partir dos piores dias da Depressão, nunca os cidadãos americanos sentiram-se tão inseguros, amedrontados e confusos. O grupo de Aubrey Morgan na Biblioteca Britânica de Informação reportou para Whitehall: "Quase histeria em muitos setores da imprensa dos EUA e profunda ansiedade em praticamente toda".[18] Segundo pesquisa de opinião da revista *Fortune*, 94% dos americanos estavam dispostos a gastar o que fosse necessário para tornar seguras as defesas americanas.

Em 16 de maio, com a opinião pública bem sólida por trás, Roosevelt foi a uma sessão conjunta do Congresso para requerer 1,18 bilhão de dólares de verbas suplementares para as Forças Armadas e pedir aprovação para produzir cinquenta mil aviões por ano, a criação de uma Marinha para dois oceanos e a constituição de um Exército de 280 mil homens. Pela primeira vez em anos, os legisladores aplaudiram Roosevelt com ânimo enquanto ele ticava a lista de solicitações — uma recepção no Congresso quase tão arrebatada quanto a que lhe foi proporcionada quando assumiu pela primeira vez a presidência nas profundezas da Depressão. Toda ideia de pechincha desvanecera, ao menos quando se tratava de defesa nacional.

Naquela apressada aprovação das propostas do presidente, o Congresso acabou dando a FDR 500 milhões de dólares além do que pedira. Quando voltou, duas semanas mais tarde, para solicitar mais de 1 bilhão, os parlamentares votaram "sim" de novo. Por algumas semanas, continuaram chegando pedidos de recursos; na primeira semana de outubro, o Congresso já havia autorizado inacreditáveis 17,6 bilhões de dólares para novos gastos militares.

O povo dos EUA estava igualmente entusiasmado. Ainda não de todo recuperados do pânico inicial, os americanos começaram um verdadeiro show de patriotismo na primavera e no verão de 1940. A venda de bandeiras disparou mais de 200%, e as lojas de departamentos tiveram problemas para manter os estoques de joias com temas patrióticos. Na Tiffany de NY, peça popular passou a ser um pino com a bandeira em rubis, diamantes e safiras, vendido por novecentos dólares. Disponíveis nas lojas também sombrinhas Betsy Ross de listras vermelho e branco e um campo azul central com estrelas brancas; suspensórios vermelho, azul e branco; grandes lenços com a letra do hino nacional para uso como top ou xale.

Nessa grande corrente de apoio público e parlamentar às defesas da nação, um fator-chave raramente foi mencionado: passariam meses, até anos, para que aquelas astronômicas quantias de dinheiro alocadas pelo Congresso pudessem se transformar em aviões, armamentos e outros suprimentos urgentes. Havia escassez de virtualmente tudo para a produção de guerra: fábricas, matéria-prima, máquinas, ferramentas e homens para operá-las. Como observou acidamente o almirante Harold Stark, Chefe de Operações Navais dos EUA, "dólares não compram o ontem".[19]

Aumentando o senso de crise, relatórios de Roosevelt, Marshall e outras figuras de realce do governo sobre infiltração alemã nas Américas Central e do Sul alertavam sobre perigo iminente para a segurança nacional. As secretarias de Estado e da Guerra ocupavam-se havia muito tempo não só com a grande quantidade de nacionais alemães que viviam em países da América do Sul, mas também com as muitas missões militares e comerciais alemãs na região. Além de ajudar as nações da América Latina a equipar e treinar seus exércitos, o Terceiro Reich controlava igualmente diversas empresas aéreas de porte. Entre elas, a colombiana SCADTA, que operava aviões a cerca de quatrocentos quilômetros do Canal do Panamá administrado pelos EUA.

Havia temor em Washington de que, em alguns países latino-americanos particularmente vulneráveis, golpes apoiados pelos nazistas pudessem derrubar governos e estabelecer regimes que transformasem os estados em vassalos da Alemanha. No fim de maio, após receber informações sobre possíveis futuros golpes na Argentina e algumas outras nações, Roosevelt ordenou a preparação de planos para o despacho de forças expedicionárias dos EUA à América do Sul. (Os golpes nunca ocorreram, e os planos jamais passaram da formulação.) Havia também o temor de Marshall e outros sobre uma força alemã ser, algum dia, transportada através do Atlântico da costa oeste da África para a costa leste do Brasil. Os alemães ficariam posicionados para se deslocar a norte na direção do Canal do Panamá.

No discurso de 16 de maio ao Congresso, Roosevelt citara a possibilidade de aeronaves alemãs voarem da América do Sul para a Central e, mais tarde, para o México, que serviria então de plataforma para o ataque aos Estados Unidos. Poucas semanas depois, a *Life* publicou matéria com detalhes hipotéticos de arrepiar os cabelos, sobre forças "fascistas" ocuparem portos brasileiros, fazerem incursões até o Canal do Panamá, bombardear ilhas do Caribe, destruir a esquadra americana do Atlântico, ocupar Cuba e invadir o território continental dos EUA. O artigo, com ilustrações, visualizava "um vitorioso exército fascista"[20] desfilando pela Market Street em Wilmington, Delaware, enquanto tanques e infantaria fascistas sobrepujavam pequenas e mal equipadas forças dos EUA perto de Pittsburgh. Após a queda de Washington, Nova York e de outros centros industriais importantes do Leste, enviados dos EUA, no cenário da *Life*, encontrar-se-iam com fascistas no Independence Hall da Filadélfia para formalizar a paz.

Depois de ler matérias tais e ouvir repetidos alertas de chefes militares e políticos sobre a ameaça que pairava sobre o Hemisfério Ocidental, muitos americanos — se não a maioria — convenceram-se de que o perigo, de fato, existia. Em pesquisa da *Fortune*, 63% dos entrevistados acreditavam que se a Alemanha vencesse a Inglaterra e a França, tentaria conquistar territórios nas Américas.

O secretário-assistente de Estado Adolf Berle era um dos que acreditavam. No fim de junho, um operador de câmera de filmagem dos noticiários Hearst disse a Berle que Hitler planejava tomar a Inglaterra por volta de 10 de julho; então, apoiado por quinta-coluna maciça, invadiria os Estados Unidos três dias depois. Surpreendentemente, Berle acreditou na afirmação. Mais tarde escreveu no seu diário que a previsão do cinegrafista era tão "ilustrativa"[21] que "me apavorou completamente", acrescentando com ironia que "paranoia pega".[22]

Noutros americanos, no entanto, havia outra opinião. Isolacionistas do Congresso e militares tinham como certo que toda aquela conversa sobre infiltração e subversão alemãs era simples cortina de fumaça do governo para esconder o que os críticos julgavam ser seus planos para levar a América à guerra contra a Alemanha. "O presidente Roosevelt tentou congelar nosso sangue falando sobre planos nazistas para invadir a América do Sul [...] quando, na verdade, jamais existiu tal ameaça",[23] asseverou depois da guerra o general da reserva Albert Wedemeyer, que fora um dos mais ferrenhos isolacionistas dentro do Exército. O senador Hiram Johnson declarou na ocasião que Roosevelt, "com esperteza diabólica", esperava "criar terrível clamor público e nervosismo", a fim de que "seguíssemos a mesma linha de 1917, que nos aspirou para a guerra europeia".[24]

Obstinados opositores do que viam como crescente belicosidade de Roosevelt, diversos oficiais de altas patentes começaram a conduzir suas próprias campanhas particulares de guerrilha para fazer o que pudessem com o objetivo de deter a atividade presidencial.

NO FIM DE MAIO, UM HOMEM BAIXO E GORDO visitou Burton Wheeler no Senado. Era o contra-almirante Stanford Cooper, ex-diretor das Comunicações Navais que, tendo criado o código tático de sinais, era conhecido como "Pai do Rádio Naval". Após dizer a Wheeler que era confidencial o que iria falar, Cooper afirmou: "O homem lá do outro extremo da Pennsylvania Avenue vai nos levar à guerra". O presidente "soprava fumaça" sobre os riscos de um ataque alemão na América do Sul, afirmou o almirante, e "usava o fantasma da invasão nazista dos EUA como motivo para que nos juntássemos aos Aliados".

Cooper instou Wheeler a endurecer a oposição a FDR: "O senhor não pode pará-lo com discursos. O senhor já o surrou na questão da Suprema Corte e pode fazê-lo de novo". Quando o senador lhe perguntou o que outros oficiais da Marinha achavam da guerra, Cooper retrucou: "Muitos dos mais antigos pensam como eu — esses, devemos deixar de lado — porém, bom número dos mais modernos, à caça de promoções, acha que o presidente sabe mais sobre a Marinha do que nós".[25] Antes de se despedir, Cooper concordou em manter o democrata por Montana atualizado com fatos e números, que reforçavam seus argumentos.

Poucas semanas mais tarde, após destruidora fala de Wheeler pelo rádio contra o que chamou de campanha do medo promovida pelo governo, ele recebeu a visita de outro militar — dessa vez, um alinhado capitão da Força Aérea, cujo nome Wheeler jamais revelou, que lhe disse ser apenas um mensageiro. Segundo o filho do senador, Edward, Wheeler não tinha dúvida de que o enviado era homem de Hap Arnold.

Por mais de dezoito meses, Arnold montava uma ação de retaguarda para impedir FDR de transferir para os Aliados os modernos aviões dos quais sua força precisava desesperadamente. Convicto de que os EUA não deveriam se envolver na guerra europeia, o chefe da Força Aérea já tivera bom número de confrontações com o exasperado presidente, o qual, a determinada altura, ameaçou exilar Arnold em Guam caso continuasse desafiando a vontade de FDR.

Arnold tinha certeza, disse mais tarde sua esposa ao biógrafo do general, Murray Green, de que o governo gravava seu telefone. Servidores da Casa Branca "pareciam prontos para abrir guerra contra Hap", disse ela. "Ou seja, tentar tirá-lo do caminho pela força.[26] Não fosse o apoio de George Marshall, amigo de Arnold por mais de trinta anos, "é duvidoso", escreveu Green, "que Arnold tivesse ficado na função".[27]

Calejado veterano na arte de vazar informação para os membros do Congresso, Arnold conhecia Wheeler por bom tempo; na realidade, ajudara o senador a conseguir uma base aérea em Montana anos antes. Agora, como Wheeler via, Arnold designara o capitão como seu porta-voz na continuada batalha que empreendia contra Roosevelt.

"O senhor pretende continuar a luta?", perguntou o capitão a Wheeler. Quando o senador respondeu afirmativamente, o oficial asseverou-lhe que o Corpo Aéreo não estava pronto para ação, e que Wheeler deveria fazer o possível para evitar as hostilidades. "Não temos um avião sequer adequado para operações além-mar",[28] acrescentou o capitão. E prometeu-lhe repassar dados detalhados sobre a debilidade da Força Aérea no futuro próximo.

DA MESMA FORMA QUE O ALMIRANTE E O CAPITÃO, Charles Lindbergh acreditava que o governo pretendia fazer muito além de reforçar o estamento militar da América e que, com efeito, preparava o país para a guerra. Também alimentava a impressão de que os americanos embarcavam no plano. "A mídia está histérica", escreveu em seu diário em 16 de maio. "Os jornais passam a sensação de que os Estados Unidos serão invadidos na semana que vem!"[29]

Em meados de maio, durante almoço no Army and Navy Club de Washington, Lindbergh disse ao ex-subsecretário de Estado William Castle que a solicitação de Roosevelt para a fabricação de 50 mil aviões era "criancice", que "jamais poderemos gerenciar essa força" e seu custo "seria proibitivo mesmo para um país muito rico".[30] Como relembrou Castle, Lindbergh "estava furioso com a fala de FDR por demonstrar, disse o aviador, total falta de conhecimento da situação aérea".[31]

Disposto a deter aquilo que via como marcha para a intervenção, Lindbergh fez outro pronunciamento no rádio de âmbito nacional em 19 de maio, três dias após o discurso do presidente ao Congresso. Apesar de concordar que as Forças Armadas americanas precisavam ser reforçadas, argumentou para seus ouvintes que os Estados Unidos "tinham de parar com esse disse me disse histérico de calamidade e invasão que vinha amadurecendo nos últimos dias". Não havia perigo de ataque, disse Lindbergh, a menos que o país (isso é, o governo) o incitasse, intrometendo-se ainda mais no conflito europeu. "Se quisermos paz, precisamos apenas parar de pedir guerra." Insistindo que o Hemisfério Ocidental estava seguro contra assalto estrangeiro, Lindbergh concitou:

"Voltemos ao papel tradicional da América — aquele de construir e proteger nosso próprio futuro".[32]

Depois de ouvir a fala do marido, Anne Lindbergh escreveu com apreensão em seu diário: "Isso vai provocar alarde! Será tomado como anti-New Deal e anti-intervencionismo".[33] Seus temores eram bem justificados. O primeiro a se rebelar foi *The New York Times*, que censurou agressivamente Lindbergh em editorial: "O 'disse me disse histérico' [sobre o qual falara Lindbergh] é a conversa agora ouvida por todas as partes das democracias, com a França e a Inglaterra em risco de derrota pela Alemanha. O coronel Lindbergh é um singular senhor muito jovem já que pode contemplar tal possibilidade sob qualquer outra luz que não seja uma calamidade para o povo americano".[34]

A reação do *Times*, contudo, foi serena se comparada com a do governo. Embora Roosevelt ficasse irado com os discursos de Lindbergh do outono anterior, se satisfez em deixar que intervencionistas como Dorothy Thompson liderassem a crítica ao aviador. Mas sua paciência chegara ao fim. Furioso com as continuadas críticas de Lindbergh às suas ações numa ocasião de grande crise nacional, o presidente pôs em movimento bem orquestrada campanha do governo contra ele. "Caso eu morra amanhã, quero que você saiba o seguinte", escreveu FDR ao secretário do Tesouro Henry Morgenthau: "Estou para lá de convencido de que Lindbergh é nazista".[35] Ao ex-secretário de Estado Henry Stimson, Roosevelt afirmou: "Quando leio o discurso de Lindbergh, sinto que ele não poderia ser mais bem feito se tivesse sido escrito pelo próprio Goebbels. Que pena esse jovem ter abandonado por completo sua crença em nossa forma de governo e aceitado os métodos nazistas por aparentemente serem eficazes".[36]

Mas Roosevelt não fez nenhuma dessas críticas em público. Em vez disso, empregou uma série de proeminentes representantes presidenciais para avançar sua opinião contra Lindbergh. O primeiro a falar foi o senador James Byrnes, perspicaz democrata pela Carolina do Sul, que se tornou ponta de lança do presidente na Capitol Hill. Em transmissão de amplitude nacional de 23 de maio, Byrnes fez fortíssimo ataque ao piloto, considerando-o em pé de igualdade com os apaziguadores da Inglaterra e da França e assemelhando seu discurso à "atividade da quinta-coluna",[37] supostamente ocorrida nos países europeus invadidos por Hitler.

Por todo o Ocidente havia a espraiada crença de que as espantosas vitórias da Alemanha na Dinamarca, Bélgica, Holanda e França não se deviam apenas à fraqueza militar e política daquelas nações. Os triunfos também se deviam à eficácia dos agentes nazistas e de seus simpatizantes em minar os países antes que a Wehrmacht invadisse — uma crença, que, viu-se depois, tinha pouco fundamento. Apesar disso, Roosevelt e muitos que o cercavam aceitavam inteiramente a premissa e a aplicavam aos Estados Unidos.

Na investida contra Lindbergh, Byrnes afirmou: "Os quintas-colunas já estão ativos na América. E aqueles que, consciente ou inconscientemente, retardam o esforço deste governo para proporcionar defesa ao povo americano são os companheiros-de-viagem mais eficientes dos quintas-colunas". O senador lembrou aos ouvintes que Lindbergh aceitara medalha do governo alemão menos de dois anos antes e o acusou de ter instado a Inglaterra e a França a serem pacientes com Hitler "não oferecendo resistência à agressão germânica".[38]

Três noites mais tarde, durante o programa de rádio "Conversa ao Pé do Fogo" sobre defesa nacional, FDR jogou o peso de sua popularidade na própria denúncia que fez sobre o que via como atividade da quinta-coluna nos Estados Unidos. Depois de assegurar ao povo americano que tudo faria ao seu alcance para manter o país seguro, alertou para aquela poderosa estratégia de "enfraquecer a nação nas próprias raízes". E continuou: "Essas forças desagregadoras são veneno concentrado. Não devemos permitir que se espraiem pelo Novo Mundo como fizeram no Velho".[39]

Não era novidade Roosevelt preocupar-se com subversão interna. Como secretário-assistente da Marinha na Primeira Guerra Mundial, insistira na contratação de centenas de investigadores especiais para proteger a força contra sabotagem nas instalações navais. Em setembro de 1939, seu secretário de imprensa, Steve Early, aventou aos jornalistas que o número de cartas e telegramas enviado ao Congresso se opondo à revogação do embargo de armas fora instrução mandada via cabograma de Berlim "a seus aliados nos Estados Unidos".[40]

Poucos meses mais tarde, no discurso sobre o Estado da União de 1940, Roosevelt abriu os olhos da América para os "apologistas dos agressores estrangeiros", a quem descreveu como "aquele grupo egoísta e militante de casa que se enrola em falso manto de americanismo".[41] No pronunciamento de 16 de maio solicitando o gigantesco aumento nas despesas com defesa, o presidente falou do novo e "traiçoeiro emprego da quinta-coluna",[42] mencionando o possível recrutamento como agentes inimigos de refugiados que chegavam aos Estados Unidos.

Quando Roosevelt expressou o termo "quinta-coluna", claramente quis incluir nele Lindbergh e outros críticos de sua política externa. O presidente "não via os isolacionistas com distanciamento acadêmico", observou o historiador Richard Steele. "Julgava o pior sobre eles." Do ponto de vista de FDR, seus oponentes isolacionistas "não estavam apenas errados, mas contribuíam poderosamente para a apatia e a desunião, prejudicando a sobrevivência nacional".[43]

Na "Conversa ao Pé do Fogo" de 26 de maio, Roosevelt ponderou que os ataques ao plano de rearmamento do governo e a suas outras políticas externa e militar não faziam parte "de um saudável debate político entre homens honestos e livres", como sustentavam Lindbergh e outros isolacionistas. Em vez disso, tais ataques visavam "a criação de confusão, indecisão pública, paralisia política e, no final, estado de pânico".[44] Na essência, o presidente queixava-se de que qualquer crítica à sua política prejudicava a segurança nacional. Para preservar a unidade e segurança do país, disse ele, os americanos tinham de combater essa nova quinta-coluna com todas as forças.

ESSA ESPÉCIE DE FALA INQUIETOU MUITO o ministro da Justiça Robert Jackson, que considerou o presidente superalarmista. Jackson informou ao Ministério, no fim de maio, que mesmo antes do pronunciamento de FDR pelo rádio, "uma neurose já se alastrava pelo país contra estrangeiros e quintas-colunas". Recebera diversos relatórios de americanos "invadindo casas de outros, confrontando-os com a bandeira americana e demandando que eles a saudassem". Muitos cidadãos, Jackson disse, "consideravam aqueles de quem não gostassem membros da quinta-coluna".

Ardente defensor das liberdades civis, Jackson tinha ainda viva na mente a mania de vigilância que tomara conta de grande parte do país durante a Primeira Guerra Mundial. Como procurador municipal da cidade de Jamestown, Nova York, se opusera firmemente contra o que considerara bisbilhotices e espionagens, acusações infundadas de deslealdade contra inocentes residentes e "suspeitas de quem quer que não fosse nativo e 100% americano".[45] Fora rotulado de pró-germânico e não-americano por se recusar a indiciar quem acreditava estar injustamente acusado.

Agora, Jackson receava que a mesma neurose nativista e antiestrangeira crescesse de novo. Por todo o país, publicou a *Time*, americanos criavam "temores mórbidos de inimigos invisíveis e perseguiam fantasmas. [...] De Baton Rouge, na Luisiânia, a Lake George, em Nova York, histórias de espiões e sabotadores flutuavam como assombrações e ameaças em tumultuadas atmosferas".[46] Um livro intitulado *The Fifth*

Column Is Here, clamando a existência de 1 milhão de quintas-colunas nos Estados Unidos, foi instantâneo sucesso de vendas.

Na Geórgia, afirmou Jackson ao Ministério, o governador "caçava qualquer estrangeiro",[47] ordenando que fosse registrado e tivesse tiradas suas impressões digitais para uma possível detenção. Um clube germano-americano próximo a St. Louis fora incendiado, enquanto outro em Chicago acabara destruído por bomba. Em Grand Rapids, Michigan, um operário de siderúrgica, convencido de que o vizinho era quinta-coluna, matou-o a tiros. Agências do FBI em todo o país estavam atulhadas de informes sobre suspeitas de espionagem e sabotagem — mais de 2.900 deles no dia seguinte à conversa de Roosevelt ao pé do fogo, quase o dobro dos recebidos em todo o ano de 1939.

Após ouvir os receios de Jackson em reunião ministerial, Harold Ickes anotou no diário: "A América não será lugar confortável para viver no futuro imediato; e alguns de nós nos envergonharemos dos excessos que serão cometidos contra inocentes".[48] Mais tarde, anotou: "Alguns de nossos superpatriotas estão simplesmente ficando malucos".[49]

Declarando que as liberdades americanas corriam mais risco devido "à nossa própria excitação"[50] do que em função de trama inimiga, Jackson se dispôs ao controle federal sobre todas as investigações de alegada subversão. Com tal objetivo, fez pouca objeção à lei aprovada pelo Congresso, no fim de maio, determinando o registro obrigatório e as impressões digitais de todos os residentes estrangeiros. Embora a American Civil Liberties Union [União Americana de Liberdades Civis, em tradução livre] protestasse contra a Lei do Registro de Estrangeiros (também conhecida como Lei Smith, referência a seu proponente, o deputado Howard Smith, democrata conservador pela Virgínia), o medo de Jackson da caça às bruxas de estrangeiros locais sobrepujou sua apreensão sobre possíveis abusos.

O Ministério da Justiça foi encarregado de supervisionar o programa de registro, e Jackson prometeu que a agência faria o possível para proteger os estrangeiros que viviam no país, alguns dos quais eram refugiados judeus da Alemanha e de países ocupados pelos alemães. Sob a direção do advogado-geral Francis Biddle, mais de 3,5 milhões de estrangeiros foram registrados nos poucos meses seguintes. De modo geral, os americanos aceitaram a jurisdição federal sobre atividades relacionadas a estrangeiros, e a vigilância sobre ela foi definhando.

Porém a Lei Smith continha outro artigo que, a longo prazo, ameaçaria bem mais as liberdades civis do que o do registro de estrangeiros. A cláusula considerava ofensa criminosa advogar derrubadas de governos ou pertencer a qualquer organização que o fizesse. Na realidade, era uma lei antissedição, a primeira aprovada em tempo de paz nos Estados Unidos desde a Lei dos Estrangeiros e da Sedição de 1798.

Zechariah Chafee, professor da Faculdade de Direito de Harvard e o mais destacado acadêmico defensor da Primeira Emenda no país, reagiu bastante à aprovação dessa lei. Enquanto ela ainda estava sendo avaliada no Congresso, Chafee afirmou que a melhor maneira de defender a liberdade de expressão era evitar a aprovação de legislação repressiva, pois, uma vez em vigor, "juízes patriotas e júris em pânico"[51] fariam de tudo para que fosse cumprida com o máximo rigor.

Chafee tinha na cabeça o que ocorrera na Primeira Guerra Mundial, quando duas leis — a da Espionagem de 1919 e a da Sedição de 1918 — foram usadas para suprimir não só as rebeliões promovidas contra governos, mas também as pessoas que simplesmente criticavam governos e sua condução da guerra. A vigência das leis despertou o que um acadêmico qualificou como "orgia de repressão"[52] nos Estados Unidos, cujos alvos particulares foram os discursos e as ideias de esquerda.

A Suprema Corte manteve as duas leis, porém vozes contrárias posteriores, como as dos juízes Oliver Wendell Holmes e Louis Brandeis, acabaram tendo influência poderosa na jurisprudência pós-guerra americana. Altamente influenciado pelos escritos de Chafee, Holmes argumentou que "um perigo claro e atual"[53] à lei e à segurança tem de existir antes que a expressão possa ser legalmente cerceada pelo estado. Em outras palavras, a menos que se possa provar que a fala disparará imediata violência ou qualquer outra ação ilegal que cause risco à nação, ela não deverá ser punida.

Em anos posteriores, a doutrina do "perigo claro e atual" esposada por Holmes tornou-se amplamente aceita nos tribunais dos EUA, e uma perspectiva de maior horizonte sobre a liberdade de expressão apossou-se do país todo. No entanto, por volta de 1940, quando o fantasma da guerra mais uma vez se apresentou aos Estados Unidos, começou uma reavaliação dos direitos e liberdades, em particular os relacionados com a Primeira Emenda. O medo gerado pelo assalto de Hitler à Europa Ocidental e os consequentes informes sobre quintas-colunas fizeram muitas pessoas, inclusive intelectuais liberais que reclamaram das violações à Primeira Emenda na Primeira Guerra Mundial, pleiteassem o cerceamento de discursos politicamente provocativos quanto ao que o historiador Geoffrey Perret chamou de "guerra santa contra o fascismo".[54] Entre os poucos opositores de tal visão se colocou a União Americana de Liberdades Civis, organizada depois da Primeira Guerra Mundial para proteger direitos individuais. Robert Baldwin, um dos fundadores da ACLU, lamentou o fato de os advogados da liberdade de expressão estarem "mais e mais confinados a pequenos círculos de advogados, por princípio, das liberdades civis",[55] bem como, é claro, aos que se viam sob ataque.

Durante algum tempo, Robert Jackson e o advogado-geral Francis Biddle também se posicionaram entre os que resistiam à caminhada da repressão aos dissidentes. Condenando os ataques a Lindbergh e a outros isolacionistas, Biddle escreveu: "Por que Lindbergh não deveria dizer que 'a Inglaterra está derrotada; temos que ficar fora', se deseja dizer? Não faz isso parte de nossa teoria sobre a liberdade de expressão? Não é isso que temos de combater com outras ideias?".[56]

Os dois servidores, no entanto, ficaram sob alta pressão dos colegas liberais e de seu chefe, o presidente, para mudar de opinião. Jackson, de sua parte, acreditava que Roosevelt "tendia a pensar em termos de certo e errado, e não de legal e ilegal. Como ele achava que seus motivos eram sempre os certos para o que desejava fazer, julgava difícil que pudessem existir limitações legais para tanto".[57]

Em suas memórias, Biddle observa que FDR nunca pareceu particularmente preocupado com violações de liberdades civis: "Não havia problema algum, acreditava ele, em ser liberal, mas não se podia ser brando". Isso era particularmente verdade em tempo de guerra, afirmou Biddle. "Sobretudo, [Roosevelt] acreditava que os direitos tinham de ceder precedência à guerra. Vinham depois da vitória, não antes."[58]

Na sua relação com o Bureau Federal de Investigações (FBI) e com seu controverso diretor J. Edgar Hoover, o presidente deixou essa posição absolutamente clara.

OS LAÇOS ESTREITOS DE ROOSEVELT COM HOOVER começaram nos primeiros meses de 1934, quando ele convidou o diretor de 39 anos de idade para uma reunião na Casa Branca. Hitler havia assumido o poder na Alemanha no ano anterior, e o presidente solicitou a Hoover que investigasse o "movimento nazista" nos Estados Unidos, "em especial suas atividades antiamericanas e antiesquerda".[59] Essa vaga instrução expressa em tão poucas palavras deu a Hoover considerável espaço de manobra para averiguação, e ele não perdeu a oportunidade.

Graças ao emprego pelo FBI de métodos questionáveis, tais como interceptação de comunicações, invasões não autorizadas e grampos, Hoover já então se tornara a maldição dos advogados das liberdades civis, que continuaria a ser pelo restante de sua longa carreira. Em resposta à solicitação de Roosevelt, em 1934, seus agentes começaram a coletar volumosa quantidade de informações que pudessem se referir, por imprecisas que fossem, ao movimento fascista nos Estados Unidos. Abarcaram ampla gama de organizações nativistas e xenofóbicas, tendo à frente diversificado leque de demagogos de direita. A maior parte dos grupos era de anticomunistas, anti-Roosevelt e antissemita, com alguns ostensivamente adeptos de Hitler e da Alemanha nazista.

Mas o chefe do FBI preocupava-se mais com o que via como ameaça comunista e, em 1936, alertou Roosevelt sobre alegada trama bolchevique para assumir o controle de diversos sindicatos americanos. Mais uma vez, o presidente deu-lhe instruções vagas, dessa feita para sondar tanto o fascismo quanto "o movimento [comunista] de um modo geral, e suas atividades que possam afetar a vida política e econômica do país no todo".[60] Segundo Hoover, FDR disse-lhe para não deixar registro de tal diretriz.

O diretor do FBI J. Edgar Hoover mostra a um admirador sua habilidade com uma metralhadora.

Como estava habituado, Hoover interpretou a missão não muito bem definida dada pelo presidente da maneira mais ampla possível. Por volta de 1939, o Departamento de Justiça reportou que o FBI coletara "dados de identificação"[61] de mais de 10 milhões de pessoas e compilara extensos dossiês sobre aqueles cujas crenças, associações, ações ou origens étnicas parecessem suspeitas ao FBI ou a seus informantes. Foram incluídas pessoas supostamente simpáticas ao nazismo, ao fascismo e ao comunismo, ou com vínculos a outros países, até os que assinavam jornais de línguas estrangeiras. Hoover declarou perante comitê do Congresso que compilava as listas de tais pessoas com o intuito de possível detenção "na eventualidade de qualquer emergência maior".[62]

As investigações e vigilâncias do FBI, de amplíssimo raio de ação e aparentemente incontroláveis, cada vez mais incomodavam a ACLU e disperso número de outros doutrinários das liberdades civis, entre eles alguns membros do Congresso. Como as investigações eram realizadas em sigilo, quem poderia estar seguro de que elas eram dirigidas apenas aos que representavam genuínas ameaças à segurança dos EUA?

No início de 1940, Roger Baldwin reclamou com Robert Jackson que Hoover e o FBI aparentemente acreditavam ter autoridade para investigar qualquer indivíduo ou organização que definissem como impatriótico, inclusive pacifistas, diplomatas, jornalistas, líderes sindicais, grupos religiosos e mesmo congressistas. Não muito depois, o senador Theodore Green, democrata liberal por Rhode Island, manifestou insatisfação com o fato de os telefones dos funcionários do governo de seu próprio estado, assim como os da Pensilvânia e de Massachussets, terem sido grampeados com a finalidade de colher informações. Apesar de Green não nomear os infratores, aventou que poderiam ser agentes do FBI. Green demandou imediato inquérito pelo governo federal.

As acusações do senador foram em especial explosivas porque o "grampo" fora julgado ilegal pelo Congresso em 1934, com a Suprema Corte sancionando a ilegalidade cinco anos depois. Não obstante, o FBI persistira na prática, argumentando que a lei não condenara o "grampo", mas só a revelação das informações por ele colhidas.

Em meados de março, Robert Jackson anunciou que o grampeamento não seria mais permitido em circunstância alguma, a menos que o Congresso o autorizasse. Recusando-se a aceitar tal diretriz, Hoover contra-atacou. Como foi seu hábito até o fim da carreira, acumulou considerável sujeira política a respeito da administração no poder, e então ameaçou usá-la. Disse a Adolf Berle, que chefiava as atividades de contraespionagem do Departamento de Estado, que pelos últimos cinco anos, o FBI grampeara telefones a pedido da Casa Branca e de vários servidores dos altos escalões, inclusive seu mais fervoroso defensor das liberdades civis, Harold Ickes. Hoover também asseverou que o FBI, na realidade, "executou bem menos grampeamentos do que o Tesouro, a Comissão de Valores Mobiliários — SEC e outras agências".[63] (Curiosa nota de rodapé a respeito do descontrolado grampeamento em Washington pode ser encontrada numa entrada do diário de Ickes para setembro de 1939, na qual ele registra que FDR alertara os membros do Ministério para que "fossem cuidadosos com o telefone" porque "alguns de nossos fios estão sendo grampeados".[64] O ministro do Interior não detalhou aquilo, que pelo menos na aparência, podia ser considerado surpreendente revelação.)

O fato é que Hoover não precisou apelar para a chantagem. Ele repassara sua aflição pelo banimento do "grampo" por parte de Jackson aos colunistas Walter Winchell e Drew Pearson, que escreveram artigos e difundiram pelo rádio o quanto a proibição prejudicara as investigações do FBI. De acordo com Pearson, agentes do FBI haviam escutado, sigilosamente, agentes alemães tramando explodir um transatlântico inglês, porém, em vista da ordem de Jackson, foram forçados a interromper a escuta de conversas telefônicas de prováveis sabotadores.

Como Hoover bem sabia, esse tipo de história, verdadeira ou não, só servia para espicaçar as preocupações de Roosevelt com a subversão interna. Em 21 de maio, o presidente enviou a Jackson um memorando confidencial reconhecendo que o grampeamento "tendia a levar à violação dos direitos civis".[65] Todavia, acrescentou, em tempos de risco nacional, o governo não pode ficar parado e permitir que agentes estrangeiros operem despreocupadamente. Ponderando que a Suprema Corte por certo jamais teve a intenção de que sua decisão "se aplicasse a assuntos graves que envolvem a defesa da nação", FDR ordenou que Jackson permitisse o grampeamento em casos de "suspeitas atividades subversivas [...] inclusive de espiões vigiados." Sugeriu que Jackson mantivesse as autorizações ao mínimo e "limite-as o quanto possível a estrangeiros".[66]

Jackson sabia que essas instruções imprecisas e ambíguas dariam a Hoover e ao FBI enorme facilidade para grampear os telefones de quem quisessem, independentemente de tais pessoas serem, de fato, sérias ameaças à segurança nacional. A despeito disso, o ministro seguiu as ordens de Roosevelt. Estava bem consciente de que o presidente fora ostensivamente crítico do que chamou de inflexibilidade de Jackson, dizendo ao antecessor do ministro da Justiça, Frank Murphy, que Jackson "não tem o necessário senso de equilíbrio entre liberdades civis e segurança nacional".[67] Cansado de lutar contra Roosevelt e sabedor de que sua argumentação não prevaleceria, Jackson passou a supervisionar bem de leve as atividades de vigilância do FBI.

Até os anos 1970, a diretriz de FDR sobre grampeamento e a anuência de Jackson a ela foram utilizadas como base para milhares de "grampos" sem autorização do FBI, realizados durante as três décadas em diversos alvos, como embaixadas, líderes de direitos civis, grupos políticos, jornalistas e funcionários do governo. Em 1976, um relatório do Comitê de Inteligência do Senado observou que "fatores de crença e associação política, participação em grupos e filiação nacional tornaram-se critérios para observações da inteligência antes da guerra". O propósito dessas investigações, acrescentou o relatório, "não fora ajudar o cumprimento de leis criminais",[68] e sim proporcionar a funcionários do topo da administração informações políticas. Tais intrusões, afirmou o comitê do Senado, tinham continuado ao longo da Segunda Guerra Mundial e com a Guerra Fria bem avançada.

Tendo anuído à solicitação de Hoover para que o grampeamento fosse permitido, Roosevelt reservara um pedido próprio. Dois dias após seu discurso para o Congresso de 16 de maio, o presidente repassou ao secretário de imprensa uma pilha de mais de cem telegramas, todos críticos ao seu pronunciamento. Os remetentes, disse FDR, se opunham claramente a uma forte defesa nacional, e ele queria que Hoover "os olhasse, anotando os nomes e endereços"[69] das pessoas que os haviam despachado. Hoover fez mais que isso, checando cada nome nos arquivos do FBI e reportando suas descobertas de volta para a Casa Branca. Se não houvesse informação sobre o crítico, o FBI abria nova pasta.

Não tardou para que outra pilha de telegramas negativos chegasse ao FBI para investigações. Pelo fim de maio, Hoover havia detectado dezenas de críticos às políticas de Roosevelt, inclusive Charles Lindbergh, Burton Wheeler e Gerald Nye. Aconteceu que Lindbergh já era possuidor de grosso dossiê no FBI, começado em meados de 1930, depois de irritar Hoover por creditar ao Departamento do Tesouro, e não ao FBI, a solução do sequestro e assassinato do seu filho.

Em meados da década de 1940, Roosevelt determinou a um assistente que "preparasse carta amável a Edgar Hoover agradecendo-lhe por todos os relatórios sobre as investigações que fizera e lhe dissesse que estava muito satisfeito com o trabalho que Hoover vinha realizando".[70]

NAQUELES DIAS INCERTOS E PLENOS DE TENSÃO, o governo mirou em outro crítico aberto das políticas de FDR — o coronel Truman Smith, confidente de Lindbergh e analista-chefe de George Marshall sobre a Alemanha. Em 27 de maio, Dwight Davis, ministro da Guerra do presidente Calvin Coolidge, passou às mãos do secretário de imprensa da presidência, Steve Early, informes de que Smith ajudara a preparar o discurso anti-Roosevelt de Lindbergh da semana anterior e de que ele era pró-nazista. Dois dias depois, Lindbergh recebeu um telefonema da esposa de Smith, dizendo-lhe que Marshall fora instado a levar seu marido perante uma corte marcial em virtude de suas atividades antigoverno.

Sem dúvida, Smith brincara com o fogo por algum tempo. Não apenas se alinhava ostensivamente com Lindbergh, como também era a fonte principal no Estado-Maior do Exército para o adido militar alemão, general Friedrich von Boetticher, com o qual fizera amizade desde as primeiras visitas realizadas por Smith na Alemanha como adido militar, nos anos 1920. (Depois da guerra, von Boetticher disse aos interrogadores do Exército americano que "a amarga oposição de Smith a Roosevelt e sua amizade e admiração pela Alemanha eram bem conhecidas".[71])

Ecoando as acusações de Dwight Davis, a Casa Branca culpou Smith de ser pró-nazista, antiamericano e escritor dos discursos de Lindbergh. O coronel negou as acusações. Sobre a última delas, ele mais tarde declararia: "Nenhum ser humano, com eu bem sabia, podia influenciar Lindbergh em qualquer assunto, quanto mais escrever seus discursos".[72]

Apesar de favorável à subordinação dos militares americanos à autoridade civil, Marshall resistiu energicamente ao que considerou intromissão da Casa Branca em questões de pessoal do Exército. Julgava ser Smith auxiliar valioso e recusava privar-se dele. "Marshall resguardou Truman em todas as ocasiões",[73] lembrou mais tarde Albert Wedemeyer, colega e amigo chegado de Smith. Outro protegido de Marshall, Wedemeyer, formado por West Point, recém-retornara aos Estados Unidos após frequentar durante dois anos a prestigiosa Escola Superior de Guerra — a Kriegsakademie — em Berlim.

Marshall disse a Roosevelt que o julgamento da corte marcial quanto a Smith certamente redundaria em absolvição, para não falar na fricção que causaria entre o Exército e o governo. Marshall também alertou o presidente que qualquer ação tomada contra Smith o transformaria no "Dreyfus americano",[74] referência ao oficial do exército francês Alfred Dreyfus, cuja divulgada corte marcial no final dos anos 1800 causou furor internacional.

Roosevelt recuou, porém uma chuva de ataques da imprensa a Smith impeliu Marshall a ordenar que o coronel deixasse Washington de imediato e "ficasse fora até que o calor político esfriasse". Aconselhou-o também a "evitar a aparência de relação cerrada"[75] com Lindbergh, ao menos por um tempo. Durante duas semanas, o coronel refugiou-se na casa de Wedemeyer, então major, que servia em Fort Benning, na Geórgia. Antes de partir para lá, a esposa de Smith avisou Lindbergh, como ele anotou em seu diário, que: "O governo está 'atrás de mim'". E arrematou, lacônico: "Bem, não é a primeira vez, nem será a última".[76]

No meio desse tumulto, os Lindberghs estavam às voltas com um novo bombardeio de correspondência e de excêntricas ligações telefônicas. Numa bela noite do início de junho, Anne Lindbergh recebeu uma ligação ansiosa da mãe. Elizabeth Morrow reportou que acabara de atender ao telefonema de mulher desconhecida que perguntara: "Você não está preocupada com sua filha?". Quando a sra. Morrow perguntou a que filha ela se referia, a outra replicou: "A famosa".[77]

O primeiro pensamento de Anne foi para os filhos. Quando contou a Charles sobre a chamada telefônica, ele a descartou como inconsequente, mas os dois foram de imediato ver os dois meninos, que dormiam placidamente em seus quartos. Certos de que eles estavam seguros, os Lindberghs fecharam as venezianas e cerraram as cortinas de sua isolada casa em Long Island. "Lá vem de novo aquele terrível sentimento", escreveu Anne no diário naquela mesma noite. "Alguém pode estar nos observando."[78]

8
A ARTE DA MANIPULAÇÃO

NÃO MUITO DEPOIS DO DESLANCHAR DA *BLITZKRIEG* na Europa Ocidental, um misterioso emissário do governo inglês chegou a Nova York. Seu nome era William Stephenson, e sua missão foi objeto de consideráveis conjecturas.

Correram rumores de que Stephenson, empresário multimilionário canadense com 43 anos de idade, viera a fim de criar nova operação de imprensa e propaganda para os ingleses. Mas isso parecia improvável, uma vez que o existente serviço de imprensa governamental, chefiado por Aubrey Morgan e John Wheeler-Bennett e operando no 44º andar do edifício da RCA, no Rockefeller Center, vinha realizando, sob todos os aspectos, um ótimo serviço na difusão para os jornalistas americanos da perigosa situação da Inglaterra e da desesperada necessidade de ajuda dos EUA.

Na realidade, Stephenson fora enviado por Winston Churchill para Nova York como novo diretor das atividades de inteligência britânica na América. No papel, sua tarefa principal era proteger as compras inglesas de material bélico contra a sabotagem e coletar informações sobre outras operações do inimigo contra o Reino Unido. A missão real de Stephenson, no entanto, resultava ser bem mais ampla. Ao longo dos dezoito meses seguintes, sua operação declararia guerra a *todos* os inimigos da Inglaterra nos Estados Unidos — fossem alemães, italianos, franceses de Vichy ou isolacionistas americanos. Mais especificamente, ele e seus amigos tomariam quaisquer medidas necessárias para silenciar aqueles inimigos e levar a América à guerra. Ao fazê-lo, não se importariam com questões de legalidade ou moralidade. Como um dos colegas de

Stephenson mais tarde observou: "Na guerra moderna [...] mesmo os beligerantes assaltados por escrúpulos morais não podem negligenciar arma alguma que possa ser útil."[1]

Com a Inglaterra em perigo mortal, Churchill não se sentiu culpado ao utilizar o que chamou de "guerra pouco cavalheiresca" para salvar seu país — atitude com a qual o aventureiro Stephenson concordava inteiramente. Embora empresário, não era iniciante na arte da espionagem.

Filho de operário pobre do oeste do Canadá, Stephenson, após completar apenas seis anos de escolaridade, foi forçado a trabalhar ainda rapaz. Durante a Grande Guerra, emigrou para a Inglaterra e acabou herói muito condecorado, tendo abatido mais de uma dezena de aviões como ás da RAF. Milionário antes de completar trinta anos, adquiriu diversas fábricas que manufaturavam de tudo, do cimento e aviões até conjuntos-rádio e carrocerias para carros, complexo administrado a partir do escritório no centro de Londres. Em suas viagens de negócios para a Alemanha nos anos 1930, Stephenson descobriu que quase toda a produção de aço dos alemães estava sendo usada para a fabricação de armamentos e outros materiais bélicos, violando o Tratado de Versalhes. Repassou a informação ao MI6, serviço de inteligência britânico, bem como a Winston Churchill, então membro do Parlamento, que sentava nas fileiras de trás da bancada nam Câmara dos Comuns, combatendo a política de apaziguamento do governo inglês.

Os relatórios de Stephenson agradaram Churchill; quando se tornou primeiro-ministro, em maio de 1940, ele convocou o canadense para realizar a agressiva e ousada operação clandestina na América, que resultou, como escreveu mais tarde David Ignatius, colunista do *Washington Post*, em "virtual livro didático da arte da manipulação".[2] Foi, disse o historiador inglês Nicholas Cull, "uma das mais diversificadas, extensas [...] campanhas sigilosas jamais realizadas por um país soberano em outro".[3]

Com o conhecimento do presidente Roosevelt e do chefe do FBI J. Edgar Hoover, a não-convencional agência de Stephenson plantou propaganda nos jornais americanos, espionou grupos isolacionistas, cavoucou sujeira política sobre os isolacionistas no Congresso e forjou documentos que, quando levados à atenção pública, ajudaram a estimular o sentimento antinazista. "Se os isolacionistas viessem a saber toda a extensão" da aliança secreta entre os Estados Unidos e a Inglaterra, "suas demandas pelo *impeachment* do presidente teriam sido bem mais altas",[4] observou Robert Sherwood, que como membro da equipe de FDR, serviria mais tarde como ligação entre Stephenson e Roosevelt.

No seu auge, a British Security Coordination (BSC), denominação inocente da organização, empregou cerca de mil pessoas no seu QG do Rockefeller Center, na Quinta Avenida, defronte à catedral de Saint Patrick. Cerca de outros 2 mil servidores operavam no Canadá, Américas Central e do Sul, e Caribe.

Os servidores da BSC incluíam linguistas, especialistas em códigos e cifras, agentes da inteligência, encarregados de propaganda, conhecedores em negócios e finanças, e *experts* em vasta gama de outros campos. Entre essas pessoas estavam os respeitáveis reitores de Oxford Alfred Ayer e Gilbert Highet; o gênio da propaganda David Ogilvy; Eric Maschwitz, autor da letra do sucesso "A Nightingale Sang in Berkeley Square"; e Noel Langley, coautor do musical *The Wizard of Oz* (*O mágico de Oz*).

Embora considerável quantidade de cargos fosse preenchida com ingleses, a maioria do pessoal da BSC era canadense, os quais, em virtude de seus sotaques e maneiras bem mais parecidos com os de americanos, eram considerados menos identificáveis que seus correspondentes ingleses. Independentemente da origem nacional, eram instruídos a chamar a mínima atenção possível. As servidoras mulheres, que trabalhavam nos serviços burocráticos em horários mais improváveis, recebiam orientação para dizer aos patrões e vizinhos que também eram enfermeiras, para explicxar as idas e vindas em horas estranhas. Os apartamentos dos empregados eram checados, como eram os doutores, dentistas ou quaisquer outros cujos serviços pudessem ser necessitados. Todos eram alertados para não falar em suas atribuições, mesmo para colegas da BSC. Quando entravam nos elevadores do edifício principal, tinham ordens para não trocar palavras com os colegas de trabalho que ocupassem os mesmos elevadores, mesmo que estivessem conversando uns com os outros poucos minutos antes.

Sigilo era a palavra de ordem na vida pessoal e profissional de William Stephenson. "Um homem extremamente reservado. [...] Enigma por todos os lados",[5] disse o escritor Roald Dahl, que trabalhou como agente da BSC. De acordo com outro empregado: "Stepheson nunca revelou a alguém qualquer coisa a seu respeito. Nunca".[6] Só um punhado de empregados conhecia de vista o pequeno e modesto chefe da BSC. Ele se movia "como uma pantera, pantera negra", disse uma mulher que trabalhava em seu escritório particular. "Tinha o dom de se misturar com a multidão. Ninguém o via. [...] Era arisco e silencioso."[7]

Adeptos da relação com americanos que pudessem lhes ser úteis, Stephenson e a esposa americana ofereciam amiúde coquetéis em sua suíte de cobertura do Dorset Hotel, a poucos quarteirões dos escritórios da BSC. "Você encontrava todo o mundo por lá", disse um dos principais assessores de Stephenson, de "almirantes e generais até Henry Luce, Walter Winchell e Robert Sherwood".[8]

Calmo e charmoso anfitrião, Stephenson era famoso por seus potentes martínis; outro colega, o escritor Ian Fleming os qualificava como "os mais poderosos martínis na América".[9] Depois de tomar uns dois ou três daqueles drinques, Sherwood, com seus mais de dois metros de altura, foi ouvido certa vez dizendo: "Se eu beber outro coquetel vou gritar 'Madeira!' e cair de cara no chão".[10] Fleming, que se inspirou em parte em Stephenson para criar seu famoso personagem James Bond, afirmou que o chefe da BSC foi a fonte da receita do martíni de Bond: "Gin Booths, seco e forte, vermute parco, chacoalhado, não mexido".[11]

Sherwood, assídua presença nos coquetéis de Stephenson, destacava a característica mais notável da organização canadense: sua existência não era apenas conhecida na Casa Branca e no FBI, mas também endossada pelos dois. Na verdade, a operação da BSC beneficiava Franklin Roosevelt tanto quanto o governo inglês, ao menos no referente ao esforço para derrotar os inimigos antiguerra do presidente. No seu trabalho velado para desacreditar os isolacionistas, a BSC, com efeito, era parceira ativa de FDR. Pouco tempo após a chegada de Stephenson aos Estados Unidos, o presidente asseverou: "Deve haver o casamento mais estável possível entre o FBI e a inteligência britânica".[12] Nenhuma outra agência americana, contudo, seria informada sobre a dimensão total das operações da BSC. Quando Stephenson registrou sua agência no Departamento de Estado, disse que o único propósito dela era promover a segurança do material bélico e outros equipamentos de guerra despachados para o Reino Unido.

Para Stephenson, a cooperação de J. Edgar Hoover era especialmente crucial. Os Estados Unidos ainda eram oficialmente neutros, e a campanha britânica contra as atividades alemãs, italianas e dos franceses de Vichy no país violentava claramente as leis dos EUA. O chefe do FBI não apenas fechou os olhos para o fato, como prestou valiosa assistência aos ingleses, que foi retribuída em igual medida.

Hoover, por exemplo, permitiu que a BSC operasse uma estação de ondas curtas do FBI para transmitir mensagens codificadas ultrassecretas a Londres. Por meio de um de seus agentes, trabalhando disfarçado de simpatizante nazista, Hoover também repassava à embaixada alemã toda desinformação que a BSC desejava plantar junto a Hitler, como rumores de que a União Soviética se preparava para invadir a Alemanha.

Em troca, agentes britânicos entregaram ao FBI milhares de relatórios referentes aos seus trabalhos nos Estados Unidos. Também ensinaram aos seus correspondentes americanos alguns de seus muitos truques no comércio da contrainteligência, inclusive elaboradas técnicas para a abertura e fechamento de correspondência e pacotes sem deixar qualquer indício de violação. O pessoal da BSC fazia uso de tal habilidade em centros de abertura altamente sigilosos nas Bermudas e em Trinidad, ilhas britânicas em que era virtualmente lida toda a correspondência entre as Américas e a Europa, inclusive malotes diplomáticos, supostamente invioláveis, entre o Eixo e outras embaixadas. Nas Bermudas, um bom número de ingleses trabalhava arduamente no subsolo do luxuoso Princess Hotel em estilo colonial, esquadrinhando cartas e pacotes transportados por navios e aviões que rotineiramente faziam escalas naquela ilha do Atlântico para reabastecer antes de seguirem viagem para a Europa. Fotos eram tiradas do conteúdo de correspondências consideradas particularmente significativas, que eram então remetidos para os respectivos destinatários.

Apesar de a abertura de correspondência alheia ser ilegal nos EUA, o FBI, seguindo as instruções britânicas daquela técnica, instituiu o que denominou de programa Coverage Z [Cobertura Z, em tradução livre], pelo qual os agentes, sub-repticiamente, examinavam a correspondência das embaixadas alemã, italiana, japonesa e da França de Vichy, entre outros alvos sediados em Washington. A violação de correspondência, alegadamente com a finalidade de segurança nacional, perdurou até 1966, período de tempo em que o FBI leu e fotografou cerca de 130 mil cartas. Segundo relatório de 1976 do Comitê de Inteligência do Senado: "A correspondência de centenas de cidadãos americanos foi aberta nas comunicações de quem quer que fosse que levassem a um agente ilegal".[13]

O FBI também grampeou os telefones e instalou escutas clandestinas nas embaixadas do Eixo, bem como nas de nações neutras como Espanha, Portugal e Suíça. A BSC fez o mesmo, focando em particular na embaixada da França de Vichy, julgada fonte tão ativa pró-nazista que o Exército e a Marinha dos EUA a mantinham sob cerrada vigilância.

Amy Elizabeth Pack, agente americana que operava para a BSC, recebeu ordens para coletar as informações que pudesse dos franceses de Vichy. Alta e esguia, com cabelo castanho-claro, quase loiros, olhos azuis e trinta anos de idade, Pack era a muito viajada debutante de Washington que estudara na Suíça, passava os verões em Newport e falava francês e espanhol com fluência. Esposa de diplomata britânico, ela era conhecida pelo charme, pela determinação, paixão pela aventura e pelo magnetismo sexual, dos quais tirava proveito para exercer sua missão na inteligência inglesa, envolvendo-se em amores com muitos diplomatas e oficiais das forças armadas estrangeiras, inclusive com Charles Brousse, secretário de Imprensa dos franceses de Vichy em Washington.

Nem bem o *affair* começou, o enfeitiçado Brousse assaltou o cofre da embaixada para suprir sua amante com cabogramas ultraconfidenciais entre a França e a embaixada, inclusive a cifra naval da França. Pack, de codinome "Cynthia", repassava o material para Marion de Chastelain, assistente de William Stephenson, em encontros semanais em Nova York e Washington cercados de todos os cuidados. Sobre Pack, Chastelain diria depois: "Ela era o tipo de pessoa que se satisfazia com a espionagem. De fato, eu a amava. [...] Trabalhou muito bem para nós".[14]* A própria Pack disse a um jornalista depois da guerra: "Cumpri meu dever como o entendi. Vi-me em situações evitadas por mulheres de respeito. Mas não se vencem guerras com métodos respeitáveis".

Usando as informações supridas por Pack, além do conteúdo de conversas telefônicas grampeadas, a BSC preparou relatório acusando a embaixada e o governo de Vichy de trabalharem em prol da Alemanha. O relatório vazou, através de um intermediário aparentemente sem conexão com a BSC, para o *New York Herald Tribune*, que publicou uma série de artigos vinculando a embaixada de Vichy aos interesses nazistas.

Essa era a técnica habitual de Stephenson — descobrir informações prejudicais ao Eixo ou à causa isolacionista e passá-las adiante, por meio de terceiros, a organizações americanas de notícias. "Os maiores cuidados tinham sempre de ser tomados", disse a história pós-guerra da BSC, "pois se a Coordenação da Segurança Britânica fosse descoberta, ou tivesse suas fontes de informações reveladas, seria de imediato [identificada como uma] organização de propaganda sigilosa para os ingleses e ficaria consideravelmente incapacitada".[15]

Mesmo que os beneficiários dessa generosidade jornalística não tivessem pleno conhecimento da fonte do material, todos eram considerados pró-britânicos. Segundo a história oficial da BSC, entre os que "proporcionaram serviços de inestimável valor"[16] estavam os colunistas Dorothy Thompson, Walter Lippmann, Walter Winchell e Drew Pearson. São

*Após se divorciarem dos respectivos cônjuges, Pack e Brousse se casaram e viveram na França depois da guerra.

também citados diversos editores de jornais, inclusive Arthur Sulzberger do *New York Times*, Ralph Ingersoll do *PM* e Helen Reid do *New York Herald Tribune*. Nas palavras de David Ignatius do *Washington Post*: "Os espiões-mestres ingleses 'tocaram' essa rede midiática como quem toca um poderoso órgão *Wurlitzer*".

O *Herald Tribune*, conhecido pelo corajoso e agressivo apoio ao intervencionismo, foi, de longe, o maior beneficiário. Além de receber a história da embaixada de Vichy, seus repórteres ganharam pistas sobre um tal Gerhard Westrick, secretário comercial da embaixada alemã, e seus negócios escusos com diversas empresas americanas. Posando de cidadão comum, Westrick alugara uma casa caríssima em subúrbio de Nova York, onde recebia nababescamente diversos representantes de empresas dos EUA, a maioria da área petrolífera. O objetivo do alemão era, aparentemente, convencer os executivos de que a Alemanha estava perto de ganhar a guerra e se eles lançassem seu peso no movimento isolacionista, haveria abundantes oportunidades de negócios na Europa dominada pelos nazistas. Existiam também indícios de que Westrick trabalhava junto a diversas companhias petrolíferas dos EUA para quebrar o bloqueio naval britânico da Alemanha e da Itália a fim de que o Eixo fosse suprido com a importante matéria-prima.

Depois de fazer investigação própria, o *Herald Tribune* publicou uma série de artigos em sua primeira página sobre Westrick, que desencadeou uma chuva de cartas e telefonemas injuriosos para o infeliz secretário, bem como manifestação de irados vizinhos diante de sua casa. Instigado pelo FBI (a conselho de Stephenson), o Departamento de Estado forçou a chamada para a Alemanha de Westrick, e o *Herald Tribune* recebeu muitas congratulações pelo afastamento de um perigoso emissário de Hitler. Suas histórias foram republicadas em jornais de todo o país e inspiraram muitos editoriais sobre a ameaça representada pela quinta-coluna nazista.

Em cabograma para Berlim, Hans Thomsen, o *chargé d'affaires* da embaixada alemã em Washington, queixou-se dos "sensacionais e cruéis ataques" contra Westrick, supostamente desconhecendo que eles haviam sido promovidos por agentes britânicos. "O aspecto deplorável", escreveu Thomsen, "é que, como resultado dessa publicidade, de modo algum provocada por Westrick, americanos que ainda mantêm negócios com a Alemanha e relações sociais com membros da embaixada e do consulado, se encontram tão comprometidos perante o público que têm sido compelidos a cortar tais relações".[17]

Hans Thomsen, *chargé d'affaires* da Alemanha nazista em Washington, com sua esposa.

Para Thomsen e seus colegas de embaixada, cuja missão principal era conseguir o apoio dos americanos à causa isolacionista, foi ocasião extremamente frustrante. Em vez de alinhados com o FBI, como os britânicos estavam, os alemães eram espionados tanto pela agência quanto pelos ingleses. Pior ainda, da perspectiva germânica, a maioria dos americanos, mesmo que não desejasse a participação na guerra contra a Alemanha, não queria nada com o Reich ou seu governo. Em determinada ocasião, Thomsen reclamou para Berlim sobre "o estado de espírito antigermânico e a desconfiança generalizada de todos os esforços alemães de esclarecimento"[18] na América. O movimento isolacionista, acrescentou o diplomata, era "constantemente enxovalhado pela imprensa e atormentado pelo governo".[19] Ernst Weiszacker, altofuncionário do Ministério do Exterior alemão, tinha a mesma queixa, escrevendo ao ministro Joseph Goebbels: "Os verdadeiros amigos da Alemanha nos Estados Unidos são, infelizmente, muito poucos e estão longe de constituir fator político atualmente".[20]

Em face do antagonismo americano, o governo de Hitler evitou dar apoio ostensivo aos isolacionistas americanos. Os alemães até se esquivaram de criticar Roosevelt e seu governo, temerosos de tais iniciativas aumentarem o risco de a América entrar na guerra. "Quanto menos interviermos abertamente nessa contenda e com mais habilidade deixarmos que os próprios americanos resolvam a disputa [...] melhor para nós", observou Weiszacker. "Ademais, qualquer interferência óbvia da Alemanha só resultará na união dos americanos contra nós.[21]

Mas enquanto os alemães se esforçavam para não chamar a atenção, o governo americano e os ingleses incrementavam o trabalho para convencer o povo americano do perigo representado por uma quinta-coluna alemã. Numa série de artigos publicados simultaneamente em diversos jornais, o colunista Edgar Ansel Mowrer e o advogado de Wall Street William Donovan, emissário não oficial de Roosevelt e um bom amigo de William Stephenson, publicaram que "uma colônia de alguns milhões de germano-americanos", inclusive "milhares de empregados domésticos e garçons",[22] trabalhava sigilosamente para o Reich nos Estados Unidos. O mais chocante exemplo dessa quinta-coluna, escreveram os autores, era a Bund Germano-Americana.

Desde meados de 1930, oceanos de tinta vinham sendo derramados na cobertura jornalística da Bund, o mais notório grupo fascista dos Estados Unidos. Publicamente se referindo à organização como Partido Nazista da América, seus membros usavam uniformes ao estilo nazista, faziam

Membros da Liga Germano-Americana desfilam em rua da cidade de Nova York. Note-se que a bandeira nazista precede as americanas.

a saudação de Hitler, promoviam acampamentos e exercícios para os jovens e atacavam judeus onde os encontrassem.

Dois dias antes da celebração do aniversário de George Washington em 1939, a Liga ganhou manchetes de primeira página de todo o país com um gigantesco comício no Madison Square Garden de Nova York, com cerca de 20 mil simpatizantes nazistas, enquanto milhares de manifestantes protestavam do lado de fora. De pé à frente de enormes retratos de Hitler e de Washington, os líderes da Bund, seus uniformes adornados de suásticas, verberaram contra "o invisível governo do judaísmo internacional" e contra as tramas socialistas do "presidente Franklin D. Rosenfeld".[23]

Para a Alemanha, o evento foi um desastre de relações públicas: enraiveceu os americanos e os fez achar a Bund consideravelmente mais bem organizada e mais perigosa para a segurança da América do que realmente era. Inquestionavelmente odiosa em retórica e atividades, a organização, malgrado a pomposa publicidade que a cercava, jamais conseguiu atrair uma quantidade substancial de germano-americanos para a causa nazista. No ponto culminante de sua filiação — fim dos anos 1930 — seu efetivo provavelmente não passava de 75 mil ativistas mais cerca de 20 mil simpatizantes.

Pelo verão de 1940, a Bund se encontrava quase moribunda e tinha menos de 2 mil membros. Após o comício no aniversário de Washington, o governo alemão cortou toda a ajuda financeira e outros laços. No fim de 1939, o líder da Bund, Fritz Kuhn, foi indiciado e mandado para a prisão por apropriar-se de fundos da organização. As reuniões da Bund eram rotineiramente perturbadas por manifestantes e, em diversos estados, o grupo foi investigado e acabou considerado ilegal.

Apesar de totalmente desacreditada e ineficaz, a Bund, na cabeça das pessoas, continuava uma presença perigosa nos Estados Unidos — crença que o governo americano e os ingleses não cansavam de alimentar. "O melhor embaixador britânico que já tivemos nos EUA foi Adolf Hitler", declarou Robert Bruce Lockhart, diretor-geral da agência de propaganda britânica em tempo de guerra — o Escritório de Guerra Política. "A estupidez crassa da propaganda nazista, que chegou ao pico da insolência absurda num panfleto intitulado *George Washington, o primeiro nazista*, fez mais do que qualquer declaração inglesa poderia ter feito"[24] para sublinhar a divergência entre Alemanha e América.

A manifestação de Lockhart foi um pouco injusta com o governo alemão, uma vez que o referido panfleto fora produto da Bund. Mas não há dúvida de que Hitler e seus seguidores foram, por vezes, igualmente tolos em seu entendimento dos Estados Unidos. Ernst Weiszacker reforçou essa ideia quando informou ao ministro alemão da Propaganda, em 1941, que ele deveria repensar o título de seu *Hora de Goebbels*, um novo programa de rádio em ondas curtas que seria transmitido para a América. Talvez impensadamente, Weiszacker escreveu que existia "nos EUA uma opinião tão equivocada sobre a pessoa do ministro da Propaganda do Reich que bastaria o anúncio da *Hora de Goebbels* para os ouvintes americanos desligarem seus rádios".[25] O plano foi relutantemente arquivado.

Em Washington, Hans Thomsen tinha problema semelhante com seus próprios esforços de propaganda. Ele confessou a Berlim que suas tentativas de pôr artigos pró-isolacionistas nos jornais americanos,haviam sido, em sua maior parte, ignóbil fracasso: "Jornalistas influentes, de alta reputação, não se dispõem, mesmo por dinheiro, a publicar tais assuntos".[26]

Sem sorte com as publicações americanas, Thomsen viu-se obrigado a recorrer às instituições e organizações financiadas pelo Reich, como o American Fellowship Forum e a German Information Library, para divulgar suas matérias. Com dinheiro governamental alemão, o *chargé d'affaires* supervisionou a criação de uma editora em Nova Jersey, que publicou livros antiguerra e antibritânicos, os quais, assegurou ele a seus superiores, teriam "grande efeito no esclarecimento da opinião pública americana".[27] Infelizmente para Thomsen, quase todos os livros encalhavam, vendiam pouquíssimo.

9

ESTA GUERRA TEM A VER CONOSCO?

Em 4 de junho de 1940, o novo primeiro-ministro inglês levantou--se de seu lugar na Câmara dos Comuns para pronunciar um dos mais magníficos discursos da história britânica.

"Lutaremos nas praias", rosnou Winston Churchill, "nos locais de desembarques, combateremos nos campos e nas ruas, lutaremos nos montes". Depois de breve pausa, proclamou a seus extasiados colegas deputados: "*We shall never surrender*" [Nunca nos rendamos].[1]

Num momento em que a queda da França era iminente e esperada uma invasão alemã da Inglaterra para logo depois, o soco desafiador de Churchill no olho de "Herr Hitler", como o primeiro-ministro, sarcasticamente, chamava o Führer, levantou não só seu país, mas o mundo. Naquele pronunciamento, como em diversos outros que se seguiriam, Churchill deixou claro que a Inglaterra resistiria, independentemente do custo. Quando seu ministro do Exterior, lord Halifax, argumentou no fim de maio que o país deveria considerar negociações de paz com a Alemanha, Churchill rejeitou a ideia, insistindo: "Vamos lutar até o fim".[2] Anos mais tarde, sir Charles Portal, chefe do Estado-Maior da Força Aérea britânica na guerra, observou: "Dizem que não havia perigo de fazermos a paz com Hitler. Não tenho certeza. Sem Winston, bem poderíamos ter feito".[3]

E se Churchill fosse apeado do poder? Não era impossível, como o primeiro-ministro esclareceu a Roosevelt numa série de pedidos desesperados por ajuda imediata, depois que assumiu o cargo. A despeito do milagroso resgate de mais de 200 mil soldados ingleses das praias de Dunquerque, a situação do país beirava a calamidade. Tinham-se perdido muitos dos mais experientes pilotos da RAF — sem contar as centenas de aviões e mais de 68 mil combatentes — na tentativa de ajudar a Bélgica e a França, invadidas pela *blitzkrieg* alemã. A Inglaterra tinha então apenas homens suficientes para mobiliar vinte divisões de campanha, menos de um décimo das forças arregimentadas pela Alemanha. E esse pequeno efetivo combater com quê? Ficaram para trás na França praticamente todos os seus carros de combate, viaturas blindadas, armas e outros equipamentos. Havia apenas algumas centenas de milhares de fuzis e quinhentos canhões em toda a Grã-Bretanha — a maioria das peças de artilharia era obsoleta, muitas retiradas de museus. Churchill pouco exagerava quando disse: "Nunca uma grande nação se viu tão desnuda diante de seus inimigos".[4]

Onze dias depois de pronunciar seu discurso "lutaremos nas praias", Churchill sentou-se para preparar o último apelo por ajuda ao presidente dos Estados Unidos. Passou longe o tom de inspiração e desafio que usara vezes sem conta para levantar o moral de seus compatriotas e concitá-los a lutar. A mensagem continha tão somente o mais sombrio dos alertas. Se a França entrasse em colapso, como parecia cada vez mais provável, e seu país não recebesse auxílio da América, advertiu Churchill, uma Inglaterra "devastada e faminta" poderia muito bem varrer fora o seu governo e instalar outro que desejasse fazer a paz com a Alemanha.

Um cenário assim seria quase tão catastrófico para os Estados Unidos como para sua própria nação, prosseguiu o primeiro-ministro. Os EUA ficariam diante de "uns *Estados Unidos da Europa* sob comando nazista, muito maior, mais poderoso e mais bem armado do que os do Novo Mundo". Para evitar isso, os Estados Unidos não podiam perder mais tempo para o envio de contratorpedeiros, aviões e armamentos aos ingleses. Era, declarou Churchill, "questão de vida ou morte".[5]

Virtualmente, desde o dia em que substituiu Neville Chamberlain, Churchill estava engajado numa batalha de vontades com o presidente. Quando solicitou os *destroyers*, Roosevelt respondeu que não podia despachá-los sem aprovação do Congresso. Ao mesmo tempo, FDR instou o primeiro-ministro a considerar o deslocamento da esquadra inglesa para o Canadá ou para os Estados Unidos em caso de invasão alemã. Churchill replicou que o Reino Unido dificilmente confiaria sua Marinha, o próprio símbolo do poder britânico, a uma América neutra. Segundo o Gabinete inglês, Roosevelt "parecia esposar a ideia de que seria ótimo para ele recolher os destroços do Império Britânico caso o país fosse derrotado. [...] [Ele] deveria entender que havia outro aspecto da questão".[6]

O presidente, por certo, sabia da importância da Royal Navy para a defesa tanto do Reino Unido quanto da América, e não havia dúvida de que desejava fazer o possível para manter a Inglaterra lutando. De fato, cinco dias após receber o alerta de Churchill sobre a substituição de seu governo por outro derrotista, Roosevelt prometeu empregar "todos os recursos materiais de sua nação" para proporcionar aos ingleses a assistência de que necessitavam. "Sem esmorecer nem nos desviarmos", declarou FDR durante o discurso de 10 de junho de abertura do ano letivo na Universidade da Virgínia. "Todos os indícios e sinais pedem velocidade — todo vapor à frente."[7]

John Wheeler-Bennett, o historiador britânico transformado em propagandista, presenciou o discurso. Lembrava "do choque de excitação que tomou conta de mim. [...] Era por aquilo que rezávamos — não apenas simpatia, mas promessa de apoio. Se a Inglaterra pudesse se aguentar até que os vastos recursos estivessem disponíveis, poderíamos sobreviver e mesmo ganhar a guerra. Foi o primeiro raio de esperança".[8] Como o *Time* entendeu o discurso, o presidente anunciara oficialmente o fim da neutralidade americana. "Os EUA tomaram posição. [...] Acabou a esperança utópica de que poderiam permanecer uma ilha de democracia num mundo totalitário."[9]

Mesmo assim, as pródigas promessas de Roosevelt eram difíceis de transformar em ação. Ponderando que a América carecia de quase tudo para sua própria defesa, George Marshall e a maioria de seus colegas militares, juntamente com o ministro da Guerra Harry Woodring, se opunham firmemente ao envio aos ingleses de qualquer parcela da quantidade minúscula de aviões, tanques, navios e armas que o país tinha. Todos sublinhavam a necessidade de Forças Armadas fortes na América antes de ela se emaranhar no conflito europeu. "É uma gota dágua para o balde do outro lado", disse Marshall ao secretário do Tesouro Henry Morgenthau, "e uma necessidade vital deste lado, ponto final".[10]

Quando o presidente solicitou ao Exército e à Marinha, em junho, que apresentassem ideias para o emprego naval e aéreo dos EUA contra as forças alemãs, o Joint Planning Board [Comitê de Planejamento Conjunto, em tradução livre] das três forças replicou: "Nosso despreparo para enfrentar tal agressão na devida escala é tão grande que, enquanto tivermos alternativas, deveríamos evitar o embate até estarmos adequadamente aprestados".[11]

Para complicar a situação de Churchill e dos ingleses existia a difundida crença em Washington, em especial entre os militares, de que a Inglaterra já estava condenada, que qualquer ajuda recebida seria capturada pela Alemanha e utilizada contra os Estados Unidos. Se a Inglaterra fosse derrotada depois de a América enviar suprimentos muito necessitados em casa, declarou Marshall: "O Exército e o governo jamais poderiam justificar ao povo americano o risco que haviam corrido".[12] Em ríspida carta ao embaixador britânico em Washington, Churchill repisou: "Até abril, [funcionários americanos] estavam tão certos de que os Aliados venceriam que não achavam ajuda necessária. Agora, têm tanta certeza de nossa derrota que não julgam a ajuda possível".[13]

Em 24 de junho, Marshall e seu correspondente naval, almirante Harold Stark, concitaram Roosevelt a interromper toda a ajuda à Inglaterra. O presidente rejeitou de chofre a ideia, deixando claro aos chefes militares que a América não renegaria seu compromisso de auxiliar o último país europeu que resistia a Hitler. Porém, o único equipamento que tornou disponível aos ingleses nos poucos meses que se seguiram foi umas dúzias de aviões e algumas centenas de milhares de fuzis, metralhadoras, revólveres, morteiros e munição, tudo da época da Primeira Guerra Mundial. Apesar de, sem dúvida, importante, esse material claramente pouco faria, no longo prazo, para evitar a derrota nas mãos dos alemães. Com efeito, Marshall lembrava, os fuzis foram remetidos com apenas dez tiros por arma.

Acompanhando os militares contra a remessa de armamento estava a maioria do Congresso, tão parcimonioso em relação ao Reino Unido quanto havia sido generosa no robustecimento das defesas americanas. O senador Key Pittman, presidente do Comitê de Relações Exteriores do Senado, chegou a sugerir que o governo inglês se rendesse a Hitler. "Não é segredo para ninguém que a Inglaterra está tão completamente despreparada para a defesa", disse ele, "que qualquer coisa que os Estados Unidos possam dar não fará mais do que adiar o resultado".[14] No início de junho, o comitê de Pittman bloqueou a venda de aviões e navios modernos aos Aliados, e mais tarde do mesmo mês, o Congresso proibiu a venda de quaisquer suprimentos adicionais a menos que os chefes militares dos EUA os declarassem excedentes para a defesa nacional americana.

Observando os eventos em Washington naquela primavera fatídica, o *chargé d'affaires* alemão garantiu aos seus superiores em Berlim que os americanos, para grande desgosto do presidente, provavelmente pouca coisa fariam para impedir a derrota inglesa e francesa. "Somente um observador experimentado", escreveu Thomsen, "pode perceber a tremenda fúria de Roosevelt por não ver possibilidade alguma no presente de ajudar os Aliados em sua funesta luta".[15]

A DISCUSSÃO QUE CAMPEAVA EM WASHINGTON sobre ajuda à Inglaterra ecoava por todo o país. "Nenhum jornal era tão pequeno, nenhuma cidadezinha tão remota, nenhum grupo de cidadãos tão insensível, para não se julgar afetado", escreveu a *Time* no fim de maio. "A questão em debate, era, de um modo geral: 'Essa guerra tem a ver conosco?'".[16] Os americanos, do Maine à Califórnia, começaram a fazer ouvida sua voz, com muitos participando de campanhas, apressadamente organizadas e emocionalmente conduzidas, para influir nas ações de seu governo. Defensores da ajuda, galvanizados pela queda da França no fim de junho, foram os primeiros a serem notados.

"Caso se pudesse perguntar a milhões de americanos que momento havia tornado a guerra real para eles, muitos responderiam que foi o dia em que os alemães entraram marchando em Paris",[17] registrou o historiador Richard Ketchum. A maioria nos Estados Unidos sabia pouco sobre os países anteriormente derrotados pela Alemanha; para eles, as vítimas anteriores de Hitler, parafraseando a notória observação de Neville Chamberlain sobre a Tchecoslováquia, eram países distantes cheios de gente da qual não se sabia coisa nenhuma. Mas a França — e Paris — era diferente. Mesmo aqueles que lá nunca tinham estado podiam evocar imagens da Torre Eiffel, do Arco do Triunfo, dos adoráveis bulevares ladeados de árvores, dos movimentados cafés das calçadas. Agora Paris caíra. Seria Londres a próxima?

Se fosse, o que de fato aconteceria com a esquadra inglesa? Caso também fosse engolida pela Alemanha, o Reich controlaria as rotas marítimas do Atlântico, levando os Estados Unidos a um dilema agoniante. A principal esquadra dos EUA se encontrava então baseada no Havaí como dissuasão para um Japão cada vez mais agressivo, na ocasião em guerra com a China, enquanto uma força naval consideravelmente menor e mais fraca patrulhava o Atlântico. Na eventualidade de a esquadra permanecer no Pacífico, a Alemanha poderia enviar impunemente navios transportando tropas para a América do Sul ou, possibilidade igualmente apavorante, isolar os Estados Unidos de suas fontes além-mar de matérias-primas vitais.

Se as belonaves fossem deslocadas para o Atlântico, o Pacífico ficaria aberto à esquadra japonesa.

Defensores da ajuda à Inglaterra usaram essa cena perturbadora como argumento principal em suas recém-organizadas campanhas. Um desses defensores, bastante influente, o colunista Walter Lippmann, declarou: "Vivemos nos iludindo quando olhamos a vastidão de água salgada como se fosse uma super Linha Maginot. O oceano é uma ampla estrada para quem o controla. Daí toda guerra que implica domínio dos mares ser uma guerra global na qual a América está inescapavelmente envolvida".[18]

A noção de que a segurança dos Estados Unidos dependia da independência do Reino Unido foi pesadamente promovida pelo primeiro grupo importante de cidadãos que surgiu. Chefiado por William Allen White, foi criado no fim de maio, apenas dias após as tropas alemãs começarem a rasgar através da Europa Ocidental. O título oficial da organização era Comitê para Defesa da América pela Ajuda aos Aliados, porém quase todo mundo se referia a ela como Comitê White.

Depois de ajudar Roosevelt a ganhar a aprovação do Congresso para o "pague e leve" no outono de 1939, o editor de Kansas ficara cada vez mais alarmado com a persistente apatia americana em relação à guerra. Poucos dias após o começo da demonstração alemã de força, ele enviou telegramas a várias centenas de proeminentes americanos, muitos deles membros do comitê anterior que fez lobby pela revisão da Lei de Neutralidade, instando-os a se juntar de novo para "todo o apoio, que não seja a guerra". Como Roosevelt, que dera a bênção ao novo grupo, White argumentava que a principal razão para ajudar os Aliados era manter a América fora do conflito. O futuro da Civilização Ocidental, declarou White, estava "por decidir nos campos de batalha da Europa". Caso se permita a derrota da Inglaterra e da França, "a guerra inevitavelmente chegará aos Estados Unidos".[19]

Servindo, na realidade, como agência oficiosa de relações públicas para Roosevelt e para seu governo, o Comitê White recrutou governadores, prefeitos, reitores de faculdades, professores, editores de jornais, escritores, empresários, atores e, pelo menos, um boxeador laureado — Gene Tunney — para trabalhar em sua diretoria executiva. Seus membros, por sua vez, ajudaram a organizar grupos locais por todo o país para gerar um alastrado suporte de raiz. "Nossa ideia", escreveu White a um amigo, "é abarrotar o rádio e os jornais, assim como a correspondência do Congresso, com a voz de cidadãos proeminentes concitando a América a se tornar parceira não beligerante da França e da Inglaterra".[20]

Com a queda da França, a filiação ao comitê decolou. Por volta de 1º de julho, já possuía trezentas representações em todo país; um mês depois, quase setecentas, em 47 estados. Os membros patrocinavam comícios, programas de rádio e propaganda nos jornais, enquanto, ao mesmo tempo, escreviam aos seus congressistas e remetiam à Colina do Capitólio e à Casa Branca petições favoráveis ao envio da ajuda com milhões de assinaturas.

ENTRE OS RECRUTADOS FAMOSOS ESTAVA Elizabeth Morrow, então reitora do Smith College. Apesar de a sra. Morrow já estar envolvida em ampla cadeia de causas filantrópicas e benemerentes, seu grande valor para o comitê residia no fato de ser sogra de Charles Lindbergh. Fervorosa defensora da ajuda aos Aliados, ela já militava ativamente em diversas organizações que propiciavam assistência privada a cidadãos europeus colhidos pelo conflito. No seu diário, Anne Lindbergh anotou "a terrível vergonha e mesmo sentido de culpa que sua mãe experimentava pelo fato de os americanos não ajudarem mais".[21]

A sra. Morrow transformara sua propriedade em Nova Jersey em uma espécie de QG informal para alguns desses grupos particulares de ajuda — atitude particularmente desconfortável para Anne sempre que visitava a mãe. Em determinadas oportunidades, ela encontrava velhos amigos ajudando a sra. Morrow a organizar os pacotes de roupas e alimentos para os refugiados. Quando solicitada a contribuir, declinou. Seria violação de sua própria neutralidade pessoal se também ajudasse, justificou; Charles e ela não estavam tomando partido naquela guerra, a qual, na opinião dos Lindberghs, era um embate entre estados imperialistas, não merecedores do apoio americano.

Até o pronunciamento de Lindbergh pelo rádio em 19 de maio, Elizabeth calara sobre a posição dele e de Anne quanto à guerra, ao menos quando outras pessoas estavam por perto. Porém ficou tão constrangida com o discurso que, na presença de amiga íntima de Anne, sugeriu à filha que, no mínimo, Lindbergh poderia no futuro expressar alguma simpatia pelas vítimas de Hitler e repulsa em relação aos métodos nazistas. Isso era impossível, retorquiu Anne: era importante para Charles ser visto como observador imparcial, espécie de árbitro, na guerra europeia. Sua mãe a olhou por um momento, depois disparou: "Sempre entendi que os árbitros atuam com apitos que, algumas vezes, sopram quando faltas são cometidas".[22]

Grande parte da indignação da sra. Morrow derivava do óbvio preço emocional que o ativismo de Lindbergh cobrava de Anne. Escreveu a uma amiga: "Logo agora, estou em posição difícil entre meus dois genros, porém minha preocupação principal é Anne. Ela está abalada de espírito, o que se reflete em sua saúde".[23]

Aparentemente, Anne se comportava com a calma e a reserva habituais. No íntimo, porém, consumia-se em tensões, dores, tristeza e remorso. Sentia-se tão culpada com o repúdio público de Charles aos ingleses e franceses que, quando ela e a irmã Con lancharam certa tarde em Nova York, Anne insistiu que as duas fossem a um restaurante italiano, e não francês. "Não consigo encarar os franceses",[24] escreveu em seu diário. Poucos dias antes, na ocasião em que um antigo conhecido francês — piloto militar em missão de compra de aviões do governo dos EUA — convidou Lindbergh para almoçar, Anne ficou surpresa: "Ele esteve lá em combate, sabe o que a França enfrenta, e ainda consegue se encontrar com C. e tratá-lo como amigo. É inacreditável. Não creio que, na mesma posição, eu pudesse fazer isso".[25]

Quando o debate sobre a guerra tornou-se mais ácido, ela ficou em situação incômoda com praticamente todos os antigos amigos e conhecidos. Lindbergh, ponderou ela, tornara-se o "Anticristo" para uma "certa classe". Acrescentou: "Conheço muito bem essa 'classe'. É a 'minha'. Todas as pessoas com quem cresci. O Leste, os seguros, o rico, o culto, o sensível, o acadêmico, o bom — as respeitosas pessoas inteligentes que cresceram num mundo isolado, muito distante das realidades".[26]

Seus conflitos íntimos eram ainda mais exacerbados pela escalada da desavença entre sua mãe e seu marido. A despeito das inquietações sobre Anne, Elizabeth Morrow, a pedido de William Allen White e incitada por Aubrey Morgan, decidiu expor publicamente sua oposição aos pontos de vista de Lindbergh. No início de junho, discursou pelo rádio para todo o país em prol do Comitê White, pressionando o governo a dar todo o suporte para os Aliados: "Creio ser urgente o envio de material bélico e suprimentos, alimentos, dinheiro, aviões, navios e tudo que possa ajudá-los na luta contra a Alemanha". Então, naquilo que podia ser visto como censura a Lindbergh, a sra. Morrow declarou: "Há coisas piores que a guerra. Existem algumas coisas supremas e nobres que valem a pena se lutar por elas".[27]

Antes do pronunciamento, ela tentou convencer Anne de que a fala não tinha a intenção de ser um ataque a Charles, porém, como a filha anotou: "É lógico que ela será usada e explicada nesse sentido". Após o programa, a sra. Morrow voltou para a propriedade em Nova Jersey, onde Con e Aubrey Morgan abriram champanhe para brindar seu sucesso. Anne, entrementes, ouvira sozinha o discurso, feliz por Charles não estar em casa para escutá-lo. "É um discurso bonito, combativo, com muita de sua fé e de sua força espiritual nele", registrou no diário. "Mas não posso concordar com suas premissas e sinto apenas tristeza por tal desacordo e por estar muito solitária e separada de toda essa boa gente."[28]

À mãe, ela escreveu: "Como eu desejaria, oh, como eu desejaria, sentir-me convicta de coração sobre essa guerra, de uma maneira ou de outra; ou que eu pudesse julgar que ela era necessária para nossa autopreservação, ou que era, simplesmente, a luta do bem contra o mal. Para muitos [...] ela é nitidamente um caso de forças do mal derrotando as forças do bem. Não posso simplificá-la a esse ponto".[29]

Além de o discurso de Elizabeth Morrow ser, por certo, contrário à posição de Lindbergh sobre a guerra, ela também tencionava desafiar a ideia muito espraiada de que as mulheres, por serem mães, inclinavam-se contra a intervenção. Tal opinião era impulsionada pelo chamado "movimento das mães", coalizão de organizações femininas de direita que surgira como oponente de Roosevelt e de sua política externa, alegando que o intervencionismo era tão antiamericano como antifamília.

Depois do discurso, a sra. Morrow foi bombardeada por raivosa correspondência, com muitas das cartas empregando a retórica do sentimento de mãe para atacá-la. "A menos que você abjure seu discurso, as coisas não caminharão bem para seu lado", declarava uma carta anônima. "Nós, todas as 'mães' dos Estados Unidos, providenciaremos para que você seja enviada de trem para Inglaterra e para França e mandada para a 'linha de frente', onde pessoas como você devem estar. Como ousa falar em guerra!! Você tem filhos para enviar? [...] Não se esqueça. Estamos atrás de você. Vamos pegá-la."[30]

O CLIMA NO PAÍS, CADA VEZ MAIS PESADO, TAMBÉM CAUSAVA profundo impacto em outro destacado membro do Comitê de William Allen White. Os amigos de Robert Sherwood o conheciam como homem gentil e afável, mas quando ele soube, em janeiro de 1940, que o senador William Borah estava à beira da morte, escreveu em seu diário: "Boas-novas hoje. [...] Agora — é esperar que Deus leve o editor isolacionista Randolph Hearst".[31] Em perfil de Sherwood publicado mais tarde naquele ano, *The New Yorker* o descreveu como: "Liberal de esquerda ferozmente militante", que "sente ardente indignação contra aqueles que considera empedernidos e insensíveis quanto à luta na Europa".[32]

Sherwood aceitou com entusiasmo o convite de White para se juntar ao seu grupo e mergulhou de cabeça nas atividades. Porém, devido ao seu aguçado senso de urgência, achou que o comitê — ou qualquer outro indivíduo ou organização — não fazia o suficiente para persuadir os americanos sobre a importância de salvar a Inglaterra. Sendo assim, sem a aprovação de White, Sherwood projetou, escreveu e parcialmente pagou uma página inteira de publicidade que apareceu na edição 10 de junho de mais de cem jornais de todo o país.

Encimada pela manchete clamando "Detenham Hitler agora!", a página alertava que "se Hitler vencer na Europa [...] os Estados Unidos ver-se-ão sozinhos num mundo bárbaro — um mundo comandado pelos nazistas", no qual "a democracia será varrida da face da Terra". O fecho era um dramático apelo para que os leitores se aliassem à causa pró-ajuda: "Em uma ditadura, o governo diz ao povo o que fazer. Exerçam seus direitos como cidadãos de uma nação livre. Digam ao seu presidente — aos seus senadores — seus deputados — que vocês desejam ajudar os Aliados a deter Hitler agora!".[33]

No dia seguinte à publicação da página, mais de quinhentos voluntários se apresentaram no QG de Nova York do Comitê White, e membros da organização enviaram petição pró-ajuda à Casa Branca com as assinaturas de 25 mil pessoas. No encontro com a imprensa daquele dia, Roosevelt cumprimentou Sherwood pela publicidade, qualificando-a como "poderosa coisa boa" e "bela peça, extremamente instrutiva para este país".[34]

No entanto, William Allen White teve opinião diferente. Ele fora inundado por cartas iradas queixando-se de uma frase da página afirmando que quem se opusesse à causa era "imbecil ou traidor".[35] Entre os correspondentes estava Oswald Garrison Villard, ex-editor da revista liberal *The Nation* e bom amigo de White. Pacifista de longo tempo, Villard protestou com o editor de Kansas que ele e milhões de outros que se opunham à ajuda aos Aliados eram "tão leais, tão sinceros e tão sérios quanto Sherwood ou qualquer outro".[36]

White concordou. Em carta a Sherwood, escreveu que a inflamatória declaração do autor teatral "havia encolerizado nossos oponentes, a meu ver de maneira desnecessária. É claro que existem milhões de americanos que honestamente acreditam na teoria isolacionista. Eu não; você não. Mas quando você os chama de imbecis ou traidores, eles correm para a próxima mesa e me escrevem cartas que, com frequência, são tão inteligentes que precisam ser respondidas".[37] Tantas queixas desabaram sobre ele, acrescentou White, que mesmo com a ajuda de três estenógrafos, não conseguira responder a todas.

Sherwood, desculpando-se, disse em carta a White que a frase com "imbecil" se aplicava apenas "àqueles que davam solenes garantias (especificamente Lindbergh) de que Hitler não atacaria o Hemisfério Ocidental".[38] Anos mais tarde, o autor teatral anotou que White o havia repreendido "por ter ido longe demais. Pouco tempo depois, os epítetos que usei passaram a ser muito comuns".[39]

PARA WILLIAM ALLEN WHITE, era evidente que a opinião no país mudava a favor do envio de aviões, navios e armas para a Inglaterra. Mais tarde naquela primavera, uma avaliação do governo sobre os jornais da nação mostrava que, embora a maioria deles se opusesse à noção de intervenção armada da América na guerra, grande parcela agora apoiava "imediata e generosa assistência"[40] aos ingleses. Nas pesquisas recentes, mais de 70% dos americanos também davam suporte ao despacho de ajuda.

Mas o presidente ignorava esses sinais positivos de seus compatriotas e refreava-se em tomar ações corajosas para cumprir as promessas que fizera na Universidade da Virgínia. Um frustrado White disse a amigo que seu comitê não seria útil a menos que tivesse alguma coisa substancial para sobre ela trabalhar: "Fazemos o melhor possível, contudo o problema é que nada existe no Congresso que possamos apoiar e fomentar".[41] White passou um telegrama a Roosevelt no início de junho: "Minha correspondência empilha cada vez mais unanimemente a favor da ajuda total aos Aliados que não chegue à guerra. Como velho amigo, deixe-me alertá-lo de que você talvez não possa liderar o povo americano a menos que se apresse. Ele está andando bem depressa".[42]

Mesmo assim, Roosevelt hesitava: o medo do poder congressista superando sua fé no apoio do povo. O fantasma da humilhação sofrida por Woodrow Wilson, em 1919, pelas mãos dos senadores isolacionistas não saía de sua mente. Se ele se movimentasse com muita rapidez, disse ao embaixador britânico, "surgiria outro 'batalhão da morte' no Senado, como aconteceu com Wilson quanto à Liga das Nações — um grupo que explorará a natural relutância humana às guerras, excitará as mulheres [...] e tornará o Senado tão desconfortável que o resultado será total paralisia em qualquer direção".[43] E explicou a um assistente que "seria bastante encorajador para o Eixo, muito desanimador para a Inglaterra e prejudicial para seu próprio prestígio tornar pessoal essa disputa com o Congresso e acabar derrotado".[44]

Mas poderia a Inglaterra se aguentar enquanto o presidente e seu governo procrastinavam? Em uma bela tarde de primavera na Virgínia rural, um grupo de amigos se reuniu para almoçar e refletir sobre o problema. "O senso de iminente catástrofe era muito intenso", relembrou Francis Pickens Miller, famoso acadêmico de política externa que oferecia o almoço em sua casa de campo. "Havia desesperada necessidade naquela hora de alguém falar pela América. Por que não nós mesmos? Se o fizermos, talvez outros mais influentes ouçam e concordem com o brado."[45]

Duas semanas após o almoço, jornais de todo o país publicaram histórias sobre a criação de novo grupo de cidadãos lobistas — que desdenhava o meio-termo advogado pelo Comitê White e pelo governo de propiciar a ajuda que não implicasse guerra. Em vez disso, o grupo esposava o inimaginável: concitava o governo dos EUA a declarar guerra de imediato à Alemanha. Os trinta fundadores do grupo — "todos homens de elevadas posições", como um jornal os descreveu — incluía Miller, junto com ex-comandante da Marinha americana, um bispo episcopal, editores, escritores, executivos de negócios e advogados.

Aclarando o racional para proposta tão radical, Herbert Agar, editor do *Courier-Journal* de Louisville e outro dos fundadores da organização, observou que, enquanto o Congresso aprovava bilhões de dólares para o rearmamento da América, nenhuma grande mobilização econômica ou industrial ocorria; em vez disso prevalecia a atividade habitual dos negócios. "Nós, que advogamos a guerra contra a Alemanha [...] previmos que os EUA jamais se rearmarão, muito menos darão apoio decisivo à Inglaterra, se não houver uma revolução econômica na qual trabalho, capital e consumo concordem em se sacrificar pela nação", escreveu Agar. "Isso não acontece no seio de povos livres, salvo em tempo de guerra."[46]

Na declaração de fundação, denominada "Uma intimação para se falar claramente", o grupo conclamou "aqueles cidadãos dos Estados Unidos que compartem desses pontos de vista, para que os expressassem publicamente".[47] Contudo, como os próprios membros admitiram, um apelo daqueles por ação dificilmente atrairia grande onda de apoio. Enquanto a maioria dos americanos defendia a ajuda à Inglaterra, e mais da metade da população achava que os Estados Unidos provavelmente no fim seriam arrastados para o conflito, menos de 10% favoreciam imediata declaração de guerra à Alemanha. Como Freda Kirchwey, editora do *Nation*, acertadamente concluiu: "O que a maioria do povo americano deseja é ser tão neutra quanto possível sem se envolver com a guerra".[48]

Dos mais de 125 indivíduos convidados a se juntar ao novo grupo, apenas uns 25% aceitaram. Diversos dos contatados se opuseram vigorosamente à ideia, alertando que ela provocaria ainda mais fricção num país que desesperadamente precisava de unidade. Depois que as histórias sobre o grupo apareceram nos jornais, alguns de seus membros receberam cartas ameaçadoras.

Diferentemente do Comitê White, o punhado de intervencionistas radicais jamais se transformaria em associação de massa ou organização de base. Não obstante, a despeito do minúsculo núcleo de crentes genuínos, ele causaria extraordinário impacto na batalha pelo futuro da América.

10

POR QUE NÃO A DEFENDEMOS?

DURANTE TODO O *VERÃO* DE 1940, UM GRUPO DE HOMENS reuniu-se para ocasionais jantares em majestoso edifício de estilo renascentista italiano bem perto da Quinta Avenida, em Nova York. Um a um, eles se esgueiravam pela porta, atravessavam o saguão da entrada e entravam em um pequeno elevador que os deixava em sala particular no quarto andar. Enquanto garçons circulavam com drinques e pratos, eles tramavam maneiras de ajudar a Inglaterra a levar os Estados Unidos para a guerra.

Os bem-vestidos e polidos revolucionários faziam parte de uma nova organização de cidadãos que sacudira o país com sua convocação por beligerância imediata. Nas semanas após sua criação, ela atraíra pequena mas brilhante quantidade de novos membros — cerca de cinquenta no total. Homens de iniciativas da Costa Leste nos círculos superiores do jornalismo, da justiça, do campo financeiro e da intelectualidade, eram coletivamente conhecidos como Grupo Century, nome do clube masculino privativo onde ocorriam as citadas reuniões para jantares e ao qual muitos deles eram associados.

A escolha do local para os encontros pouco surpreendeu. Um dos mais antigos e exclusivos clubes de Nova York, a Associação Century era a personificação da rede de antigos manda-chuvas da Costa Leste. Sete "centuriões" (como se autodenominavam seus sócios) haviam ocupado a Casa Branca, inclusive o então residente, Franklin D. Roosevelt. Outros seis haviam atuado na Suprema Corte, enquanto mais de trinta serviram no ministério.

Tais números eram particularmente impressionantes considerando-se o pequeno tamanho do clube e seu critério de filiação, que nada tinha a ver com o serviço público. Fundado em 1847 por destacadas figuras e escritores americanos, o clube limitava o acesso a "autores, artistas e amadores das letras e das belas artes".[1] Diferentemente da maioria dos clubes masculinos de Nova York, era considerado desde sua criação como centro da vida intelectual e literária da cidade, "um lugar muito agradável para convivência e boa conversa numa fumarenta e agitada cidade portuária".[2]

A sede do Century, na rua 43 do centro de Manhattan, era projeto do famoso arquiteto Stanford White, ele mesmo um centurião, e ostentava vasta biblioteca e finíssima coleção de arte americana com obras de notáveis pintores como John LaFarge e Winslow Homer, também sócios. A lista de antigos membros era o autêntico Quem É Quem das artes e da literatura: o ator Edwin Booth; os arquitetos Richard Morris Hunt e James Renwick; o paisagista Frederick Law Olmsted; o poeta e editor William Cullen Bryant; o escultor Augustus Saint-Gaudens; o escritor Henry Adams; e os editores Henry Holt, William Appleton e Charles Scribner.

Os membros do Century apreciavam se autojulgar boêmios, mas isso era simplesmente uma ilusão gostosa; o poeta Walt Whitman, genuíno boêmio, jamais foi convidado a se tornar um centurião, porque os sócios não o consideravam adequado para a agremiação. O Century, malgrado seu espírito artístico, era, na realidade, um bastião do *establishment*, fato que se tornou crescentemente óbvio no início do século XX, quando o clube começou a admitir mais profissionais — juízes, financistas de Wall Street, advogados e empresários executivos — sob a categoria genérica de "amadores das letras e das belas-artes". Entre eles alguns titãs da indústria e das finanças, como Cornelius Vanderbilt, J. Pierpont Morgan e Andrew Mellon.

Membros de excelentes posições na elite intelectual e de negócios da Costa Leste, os centuriões orgulhavam-se de sua devoção ao serviço público e de seu desdém pelo rancor que imperava na política partidária. "Quando pensavam em cavalheiros na política, racionalizavam a participação deles mesmos e não eram estimulados pela vulgar ambição por cargos; alguns deles, de tempos em tempos e não assim tão desanimados, decidiam sacrificar-se pelo bem público",[3] escreveu ironicamente o historiador Henry Steele Commager, outro centurião. O escritor David Halberstam certa vez descreveu o ex-secretário da Defesa Robert Lovett, igualmente sócio, como homem com "senso de país, não de partido"[4] — caracterização correta do etos do Century.

No Grupo Century, os democratas eram mais numerosos que os republicanos. Porém estes últimos, que tinham mais em comum com os membros democratas do que com seus companheiros de partido no Congresso, eram em sua maioria conservadores e isolacionistas. A exemplo de seu ídolo, Theodore Roosevelt, muitos eminentes republicanos da Costa Leste eram a favor da prudência fiscal, no entanto se inclinavam pelo liberalismo nas questões sociais. Apesar da oposição que faziam a muitas políticas econômicas de Franklin Roosevelt, apoiavam bom número de suas reformas do New Deal. E, sobretudo, eram internacionalistas e pró-britânicos, muitos tendo cerradas relações pessoais, sociais e comerciais com a Inglaterra.

Considerável percentual do Grupo Century havia frequentado Groton, St. Paul's e outras escolas públicas da Nova Inglaterra inspiradas no modelo inglês de ensino público, como Eton. (Alguns estabelecimentos escolares eram tão anglófilos que substituíam o beisebol pelo críquete e encorajavam os estudantes a usarem a grafia inglesa em vez da americana em seus textos.)

Depois do ensino médio, esses sucessores de linhagens do *establishment* do Leste iam para faculdades da Ivy League, em particular Harvard e Yale. Graduados nos dois anos básicos, muitos seguiam para universidades inglesas ou para viajar pelas ilhas britânicas e pelo continente europeu. Depois da Primeira Guerra Mundial, eles não se refugiaram no isolacionismo como a maioria dos americanos; a maior parte apoiou a participação dos Estados Unidos na Liga das Nações, no Tribunal Internacional e, mais tarde, se opôs à aprovação da Lei de Neutralidade. Enquanto isso, os envolvidos em negócios e finanças participavam ativamente da reconstrução industrial e econômica de uma Europa devastada.

Diversos integrantes do Grupo Century eram membros do Conselho de Relações Exteriores, o primeiro conjunto de pensadores americanos a concentrar-se em questões internacionais. O Conselho, sediado em Nova York, era ideia original de um grupo de jovens assessores da delegação americana à Conferência de Paz ocorrida em Paris em 1919. Durante uma série de encontros informais, os americanos e vários de seus correspondentes ingleses decidiram criar organizações em seus países para estudar assuntos internacionais e promover a cooperação e o entendimento anglo-americanos. O equivalente britânico do grupo dos EUA era — e ainda é — o Royal Institute of International Affairs, também conhecido como Chatham House.

Nos anos entreguerras, o Conselho de Relações Exteriores foi uma ilha de intervencionismo no mar de isolacionismo, quando tentou acordar os EUA para suas obrigações mundiais. Além de publicar a influente revista *Foreign Affairs* e de patrocinar seminários, painéis e palestras para empresários e profissionais das relações exteriores, produziu muitos documentos de planejamento de longo alcance para o Departamento de Estado, depois que a guerra europeia eclodiu em setembro de 1939.

Desde sua criação, o Conselho foi visto por seus críticos como governo invisível que estabelecia secretamente parâmetros para a política externa da nação. Mas nos anos que antecederam a Segunda Guerra Mundial, a desconfiança no Conselho acabou também vinculada a uma antipatia pela Europa — e pelo internacionalismo em geral — que tinha raízes profundas nos EUA. Ao contrário dos membros do Grupo Century, a maioria dos americanos jamais viajara ao Reino Unido ou ao continente europeu, e considerável parcela deles não se inclinava por fazê-lo, mesmo que pudesse. A suspeita era grande em relação aos europeus e suas ideias, bem como aos "americanos do Leste, ricos e preparados em excesso, que ainda idolatravam a Europa".[5]

Reforçando as suspeitas existia o enorme fosso de conhecimento e entendimento entre o interior dos Estados Unidos e a Costa Leste — em particular para com seu centro de irradiação financeira e cultural, a cidade de Nova York. Essas grandes diferenças regionais eram sutilmente evidenciadas na peça intitulada *This Is New York*, escrita por Robert Sherwood (membro do Grupo Century) no início dos anos 1930. Entre seus personagens, um senador por Dakota do Sul que desprezava Nova York como "não americana" e declarava que ela deveria ser separada dos EUA e rebocada pelo Atlântico até a Europa, seu devido lugar.

Sherwood, que descreve o conflito entre Nova York e o restante do país como "guerra civil sem sangue",[6] disse que escreveu a peça porque estava cansado dos "agressivos americanos do Oeste", que chegavam a dizer que "Nova York não é América".[7] O autor considerava *This Is New York* uma homenagem à energia e desenvoltura da cidade, como também à sua atmosfera liberal e ao estímulo cultural e político que proporcionava. Em sua opinião, Nova York era o "único refúgio contra a intolerância e contra a inquisição puritana",[8] além de ser "o espírito americano em forma concentrada".[9]

É claro que outros americanos, em particular os que viviam em áreas rurais e em pequenas cidades do centro da América, discordavam.

Eles consideravam Nova York e outras importantes metrópoles lugares corruptos, imorais, caóticos, que careciam de espírito comunitário e religioso, e dos valores familiares que lhes eram muito caros. Para alguns, as grandes cidades eram repletas de perigosas influências estrangeiras — esquerdistas, imigrantes, sindicalistas e "negros migrantes", os quais, como afirmou um parlamentar rural, "haviam introduzido insidiosas influências no New Deal".[10]

Muitos no país também se ressentiam do poder e influência dos membros da elite da Costa Leste, qualificados como arrogantes e indulgentes, propensos a controlar o comportamento predominante na América, do qual estavam totalmente apartados. Em certa medida, os críticos tinham razão para as desconfianças. "Nova York e, em menor grau, Boston e Filadélfia, arvoravam-se o direito — mesmo o dever — de dar o tom para o país", reconheceu Joseph Alsop, ele também parte do *establishment* do Leste. "Existia o senso [entre os membros desse *establishment*] de que o país era, realmente, o país deles."[11]

Julgando a si mesmos guardiões da sociedade, bem nascidos e bem relacionados do Leste com frequência sentiam tanta suspeita e hostilidade em relação ao restante do país quanto os habitantes deste último sentiam deles. Devoravam romances de Sinclair Lewis sobre preconceitos e obtusidades das pequenas cidades americanas e, nas palavras do historiador Frederick Lewis Allen, eram "unidos no menosprezo à grande maioria burguesa, que responsabilizavam pela lei seca, a censura, o fundamentalismo e outras repressões".[12] *The New Yorker*, em geral considerado "revista de humor da classe dominante [no Leste]",[13] deixou evidente o que pensava do interior americano quando anunciou sobre a criação do jornal que ele não era "para a velhinha de Dubuque. O jornal não se ocupará com o que ela pensa".[14]

O EDITOR DE *THE NEW YORKER* NÃO ERA MEMBRO DO GRUPO CENTURY, mas muitas figuras destacadas dos altos meios eram. E, como se viu depois, muitas delas se inquietavam bastante com a idosa de Dubuque e com o que achava ela do envolvimento americano na guerra.

Apesar de numerosos membros do grupo desempenharem papéis de relevo na campanha pró-ajuda, os que causaram maior impacto na opinião pública americana foram os centuriões colunistas, editores e comentaristas de rádio. O comprometimento deles, que floresceu em contumaz defesa da intervenção, levantou sérias questões sobre a objetividade e

Herbert Agar, editor do *Courier-Journal* de Louisville e membro atuante do Grupo Century, com sua esposa.

o equilíbrio jornalísticos. Com poucas exceções, no entanto, eles não duvidavam do que faziam: aquela não era, na opinião deles, ocasião para imparcialidades.

O mais combativo jornalista ativista do Grupo Century foi Herbert Agar, que pedira licença não oficial do *Courier-Journal* de Louisville, com as bênçãos de seu editor, para promover a guerra. Filho de rico advogado de grande banca de Nova York, Agar formara-se em Columbia e era Ph.D. em literatura por Princeton. Durante a Grande Guerra, servira na Marinha americana como marinheiro comum, depois trabalhara como correspondente em Londres para o *Courier-Journal*, então considerado um dos melhores periódicos do país.

No início dos anos 1930, Agar fixou-se em Louisville e começou a escrever colunas para o jornal, sem deixar de ser, ao mesmo tempo, destacado poeta e historiador. Aos 37 anos de idade, ganhou um prêmio Pulitzer em história por *The People's Choice*, pesquisa sobre a presidência dos EUA desde George Washington até Warren G. Harding. Era também membro dos Fugitives, grupo afamado de poetas do Sul que incluía Robert Penn Warren, John Crowe Ransom e Allen Tate.

Logo no começo de 1940, Agar foi indicado para editor do *Courier-Journal*. E, quase imediatamente, o jornal virou um do pequeno grupo de jornais do país a exigir que os Estados Unidos entrassem na guerra para salvar a Inglaterra. A posição do diário "chegou ao incitamento da sublevação"[15] na Louisville militantemente isolacionista, que tinha substancial parcela de população germano-americana. Mary Bingham, esposa de Barry Bingham, o dono do jornal, mais tarde descreveu Agar como "o mais vocal e o mais vil de todos os intervencionistas do mundo".[16] (Ela disse isso como elogio.)

Graças à agressiva posição pró-guerra de Agar, os Binghams, liberais ferrenhos que partilhavam as crenças intervencionistas de seu editor, foram insultados verbalmente em jantares e coquetéis, e isolados por muitos amigos e conhecidos. Anos mais tarde, Mary Bingham diria que os meses antes de Pearl Harbor foram os piores da vida do casal.

Como atiçador mais ostensivo do Grupo Century, o vistoso moreno Agar desdenhava abertamente do mais moderado comitê de William Allen White. "Penso que o título mais sem atrativos já concebido foi 'Comitê para Defesa da América pela Ajuda aos Aliados", escreveu ele tempos depois. "Se nossa pátria necessita defesa, por que não a defendemos, em vez de ficarmos a pedir que franceses e ingleses o façam?"[17]

Ao mesmo tempo, ele muito se orgulhava daquilo que os oponentes do Grupo Century consideravam extremismo da organização. "Os isolacionistas nos chamaram de incitadores de guerra como expressão de ultraje", observou. "Nós a tomamos como expressão de desafio. Queríamos a guerra contra a Alemanha e nos esforçávamos para promovê-la. Não nos contentávamos com a entrega ou venda de armas aos nossos amigos para que pudessem morrer em nossa defesa."[18]

Agar, disse um companheiro de Grupo Century, "foi nosso profeta do Velho Testamento. Sempre que nossas baterias mentais e espirituais enfraqueciam, ele as recarregava, e quando nossa visão ameaçava obscurecer, ele reiterava e esclarecia nossos objetivos com apaixonada convicção".[19]

Outro membro do Grupo Century, Elmer Davis, era bem menos instigador em seu intervencionismo do que Agar, porém, como um dos mais populares comentaristas de notícias da CBS, tinha bem mais influência sobre a opinião pública americana. Único nativo do Meio Oeste entre os centuriões, Davis cresceu em Indiana e lá frequentou a faculdade. Depois de estudar em Oxford como bolsista Rhodes, passou dez anos no *New York Times* como repórter e editorialista. Quando a Segunda Guerra Mundial começou, foi para a CBS como um de seus mais relevantes analistas de notícias. Até a queda da França, Davis, como William Allen White e seu comitê, acreditava que a América não deveria fazer mais do que enviar ajuda. Com o episódio francês, convenceu-se de que só a beligerância ativa dos EUA salvaria a Inglaterra e o restante da civilização ocidental.

George Fielding Eliot foi também trabalhar na CBS. Major da reserva do Exército e analista militar da rede, Eliot era igualmente obstinado intervencionista. Apesar de americano, fora criado na Austrália e combatera na sangrenta campanha de Gallipoli, da Primeira Guerra Mundial, como oficial do exército australiano. Mais tarde, oficial da inteligência no Exército americano, Eliot foi o autor de mais de uma dúzia de livros sobre questões militares e políticas. Além de repórter da CBS, Eliot escrevia uma coluna para o *New York Herald Tribune*.

Só perdendo para *The New York Times* em prestígio e influência, o *Herald Tribune* era conhecido pelas enérgicas reportagens, pelas excelentes seções de esportes e livros, ampla cobertura internacional e colunistas nacionalmente famosos, em especial Dorothy Thompson e Walter Lippmann. Como porta-voz do *establishment* republicano da Costa Leste, o jornal defendia firmemente tanto o livre-comércio e a livre empresa americana quanto uma política externa internacionalista. Depois da *blitzkrieg* alemã, em maio de 1940, sua página editorial, como reportou a *Time*, "publicou opinião que, apenas uma quinzena antes, nenhum grande jornal ousara: '[...] A solução menos onerosa para a vida e o bem-estar seria logo declarar guerra à Alemanha'".[20]

O autor de tal declaração provocadora foi Geoffrey Parsons, editor daquela página do *Herald Tribune* e outro membro do Grupo Century. Neto do reitor da Faculdade de Direito de Harvard, Parsons fora também advogado que se tornara jornalista. Repórter e editor do jornal por mais de vinte anos, a ele foi atribuído o desvio do diário de uma orientação muito conservadora para um republicanismo mais progressista.

Também da linha de frente dos centuriões era o colunista Joseph Alsop do *Herald Tribune*, o qual, aos trinta anos de idade, era o mais jovem do grupo. Sediado em Washington, o elegante Alsop era alvo de brincadeiras de seus colegas jornalistas mais inflexíveis. Produto de Groton e Harvard, ele usava ternos caros sob medida, recebia com elegância e certo esbanjamento em sua residência de Georgetown e falava com afetado sotaque inglês. Contudo, como escreveu um conhecido: "Aqueles que o subestimavam como uma espécie de Bertie Wooster americano,* o faziam por sua própria conta e risco".

Dotado de aparentemente inabalável autoconfiança e mordaz sutileza, Alsop foi insistente repórter e escritor, inexorável catador de histórias. Suas ligações estreitas com círculos sociais e políticos da alta cúpula foram-lhe bastante valiosas: sua mãe era sobrinha de Theodore Roosevelt e prima em primeiro grau de Eleanor Roosevelt, a quem Alsop crescera chamando de "prima Eleanor". Quando ele chegou pela primeira vez a Washington, a "prima" o convidou para as festas de fim de ano da família Roosevelt na Casa Branca. Nos anos seguintes, ele esteve costumeiramente presente aos jantares de Natal e a outros eventos sociais dos Roosevelts.

Porém, por mais influentes que viessem a ser Alsop e os demais jornalistas do Grupo Century, nenhum deles causaria maior impacto sobre os pontos de vista americano quanto à guerra do que o autoconsciente e desconfortável membro Henry Luce, o editor de revistas. Diferentemente dos outros, Luce foi figura fértil para o jornalismo dos EUA. Com seus ternos amarrotados e mal-acabados, ele sempre se sentia deslocado na coleção clubista requintada de *patricians* da Costa Leste.

Editor de revistas Henry Luce, membro-chave do Grupo Century.

*Bertram Wilberforce "Bertie" Wooster é personagem de ficção dos romances Jeeves do autor inglês P.G. Wodehouse; neles um gentleman inglês, "parasita rico", sempre se faz acompanhar de seu valete, Jeeves, inteligente servidor que com frequência tira o patrão de situações desconfortáveis. O site "Ask Jeeves" deriva desse personagem (N.T.)

No papel, as credenciais de Luce como membro do *establishment* eram tão impecáveis quanto as de seus colegas. Estudara em Hotchkiss, outra das afamadas escolas preparatórias do nordeste americano, e depois frequentara Yale, onde sua sociedade secreta foi a Skull and Bones [Crânio e Ossos, em tradução livre], a mais prestigiosa da universidade. Chegou mesmo a passar breve período em Oxford. Mas não se sentiu à vontade em nenhuma dessas instituições de ensino. Filho de missionário americano, Luce nasceu e cresceu na China, e não sabia como se comportar no meio de companheiros tão mais ricos, que riam de suas roupas engraçadas e o chamavam de "Chink". Tímido e desajeitado, jamais desenvolveu os atributos sociais que surgiam naturalmente entre os nascidos para ter dinheiro.

O que ele tinha mesmo era imensa curiosidade, energia para dar e vender e espírito visionário, que o levaram, aos 23 anos de idade, a lançar as fundações de um império de revistas que transformaria o jornalismo americano. Com seu colega de turma Briton Hadden, Luce criou a *Time,* primeira revista semanal do país, que objetivava a publicação de eventos correntes e questões políticas em prosa vivaz, breve e compreensível. Sete anos mais tarde, em meio à Depressão, Luce introduziu no mercado a revista de negócios *Fortune*. Em 1936, fundou a *Life*, publicação dedicada ao fotojornalismo que rapidamente se tornou a mais popular nos Estados Unidos. Nos dias que antecederam a televisão, *Life*, com fotos honestas de criadores de notícias e de eventos, ofereceu uma janela ao país e ao mundo que se revelou irresistível para milhões de americanos. Quando lançada simultaneamente em toda a nação, as pessoas fizeram filas para comprá-la e, no ápice de seu sucesso, a revista podia ser vista praticamente em todos os lares da classe média americana.

As publicações de Luce — em particular a *Life* — estavam mais sintonizadas com o amplo espectro do país do que os canais de outras figuras da mídia do Grupo Century. Luce de havia muito deixara claro que nada tinha a ver com o preciosismo e exclusivismo das publicações do Leste, como *The New Yorker*. "Nova York não é América", escreveu ele em 1938, contradizendo Robert Sherwood. "Wall Street não é América. A Broadway não é América [...] Park Avenue não é América. "A *intelligentsia* não é América. [...] *Time* é editada para o senhor de Indiana."[21] Certa vez, quando ele achou que a *Time* estava ficando muito ao estilo do Leste, Luce disse à sua equipe de editores: "Quero mais milho na revista. Sim, eu sei que vocês não gostam dele, pois são muito sofisticados e da Ivy League, mas quero mais milho na revista".[22]

Mesmo antes de a Segunda Guerra Mundial irromper, Luce fora ardente defensor da intervenção dos EUA na crise da Europa. A América, disse ele, era poderosa demais e tinha muitas responsabilidades para permitir-se viver "como uma Suíça infinitamente mais forte, discreta e perigosamente no meio de inimigos".[23] Cada vez mais frustrado com a lentidão de Roosevelt em acionar o país para que ficasse em pé de guerra, Luce declarou a um amigo: "A recusa americana a ser 'arrastada para dentro' é uma espécie de falha em compreender quão profundamente *dentro estamos*, malgrado o que se diga ou faça".[24]

Pelo fim de 1939, tanto *Time* quanto *Life* mobilizavam seus consideráveis recursos para a cobertura pormenorizada da guerra. Após a invasão da Polônia, *Life* dedicou uma edição especial ao explosivo conflito, descrevendo graficamente, por meio de fotos, não só a agonia da Polônia como também o massivo poderio das forças alemãs. Mais tarde, a revista focou a luta decidida dos ingleses para evitar a derrota, dando especial atenção à coragem do povo e à inspiração de seu líder, Winston Churchill. Entremeados nas dramáticas fotos estavam longos e densos ensaios de escritores pró-intervencionismo, como Walter Lippmann, o qual, em artigo de cinco páginas, descreveu com assustadores detalhes um cenário em que a Alemanha, depois de estabelecer o controle sobre toda a Europa, ficava em condições de impor domínio econômico aos Estados Unidos.

AS CONTRIBUIÇÕES DE HENRY LUCE PARA o Grupo Century transcenderam a enorme influência de suas revistas. Depois de ajudar com muito dinheiro, no início de junho, a campanha DETENHAM HITLER AGORA! de Robert Sherwood, ele ajudou a financiar os primeiros esforços do grupo, inclusive avalizando em banco os meios para a abertura de um pequeno escritório para ele em edifício na rua 42. (A suíte ao lado, como Francis Pickens Miler, diretor executivo do Grupo Century, logo descobriria, era ocupada pelo American Fellowship Forum, um *front* nazista que distribuía propaganda pró-Hitler e era local de encontro para agentes alemães. Depois de investigar as pessoas que entravam e saíam da suíte, Miller repassou as informações ao FBI.)

Embora o propósito principal do Grupo Century fosse a entrada da América na guerra, seus membros sabiam que as chances de que isso ocorresse cedo eram praticamente nulas. Durante suas primeiras reuniões, eles decidiram, inicialmente, concentrar na pressão sobre

Roosevelt e seu governo para que atendessem às repetidas solicitações de Winston Churchill por cinquenta contratorpedeiros americanos.

A necessidade britânica de belonaves adicionais era indiscutivelmente desesperadora. Nas suas tentativas para defender a Noruega, a França e os Países Baixos dos ataques relâmpagos na primavera de 1940, a Royal Navy perdera metade de seus *destroyers*. O Reino Unido tinha então menos de cem navios em águas britânicas e no Atlântico para cumprir missão monumental, proteger o litoral do país contra esperada invasão alemã e defender os navios mercantes ingleses para evitar os crescentes afundamentos provocados pelos submarinos e agressores de superfície alemães. Em junho, 140 navios mercantes haviam sido postos a pique, mais do dobro da tonelagem perdida em maio. Se fossem destruídos mais contratorpedeiros ingleses, as linhas de suprimentos para o Reino Unido ficariam praticamente cortadas, o que poderia levar à fome e à derrota.

Quando Luce e diversos outros membros do Grupo Century se encontraram com Roosevelt para instá-lo a transferir os antigos contratorpedeiros americanos, o presidente disse-lhes que isso era politicamente impossível, pelo menos naquele momento. O grupo enviou então de volta a mensagem: "Nós faremos com que a ação do senhor seja politicamente possível", lembrava Herbert Agar. "Sentimos que ele estava desnecessariamente hesitante, mas concordamos que devíamos aceitar sua avaliação àquela altura. Para preparar o país e dar força ao presidente, diversas medidas dramáticas teriam de ser tomadas para conclamar o país como um todo."[25]

Para ajudar a colocar seus planos em ação, o Grupo Century juntou forças com outro protagonista-chave no grande debate — lord Lothian, o embaixador inglês nos Estados Unidos. O fato é que ele era também um centurião.

11

O MAIOR DE TODOS OS NOSSOS EMBAIXADORES

QUANDO JOHN WHEELER-BENNETT SOUBE, em meados de 1939, quem seria o próximo embaixador inglês em Washington, sua primeira reação foi de abalado desânimo. O novo enviado, tinha certeza, "provavelmente não despertaria atração no povo americano e provocaria suspeitas nos círculos oficiais".[1]

Os pontos negativos carregados por Philip Kerr, 11º Marquês de Lothian, eram muitos. Membro de proa da aristocracia britânica, ele não tinha experiência diplomática. Pior ainda, fora aliado de Neville Chamberlain, ostensivo apaziguador da Alemanha e membro do notório Cliveden Set, grupo de proeminentes ingleses pró-apaziguamento que frequentava a grande propriedade rural de Nancy Astor, deputada do Parlamento nascida na Virgínia, EUA, da qual lord Lothian estava profunda, ainda que platonicamente, enamorado.

Na opinião de Wheeler-Bennett e de outros funcionários ingleses, Lothian era o pior candidato possível ao cargo e chegaria à América em ocasião muito desfavorável. Sua missão parecia fadada ao fracasso — convencer uma América isolacionista, já altamente desconfiada da propaganda britânica, de que era do maior interesse para os americanos fazer o que pudessem para ajudar a Inglaterra.

Todavia, como os críticos de Lothian admitiram mais tarde, eles não podiam estar mais enganados. Tendo renunciado à sua atitude pró-apaziguamento seis meses antes de chegar a Washington, ele provou ser, nas palavras de um de seus mais vocais detratores, sir Robert Vansittart: "O maior de todos os nossos embaixadores".[2] Usando seu grande charme e

Lord Lothian, embaixador britânico nos Estados Unidos.

enorme talento, foi persistente em cortejar o povo americano, conseguindo persuadir muitos de seus cidadãos que os destinos dos dois países — o seu e o deles — estavam inextricavelmente entrelaçados, e que o poderio americano também seria perdido se a Inglaterra fosse derrotada.

Os americanos gostaram de Lothian, e o sentimento foi recíproco. Não é exagero dizer que ele entendeu este enorme país e seu povo tão bem ou melhor que qualquer outro inglês. Como secretário do Fundo Rhodes, organização que administra o programa de bolsistas Rhodes, fizera quatorze viagens aos Estados Unidos e conhecera 44 estados entre 1924 e 1936. Diferentemente da maioria dos funcionários britânicos, cujo conhecimento da América se restringia à Costa Leste, Lothian, como disse um amigo, compreendeu: "o modo como os americanos viam o mundo e o que pensavam no Meio Oeste, no Sul e na Costa Oeste, assim como em Nova York e em Washington".[3]

Também ao contrário de muitos de seus compatriotas, Lothian ficou encantado com tudo o que viu. Em certa oportunidade, disse a um arquiteto americano quão extasiado ficara ao caminhar pelos panoramas de Nova York, Chicago e outras metrópoles importantes dos EUA, todos cravejados de arranha-céus. Aquela arquitetura, disse Lothian "captara o moderno espírito americano de ilimitado empreendedorismo material, confiança irrestrita e energia sem peias".[4] Pouco antes de se tornar embaixador, Lothian comentara para repórteres: "Sempre me sinto quinze anos mais moço quando desembarco em Nova York".[5] Ao herdar seu título de nobreza em 1930, uma de suas maiores preocupações foi que o marquesado poderia "estragar o prazer que sempre senti ao viajar para o Novo Mundo. É difícil não ficar desagradavelmente em evidência".[6]

Para Washington, a informalidade de Lothian e sua postura pé-no-chão foram agradáveis mudanças em relação a sir Ronald Lindsay, seu gélido e empertigado antecessor, que não conheceu muitos americanos e não gostara muito dos que conheceu. Lindsay, apesar de diplomata habilidoso e altamente experiente, foi um desastre em termos de relações públicas: desdenhava Washington, que considerava cidade monótona e provinciana, e quando o rei George VI e a rainha Elizabeth a visitaram em 1938, recusou-se a convidar parlamentares para uma recepção oferecida pela embaixada ao casal real.

Desde que apresentou credenciais ao presidente Roosevelt, Lothian, com seus 57 anos de idade, fez questão de deixar claro que não compartilhava de qualquer das posturas elitistas de Lindsay. Usando óculos de aros de tartaruga, ele mais parecia um professor do que um par do reino, e reforçou tal impressão ao aparecer na Casa Branca trajando terno amarfanhado e comum, em vez dos tradicionais cartola, fraque e calça listrada. Depois da cerimônia, o embaixador parou para conversar com os repórteres no lado de fora da Casa Branca, atitude que deixaria espantado o antecessor. Enquanto respondia às perguntas, um gatinho preto surgiu de súbito e começou a se esfregar em suas calças. Pegando-o, Lothian o pôs no ombro e continuou a improvisada entrevista. Não foi de admirar que os flashes começassem, e fotos cativantes do embaixador com o gatinho aparecessem no dia seguinte na primeira página dos jornais de todo o país. Descrevendo o incidente em carta para Nancy Astor, Lothian observou com bom humor: "Fui reconhecido como humano".[7]

Ao longo de todo o tempo na função, sempre esteve acessível à imprensa e falou abertamente a ela. Sabia quão importante era a mídia nos EUA para a formação da opinião pública, mas também gostava da companhia dos jornalistas, muitos dos quais pertenceram a sua grande e eclética rede de amigos e conhecidos americanos. Nas atividades sociais da embaixada, "podiam-se encontrar tanto o prefeito de Kalamazoo como uma das mais famosas viúvas ricas de Washington, e o embaixador mostraria evidente e genuíno interesse em conversar com ambos",[8] lembrava John Wheeler-Bennett, que se tornou assistente pessoal de Lothian. Em torno de sua mesa de refeições podiam sentar *New Dealers*, industriais e até membros isolacionistas do governo.

Lothian adorava debates e gostava de trocar argumentos com senadores antibritânicos, como Hiram Johnson e Burton Wheeler. Após o almoço ou o jantar na embaixada, tinha particular prazer em mostrar um quadro a óleo de George III aos anglófobos e dizer: "Espero que reconheçam o retrato de vosso último rei". Como observou Wheeler-Bennett: "Essas brincadeiras eram recebidas com reações mistas".[9]

PHILIP KERR CHAMOU A ATENÇÃO PÚBLICA pela primeira vez no início dos anos 1900, mais de 25 anos antes de herdar o título de marquês. Aos 23 anos, ele foi membro do famoso "Milner Kindergarten" [Jardim da Infância Milner], grupo de recém-graduados por Oxford recrutados por sir Alfred Milner, governador colonial da África do Sul, para ajudar a reconstruir o país, dividido e devastado pela Guerra dos Bôers.

O objetivo principal dos jovens servidores públicos foi convencer os dois adversários na guerra — colonizadores ingleses e bôers — que deveriam se unir pelo interesse mútuo. Os *kindergartners* ajudaram a formular uma Constituição que deu autonomia ao governo da África do Sul dentro da Commonwealth e restaurou os direitos dos bôers. Trabalharam para reconstruir a infraestrutura e a economia do país, recuperando ferrovias e reabrindo minas, portos e escolas. Como imperialistas liberais, foram louvados por salvar "a África do Sul para o Império Britânico como domínio autogovernado e, por certo, evitar mais guerra civil, com desejosa aquiescência dos bôers",[10] observou o escritor James Fox.

Menos de uma década após esse sucesso, Kerr se tornou assistente pessoal do primeiro-ministro David Lloyd George, atuando como seu principal assessor em política externa e, segundo Lloyd George: "Meu constante companheiro e colaborador",[11] pelos dois últimos anos da Primeira Guerra Mundial. Na Conferência de Paz de Paris, em 1919, Kerr, então com 37 anos, servindo como "*alter ego* de Lloyd George",[12] ajudou a escrever o trecho mais controverso do Tratado de Versalhes — a cláusula que acusou apenas a Alemanha como causadora da guerra. Ela foi a justificativa dos Aliados para demandar vastas reparações de guerra e se tornou ponto inflamável do desagrado e ressentimento alemão.

Idealista de sentimentos elevados, Kerr convenceu-se cada vez mais de que os Aliados haviam cometido um terrível erro, pois o tratado lidara muito injustamente com a Alemanha e deveria ser revisto. Quando Hitler ascendeu ao poder, Kerr estava convicto de que o Führer, a quem descreveu como "visionário, e não um gângster",[13] simplesmente tentava corrigir as injustiças do tratado. Equivocando-se sobre a real natureza dos nazistas, Kerr, já de posse de seu título de nobreza, disse ingenuamente a um amigo: "Se pudéssemos conferenciar com os alemães sobre os problemas fundamentais de hoje [...] poderíamos influenciá-los, penso eu, a moderar a brutalidade de suas práticas".[14]

Hitler e seus adeptos exploraram inteligentemente o sentimento de culpa de Lothian. Convidaram-no a Berlim e trombetearam suas opiniões pró-apaziguamento; o ministro alemão do Exterior Joachim von Ribbentrop o qualificou como "o mais influente inglês fora do governo".[15] Jan Masaryk, ministro tcheco na Inglaterra, concordou, reportando para Praga em 1938 que Lothian era "o mais perigoso" amigo da Alemanha no Reino Unido porque era "o mais inteligente".[16]

A atitude pró-apaziguamento de Lothian foi reforçada pelo relacionamento íntimo que mantinha com a igualmente apaziguadora Nancy Astor, esposa do visconde Astor e primeira mulher eleita para a Câmara dos Comuns. A ligação entre a vivaz Nancy e o distante Philip foi complicada. "Não há nenhuma dúvida de que eles se amaram — e também de que esse amor jamais foi consumado de alguma forma",[17] um dos filhos de Nancy disse a James Fox que escreveu a biografia dela e de suas irmãs. A própria Nancy contou à irmã Phyllis que Lothian teria se fechado para o relacionamento caso tivesse havido qualquer insinuação de sexo.

Neto do duque de Norfolk, chefe leigo da Igreja católica na Inglaterra, Lothian cresceu em meio a estrito ambiente católico, foi "distintamente devoto"[18] como menino e, a certa altura da vida, pensou em se tornar padre. Malgrado todo o seu charme e sociabilidade, havia nele um lado ascético e monástico que desencorajava as atenções das mulheres. O amor romântico, disse ele em determinada ocasião, era uma doença que "afeta o coração e a alma".[19]

Apesar de claramente incomum, a relação do solteiro Lothian com lady Astor parecia proporcionar-lhe refúgio e suporte que não encontrava em lugar nenhum. Assaltado durante anos por dúvidas religiosas, abandonou o catolicismo e, por influência dela, converteu-se à ciência cristã. Mesmo depois de ele mudar de ideia sobre Hitler e a Alemanha, Nancy permaneceu sua amiga mais chegada.

A desilusão de Lothian com a Alemanha surgiu com a tomada da Tchecoslováquia, em março de 1939. Até então, escreveu a um amigo americano, "era possível acreditar que a Alemanha só se preocupava com a reconquista daquilo que podia ser chamado de direitos normais de uma grande potência, mas agora parece claro que Hitler é, de fato, um gângster fanático que nada deterá."[20] Decidiu então que Hitler só poderia ser barrado pela resistência de uma coalizão de democracias ocidentais, com Inglaterra e Estados Unidos à testa.

Isso não era coisa nova para Lothian: durante grande parte de sua vida adulta, ele esteve comprometido com o fortalecimento da cooperação anglo-americana como base para a segurança e paz mundiais. Tendo atuado como um dos jovens assessores britânicos na conferência de Paris, trabalhara com seus correspondentes do outro lado do Atlântico para criar o Conselho de Relações Exteriores e o Royal Institute of International Affairs. Continuara sua missão de estreitar os laços Estados Unidos-Inglaterra como secretário do Fundo Rhodes.

No verão que antecedeu sua indicação como embaixador, Lothian fizera giro pela América para julgar por si próprio a opinião pública e fazer contatos com pessoas que pudessem ajudar a Inglaterra em sua luta contra os ditadores europeus. "A América é, na verdade, a peça-chave para todo o futuro",[21] disse na ocasião. Em setembro de 1939, pouco depois de chegar à embaixada britânica, escreveu a um amigo na Inglaterra: "Tanto a vitória na guerra como a perspectiva de um mundo posterior estável e livre dependem, em última análise, de ganharmos e mantermos a simpatia de 130 milhões de americanos".[22]

Lothian sabia quão problemática seria essa tarefa. Desde o início, ele deixou patente para seu governo que era preciso muito cuidado na abordagem do governo Roosevelt e do povo americano. "Nunca demos ouvidos aos conselhos dos estrangeiros. Nem os americanos o darão", escreveu a Whitehall no começo dos anos 1940. "A única diferença é que ignoramos esses conselhos, e os americanos ficam furiosos quando eles são oferecidos por quaisquer ingleses."[23]

Lothian também insistiu na necessidade de os ingleses colocarem o chapéu dos americanos, na tentativa de entender o porquê de eles serem tão ariscos quanto à possibilidade de envolvimento na guerra. Em memorando para o Foreign Office, argumentou: "Existem, em geral, boas razões para os americanos terem suas opiniões a respeito de questões internacionais, com também existem bons motivos para as nossas".[24] Em carta para Nancy Astor, observou: "Realmente não temos pretexto para execrar os EUA. Eles simplesmente fazem a mesma coisa que fizemos",[25] ao procurar ficar fora da guerra.

A aproximação inglesa da América, Lothian estava convicto, tinha de focalizar não a necessidade da Inglaterra de ajuda, e sim na importância da sobrevivência das ilhas britânicas para a segurança nacional dos EUA.

"Os Estados Unidos, como todas as outras nações", observou ele, "só agirão quando seus próprios interesses vitais — incluídos seus ideais — forem ameaçados."[26] Estava certo de que, em algum momento, os americanos entenderiam como a Inglaterra era essencial à segurança deles. Mas a noção viria a tempo de neutralizar os argumentos isolacionistas e de evitar a derrota inglesa? Lothian sabia quão estreita era a corda bamba em que caminharia, acelerando a consciência americana sobre o perigo para o país, ao mesmo tempo em que escondia que tal consciência era produto da propaganda britânica.

Sem sanção oficial de seu governo, Lothian começou a montar uma campanha publicitária sofisticada e "abaixo-do-radar" para apelar direto ao povo americano. Essa operação foi em paralelo com as atividades sigilosas da Coordenação de Segurança Britânica de William Stephenson, das quais o embaixador sabia, mas nelas não se envolvia pessoalmente. Em telegrama a lord Halifax, ministro britânico do Exterior, Lothian explicou o valor das opiniões dos americanos comuns: "Numa extensão que não se pode avaliar precisamente no sistema parlamentar, é a opinião pública, como revelada pela imprensa, pelas pesquisas Gallup e pelo tornado de telegramas endereçados ao Congresso",[27] que se torna um fator decisivo nas ações do governo e dos legisladores.

Ao longo dos primeiros meses de 1940, o embaixador pronunciou uma série de discursos sublinhando a interdependência estratégica da Inglaterra e dos Estados Unidos, cópias dos quais foram largamente distribuídas para os formadores de opinião nos EUA. Importantes jornais americanos publicaram reportagens de primeira página sobre seus comentários, que também foram motivos para editoriais e colunas de ampla divulgação, a maioria favorável. A popularidade crescente de Lothian nos Estados Unidos desencadeou, de pronto, comentários depreciativos na imprensa alemã sobre o aristocrata vira-casaca. "O mesmo lord Lothian que, não muito tempo atrás, era tão razoável e compreensivo, parece ter perdido completamente a cabeça", retaliou um jornal. "Suas declarações hoje parecem simplesmente inacreditáveis quando comparadas com as anteriores."[28]

Além do mais, Lothian recrutou John Wheeler-Bennett para viajar por todo o país como seus "olhos e ouvidos" — colher opinião pública, estabelecer rede de contatos e falar para grupos locais sobre a importância da Inglaterra para a sobrevivência da América. Por mais de dois anos, o alto bigodudo Wheeler-Bennett ziguezagueou pelos Estados Unidos visitando 37 estados e discursando para diversificadas plateias — clubes femininos, os Knights of Columbus, o Lions, o Kiwanis, o Elks, o Shriners e o Rotary. O elegante e culto inglês de 38 anos muitas vezes partilhou o microfone com outros oradores, vendo-se certa vez "entre uma dissertação sobre a criação de abelhas e um fascinante discurso sobre a praga nas plantações de batatas".[29]

Ao apresentar o argumento inglês, Wheeler-Bennett enfrentou um desafio assustador. Embora sempre fosse recebido com atenções e hospitalidade em suas viagens, percebeu em suas plateias "uma incondicional determinação para se manterem distantes da guerra de todo o modo possível, e ouvi imprecações dirigidas aos que fossem suficientemente tolos para tentar fazer a América seguir direção contrária".[30] A maioria dos americanos que conheceu odiava Hitler e suas políticas, mas também desconfiava da Inglaterra e não estava certa de que ela sobreviveria. Após a queda da França, lembra-se Wheeler-Bennett: "Senti que eu teria de sustentar o moral dos americanos, porque eles já haviam nos descartado como derrotados, ainda que elegantemente, falando-me no tom grave e baixo normalmente empregado com os recém-enlutados".[31]

Para ajudar a diminuir tais crenças, Lothian determinou uma quieta expansão da imprensa britânica e das operações de publicidade em Nova York. Encarregou Wheeler-Bennett e Aubrey Morgan da direção de nova organização chamada British Press Service, cuja missão era: "Criar apetite americano por conhecimento do Reino Unido, por sua capacidade para a guerra, pela determinação do seu povo em preocupar-se com ela até o fim e pelo seu desejo de que um mundo melhor emergisse da luta armada".[32]

Lothian foi duro em sua diretriz para que, na busca desses objetivos e na coleta de informações sobre a opinião pública nos EUA, os ingleses fossem muito cuidadosos, de modo a não atrair a atenção dos isolacionistas e dos agentes alemães nos Estados Unidos. Alertou sobre os "formidáveis elementos antibritânicos", que aproveitariam "qualquer oportunidade para subverter nossos motivos e atacar nossos métodos".[33]* Para

*O apelo especial do embaixador por cautela nem sempre foi observado. No verão de 1940, sir George Paish, ancião economista britânico, chegou aos EUA para um giro de palestras. Durante conversa com o senador Burton Wheeler, sir George declarou: "Sou responsável por levar os Estados Unidos à guerra [...] e vou fazer isso". Tal comentário indiscreto motivou Wheeler e outros parlamentares isolacionistas a demandar a imediata expulsão de Paish do país bem como a investigação sobre a propaganda britânica. Quando *The Washington Post* pediu explicações, um funcionário da embaixada disse ironicamente: "Nós gostaríamos que alguém lançasse sir George Paish sobre a Alemanha como um panfleto". Por ordem de Lothian, Paish foi enfiado no primeiro navio para a Inglaterra, e o furor amainou. (N.T.)

despertar simpatias e sentimentos no povo americano, Lothian instou seu governo a dar ênfase aos aspectos heroicos do resgate, no fim de maio de 1940, do exército inglês em Dunquerque, em especial pelo emprego de centenas de lanchas e outras pequenas embarcações, cujos donos eram ingleses comuns, que atravessaram o canal da Mancha para ajudar a salvar soldados britânicos. Os servidores da propaganda inglesa em Londres tomaram providências, e logo os americanos liam comentários em seus jornais como a declaração a seguir na página editorial do *New York Times*: "Enquanto a língua inglesa existir, a palavra Dunquerque será pronunciada com reverência. Porque naquele ancoradouro [...] as fúrias e as culpas que esconderam a alma da democracia se dissiparam. Lá, batida mas não vencida, em brilhante esplendor, a Inglaterra resistiu ao inimigo".[34]

O embaixador também encorajou Winston Churchill a deixar claro que, malgrado o que ocorresse na França, a Inglaterra continuaria a lutar contra a Alemanha. Os dois nem eram amigos: colidiram ao longo dos anos em diversas questões políticas, em especial sobre apaziguamento. A certa altura, Lothian escreveu a um amigo: "Creio que Winston está fazendo papel de bobo. E não para com isso".[35] De sua parte, Churchill achava Lothian ingênuo, bem intencionado e desimportante. Contudo, no furor da guerra, passaram a se admirar mutuamente. Lothian apreciou a coragem e a resolução de Churchill, ao passo que o primeiro-ministro observou como, sob o estresse da crise, Lothian se transformara "em homem enérgico e inspirador [...] motivado por todo aspecto e detalhe da atitude americana".[36]

Pouco depois de atender à solicitação de Lothian, Churchill fez seu famoso discurso do "lutaremos nas praias", que cativou o povo americano exatamente como o embaixador esperava. Em consequência daquele pronunciamento e de outros parecidos, Winston Churchill se tornou herói nos Estados Unidos. Quando Drew Middleton, repórter da Associated Press sediado em Londres, retornou em meados de 1940, para uma visita à sua residência de infância em South Orange, Nova Jersey, encontrou sua família totalmente influenciada pelo carisma de Churchill. "Que grande homem!" — não se conteve um idoso tio depois de ouvir pelo rádio o último discurso do primeiro-ministro. "Que grande povo!"[37] — acrescentaram outros membros da família.

O drama de Dunquerque e a eloquência de Churchill ajudaram a convencer muitos americanos de que seu país tinha de dar à Inglaterra todo o apoio possível em sua luta solitária contra a Alemanha. Em pesquisa realizada após o resgate e o discurso, mais de 80% dos americanos foram favoráveis ao envio do máximo possível de armamento aos ingleses. Porém, mesmo esse espantoso apoio público à assistência militar não fez o governo agir. Lord Lothian frustrado escreveu em julho a um amigo: "Existe por aqui admiração geral por Winston e pelo espírito do país, mas como você diz, admiração e simpatia não são suficientes quando se combate Hitler à nossa porta".[38]

O embaixador tentou convencer Roosevelt e o secretário de Estado Cordel Hull para entrarem em ação *imediatamente*. Com a invasão da Inglaterra pela Alemanha parecendo iminente, a situação era muito perigosa para mais adiamentos. Em meados de julho, a Luftwaffe começara a bombardear comboios mercantes britânicos no canal e alvos na costa norte da ilha maior e mais próxima do Continente. A Batalha da Inglaterra estava prestes a começar, e Churchill observou que "toda a fúria e todo o poderio inimigo em breve se voltarão contra nós".[39]

Mas os argumentos de Lothian não sensibilizaram Roosevelt nem Hull. Depois das conversas com os dois, o embaixador informou ao Foreign Office que o governo dos EUA "ainda não se conscientizou de que a única maneira de evitar que enfrente marinhas e forças aéreas totalitárias, três ou quatro vezes mais fortes do que as dele no futuro imediato, é expor a situação, com toda a crua brutalidade, ante o Congresso sem mais retardo".[40]

No cabograma, todavia, Lothian preferiu omitir os fatos políticos explicados por Roosevelt e Hull. Era ano eleitoral e, apesar de o presidente não ter ainda anunciado publicamente, decidira concorrer a um terceiro mandato sem precedentes, decisão que — ele sabia — causaria pesadas críticas. Prudente como sempre, decidiu não dar mais munição ao partido republicano e a outros inimigos isolacionistas para que o acusassem de estar tentando levar o país à guerra.

Com o presidente ainda hesitante, Lothian decidiu partir ele mesmo para a ofensiva. Em discurso altamente difundido para formandos por Yale, ele alertou os Estados Unidos que não contassem com a disponibilidade da esquadra inglesa para defender a América do Norte na eventualidade de derrota inglesa. "Espero que vocês não alimentem tal expectativa", declarou. "Se o fizerem [...] estarão se iludindo."[41] Não custava nada ressaltar, acrescentou o embaixador, que a Royal Navy seria bem mais eficaz em evitar que navios estrangeiros entrassem no Atlântico a partir de águas europeias do que na tentativa de ajudar o patrulhamento dos vastos litorais leste dos EUA e do Canadá.

Poucas semanas mais tarde, quando indagado numa entrevista pelo rádio se era do interesse da América ajudar a Inglaterra, Lothian replicou: "Vocês é que decidem aquilo que é de seu interesse. Porém eu ponderaria que seria vital para vocês que a Inglaterra e a Royal Navy ainda existissem até vosso próprio rearmamento, vossa Marinha para dois oceanos, vossos 50 mil aviões e vosso grande exército ficarem prontos. Hoje nós somos a vossa Linha Maginot. Se ela acabar, nada existirá entre Hitler — e os aliados dele — e vocês".[42]

Todavia, enquanto a voz de Lothian era claramente ouvida, ele sabia que sua argumentação teria impacto muito maior se fosse exposta por influentes americanos. Quando um membro do Grupo Century o procurou no início de julho, o embaixador percebeu quão valiosos aqueles intervencionistas com excelentes relações poderiam ser.

FOI COM UM TOQUE DE IRONIA que Lothian não resistiu à tentação de realçar que seu primeiro encontro com um membro do Grupo Century, promovido por Aubrey Morgan, ocorreu em 4 de julho. O emissário do grupo foi o reverendo Henry Van Dusen, eminente teólogo protestante que lecionava no Union Theological Seminary de Nova York. Depois de explicar ao embaixador como o Grupo Century fora criado, Van Dusen perguntou o que ele e seus amigos poderiam fazer para ajudar seu país. A resposta era simples, disse Lothian: fazer pressão sobre o governo para o envio dos contratorpedeiros da era da Primeira Guerra Mundial, pedidos por Churchill. Para ajudar na solicitação, ele prometeu suprir o grupo com as últimas informações confidenciais sobre as defesas britânicas.

Não muito tempo depois, Lothian conseguiu um memorando ultrassecreto de Churchill declarando que dos 176 contratorpedeiros com os quais o Reino Unido entrara na guerra, apenas 68 ainda estavam operacionais em águas territoriais — situação que deixava bem evidente a gravidade do perigo que pairava sobre a Inglaterra. O embaixador vazou o memorando para diversos membros do Grupo Century, assim como para outros proeminentes intervencionistas. Pediu que, no uso daquele material, eles não revelassem o número exato de navios disponíveis para diminuir as chances de os inimigos da Inglaterra descobrirem a fonte do vazamento e também para reduzir as vantagens estratégicas que tal informação propiciaria aos alemães.

Mais ou menos na mesma ocasião, John Foster, assessor jurídico da embaixada britânica, entregou a Joseph Alsop os cabogramas enviados por Churchill a Roosevelt apelando por ajuda, bem como as respostas desencorajadoras do presidente. Como queriam os ingleses, Alsop repassou a informação para o restante do Grupo Century e, em suas palavras, "começou a agitação pública pela entrega dos contratorpedeiros".[43] Reportagens, colunas e programas de rádio mostrando a importância dos contratorpedeiros para a sobrevivência da Inglaterra — e, em decorrência, da América — passaram a espocar na mídia americana, em especial nos nichos onde atuavam membros do Grupo Century. Alarmado com a súbita explosão de sentimento pró-britânico, o *chargé d'affaires* da embaixada alemã em Washington queixou-se a Berlim de que "a opinião pública americana está sendo sistematicamente conduzida a um estado de pânico".[44]

Os participantes do Grupo Century também resolveram pressionar diretamente figuras-chaves políticas e militares em Washington, muitas das quais eram seus amigos e conhecidos. No fim de julho e início de agosto, eles se espalharam pela capital fazendo visitas ao presidente, a membros de seu ministério, senadores e deputados, oficiais-generais dos altos escalões e outros personagens importantes na batalha.

Joe Alsop visitou o almirante Harold Stark, comandante das Operações Navais que, na primavera, depusera ante um comitê do Congresso dizendo que os velhos contratorpedeiros eram muito valiosos para ficar em diques secos e deviam ser reformados para ajudar a defender a costa da América. Pouco depois do depoimento de Stark, o Congresso aprovou medida considerando ilegal qualquer transferência de navios excedentes, a menos que o comando da Marinha expressasse categoricamente não serem necessários à defesa americana.

Stark viu-se em situação difícil. Diferentemente de muitos da sua força, ele era simpático ao pleito da Inglaterra, tendo servido por algum tempo naquele país durante a Primeira Guerra Mundial. Também analisara os cabogramas do comandante Alan Kirk, o anglófilo adido naval em Londres, reportando que "a situação nas águas territoriais [inglesas] está se tornando aflitiva" e que, segundo o Almirantado, "a sobrevivência neste ano depende da decisão dos EUA de liberar contratorpedeiros e aviões".[45] Mesmo assim, a declaração do almirante ficou registrada nos anais do Congresso, asseverando que sua própria Marinha precisava dos antigos contratorpedeiros. Como poderia ele agora contradizer-se e afirmar que os navios deviam ser entregues à Inglaterra?

Sabedor do dilema de Stark, Alsop disse-lhe que o Grupo Century desejava promover a transferência dos contratorpedeiros, mas só o faria com a aprovação da Marinha. Quando o almirante declarou que não era capaz de atender à solicitação inglesa, Alsop perguntou-lhe se ele sancionaria a entrega se resolvidos os problemas resultantes do banimento do Congresso. Sim, disse Stark; nesse caso, ele estaria descompromissado para declarar que a transferência era do interesse nacional.

Embora Alsop tivesse dito ao almirante que falava não como jornalista, mas como membro do Grupo Century, fez menção à entrevista com o militar na coluna escrita algumas semanas mais tarde, afirmando que os contratorpedeiros dos EUA eram vitais para a defesa do canal da Mancha contra a Alemanha. "O Alto Comando da Marinha concorda com o presidente e com quase todos os servidores do governo que conhecem o fato, na firme crença de que os necessitados contratorpedeiros têm que ser de pronto colocados à disposição",[46] disse Alsop.

Referindo-se obviamente a Stark, o colunista também interpretava de forma errônea as opiniões do militar — fato que um irado Stark deixou claro quando contatado por outros jornalistas sobre suas observações. "Uma reavaliação" com o comandante naval "confirmou que sua oposição à transferência ainda vigora",[47] escreveu o colunista Arthur Krock do *New York Times*.

Além do erro na interpretação, as ações de Alsop trouxeram à baila outras sérias questões sobre a integridade jornalística. Ele havia escondido de seus leitores o fato de ser membro de um grupo de pressão que trabalhava pela transferência dos contratorpedeiros, o que levou Stark a acreditar no oposto — que ele agia como político ativista, e não como jornalista. "Como cidadão com direito à opinião, talvez Joe tenha ficado satisfeito com o que fez; como homem de notícias, ele só provocou descrédito para si mesmo",[48] observou Robert Merry, biógrafo de Alsop.

Enquanto Alsop tentava abafar o clamor causado por sua coluna, Herbert Agar e dois outros membros do Grupo Century foram à Casa Branca tentar convencer FDR, o qual conseguira a indicação do partido para concorrer à reeleição apenas duas semanas antes. Como Stark, FDR afirmou que tinha as mãos atadas pela ação do Congresso sobre os navios excedentes. Em sua opinião, ajuda de grande escala à Inglaterra só era possível se o Congresso aprovasse, com um mínimo de oposição, legislação especial autorizando tal remessa. O que, pensava ele, não iria ocorrer — pelo menos no futuro imediato.

Agar insistiu. Tinha que haver *alguma coisa* que o Grupo Century pudesse fazer, disse ele, para ajudar o presidente em seu esforço de ajuda à Inglaterra. FDR pensou por um momento, depois balançou a cabeça em assentimento. Tratava-se de um tiro longo, alertou o presidente, mas se os membros do grupo pudessem acionar algumas providências, ele poderia se capacitar a fazer o que desejavam.

Primeiro, Agar e os outros precisavam persuadir o general John Pershing, líder da Força Expedicionária Americana na Primeira Guerra Mundial e o mais reverenciado personagem militar do país, a fazer programa de rádio de âmbito nacional favorável à entrega dos navios. O presidente, entretanto, deixou bem claro para eles que, se a abordagem ao general Pershing vazasse "e vocês disserem que a ideia foi minha, chamarei todos de mentirosos".[49]

Embora os integrantes do Grupo Century ficassem desapontados com o que viram como falta de entusiasmo de Roosevelt pela transferência dos contratorpedeiros, eles se dispuseram a tentar a sugestão. Agar foi escolhido como emissário para visitar o general, então com 79 anos e vivendo numa suíte do Hospital Walter Reed. O adoentado militar disse a Agar que desejava havia muito tempo se manifestar abertamente sobre a questão e que esperara em vão pela convocação do presidente. Pershing compartilhava a crença de Agar de que a América deveria ser um dos partícipes da guerra, e não "equipar outros povos para que travassem nossas batalhas". Não obstante a demora, concordou em se dirigir à nação pelo rádio falando sobre a importância da transferência dos contratorpedeiros, como "um primeiro passo necessário".[50] Pediu a Agar que colaborasse com Walter Lippmann na preparação da minuta do discurso. Apesar de não ser membro do Grupo Century, Lippmann era bom amigo tanto de Pershing quanto de lord Lothian e era jornalista proponente, de linha de frente, da ideia que a segurança dos EUA dependia, ao fim e ao cabo, da esquadra inglesa.

No rádio dia 1º de agosto, Pershing fez declaração extremamente franca aos seus ouvintes. "Digo-lhes nesta noite, antes que seja tarde demais", disse o general, "que a Marinha britânica necessita desses contratorpedeiros para comboiar navios mercantes, caçar submarinos e repelir invasão. Temos imensa quantidade de contratorpedeiros excedentes da outra guerra. [...] Se existe alguma coisa que possamos fazer para salvar a esquadra inglesa, estaremos deixando de cumprir nosso dever para com a América se não o fizermos".[51]

Pershing sempre evitara controvérsia política durante toda a sua carreira e, decerto, não possuía marreta militante para esmagar os oponentes da entrega dos navios. Quando ele afirmou que os ingleses deveriam receber os contratorpedeiros, grande parte da audiência aceitou a mensagem como dogma divino. A fala do general, lembrava Agar mais tarde, "foi o ponto de inflexão em nosso esforço para criar opinião pública favorável à ação do presidente".[52]

O apelo de Pershing foi logo seguido por declarações de outros oficiais-generais da reserva da Marinha, inclusive o almirante William Standley, ex-chefe das Operações Navais e membro do Grupo Century. Vários membros do ministério, depois de abordados por representantes do grupo, também fizeram lobby pela transferência. Entre eles Harold Ickes, que escreveu em seu diário: "Perdemos muito tempo conversando com o presidente que, de uma forma ou de outra, deveríamos aceder à solicitação inglesa. [...] A mim parece tolice não fazer o máximo para que a Inglaterra lute o melhor que possa".[53]

Porém, na cabeça de Roosevelt, a crescente demanda popular pela entrega dos navios era sobrepujada por oposição cada vez mais virulenta dos isolacionistas. O *Chicago Tribune* declarou que o envio dos navios para a Inglaterra seria um ato de guerra. Um repórter do *St. Louis Post-Dispatch*, outro jornal isolacionista, ameaçou Walter Lippmann com uma investigação sobre a participação do colunista naquilo que o repórter chamou de "trama para levar a América à guerra".[54] Lippmann inseguro pediu ao editor do jornal, Joseph Pulitzer, para abafar a exposição sugerida.

O presidente ficou encurralado: de um lado a pressão da opinião pública para que fosse sancionada a transferência, do outro o conhecimento de que os isolacionistas do Congresso envidariam os melhores esforços para derrotar qualquer moção autorizando a entrega. Se não conseguissem seu intuito, esses isolacionistas poderiam retardar a transferência por semanas. Roosevelt precisava de um motivo legalmente válido para contornar o Congresso.

De novo, o Grupo Century veio em socorro. Em 11 de agosto, *The New York Times* publicou a que seria depois conhecida como "uma das mais importantes cartas ao editor já redigidas".[55] Assinada por quatro dos mais notáveis advogados do país, ela foi escrita por Dean Acheson, ex-secretário assistente do Tesouro de Roosevelt e membro do Grupo Century. Afirmava que não era preciso aprovação do Congresso para a entrega dos contratorpedeiros e que o presidente tinha o respaldo da Constituição e da legislação existente para fazê-lo por decreto.

Pareceu incoerente o fato de Acheson ter participado de ação que aconselhava FDR a desbordar um procedimento considerado legal por muitos juristas. Seis anos antes, ele se demitira do cargo que ocupava no Tesouro depois de violenta rixa com o presidente sobre questão semelhante. Quando Roosevelt resolveu tomar medidas para desvalorizar o dólar em 1933, Acheson lhe disse que a lei o proibia de fazê-lo. Roosevelt retrucou afirmando que a função dele — Acheson — era encontrar meios de driblar tais leis, acrescentando: "Não use minhas palavras para dizer que isso está certo". Perdendo a calma, Acheson retorquiu que estava sendo solicitado a assinar documentos ilegais. "É isso mesmo!"[56] revidou Roosevelt. Pouco depois, Acheson renunciou.

Muitos anos mais tarde, Acheson disse que, apesar de respeitar Roosevelt, não gostava dele. Tinha particular aversão por aquilo que considerava informalidade condescendente com a qual o presidente tratava os subordinados, inclusive ele próprio. "Ele é complacente", escreveu Acheson sobre FDR. "Não é agradável receber cumprimento que milorde podia muito bem ter dispensado a menino promissor das cavalariças e bater respeitosa continência em resposta."[57] Um tratamento assim casual era especialmente irritante para homem que possuía muito mais do que apenas vestígio da arrogância aristocrática. Filho de bispo episcopal, Acheson era produto de Groton, de Yale e da Faculdade de Direito de Harvard, onde liderou sua classe e foi protegido de um dos mais eminentes professores da faculdade, Felix Frankfurter. O poeta Archibald MacLeish, que foi seu colega de turma em Yale, depois o descreveu como "alegre, divertido e galante", mas também "socialmente esnobe, com atributos de [...] arrogância e presunção".[58]

A opinião pessoal de Acheson sobre Roosevelt, contudo, era suplantada por seu forte intervencionismo. Um dos primeiros a defender o apoio total dos EUA à Inglaterra, ele afirmara em discurso de 1939: "Fugir à decisão, satisfazer-se com qualquer coisa que não seja esse apoio, é arriscar [...] a morte de tudo o que a vida na América nos promete".[59]

No fim de julho de 1940, o assistente de Roosevelt Benjamin Cohen pediu a Acheson, sócio da banca de advogados Covington & Burling, que o ajudasse na preparação de memorando dando amparo legal para o presidente contornar o Congresso e enviar por decreto os contratorpedeiros para a Inglaterra. Após considerável pesquisa, Acheson e Cohen concluíram que, ao abrigo da lei internacional e dos estatutos correntes nos EUA, era proibida apenas a transferência de navios especificamente fabricados para países então em guerra. Os cogitados antigos contratorpedeiros não tinham sido fabricados com esse intuito, sendo, portanto, legal sua entrega para o Reino Unido. Os dois ainda concordaram que tal ação seria do interesse nacional da América, como ponderara o general Pershing quando disse: "A transferência [...] pode ser fator vital para manter a guerra afastada de nossas praias".[60] Nesse caso, então o comandante das Operações Navais poderia legitimamente aprovar a entrega como essencial para a defesa dos EUA, e não haveria necessidade de ir ao Congresso solicitar nova legislação.

Depois de refinar o memorando de sua autoria e de Cohen, e colocá-lo sob a forma de carta, Acheson recrutou dois notáveis advogados de Nova York — Charles C. Burlingham e Thomas Thacher — para assiná-la juntamente com George Rublee, um dos sócios da Covington & Burling. Embora não fossem membros do Grupo Century, todos os três pertenciam à Associação Century. Outro associado era Charles Merz, responsável pela página editorial do *New York Times* e colega de turma de Acheson em Yale, que concordou em publicar a carta por inteiro.

A opinião dos advogados, que ocupou três colunas e meia do *Times*, atraiu tremenda atenção, a maior parte, favorável. Ela foi, escreveu Herbert Agar, "um raciocínio novo que mudou tudo".[61] O presidente encarou a opinião como a brecha que procurava, rapidamente a aceitou e dela se apropriou. O almirante Stark fez o mesmo.

A fim de tornar a negociação mais palatável para o povo, foi decidido vincular a transferência dos contratorpedeiros à aquisição americana de bases militares em territórios controlados pelos ingleses no mar do Caribe e no Atlântico Ocidental. Esse *quid pro quo* significaria óbvio incremento na segurança dos EUA, fortalecendo consideravelmente as defesas do canal do Panamá e da Costa Leste, e ajudando a evitar que a Alemanha estabelecesse cabeça de ponte na América Latina. Tal noção estava no ar havia anos, mesmo antes da *blitzkrieg* de Hitler na Europa Ocidental. As Forças Armadas americanas a acatavam, como também muitos jornais importantes dos EUA, em particular o *Chicago Tribune*, que por muito tempo aconselhava o aluguel de tais bases em troca do cancelamento das dívidas da Inglaterra com a América resultantes da Primeira Guerra Mundial.

O Grupo Century pressionou o presidente a dar prosseguimento à negociação, como também o fizeram diversos ministros. Anuindo, Roosevelt, no início de agosto, solicitou a lord Lothian que levasse o assunto ao seu governo. Aconteceu que Lothian já o fizera. Por meses, ele vinha sendo assíduo no lobby a Churchill para permitir a aquisição americana das bases, enquanto pressionava Roosevelt pelos contratorpedeiros. O embaixador dissera repetidas vezes ao governo britânico que tal oferta seria excelente para encorajar a reciprocidade dos EUA na ajuda. Até agosto, Churchill e seu Gabinete rejeitaram a ideia, declarando que não viam razão para fazer gesto tão gentil quando a América ainda não dera nenhuma ajuda substancial à Inglaterra, Contudo, com a situação do país tornando-se cada vez mais insustentável, o primeiro-ministro por fim instruiu seu embaixador a "ir a todo vapor à frente"[62] com a troca contratorpedeiros-bases.

A negociação era claramente mais vantajosa para os Estados Unidos do que para a Inglaterra, e Churchill, que receava críticas internas por fazer barganha prejudicial, queria que a transação parecesse troca de presentes. Entretanto, Roosevelt não arredou pé da posição que ela fosse apresentada ao povo americano como "um negócio toma lá dá cá de cavalos",[63] um arranjo obstinado do qual o país sairia com vantagem. "Era ano eleitoral", observou Agar sardonicamente, "e Roosevelt não ousava parecer meramente generoso e visionário.[...] Então, em todos os debates, palestras e comunicados à imprensa foram levantados aspectos dos [...] maravilhosos benefícios que a América receberia por tão pequeno gesto para salvar o mundo".[64]*

Com o objetivo de atrair apoio público para a negociação, o Grupo Century aliou-se ao comitê de William Allen White e suas cerca de seiscentas representações locais na montagem de grande campanha publicitária por todo o país. Apesar das divergências das duas organizações quanto à abordagem do intervencionismo, elas formaram frente única durante o verão e o início do outono de 1940. "O comitê estava organizado em nível nacional, ao passo que nós ainda não chegávamos a tanto", escreveu Agar. "O comitê era respeitável [...] enquanto nós éramos suspeitos porque sempre usamos a temida palavra 'guerra.' Foi assim que o respeitável e o suspeito se deram as mãos em programas de rádio, panfletos publicitários e propaganda para dizer ao povo que a negociação dos contratorpedeiros era a salvaguarda para nossas costas."[65]

Importantes jornais dos EUA publicaram anúncios de primeira página patrocinados pelo Comitê White e com a manchete "Entre nós e Hitler está a esquadra inglesa!". Os anúncios encorajavam os leitores a "escrever e/ou telegrafar para seu presidente — seus senadores — seus deputados — dizendo desejar que os EUA vendam os antiquados contratorpedeiros e deem outros tipos de ajuda material à Inglaterra".[66] Respeitados defensores da negociação, inclusive Robert Sherwood e Elizabeth Morrow,

*No fim, os dois líderes concordaram em dividir as bases em dois grupos. Para confortar Churchill, umas poucas bases foram oferecidas aos Estados Unidos como presente, enquanto a maioria delas foi trocada por contratorpedeiros, exatamente como Roosevelt desejava.

falaram em comícios e assinaram manifestos públicos em apoio a ela. Petições circularam, colhendo milhões de assinaturas.

Os dois grupos pró-ajuda instaram seus membros jornalistas e outros colegas da mídia a escrever editoriais, colunas e comentários favoráveis no rádio. Em uma de suas muitas colunas sobre a matéria, Joseph Alsop censurou Roosevelt por não agir mais rápido na negociação dos contratorpedeiros. Quando o secretário de Imprensa do presidente, Steve Early, telefonou para "parabenizar-me pela valiosa e sensível contribuição",[67] Alsop ficou surpreso. Mas cedo entendeu que FDR realmente não se preocupava com pressão pública, desde que ela o levasse a tomar a medida que já queria tomar. Na realidade, como revelou o telefonema de Early, o presidente encorajava ativamente tal incentivo.

Graças em grande parte ao imenso esforço publicitário, a reação do povo americano à negociação proposta foi avassaladoramente positiva; pesquisas realizadas durante todo o mês de agosto revelaram com consistência índices de aprovação maiores que 60%. Porém havia ainda outra peça do quebra-cabeça a ser posta no lugar antes que Roosevelt se sentisse suficientemente seguro para assinar a transação. Ele disse a membros do Grupo Century que precisava da promessa de Wendell Willkie, indicado pelos republicanos para concorrer à presidência, de não fazer da negociação dos contratorpedeiros tópico da campanha eleitoral. Sabedor de quão formidável candidato Willkie provavelmente seria, FDR relutava em dar a ele e a seu partido qualquer munição para emprego contra os democratas.

Tratava-se de estranho pedido a um oponente — virar as costas para uma questão controversa que, quase por certo, o ajudaria politicamente. O conceito se assemelhava à implausível ideia, circulada pela primeira vez no ano anterior, de que Wendell conseguiria a indicação como candidato do partido republicano à presidência da república.

12
O POVO SALVOU O DIA

EM MAIO DE 1940, ALGUMAS SEMANAS ANTES DE WENDELL WILLKIE ser indicado pelos republicanos, pesquisas mostravam menos de 3% de apoio dos membros do partido. "Eu engatinharia sobre as mãos e os joelhos daqui a Washington se com isso tornasse sua designação factível",[1] escreveu-lhe um editor de jornal do Meio Oeste. Desafortunadamente, acrescentou o editor, o GOP jamais concederia a candidatura a representante que tinha tudo que seus partidários repudiavam: registrado democrata durante quase toda a sua vida adulta e ostensivo defensor da ajuda dos EUA à Inglaterra e à França.

Ainda assim, foi precisamente o intervencionismo que tornou possível o surpreendente golpe político encenado por seus aliados na convenção republicana de 1940, na Filadélfia. "Não foi nem o fato de as galerias estarem lotadas, nem a torrente de telegramas chegados à convenção que nomearam Willkie", disse mais tarde um de seus principais assessores. "Adolf Hitler foi quem nomeou Willkie. Com a queda da França e dos Países Baixos, a opinião pública americana mudou da noite para o dia — e isso concorreu para a indicação de Willkie."[2] Como a *Life* viu o episódio: "O povo salvou o dia. Provou, que quando realmente incitado, ele pode influenciar a política partidária e fazer seus representantes selecionarem o homem que deseja".[3]

Por meses, os favoritos na indicação republicana — o procurador distrital da cidade de Nova York, Thomas Dewey, e o senador Robert Taft — insistiam que a guerra na Europa não era preocupação para os

Wendell Willkie.

Estados Unidos. Willkie, pelo contrário, alertava constantemente seus compatriotas sobre os perigos que uma Europa controlada pelos alemães representava para a América. Ele poderia ser um político amador, porém sua apaixonada convicção foi bem acatada por uma crescente quantidade de americanos, em especial pelos afiliados do partido que se inclinavam pelo liberalismo e o intervencionismo.

Antes de sua meteórica carreira política, Willkie fora presidente de uma das maiores fornecedoras de eletricidade do país. Mas nada em seus modos ou em sua aparência indicava as ligações que tinha com os grandes negócios. Alto e forte, cabelo despenteado, ele irradiava calor humano, magnetismo e charme não refinado irresistível. Era, segundo o romancista Booth Tarkington, "homem totalmente natural em suas maneiras, sem poses ou atitudes pedantes".[4] David Halberstam mais tarde o descreveria como: "Republicano que não parecia republicano — uma das coisas mais raras nos dias de hoje, um republicano com *sex appeal*".[5]

Nascido em Indiana, Willkie, com seus 48 anos, ainda falava com o *hoosier* metálico dos naturais de lá. E retinha outros traços de sua criação no Meio Oeste rural: tendo crescido em comunidade onde as pessoas jamais trancavam as portas de casa, ele fazia a mesma coisa em seu apartamento da Quinta Avenida em Nova York — fonte de constante espanto para seus vizinhos ricos e bem antenados com a segurança. Sob a aparência despretensiosa de Willkie existia, contudo, o operador duro e sagaz que, em 1933, na idade de 41 anos, se tornara presidente da

Commonwealth and Southern, gigantesca prestadora de serviços que tinha o monopólio da geração de energia elétrica para grande parte do Sul.

Poucos meses após entrar para a empresa, Willkie colidira com o recém-instalado governo Roosevelt quanto à proposta de criar a Tennessee Valley Authority (TVA), arrojado programa federal para suprir energia elétrica, controlar inundações, conservar o solo e outros benefícios para a região sul do país. Uma vez operativa, a TVA substituiria a Commonwealth and Southern no monopólio da energia regional — perspectiva que Willkie combateu com energia e tenacidade.

Adepto das relações públicas, ele era mestre em pintar sua companhia, um gigante da indústria, como impotente Davi "empenhado em combate com o Golias que era o governo".[6] Para embaraço dos servidores do New Deal, a campanha de Willkie, descrevendo a Commonwealth and Southern — e a si mesmo — como vítimas indefesas da perseguição implacável do governo, influenciou a imprensa e grande parte do povo. Sempre que depunha em comitês do Congresso, lembrou com desdém um *New Dealer*, as mesas da imprensa ficavam lotadas, com "oito ou dez fotógrafos pipocando flashes sobre o grande homem".[7] Em seus depoimentos, Willkie regularmente se posicionava como "americano comum atacado pelos 'interesses' — homem mediano, pequeno e como qualquer um, que defendia seus direitos".[8]

No fim, ele foi derrotado em sua cruzada. Depois de demoradas negociações com a TVA, nas quais alguns funcionários públicos pensaram ter levado a melhor na transação, Willkie repassou as instalações da Commonwealth and Southern para o governo por 78,6 milhões de dólares. E assim emergiu da batalha como vencedor. Tornou-se respeitável figura nacional, uma voz para os americanos moderados da classe média, mormente homens de negócios, que achavam o governo federal grande demais, poderoso demais e desdenhoso demais da empresa privada.

Mas ele também criticava as deficiências e abusos dos grandes negócios, inclusive os de sua própria empresa. Democrata afiliado até o outono de 1939, Willkie apoiou bom número de reformas do New Deal, inclusive o salário mínimo, limite nas horas de trabalho, a seguridade social e o dissídio coletivo — tudo isso sacrilégio para os conservadores republicanos. Forte defensor dos direitos e liberdades civis, como jovem advogado iniciante de Ohio ele se notabilizou por liderar luta bem-sucedida para quebrar a influência da Ku Klux Klan nas questões locais.

—•—

EMBORA WILLKIE VIESSE DO CORAÇÃO DA AMÉRICA e muito apreciasse os que lá viviam, seu verdadeiro apego era a Nova York e ao estilo de vida sofisticado e urbano que adotara. Frequentava o teatro assiduamente e era sócio dos mais exclusivos clubes da cidade, inclusive o Century. "Eu não viveria noutro lugar!"— exclamou certa vez para um amigo. "É a região mais excitante, estimulante e gostosa da face da Terra. Nunca me canso dela."[9]

Parte da atração de Nova York tinha a ver com seu relacionamento íntimo com uma sulista de fala macia chamada Irita Van Doren, pela qual se apaixonou e que, mais do que qualquer outra pessoa, foi responsável por ele ter se tornado uma força política importante. A pequena Van Doren, com seus cabelos encaracolados, era a editora de livros do *New York Herald Tribune* e fora casada com o historiador e crítico Carl Van Doren. Figura literária influente, ela transformara as páginas de livros do *Herald Tribune* em competidor acirrado da afamada seção de literatura do *New York Times*. Era também *doyenne* de eclético salão literário que incluía alguns dos mais notáveis escritores daquele período, de Carl Sandburg e Sinclair Lewis a Rebecca West e André Maurois.

Pouco depois de se conhecerem, Van Doren e o casado Willkie começaram um caso amoroso. Ela o apresentou a seus amigos autores e tornou-se sua mentora literária e intelectual, escolhendo livros e artigos que ele deveria ler e ajudando-o em seus discursos e outros escritos. Sob a orientação dela, Willkie passou a contribuir com artigos e resenhas de livros para publicações tão diversificadas como *The Atlantic Monthly*, *The New Republic*, *Life*, *The Saturday Evening Post*, *Forbes* e *The New York Times*.

Com o incentivo de Van Doren, Willkie começou a pensar cada vez mais numa carreira política. Segundo o jornalista Joseph Barnes, amigo do casal, ela foi em grande parte a causa de ele "se conscientizar da possibilidade de ser um líder potencial com ideias originais e importantes".[10] Tal opinião de Willkie foi também crescentemente assumida por outras pessoas dos altos escalões dos negócios e dos círculos intelectuais frequentados por ele e Van Doren. Em sua maioria, essas pessoas eram republicanos moderados e liberais que viajavam amiúde à Europa e tinham lá ligações pessoais e econômicas. Algumas trabalhavam em escritórios de advocacia e em instituições financeiras de Wall Street; outras, em importantes organizações da mídia.

Entre os atraídos por Willkie e seu potencial político estavam o dono do *Herald Tribune*, Ogden Reid, e sua esposa, Helen, que se tornaram os seus primeiros apoiadores. Em razão do sério alcoolismo do marido, Helen Reid se transformara na mola propulsora do *Herald Tribune*, desempenhando importante papel na mudança de orientação do jornal de inflexível conservantismo para visão mais progressista. Feminista arraigada, Reid havia promovido a carreira de Van Doren, que era sua amiga íntima e confidente.

Em 3 de março de 1939, o *Herald Tribune* publicou carta ao editor instando pela nomeação de Wendell Willkie para presidente em 1940. O autor da carta era G. Vernor Rogers, ex-administrador de um dos antecessores do jornal, *The New York Tribune*. Rogers era também irmão de Helen Reid. Sua missiva foi um dos primeiros indícios de que alguns elementos da imprensa da Costa Leste procuravam alternativa para os candidatos republicanos já em plena corrida presidencial.

O líder naquele momento — e até a convenção — era Thomas Dewey, que conseguira projeção nacional pelas medidas que tomou contra o crime organizado e pela obstinada perseguição a alguns dos mais notórios transgressores. Por volta de 1939, já montara robusta equipe de campanha — preparadores de discursos, publicitários e dois pesquisadores de opiniões emprestados pela organização de George Gallup. O que ele não tinha ainda era opinião própria. Antes de declarar suas posições sobre as questões, eram feitas pesquisas para aquilatar quão populares seriam as posturas. Se as avaliações fossem negativas, mudanças eram processadas. Não surpreendeu que Dewey se inclinasse ao isolacionismo.

Seu competidor mais próximo era o senador Robert Taft, de Ohio, filho do ex-presidente William Howard Taft. Ex-advogado empresarial, Taft era profundamente conservador. Após a *blitzkrieg* de Hitler em 1940, observou: "Existe perigo bem maior de infiltração de ideias totalitárias por parte dos círculos do New Deal em Washington do que jamais haverá por parte das atividades dos [...] nazistas".[11] Taft era geralmente considerado frio, distante e saudosista. De acordo com observador inglês, ele parecia achar que "a vida americana atingira o ápice por volta de 1910".[12]

A CARTA DE VERNOR ROGERS PROPONDO WILLKIE foi seguida por diversas peças especulativas de outros jornais e revistas sobre uma possível candidatura do homem de Indiana. Mas poucas pessoas levaram a ideia a sério. Willkie quase não contava com apoio ou reconhecimento, e seu nome figurava com um traço no percentual das pesquisas. Então, no verão de 1939, ele conheceu Russell Davenport, o editor-geral, com quarenta anos de idade, da revista *Fortune*, e as placas tectônicas do panorama político começaram a se movimentar.

Lídima personalização dos WASPs (branco, anglo-saxão e protestante), Davenport, parecido com o ator Gregory Peck, vinha do afluente subúrbio de Main Line, na Filadélfia, e frequentara Yale, fundada por um de seus ancestrais. Futuro romancista e poeta, vivera em Paris em meados dos anos 1920, onde, com frequência, conviveu com Ernest Hemingway, Gertrude Stein, Janet Flanner e outros letrados americanos expatriados. Mas não foi capaz de se sustentar com a literatura e logo retornou aos Estados Unidos para participar do império de publicações de Henry Luce, em plena expansão. Em 1929, ajudou na criação da *Fortune* e, oito anos depois, tornou-se seu editor-chefe.

Davenport e Willkie eram almas gêmeas, não apenas em visões políticas, mas também em atitudes perante a vida. Após a primeira conversa dos dois, Davenport chegou em casa e avisou a esposa, Marcia: "Conheci o homem que deve ser o próximo presidente dos Estados Unidos".[13] Henry Luce mais tarde descreveu o encontro Davenport-Willkie como uma "reação química que produziu história política".[14]

Desde o início, Davenport foi o elemento central da campanha de Willkie, trabalhando como estrategista-chefe, escritor dos discursos e confidente. Marcia Davenport, romancista e ex-escritora da *New Yorker*, envolveu-se também. Ao longo do outono de 1939 e do inverno de 1940, os Davenports deram jantares no apartamento do casal em Manhattan para apresentar Willkie à vasta gama de destacados nova-iorquinos e outros da Costa Leste que poderiam ajudar sua candidatura.

Mas o tempo corria. A convenção republicana seria realizada dentro de poucos meses, e Willkie não havia ainda se firmado com o povo americano como competidor presidencial viável. Em abril de 1940, Davenport procurou remediar a situação publicando dois artigos na *Fortune* com o objetivo de provocar interesse público por seu amigo. O primeiro — peça escrita por Willkie (com ajuda na edição de Davenport e Irita Van Doren) — atacava Roosevelt por tentar abocanhar demasiado poder, mas também esfolava os congressistas isolacionistas por bloquearem a venda de armas aos Aliados. "Nós nos opomos à guerra", escreveu ele. "Porém não tencionamos abrir mão do direito de vender o que quisermos para quem se defende da agressão."[15]

Acompanhando o artigo de Willkie, um editorial de duas páginas, escrito por Davenport, exaltava os pontos de vista de Willkie a respeito de política interna e externa, e sugeria que os americanos desbordassem os chefões republicanos do partido e trabalhassem para que ele tivesse seu nome indicado para a candidatura à presidência. "Os princípios que defende são os princípios americanos", declarava o editorial. "Se prevalecerão em termos de sua candidatura é questão que depende da sofisticação política do povo americano."[16]

Os artigos da *Fortune* abriram as comportas para Willkie. Oren Root Jr., jovem graduado por Princeton que trabalhava em conceituada firma de advocacia de Wall Street, ficou tão inspirado por eles que, junto com um amigo, imprimiu mais de oitocentas petições: "Willkie para presidente" e as enviou pelo correio para recém-formados de Princeton, Harvard e Yale. Ao mesmo tempo, o *Herald Tribune* estampou anúncio em sua coluna de notícias públicas convocando os leitores a "ajudar Oren Root Jr. a organizar a demanda do povo por Willkie"[17] e instando voluntários a entrar em contato com Root, de 28 anos de idade, na firma em que trabalhava.

Em poucos dias, a central telefônica da empresa ficou tão ocupada com chamadas que seus empregados não conseguiam ligações para fora. Além disso, grandes sacos dos correios repletos de petições, cartas e contribuições começaram a se empilhar no escritório de Root e no vestíbulo da firma. Depois que os chefes deixaram claro que aquela situação não poderia perdurar, Root solicitou licença para se devotar em tempo integral à campanha quixotesca de um homem só. Em três semanas, ele já havia reunido mais de 200 mil assinaturas e começara a organização de clubes "WILLKIE PARA PRESIDENTE" em todo o país. Quando da convenção, existiam 750 desses clubes, cerca de 50 mil voluntários e mais de 3 milhões de assinaturas em apoio à candidatura de Willkie.

Root fizera isso tudo sem o conhecimento e o apoio de Willkie. Na verdade, o jovem advogado não o conhecia, nem a Davenport. Em carta que se desculpava por não solicitar permissão, Root disse a Willkie: "Não alimento ilusões quanto à indicação de seu nome na Filadélfia. [...] Mas sou suficientemente ingênuo para acreditar que até mesmo os políticos republicanos possam ver a luz, caso o esforço adequado na direção certa seja feito de imediato. Proponho contribuir para tal esforço com todo o vigor e imaginação dentro de minhas possibilidades".[18]

Enquanto Root buscava alcançar americanos por todo o país, Davenport trabalhava para conseguir suporte de colunistas e editores influentes no Leste. Para Raymond Clapper, que poucos anos antes fora considerado "o mais significativo, imparcial e confiável"[19] colunista político por seus pares em Washington, Davenport escreveu: "O homem na América com capacidade e poder intelectual e oratório para congregar os republicanos progressistas é Wendell Willkie. Você, no entanto [...] poderá dizer que mr. Willkie não é uma realidade política. Certo. Mas por que diacho não o tornamos uma delas?".[20] O liberal Clapper que, certa vez, se definiu como "75% *New Dealer*",[21] reagiu com diversas colunas pró-Willkie.

Mas a conquista mais valiosa de Davenport foi seu chefe, Henry Luce, que conheceu Willkie num dos jantares dos Davenports e se encantou com seu carisma e suas ideias intervencionistas. Não demorou para que o editor logo ficasse profundamente envolvido com a candidatura de Willkie, como demonstraram suas duas mais influentes revistas, *Time* e *Life*. Na realidade, as duas publicações vinham por alguns meses divulgando histórias favoráveis sobre Willkie. Porém, quando Luce tornou público seu próprio apoio, elas mudaram das análises com pelo menos um toque a favor para a aberta advocacia da candidatura, derramando rasgados elogios sobre Willkie, ao passo que consistentemente desancavam seus adversários.

Mais ou menos na mesma ocasião, Willkie obteve o apoio de outra editora, cujos donos e gerentes eram dois irmãos do Meio Oeste formados por Harvard, John e Gardner Cowles. Embora menor e de pouco alcance em relação ao império de Luce, a organização dos Cowles, sediada em Minneapolis, se mostraria também vitalmente importante para Willkie. Entre os bens dos irmãos estavam dois influentes jornais — o *Minneapolis Star-Journal* e o *Des Moines Register* — e a *Look*, revista popular forte em fotojornalismo e séria competidora da *Life*.

Porém, mais valioso ainda que o apoio das publicações foi o acesso político que os irmãos proporcionaram a Willkie no Meio Oeste. Acompanharam-no em pequeno avião particular por toda a região, apresentando-o a líderes locais do Partido Republicano e organizando pronunciamentos para grandes multidões de republicanos fiéis. Orador "fora de moda e inflamado",[22] como Marcia Davenport o descreveu, Willkie impressionou audiências por onde passou. Em St. Louis, declarou: "A praga da democracia de hoje, na América como na Europa, é que todos tentam agradar o povo. Quase ninguém se levanta e diz o que pensa".[23] A cada parada, Willkie fazia exatamente isso, demandando que o governo Roosevelt enviasse ajuda à França e à Inglaterra e dizendo: "Tenho calafrios com a segurança do país",[24] ao pensar que um de seus oponentes isolacionistas pudesse se tornar presidente.

Até então, os americanos viam Willkie pelo filtro das matérias da imprensa escrita e dos comentários do rádio. Agora, eles tinham a oportunidade de basear sua opinião no contato pessoal com ele — e muitos gostaram do que viram. Apesar de os regulares do partido da antiga linha rejeitarem sua independência, euforia e feroz intervencionismo, bom número de republicanos moderados — pequenos negociantes e empresários, professores, advogados e outros profissionais — julgou atraentes aqueles atributos. "Para republicanos como meu pai, cuja afeição por Teddy Roosevelt nunca arrefecera e cuja lealdade ao partido fora duramente testada por Harding e Coolidge, Wendell Willkie era esplêndida bandeira de esperança", escreveu o historiador Richard Ketchum. "Por um lado, ele representava negócios. [...] Por outro, era visionário progressista nas questões internacionais."[25]

Em pesquisa realizada em março de 1940, Willkie fora a primeira escolha de menos de 1% dos eleitores republicanos. Todavia, pelo fim de maio, ele já estava com 17% das preferências e, no início de junho, 29%. Durante a semana da convenção republicana, seu rosto apareceu nas capas da *Time*, da *Life*, do *Saturday Evening Post* e da *Look*, todos lhe dando inequívocos endossos. "Os republicanos podem indicar alguém que pareça bom em efêmeras eleições simuladas, ou algum político de peso", escreveu Raymond Clapper na *Life*. "Ou podem seguir um rumo corajoso e audaz, antevendo o trabalho a ser feito e selecionando, independentemente da tradição, o homem mais qualificado para realizá-lo. Podem saltar sobre as placas de 'não pisem na grama' e indicar Wendell Willkie."[26]

Mesmo assim, poucos, inclusive Clapper, acreditavam que isso pudesse ocorrer. O republicano Joseph Martin, líder da minoria na Câmara dos Deputados e presidente da convenção, chegou à Filadélfia convicto de que, como mais tarde lembrou: "Willkie, malgrado a artilharia da publicidade, não era competidor sério".[27]

QUANDO A CONVENÇÃO COMEÇOU na segunda-feira, 24 de junho, ninguém tinha muita certeza do que esperar. A França havia capitulado para a Alemanha na semana anterior, e o fantasma da guerra pairava sobre a convenção tão pesadamente quanto o abafado calor de junho. Numa caricatura de jornal, Hitler era mostrado de pé, no meio do salão da convenção, com a legenda: PRESENÇA NÃO CONVIDADA.[28]

Na véspera da convenção, Willkie conclamou imediata ajuda dos EUA à Inglaterra, acrescentando que "concordava com o governo nacional"[29] sobre o assunto — clara invectiva contra os republicanos isolacionistas. Enfurecidos pela observação, cerca de cinquenta parlamentares republicanos assinaram carta conclamando a convenção a escolher um "líder com histórico que sustente com coerência as políticas republicanas [...] e cuja reconhecida posição e recentes pronunciamentos sejam garantia ao povo americano de que não levará a nação para uma guerra estrangeira".[30] Sentiam segurança no fato de a maioria dos delegados já estar comprometida com Taft ou Dewey, ambos afirmando que só lhes faltavam cem votos para a indicação.

Os voluntários de Willkie trabalhavam com afinco para que isso não ocorresse. Entre os incansáveis militantes de sua campanha na Filadélfia estavam Helen Reid do *Herald Tribune*, Dorothy Thompson e Irita van Doren, a qual, temerosa de causar escândalo político, mantinha-se distanciada de Willkie, pelo menos em público. Dorothy Thompson era quase tão veemente em seu apoio a Willkie quanto fora em sua crítica a Charles Lindbergh. Em jantar com Reid certa noite na Filadélfia, ela golpeou a mesa com tal força que pratos e copos balançaram. "Se os políticos não nomearem Wendell, acredite-me, Helen, nós mesmas o elegeremos!"— exclamou. "Irei para as ruas e farei o povo elegê-lo!"[31]

A despeito do movimento isolacionista "PAREM WILLKIE", o despenteado dissidente continuava obtendo ganhos expressivos. No meio da convenção, George Gallup anunciou um atraso na divulgação das últimas pesquisas, dizendo que a avaliação ainda não ficara pronta, porém admitindo que "a tendência Willkie cresceu significativamente".[32] E, de fato, crescera. Quando os resultados foram publicados pouco depois de a convecção terminar, eles mostraram que Willkie tinha disparado em relação a Dewey, 44 contra 29%. Como Gallup era amplamente considerado simpatizante de Dewey, alguns membros da campanha de Willkie acreditaram que ele retardou deliberadamente os resultados da pesquisa para ajudar o procurador distrital de Nova York.

Embora Dewey e Taft tivessem "cercado" o apoio da maioria dos que mandavam no GOP, Willkie coletara alguns aliados partidários por sua própria conta, notavelmente Samuel Pryor, líder do partido em Connecticut. Como responsável pela logística da convenção, Pryor dirigiu a distribuição de credenciais de acesso ao salão, inclusive a dos tíquetes para espectadores das galerias. Sem que os dirigentes das campanhas de Dewey e Taft soubessem, ele reduziu o número de tíquetes disponíveis para seus seguidores e aumentou bastante a quantidade para os adeptos de Willkie. Entre esses estavam centenas de membros dos clubes pró-Willkie de Oren Root, que seguiram para a Filadélfia de todas as partes do país.

Na noite de 26 de junho, o nome de Willkie foi incluído entre os postulantes por Charles Halleck, jovem congressista de Indiana. Quando os delegados de Dewey e Taft interromperam o discurso de Halleck com apupos, assobios e gritos, os protestos foram abafados pela cacofonia de brados de apoio e aplausos partidos das galerias, acompanhados pelo refrão "We want Willkie! [Nós queremos Willkie, em tradução livre]".[33] No fim do discurso de Halleck, o bordão aumentou ainda mais o volume. Milhares de pessoas nas galerias, de pé, berravam, batiam os pés e as mãos, gritando o mais alto que podiam: "Queremos Willkie!". Com o barulho cada vez mais ensurdecedor, os relativamente poucos delegados comprometidos com Willkie pegaram as bandeiras e cartazes do estado no assoalho e começaram a desfilar pelo salão empunhando-os bem alto, enquanto os delegados pró-Dewey e Taft tentavam arrancá-los de suas mãos. Trocas de socos e outras brigas ocorreram entre diversas delegações, muitas das quais tiveram que ser resolvidas pela polícia.

Foi, disseram escritores políticos depois, a mais estridente e tumultuada manifestação em convenção desde os dias de Teddy Roosevelt. Também foi demonstração dramática do cisma político e cultural que dividia não apenas o partido republicano, mas todo o país. Como o escritor Charles Peter observou: "A maior parte das pessoas no salão [...] representava a América conservadora, isolacionista e das pequenas cidades. A maioria nas galerias era do outro lado".[34]

Na manhã seguinte, o *New York Herald Tribune* publicou editorial de primeira página, o primeiro em sua história, clamando para que a convenção indicasse Willkie. Na Filadélfia, ansiedade e exaltação dominaram todo o dia enquanto nervosos delegados se preparavam para a eleição da noite. Mostravam-se desnorteados não só com a estonteante manifestação pró-Willkie da noite anterior, como também pela chuva de telegramas, cartas e cartões-postais que receberam ao longo de toda a semana, exigindo que escolhessem Willkie. Estimativas posteriores indicaram mais de 1 milhão de peças de correspondência.

A convenção republicana de 1940 foi a reunião mais plena de suspenses em anos, e milhões de americanos sentaram-se em torno do rádios na noite de 27 de junho para ouvir os resultados. No momento em que a votação começou, as galerias retomaram o refrão. Durante o anúncio das chamadas, os chefes das delegações estatais batalharam para ser ouvidos acima da barulheira, à medida que carteiros da Western Union vagavam pelo saguão entregando telegramas de última hora. Na primeira apuração, Dewey liderava com 360 votos, seguido por Taft com 109 e Willkie com 105.

Depois da segunda votação, o republicano Joseph Martin tentou reprimir o furor lembrando aos presentes nas galerias que eles eram convidados da convenção. "Convidados uma ova, *somos* a convenção",[35] alguém bradou de volta. Martin foi obrigado a concordar. "Nós, profissionais da política, não podíamos ignorar a lição que estava à nossa frente", escreveu ele mais tarde. "O nome de Willkie parecia cada vez mais incendiário com a passagem do tempo."[36]

Enquanto as votações se sucediam no abafado salão, Willkie, lenta, mas firmemente, ganhava apoio. "A tensão era tão forte que posso senti-la até hoje", lembrou-se Marcia Davenport. Recordou-se igualmente "do amargor da Velha Guarda, da obstinada resistência [a Willkie], do ódio voltado contra ele e contra todos nós que havíamos trabalhado em prol daquela situação. Olhei para Russell, pálido e suado, com seus olhos verdes brilhando naquele ambiente abrasador. Ele observava o salão, onde delegações discutiam e se insultavam mutuamente", às vezes "quase chegando aos murros".[37]

Por fim, à 1h15 do dia seguinte, após oito horas de votações, Wendell Willkie foi indicado como candidato republicano à presidência dos Estados Unidos. O pandemônio se instalou quando os adeptos de Willkie começaram a gritar, chorar, dar vivas e a se abraçar, continuando com o bordão "We want Willkie!" Mais tarde, jornalistas e outros batizariam os eventos daquela noite de "o milagre da Filadélfia".[38] H.L. Mencken foi um deles. "Estou plenamente convencido de que a indicação de Willkie foi providenciada pelo Espírito Santo em pessoa", Mencken, presente à votação, escreveu a um amigo. "Na ocasião em que a sexta votação era apurada, vi um anjo na galeria, trajando amarrotado terno de linho e fumando charuto de cinco centavos, mas, sem dúvida, era palpavelmente um anjo."[39]

Nas semanas e meses seguintes, operadores do partido democrata iriam se juntar aos republicanos regulares na acusação de que a indicação de Willkie fora arquitetada pelos homens de negócios da Costa Leste, pelos banqueiros de Wall Street e por *publishers* de jornal, que, dizia-se, tinham lotado as galerias da convenção e ajudado a gerar a maioria dos telegramas e cartas que desabaram sobre os delegados.

Marcia Davenport e outros amigos do candidato republicano negaram a acusação, declarando que, enquanto a mídia do Leste havia, de fato, ajudado a acender o incêndio pró-Willkie, fora o entusiasmo do americano comum que o alastrara por todo o país. Segundo a Editorial Research Reports, organização independente que investigou os telegramas pró-Willkie, a maior parte deles foi despachada, com efeito, por eleitores medianos. "Eu conhecia os adeptos de Willkie em minha pequena cidade natal", observou Charles Peter, escritor-editor nascido em West Virginia, que escreveu livro sobre a indicação de Willkie. "Eram almas independentes, que não marchavam atrás de tambores que não fossem os deles. Aquilo que começou entre um pequeno círculo da elite se transformou em verdadeiro movimento popular."[40]

Concordando, Janet Flanner, da *New Yorker*, acrescentou um viés ligeiramente diferente. "Para milhões de americanos, sentados depois da meia-noite ao lado do rádio, a súbita e remota indicação de Willkie [...] trouxe mais do que a excitação febril provocada pela vitória de um cavalo azarão", escreveu ela. "Em vista do recente silenciar da maioria das democracias europeias, na escolha de Willkie daquela noite havia, mesmo para muitos pessimistas ou ouvidos democratas, um som revigorante e comovente." O povo, observou Flanner, salvou o dia.[41]

Quando Willkie se dirigiu aos delegados, na noite seguinte à da indicação, declarou que, no relativo à guerra "nós aqui não somos apenas republicanos, mas americanos".[42] A escolha dele pelos republicanos, nas palavras de Robert Sherwood, "garantia ao resto do mundo — em especial às nações beligerantes — a continuidade na política externa americana, independentemente do resultado das eleições vindouras".[43] Um exultante lord Lothian disse a Churchill e ao Foreign Office que eles tinham um amigo em Washington, sem importar quem vencesse a eleição.

Altos funcionários alemães, enquanto isso, interpretavam a vitória intervencionista como importante dificuldade. "Da perspectiva da política externa, a indicação de Wendell Willkie é um infortúnio para nós",[44] reconheceu sombriamente o ministro alemão do Exterior. A embaixada alemã em Washington gastara milhares de dólares para enviar cinquenta parlamentares republicanos isolacionistas à convenção a fim de trabalharem pela adoção de uma plataforma contra o intervencionismo. Em cabograma para Berlim, o *chargé d'affaires* Hans Thomsen informou que os congressistas, que não tinham conhecimento da fonte que financiara as viagens, deveriam fazer lobby junto aos membros do comitê do programa do partido e a outros delegados do GOP. Ao mesmo tempo, disse Thomsen, propagandas de página inteira sairiam nos jornais americanos com a Manchete: "Parem a marcha para a guerra!".

Na mensagem, Thomsen descreveu o esquema para a Filadélfia como "bem camuflada campanha-relâmpago de propaganda".[45] Na verdade, foi um fiasco total. A despeito dos esforços dos parlamentares, o Grand Old Party adotou uma plataforma de política externa que era um desconfortável meio-termo entre os pontos de vista isolacionista e intervencionista; ela se opunha à ideia de a América participar da guerra, porém contemplava a noção de apoio aos "povos cujas liberdades estão ameaçadas".[46] Como viu H.L. Mencken, a plataforma era "formulada de maneira a satisfazer tanto o triunfo quanto o colapso da democracia e aprovava da mesma forma o envio de armas à Inglaterra ou a remessa apenas de flores".[47]

Todavia, mesmo que o programa do partido fosse abertamente isolacionista, teria feito pouca diferença. O que Thomsen e os alemães não percebiam era que quase ninguém na América, afora os republicanos e os democratas regulares, dava muita atenção a plataformas políticas; os cidadãos tendiam a votar em pessoas, não em programas partidários. Enquanto a propaganda alemã focava na influência sobre o conteúdo da plataforma na Filadélfia, os delegados do partido pegavam o freio nos dentes e indicavam um claro intervencionista para presidente.

De sua parte, Roosevelt e os democratas, embora aliviados com o fato de a indicação de Willkie facilitar o suprimento de ajuda à Inglaterra, ficaram muito apreensivos com a popularidade do republicano entre os eleitores. Admitindo que Willkie seria o mais formidável adversário que ele já enfrentara, o presidente afirmou ao colunista Walter Winchell: "Sua sinceridade causou terrível impacto. O povo acredita em cada palavra que ele diz. Vamos ter o raio de uma batalha contra ele".[48]

13

O CONGRESSO VAI FAZER UM ESCARCÉU

Mesmo antes da indicação de Wendell Willkie, FDR sabia ter pela frente uma parada extremamente dura na batalha eleitoral. Segundo pesquisa recente, mais da metade dos entrevistados se opunha à ideia da quebra da regra dos dois mandatos estabelecida por George Washington. Estava claro que o presidente ainda era popular, com milhões de eleitores, particularmente os beneficiados por suas políticas sociais e econômicas. Porém quantidade crescente de americanos parecia se cansar do New Deal, o qual, apesar de aliviar muitos dos problemas da Depressão, não apresentara soluções para acabar com ela. "A liderança do presidente nas questões internas já dera o que tinha de dar", observou mais tarde o ministro da Justiça Robert Jackson. "Não acho que deveria ter havido justificativa para um terceiro mandato com base em seus programas internos."[1]

Nas eleições para o Congresso de 1938, os republicanos tinham conseguido oito governadores, oito assentos no Senado e mais de oitenta na Câmara dos Representantes. Segundo as pesquisas da primavera de 1940, os republicanos mostraram mais força do que os democratas na maioria dos estados. "A mudança pró-GOP é agora tão marcante que só um milagre rooseveltiano [...] pode salvar a eleição para os democratas",[2] concluiu a *Time* em abril.

A invasão da Europa Ocidental por Hitler fez o milagre. Em tempos de grandes crises, os americanos em geral recorrem à liderança de seu presidente, e foi o que fizeram com Roosevelt. Uma semana após a invasão, o apoio popular a FDR aumentou dramaticamente. Não ficou claro quando ele se decidiu pelo terceiro mandato — não confiava em ninguém, nem na esposa — mas vários auxiliares de peso acreditaram que ele resolveu pouco antes ou na ocasião da queda da França.

Por mais de um ano, Roosevelt dizia aos mais próximos que pretendia se aposentar depois do segundo mandato. Estava cansado, afirmou, e sua saúde não era tão boa quanto antes. Disse a Harold Ickes que estava "desacelerando",[3] tanto física quanto mentalmente. Eleanor Roosevelt confidenciou ao assessor mais íntimo do marido, Harry Hopkins, que: "Ele não tem mais o mesmo zelo que tinha com os detalhes administrativos e é possível que esteja mesmo muito entediado."[4]

Apesar de não descartar a possibilidade de concorrer de novo, Roosevelt não tomou qualquer medida para desencorajar outros democratas de buscarem a indicação. Não havia carência de figuras proeminentes no partido, que se julgassem sucessores lógicos de Roosevelt. Entre eles estavam o diretor-geral dos Correios James Farley; o vice-presidente John Nance Garner, que se afastara do presidente desde o malogro do pacote da Suprema Corte; e o senador Burton Wheeler que, em novembro de 1939, aprovara a criação do comitê Wheeler para presidente.

Embora nunca explicasse inteiramente sua decisão de concorrer à reeleição, Roosevelt provavelmente concluiu que apenas ele tinha capacidade e experiência para administrar a crise europeia. Nenhum dos outros pretendentes democratas estava à altura do problema, achava ele, como também Wendell Willkie não estava. Sobre o indicado republicano, Roosevelt depois escreveu a um amigo: "Não achei que ele tivesse suficiente conhecimento do mundo e teria de aprender [...] na dura escola da experimentação. E isso teria sido muito perigoso em 1940".[5] Da mesma forma problemático, na cabeça de FDR, seria o fato de uma eleição avassaladoramente favorável ao GOP que resultaria em ferrenhos isolacionistas republicanos assumindo presidências de comissões-chaves no Congresso. O senador Hiram Johnson, por exemplo, se tornaria *chairman* da Comissão de Relações Exteriores do Senado, enquanto o comitê correspondente na Câmara ficaria sob controle do republicano Hamilton Fish, ultraconservador que tanto desprezava Roosevelt quanto este o odiava.

Mesmo assim, uma vez tomada a decisão, ele deixou claro aos que o cercavam que não faria coisa alguma ostensiva para conseguir a indicação. Harold Ickes sugeriu o contrário, instando o presidente a ir à convenção e dizer "franca e abertamente" por que considerava importante aspirar a um terceiro mandato. Uma declaração dessas, ponderou Ickes, "elevaria essa campanha política a um patamar tão alto que serviria de inspiração a todo o país".[6]

Roosevelt ignorou o conselho. Muito bem consciente da sensibilidade política da questão do terceiro mandato, ele decidiu se comportar como se não tivesse ativamente agindo — como, de fato, não tinha o mínimo interesse — por outro mandato. Queria também uma demonstração espontânea de apoio dos delegados, "alguma mostra de afeição, alguma aparência de autêntica gratidão e lealdade do partido que liderava".[7]

Apesar disso, diversos servidores do governo continuaram a acreditar que existia certa dose de verdade nas repetidas observações de falta de interesse de Roosevelt em se reeleger pela terceira vez. Segundo o advogado-geral Francis Biddle, FDR estava "enfadado, cansado e sem inspiração. [...] Não tinha muito interesse por sua própria indicação. Era como se não quisesse fazer a escolha e preferisse que alguém o fizesse por ele. [...] Não mexeria um dedo".[8]

A INDIFERENÇA DO PRESIDENTE PARECEU ser transmitida aos que participaram da convenção democrata realizada em Chicago duas semanas após a escolha republicana de Willkie. O contraste entre as duas convenções não poderia ter sido maior. Em vez do caos transbordando na Filadélfia, um ambiente "chocho e frio"[9] imperou em Chicago, escreveu Ickes. O colunista Marquis Child chamou a convenção de "carrancuda" e "sinistra".[10]

Na segunda noite do encontro, o senador Alben Barkley, líder da maioria no Senado e presidente da convenção, leu a mensagem de Roosevelt para os milhares de democratas no salão. Nela, FDR declarava que não tinha vontade de concorrer ao terceiro mandato e que os delegados estavam desobrigados para votar no candidato que quisessem. Por um instante fez-se atônito silêncio. Sem saber como reagir àquela bomba, os delegados ficaram simplesmente olhando fixo primeiro para Barkley, depois uns para os outros.

De repente, reverberou um brado de "QUEREMOS ROOSEVELT!" por aquele espaço verdadeiramente cavernoso. Em vez do refrão pró-Willkie, gritado a plenos pulmões pelas galerias na Filadélfia, o pró-FDR partiu de uma única voz muito forte, amplificada pelos alto-falantes, que repetia sem parar "QUEREMOS ROOSEVELT!"[11] Uma banda atacou de "Happy Days Are Here Again" [Os dias felizes estão de volta, em tradução livre], espectadores desceram das galerias para o salão enquanto os delegados, muitos ainda em estado de choque, levantaram e se juntaram à manifestação.

No dia seguinte, os repórteres descobriram que a misteriosa voz era de Thomas McGarry, superintendente dos serviços de esgotos da cidade, que cumprindo ordens do prefeito Edward J. Kelly, se sentara no porão da convenção em frente a um microfone e ficara repetindo interminavelmente o bordão que saíra pelos alto-falantes: "QUEREMOS ROOSEVELT!" Kelly, perseverante seguidor de Roosevelt, orquestrara também a manifestação musical que se seguiu.

"É claro que os delegados tinham liberdade para votar em quem quisessem", observaria mais tarde Ernest Cuneo, apagador de incêndios do partido democrata. "Também tinham liberdade para mergulhar no lago Michigan se tivessem vontade; aliás, pela influência que exerceram na convenção, deveriam mesmo ter feito isso."[12] Na opinião de Richard Ketchum: "Todo o *affair* teve o repulsivo odor de um convescote arquitetado por e para Roosevelt".[13] Tais suspeitas foram confirmadas quando Kelly e outros chefões do partido deixaram claro para os delegados que deles se esperava a eleição de Roosevelt por aclamação. Farley, contudo, insistiu por uma lista de chamada dos delegados, com Roosevelt obtendo 946 votos, Farley 72 e Garner 61. Ainda ressentidos pelo fato de serem manipulados e furiosos com o que consideravam tática maliciosa do presidente, os delegados se confortaram um pouco com a possibilidade de ao menos poderem escolher o nome do candidato à vice-presidência. Diversos membros de destaque do Congresso, inclusive o presidente da Câmara dos Deputados William Bankhead e o senador James Byrnes, faziam aberta campanha pelo cargo, alguns com a crença de que tinham as bênçãos do presidente.

Mais uma vez, FDR tinha uma intragável surpresa no bolso do colete: através de Harry Hopkins, seu emissário em Chicago, declarou da forma mais clara possível aos delegados, que apenas ele escolheria o nome para ocupar o segundo lugar na cédula de votação. Sua preferência era pelo secretário da Agricultura Henry Wallace, natural de Iowa, que revolucionara a agricultura americana mediante o relevante papel que desempenhara no desenvolvimento do milho híbrido e, mais importante ainda, por meio dos programas revolucionários que introduzira para salvar os agricultores da ruína econômica. Wallace era popular no Meio Oeste, ponto forte em seu favor da perspectiva do presidente, porém Roosevelt levava ainda mais em consideração o inabalável apoio que recebia do ferrenho-liberal de esquerda para suas políticas interna e externa. "Como Franklin percebia lealdades desmoronando em todo o seu entorno, passou a acreditar que podia contar sem restrições com Henry Wallace",[14] observou Rexford Tugwell, assessor respeitado de Roosevelt desde os primeiros dias de presidência.

Todavia, aos olhos de expressivo número de regulares do partido democrata, Wallace era uma escolha ruim demais. Era considerado esquerdista, mau administrador, desarticulado membro de campanha e democrata de última hora, pois só se filiara ao partido em 1936. Os líderes do partido julgavam-no "mais interessado nas propriedades genéticas do milho do que, por exemplo, naquilo que se poderia obter nos redutos eleitorais de Jersey City".[15] Vegetariano e abstêmio, Wallace era também visto como um excêntrico, que buscava a verdade espiritual dedicando-se a fenômenos como astrologia, religiões nativas americanas, comunidades utópicas e misticismo oriental.

No fim dos anos 1920, Wallace se aproximara de um guru e pintor nascido na Rússia e chamado Nicholas Roerich, especializado tanto em atrair ricos patrocinadores americanos quanto em ensinar sua própria versão da sabedoria divina. Em meados dos anos 1930, com anuência de Roosevelt, Wallace enviara Roerich numa expedição à Mongólia e à Manchúria, financiada pelo governo, a fim de pesquisar plantas e gramíneas resistentes à seca e que pudessem ajudar no combate à erosão do solo nas planícies grelhadas pelo calor do coração da América. A missão de dezesseis meses, que custou aos cofres públicos 75 mil dólares (1,1 milhão em valores atuais), produziu um total de vinte plantas. Em vez de seguir o plano autorizado, Roerich, acompanhado pelo filho e por oito guarda-costas cossacos, passou muito tempo cavalgando pela Mongólia e Manchúria e instigando problemas políticos. Desorientado com o que considerou desobediência e indisciplina de Roerich, o Departamento de Estado pressionou Wallace a dar um fim à expedição. Isso foi finalmente feito pelo corte de todo o contato com Roerich e pela solicitação à Receita Federal para que investigasse suas finanças.

Esse tipo de atividade, é claro, não aumentou a estima dos regulares democratas pelo secretário da Agricultura. Já com a convenção pela metade, Hopkins alertou Roosevelt que a indicação de Wallace enfrentaria "uma oposição dos diabos"[16] — enorme subestimação como se viu depois. Tanto os delegados como os que queriam ser indicados ficaram indignados. Bankhead, por exemplo, disse a Ickes que havia sido "manobrado".[17] Quando Hopkins disse a FDR que uma rebelião fermentava em

Chicago, o presidente retrucou: "Bem, que se lixem, ou apoiam Wallace ou não serei candidato; pode dizer assim mesmo a eles".[18]

Graças à vigorosa intervenção de Edward Kelly e de outros líderes partidários de grandes cidades, Wallace conseguiu estreita margem de liderança na primeira rodada, obtendo 627 dos 1.100 votos. Bankhead recusou-se a retirar sua candidatura, e os delegados demonstraram sua fúria aplaudindo freneticamente os pronunciamentos pela indicação do presidente da Câmara, enquanto assobiavam e vaiavam qualquer menção ao nome de Wallace. O estado de espírito foi tão desagradável e hostil que Hopkins não permitiu que Wallace fizesse discurso aceitando a proposta de seu nome com medo que fosse causar uma rebelião. Durante a tumultuada votação, a fisionomia de Wallace era "pura agonia [...] claro, absoluto e pálido sofrimento", recordou-se a secretária do Trabalho Frances Perkins. "Jamais passei em minha vida por coisa pior que aquilo."[19] Quase chorando, a esposa de Wallace perguntou a Eleanor Roosevelt: "Por que estão vaiando o meu Henry?".[20]

Enquanto a votação caminhava a passo de tartaruga, um grupo de jornalistas, inclusive os membros do Grupo Century Herbert Agar e Joseph Alsop, passaram desanimado bilhete ao advogado-geral Francis Biddle, sentado nas galerias logo acima deles. "O presidente poderia obter o que quisesse nesta terra de Deus, se tivesse a coragem de vir a público pedir", dizia a mensagem. "O povo [...] deseja segui-lo, [mas] ninguém pode seguir um homem que não lidera, que não aparece e não é visto cara a cara, que não diz o que pensa nem privadamente, que acha que pode substituir moral por artimanhas, paixão por esperteza, alma por astúcia. [...] No fim, ele conseguirá emplacar Wallace. [...] Mas irá arrancá-lo da sarjeta, o que é um insulto para o presidente, para mr. Wallace, para o senhor, para nós e para a tradição da democracia americana."[21]

Nos dias que se seguiram, jornais e revistas, muitos claramente pró-Willkie, pintaram a convenção democrata como estudo de manipulação — pela Casa Branca, pelos mandões das grandes cidades e "pela voz do esgoto". *Life* proclamou: "Não há racionalização que possa disfarçar ou demolir o sólido fato de que na semana passada, em Chicago, num momento de crise democrática mundial, a maior das democracias deu a esse mundo um dos espetáculos mais vulgares e mais hipócritas de sua história".[22] Apesar de não tão exacerbadas em suas críticas, diversas publicações esquerdistas e, em geral pró-Roosevelt, concordaram. A revista *The New Republic* foi uma delas, chamou a convenção de "uma desordem" e descreveu o desempenho da Casa Branca "medroso, apavorado e fraco".[23] E o colunista liberal Raymond Clapper escreveu: "Alguma coisa saiu dos trilhos na vida americana esta semana. Pelo menos eu perdi algo: a fé no presidente Roosevelt."[24]

Pesquisas realizadas imediatamente depois da convenção mostraram que Willkie e os republicanos estavam a ponto de sobrepujar FDR e seu partido. "Se o presidente resgatar sua campanha após todos os erros crassos que cometeu ou foi por eles responsável," ponderou melancolicamente Harold Ickes em seu diário, "será porque o deus das eleições está, de fato, ao seu lado."[25]

COM O FUROR DAS CONVENÇÕES finalmente amainado, o Grupo Century e o comitê William Allen White puderam retomar a tarefa de tentar salvar a Inglaterra. Por solicitação de Roosevelt, o próprio White se aproximou de Willkie para ver se ele apoiava a transação contratorpedeiros-bases. Amigo e ostensivo seguidor do candidato republicano, o editor do Kansas, através de seus claros artigos pró-Willkie e de sua influência no partido, supostamente havia deflagrado a torrente de telegramas e cartas enviados aos delegados da convenção republicana. Outro intermediário entre a Casa Branca e Willkie foi Lewis Douglas, membro do Grupo Century e ex-chefe do Escritório do Orçamento, que abandonara o New Deal e era então assessor-chave de Willkie.

Willkie deixou claro aos dois que, por razões políticas, não podia declarar em público a aprovação da negociação dos contratorpedeiros. Estava em posição extremamente incômoda: apesar de ser intervencionista, republicanos de grande projeção, inclusive parlamentares do Senado e da Câmara, não eram. Como porta-bandeira do GOP, ele tinha que dar a impressão de unidade dentro do partido (falsa que fosse), por certo solapada caso uma adesão à transação fosse revelada. Todavia, ao mesmo tempo, Willkie deu sua palavra de que não atacaria a negociação uma vez anunciada. Prometeu o mesmo a lord Lothian, que logo reportou a Churchill que o candidato republicano era "o mais insistente para que tal declaração não vazasse em circunstância alguma, uma vez que, por certo, seria usada contra ele na campanha".[26]

Conseguida a tácita aprovação de Willkie, o último obstáculo à transferência dos contratorpedeiros foi ultrapassado. Em 3 de setembro, Roosevelt anunciou a troca, pondo ênfase na importância das bases conseguidas pelos antigos navios: "O valor para o Hemisfério Ocidental desses postos avançados de segurança transcende a imaginação".[27]

Apesar de Roosevelt continuar aparentando seu habitual temperamento entusiasmado, ele ainda se preocupava profundamente com as consequências políticas da negociação, dizendo a diversos amigos e assessores que esperava perder a eleição por causa dela. Ao seu secretário, declarou: "O Congresso vai fazer um escarcéu sobre isso".[28]

Alguns legisladores ficaram, com efeito, indignados — Gerald Nye qualificou o desbordamento do Congresso "um passo ditatorial"[29] — e alguns jornais condenaram a transação. Mas a tempestade de desaprovações esperada pelo presidente não se materializou. Graças em grande parte às campanhas de publicidade montadas pelo Comitê White e outros, a maioria dos americanos (70% numa das pesquisas) considerou altamente benéfica a troca tanto para os Estados Unidos quanto para a Inglaterra. "Não se pode atacar uma negociação como essa", declarou ao *New York Post* um senador isolacionista. "Caso se caia de pau em cima da transferência dos contratorpedeiros, o prejuízo será para a aquisição de bases defensivas no Hemisfério Ocidental. E os eleitores não vão querer isso. Roosevelt foi mais inteligente que todos nós quando fez a conexão entre as duas transações."[30] Até o *Chicago Tribune* aprovou a negociação, publicando que a América tinha agora "bases navais e aéreas em regiões que podiam ser incluídas na zona de defesa americana".[31]

Mais tarde, Roosevelt seria com razão elogiado por sua coragem em aprovar transação politicamente perigosa a apenas dois meses das eleições. É óbvio que ele não tinha previsto reação tão favorável, porém foi em frente e sacionou a transferência. Crédito, contudo, deve ser conferido a Wendell Willkie, que desafiou a exigência dos líderes do GOP por uma declaração pública de condenação à troca e, por isso, foi muito criticado dentro do partido. Lord Lothian também desempenhou papel relevante para que a negociação chegasse a bom termo, como também o membros do Grupo Century e do Comitê White, que agiram como pontas de lança do presidente, explicando ao povo o valor da troca e tornando politicamente possível a ação de FDR.

TRÊS DIAS DEPOIS DO ACORDO ASSINADO, oito contratorpedeiros deixaram o ancoradouro de Boston saudados por buzinas dos carros que cruzavam a Charleston Bridge e por aplausos e vivas dos espectadores postados ao longo do litoral. Rumavam para Halifax, Nova Escócia — a primeira leva de navios antigos que seriam transferidos para a Royal Navy, a qual os colocaria de imediato em operações como escoltas de navios mercantes através do Atlântico.

Como os ingleses logo veriam, os contratorpedeiros não estavam na melhor das formas. "Achei-os os piores que já vi", fumegou um almirante inglês. "Pobres navios com acomodações e armamentos patéticos."[32] Churchill teve um pouco mais de tato quando apresentou ao adido naval americano em Londres uma lista de seus problemas: estrutura fraca da ponte de comando, superestrutura corroída, escotilhas defeituosas, navegação difícil e goteiras por todos os lados.

Malgrado esses defeitos, entretanto, os navios americanos cumpriram missões de vulto na Batalha do Atlântico ao longo daquele ano de apreensões. Durante o restante de 1940 e 1941, eles constituíram 25% das escoltas operacionais no Atlântico; diversos foram responsáveis por afundamentos de submarinos alemães. "Qualquer contratorpedeiro, que pudesse navegar, atirar e lançar cargas de profundidade, valia seu peso em ouro", observou o almirante de esquadra sir George Creasy, diretor da guerra antissubmarina no Almirantado inglês. "Muitos deles, é preciso admitir, representaram terríveis dores de cabeça para continuar disponíveis, porém, de maneira geral, prestaram inestimável serviço numa ocasião em que eram muito necessitados."[33]

Não obstante, mesmo que o trato *destroyers* por bases não resultasse em nenhum valor militar, ainda teria sido marco significativo na relutante marcha americana para a guerra. Pela primeira vez, os EUA fizeram algo de porte para ajudar a Inglaterra. A transação serviu também de aviso à Alemanha e ao resto do mundo de que os EUA não ficariam inertes enquanto o último bastião da democracia na Europa desmoronava. Como disse o *Sun* de Baltimore, a transferência dos contratorpedeiros "torna nossa neutralidade oficial, já muito diáfana, em quase transparente cobertura para cooperação não beligerante ao lado da Inglaterra".[34] Hanson Baldwin, correspondente militar do *New York Times*, foi ainda mais longe, declarando que os contratorpedeiros "selaram o que já era, com efeito, uma aliança oficiosa entre as nações de língua inglesa e levaram os EUA, como nunca antes, para mais perto da guerra".[35] Servidores do governo alemão classificaram a troca como "um ato de hostilidade aberta à Alemanha".[36]

O entusiasta apoio público americano à transação, que Roosevelt receava lhe custar a eleição, iria facilitar bastante a proposta que ele faria mais tarde de programa de ajuda à Inglaterra muito mais valioso:

o Lend-Lease. A mudança da opinião americana sobre a Inglaterra e a guerra foi lenta, porém implacável. Durante a *blitzkrieg* alemã na primavera de 1940, quase dois terços do país achavam mais importante que os Estados Unidos não arriscassem o envolvimento na guerra pelo auxílio à Inglaterra. Por volta de agosto, a nação estava dividida meio a meio. Pelo fim do ano, a maioria dos americanos era favorável à assistência mesmo que significasse entrar na guerra.

Tal mudança de postura foi então crucial. Como Churchill previra, "toda a fúria e todo o poderio do inimigo" haviam finalmente despencado sobre sua nação ilha.

DESDE MEADOS DE AGOSTO, bombardeiros alemães vinham devastando aeródromos, fábricas de aviões e instalações de radares no sul da Inglaterra, na tentativa de quebrar a espinha dorsal da Royal Air Force, antes de lançarem uma invasão através do canal. Então, em 7 de setembro, um dia depois de os primeiros contratorpedeiros americanos começarem a atravessar o Atlântico, a Luftwaffe deu início a impenitente reino do terror contra Londres e outras cidades importantes do Reino Unido. Por 57 noites, incursões aéreas germânicas martelariam a capital britânica, matando dezenas de milhares de civis e deixando milhões sem teto.

Naquela confrontação crucial entre Alemanha e Inglaterra, os dois países se esforçavam ao máximo para convencer os Estados Unidos que suas respectivas forças estavam vencendo. O adido militar americano em Londres, general Raymond Lee, enviava para Washington os relatórios da inteligência inglesa dando conta da destruição de enormes quantidades de aviões inimigos pela RAF. Mensagens semelhantes chegavam da embaixada britânica na capital americana.

O general Friedrich von Boetticher, por seu turno, repassava muitos cabogramas ultrassecretos e mapas relatando o contrário ao coronel Truman Smith e a outros amigos do adido alemão na inteligência do Exército americano. Segundo os relatórios de Berlim, o ataque da Luft-waffe dizimava a força aérea britânica e inutilizava portos e indústrias do país. Especialistas em inteligência do exército americano davam tanta importância aos relatórios mandados por von Boetticher, que quando ele visitava o QG do Departamento da Guerra na peregrinação diária que fazia, chegou a ser dispensado das medidas de segurança pelas quais passavam outros visitantes. Sínteses das informações alemãs, preparadas por Truman Smith, circulavam pelos Departamentos de Estado e da Guerra. Com avaliações sombrias sobre as chances da Inglaterra, os sumários reforçavam os argumentos de quem nos dois ministérios, se opunha à ajuda ao Reino Unido.

A maioria dos americanos, no entanto, não pensava assim: o foco das pessoas estava na coragem e resiliência dos ingleses ao enfrentar o massacre alemão, e não nas perdas infligidas. Tal admiração era estimulada por avalanches de artigos nos jornais e revistas — e, sobretudo, pelas rádios — de correspondentes americanos em Londres, que ressaltavam a teimosa determinação dos residentes da capital em viver sua vida, enquanto o mundo ameaçava desintegrar-se em volta. Quase todas as edições de *Life* no período traziam fotos dramáticas da blitz e de seus efeitos sobre os cidadãos comuns ingleses. Uma das fotos particularmente tocante — mostrando linda criança loura de grandes olhos, num leito de hospital, com a cabecinha coberta de ataduras e abraçada a seu ursinho de pelúcia — apareceu na capa da *Life* e sensibilizou corações de todas as idades. Logo ela se transformou em pôster para o comitê de William Allen White.

O jornalista que mais trabalhou, contudo, para influenciar a opinião pública americana em prol do auxílio à Inglaterra foi o correspondente da CBS Edward R. Murrow, cujo programa, que abria com o famoso "AQUI, LONDRES!", era ouvido compulsivamente por milhões de americanos. Nos lares de todo o país, as pessoas se juntavam em torno do rádio a cada noite para escutar as verdadeiras imagens faladas dos heróis civis da blitz — as "pessoas comuns [...] sem uniformes, sem condecorações por bravura",[37] mas que arriscavam sua existência para, noite após noite, ajudar feridos, recolher mortos e levar sua massacrada cidade de volta à vida. Obcecado pelo perigo que a Alemanha representava para o mundo e convencido da imperiosa importância da salvação da Inglaterra, Murrow não se desculpava por declarar que a América tinha de ir em socorro daquela nação. "Ele se preocupava — e muito — com o fato de seu próprio país não estar consciente sobre os fatos da vida", disse um amigo seu. "E se Hitler & Cia. não fossem barrados ali, a parada seguinte seria em Manhattan."[38]

Graças em grande parte às reportagens de Murrow e de outros correspondentes americanos, lord Halifax ficou em condições de informar ao Gabinete de Guerra inglês sobre "uma mudança quase milagrosa da opinião"[39] dos americanos em relação ao país deles e à importância de salvá-lo. Como o historiador Nicholas Cull mais tarde escreveu: "Hitler havia proporcionado à América algo para odiar; agora a Inglaterra dava a ela algo para amar".[40]

Em suas viagens pelos Estados Unidos naquele outono, John Wheeler-Bennett testemunhou em primeira mão a rápida alteração de sentimento. Depois de pronunciar um discurso para um grupo de habitantes do Meio Oeste sobre o valor do povo britânico durante a blitz, um membro da audiência correu para ele sacudindo os punhos. "O senhor é um canalha, sir, o diabo de um perigoso e pérfido canalha!", exclamou o homem. "Fui um isolacionista de ferro durante toda a vida — e o senhor fez com que eu me sentisse um patife da pior espécie."[41]

Para grande desgosto pessoal, Friedrich von Boetticher também se conscientizou da claríssima mudança no estado de ânimo americano. Cada vez mais, foi sendo assaltado por um constrangedor sentimento de que alguns de seus contatos mais próximos nas forças armadas dos EUA perdiam a simpatia pela Alemanha. Um notável exemplo foi o general George Strong, chefe da Divisão de Planejamento de Guerra do Exército, que Boetticher conhecia desde os anos 1920. Durante todo aquele longo período, Strong foi amplamente encarado como pró-germânico e hostil à Inglaterra e à França, tanto que, em certa oportunidade, um oficial francês o acusou de representar interesses alemães.

Em setembro de 1940, Strong foi um dos diversos oficiais-generais mandados a Londres para conferenciar com seus pares britânicos e avaliar por si mesmos as perspectivas para a sobrevivência do país. Quando Boetticher soube da participação de Strong na delegação, enviou feliz cabograma para Berlim, sublinhando que o general dos EUA "é meu amigo chegado por quinze anos e fará relatório independente."[42] Convicto de que Strong confirmaria as graves perdas britânicas contidas nos relatórios alemães, von Boetticher ficou pasmo quando o general declarou na volta que a Luftwaffe não estava nem perto de derrotar a RAF, que os estragos causados pelos bombardeios tinham sido relativamente pequenos e que os relatórios britânicos sobre perdas de aviões germânicos "estavam para o lado conservador".[43]

Na procura de explicação para a atordoante mudança de atitude de Strong, von Boetticher só pôde conjeturar que o general americano havia recebido ordem para fazer a observação "como um ventríloquo de Roosevelt, seu superior".[44] A ideia de que sua própria influência dentro das Forças Armadas americanas pudesse acabar em breve era desagradável demais para que o adido alemão chegasse a contemplar.

14

PRIMEIRO, AMERICANO, DEPOIS, REPUBLICANO

Para os intervencionistas da América, o verão de 1940 foi um período extremamente trabalhoso. Não só tiveram a desempenhar papéis vitais de ingerência na transação contratorpedeiros-bases e na indicação de Wendell Willkie, como também foram muito ativos no preparo da primeira convocação para o serviço militar em tempo de paz nos EUA. Os três eventos foram desafios assustadores, mas, dos três, o que Robert Sherwood chamou de "extraordinariamente ousado" e "aparentemente sem esperança"[1] foi querer que jovens americanos pegassem em armas por seu país quando ele ainda não estava em guerra.

Fora imposta conscrição militar aos cidadãos americanos apenas duas vezes antes — durante a Guerra Civil e na Primeira Guerra Mundial. Nas duas, houve tremenda oposição à medida. O conceito de um exército regular era anátema para muitos, se não a maioria, dos americanos, como fora também para os Patriarcas Fundadores da América, receosos de que tal força engendraria indesejável espírito de ardor militar. Para Thomas Jefferson, um exército regular era "perigoso para os direitos da nação". Como muitos americanos consideravam, a convocação cheirava a coerção do estado, inculcava o militarismo da Alemanha de Hitler e da Itália de Mussolini. Serviço militar ccompulsório era especialmente impensável em tempo de paz.

Em 1940, os isolacionistas reclamaram que a conscrição seria imediatamente seguida pelo despacho de uma força expedicionária americana para combater na Europa. Universitários, que estariam entre os primeiros convocados, foram em particular contrários ao alistamento. No início e em meados dos anos 1930, mais de meio milhão de estudantes universitários ainda não formados assinaram declaração recusando-se a servir nas Forças Armadas na eventualidade de novo conflito. Quando a guerra varreu a Europa em 1939 e 1940, milhares de estudantes de todo o país participaram de manifestações antiguerra.

As forças contra a conscrição foram combatidas pelos cidadãos comuns que haviam lançado a ideia — grupo de homens influentes e convictos de que um exército bem treinado era tão importante para reforçar as defesas americanas quanto aviões, navios e armamento. O general Hugh Drum, comandante do I Exército dos EUA, expressou a opinião deles na oportunidade em que disse no fim de 1939: "Que valor tem o material bélico moderno sem os recursos humanos organizados e instruídos para manejá-lo?".[2]

O serviço militar obrigatório teria sido castanha dura de quebrar em qualquer época, mas em ano eleitoral era dinamite política. Quando a ideia foi proposta pela primeira vez no fim de maio de 1940, Roosevelt e a maior parte dos parlamentares imediatamente discordaram dela, tal como o general George Marshall e o restante dos altos escalões do Exército. Então, por iniciativa própria, seus defensores prepararam projeto de lei e campanha publicitária para explicar ao povo o porquê de sua necessidade. Apresentada ao Congresso dois dias antes da capitulação da França ante a Alemanha, a legislação, que afetaria milhões de americanos se aprovada, provocaria uma tempestade de fogo em Washington e em todo o país.

QUEM PROJETOU A CAMPANHA FOI GRENVILLE CLARK, advogado de Manhattan de queixo quadrado e ombros largos, que parecia saído de uma anúncio da camisa Arrow. Herdeiro de grande fortuna das áreas bancária e ferroviária, Clark, de 57 anos, fora fundador e era o sócio mais antigo da poderosa empresa de advocacia de Wall Street Root, Clark, Buckner & Ballantine. Seus amigos e conhecidos o chamavam de Grenny, inclusive Franklin Roosevelt, com quem Clark tinha intimidade desde pequeno.

Como muitos membros do Grupo Century e outros da elite da Costa Leste, Clark, também centurião, crescera acreditando no dever que os cidadãos tinham de servir ao país. Ele colocara pela primeira vez em prática essa crença após o torpedeamento do navio de passageiros inglês *Lusitania* por um submarino alemão em maio de 1915, menos de um ano depois da deflagração da Primeira Guerra Mundial. Mais de mil pessoas, inclusive 128 americanos, perderam a vida.

Convicto de que a América deveria tomar atitude firme contra a Alemanha, Clark e seu sócio advogado, Elihu Root Jr., ficaram desconcertados quando o presidente Woodrow Wilson não declarou guerra após o navio ter sido posto a pique. Os dois jovens advogados, seguros de que a guerra era inevitável e de que o país tinha de se preparar para ela, decidiram criar um curso de instrução militar para profissionais formados em universidades, como eles mesmos. Graças a seu esforço, mais de 2 mil advogados, banqueiros, empresários, políticos e jornalistas devotaram semanas de seu verão daquele ano para aprender rudimentos militares, que incluíam ordem unida, manobras e emprego da artilharia e uso de outras armas. Entre os que se alistaram para o campo de instrução, localizado próximo de Plattsburg no interior do estado de Nova York, estavam o prefeito de Nova York, o chefe de polícia da cidade, o correspondente de guerra Richard Harding Davis e Frank Crowninshield, futuro editor da *Vanity Fair*.

Com a predominância do "sangue azul" da Costa Leste entre os primeiros instruendos de Plattsburg, o trabalho foi chamado por alguns jornais como brincadeira de verão de milionários. Mas não era nada disso. No ano seguinte, em função do trabalho de Clark e de seus colegas organizadores, mais de 16 mil universitários de todo o país haviam recebido instrução militar em campos que seguiram o modelo de Plattsburg. Quando os EUA finalmente declararam guerra à Alemanha em abril de 1917, esses campos viraram escolas de formação de oficiais, que muitos dos treinados nos campos tipo Plattsburg logo se apressaram a frequentar. Após noventa dias de treinamento acelerado, a maioria dos novos oficiais se tornou instrutor dos recrutas que afluíram para o Exército; boa quantidade daqueles instrutores foi combater na França.

Anos mais tarde, um general francês observaria que o feito militar americano mais expressivo na Primeira Guerra Mundial fora sua capacidade de encontrar e instruir oficiais capacitados a comandar um exército de 2 milhões de homens em período admiravelmente curto. Como afirmaram os historiadores J. Carry Clifford e Samuel R. Spencer Jr., muito do crédito por esse feito deve-se ao movimento Plattsburg.

Depois da guerra, os participantes do movimento voltaram às suas firmas de advocacia, bancos, jornais e outros negócios, porém muitos, em especial os primeiros a aderir, jamais perderam a convicção na importância da instrução militar, assim como no dever de cidadãos tratarem os assuntos do país. Em maio de 1940, dezenas de homens de Plattsburg, agora já de meia-idade, prósperos e influentes, celebraram o 25º aniversário da iniciativa. Na opinião deles, os eventos daquele mês pareciam reprise daqueles da primavera de 1915: grassava uma guerra na Europa, e a América permanecia neutra, sob grande ameaça, mas muito fraca para participar da guerra até mesmo para se defender.

Com Grenville Clark liderando de novo, o grupo decidiu lançar outra campanha, dessa vez muito mais dramática e de maior alcance do que os campos Plattsburg. Com a eleição presidencial a menos de seis meses, o plano — trabalhar pela legislação imediata do serviço militar obrigatório — se afigurava extraordinariamente audacioso, mas aqueles movedores de montanhas, muitos no ápice de suas profissões, não pareciam alimentar quaisquer dúvidas. Não haviam chegado às posições que ocupavam com indecisões a respeito de suas crenças e ações. Esperavam ser ouvidos — e com muita atenção.

Isso era particularmente verdade quanto a Clark, de tenacidade e agressividade que lembravam seus conhecidos de um buldogue muito bem cevado e autoconfiante. Apesar de polido e cavalheiresco, era incansável na consecução de seus objetivos, sem considerar o tamanho dos obstáculos ou o esforço a despender no convencimento dos que discordavam.

Em meados de maio, Clark telegrafou a Roosevelt esboçando o que ele e os companheiros de Plattsburg tinham em mente e perguntando o que o presidente achava. Os dois tinham sido colegas de turma em Harvard e, poucos anos antes, trabalharam juntos como advogados estagiários em firma de Wall Street, onde Roosevelt, numa tarde calma, assustou Clark, ao delinear qual seria o caminho de sua carreira — Assembleia Legislativa do Estado de Nova York, secretário-assistente da Marinha, governador de Nova York, depois, presidente.

Em vez de rir da audácia do amigo, Clark o cumprimentava cada vez que ele subia aqueles degraus. Apoiou Roosevelt para presidente em 1932 e foi um dos poucos de Wall Street a dar-lhe de novo suporte em 1936. No início do primeiro mandato de FDR, Clark ajudou a Casa Branca no preparo de legislação econômica; em troca, Roosevelt ofereceu-lhe a presidência do Conselho Nacional de Relações Trabalhistas. Clark, cortesmente, declinou, como o fez com todos os outros convites. Dispôs-se a jamais ocupar cargo oficial no governo para não perder independência.

Embora em geral no serviço público admirassem Clark e suas cruzadas, os amigos no governo julgavam faltar-lhe sensibilidade às realidades políticas. "Grenny Clark não se elegeria para o Congresso por distrito nenhum — do norte, sul, leste ou oeste",[3] lamentou certa vez Roosevelt a um assistente. Tal falta de acuidade política foi particularmente exasperante para o presidente em maio de 1940. A última coisa de que ele precisava era outra ameaça à sua reeleição, que a conscrição com certeza provocaria. Como de hábito, FDR respondeu polidamente, mas sem se comprometer.

Mas mesmo que 1940 não fosse ano eleitoral, Roosevelt, provavelmente, não se entusiasmaria com a sugestão de Clark. Na obra das defesas nacionais, o presidente se concentrara na expansão do poder naval, especialmente aéreo, que um observador chamou sua "lâmpada de Aladim para aumento instantâneo e barato da segurança nacional".[4] Durante a presidência de FDR, o Exército era sempre filho enjeitado — e permaneceu assim na primavera e verão de 1940. O presidente continuava resistindo à ideia de que os EUA deveriam enviar, de novo, uma força terrestre para combater na Europa, mesmo que o país se visse obrigado, em determinado ponto, a entrar em guerra contra Hitler.

Rechaçado por Roosevelt, Clark e Julius Ochs Adler, alto executivo do *New York Times* e colega de Plattsburg, voaram para Washington em 31 de maio para convencer o chefe do Exército a apoiar o plano. Diferente do presidente, o general George Marshall tinha plena consciência da necessidade de reforçar o Exército. Na realidade, vinha, debalde, instando o presidente havia meses a corrigir as pavorosas deficiências da força terrestre.

Ainda assim Marshall, que era chefe do Estado-Maior do Exército havia apenas dez meses, também sabia quão politicamente explosivo seria um alistamento obrigatório. Homem ambicioso a quem um assistente mais tarde qualificaria como "consumado político do exército",[5] ele fizera por mais de um ano lobby pelo mais alto cargo na força terrestre, com a ajuda de Harry Hopkins e de outros auxiliares-chave do presidente. O general conhecia as dúvidas de Roosevelt quando o escolhera, em grande parte pela sua falta de experiência em combate, e o considerara "a melhor opção de uma amostragem ruim".[6]

A relação de Marshall com o presidente permaneceu forçada e distante, e o general não mostrou interesse em tomar iniciativa numa proposta controversa que a Casa Branca e Capitol Hill não haviam aprovado, por mais importante que fosse. "Pensei", disse ele depois da guerra, "que era mais importante no longo prazo que eu ficasse bem estabelecido como membro da equipe para tentar convencê-la internamente antes tomar providências em público contrárias aos desejos do presidente e de certos membros do

Congresso". Se e quando os líderes civis propusessem legislação, disse ele: "Eu entraria em cena e faria tudo pela urgência que fosse requerida".[7]

No seu encontro com Clark e Adler, Marshall foi afável, porém firme no veto à ideia. O chefe do Exército parecia obcecado no pensamento de que os alemães planejavam conquistar um ou mais países sul-americanos para depois atacar o canal do Panamá. Disse então aos visitantes que seu objetivo principal era a defesa das Américas, o que exigia um fortalecimento ordenado e consistente da força. Não existiam instrutores e armas suficientes para os soldados com que então contava, muito menos para centenas de milhares de conscritos. Um fluxo muito grande de recrutas desarrumaria o que ele tentava conseguir.

Surpresos com o que viram como prioridades equivocadas e cautela incomum de Marshall, Clark e Adler tentaram dizer ao chefe do Estado-Maior que ele se enganava ao se preocupar com a América do Sul quando a Inglaterra e a França se encontravam à beira do colapso. A derrota dos dois países, asseveravam os nova-iorquinos, representaria uma ameaça bem maior para a segurança americana do que um golpe pró-nazista no Uruguai ou na Argentina. Ademais, disse Clark, Marshall tinha responsabilidade moral de deixar claro para o presidente a necessidade de maiores efetivos bem treinados, pois o chefe do Estado-Maior do exército conhecia muito bem o tamanho da necessidade.

Brusco, digno e de formidável estatura moral, considerado intimidante até pelos amigos mais próximos, Marshall não estava acostumado a ser contrariado, ainda mais por um presunçoso par de paisanos. "Foi muito difícil manter a calma", lembrou-se mais tarde o general. "Eu estava recebendo lição, repito, sendo ensinado por [...] aquele cara importante de Nova York e também pelo outro figurão nova-iorquino. [...]Tentei escutar polidamente, mas não conseguia."[8] Vermelho, Marshall disse de repente a Clark e Adler que não achava ser atribuição sua oferecer a FDR conselho que o presidente não solicitara e que, por conseguinte, não tinha a intenção de fazê-lo. E com isso, deu a entrevista por encerrada.

Tão zangado com Marshall quanto o general estava com ele, Clark decidiu tentar rumo diferente. Alguém, de preferência o ministro da Guerra, pressionar o Exército e o presidente a apoiar conscrição. Sendo Harry Woodring, isolacionista empedernido, precisava ser substituído por intervencionista de mesma teimosia. Apenas horas após o confronto com Marshall, Clark, sempre autoconfiante, partiu em frente disposto a realizar o sonho utópico ("that pipe dream").

SE HOUVESSE UMA PESQUISA, ENTRE OS QUE ENTENDIAM DE WASHINGTON, para a escolher o pior ministro de Roosevelt, Harry Woodring ganharia de lavada. Joseph Alsop o chamava de "ignoramus de terceira" e "político tamanho amendoim, distinto pela insignificância de sua natureza".[9] *The Kippling Letter*, boletim financeiro de Wall Street, referia-se a ele como "incompetente puro e simples".[10]

Ex-governador do Kansas, Woodring, de fato, jamais imaginou ser ministro da Guerra. Em 1933, foi nomeado secretário-assistente da Guerra como prêmio pelo apoio dado a Roosevelt na eleição presidencial anterior. Quando seu chefe, o secretário da Guerra George Dern, faleceu, em 1936, Woodring foi ficando como ministro interino. Preocupadíssimo com o ano eleitoral, depois com a controvérsia do pacote de aumento de número juízes do Supremo, FDR não mostrou pressa para preencher a vaga no Gabinete com pessoa mais qualificada, e Woodring foi confirmado na função.

Por anos, membros da imprensa e funcionários do governo, inclusive integrantes do gabinete de Woodring, instavam o presidente a se ver livre dele. Woodring não só se opunha na ajuda à Inglaterra, como brigava com seu próprio secretário assistente, Louis Johnson, que ambicionava o cargo de secretário da Guerra e entrava em intrigas ostensivas para consegui-lo. Os dois não se falavam, portanto nem era de admirar que reinassem o caos e a confusão no departamento. Roosevelt não quis se envolver naquela rixa interna e procrastinou a substituição de Woodring, mesmo continuando a prometer, por meses, que o faria. O presidente encontrava dificuldade para dispensar quem quer que fosse e costumava adiar o mais possível o dever desconfortável.

Mas isso foi antes de Grenville Clark entrar na briga. Apenas horas após o desentendimento com Marshall, Clark almoçou com antigo amigo e juiz do Supremo Felix Frankfurter, que servia de assessor oficioso de Roosevelt. Ardente intervencionista e anglófilo, Frankfurter vinha havia tempo pressionando FDR a alijar Woodring.

Durante o almoço, Clark e Frankfurter conversaram a respeito de possíveis substitutos para secretário da Guerra e, num átimo, saíram do encontro com um nome: Henry Stimson. O mais respeitado e idoso estadista do país, pilar do *establishment* republicano no Leste, Stimson, de 72 anos de idade, fora secretário da Guerra de William Howard Taft e secretário de Estado de Herbert Hoover.

Até mesmo o abusado e jovem colunista Joseph Alsop se encantava com Stimson, pintando-o como "excepcional grande figura" e, "em questões de substância, servidor público de quilate incomparável no país". Alsop, dominador nas conversas, ficava inusitadamente reservado sempre que se encontrava com Stimson, conhecido por sua aspereza e integridade: "Nas poucas ocasiões impessoais em que nos encontramos, não consegui fazer mais do que uma saudação contida e respeitosa".[11]

Amigo tanto de Clark quanto de Frankfurter, Stimson também participara dos campo de Plattsburg; quatro anos antes de sua nomeação para secretário da Guerra de Taft, ele frequentara acampamento de verão em 1916. Quando os Estados Unidos entraram na guerra no ano seguinte, Stimson, então advogado de Wall Street, com 49 anos, alistou-se no Exército e foi enviado para a França, onde comandou um grupo de artilharia de campanha e alcançou o posto de coronel.

Defensor enérgico da segurança coletiva durante toda a sua vida adulta, Stimson trabalhou duro, apesar de infrutiferamente, como secretário de Estado, a fim de encorajar a criação de coalizão internacional para desafiar a conquista da Manchúria pelo Japão em 1931. Uma vez fora da função, passou a fazer o papel de Cassandra, alertando o povo sobre os perigos do isolacionismo. Numa série de discursos, entrevistas de rádio e duros artigos ao longo dos anos 1930, ele declarou que os EUA, "a nação mais poderosa do mundo de hoje",[12] precisava assumir suas responsabilidades para ajudar a manter a paz e a justiça no mundo.

Quando a América nada fez para barrar as agressões do Japão, da Alemanha e da Itália, Stimson deplorou a "passiva e vergonhosa aquiescência com o mal que agora está sendo feito".[13] O país, acusou, estava pondo "a paz acima da correção. Agindo assim, concorremos para liquidar a influência [dos Estados Unidos] no progresso do mundo. [...] Tal política de amoral distanciamento da parte de uma nação protegida e poderosa como a nossa [...] não nos poupará do envolvimento. Aliás, por certo, tornará esse envolvimento mais inevitável".[14]

Quando a Segunda Guerra Mundial foi deflagrada, e Roosevelt lançou sua campanha por assistência à Inglaterra, Stimson foi um de seus entusiastas apoiadores. Mas ele era bem mais destemido do que o presidente. Em pronunciamento pelo rádio de setembro de 1939, que apoiava a anulação do embargo às vendas de armas para países beligerantes, Stimson refutou a ideia do governo de que a venda de armas aos Aliados era a melhor maneira de manter o país fora da guerra. Em vez disso, ponderou que a principal razão para ajudar a Inglaterra e a França era a certeza de que elas não seriam vencidas. E foi além, declarando que "poderia chegar a hora"[15] em que a própria América teria de guerrear.

Cordell Hull, que recebera cópia antecipada do discurso do rádio, ficou tão espantado com a franqueza de Stimson que solicitou ao seu antecessor que cortasse as frases mais fortes. Stimson rejeitou o conselho, dizendo a Hull que se não lhe fosse permitido dizer o que escrevera, não faria pronunciamento nenhum. Hull cedeu, e a fala foi retumbante sucesso, tão grande que o comitê pró-anulação de William Allen White imprimiu e distribuiu dezenas de milhares de cópias por todo o país.

CLARK E FRANKFURTER JÁ DECIDIDOS pela substituição de Woodring por Stimson, o primeiro telefonou ao ex-ministro para perguntar se ele aceitaria a função a ser oferecida. De início, Stimson disse não, declarando bruscamente que era uma "ideia ridícula".[16] Porém Clark, à sua maneira típica de buldogue, continuou a pressão até que, após cerca de uma hora de argumentos, Stimson disse que aceitaria o posto — mas com certas condições. Só ele escolheria seus subordinados e tinha de ter liberdade para fazer lobby pelas políticas que defendia, entre as quais o apoio total à Inglaterra e à França, bem como o serviço militar obrigatório.

Com a aceitação de Stimson na mão, Frankfurter reuniu-se com Roosevelt em 3 de junho para insistir no caso de Clark. Apesar de Stimson ter se oposto a muitas das medidas do New Deal e se revelado ostensivo inimigo da legislação de FDR sobre a Suprema Corte, o presidente o admirava e respeitava; de fato, os dois trocaram bilhetes e cartas amistosas por anos. Porém, embora Roosevelt parecesse simpatizar com a ideia de Stimson no Departamento da Guerra, não disse coisa alguma definitiva a Frankfurter. Sabedor da tendência de FDR por postergar decisões, o juiz escreveu duas longas cartas para ele logo nos dias seguintes, realçando novamente a necessidade da nomeação de Stimson.

Passaram-se duas semanas, e Frankfurter começou a desesperar. Então, em 18 de junho, Harry Hopkins deu ao presidente o pretexto para o afastamento de Harry Woodring, quando este se recusou cumprir a ordem de FDR para a venda de dezessete novos bombardeiros americanos à Inglaterra. Na manhã seguinte, FDR solicitou e recebeu a demissão de Woodring. Poucas horas mais tarde, telefonou para Stimson e ofereceu-lhe o cargo.

Antes de aceitar, disse Stimson, ele queria ter certeza de que o presidente estava consciente de suas opiniões intervencionistas. Exatamente na noite anterior, ele fizera pelo rádio novo pronunciamento de âmbito nacional, dessa vez conclamando pela conscrição, pela anulação de toda a Lei da Neutralidade e pelo despacho de volumosas quantidades de material bélico e aeronaves para a Inglaterra — caso necessário, em navios americanos e com proteção naval americana. "Exceto uma direta declaração de guerra, seria difícil arquitetar programa mais completo de resistência aos nazistas",[17] registrou McGeorge Bundy, futuro assistente dos presidentes John F. Kennedy e Lyndon B. Johnson, que ajudou Stimson a escrever sua autobiografia depois da guerra. Quando FDR replicou que lera o pronunciamento e "estava de total acordo com ele",[18] Stimson aceitou a função e telefonou imediatamente para Grenville Clark anunciando: "Sua ridícula armação foi bem-sucedida".[19]

Stimson, contudo, não foi o único intervencionista a se juntar ao Ministério de Roosevelt naquele dia. O presidente anunciou a nomeação de Stimson com a de outro republicano famoso — Frank Knox, editor e dono do *Chicago Daily News* — como secretário da Marinha. Knox deveria substituir o isolacionista Charles Edison, convencido por funcionários da administração a se candidatar ao governo de Nova Jersey.

Multimilionário por esforço próprio, o baixo e troncudo Knox era, se é que possível, ainda mais "falcão" que Stimson. Combatera como Rough Rider,* em Cuba, com seu mentor e ídolo, Teddy Roosevelt, que o inspirou a entrar na política. Como Stimson, Knox estava em seus quarenta anos quando irrompeu a Primeira Guerra Mundial, e também como Stimson, alistou-se no Exército, começando a guerra como soldado raso e a terminando como major comandante de unidade de artilharia na França. Acerbo crítico do New Deal, Knox concorrera à vice-presidência em 1936 na chapa de Alf Landon. Desde novembro de 1939, todavia, respaldava sem qualquer ressalva todos os esforços de Roosevelt para ajudar os Aliados.

Por meses, o presidente, estimulado por seus assistentes, pensava em trazer mais republicanos para seu círculo íntimo, criando assim coalizão bipartidária no Gabinete, não muito diferente do de Winston Churchill. Quando anunciou as nomeações de Stimson e Knox, Roosevelt declarou que as escolhas haviam sido feitas sem outra razão que não fosse encorajar "a solidariedade nacional em tempos de crise mundial e em prol de nossa defesa nacional".[20]

*Voluntários americanos de cavalaria na guerra hispano-americana de 1898. (N.T.)

Mas isso estava longe de ser toda a verdade, como Roosevelt — e toda Washington — sabia. A escolha de Stimson e Knox, apenas dias antes da convenção republicana, foi golpe político magistral. Ele não só posicionou FDR como candidato unificador e não partidário, apenas interessado no bem público, como também concorreu para o enfraquecimento das perspectivas eleitorais republicanas ao destacar o racha entre as alas isolacionista e intervencionista do GOP.

Como esperado, os líderes republicanos explodiram. Como ousavam dois membros proeminentes de seu partido abandoná-lo em momento tão crítico, para juntar-se ao círculo mais chegado de seu arqui-inimigo Franklin D. Roosevelt? Tanto Stimson quanto Knox foram riscados do GOP, mas não se importaram. Stimson tinha pouquíssima afinidade com os isolacionistas republicanos, rotulando suas opiniões de "desgraçadamente deformadas".[21] Knox, de sua parte, disse aos amigos: "Sou, primeiro, americano, depois, republicano".[22]

Esta caricatura do *Washington Star* mostra a fúria republicana contra a nomeação por FDR de dois líderes republicanos, Knox e Stimson, para seu Gabinete, em junho de 1940. Entre os que vaiam ao fundo estão Dewey, e os senadores Wheeler e Nye.

Um dos passos mais arrojados de Roosevelt nos anos pré-guerra, a adição de Stimson e Knox ao Gabinete, teria consequências maiores do que a simples participação de mais duas vozes a favor da conscrição. Tachando as nomeações de "mui necessitada transfusão de sangue novo", Robert Sherwood escreveria mais tarde: "É impossível exagerar-se a dimensão do fortalecimento que Stimson e Knox proporcionaram a Roosevelt na gerência dos problemas imediatos de 1940 e daqueles de longo prazo na ajuda à Inglaterra, na organização de nossas próprias Forças Armadas, bem como na entrada final do país na guerra".[23]

Pelos dezoito meses seguintes os dois persistiram sem descanso na tentativa de compelir o presidente a adotar políticas mais agressivas, alinhando-se com Harold Ickes e com o secretário do Tesouro Henry Morgenthau, os dois mais fervorosos intervencionistas do Gabinete na empreitada. Ambos foram ativos advogados da transação contratorpedeiros-bases; na realidade, Knox foi, juntamente com Lothian, o primeiro e mais forte proponente da troca.

Stimson e Knox ajudaram também a pôr ordem e energia em seus respectivos departamentos, deixando claro para os oficiais das forças singulares sob suas ordens as responsabilidades que tinham e a obediência que deles era esperada. Ao mesmo tempo, Stimson forjou relação estreita com Marshall e, apesar de o secretário da Guerra ser mais decidido no seu desejo de apoio à Inglaterra do que o chefe do Estado-Maior do Exército, os dois concordavam na maioria dos outros assuntos.

Para servir como assistentes principais, os dois ministros do Gabinete levaram para Washington extraordinárias equipes de gente mais jovem, a maior parte das firmas de advocacia e dos bancos de Wall Street. Entre eles, Robert Lovett, James Forrestal, John McCloy e Robert Patterson, que provocariam importantes impactos na política externa americana durante e depois da guerra.

Mas isso seria no futuro. Grenville Clark se preocupava com o presente — com o destino de sua legislação para a conscrição. No mesmo dia em que Roosevelt tornou pública a nomeação de Stimson e Knox, foi apresentado no Congresso o projeto de Lei de Serviço e Treinamento Seletivo, denominação bastante eufemística.

CLARK E SEUS ASSOCIADOS SABIAM AINDA EXISTIR muitos obstáculos a enfrentar no caminho do alistamento militar. A nomeação de Stimson fora um primeiro passo vital, mas eles ainda precisavam do apoio de

Grenville Clark, principal arquiteto da lei de conscrição de 1940, depondo em comitê do Senado.

Marshall, de Roosevelt e da maioria dos membros do Congresso, todos os quais os tratavam como se fossem pestilentos. Seguindo as pegadas de William Allen White, decidiram lançar um movimento maciço para conquistar apoio público.

Em 3 de junho, o mesmo dia em que Frankfurter e Roosevelt se encontraram, Clark e outros líderes proponentes da conscrição fizeram uma reunião no escritório de Julius Adler, vice-presidente e gerente-geral do *New York Times*, para planejar a campanha. Criaram o denominado Comitê Nacional de Emergência, com Clark de *chairman* e Adler um dos quatro vice-presidentes. Naquela tarde, duzentos homens, na maioria ex-frequentadores de campos tipo Plattsburg, juntaram-se ao comitê e, pelo fim da semana, o grupo possuía mais de mil membros em todo o país, a maior parte constituída por figuras influentes em suas comunidades. Alguns pertenciam também ao Grupo Century e ao Comitê White.

Para dirigir uma campanha de relação públicas de amplitude nacional, o comitê, tendo levantado fundos suficientes de seus membros, contratou Perley Boone, ex-jornalista do *New York Times* que fora diretor de publicidade da recém-encerrada Feira Internacional de Nova York. Boone, por sua vez, contratou uma equipe de escritores e fotógrafos, que começou a produzir comunicados para a imprensa e outros materiais para jornais, revistas e programas de rádio dos EUA.

Entre os jornais que publicaram matérias e editoriais favoráveis estava o *New York Times*, o qual, ao contrário do rival do outro lado da cidade, o *Herald Tribune*, vinha sendo até então relativamente neutro na batalha pelo envolvimento americano na guerra. Jornal mais influente da nação, o *Times* por muito tempo destacava sua objetividade política, prometendo em 1896 "dar as notícias com imparcialidade, sem medo ou favor, independentemente de cor partidária, de facções ou de envolvidos".[24]

Julius Adler, é claro, nada tinha de imparcial. Muito condecorado veterano da Primeira Guerra Mundial (na França, ele fizera carga contra um ninho alemão de metralhadora), o executivo do *Times* era firme intervencionista. Mas suficientemente escrupuloso para não impor suas opiniões à equipe editorial do jornal.

Foi o dono do *Times*, Arthur Hays Sulzberger, quem desempenhou papel central na decisão de apoiar a conscrição. Sulzberger, pacifista até a *blitzkrieg* de Hitler sobre a Europa Ocidental, orientou seu conselho editorial no início de junho: "Senhores, temos de fazer mais do que temos feito. Não posso me conciliar comigo mesmo a menos que o façamos".[25] Poucos dias mais tarde, o *Times* publicava editorial advogando a imediata imposição do alistamento, tornando-se o primeiro jornal importante dos EUA a fazê-lo. "No interesse da autoproteção", dizia o editorial, "o povo americano deveria adotar de pronto um sistema nacional de serviço militar universal obrigatório. Dizemos isso como jornal que jamais acreditou antes na sabedoria de tal medida em tempo de paz. Dizemos isso porque a lógica dos eventos nos compele, sem qualquer remorso, a essa conclusão."[26]

Em 7 de junho, dia em que o editorial foi publicado, Roosevelt deu seu aval a ele em entrevista para a imprensa. Mas quando a cascata de oposição isolacionista despencou (que incluiu cartas e telefonemas ameaçadores para Sulzberger e Adler), o presidente recuou, dizendo na coletiva seguinte: "Não [...] pretendi dizer que devia existir o serviço militar obrigatório para todos os rapazes deste país".[27] Com Roosevelt batendo em retirada, os líderes democratas no Congresso desobrigaram-se do apoio ao projeto de lei do Comitê Nacional de Emergência. Como o senador James Byrnes explicou a Clark, a legislação "não teria a mínima chance"[28] sem apoio do presidente.

Não obstante, o projeto de lei foi apresentado no Congresso, ainda que por dois dos mais improváveis patrocinadores — um congressista republicano e um senador democrata anti-Roosevelt. Na Câmara o introdutor foi o republicano James W. Wadsworth, altamente respeitável e rico *gentleman* rural do interior do estado de Nova York. Ex-senador, Wadsworth observaria mais tarde que os líderes democratas na Câmara "queriam mesmo era ver um de fora botar a cara à tapa [...] e eu estava com vontade de fazer aquilo".[29] No Senado, o patrocinador da moção foi Edward Burke, de Nevada, o qual, apesar de democrata, era figadal inimigo do New Deal, fora um líder na batalha do pacote do Supremo e acabara sendo um dos alvos do presidente no expurgo do congresso em 1938.

Menos de 48 horas após Grenville Clark abordar os dois parlamentares em busca do apoio, o projeto de lei Burke-Wadsworth foi distribuído aos jornalistas que cobriam o Senado e a Câmara, assim como aos repórteres de Washington. Perley Boone já havia enviado de antemão cópias para diversos jornais e, uma vez apresentado o projeto no Congresso, seu texto foi mandado por telégrafo a milhares de outros jornais de todo o país. Da noite para o dia, a conscrição tornou-se questão nacional de vulto.

Boone estava também presente quando começaram as audiências no Congresso em 3 de julho. Enquanto repórteres apinhavam a sala do comitê na Câmara, ele repassava cópias de uma carta do general John Pershing endossando a legislação. Grenville Clark solicitara o apoio do idoso militar, e Pershing não se fez de rogado. "Se tivéssemos adotado o serviço militar obrigatório em 1914", declarou o general, "não teria sido necessário enviar jovens parcialmente instruídos para combater as tropas veteranas de nossos adversários."[30]

Com muito atraso, Marshall chegara à mesma conclusão. Um mês depois de quase expulsar Clark e Adler de sua sala, o chefe do Estado-Maior do Exército viu que eles estavam certos a respeito da necessidade da conscrição. A queda da França ajudou que o general mudasse de opinião, como também a argumentação decidida de seu novo chefe civil, Henry Stimson. Em 9 de julho, logo depois de o Senado confirmar sua nomeação, Stimson convocou Clark, Marshall e outros líderes dos altos escalões do exército à sua grande propriedade em Washington. Enquanto Roosevelt ainda hesitava, Stimson destacou que dali por diante, o Departamento da Guerra teria de dar "inequívoco e forte apoio"[31] à legislação de conscrição. Os que esposassem opinião diferente teriam de entender desde o início, nas palavras de Marshall, que "gozavam do desfavor do ministro da Guerra".[32] Outro oficial do exército presente ao encontro lembra: "Recebemos nossa Ordem de Marcha".[33]

Tanto Marshall quanto Stimson fizeram repetidas jornadas a Capitol Hill para depor em prol da medida do alistamento. Em 30 de julho, Marshall disse ante o Comitê do Senado para as Questões Militares que "não existia modo concebível" de garantir "homens treinados e calejados, e em efetivos adequados"[34] para defender o país a não ser através do alistamento. Em audiência anterior na Câmara, um congressista perguntou a Marshall se ele não estava pedindo mais do que o necessário para a solução da crise de então. Espantado com o que considerou estupidez da pergunta, Marshall retrucou abruptamente: "Minha paz de espírito seria tremenda se tivéssemos muito de alguma coisa além de patriotismo e ânimo".[35]

O depoimento de Marshall e Stimson, acoplado à campanha amplamente difundida do comitê Clark e ao surpreendente colapso da França, concorreram para mudança radical da opinião pública sobre a conscrição. Por volta de meados de junho, 64% dos americanos eram a favor do serviço militar obrigatório. Um mês depois, esse número subiria para 71%.

Ao mesmo tempo, os escritórios no Congresso e a Casa Branca eram inundados por centenas de milhares de cartas, telegramas, cartões postais e telefonemas, a maioria deles se opondo veementemente ao projeto de

O general George Marshall, Chefe do Estado-Maior do Exército, e o ministro da Guerra Henry Stimson.

lei. O senador Burton Wheeler, que junto com outros parlamentares isolacionistas ajudara a orquestrar a campanha contra o alistamento, declarou: "Os democratas que votarem pela conscrição antes da próxima eleição [...] estarão pregando seus caixões".[36]

Muitos colegas congressistas pareciam concordar. Em cabograma para Londres, a seção de imprensa da operação de Aubrey Morgan em Nova York observou: "Os parlamentares estão apavorados com sua correspondência avassaladoramente contra o projeto de lei, e não confiam nas pesquisas que sinalizam a aprovação do país. Mesmo que não sejam manipuladas, elas não levam em consideração o fato de alguém suficientemente interessado numa questão pública a ponto de escrever sobre ela, está preparado para comparecer e votar, ao passo que caçado nas ruas e indagado por um pesquisador sobre sua opinião provavelmente não sairá de casa".[37]

Segundo lord Lothian, Roosevelt pensava quase da mesma forma. Apesar de a opinião pública americana, à qual o presidente dava tanto valor, ser decididamente a favor do alistamento, ele permanecia silencioso quanto ao assunto, embora estivesse cada vez mais convencido de que a conscrição era necessária. Em sua própria mensagem para Londres, Lothian reportou que Roosevelt se encontrava "amedrontado pelo bloco de ferrenhos opositores no Congresso, não permitiu a realização de autêntica prova de força e continua encorajando o processo de sondagens [...] deixando que os fatos, a imprensa e os amigos falem por ele",[38] em favor do projeto de lei.

Pelo fim de julho, dezenas de milhares, a maior parte opositores da conscrição, tinham ido ao Congresso. Líderes trabalhistas fizeram lobby contra a legislação, da mesma forma que representantes de vasta gama de pacifistas e de outras organizações antiguerra. As multidões engrossavam na Capitol Hill, e os sentimentos se exaltavam. "Temi violência", disse um chefe de grupo pacifista. "A terrível e sufocante atmosfera da guerra já chegou aqui."[39] Quando diversos manifestantes antialistamento fizeram vigília de preces nas escadarias do Capitólio, mesmo depois de proibidos de fazê-la, a polícia de Capitol Hill, brandindo cassetetes, acabou com o protesto.

Uma coalizão frouxa de grupos femininos da ala direita, com nomes como Congresso das Mães Americanas e Liga pela Neutralidade das Mães Americanas, concorreu para aumentar o furor. Milhares de participantes desse chamado "movimento das mães" viajavam para Washington sempre que o Congresso avaliava uma lei que elas consideravam intervencionista. Vestidas de preto, muitas com véus cobrindo seus rostos, as mulheres tornavam miserável a vida para os parlamentares que não fossem declaradamente isolacionistas. Selecionavam seus alvos, apupavam, cuspiam neles e organizavam vigílias no lado de fora de seus gabinetes, com lamentos e gemidos em tom alto.

Um desses grupos pendurou boneco do senador Claude Pepper, arraigado intervencionista, num galho de carvalho na frente do Capitólio. O boneco, com um coco formando a cabeça, calças jeans e corpo empalhado, tinha um cartaz pendurado no pescoço com as palavras "Claude 'Benedict Arnold' Pepper". As mulheres ficaram desapontadas quando, em vez de morder a isca, o democrata pela Flórida declarou-se deleitado, afirmando no Senado que aquela era "uma esplêndida demonstração daquilo que eles tentavam preservar — liberdade de expressão e liberdade de ação".[40]*

Grupo de mulheres isolacionistas, que se autodenominava "Comitê das Mães", enforca boneco representando o senador intervencionista Claude Pepper em árvore do lado de fora do Capitólio.

*Pepper guardou o boneco como lembrança. Ele está agora em exibição na Biblioteca Claude Pepper da Florida State University, em Jacksonville. (N. T.)

Mas as manifestações e correspondências anticonscrição conseguiram atemorizar outros legisladores — tantos que, com efeito, o projeto de lei Burke-Wadsworth parecia fadado à derrota no comitê. Isso era inaceitável para Stimson, que, junto com Frank Knox, pressionou duramente Roosevelt em reunião do ministério de 2 de agosto, pelo apoio ao alistamento. Para surpresa dos dois novos secretários e dos demais membros do Gabinete, o presidente concordou. Disse a Stimson que "convocaria alguns líderes congressistas]e lhes diria que trabalhassem pela aprovação do projeto de lei", que ele via como "um dos grandes e fundamentais pilares da defesa nacional".[41] No dia seguinte, FDR informou aos repórteres que era favorável à legislação sugerida e a considerava "essencial na adequação da defesa nacional".[42]

Com isso, começou a batalha no Congresso. Foi uma luta suja e vitriólica, exacerbada pelo clima quente e úmido que sufocou Washington por semanas. "Quando o Congresso permanece em sessão depois de 1º de agosto, sempre se pode esperar confusões", disse o senador James Byrnes. "Os colegas se assemelham ao [enfezado boxeador] Tony Galento e agem como [o campeão dos pesos pesados] Joe Louis. Disparam golpes a torto e a direito, e o juiz passa a correr tanto risco quanto os lutadores."[43] Outro senador observou: "Temo pelo futuro de um país cujo destino tem de ser decidido no calor dos dias de cão".[44]

Os colegas de Byrnes fizeram jus à sua previsão. No Senado, Rush Holt, isolacionista democrata por West Virginia, com trinta anos de idade, acusou Grenville Clark e seus seguidores, por ele chamados de "patriotas do dólar", de formarem facção para levar a América à guerra com o fito de proteger seus investimentos estrangeiros. Para tal objetivo, acrescentou o senador, eles "desejavam sacrificar jovens americanos em campos de batalha europeus".[45] A galeria do Senado, apinhada de oponentes da conscrição, explodiu em aplausos e vivas.

Pondo-se imediatamente em pé, o senador Sherman Minton, defensor do alistamento, declarou que Clark e seus adeptos eram bem mais patriotas do que a "fraudulenta família"[46] de Holt. O pai de Holt, sustentou Minton, enviara um de seus filhos à América do Sul para fugir do alistamento na Primeira Guerra Mundial e se opusera ao despacho de alimentos para as tropas americanas que combatiam na Europa. "Deslavada mentira!", berrou Holt, dizendo depois que sempre que a Casa Branca desejava espalhar sujeira chamava Minton. O democrata por Indiana gritou de volta: "Sempre que Hitler deseja espalhar sujeira, você a joga no ventilador". Àquela altura, o senador Alben Barkley, líder da maioria, interveio e pôs fim ao indecoroso duelo verbal.

Na Câmara, a discussão virou desforço físico e, mais uma vez, envolveu dois democratas. Depois que o deputado Martin Sweeney, de Ohio, falou desancando o governo Roosevelt por, alegadamente, usar a conscrição como maneira de levar os Estados Unidos à guerra, o deputado Beverly Vincent, de Kentucky, que estava próximo a Sweeney, resmungou em tom um pouco alto que se recusava a "sentar-se ao lado de um traidor".[47] Sweeney lançou um murro contra Vincent e este respondeu com uma certeira direita pegando em cheio o queixo do outro, que recuou cambaleando. Foi, disse um porteiro da Câmara, o melhor soco desferido por um congressista em cinquenta anos.

Mesmo sem socos, os debates, tanto na Câmara quanto no Senado, caracterizaram-se por ardente combatividade. Burton Wheeler foi melodramático ao descrever sua visão da América sob o alistamento em tempo de paz: "Esta não mais será uma terra livre — um cidadão não poderá mais dizer que discorda de ato do governo. Murmúrios abafados substituirão a livre expressão — reuniões secretas em locais sombrios suplantarão as assembleias livres. [...] Se essa proposta de lei passar, cortará a garganta da última grande democracia ainda de pé — e dará a Hitler sua maior e menos custosa vitória".[48]

Mesmo com a opinião pública favorável ao alistamento, os opositores da proposta impediam qualquer tentativa de que fosse votada. As obstruções foram muitas no Senado como também as propostas de emendas nas duas Casas. Dia após dia de opressão infernal, continuaram as táticas de postergação, até que Claude Pepper achou que a situação ultrapassara os limites. Em discurso aos senadores, declarou que aquele comportamento fazia lembrar a inepta e incompetente Câmara dos Deputados da França nos meses que antecederam a derrota do país no início daquele verão: "Eles debateram; regatearam; erraram; hesitaram; pensaram nas próximas eleições; e perderam a França. [...] Se não estamos querendo entender que enfrentamos novo tipo de guerra e novo tipo de mundo, então me atrevo a prever, tristemente, que iremos perder esse tipo de guerra e nosso tipo de mundo".

Depois de seu apoio à conscrição no começo de agosto, o presidente nada fizera para o projeto de lei avançar. Passou os dez dias seguintes fora de Washington, dando aos oponentes a chance de dominar o discurso e as manchetes. Stimson, Clark e outros defensores do alistamento temiam, que a menos que Roosevelt colocasse logo sua influência em ação, o Congresso aprovaria a emenda de meio-termo do Senado para que o Exército continuasse com o sistema corrente do voluntariado até depois das eleições. Stimson instou FDR a se pronunciar a favor do serviço militar obrigatório, mas o presidente ignorou a sugestão.

Então, em 17 de agosto, Wendell Willkie entrou para valer. A ocasião foi a do discurso formal de aceitação da indicação de seu nome para concorrer à presidência. Feito dois meses após a convenção da Filadélfia, o pronunciamento iria finalmente clarear a posição oficial do candidato do GOP sobre política doméstica e externa.

Por semanas, Willkie vinha sendo submetido a enorme pressão para se opor à conscrição. Recebera milhares de cartas, telegramas e telefonemas antialistamento, bem como visitas de parlamentares republicanos. O deputado Joseph Martin, líder da minoria na Câmara e escolha de Willkie para presidir o Comitê Nacional Republicano, disse-lhe: "Essas questões legislativas são problemas de Roosevelt, não seus. [...] Você não deve comentar qualquer projeto de lei. A conscrição é assunto impopularíssimo. É natural que ninguém deseje ver os filhos de uniforme. Vá devagar sobre isso".[49]

Willkie sabia que, caso se opusesse à lei, os republicanos se juntariam aos democratas isolacionistas para derrotá-la. Mas se a apoiasse, a conscrição, como a troca dos contratorpedeiros, não seria mais tema de campanha, permitindo que os nervosos membros do Congresso não se arriscassem muito politicamente se votassem a favor dela.

O indicado republicano terminou com o suspense em dia de calor escaldante em sua cidade natal de Elwood, Indiana. Falando para gigantesca plateia de 200 mil pessoas, expressou apoio "a algum tipo de serviço seletivo", dizendo que essa seria "a única maneira democrática de garantir os recursos humanos treinados e competentes que precisamos para a defesa nacional".[50] Em entrevista coletiva dois dias depois, Willkie elaborou um pouco mais sua declaração, afirmando que a conscrição deveria ser aprovada imediatamente e que ele continuaria a apoiar a medida, mesmo que significasse derrota nas eleições de novembro. Pouco depois, Joseph Martin anunciou que o GOP não assumiria posição oficial: os membros republicanos do Congresso estavam liberados para votar de acordo com suas consciências.

Roosevelt e Stimson passaram o dia do discurso de Willkie observando as manobras do I Exército no interior do estado de Nova York. Ambos ficaram aliviados ao saberem naquela noite sobre o apoio dos republicanos. "O discurso de Willkie foi dádiva de Deus",[51] disse Stimson a um conhecido no dia seguinte. No diário, o ministro da Guerra escreveu:

"Willkie foi longe o bastante para anular os esforços de pequeno grupo de isolacionistas que brinca com política".

A aceitação do alistamento por parte de Willkie, associada ao lamentável desempenho da tropa durante as manobras de Nova York, por fim convenceram Roosevelt de que precisava fazer urgente e forte declaração em prol da aprovação do projeto de lei. Sugeriu a Julius Adler que um repórter do *New York Times* perguntasse sobre a conscrição na entrevista coletiva seguinte. Em 23 de agosto, Charles Hurd, do *Times*, fez exatamente isso, indagando a Roosevelt se ele comentaria a emenda do Senado que adiava o serviço obrigatório. O presidente respondeu que "se opunha absolutamente" a qualquer atraso na aprovação da lei. Descreveu aos repórteres o terrível nível de instrução e o pobre estado físico da tropa americana que ele observara na semana anterior, declarando que ela "seria lambida por soldados completamente treinados de efetivo equivalente em questão de um ou dois dias".[52] O Exército não apenas precisava se expandir com a rapidez possível, disse, como também receber melhor instrução e armamento.

Com o explícito endosso presidencial, os líderes congressistas democratas se uniram em apoio à lei, e o momento mudou por completo. "Ainda que não demonstração especialmente corajosa do presidente, ela funcionou", anotou J. Garry Clifford, que com Samuel R. Spencer Jr., escreveu excelente história sobre a legislação do alistamento. "O fato de ter sido tão bem-sucedida deveu-se, em grande parte, a Willkie."[53] Os defensores da medida também foram ajudados por fotos e histórias da mídia a respeito dos ataques aéreos alemães à Inglaterra e sua capital. Como um oficial do Exército próximo de Marshall observou: "Cada vez que Hitler bombardeava Londres, conseguíamos alguns votos".[54]

Não obstante, a batalha nas duas Casas foi ácida até o fim. Após a derrota de diversas emendas que deturpavam o texto, o Senado e a Câmara aprovaram, em 14 de setembro, a Lei do Serviço Seletivo, instituindo o serviço militar obrigatório por um ano e determinando o registro de todos os homens americanos entre 21 e 35 anos de idade. Diversos senadores do GOP votaram a favor da proposta de lei, assim como republicanos da Câmara, inclusive o líder da minoria Joseph Martin. O senador Hiram Johnson queixou-se de que o discurso de Willkie "realmente quebrou a espinha da oposição. Foi um tapa em cada um de nós [...] que pensávamos e agíamos como americanos".[55]

Após sancionar a lei, Roosevelt tentou garantir ao povo que aquela legislação não significava o envio de jovens americanos para a Europa.

"Começamos a treinar mais homens não porque esperamos empregá-los", disse, "mas pela mesma razão pela qual [vocês] abrem guarda-chuvas — para não se molharem".[56] Freda Kirchwey, editora da *Nation*, chamou de asneira esse tipo de conversa. "Aberta e oficialmente, nos identificamos com as nações que lutam contra Hitler", escreveu Kirchwey. "A lei é providência de guerra, aprovada na suposição de que ativa participação nas hostilidades não pode, no fim, ser evitada."[57]

A prudência de Roosevelt fez também com que ele tentasse adiar a real implementação da lei para depois da eleição. Diversos auxiliares, contudo, aconselharam-no a não fazê-lo. "Adiar [o sorteio do alistamento] para depois da eleição poderia render-lhe críticas por manobra política",[58] escreveu a FDR James Rowe, assistente administrativo do presidente. Rowe também observou que o adiamento desorganizaria seriamente o cronograma da conscrição recém-terminado.

FDR seguiu o conselho de Rowe. Em 29 de outubro, menos de uma semana antes de os americanos irem às urnas, ele se postou ao lado de Henry Stimson no palco do auditório do Departamento da Guerra. Flashes espocaram quando o ofuscado secretário enfiou a mão num grande vaso de vidro contendo milhares de brilhantes cápsulas azuis e retirou uma delas. Entregou-a a Roosevelt, que a abriu e anunciou: "O primeiro número é um cinco oito".[59] Uma mulher na plateia gritou. Seu filho e mais de 6 mil outros jovens americanos, cujo número de alistamento era 158, seriam os primeiros a servir. Durante algumas horas depois, servidores do Departamento da Guerra sortearam os demais números para determinar a ordem em que mais de 1 milhão de homens — dos mais de 16 milhões alistados — seriam convocados.

Stimson, em geral comedido em seus elogios ao presidente, aplaudiu a coragem de FDR e "o bom exemplo de estadista"[60] ao promover o recrutamento antes da eleição. Em sua própria análise da atitude do chefe do Executivo durante a batalha, o colunista Mark Sullivan descreveu-o com tendo dupla personalidade — "mr. Roosevelt, o presidente, e mr. Roosevelt, o candidato a terceiro mandato. [...] Na ocasião, mr. Roosevelt, o presidente, parece ter vencido".[61]

Não surpreendeu que o homem mais louvado pela aprovação da lei fosse Grenville Clark. "Sem sua inesgotável energia, incomum capacidade, influência em muitas áreas e, talvez a mais importante, sua perseverança extrema, a lei não teria sido aprovada",[62] declarou o general Lewis Hershey, que depois se tornaria diretor do Sistema do Serviço Seletivo. Stimson concordou. No dia seguinte ao que Roosevelt sancionou a lei, o ministro da Guerra escreveu a Clark: "Sem você, uma lei assim não passaria nos tempos atuais. Disso, tenho certeza".[63] Na própria carta de agradecimento, o deputado James Wadsworth realçou sua "admiração e gratidão" a Clark e seu comitê pela determinação no cumprimento de "vital serviço público". Wadsworth acrescentou: "Você muito me honrou ao pedir-me que propusesse a lei e, mais importante, deu-me a chance de ser útil a uma grande causa".[64]

Na opinião de J. Garry Clifford, a gestação da conscrição "foi, sem dúvida, a mais importante medida para a defesa da América antes de Pearl Harbor".[65] Pela primeira vez na história dos EUA, o Exército recebeu permissão para começar o treinamento de grandes efetivos de soldados, para introduzir armas e táticas modernas e para conduzir manobras em maior escala antes de começar a guerra. Quando os americanos, por fim, entraram no conflito armado, em dezembro de 1941, o Departamento da Guerra tinha em sua organização 36 divisões e um total de 1,65 milhão de homens. Sem um efetivo desses, maior que 1 milhão, proporcionado pelo alistamento, as forças armadas americanas não teriam sido capazes de invadir o norte da África, a primeira de uma série de ofensivas contra a Alemanha, menos de um ano após Pearl Harbor. Segundo o biógrafo de Marshall, Forrest Pogue: "Foi a Lei do Serviço Seletivo de 1940 [...] que tornou possível os poderosos Exército e Força Aérea dos EUA combaterem na Segunda Guerra Mundial".[66]

Além do mais, o debate nacional sobre a conscrição, prolongado e contundente, ajudou a despertar o povo americano para a necessidade de se preparar para uma guerra que se aproximava a olhos vistos. Como Grenville Clark ressaltou, a aprovação da lei, malgrado o finca-pé inicial da Casa Branca, do Exército e do Congresso, provou a verdade da máxima de Abraham Lincoln de que "o povo salvará seu governo se o próprio governo fizer bem sua parte, mesmo que indiferentemente".[67]

15

OS YANKEES NÃO ESTÃO CHEGANDO

EM 1977, KINGMAN BREWSTER, REITOR DA YALE UNIVERSITY, foi nomeado embaixador dos EUA no Reino Unido. Sua indicação para a Corte de St. James foi quase universalmente elogiada, com poucos notando a ironia de sua indicação. Trinta e sete anos antes, ainda não formado em Yale, Brewster fora um dos fundadores do Comitê Primeiro a América, o qual, apenas meses após sua criação no verão de 1940, emergiu como a organização isolacionista mais forte, estridente e eficaz do país. Um dos principais objetivos do grupo era barrar o caminho americano para a guerra, mesmo que isso significasse a derrota da Inglaterra pelos alemães.

Apesar de ter sido em geral considerado a personificação do isolacionismo conservador do Meio Oeste, o Primeiro a América na verdade nasceu no *campus* de Yale — resultado da revolta nacional estudantil contra a própria ideia de outra guerra. Brewster e a maioria de seus companheiros universitários rebeldes nasceram pouco depois da Primeira Guerra Mundial, e a alastrada desilusão e grande amargura com o banho de sangue e com o rescaldo da guerra haviam ajudado a moldar seus primeiros anos de infância e juventude.

"A própria condução da guerra, com anos de impasse e carnificina de milhões de pessoas — tudo provocava calafrios", lembrou o correspondente da CBS Eric Sevareid, que ainda na Universidade de Minnesota participara de manifestações pacifistas em meados dos anos 1930. "Éramos jovens, e para aqueles que começavam a provar os sabores da vida, a ideia de morte era tragédia absoluta de inexprimível terror.

[...] Começamos a detestar a própria palavra 'patriotismo', considerada por nós um sentimento falso, medalhão barato a decorar e justificar um cadáver."[1]

Em diversos *campi*, universitários protestava-se para manter a América longe de qualquer guerra futura, a fim de "preservar ao menos um oásis de sanidade num mundo louco",[2] como escreveu Sevareid. Na Universidade de Chicago, os manifestantes portavam cruzes brancas simbólicas dos "campos de Flandres"[3]; na Universidade de Missouri, os cartazes dos universitários tinham frases como "Os Yankees *não* estão chegando".[4] Milhares de rapazes americanos, inclusive Sevareid, seguiram o exemplo dos estudantes da britânica Oxford University ao clamarem: "Não se pega em armas por bandeira ou país".[5]

Poucos, porém, esperavam erupções dessas em Yale. A maioria de seus estudantes, afinal, vinha da camada superior da elite da Costa Leste. Muitos de seus pais eram anglófilos e intervencionistas, que em boa quantidade combatera na guerra.

Diversos membros da própria família de Kingman Brewster eram manifestamente pró-ingleses. Sua prima em primeiro grau, Janet Brewster, era, e não só ardente defensora da ajuda à Inglaterra como também casada com Edward R. Murrow, que defendia a causa britânica em seus programas de Londres para a CBS. Frutos de antiga família da Nova Inglaterra, Kingman e Janet eram descendentes diretos do patriarca William Brewster, chegado à América a bordo do *Mayflower,* que se tornara líder religioso da Colônia de Plymouth.

Porém, ao contrário de Janet, Kingman Brewster, embora simpático à causa da Inglaterra, acreditava piamente em "não cair em cilada de guerra".[6] Ele e outros universitários anti-intervencionistas julgavam-se mais espertos, mais realistas e menos suscetíveis à propaganda do que a geração dos pais. Na opinião deles, os antigos valores aos quais o *establishment* do Leste se apegara tinham se estraçalhado na Primeira Guerra Mundial e pela Depressão. McGeorge Bundy, colega de turma de Brewster em Yale, escreveu na ocasião que ele e seus colegas sentiam "uma incerteza profundamente instalada acerca de todos os ideais e sobre todo absoluto. [...] No que se refere às coisas pelas quais desejamos morrer, estamos confusos e perplexos; ponderamos quanto a muitos ideais, porém, em geral, não nos devotamos a nenhum".[7]

Antecipando as divisões nos *campi* dos anos 1960, os estudantes antiguerra de 1940 batalharam contra reitores e professores de suas faculdades, muitos dos quais eram intervencionistas. Aliás, o reitor de

Yale, Charles Seymour, e o reitor de Harvard, James Bryant Conant, eram membros do comitê nacional da organização de William Allen White. Quando, após a queda da França, Conant falou no rádio nacional, convocando o governo Roosevelt a fazer o possível para derrotar Hitler, recebeu uma torrente de cartas desrespeitosas, um número bem razoável vindas dos próprios universitários de Harvard. O jornal da universidade, *The Harvard Crimson*, publicou editoriais por uma paz negociada entre Alemanha e Inglaterra. "Estamos francamente dispostos a ter paz a qualquer preço", declarou um dos editoriais do *Crimson*. "Recusamo-nos a travar outra guerra-de-equilíbrio-de-poder."[8]

Estudantes antiguerra de Harvard criaram também uma organização chamada Comitê para Identificação de Generais de Sala de Aula. Suas atividades incluíam mandar soldadinhos de chumbo e citações de guerra de mentira para cinco professores intervencionistas e montar manifestações "pró-guerra" no *campus* com cartazes dizendo: "Cinquenta professores idosos para a Inglaterra".[9]

Como também ocorreu noutros *campi* em 1940, a cerimônia de abertura dos cursos em Harvard foi cena de um debate inflamado. Um membro da turma de 1915 recebeu vaias e assobios de graduados mais jovens quando disse numa reunião de ex-alunos que: "Não foi pouco o orgulho que tivemos de combater [na Primeira Guerra Mundial] e não é pouco o nosso orgulho por termos de combater agora".[10] Os que apoiavam a intervenção responderam com igual hostilidade quando, em 1940, o orador da turma, em seu discurso de formatura, chamou a ajuda à Inglaterra de "tolice fantástica".[11]

Dois artigos na *Atlantic Monthly* mostraram quão largo se tornara o fosso entre os universitários americanos e seus antecessores. Na edição de agosto de 1940, Arnold Whitridge, professor de história em Yale e neto do afamado poeta inglês Matthew Arnold, escreveu o que chamou "Carta aberta aos universitários", sob o título: DE QUE LADO VOCÊ ESTÁ? Whitridge, veterano da Primeira Guerra Mundial, disse que estava atônito e profundamente apreensivo com a atitude dos estudantes de Yale, Harvard, Dartmouth e doutras faculdades que se opunham à ajuda aos Aliados e disseram que jamais empunhariam armas pelo seu país, insistindo que "não há preponderância do bem ou do mal em qualquer dos lados". Declarando míopes tais visões, Whitridge assegurou: "Creio que algo devemos fazer além de ter esperança pela vitória. [...] Por mais que odiemos a guerra, talvez tenhamos de lutar, e quanto mais cedo nos prepararmos, melhor".[12]

Na edição de setembro da revista, os universitários da nação — na pessoa de Brewster, *chairman* do *Yale Daily News*, e de Spencer Klaw, presidente do *Harvard Crimson* — deram desdenhosa resposta. Sob o título "Estamos do lado de cá", Brewster e Klaw atacaram o que chamaram o "casuísmo e grosseria" de Whitridge, a quem rotularam de "inútil" e "injusto". Os dois estudantes editores argumentaram que só permanecendo distantes da guerra os Estados Unidos preservariam seu estilo democrático de vida. Nós americanos precisamos "posicionar-nos deste lado do Atlântico [...] porque ao menos ele oferece a chance de manter todas as coisas que prezamos na América".[13]

Como observou o biógrafo de Brewster, Geoffrey Kabaservice, o calouro de 21 anos de Yale rapidamente se tornava "um dos universitários mais controvertidos da época".[14] Além de coautor do artigo da *Atlantic Monthly*, ele discursava sobre anti-intervencionismo pelos *campi* de todo o Leste e participava do debate "America's Town Meeting of the Air" [Reunião das Cidades Americanas pelo Rádio] organizado pela NBC. Diversos de seus editoriais contra a intervenção publicados no *Yale Daily News* foram reproduzidos pela imprensa nacional.

Mas Brewster fez muito mais do que apenas artigos e pronunciamentos. Ele emergira figura de realce num grupo de universitários de Yale e de estudantes de direito reunido num trabalho de combater o que consideravam a marcha inexorável da América rumo à guerra. Noite após noite, reuniam-se para debater meios de se contrapor ao crescente fortalecimento do movimento intervencionista, exemplificado pelo Comitê White e pelo Grupo Century, que tinham sido muito bem-sucedidos em despertar a opinião pública em favor da transação dos contratorpedeiros e da conscrição.

Os universitários de Yale estavam convictos de que os isolacionistas ainda eram maioria na América. O movimento, todavia, estava ramificado, sem nenhum grupo capaz de captar o estado de espírito isolacionista do país e dar coesão ao movimento. Apesar de Charles Lindbergh ter conseguido atenção nacional com suas opiniões antiguerra, ele permanecia um solitário, demonstrando pouco interesse em pertencer ou chefiar organizações isolacionistas.

Da perspectiva dos estudantes, o povo ia sendo empurrado para a guerra pelo governo Roosevelt e pelos grupos de cidadãos que apoiavam o presidente. Como ninguém mais parecia capaz de criar um ponto forte de resistência, decidiram liderar o movimento.

Os "Yalies" dificilmente poderiam ser considerados desafetos radicais. A exemplo de Kingman Brewster, quase todos eram ou tinham sido líderes de proa no *campus*. Também como Brewster, todos fariam carreiras célebres: Potter Stewart, futuro juiz da Suprema Corte, e seu amigo da faculdade de direito Sargent Shriver, que décadas depois, seria nomeado chefe do Corpo da Paz pelo cunhado, presidente John F. Kennedy. Outro participante foi Gerald Ford, ex-selecionado da Universidade de Michigan para o time nacional de futebol americano universitário e futuro presidente dos Estados Unidos.

Os líderes eram Brewster, "o homem de ideias",[15] e o estudante de direito Robert Douglas Stuart, filho do executivo das Quaker Oats (Aveias Quaker), em Chicago, cujo talento em organização e administração estava acima da média. O grupo deu início à sua campanha fazendo circular pelos *campi* de todo o Leste petições de não-intervenção e recrutando outros universitários e recém-formados para liderar em suas cidades a oposição ao envolvimento da América na guerra.

A resposta foi extraordinária. Quase a metade dos estudantes de Yale assinou as petições, com números semelhantes em outras faculdades. Centenas de estudantes concordaram em passar o verão de 1940 organizando a oposição à guerra, e muitos enviaram dinheiro para ajudar a causa. Entre os doadores estava o veterano de Harvard John F. Kennedy, cujo cheque de cem dólares chegou acompanhado de bilhete: "O que vocês estão fazendo é vital".[16] O irmão mais velho de Kennedy, Joe, enquanto isso, ajudava na organização do braço de Harvard do Comitê Primeiro a América, como o grupo criado em Yale agora se chamava. Outro estudante-organizador foi Gore Vidal, então com quinze anos, que criou o ramo do comitê na Phillips Exeter, escola preparatória que frequentava no New Hampshire.

Brewster e Stuart passaram então a agir para que Primeiro a América se tornasse cruzada de amplitude nacional. Viajando pelo país, exortaram membros do Congresso e outros a dar-lhes apoio. Mas aquele cujo suporte desejavam mesmo era Charles Lindbergh. Não apenas ele era o mais conhecido isolacionista do país, como também fora o herói da juventude dos jovens americanos da idade deles. Aqueles universitários eram meninos quando Lindbergh voara cruzando o Atlântico em 1927, tornando-se assim, de imediato, o seu modelo. Quando criança, Robert Stuart costumava sonhar acordado que Lindbergh aterrava no terreno da propriedade dos Stuarts e "eu corria ao seu encontro para conhecê-lo".[17] Kingman Brewster registraria mais tarde que tivera "o micróbio de voar"[18] durante toda a vida graças à sua veneração por Lindbergh como herói. Mas houve outro motivo para que Stuart,

O calouro de Yale, Kingman Brewster, fundador do Comitê Primeiro a América (*à esquerda*) **recebe Charles Lindbergh em Yale, em outubro de 1940.** *À direita*, **Richard Bissell Jr., monitor de Economia em Yale, depois seria vice-diretor da CIA.**

Brewster e seguidores tivessem tanta atração pelo aviador: ele era um rebelde que, "com sua coragem e franqueza",[19] desafiou a autoridade e não podia ser comprado nem intimidado. Era, em outras palavras, aquele que eles queriam ser.

Quando Stuart e Brewster convidaram Lindbergh para fazer importante pronunciamento em Yale, no outono de 1940, o aviador ficou propenso, de início, a recusar o convite, acreditando que seu recebimento naquele bastião do *establishment* da Costa Leste seria hostil. Mas ficou muito impressionado com os dois rapazes e com seu florescente movimento, e finalmente aceitou.

Numa noite fria de outubro, mais de 3 mil estudantes de Yale apinharam o Woolsey Hall para ouvir Lindbergh. Em vez das vaias que ele acreditava encontrar, foi vezes sem conta interrompido com vivas e aplausos. "A maioria de nós estava pela primeira vez cara a cara com o mais famoso americano de nossa meninice, e era possível sentir a eletricidade na atmosfera causada por isso e pelo intenso magnetismo de sua presença",[20] lembra o historiador Richard Ketchum, um dos "Yalies" acotovelados na plateia.

No mês anterior, o Primeiro a América fizera sua estreia oficial como organização reconhecida. Os princípios que esposava eram muito próximos aos de Lindbergh: defesa sólida para a América; preservação da democracia em casa pelo distanciamento de guerras estrangeiras; nenhuma ajuda à Inglaterra além do "pague e leve". "Quando os povos da Europa, da Ásia e da África, devastados pelos horrores da guerra moderna, por fim apelassem para a paz, o poderio da América os ajudaria na reconstrução e os traria de volta ao bem-estar e à esperança",[21] afirmaram os fundadores do grupo. Até então, os americanos tinham de concentrar-se em seu estilo de vida e nas próprias liberdades.

Com sua emergência no cenário nacional, todavia, o Primeiro a América tornou-se uma organização muito diferente da criada pelos universitários de Yale. De seus fundadores iniciais, apenas Robert Stuart permaneceu envolvido com o dia a dia do grupo, sendo elevado ao cargo de diretor executivo do movimento. Seu QG nacional foi transferido para Chicago, onde nascera Stuart, depois que seu pai concordou em proporcionar espaço sem custos para a organização nos escritórios da Aveias Quaker da cidade.

Dali por diante, a maioria dos líderes do Primeiro a América passou a ser de empresários do Meio Oeste, cujas opiniões sociais e políticas eram consideravelmente mais conservadoras do que as dos fundadores do grupo. Embora grande parte dos estudantes de Yale viesse de famílias privilegiadas, eles se consideravam liberais ou moderados. Kingman Brewster, por exemplo, aplaudira muitas das reformas de Roosevelt do programa New Deal em seus editoriais no *Yale Daily News* e rejeitara filiação à Skull and Bones, a mais exclusiva e reverenciada sociedade secreta da faculdade, por não considerá-la democrática.

Para organizar o Primeiro a América, Brewster e Stuart trabalharam duro a fim de transformá-lo em grupo bipartidário e moderado, cujas ideias "estivessem de acordo com a grande maioria dos americanos de todas as idades".[22] Na ocasião em que se mudou para Chicago, Brewster, que permaneceu *chairman* de sua sucursal em Yale, alertou Stuart para não sobrecarregar a organização com conservadores. Seus membros-líderes, disse ele, deveriam ser conhecidos e respeitados por todo o país: "Pessoas de substância e proeminência, mas não presunçosos e corporativistas. Você precisa de trabalhistas e progressistas. Seria terrível se o comitê se tornasse instrumento de uma classe".[23]

Inicialmente, o Primeiro a América trabalhou à altura das expectativas de Brewster, atraindo gente com diversificados pontos de vista sociais e econômicos. O grupo abarcava conservadores e liberais, republicanos, democratas e independentes; protestantes, católicos e judeus. Entre os liberais que apoiavam os objetivos do movimento estavam pacifistas de vida inteira como o ex-editor da *Nation*, Oswald Garrison Villard, e Norman Thomas, líder do Partido Socialista Americano, que em 1938 criou uma organização antiguerra chamada "Mantenha a América Fora do Congresso da Guerra". Como outros pacifistas liberais, Villard e Thomas temiam que entrar na guerra danificasse muito a democracia americana, dando pretexto a severas restrições às liberdades civis; à destruição das reformas sociais do New Deal; e à ressurgência de um sentimento de direita.

Cada vez mais, no entanto, a organização foi encontrando dificuldade para persuadir liberais de realce, em particular intelectuais, a se filiarem. Robert Maynard Hutchins, reitor abertamente isolacionista da Universidade de Chicago, foi uma das figuras cujas opiniões coincidiam com as do grupo, porém rejeitou tornar-se membro.

Em decorrência, passados apenas meses de sua fundação, o Primeiro a América virou a organização dominada pelos conservadores, contra a qual Brewster havia alertado.

NEM O MEIO OESTE NEM O LESTE eram homogêneos nas atitudes de seus residentes no que se referia ao envolvimento da América na guerra. O coração do país, com Chicago como seu ponto de irradiação, contemplava boa parcela de intervencionistas, da mesma forma que os isolacionistas tinham forte presença em Nova York e no restante da Costa Leste. Mesmo assim, o Primeiro a América conquistou sua maior força no Meio Oeste tradicionalmente isolacionista, ao passo que o Comitê White e o Grupo Century continuavam a encontrar seu maior suporte no *establishment* internacionalista da Costa Leste. Do cerca de 1 milhão que se juntou ao Primeiro a América nos quatorze meses de sua existência, quase dois terços viviam de um raio de 450 quilômetros de Chicago, abrangendo Illinois, Wisconsin, Indiana, Michigan e partes de Ohio, Missouri, Minnesota e Iowa.

As diferenças entre Chicago e Nova York — e suas percepções respectivas da guerra — ficaram patentes nas disparatadas reações das duas cidades ao filme inglês *Pastor Hall*, no verão de 1940. Baseado na história real de Martin Niemoller, ministro protestante alemão enviado para o campo de concentração de Dachau por criticar o nazismo, *Pastor*

Hall tinha cenas ilustrativas da brutalidade nazista — "Uma visão apocalíptica do horror observada através de cerca de arame farpado",[24] como disse o *New York Times*.

Inicialmente, nenhum estúdio de Hollywood concordou em distribuir a controvertida película. Com a influência do filho de FDR, James, que gostava de se imaginar produtor independente, a United Artists foi finalmente persuadida a fazê-lo. A cópia americana do filme continha breve introdução, escrita por Robert Sherwood e lida por Eleanor Roosevelt, que qualificava *Pastor Hall* "Uma história do espírito de ódio, da intolerância, da supressão da liberdade que agora varre a face desta Terra".[25]

Quando o filme estreou em Nova York, não só resultou em aclamação crítica, como também em manifestação antinazista em Times Square. Em Chicago, contudo, o conselho de censura de filmes da cidade proibiu a exibição da película porque ela descrevia a Alemanha nazista em luz desfavorável. Os germano-americanos constituíam larga parcela da população de Chicago e, submetida a considerável pressão de organizações daqueles habitantes, o conselho não permitiu a exibição, citando disposição municipal que proibia "mostra de depravação, criminalidade ou falta de virtude por parte de classe de cidadãos de qualquer raça".[26]

Pastor Hall não foi o primeiro filme antinazista a ser barrado pelo conselho; nos dois anos anteriores, ele proibira a exibição de pelo menos sete de tais filmes. Ao mesmo tempo, porém, liberara *Feldzug in Polen*, filme de propaganda produzido pelo governo alemão, mostrando a Wehrmacht derrotar a Polônia em 1939 e pintando a Polônia como a agressora.

Ao perceberem a discrepância, diversas organizações de Chicago, inclusive as sucursais locais da American Civil Liberties Union [União das Liberdades Civis Americanas, em tradução livre] e do American Jewish Congress [Congresso Judeu Americano, em tradução livre], protestaram contra o banimento de *Pastor Hall*, como também o fizeram diversos clubes femininos. O *Chicago Daily News* de Frank Knox atacou o que o jornal considerou "sensibilidades nazistas"[27] do conselho. Enfrentando barragem de publicidade desfavorável, o prefeito de Chicago, Edward Kelly, deu ordem que o grupo de censura reconsiderasse sua decisão. Relutantemente, o grupo reverteu sua ordem e liberou a exibição do filme.

Sem dúvida, o expressivo número de germano-americanos em Chicago e seu significativo (em geral, antibritânico) contingente de ascendência irlandesa concorreram para tornar a Windy City um centro de sentimento isolacionista. Mas outros fatores de peso, inclusive a geografia, também influíram. Vivendo no meio do país, muitos, se não a maioria, dos residentes em Chicago (e em outras partes do Meio Oeste) nunca demonstraram grande interesse pelo resto do mundo, nem se preocuparam com ameaças do exterior. Da perspectiva deles, os espaços aparentemente ilimitados da América, protegidos por dois oceanos, davam uma segurança com a qual nenhum outro país contava.

Em 1927, o prefeito da cidade, "Big Bill" Thompson, cuja aliança informal com o gângster Al Capone ajudara a produzir explosão do crime organizado e violento, bem como corrupção no governo, disse a seus seguidores que o inimigo número um da América era o rei George v. Se o rei da Inglaterra, algum dia, ousasse pôr os pés em Chicago, declarou Thompson, ele lhe daria um soco na cara.[28]

Apesar de bastante crítico da "palhaçada imbecil" e do "banditismo explícito"[29] de Thompson, o principal jornal de Chicago, o *Tribune*, e seu presunçoso editor, Robert McCormick, partilhavam a implacável anglofobia do prefeito, assim como a crença de que Chicago, e não o odiado Leste, era o centro do universo. O jornalista John Gunther, natural da cidade, certa vez descreveu o *Tribune* como: "Agressivo, sensível ao extremo, pleno de coragem e fanfarrice, expansionista e medieval".[30] Imagem bastante acurada do próprio McCormick.

McCormick chamava o *Tribune* de "Maior Jornal do Mundo"[31] e disse à sua equipe: "Somos a mais vital força singular no centro do mundo".[32] Provinciano orgulhoso, tinha desdém por qualquer pessoa e qualquer coisa a leste do Mississippi. "O problema de vocês daí é que não enxergam além de Ohio", disse a um repórter do *New York Times*. "E quando pensam em marcar uma viagem mais a oeste de Ohio, logo se consideram Buffalo Bill."[33]

Para McComirck, Nova York era "a Sodoma e Gomorra do pecado". Descrevia-lhe a juventude como "imoral, e sua gente madura como arruinada. E a cidade o reservatório do mal de onde flui a doutrina revolucionária decomposta que transborda para o país."[34] Em sua opinião, Washington e o governo Roosevelt eram igualmente maléficos. Certa vez, chegou a sugerir que a capital do país fosse transferida de Washington para uma cidade mais representativa da nação, como Grand Rapids, em Michigan.

O arquirreacionário McCormick odiava Roosevelt e o New Deal com igual fervor. O Congresso democrata, declarou ele, era "dominado e impelido por parlamentares vermelhos que trabalham para destruir nosso governo e civilização, e os legisladores, por seu turno, eram apoiados por

O editor do *Chicago Tribune* Robert McCormick.

um grupo de pedantes estúpidos, que se autodenominam progressistas e liberais, cuja principal preocupação é tornar não-lucrativa a empresa privada".[35] Quando Roosevelt se candidatou à reeleição em 1936, os operadores da central telefônica do *Tribune* foram instruídos a receber qualquer chamada com a frase: "Sabe que faltam apenas mais [x] dias para salvar o país?".[36]

Um dos grandes prazeres de McCormick na vida era descobrir novos modos de incomodar o presidente, que fora seu colega de turma em Groton. Em 1937, o editor soube que FDR faria discurso em Chicago num local exatamente defronte a um grande depósito do *Tribune*, na margem norte do rio Chicago. McCormick mandou empregados seus ao depósito pintarem com letras de três metros de altura, uma única palavra, INDOMÁVEL, sobre letreiro que dizia " Chicago Tribune O MAIOR JORNAL DO MUNDO".

Junto com William Randolph Hearst, McCormick e seus dois primos — Joseph Patterson, dono do *Daily News* de Nova York, e Eleanor "Cissy" Patterson, que dirigia o *Washington Times-Herald* — eram as pessoas da imprensa escrita mais conhecidas no país como isolacionistas. Com uma tiragem que ultrapassava 1 milhão de exemplares em cinco estados, o *Tribune*, em especial, era força de vulto. Sua equipe de trabalho abarcava repórteres em quatro sucursais americanas e noutras doze espalhadas pela Europa e pela Ásia. Entre os jornalistas de renome que trabalhavam ou já tinham passado por sua redação podiam ser listados correspondentes no estrangeiro como William S. Shirer, Vincent Sheean, Floyd Gibbons, George Seldes e Sigrid Schultz.

Inevitavelmente, no entanto, a alta qualidade desses astros da reportagem entrou em colisão com a insistência de McCormick que as matérias do *Tribune* refletissem seus agravos e preconceitos pessoais — em particular seu ódio a Roosevelt, à Costa Leste e aos ingleses, cujo imperialismo, argumentava, não era diferente da agressão nazista. "O *Tribune* repisa com violência que o governo Roosevelt deliberadamente, arruina o país e de propósito sabota a democracia", registrou um artigo de *Life* em dezembro de 1941. "Só o simples e ordinário ódio a Roosevelt é um fator no isolacionismo que se tornou culto definitivo, em especial em partes de Chicago."[37]

Segundo os que conheciam McCormick, a aversão à Inglaterra e ao Leste estava arraigada em sua infância: quando menino, ele passara diversos anos infelizes nas duas regiões. Muito jovem, seu pai fora nomeado embaixador dos EUA na Inglaterra, e Robert, que era alto, tímido e desajeitado, frequentara um internato inglês onde meninos e meninas das classes altas desdenharam do americano desconjuntado e inculto.

Poucos anos mais tarde, Mcj232

Cormick foi mandado para Groton, onde recebeu o mesmo menosprezo. "Seus colegas ejetavam arrogância como tinta de polvo", escreveu Richard Norton Smith, biógrafo de McCormick. "Aquilo [o] deixou permanentemente avesso aos que viviam na Nova Inglaterra, herdeiros colonialistas ainda encantados com a pátria-mãe."[38]

Curiosamente, malgrado a antipatia pela Inglaterra, McCormick adotou em sua vida adulta o estilo de vida de *gentleman* rural britânico. Envergava elegantes ternos ingleses da Saville Row, encomendava sapatos da famosa John Lobb de Londres, falava quase com sotaque inglês, jogava polo e cavalgava em caçadas com cães farejadores. Pode-se até especular o que teria acontecido com McCormick, com o *Tribune* e com sua luta contra a entrada dos EUA na guerra se os colegas ingleses de escola tivessem sido um pouco mais camaradas com ele.

A verdade é que ele e seu jornal, sem sombra de dúvida, tornaram-se as vozes da imprensa mais estridentes do movimento isolacionista, assim como fortes defensores de Primeiro a América. Apesar de jamais se ter filiado ao grupo, McCormick deu consideráveis quantias em dinheiro e cobertura jornalística favorável, além de ser amigo próximo de diversos dos seus líderes.

NO INÍCIO DE 1941, A *FORTUNE* ENVIOU UM REPÓRTER INVESTIGATIVO a Chicago para se aprofundar um pouco mais no Primeiro a América. Em longo memorando, repassado à Casa Branca, o correspondente escreveu: "A espinha dorsal desse comitê é constituída por acérrimos inimigos de Roosevelt e ligada aos 'grandes negócios.' São eles que suprem a maioria dos recursos financeiros e dão forma às políticas do movimento; e que, com o apoio do *Chicago Tribune*, tornam virtualmente impossível a qualquer proeminente morador de Chicago assumir a liderança do trabalho intervencionista por lá."[39]

Na realidade, o *chairman* do Primeiro a América, o general Robert Wood, apoiara vigorosamente FDR e o New Deal nos primeiros anos do mandato do presidente e fora um dos poucos executivos destacados do país a fazê-lo. Superintendente-geral da gigantesca Sears-Roebuck, Wood se formara em West Point, ajudara na construção do canal do Panamá e fora intendente geral do Exercito na Primeira Guerra Mundial. Nos anos 1920 e 1930, transformara a Sears na cadeia líder do país em vendas no varejo, modificando a ênfase da empresa das encomendas pelo correio para as vendas em lojas de departamentos.

No fim dos anos 1930, Wood brigou com Roosevelt devido ao pacote do aumento do número de juízes da Suprema Corte e por achar que o governo se metia demais nos negócios. Também se opôs à política intervencionista de Roosevelt, acreditando que o capitalismo americano entraria em colapso se os Estados Unidos se envolvessem em outra guerra. Wood assemelhou a aliança dos EUA com a Inglaterra "a um negócio bem organizado e lucrativo decidindo admitir como sócia uma firma falida".[40] Os ingleses, pensava ele, deveriam ter negociado a paz com a Alemanha, deixando a América livre para seguir o seu caminho.

Inicialmente, Wood hesitou em aceitar a função de presidir o Primeiro a América, declarando que seu trabalho na Sears deixava-lhe pouco tempo para outra coisa. Mas Robert Stuart, que ajudava no recrutamento de Wood, convenceu-o de que sua participação era vital para o esforço anti-intervencionista. A posição elevada que Wood ocupava na comunidade de negócios de Chicago atraiu outros líderes de corporações — em sua maioria republicanos anti-New Deal — assim como diversos membros de grandes famílias industriais de Chicago para sócios da organização. Entre os que se juntaram ao comitê executivo estavam Sterling Morton, da Morton Salt, e Jay Hormel, presidente da Hormel Meat Packing Co. O mais significativo pilar financeiro do grupo era o fabricante de têxteis William Regnery, outro ex-adepto de Roosevelt, com quem rompeu no fim dos anos 1930. (O filho de Regnery, Henry, fundaria depois a editora conservadora que leva o nome da família.)

Para suas campanhas de propaganda e marketing, o Primeiro a América contava com o talento de três figuras lendárias de Madison Avenue, que ajudaram a transformar a indústria de publicidade do país numa corporação mitológica. Bruce Barton, fundador da empresa nova-iorquina Batten, Barton, Dustine & Osborn, era um verdadeiro mágico em vender suas ideias ao público americano, entre elas o conceito de que Jesus Cristo foi, de fato, o fundador dos negócios modernos. No seu livro espetacularmente popular *The Man Nobody Knows* [O homem que ninguém conhece, em tradução livre], Barton, que foi eleito em 1936 para o Congresso como republicano, escreveu que as parábolas de Jesus "foram as mais poderosas peças de publicidade de todos os tempos",[41] e que se Jesus fosse vivo nos dias de então, seria o chefe de uma agência nacional de propaganda.

Ao lado de Barton estavam William Benton e Chester Bowles os quais, diferentes do congressista de Nova York, eram democratas liberais. Colegas de turma em Yale, os dois se associaram em 1929, cinco anos após se formarem, para fundar a Benton & Bowles, outra empresa da Madison Avenue e uma verdadeira usina geradora de ideias. Florescendo durante a Depressão, a Benton & Bowles foi a primeira agência de publicidade a produzir programas de rádio para redes, assumindo o encargo da contratação de locutores, diretores e roteiristas, bem como o de encontrar patrocínios. Em meados de 1930, a empresa era responsável pelos programas de rádio de maior audiência do país.

Benton sempre prometera que quando ganhasse 10 milhões de dólares, abandonaria a publicidade pelo serviço público. Com 36 anos de idade, foi o que fez, tornando-se vice-reitor da Universidade de Chicago e assessor do reitor, Robert Maynard Hutchins. Benton fazia parte da equipe intelectual do Primeiro a América, assessorando o grupo sobre estratégia e como intermediário entre a organização e Hutchins.

Bowles ficou na Benton & Bowles, mas logo viu que não era fácil ser um conhecido defensor do Primeiro a América em Nova York. "Diversos de nossos clientes foram bastante enfáticos contra a posição que eu havia assumido", escreveu a um conhecido. Publicidade é um diabo de negócio — nela, não se é dono da própria alma. "Goste ou não, você é mais ou menos cooptado pelos clientes para os quais trabalha."[42]

Gerald Ford, como depois se viu, também descobriu os riscos de esposar isolacionismo no Leste intervencionista. Apenas alguns meses após ajudar a criar o Primeiro a América, Ford renunciou à sua posição no comitê, explicando que fora alertado por servidores de Yale que poderia perder seu cargo em tempo parcial de assistente de treinador da equipe de futebol americano em virtude de suas conexões com o grupo. Apesar de não ser mais membro oficial do Primeiro a América, Ford jurou que continuaria a trabalhar em prol do grupo, acrescentando: "Para falar a verdade, é provável que eu trabalhe ainda mais, só de pirraça".[43]*

Entre os poucos famosos residentes da Costa Leste que quiseram atuar na liderança do grupo estavam dois filhos de Theodore Roosevelt — Alice Roosevelt Longworth e Theodore Jr. seu irmão. Isolacionista por longo tempo, a petulante e ferina Alice trabalhara com seu amante, o senador William Borah, para derrotar Woodrow Wilson e a Liga das Nações em 1919. Aliás, Borah e outros oponentes da Liga no Senado reuniam-se na casa dela, em Washington, para tramar a estratégia.

Embora a ideologia desempenhasse parte importante na conexão dos descendentes de Roosevelt com Primeiro a América, essa ligação foi também irrigada pela animosidade pessoal contra o primo distante que então ocupava a Casa Branca e contra sua esposa, Eleanor, prima em primeiro grau dos dois irmãos. Tanto Alice quanto Theodore Jr. consideravam Franklin Roosevelt um usurpador que não tinha o direito de seguir as pegadas do pai deles. "Alice padece de notável complexo de Édipo na vida pública americana", registrou um relatório confidencial preparado pelo Comitê White sobre Primeiro a América. "Tendo glorificado Theodore e o serviço por ele prestado, [ela acha] que qualquer outro na Casa Branca desde então tem sido, por definição, um impostor."[44] Na convenção republicana de 1940, na Filadélfia, Alice espalhou por todos os cantos que as iniciais "FDR" significavam na verdade "Führer, Duce, Roosevelt".[45] O irmão dela, por sua vez, "sempre achou que Franklin recebia o que *ele*, Ted Jr., é que merecia", recorda-se um parente. "Ted foi sempre o instigador de sentimento anti-Franklin."[46]

*Os intervencionistas de Chicago enfrentaram problemas semelhantes. Adlai Stevenson, advogado famoso na cidade, foi alertado por seus sócios de banca que o fato de ser *chairman* da sucursal local do Comitê White o antagonizava com muitos clientes da firma e que ele teria de escolher entre a empresa e suas atividades intervencionistas. Stevenson resolveu o problema assumindo função governamental em Washington. (N. T.)

Por muito úteis que fossem os Roosevelts e outros na promoção da causa Primeiro a América, Robert Wood queria Charles Lindbergh na liderança do grupo. Ao longo de todo o ano já decorrido, Wood tentara repetidas vezes ceder a função de presidente, esperando que Lindbergh o sucedesse, mas não conseguiu demovê-lo da negativa. Embora o piloto admirasse e desse apoio ao trabalho da organização, insistia, como sempre, em seguir caminho próprio. Quando solicitado a participar da convenção republicana de 1940 como delegado, o aviador recusou, dizendo que, ao fazê-lo, comprometeria sua posição não partidária.

No fim, Robert Stuart considerou que era até bom que Lindbergh se mantivesse distante. Ainda que o aviador continuasse sendo seu herói, Stuart ficava um tanto incomodado com o conservantismo extremado de alguns dos seguidores próximos de Lindbergh, em particular Truman Smith e o ex-subsecretário de Estado William Castle. Ele também se preocupava com o fato de Lindbergh se tornando intimamente associado ao Primeiro a América, "a campanha de difamação orquestrada contra ele em todo o país"[47] acabaria respingando sobre o grupo. E mais um para-raios era a última coisa de que a organização precisava.

APESAR DO ESFORÇO DE SEUS LÍDERES para manter o grupo distante de associações ou indivíduos que pudessem desacreditá-lo, o Primeiro a América enfrentou problemas para manter uma imagem de moderação e respeitabilidade tão logo se mudou para Chicago. Não havia dúvida de que a maioria de seus membros, como escreveu um historiador: "era de cidadãos decentes, honestos e sinceros que piamente acreditavam ser prejudicial aos EUA enredar-se no exterior e que, se ameaça à sua segurança viesse de além-mar, seria melhor que a combatessem sozinhos."[48] O grupo, descrito por um de seus adeptos como "americano como um *hot dog*",[49] baniu oficialmente quem pertencesse a grupos comunistas ou pró-fascistas.

Não obstante, ele sofria da deficiência insuperável: seu objetivo — manter a América neutra — era também a meta de Hitler e seus seguidores. "Como era vantajoso para a Alemanha que os Estados Unidos ficassem fora da guerra, foi inevitável que o Primeiro a América fosse acusado de pró-nazismo", reconheceu Ruth Sarles, diretora da organização em Washington. "Da mesma forma, foi inevitável que autênticos pró-nazistas tentassem pegar o bonde de Primeiro a América."[50]

À medida que o comitê ganhava influência, uma horda de extremistas, a maior parte de direita, fazia fila para se abrigar sob sua bandeira. Inicialmente, foram rechaçados. Porém muitas sucursais — existiam mais de quatrocentas por volta de dezembro de 1941 — foram extremamente relaxadas no critério para admissão e aceitaram pessoas que, se respeitadas as normas gerais da organização, deveriam ter sido rejeitadas. A pequena e sobrecarregada equipe nacional em Chicago se viu impossibilitada de exercer a devida supervisão. Em consequência, os comitês locais se tornaram diversificados em excesso: em algumas cidades, como anotou um observador, eles eram "a mistura típica de cidadãos sinceros, de desiludidos eleitores de Wendell Willkie e de inveterados arrivistas", enquanto em outros locais, as filiais eram dominadas "por uma camada ou por um núcleo de sectários".[51]

A organização, admitiu Ruth Sarles, foi em particular molestada pelo antissemitismo. "Não há dúvida de que", escreveu ela, "havia antissemitas em nossas fileiras. De fato, há provas de que alguns indivíduos ferrenhamente antissemitas tentaram fomentar o ódio contra os judeus trabalhando por meio do Comitê Primeiro a América".[52]

Pelo menos no começo, Robert Wood procurou evitar qualquer vestígio de preconceito antijudeu. Tinha razão pessoal para fazê-lo: sua companhia era de propriedade de família judia, os Rosenwalds, com os quais ele tinha estreita relação. Por outro lado, ele e outros líderes do grupo criaram alguns de seus próprios problemas, nomeando para o comitê nacional dois senhores considerados evidentes antissemitas.

O primeiro foi Avery Brundage, rico executivo da construção civil em Chicago, que também era presidente do Comitê Olímpico dos EUA. Em 1936, Brundage provocara furor nacional em função de seus atos nos Jogos Olímpicos de verão realizados na Alemanha nazista. Não apenas recusou propostas de organizações judaicas americanas e de outros grupos religiosos para boicotar a Olimpíada de Berlim, com também cedeu às pressões alemãs, não permitindo que atletas judeus participassem dos jogos. Por insistência de Brundage, os únicos dois atletas judeus da delegação americana — ambos do atletismo — foram substituídos pouco antes do revezamento de 4 por 400m.* Pouco depois da realização da Olimpíada, o governo de Hitler assinou contrato com a companhia construtora de Brundage para a edificação da nova embaixada alemã em Washington.

*Um dos substitutos foi Jesse Owen, o incrível corredor negro que ganhou quatro medalhas de ouro naquela Olimpíada, inclusive a do revezamento 4 por 400 metros. (N. T.)

Por mais embaraçosa que tivesse sido a nomeação de Brundage para o comitê do grupo, ela foi insignificante comparada à ira despertada com a outra escolha: a do fabricante de automóveis Henry Ford, cujo gritante antissemitismo fora exaltado por Hitler em seu *Mein Kampf*. No início dos anos 1920, o *Dearborn Independent*, jornal semanal editado por Ford, publicou uma dezena de artigos violentamente antissemitas, inclusive o texto dos notórios "Protocolos dos Sábios do Sião", documento falso que afirmava conter as atas de uma conferência judia internacional comprometida com suposta trama para a dominação mundial. Segundo o historiador Norman Cohn, "o *Independent* fez mais do que qualquer outra obra para tornar famosos os Protocolos".[53]

O *Independent* e seu dono rapidamente atraíram a atenção de Hitler, àquela altura um relativamente desconhecido agitador político, que pôs em exibição exemplares do jornal em seu modesto escritório de Munique e pendurou o retrato de Ford numa das paredes. No prólogo de *Mein Kampf*, Hitler enalteceu Ford pelo "grande serviço",[54] que ele prestara à América e ao mundo por meio de seus ataques aos judeus. Em entrevista de 1923 para o *Chicago Tribune*, o futuro Führer alemão declarou: "Consideramos Heinrich Ford o líder do crescente movimento fascista na América".[55]

Em vista do histórico decididamente impalatável de Ford, foi de admirar que Wood pudesse ser tão obtuso para crer, como aparentemente aconteceu, que a nomeação do poderoso industrial fabricante de automóveis pudesse ser aceita pela comunidade judaica mesmo que um renomado empresário judeu — o diretor da Sears Lessing Rosenwald — fosse indicado para o comitê ao mesmo tempo. O Primeiro a América anunciou os dois novos membros simultaneamente, por certo esperando demonstrar que pessoas com opiniões muito diversificadas podiam colocar suas diferenças de lado na luta pela causa da anti-intervenção.

Se essa era a expectativa do grupo, falhou redondamente. O anúncio causou um dilúvio de ataques ao Primeiro a América, culminando com a renúncia à organização de Lessing Rosenwald e a votação no conselho executivo para a saída de Ford do comitê nacional. Naquilo que constituiu gigantesca subestimação, Robert Stuart escreveu: "Estou agora convencido de que cometemos grave erro".[56] Dali por diante, nenhum judeu de destaque concordaria em se filiar ao comitê.

PARA ALGUNS GRUPOS ANTISSEMITAS na América, de fato marginais, Henry Ford era tanto inspiração como espécie de patrono. Sua bem difundida afiliação, ainda que por pouco tempo, ao Primeiro a América ajudou a levar membros daqueles grupos às fileiras dos comitês.

Tão incongruente coleção de extremistas só demonstrava união em sua tendência para jogar a culpa pelos problemas do país naqueles que consideravam ameaças ao genuíno americanismo, em particular judeus e comunistas (normalmente colocados no mesmo cesto), imigrantes, elite do Leste e governo Roosevelt. Nativismo assim tão equivocado fora em grande parte promovido pelas grandes sublevações sociais e econômicas que lançaram ondas de choque nos Estados Unidos nos anos 1920 e 1930. A Depressão, os padrões mais frouxos de conduta dos "Loucos Anos 1920" e o colapso do idealismo wilsoniano concorreram para produzir tensões, ansiedades e antagonismos não só entre os desempregados e destituídos, mas em todas as classes sociais. O historiador Richard Ketchum, que cresceu no seio de um lar de classe média em Pittsburgh, lembrava-se de que "por baixo da superfície relativamente serena da vida em minha rua calma [...] havia uma camada de insegurança, um medo do desconhecido e do inaceitável, um instintivo afastamento do que era alienígena. [...] Um tipo de insensato preconceito era a salvação para nosso mundo cuidadosamente estruturado".[57]

A necessidade de encontrar bodes expiatórios para a miséria e a incerteza da vida moderna concorreu para o crescimento da intolerância racial e religiosa que, em muitos casos, explodiu em ódio. Grupos com nomes como Black Legion [Legião Negra, em tradução livre], Crusaders for América [Cruzados pela América, em tradução livre] e Knights of the White Camellia [Cavaleiros da Camélia Branca, em tradução livre] pipocaram como cogumelo após a chuva. No fim dos anos 1930, Eric Sevareid, então repórter de jornal em Minneapolis, recebeu o encargo de expor as atividades de um desses grupos, denominado Silver Shirts [Camisas de Prata, em tradução livre], cujo fundador, William Dudley Pelley, supostamente tencionava marchar sobre Washington para tomar o controle do país e expulsar os judeus. A investigação de Sevareid sobre os Silver Shirts foi "experiência inacreditavelmente bizarra", recordou-se ele, "como Alice penetrando na toca do coelho e caindo no mundo do Mad Hatter [Chapeleiro Maluco, em tradução livre]. Passei noites de arrepiar os cabelos em salas de estar de cidadãos de classe média que despejavam loas a Adolf Hitler e ansiavam pelo dia em que Pelley assumisse o poder como o Hitler americano. [...] Eles eram doidos varridos".[58]

Outro grupo que despertou considerável atenção foi a Vindicator Association [Confirmação Legitimadora, em tradução livre], movimento anti-imigratório fomentado pelo senador Robert Reynolds, que presidiu o Comitê de Assuntos Militares do Senado em 1941. Democrata conservador pela Carolina do Norte, Reynolds era isolacionista e anglófobo apaixonado, um dos poucos sulistas do Congresso com tais opiniões. Ele criara a Legitimadora, dizia, para manter a América distante da guerra, barrar a imigração por pelo menos dez anos e "banir todos os 'ismos' que não o americanismo". Rapazes eram encorajados a se juntar à "patrulha de fronteira" da associação para pegar "criminosos estrangeiros",[59] recebendo dez dólares por cabeça que agarrassem.

O projeto de lei apresentado por Reynolds para o banimento da imigração por dez anos foi uma das mais de sessenta medidas antiestrangeiros e anti-imigração examinadas pelo Congresso no fim dos anos 1930 e início dos 1940. O republicano Martin Dies, presidente do Comitê de Atividades Anti-Americanas da Câmara dos Deputados, expressou a atitude xenofóbica de muitos legisladores quando trovejou: "Temos de ignorar as lágrimas de chorosos sentimentalistas e internacionalistas, e fechar, passar o cadeado e lacrar as portas de nosso país para novas ondas de imigração, depois jogar as chaves fora".[60]

Reynolds enfurecia-se ao ouvir qualquer insinuação de que sua associação era antissemita. "Somos simplesmente antialienígenas", disse a um repórter. "Quero que nossos ótimos rapazes e nossas moças adoráveis consigam todos os empregos neste maravilhoso país."[61]

Apesar da atenção dispensada a eles, entretanto, o grupo extremista de Reynolds e a maioria das associações parecidas conseguiram relativamente pequena quantidade de membros e tiveram pouca influência. O mesmo não podia ser dito sobre o movimento de massa iniciado pelo padre católico e agitador de multidões Charles Coughlin, aliado próximo de Henry Ford, cujo programa de rádio semanal, no seu ápice, chegou a ter aproximadamente 40 milhões de ouvintes. Coughlin, que transmitia seus programas de uma paróquia de subúrbio em Detroit, considerava-se líder dos trabalhadores e, regularmente, disparava diatribes contra o governo e contra Wall Street. Arraigado antissemita, ele também propagandeava a "conspiração anticristã"[62] dos judeus, dos comunistas, de Roosevelt e dos ingleses. Na campanha presidencial de 1940, Coughlin fez ataques selvagens ao presidente, nos quais referia-se favoravelmente a Hitler e Mussolini, exaltou a perseguição nazista aos judeus e acusou os banqueiros judeus de financiarem a Revolução Russa. "Quando acabarmos com os judeus na América", declarou, "eles sentirão que o tratamento recebido na Alemanha não foi nada".[63]

Muito do apoio recebido por Coughlin vinha da classe urbana e operária católica; ele era especialmente popular entre as comunidades trabalhistas de irlandeses-americanos em Boston, Nova York, Chicago e outras cidades. Mas seus seguidores também incluíam pessoas como Philip Johnson, estudante de Harvard e membro de destacada família de Ohio, que anos depois emergiria como um dos mais famosos e influentes arquitetos da América. Johnson enamorou-se pelo nazismo quando viajou pela Alemanha no começo dos anos 1930. Em 1939, ele foi mandado para Berlim como correspondente do *Social Justice*, jornal antissemita de Coughlin.

Durante a invasão alemã da Polônia, Johnson visitou o front com outros jornalistas estrangeiros a convite do governo de Hitler. O correspondente da CBS William S. Shirer, também membro da delegação, foi forçado por servidores da propaganda alemã a dividir um quarto de hotel com Johnson, na cidade polonesa de Sopot. "Nenhum de nós aguenta esse sujeito e suspeitamos que ele nos espione para os nazistas", resmungou Shirer em seu diário. "Na última hora em nosso quarto, ele posou de antinazista e tentou sondar minha atitude."[64]

Fosse Johnson o que fosse, com toda a certeza ele não era antinazista. Em carta descrevendo seu giro pela Polônia devastada, escreveu: "Os uniformes alemães verdes fazem o lugar alegre e feliz. Não há muitos judeus à vista. Testemunhamos o bombardeio de Varsóvia e Modlin. Foram espetáculos emocionantes".[65]*

Os despachos de Johnson da Alemanha foram publicados no *Social Justice*, tabloide semanal enviado pelos correios aos assinantes e vendido nas ruas por jovens integrantes do movimento de Coughlin, que se aproveitavam da oportunidade para provocar brigas com pedestres que parecessem ser judeus. Após insultar os passantes e exigir que comprassem o jornal, os brigões de Coughlin frequentemente saltavam sobre eles e os agrediam.

Por todo o início dos anos 1940, os ataques a judeus em Nova York, Boston e outras cidades cresceram em quantidade e intensidade. Bandos de seguidores de Coughlin, muitos usando soco-inglês, investiam contra judeus em ruas e parques, violavam cemitérios judaicos e vandalizavam

*Anos mais tarde, Johnson se arrependeria de seu notório passado. "Não tenho desculpa [para] tão inacreditável estupidez", disse ele: "Não sei como se expia dano causado". (N.T.)

sinagogas e lojas cujos donos eram judeus. O diário *PM*, jornal liberal de Nova York, chamou a violência de "organizada campanha de terrorismo".[66]

Para seu desgosto, o Primeiro a América se viu cada vez mais associado ao padre Coughlin e seus adeptos. Vendedores do *Social Justice* com frequência se reuniam em calçadas no entorno de comícios do Primeiro a América para oferecer o jornal e destratar os passantes. Em memorando às sucursais locais, Ruth Sarles qualificou os coughlinistas e outras organizações de "ameaças".[67] Observou que tais elementos "ziguezagueiam como formigas em várias atividades dos comitês",[68] fazendo muitas pessoas assemelharem suas opiniões com as do Primeiro a América. Embora Sarles e líderes dos comitês denunciassem essa promiscuidade, o fato foi que muitas filiais aceitaram de braços abertos apoiadores de Coughlin e outros extremados como membros, com o próprio Coughlin conclamando seus seguidores a se juntarem aos grupos anti-intervencionistas.

Não surpreendeu, então, que, enquanto o debate sobre a guerra se intensificava no fim de 1940 e início de 1941, os críticos intervencionistas do Primeiro a América não sentissem o menor remorso em condenar a organização como "esteira de transmissão nazista"[69] e "primeiro partido fascista na história desta nação".[70]

16

A PESTE BUBÔNICA ENTRE OS ESCRITORES

DESDE O DIA EM QUE VOLTOU DA EUROPA para os Estados Unidos, na primavera de 1939, Anne Lindbergh mostrou disposição de ficar longe dos holofotes: não desejava se envolver no tumulto sobre a guerra. Mas a crítica amarga desfechada contra seu marido fez Anne repensar sua posição.

No outono de 1940, foi reaberta a estação de caça a Charles Lindbergh. Segundo a *Christian Century*, revista capitânia do protestantismo nos EUA: "O ataque lançado a Lindbergh foi bem mais forte que o dos canhões comuns do debate. Pulsava veneno. Se esse homem, outrora ofuscante herói da nação, tivesse se revelado outro Benedict Arnold, não seria submetido a tanta difamação e calúnia".[1]

Lindbergh, impassível como sempre, demonstrava pouca ou nenhuma emoção quando atacava o governo Roosevelt e seus outros oponentes intervencionistas. Como observou um jornal: "Ele jamais 'leva para o lado pessoal', nunca é injurioso, não cede a insinuações ou a argumentos dissimulados e é estritamente factual e lógico".[2] Nem ele, tampouco Anne, que cresceu em mundo encapsulado e seguro onde imperava a civilidade, foram capazes de entender por que seus críticos não mantinham seus argumentos em patamar igualmente elevado.

Em agosto de 1940, Lindbergh mostrou a Anne alguns telegramas "furiosos" de velhos amigos. Um deles dizia: "Você deixou a América muito mal"; outro: "Você defende todas as atrocidades de Hitler". Anne amargurou-se com a maldade das mensagens. "Eles têm o direito de criticar — mas jogar lama, largar os fatos e apenas arremessar nomes a esmo!" — escreveu ela em seu diário. "Isso me alarma porque, se alega, eles são os inteligentes, os moderados, os tolerantes."[3]

Quando releu seu diário quase quarenta anos mais tarde, Anne ficou espantada com sua inexperiente, ingênua "inocência sobre política e com a violência de minha indignação".[4] Na ocasião, contudo, ela se sentiu compelida — "devido ao [...] meu desesperado sentimento da injustiça contra C".[5] — a justificar e defender o marido e a posição dele com respeito à guerra, mesmo que ainda estivesse insegura quanto a seus próprios sentimentos sobre a questão.

Apesar de ter adotado os pontos de vista de Charles, Anne não acreditava de coração no isolacionismo. Nem acompanhava outros do campo não intervencionista: "Os argumentos isolacionistas com frequência são estreitos, materialistas, míopes e de todo egoístas — sinto repulsa por eles".[6]

Seu conflito interior aumentou ainda mais depois de ler cartas, a ela mostradas por Con e Aubrey Morgan, de amigos dos Morgans na Inglaterra, que enfrentavam a carnificina da Luftwaffe. "Eram cartas comoventes", reconhece Anne, "que transbordavam uma espécie de ardor pelo sacrifício, pelo heroísmo, pela beleza de espírito, pela certeza do propósito e pela coragem que desafiava o perigo, a morte ou o desânimo. Tudo parece realmente, como eles dizem, elisabeteano".[7] Tempos depois, Anne escreveu: "Quando se escuta esse lado, sente-se que os ingleses estão certos ao resistirem até o fim, que não existe esperança em tratativas com os alemães".[8]

No fim de agosto de 1940, Anne sentou-se para compor o que chamou "argumento moral para o isolacionismo", tentando conciliar "o terrível dilema que persiste eternamente entre [nosso] coração, que está na Europa, e [nossa] cabeça, que tenta ser americana e determinar qual a melhor linha para o país".[9] O resultado foi um estranho e confuso livrinho que ela intitulou *The Wave of the Future* [A onda do futuro, em tradução livre]. O subtítulo adotado foi *A Confession of Faith* [Uma confissão de fé, em tradução livre], porém Con Morgan julgou que um subtítulo mais adequado seria *A Confession of Doubt* [Uma confissão de dúvida, em tradução livre], para sublinhar a crise de identidade que a autora evidentemente experimentava, "dividida como estava entre ser Anne Morrow ou sra. Charles Lindbergh".[10]

Quando se lê *The Wave of the Future*, fica patente que Anne não tinha resolvido suas dúvidas ou clareado a confusão causada pelas questões sobre as quais escrevia. Suas ideias parecem incompletas, e sua escrita, nebulosa, imprecisa, poética, algo mística e ilógica. Captar o que ela tenta dizer é praticamente impossível. Segundo a *Life*, mesmo seu marido "não entendeu totalmente"[11] o livro.

O tema central posto no papel deu a impressão de ser que as ideologias totalitárias, como o fascismo e o comunismo, haviam sido muito bem-sucedidas no emprego de tecnologias modernas e avanços científicos para instilar energia, dinamismo e senso de autossacrifício e orgulho nos povos sob seu controle. Essas ideologias surfavam uma revolucionária "onda do futuro",[12] um conceito que Anne realmente não explicou, dizendo apenas que "continuo achando que ela poderia ser dirigida, poderia ser uma força para o bem do mundo, caso apenas observada, reconhecida e virada para a direção certa". E acrescentou que a onda "não foi corretamente produzida na Alemanha ou na Rússia, mas talvez possa ser corrigida"[13] na América.

Anne rotulou o nazismo e as outras crenças totalitárias de "lixo na onda do futuro".[14] Simultaneamente, foi uma crítica severa do que viu como pecados das democracias do mundo — "cegueira, egoísmo, irresponsabilidade, presunção, letargia e resistência à mudança — pecados pelos quais nós, 'as Democracias,' todos nós, somos culpados".[15] Para muitos dos leitores do seu livro, se não a maioria, ela pareceu colocar no mesmo nível as inadequações das nações livres e a descabida agressão e as brutais perseguições perpetradas pela Alemanha e outras ditaduras.

Em vez de "descer para o redemoinho da guerra" e tentar combater o que era na verdade uma revolução na Europa, escreveu Anne, a América tinha de focalizar sua própria reforma, construindo uma nova sociedade que encaminhasse essa amorfa "onda do futuro"[16] para o bem do país e do mundo. "Não há como lutar contra a onda do futuro, pois tudo ocorre como, quando se é criança, de repente se vê aquele vagalhão desabando sobre nossa cabeça", alertou ela. "Aprende-se que não adianta ficar de pé e enfrentá-lo ou, pior ainda, correr dele. Tudo o que se pode fazer é mergulhar ou saltar junto com a onda. Do contrário, ela seguramente estoura em cima da gente."[17]

Desde que começou a escrever *The Wave of the Future*, Anne teve premonição da reação negativa que o livro decerto provocaria. "Será considerado antibritânico e 'maculado' de propaganda germânica (embora eu não a defenda — e sou ostensiva em minha aversão aos horrores na Alemanha — como também admiro os ingleses)",[18] escreveu ela. Contudo, na realidade, nem a aversão nem a admiração ficam inquestionavelmente evidentes no livro.

Anne também estava plenamente consciente de que sua falta de credenciais como especialista nos assuntos que abordava era forte munição para os críticos. Entre eles houve um amigo ao qual Anne mostrou o manuscrito antes da publicação. "Ele só devolveu todas as dúvidas e receios que eu tinha sobre o livro e sobre mim mesma", registrou Anne melancolicamente. Qualificou-o de "presunçoso — que eu não tinha direito de escrevê-lo sem mais conhecimento de história, economia, relações exteriores etc. Que seria estraçalhado pela crítica. Seria tachado — com certa razão — de 'quinta-coluna'. Que não ajudaria C. de modo nenhum e que me seria muito prejudicial".[19]

O amigo estava certo. O livro de Anne foi publicado em outubro de 1940, no clímax da blitz, quando os supostamente letárgicos ingleses, da perspectiva de Anne, demonstravam o mesmo orgulho, determinação e autossacrifício que ela atribuíra à Alemanha e a outros estados totalitários. A despeito da infeliz oportunidade, *The Wave of the Future* rapidamente se transformou no livro de não ficção mais vendido no país — 50 mil exemplares só nos dois primeiros meses — porém a maior parte das reações, tanto de críticos como de simples leitores, foi intensamente desfavorável. Um dono de livraria escreveu a Alfred Harcourt, editor de Anne: "Os dois Lindberghs deveriam ser postos atrás de cercas de arame farpado!".[20] No entanto, pelo menos um dos autores de resenhas — E.B. White, aclamado ensaísta e autor de livros infantis — foi capaz de ler nas entrelinhas da prosa turva e da análise obscura de Anne e produzir uma avaliação equilibrada e judiciosa da autora. "Não pude concluir sobre aquilo em que ela acredita, tampouco achei o livro claro ou bom", escreveu White para *The New Yorker*. Mas acrescentou que, apesar de julgá-la equivocada em suas deduções, "não acredito que a sra. Lindbergh tende mais para o fascismo do que eu, ou que deseja um tipo diferente de mundo, ou mesmo que seja uma derrotista; penso, em vez disso, que ela é uma pessoa poética, liberal e talentosa às voltas com sua própria mente (como qualquer um nos dias de hoje) e tentando encontrar pela escrita seu caminho na escuridão".[21]

Poucos outros comentários sobre o livro foram tão perspicazes e tolerantes. Dorothy Thompson acusou Anne de chamar comunismo, fascismo e nazismo de "onda do futuro", pressupondo que o livro seria usado como manual para Charles Lindbergh criar um movimento fascista nos Estados Unidos. Fazendo eco para tal opinião, Harold Ickes tachou *The Wave of the Future* de "Bíblia para todos os nazistas, fascistas, germanófilos e apaziguadores americanos".[22] Meia década mais tarde, Arthur

Schlesinger Jr., em sua autobiografia, iria se referir ao livro de Anne como "pequeno best-seller venenoso" que encarou o totalitarismo como "um novo e talvez, no fim, bom conceito de humanidade tentando nascer".[23]

Anne decepcionou-se com o que considerou citações e avaliações erradas de sua obra. "Eu não disse que o totalitarismo era a onda do futuro", escreveu em seu diário. "Na verdade, afirmei enfaticamente que *não* era — e que esperava que nós na América pudéssemos seguir nosso caminho."[24] Em artigo para *The Atlantic Monthly*, Anne tentou liquidar os mal-entendidos, reiterando que enxergava o fascismo, o comunismo e o nazismo como "lixo na superfície da onda" do futuro, não a onda em si. "Para mim, a onda do futuro é [...] um movimento de ajuste para era muito científica, mecanizada e material da civilização [...] e que me parece inevitável. Sinto que temos de enfrentar essa onda, e não é obrigatório que o façamos da mesma maneira que os governos autoritários. Do fundo de minhas convicções oponho-me a esses métodos."[25]

Muitos anos depois, Anne revelaria quão profundamente se arrependeu de ter escrito o livro. "Foi um erro", disse ela em entrevista na televisão. "Não ajudou ninguém [...] não me competia escrevê-lo. Faltava-me conhecimento suficiente." Na ocasião da publicação, ela se sentiu arrasada pela avassaladora reação negativa e furiosa consigo mesma por não ter a capacidade literária de expor claramente suas ideias aos leitores. Não apenas fracassou na missão de defender o isolacionismo, como passou a ser considerada por muitos como proponente do fascismo. "Terei de carregar esse peso por toda a vida?"[26] — perguntou-se em desespero.

Anne ficou em especial angustiada com a perda do convívio com quem julgava partilhar ideias, em especial escritores; tendo criado seu próprio círculo naquele meio, sentia-se agora exilada dele. "Meu casamento", observou tristemente, "distanciou-me do meu mundo, mudou-me tanto que não é mais possível desfazer a mudança".[27]

Quando uma amiga telefonou convidando os Lindberghs para jantar com o romancista Robert Nathan e esposa, Anne perguntou à anfitriã se ela estava certa de que os Nathans queriam a companhia deles. Ficou encantada quando a amiga disse sim. "Talvez eu esteja errada", pensou Anne, "talvez as pessoas não se sintam tão amargas, talvez os dois mundos possam conviver. Talvez eu mesma tenha levantado uma muralha de vidro na qual a separação não existe".[28] Mas no dia seguinte, a anfitriã ligou de novo para dizer que de fato os Nathans "se sentiriam desconfortáveis". Anne desanimada registrou em seu diário: "Afinal de contas, é exatamente como eu pensava."[29]

O aviador e escritor francês Antoine de Saint-Exupéry.

Ficou ainda mais dolorida quando descobriu que o aviador e escritor francês Antoine de Saint-Exupéry estava em Nova York e, por estar "do outro lado", não poderia se encontrar com ele. No ano anterior, ela se envolvera emocionalmente com Saint-Exupéry depois que ele escreveu um prefácio altamente elogioso para a edição francesa do livro de Anne *Listen! The Wind*. Mesmo antes de se conhecerem, ela sentiu profunda identidade com o aristocrata francês, que se tornara aviador, cujos livros mais vendidos — *Terre des Hommes* e *Vol de Nuit* — descreviam a felicidade e os perigos de voar, bem como as relações humanas em linguagem mística que Anne muito apreciava. Ele, por sua vez, ficara tão empolgado com *Listen! The Wind* que insistiu em escrever um prefácio bem mais longo do que o editor solicitara e costumava brindar seus colegas de voo com trechos do livro.

Em agosto de 1939, o charmoso e volúvel Saint-Exupéry passou um fim de semana na residência dos Lindberghs no litoral norte de Long Island. Ele não falava inglês, e o francês de Anne era um tanto claudicante, mas isso não impediu que os dois passassem longas horas juntos, expondo seus pontos de vista sobre a escrita e a vida. Anne ficou encantada pelo interesse que despertou no francês — "não porque eu fosse uma mulher que precisasse ser tratada com polidez, seduzida com banalidades, não porque fosse filha de meu pai ou esposa de C; não, simplesmente por meu livro, minha mente, minha *arte*".[30]

Em prosa ofegante, típica das mocinhas, Anne descreveu em seu diário o tempo precioso que passou com Saint-Exupéry, comparando o encontro ao "brilho do verão" e declarando: "Céus, que felicidade foi falar, comparar, descartar tolices, ser entendida sem esforço".[31] Finalmente, ela encontrara alma irmã e, pelo restante de sua vida, recordar-se-ia daquele fim de semana como ocasião mais agradável, excitante e feliz que jamais experimentara. Sentiu muita saudade quando ele partiu e, durante anos depois, seu diário passou a conter referências ao francês.

Quando a França declarou guerra à Alemanha, Saint-Exupéry alistou-se na força aérea do país, voando em missões de reconhecimento sobre as linhas inimigas. Depois de a França cair dez meses mais tarde, ele retornou aos EUA. Como Anne notou, surgira então um golfo intransponível entre os dois — ele, obcecado antifascista, e ela, pretensa apologista do fascismo, "a peste bubônica entre os escritores".[32] A ideia de separação entre ela e o homem que viera a amar foi profundamente dolorosa.

Isolados em sua monótona fazenda branca, os Lindberghs levavam uma vida solitária e reclusa. Um grande pastor-alemão preto patrulhava o terreno, e a polícia local havia criado um posto na estrada que levava à residência. A família quase não se relacionava com sua vizinhança rica e constituída em sua maioria por intervencionistas, um dos quais era o secretário da Guerra, Henry Stimson. Praticamente todas as figuras do *establishment* da Costa Leste, que se aproximaram de Lindbergh após seu famoso voo, cortaram o contato com ele.

Quando um conhecido de Anne disse ao sócio da J.P. Morgan, Thomas Lamont, amigo da família Morrow e outrora amigo do aviador, que os Lindberghs viviam sozinhos e sugeriu uma visita ao casal, Lamont retorquiu friamente: "Não tenho nada a ver com eles".[33] Henry Breckinridge, advogado de Nova York que por muito tempo tivera Lindbergh como cliente, não apenas rejeitou a relação com o piloto como falou contra ele, assemelhando seu antigo amigo e cliente a vira-casacas como Vidkun Quisling da Noruega e Pierre Laval da França, declarando: "Ele, que prega as escrituras do derrotismo, é amigo de Adolf Hitler."[34] Em Washington, o almirante Jerry Land, *chairman* do Comitê Marítimo americano e primo em segundo grau de Lindbergh, entrou numa erupção de raiva quando um amigo mencionou o aviador. "Apenas, não consigo mais falar nele!", declarou Land. "Acho que ele se meteu com a gente errada e, de fato, está totalmente errado."[35]

Em sua luta para administrar essa enchente de rejeição, Anne tinha importante consolo: a despeito da tensão na convivência, sua própria família nunca a abandonou. Com efeito, todos os Morrows, inclusive sua mãe, se esforçavam extraordinariamente para manter a proximidade, tão importante para a unidade familiar. Quando Willian Allen White discursou vangloriando-se sobre o "truque realmente esperto",[36] que arquitetara ao persuadir Elizabeth Morrow a fazer pronunciamento pelo rádio se opondo aos argumentos isolacionistas de Lindbergh, Elizabeth escreveu uma carta áspera para White, reprovando-o pela maldade de seus comentários. "O coronel Lindbergh e eu diferimos sobre que atitude nosso país deveria tomar em relação à guerra", escreveu ela, "mas cada um respeita a sinceridade da opinião do outro, e não há mal-entendidos entre nós."[37]

Anne ficava feliz em particular com o fato de os laços estreitos que mantinha com a irmã, Con Morgan, não terem se desgastado. Depois de jantar certa noite com os Morgans, Anne falou de seu contentamento por ela e Con "ainda poderem conversar. Foi um belo jantar, agregador, mantendo todas as pontes firmes".[38] Em 1943, ela afirmou a uma conhecida que Con, Aubrey e seus colegas ingleses em Nova York haviam sido bem mais amáveis e acolhedores com ela e Charles durante aqueles tempos difíceis do que qualquer dos velhos amigos dela.

Aubrey Morgan, por sua vez, estava disposto a não abrir mão da longa amizade com o cunhado, a despeito do muito que discordassem em largo espectro de assuntos. Ele e John Wheeler-Bennett, companheiro de Morgan na Biblioteca Britânica de Informações, passaram muitas noites com Lindbergh, "argumentando, debatendo e, fundamentalmente, divergindo da maneira mais amigável", lembrou-se Wheeler-Bennett. "Jamais perdemos a calma nem colocamos nossa amizade em risco."[39]

Wheeler-Bennett não acreditava que Lindbergh fosse, no fundo, antibritânico — ele só achava que a Inglaterra não podia ganhar a guerra. "Nada que Aubrey ou eu disséssemos mudava sua opinião sobre a tendência inglesa pela improvisação ou pelo dom de amadorismo inspirado", escreveu Wheeler-Bennett. "Ele apenas descartara a Inglaterra como má aposta. Era contra a política de Roosevelt da 'toda ajuda que não seja guerra' por achar que seria jogar fora dinheiro bom."[40]

Anos mais tarde, Morgan diria a Reeve Lindbergh: "Seu pai nunca realmente entendeu o caráter inglês."[41] Para jornalistas descrentes que cunhados com pontos de vista tão disparatados pudessem se dar tão bem, Morgan, sorrindo, disse que a relação dos dois era "uma refutação eterna da invencibilidade da propaganda inglesa".[42]

A SÓLIDA RELAÇÃO DE ANNE COM SUA FAMÍLIA foi um dos poucos pontos altos de sua vida naquele outono. Sua defesa capenga da posição isolacionista do marido por certo não ajudou a abrandar os ataques contra ele. Ao contrário, os intensificou.

Tudo o que Lindbergh dizia ou fazia continuou sendo matéria para manchetes. Ele mudara o foco no rádio para falar em comícios antiguerra por todo o país, que, invariavelmente, atraíam multidões de adoradores. Os que não concordavam com suas opiniões afogavam a Casa Branca e o FBI com cartas sugerindo que Lindbergh fosse silenciado. "Como se permite um traidor nojento e covarde como Charles A. Lindbergh vomite dessa maneira?", escreveu um texano ao presidente Roosevelt. "Ele deveria ser amarrado a uma grossa corrente e lançado no meio do Atlântico, onde seu corpo não mais contaminaria o país."[43] Outros correspondentes instavam que Lindbergh fosse imediatamente despachado para a Alemanha.

Milhares de cartas injuriosas foram enviadas direto aos Lindberghs, muitas com linguajar tão violento ou obsceno que os Correios dos EUA começaram a inspecionar a correspondência do casal. Uma carta endereçada ao "Caro nazista Lindbergh", demandava que ele parasse com os discursos antiguerra "ou então você não verá seu outro bebê vivo no prazo de três semanas a partir de hoje."[44]

O que irava mais os críticos de Lindbergh não era apenas sua oposição à política intervencionista do governo, e sim sua aparente falta de preocupação ou simpatia pelos ingleses, que suportavam os bombardeios aéreos, e por outras vítimas dos nazistas. "Não há nada de bom nesse tal Lindbergh", publicou um jornal de Omaha. "Não é possível confraternizar com ele. [...] Enojados, viramos-lhe as costas. Será que existe mesmo um ser humano que não se sensibilize, ainda que um pouco, com o espetáculo de um mundo que ferve de miséria e pavor?".[45]

Até alguns de seus amigos isolacionistas se inquietavam com sua recusa em condenar as táticas nazistas ou almejar esperança pela salvação da Inglaterra. Norman Thomas aconselhou Lindbergh a declarar "oposição pessoal à crueldade, intolerância e tirania do fascismo. A deixar claro que, no mínimo, uma paz significaria a continuação da Inglaterra e seus domínios com autogovernos de nações independentes, possuidoras de autênticos poderes, e não fantoches de Hitler".[46] O historiador isolacionista Charles Beard alertou Lindbergh que ele "causava grande dano à causa da permanência fora da guerra ao dizer repetidas vezes em público que a Inglaterra perdeu a guerra."[47]

William Castle, o arquiconservador amigo de Lindbergh foi outro que insistiu para ele ser mais cuidadoso no que dizia. "Ele não liga para sua própria reputação desde que diga o que acredita ser verdade", registrou Castle em seu diário. "Disse-lhe que [...] só me preocupava com sua reputação porque ele era um ativo para aqueles de nós que queriam manter a América fora da guerra, e que ele não podia deixar que essa reputação virasse pró-germânica."[48] Castle se ofereceu para examinar os seus pronunciamentos a fim de amainar expressões excessivamente incendiárias — proposta que Lindbergh, polidamente, declinou. Ele passava horas preparando os discursos, cuidadosamente escolhendo cada palavra. Expressaria o que queria dizer, sem se importar que o dito pudesse transformá-lo em pária.

Lindbergh já asseverara à sogra, entre outras pessoas, que não desejava a vitória da Alemanha, que se opunha à perseguição nazista aos judeus e que sabia que a derrota inglesa seria "uma tragédia para o mundo inteiro".[49] Ao mesmo tempo, insistia que a Inglaterra já perdera a guerra e deveria apelar para uma paz negociada. Embora repetisse sem cessar que era neutro, o único beligerante que criticava era a Inglaterra.

Mesmo com o crescimento exponencial do movimento Primeiro a América, Lindbergh continuava sendo a arma mais potente dos isolacionistas. Suas opiniões, observou o jornalista Roger Butterfield, "tinham se tornado tão relevante quanto bombas. [...] A mágica de seu nome lendário, o atrativo de sua personalidade, a sinceridade que transmitia ao microfone, tudo havia persuadido milhões de americanos, que antes estavam apenas meio convencidos, de que não havia razão para os Estados Unidos lutarem contra Hitler, ou dele terem medo".[50]

Cada vez mais o presidente Roosevelt via Lindbergh como séria ameaça ao seu governo e à sobrevivência da Inglaterra. Ele e outros intervencionistas logo lançariam ampla campanha para neutralizar a influência do aviador. Porém, primeiro, FDR tinha de administrar outro potente rival — Wendell Willkie.

17

UMA DESGRAÇA NACIONAL

Por qualquer critério de comparação, a campanha presidencial de 1940 foi uma das mais virulentas da história moderna americana. Henry Wallace a chamou de "extraordinariamente suja".[1] Robert Sherwood rotulou-a "uma desgraça nacional" e "hipocrisia horrorosa na qual cada contendor se sentiu compelido a usar máscara falsa."[2] Marcia Davenport, esposa do coordenador da campanha de Wendell Willkie, a descreveu como "uma briga tristemente violenta na qual nenhum dos candidatos manteve integridade".[3]

Ainda assim, no início, houve algum otimismo de que a disputa pudesse ser civilizada. Diferenças importantes em questões políticas não existiam entre Willkie e Franklin Roosevelt. Willkie dera apoio a muitos dos programas sociais do New Deal e, malgrado a acerba oposição dos líderes republicanos, fizera o mesmo em relação à política externa do presidente. Na realidade, Willkie fora até bem mais enfático do que FDR sobre a importância de se enviar ajuda à Inglaterra com a maior rapidez possível.

Para Willkie, entretanto, essa similaridade de pontos de vista rapidamente se transformaria num problema sério — uma da série de dificuldades, muitas autoinfligidas, que começaram quase imediatamente após a convenção republicana. Em vez de capitalizar em âmbito nacional a agitação provocada na convenção, aparecendo em todo o país, Willkie e seus assessores entraram em férias por cinco semanas nas montanhas do Colorado. Anos mais tarde, um dos auxiliares reconheceu: "Deixamos esfriar a coisa mais quente do mundo".[4]

Uma vez começada, a campanha de Willkie revelou-se, em todos os aspectos, a mais desorganizada de que se tem lembrança — "um jorrar de anarquia e confusão,"[5] desgundo Marcia Davenport. Raymond Clapper observou: "Raramente se viu tanto caos numa campanha presidencial", acrescentando que "se o governo Willkie na Casa Branca não funcionar com mais unidade, coordenação e eficácia do que sua campanha, então a administração do país ficará quase paralisada".[6]

Willkie e Russell Davenport, que renunciara a seu cargo de editor--chefe de *Fortune* para coordenar a campanha, deixaram absolutamente claro desde o início que tinham pouco a ver com os chefões republicanos, ignorando que precisariam dos meios do partido, em dinheiro e em recursos humanos, para montar uma corrida em âmbito nacional. Na caravana da campanha, um estado quase de guerra imperava entre o bando de amadores de Willkie e a velha guarda republicana, que, ocasionalmente, viajava com o candidato.

O mais assustador desafio de Willkie, porém, era convencer os americanos de que, apesar da concordância com Roosevelt na maioria das questões importantes, diferenças havia suficientemente significativas para que eles votassem num neófito político e não em um calejado veterano. O republicano se decidiu por três linhas de ataque: a permanente incapacidade de Roosevelt para organizar a economia e abaixar o alto desemprego; seu fracasso em mobilizar a indústria para rearmar o país com a rapidez necessária ante acelerada e crescente ameaça alemã; e seu alegado instinto ditatorial, demonstrado na decisão de se candidatar ao terceiro mandato.

Contudo, nas três linhas de ação, as circunstâncias trabalharam contra Willkie. Apesar de o desemprego permanecer inaceitavelmente alto e a mobilização de guerra estar, de fato, desorganizada, recursos financeiros suficientes haviam sido injetados na economia durante os meses anteriores para desencadear o *boom* de oportunidades de colocação e de consumo. E embora os eleitores estivessem desconfiados dobre um terceiro mandato, tal preocupação, para muitos, era contrabalançada pela propensão a se reeleger o ocupante do cargo em ocasião de crise internacional.

Já frustrado por sua incapacidade de infringir dano político ao seu oponente, Willkie ficou ainda mais aborrecido quando, ao longo de setembro e com outubro avançado, Roosevelt se portou como se não existisse adversário. A astuta e velha raposa dava ao amador uma aula de mestre em política. Em vez de se engajar em campanha tradicional, colocou-se acima da disputa, frisando seu papel de comandante em chefe ao realizar giros de inspeção muito divulgados em viçosos estaleiros e complexos fabris aeronáuticos e de material bélico. Tais visitas tinham por finalidade sublinhar não só a dedicação de FDR a uma forte defesa nacional, como também o constante aumento dos empregos relacionados à defesa.

Enquanto Roosevelt parecia indiferente ao fato de que uma campanha presidencial estava realmente em andamento, seus auxiliares faziam de tudo para solapar a confiança e a crença do povo no candidato republicano. E o faziam, em parte, manobrando habilidosamente as divisões e contradições dentro do GOP, tentando manchar o Willkie liberal e intervencionista com o isolacionismo e extremo conservantismo do partido republicano.

Começou a circular o rumor de que Willkie nada mais era do que chamariz dos republicanos reacionários e dos grandes negócios, que planejavam um governo ao estilo fascista se seu candidato fosse eleito. "Chegou a hora de expor claramente ao povo americano o plano de entregar seu governo a Wall Street", declarava um memorando de campanha não assinado existente entre os papéis de Harry Hopkins na Casa Branca. "Será um triste dia para o trabalho e para outros grupos deste país, que sempre têm de travar batalha em condições desfavoráveis, caso esse grupo sórdido se infiltre sorrateiramente na calada da noite."[7]

Não há dúvida de que Roosevelt ainda era demasiadamente odiado por substancial parcela da comunidade de negócios e que boa quantidade de proeminentes empresários, temendo por seus lucros, advogava uma paz negociada entre a Inglaterra e Hitler. Porém nunca vieram à luz provas para a ideia de que líderes de corporações planejavam sublevação, ou que Wendell Willkie fosse tudo, menos um liberal, que se opunha aos reacionários de seu próprio partido tão fortemente quanto era contrário a Roosevelt.

Não obstante, FDR e muitos dos que o cercavam aparentemente se convenceram de que a vitória de Willkie seria quase logo seguida por um *coup d'état* fascista. "Willkie é indubitavelmente perigoso," observou Harold Ickes em seu diário. "Com ele na Casa Branca, os interesses do dinheiro ficarão com controle completo, e podemos esperar um fascismo americano abrandado assim que ele puder estabelecê-lo."[8] Henry Wallace, enquanto isso, anotava em seu diário que Roosevelt "estava convicto de que Willkie no íntimo era um totalitário".[9]

Em função da imagem ferrenhamente isolacionista do GOP, Willkie ficou também vulnerável à acusação de que sua eleição seria bem recebida, até defendida, pela Alemanha nazista e por seus adeptos nos Estados Unidos. Em repetidos discursos, Wallace, designado o briguento da chapa democrata, chegou muito próximo de dizer que um voto para Willkie seria um voto a favor de Hitler. "O candidato republicano não é um apaziguador nem amigo de Hitler", afirmou o indicado democrata à vice-presidência em discurso no interior de Nebraska. "Mas vocês podem estar certos de que todo nazista, todo hitlerista e todo apaziguador é um republicano."[10] Em outra fala, Wallace insistiu "não assevero estarem os líderes republicanos, deliberada e conscientemente, dando ajuda a Hitler. Mas quero sublinhar que a substituição de Roosevelt, mesmo que seja pela mais patriótica liderança que possa ser encontrada, será júbilo para Hitler".[11]

Desconsiderando a claríssima rudeza do palavreado de Wallace, as manchetes dos jornais centraram na intenção da mensagem. O *Daily News* de Nova York trombeteou WILLKIE É HOMEM DE HITLER, DIZ WALLACE,[12] enquanto o estilo do *Des Moines Register* foi um pouco mais comedido: NAZISTAS PREFEREM GOP — WALLACE.[13] Em editorial que rebateu as alegações de Wallace, *The New York Times*, favorável a Willkie depois de apoiar Roosevelt nas duas eleições anteriores, declarou: "Não temos a ilusão de que Hitler e Mussolini gostam de mr. Roosevelt. Também não alimentamos ilusões de que eles gostarão mais de mr. Willkie [...] já que mr. Willkie é tão vigoroso pró-americano e tão veemente anti-Eixo quanto mr. Roosevelt".[14]

O fato de os pais de Willkie serem imigrantes alemães foi encarado pelos políticos democratas como outro possível trunfo no jogo sujo partidário. Agindo em nome do presidente, Harold Ickes solicitou ao FBI que investigasse o histórico de Willkie, mas J. Edgar Hoover, que havia sido alertado por um de seus agentes de alto escalão que investigação política tão gritante seria um "erro sério",[15] rejeitou a solicitação. Mesmo assim, uma campanha sussurrante sobre a ancestralidade germânica de Willkie, inclusive boatos de que seu sobrenome era, na verdade, Wulkje, foi colocada em campo por membros do Partido Democrata. Panfletos anônimos circularam afirmando que Willkie aprovava a teoria de Hitler da superioridade racial dos alemães e revelando até que uma irmã do candidato era casada com oficial naval nazista. Na verdade, ela era casada com o adido naval americano em Berlim.

Mais tarde na campanha, o Comitê Nacional Democrata assestou a pontaria na tentativa de Willkie de conquistar os eleitores negros de

Roosevelt. A divisão de minorias do DNC emitiu declaração alegando que Indiana, cidade natal de Willkie, exibia cartazes com os dizeres: "Crioulo, não fique por aqui quando o sol se puser".[16] Também citou uma suposta tirada frequente de Willkie: "Você não pode fazer isso comigo. Eu sou homem branco".[17] Willkie, que combatera a Ku Klux Klan quando jovem advogado e que, em 1940, recebia o apoio de diversos jornais negros, rechaçou a declaração como "a mais torpe e indecente"[18] de toda a campanha.

Os ataques a Willkie não eram meramente verbais. Segundo seu biógrafo Steve Neal, o republicano "julgou-se alvo de mais violência que qualquer candidato presidencial em uma geração".[19] Em muitas paradas de campanhas em grandes cidades, especialmente em distritos de classe operária, foram atirados em Willkie todos os tipos de objetos, desde ovos podres, frutas, vegetais, pedras e lâmpadas queimadas até uma cadeira e uma lixeira de escritório (estas duas últimas arremessadas de janela de escritório e caíram muito perto do candidato). Num dos eventos, a esposa de Willkie ficou com a roupa emporcalhada por ovos lançados sobre ela. Essa baixaria, normalmente acompanhada de vaias e assobios, ocorreu tantas vezes que o *New York Times* publicava diariamente uma tabela com o tipo e quantidade de objetos lançados e dos que atingiam o alvo.

Chamando os ataques de "censuráveis",[20] Roosevelt instou as autoridades locais para que indiciassem os agressores de Willkie. Ocorre, porém, que muitas perturbações eram orquestradas por chefões democratas das metrópoles, entre eles os mesmos prefeitos e outros funcionários locais aos quais o presidente apelara por justiça.

Irado com a incivilidade, bem como com o questionamento pelos democratas de seu patriotismo e a sua propensão pela tolerância racial, Willkie começou a repensar sua determinação em manter a campanha dentro de limites de dignidade. Foi encorajado nesse esforço por líderes do GOP, que, independentemente da aversão pessoal que tinham pelo candidato, estavam desesperados por uma vitória republicana contra Roosevelt. Ressaltaram para o candidato que ser razoável não lhe tinha rendido pontos políticos, muito ao contrário, fizera-o despencar nas pesquisas, a despeito das semanas de campanha frenética por todo o país. No início de setembro, ele e Roosevelt se encontravam tecnicamente empatados nas pesquisas; porém, no fim do mês, o presidente tinha pelo menos dez pontos percentuais de vantagem.

Para recuperar momento, os políticos republicanos aconselharam Willkie a desistir de seu tolo bipartidarismo e a atacar Roosevelt onde ele era mais vulnerável — na guerra. Falando claramente, disseram que Willkie tinha de renunciar a tudo que defendera poucas semanas antes e montar uma campanha de intimidação contra o presidente, argumentando para os eleitores que a paz era a melhor política para a América e que um voto para Roosevelt era um voto pela guerra.

Willkie finalmente concordou; a raiva contra os democratas e o desejo de vencer Roosevelt sobrepujaram seus princípios de consciência. De repente, o candidato intervencionista começou a soar com apóstolo do isolacionismo, acusando o presidente de causar "um caminhar para a guerra".[21] Segundo o escritor político Richard Rovere, "Quando a campanha terminou, Willkie estava tão contra o homem que fora cinco meses antes quanto ao outro candidato".[22]

No rádio nacional, Willkie declarou que Roosevelt "encorajara a conflagração europeia"[23] e deu a entender que seu oponente fizera acordo secreto com a Inglaterra para entrar na guerra. "Podemos ter paz", acrescentou o republicano, "mas temos que saber preservá-la. Para começar, não devemos travar a guerra dos outros. Nossos rapazes têm de ficar fora da Europa."[24] Em outro discurso, alertou que, sob Roosevelt, jovens americanos "já estavam quase a bordo de navios-transporte", porém, se me puserem na Casa Branca, "não enviarei nenhum rapaz americano para o matadouro de outra guerra".[25]

A súbita metamorfose de Willkie desagradou muitos de seus mais destacados apoiadores, inclusive diversos jornalistas que haviam defendido sua candidatura. Raymond Clapper deplorou seus "argumentos de conveniência" e "apelos bitolados", dizendo mais que esses "maus julgamentos [...] levantaram graves dúvidas, pelo menos em mim, sobre a espécie de trabalho que ele faria como presidente".[26] Henry Luce, que escrevera minutas de discursos de campanha para Willkie e afogara Russell Davenport com conselhos políticos, lamentou a manobra do candidato na questão da guerra, dizendo mais tarde que ele deveria ter "dito a verdade e enfrentado [a derrota] com [...] honra".[27]

Walter Lippmann, outro influente jornalista que apoiou e ocasionalmente assessorou Willkie, insistiu que o candidato não dividisse o país na questão da guerra. Na primavera e verão de 1940, Lippmann criticara intensamente Roosevelt pelo que percebia como timidez e falta de liderança do presidente, e aplaudira Willkie por sua franca defesa de ampla e imediata ajuda à Inglaterra. Então, desconcertado pela mudança de atitude do candidato republicano, Lippmann cortou todas as relações com ele.

Contudo, apesar do grande desapontamento de alguns seguidores de Willkie quanto a seus intensos e estridentes receios da guerra, a tática começou a causar o efeito desejado. Em meados de outubro, a confortável vantagem do presidente nas pesquisas havia desaparecido; Willkie liderava na maior parte do Meio Oeste e mostrava indícios de crescimento no Nordeste.

Em consequência, foi a vez de os democratas entrarem em pânico. Telefonemas e telegramas inundaram a Casa Branca instando Roosevelt a abandonar sua posição olímpica de comandante em chefe e a se envolver pessoalmente na campanha. "Os líderes políticos viam em seus próprios distritos, que no concernente à votação para a presidência, o povo americano simplesmente se recusava a ser favas contadas," observou Samuel Rosenman, principal preparador de discursos de FDR. "As pessoas querem ouvir os temas de campanha debatidos pelos candidatos. Por sorte para o presidente, os relatórios que recebia fizeram-no entender isso a tempo."[28]

Porém, antes que Roosevelt pudesse entrar na batalha, eles e seus auxiliares foram forçados a lidar com um assunto que poderia levar muito perigo para sua reeleição. A Casa Branca descobriu que o editor republicano de jornal chamado Paul Block havia adquirido um punhado de cartas recentes de Henry Wallace com seu outrora guru, Nicholas Roerich, e pensava em publicá-las.

Harry Hopkins, que de alguma maneira conseguira cópias das cartas, informou a FDR que elas eram bastante danosas. A linguagem extremamente mística e codificada da correspondência, inclusive referências de Wallace a si mesmo como "Galahad" e "Parsifal",[29] poderia facilmente ser usada para lançar dúvida sobre a sanidade mental de um homem que, se eleito, estaria "à distância de uma batida de coração da presidência".

Roosevelt e seus assessores, no entanto, tinham uma arma potente em reserva: o caso extraconjugal de Willkie com a editora do *New York Herald Tribune* Irita van Doren — um romance que ele pouco fizera para esconder. Antes da campanha, o casal fora visto muitas vezes em público, e Willkie dera até uma entrevista coletiva no apartamento de Van Doren, explicando aos amigos: "Todo o mundo sabe a nosso respeito — todos os jornalistas em Nova York".[30]

Willkie, como se viu depois, estava enganado: jornalistas podiam ter conhecimento do caso amoroso, mas como nunca escreveram sobre o *affair*, a vasta maioria dos americanos não tinha a menor ideia da complicada vida pessoal do candidato. Durante a campanha, a esposa de

Willkie o acompanhara fielmente por todo o país, e ele mantinha contato com Van Doren pelo telefone e por telegramas.

Instigados por Roosevelt, os colaboradores principais de sua campanha deixaram claro a seus correspondentes republicanos que se as cartas Wallace-Roerich fossem publicadas, notícias sobre o caso de Willkie também seriam públicas. "Se tentam fazer política suja comigo, estou disposto ao mesmo", declarou FDR a um assessor da Casa Branca. E explicou ao assessor como espalhar o *affair*. "Você não pode deixar que nenhum dos nossos importantes porta-vozes o faça", disse o presidente, acrescentando que "pessoas na ponta da linha", como membros do Congresso e funcionários locais, "podem fazê-lo adequadamente [...], contanto que não sejam de nossos altos escalões".[31]

A ameaça de Roosevelt funcionou. No fim, nenhum dos lados empregou suas armas secretas — notável exceção em campanha marcada por golpes imundos e retórica destemperada.

FALTANDO APENAS SEIS SEMANAS para a eleição, FDR finalmente assumiu sua posição na linha de frente da batalha. "Sou velho combatente de campanhas e amo uma boa luta",[32] proclamou em seu primeiro discurso político sobre a contenda. Ao observar "o sorriso satânico e queixo saltado" de Roosevelt enquanto falava, Samuel Rosenman sabia "que ele não exagerava".[33]

Um novo preparador de discursos — Robert Sherwood — juntou-se à equipe da campanha presidencial para o esforço final. Perseverante adepto de Roosevelt, Sherwood lutava por meses junto a FDR e Harry Hopkins por um emprego. No início de 1940, escrevera ao presidente: "Desejo de todo o coração oferecer-lhe meus serviços neste ano crucial, seja qual for o valor que tenham, à causa que é sua, como por certo foi a de Lincoln".[34] De então até o falecimento do presidente, seriam três os escritores de minutas de discursos: Rosenman, Hopkins e Sherwood.

A nomeação do autor de peças teatrais horrorizou sua família republicana, em particular sua mãe, que "me considerou um renegado com boas intenções, porém desesperançado e confuso",[35] disse Sherwood a um amigo. Não muito antes, ela escutara um programa político pelo rádio e percebera, após alguns instantes, que quem derramava louvores sobre Roosevelt era, nada mais nada menos, que seu querido Bobby. "Pobre menino", lamentou-se repetidas vezes, "meu pobre menino."[36]

Sem uma menção sequer o nome de Willkie, os discursos de Roosevelt seguiram a linha de Wallace, associando, indiretamente, o oponente a influências nocivas internas e externas. "Existe algo de muito mau presságio nesse conluio que vem se formando dentro do partido republicano entre reacionários extremados e radicais esquerdistas não menos extremados deste país",[37] declarou o presidente em discurso no Brooklyn. Em Cleveland, denunciou "certas forças dentro de nossa própria comunidade nacional, compostas de homens que se dizem americanos, mas que destruirão a América".[38] Quando o governador de Nova York Herbert Lehman, democrata, disse que Hitler e Mussolini trabalhavam pela derrota de Roosevelt e, por implicação, para a vitória de Willkie, o presidente confirmou concordar com aquela opinião.

Todo esse lamaçal ocorria quando centenas de ingleses morriam a cada noite em virtude das incursões aéreas alemãs e em que submarinos alemães sufocavam as linhas inglesas de suprimentos. No entanto, o perigo para a Inglaterra não era muito mencionado pelos dois candidatos presidenciais. O tópico principal que focavam era a necessidade de preservar a paz e segurança da América. Forçado à defensiva por Willkie, Roosevelt tentava sobrepujá-lo com abrangentes pleitos de paz, declarando na Filadélfia: "Não participaremos de qualquer guerra estrangeira".[39]

Mas os republicanos ainda lideravam nas pesquisas, e os democratas exigiam declaração mais forte e definitiva do presidente de que não empurraria o país para a guerra. Poucos dias antes da eleição, Roosevelt cedeu. No pronunciamento que fez em Boston, garantiu aos pais e mães americanos: "Já disse isso antes, mas vou repeti-lo de novo, de novo e de novo — seus rapazes não serão mandados para nenhuma guerra no exterior".[40]

Sherwood, que se saíra com o bordão "de novo, de novo e de novo" e dele se arrependeu pelo resto da vida, citou mais tarde o discurso como "terrível".[41] Do seu ponto de vista, FDR cometera um engano "ao ceder às demandas histéricas por garantias abarcantes; porém, infelizmente para minha própria consciência, aconteceu [...] de eu ser um dos que o instaram a fazer o possível quanto ao assunto".[42]

Naquela oportunidade, diversos críticos caíram sobre os dois candidatos pelo que consideraram promessas afobadas e irresponsáveis ao povo americano. Entre eles Freda Kirchwey, editora de *The Nation*, argumentando que tanto Roosevelt quanto Willkie haviam comprometido sua honestidade. Em coluna publicada apenas dias antes da eleição, ela se dirigiu aos candidatos, dizendo-lhes: "Vocês deviam ter se recusado a competir com o oponente em promessas de paz incondicional. Em vez disso, podiam ter corajosamente alertado a nação de que a guerra pode ser necessária. [...] Podiam ter dito de forma clara que este país está inextricavelmente engajado na luta contra o hitlerismo e que não deixaremos de enfrentar suas últimas consequências".[43]

Interessante foi que Dorothy Thompson, a despeito de antes desancar Roosevelt por prometer ao povo americano "mais segurança do que é prudente querer," não se aliou a Kirchwey e a outros detratores do candidato. O fato é que a impetuosa Thompson estava agora ao lado do presidente — tão alinhada que o último discurso dele na campanha de 1940 foi largamente baseado em sugestão dela. Sua transformação de ardente admiradora de Willkie em zelosa militante de Roosevelt foi incrível, mesmo para os que lhe conheciam temperamento intempestivo.

Ao longo de toda a presidência de Roosevelt, Dorothy, uma conservadora em questões internas, fora crítica visceral do New Deal e do que considerava a sede de poder de Roosevelt, declarando em determinada altura que ele estava a ponto de se tornar ditador. Mas seu foco primordial em 1940, como vinha sendo havia anos, estava na necessidade de barrar Hitler. Tendo antes prometido apoiar Willkie "incondicionalmente",[44] ela reposicionou-se quando o republicano começou a emitir opiniões que beiravam o isolacionismo. O presidente, é claro, também esposava decisivamente crenças anti-intervencionistas, mas Thompson concluiu que, com seus oito anos de experiência, ele era melhor opção. A mudança abrupta de atitude também pode ter sido decorrência dos persistentes galanteios de FDR: ele convidara Dorothy à Casa Branca para reuniões privadas em maio e outubro, na tentativa de convencê-la a "tirar esse negócio bobo de Wendell Willkie da cabeça".[45] Diferente de seu colega de *Herald Tribune* Walter Lippmann, que recusou endossar qualquer dos candidatos, ela, com sua habitual inclinação pelo dramático, anunciou aos seus leitores no fim de outubro que havia transferido sua lealdade para o presidente, acrescentando: "Roosevelt tem de permanecer no cargo e resolver isso tudo até o fim".[46]

Com o apoio anterior, o *Herald Tribune* desempenhara papel crucial na indicação do nome de Willkie como candidato republicano à presidência, e não surpreendeu ninguém que os donos do jornal, Ogden e Helen Reid, ficassem além de furiosos com o que julgaram uma traição de Dorothy. Helen Reid, que fora muito importante para a contratação dela e que a considerava amiga íntima, ficou particularmente fora de si de zangada.

Quando Dorothy Thompson escreveu outra coluna, declarando que uma vitória de Willkie causaria "deleite na Alemanha e desânimo na Inglaterra",[47] os Reids determinaram que não fosse publicada. No seu lugar, o *Herald Tribune* estampou amostra de centenas de cartas negativas que a redação do jornal recebera depois que Thompson divulgou ser adepta de Roosevelt, juntamente com a oposição formal do jornal à postura de sua jornalista.

O tumulto em torno do posicionamento de Dorothy Thompson foi um fecho adequado para aquela campanha extraordinariamente ácida. Sherwood, que mais tarde deixaria claro o quanto lamentava o papel que tivera alimentando a fogueira, escreveu que Roosevelt "detestou"[48] a contenda de 1940, em grande parte porque "ela deixou mácula em seu histórico que só os feitos dos cinco anos seguintes puderam remover".

NA NOITE DA ELEIÇÃO, ROOSEVELT, em meio à avaliação dos resultados de boca de urna e das primeiras apurações, convocou Mike Reilly, chefe do destacamento da polícia secreta, que fazia a segurança pessoal do presidente, a um pequeno cômodo ao lado da sala de jantar de sua residência em Hyde Park. Reilly notou que o presidente suava profusamente e estava de cara amarrada. "Mike", disse-lhe Roosevelt, "não quero ver ninguém por aqui." Surpreso com a inusitada ordem, Reilly indagou: "Inclusive seus familiares, senhor presidente?". Roosevelt disparou de volta: "Eu disse 'ninguém'".[49]

Foi a primeira e única vez que Reilly veria Roosevelt em estado de agitação nervosa. Mais tarde, ele achou que o presidente notara alguma coisa na apuração inicial que o levou a crer que perderia a eleição. FDR "sempre teve receios"[50] antes de qualquer eleição, observou um jornalista, mas aquela iria ser a mais acirrada de todas que disputara. Pesquisas finais da campanha indicavam Willkie na frente em seis estados importantes e chegando perto em diversos outros.

Apesar disso, FDR não permaneceu recluso por muito tempo naquela noite. Resultados posteriores mostraram que ele estava a caminho de um terceiro mandato sem precedentes, e logo começaram a chegar visitantes para parabenizar o iluminado presidente eleito. No maior comparecimento de eleitores às urnas da história americana, ele vencera por cerca de 5 milhões de votos — 27,3 milhões a seu favor e 22,3 milhões para Willkie.

A satisfação de Roosevelt com o triunfo, entretanto, foi um tanto abafada pelo conhecimento de que a eleição de 1940 foi a competição mais acirrada em quase 25 anos. Sua margem da vitória foi consideravelmente reduzida em comparação com os totais assimétricos de 1932 e 1936; na realidade, sua vantagem de 1936 foi menos que a metade. Willkie recebeu mais votos populares do que qualquer outro candidato republicano anterior — ou, para ser mais exato, do que *qualquer* candidato presidencial, salvo FDR, e segundo as pesquisas conduzidas após a eleição, teria vencido se não fosse a questão da guerra.

Na opinião de Henry Luce: "A ameaça de Hitler ajudou [na indicação de] Willkie, e a ameaça de Hitler seguramente o derrotou para a presidência".[51] Por mais que muitos americanos aparentemente desejassem mudanças na política intena, eles relutaram, com o mundo em chamas, em apostar num noviço não experimentado. Nas palavras do prefeito de Nova York Fiorello La Guardia, preferiram: "Roosevelt com suas conhecidas deficiências a Willkie com suas desconhecidas virtudes".[52]

Tarde da noite após a eleição, a campainha tocou no apartamento em Manhattan de Russell Davenport, coordenador da campanha de Willkie. Exausta e muito abalada pela turbulência dos prévios cinco meses, a esposa de Davenport, Marcia, abriu a porta e deparou com um igualmente exausto Harry Hopkins. Arrastando-se pela sala de estar, Hopkins apertou a mão de Russell Davenport e se sentou.

Para o lado de Willkie, o principal assessor do presidente fora verdadeiro vilão, lembrou-se Marcia Davenport: "Um homem sobre o qual concentramos todos os insultos verbais e mentais. [...] Mas sua vinda naquele momento confirmava a grande crise por trás da política interna, a preocupação real tanto de Wendell Willkie quanto de Franklin Roosevelt; de qualquer um que [...] entendesse o que nosso país estava prestes a encarar".[53]

À base de cerveja e sanduíches, Davenport e Hopkins conversaram até o raiar do dia. Menos de uma semana mais tarde, Willkie deixou patente que o tempo de destemperos políticos e ataques partidários havia terminado. Em declaração pelo rádio, afirmou: "Elegemos Franklin Roosevelt para presidente. Ele é nosso presidente. Ele é meu presidente. Todos nós devemos a ele o respeito ao alto cargo que ocupa. A ele prestamos esse respeito. Nós o apoiaremos".[54]

18

BEM, MENINOS, A INGLATERRA FALIU

NO MOMENTO EM QUE ROOSEVELT COMEMORAVA em Hyde Park sua vitória eleitoral, os bombardeiros da Luftwaffe retornavam às suas bases na França após sua quinquagésima noite de ataques a Londres. Desde que a blitz começara, mais de 30 mil ingleses haviam sido mortos nos bombardeios aéreos alemães, pelo menos a metade deles na capital inglesa. Milhões de casas danificadas ou destruídas, juntamente com muitos dos mais famosos marcos de Londres. O nº 10 da rua Downing, o prédio do Tesouro e o quartel do Regimento de Cavalaria de Guarda foram bastante atingidos pelas bombas. Raras vidraças se encontravam intactas no Ministério da Defesa, e o Buckingham Palace fora atingido diversas vezes.

O incessante bombardeio, porém, estava longe de ser o único perigo enfrentado pela Inglaterra no fim de 1940. O país estava cercado por uma aterradora matilha de submarinos, navios e aviões, todos esperando se refestelar com os navios mercantes que traziam suprimentos vitais para a ilha sitiada. "Nunca, desde que a Armada espanhola varrera os mares para o norte em 1588, a nação marítima britânica enfrentou ameaça igual à que ocorre", disse a *Life*. "Comparada com a atual situação, a Primeira Guerra Mundial foi um agradável cruzeiro de férias. Naquela ocasião, a Alemanha ficara engarrafada no Báltico. Agora, ela possuía suas bases aéreas e navais dispersas pela costa atlântica da Noruega à Espanha."[1] Em Washington, o almirante Harold Stark, chefe do Estado-Maior da Armada, disse a Henry Stimson, a Frank Knox e ao general George

Marshall que, pelas perdas marítimas, a Inglaterra não se sustentaria por mais de seis meses.

A partir de junho, as exigências da campanha presidencial americana assumiram precedência sobre as desesperadas necessidades da Inglaterra; até então, a única ajuda substancial recebida dos Estados Unidos fora algumas dezenas de bombardeiros e os cinquenta contratorpedeiros antigos. Certamente, terminada a eleição, pensaram os funcionários ingleses, poderiam esperar da Casa Branca ações rápidas e decisivas.

Winston Churchill e muitos do seu governo esperaram pelo dia 5 de novembro como crianças prevendo o Natal; haviam se convencido de que, se Roosevelt fosse reeleito, finalmente cumpriria suas promessas de assistência e talvez até entrasse na guerra. No dia seguinte à vitória eleitoral, Churchill enviou exultante telegrama de congratulações, ressaltando que, durante a campanha, tivera de refrear-se em seu apoio à reeleição de FDR, mas "agora, creio que o senhor não se incomodará se eu disser que orei por seu sucesso e que fiquei plenamente agradecido por ele".[2]

A Inglaterra não precisava apenas de auxílio consideravelmente maior, necessitava também de uma urgente e nova maneira de financiá-lo. Sua compra de material bélico e de outros suprimentos da América — que, à luz da Lei da Neutralidade, tinha de ser paga em moeda corrente — havia arrasado a maior parte das reservas britânicas em ouro e dólares. Para continuar recebendo aquela ajuda, o Tesouro inglês teve de se valer de empréstimos das reservas de ouro do governo da Bélgica no exílio, então sediado em Londres.

Usando como canais os correspondentes americanos simpáticos em Londres, o governo inglês tentou passar ao povo americano a horrenda situação que a nação realmente atravessava. Drew Middleton da Associated Press escreveu matéria realçando as "inacreditáveis perdas de navios" da Inglaterra e observando que o país estava "no fim de seus recursos financeiros".[3] Segundo o *New York Times*, "os ingleses gostariam de convencer os Estados Unidos de que sua ajuda tem sido insuficiente e espasmódica. Negociações, diz-se aqui, foram confundidas na cabeça do povo com encomendas, e encomendas entendidas como entregas".[4]

MAS OS INGLESES ESPERARAM EM VÃO. Churchill não recebeu resposta de Roosevelt ao seu exuberante telegrama de parabéns — silêncio que "provocou calafrios"[5] no primeiro-ministro, disse este ao seu Gabinete de Guerra. Roosevelt também permaneceu calado quanto à possibilidade de novos planos de ajuda. E, certamente, indício não havia de América prestes a entrar na guerra.

Para os que o cercavam, a prostração do presidente era extremamente intrigante. Tal como os ingleses, esses íntimos também esperavam que ele tomasse novas e destemidas medidas para enfrentar a crise do Atlântico, agora que estava mais livre, nas palavras do almirante Stark, "das inquietações políticas que inevitavelmente o haviam influenciado"[6] nos últimos poucos meses. Lord Lothian informou Londres que Roosevelt parecia inusitadamente cansado e deprimido depois da eleição, avaliação partilhada por muitos dos admiradores do presidente. Qual poderia ser a razão? O resultado apertado da vitória, comparado com seus dois últimos triunfos? Ou seria sua promessa explícita de que não enviaria americanos para a guerra? Sentiria ele que o resultado da promessa implicava falta de força política para propor ações que pudessem catapultar o país para a guerra?

Fosse qual fosse o motivo, a letargia de FDR causava grande frustração não só no governo britânico, mas nos intervencionistas americanos do lobby poderoso para a transferência dos *destroyers* e outros programas de ajuda à Inglaterra. "Fico espantado ao pensar na pouca liderança autêntica que o país recebe do presidente desde o início da campanha até agora",[7] escreveu Geoffrey Parsons do Grupo Century a William Allen White no início de dezembro. Na resposta, White, geralmente bem-humorado usou palavras reveladoras de sua própria irritação. Chamando Roosevelt de "Grande Gargalo Branco", o editor do Kansas disse que ele "levava essa crise muito na flauta". Alguém, afirmou White, "deveria sacudi-lo dessa lentidão e deixá-lo de cabelo em pé".[8]

Como os ingleses, as organizações intervencionistas temiam que em consequência do silêncio do governo, o povo americano não tivesse a exata medida da seriedade da situação na Inglaterra ou do que mais poderia fazer para ajudar. "Como um exército sem comandantes, [os americanos] esperavam receber, como vinham fazendo por um mês inteiro depois do dia da eleição, as ordens de marcha, ser esclarecidos abertamente sobre os sacrifícios que teriam de fazer",[9] observou a *Life*.

Nesse ínterim, os americanos previam alegremente a estação do Natal, indo às compras com mais gosto do que em qualquer ocasião desde 1929. Com a economia a recuperar-se, as lojas anunciaram recordes nas vendas de fim-de-ano. Produtos caros como carros e geladeiras foram especialmente bem vendidos; só em novembro, mais de 400 mil automóveis novos encontraram compradores.

Em meio a todo esse desvario consumista, havia um toque de cumprimentos ao patriotismo e à guerra distante. Por todo o país ocorriam bailes, coquetéis e concertos com a finalidade de arrecadar fundos para as vítimas da Inglaterra e de outros países atacados pela Alemanha. No baile Star-Spangled, patrocinado pelo Comitê White de Nova York, Gypsy Rose Lee fez um striptease pela Inglaterra, permitindo que os convidados, a maioria de ricos do café-soçaite, dessem uma levantada nas pequenas e brilhantes estrelas que cobriam partes estratégicas de seu corpo, desde que pagassem boas quantias. Em Seattle, as socialites organizaram grande festa com jogos de azar para levantar recursos para novos aviões de caça ingleses Spitfire. "Ajuda de guerra virou grande negócio", observou um jornalista. "Mas pouco a pouco foi assumindo também as características de *show business* buscando apoio de quem pouco se lhe dava a ajuda, mas sim autossatisfação e promoção pessoal. [...] Alguns começaram a se perguntar quantos dólares sobrariam depois que os salões de baile e o champanhe fossem pagos."[10]

Mas nem todo o esforço de ajuda nos EUA foi assim frívolo; muitos, na verdade, deram significativo auxílio para as vítimas europeias de guerra. Várias organizações levantaram fundos suficientes para enviar ambulâncias e suprimentos médicos para a Inglaterra. A Universidade de Harvard instalou lá um hospital e bancou sua operação durante toda a guerra. Mais de meio milhão de mulheres americanas — integrantes de um grupo nacional denominado *Bundles for Britain* [Pacotes para a Inglaterra] — doaram e coletaram dinheiro para roupas e artigos pessoais a fim de serem enviados aos ingleses que haviam perdido lares e pertences nos bombardeios aéreos.

Mas por importante que fosse a assistência privada, não era o tipo de ajuda que a Inglaterra precisava para sobreviver. Isso só poderia vir dos bolsos mais recheados do governo americano. O inglês que melhor entendia as engrenagens desse governo — lord Lothian — entrou então em cena para realizar a mais importante contribuição de sua carreira diplomática.

DIFERENTEMENTE DE SEUS COLEGAS DE GOVERNO em Londres, o embaixador britânico jamais encarou o 5 de novembro como "data mágica"[11]; em sua opinião, nem Roosevelt nem o país estavam remotamente prontos para entrar na guerra. A importância do dia da eleição na América, acreditava ele, recaía no fato de a Inglaterra estar agora livre para renovar sua pressão tanto no governo Roosevelt quanto no povo. E decidiu ser o agente do seu país a fazê-lo.

Como Lothian bem sabia, o que a Inglaterra precisava da América era um programa de ajuda abrangente e de longo alcance, e não de uma colcha de retalhos de doações — contratorpedeiros velhos, aviões, fuzis, outras armas — já enviada à Inglaterra. Voltando a Londres por algumas semanas em outubro, o embaixador formulou um plano para findar a inércia americana e começar um programa desse tipo.

Seu primeiro passo foi convencer Churchill a escrever uma carta a Roosevelt, delineando nos termos mais sinceros possíveis a total extensão do desespero da situação inglesa, estratégica e financeiramente. Em suas memórias de pós-guerra, Churchill realçou que essa carta foi "uma das mais importantes que jamais escrevi,"[12] porém, na ocasião, ele resistiu muito à ideia de repassar ao presidente "uma revelação tão crua de perigos estratégicos",[13] como Lothian os descreveu. O primeiro-ministro acreditava que uma exposição dessas, de vazasse, causaria grande estrago ao moral britânico e seria muito benéfica à Alemanha. Ele preferiu esperar, em suas palavras, "a força de eventos" e a reação do "nosso melhor amigo",[14] Roosevelt.

Lothian discordou veementemente, insistindo que Roosevelt não faria coisa alguma, a menos que fosse empurrado a fazê-lo. Ele via a carta como uma espécie de apólice de seguro para a ação presidencial, acreditando que "a simples existência da carta e saber que ela poderia ser algum dia publicada agiriam como uma espora permanente para o atendimento de nossas necessidades — devido ao receio do que poderiam dizer no futuro: 'Ele sabia, *foi* alertado e não deu os passos necessários'".[15]

Lothian escreveu a primeira minuta da carta para Churchill, mas o primeiro-ministro continuou a procrastinar. Com a ajuda de lord Halifax e de Alexander Cadogan, subsecretário permanente do Foreign Office, o embaixador manteve a pressão. Disse a Churchill que Roosevelt estava prestes a embarcar para um cruzeiro no Caribe, e era vital que ele recebesse a carta para meditar durante a viagem. Apesar de ainda relutante, Churchill finalmente acedeu.

Lothian voltou aos Estados Unidos no fim de novembro com a carta ainda inacabada, mas com a promessa do primeiro-ministro de que em breve ela estaria a caminho. Na chegada a Nova York, ele desvendou outra parte importante de seu plano. Sabia por experiência própria que a carta de Churchill, apesar de crucial, não seria suficiente para incitar

Roosevelt à ação; FDR precisaria também a força da opinião americana por trás dele. Do momento em que aterrissou no aeroporto La Guardia, Lothian começou a desencadear o trabalho na opinião pública.

O embaixador foi recepcionado, como esperava ser, por bom número de repórteres, câmeras fotográficas e cinegrafistas. Existe uma diversidade de matérias a respeito do que disse em resposta à cacofonia de perguntas arremessadas sobre ele. John Wheeler-Bennett, que estava lá para receber Lothian, escreveu que a declaração do embaixador para o pessoal da imprensa foi "uma das mais momentosas [...] na história da guerra".[16] Foi curta e diretamente ao ponto: "Bem, meninos, a Inglaterra faliu. É o dinheiro de vocês que queremos".[17]

Reportagens da época referentes àquela apressada entrevista não mencionam essa declaração contundente. Mas os artigos deixam claro, com palavreado talvez mais elegante, exatamente o que Lothian quis dizer: para sobreviver e continuar lutando, a Inglaterra necessitaria de quantias maciças de ajuda americana — e com a maior rapidez possível.

A mensagem franca de Lothian caiu como uma bomba. Wheeler--Bennett e Aubrey Morgan, que estava também no aeroporto, "mal acreditaram no que ouviram",[18] lembra-se Wheeler-Bennett. Os dois colegas de Lothian perguntaram se ele queria dizer aquilo mesmo. "Oh, claro", replicou o embaixador. "É a verdade, e eles devem saber disso também."[19] Como observou Wheeler-Bennett: "Jamais uma indiscrição foi tão bem calculada. Era Philip Lothian no melhor de sua forma".[20]

Mas Roosevelt e Churchill não partilharam desse ponto de vista. Furioso com aquela tentativa óbvia de forçar-lhe a mão, o presidente também se preocupou com o efeito das sinceras palavras de Lothian no Congresso. Churchill, por seu turno, temeu que a declaração do embaixador enraivecesse tanto FDR que ele rejeitaria o conteúdo da carta do primeiro-ministro que estava por chegar. "Não creio que tenha sido prudente tocar em questões muito sérias com repórteres", repreendeu, gentilmente, seu embaixador. "É mais seguro expressar umas poucas generalidades encorajadoras e deixar as matérias mais graves para apreciação formal com o presidente."[21]

Não obstante, logo ficou patente, mesmo para o primeiro-ministro, que a abordagem direta de Lothian produzira a exata reação que ele esperava. As declarações decididamente não diplomáticas do embaixador, publicadas nas primeiras páginas de quase todos os jornais do país, atingiram como um choque o povo americano e dispararam intenso debate nacional sobre a calamitosa situação financeira da Inglaterra. "Ao revelar ao Congresso e ao povo outro aspecto do infortúnio da Inglaterra, até então só conhecido de poucos funcionários", escreveram os historiadores William Langer e S. Everett Gleason, "lord Lothian fez o presidente aceitar o que seus próprios assessores vinham lhe repetindo — que não havia outro meio a não ser ir ao Congresso e consultar o povo buscando nova e inequívoca autoridade para o programa de assistência à Inglaterra".[22]

Aliás, Roosevelt já fora obrigado a ver que o dinheiro inglês se esgotava. Mas o que Lothian disse o empurrou à ação, forçando-o e ao secretário do Tesouro Henry Morgenthau "ao problema do dinheiro".[23] A entrevista também abriu caminho para a carta de Churchill a Roosevelt, a qual, após muitas edições feitas pelo primeiro-ministro e propostas do Foreign Office, foi finalmente enviada a Lothian para rever em 2 de dezembro, justamente quando o presidente embarcava para o giro no Caribe. Depois de mais consultas ao nº 10 da rua Downing e a Whitehall, Lothian entregou a carta em sua última versão ao Departamento de Estado, em 7 de dezembro, a ser despachada ao presidente por hidroavião.

Apesar de exultante pelos primeiros sucessos de seu trabalho, Lothian se encontrava também exausto. Ele trabalhava sem descanso desde sua nomeação para embaixador nos EUA, e seus auxiliares já temiam por sua saúde. Ele começara a cochilar em horas impróprias — em almoços e jantares, por exemplo, ou enquanto ditava correspondência para a secretária. Wheeler-Bennett implorou-lhe descansar um pouco mais, porém Lothian disse que não podia: havia muito por fazer.

Quando a carta de Churchill tomou o caminho das mãos de Roosevelt, Lothian deu início à preparação de um discurso de peso que pronunciaria quatro dias mais tarde em Baltimore. Seria seu primeiro pronunciamento público em cerca de quinze meses, e o embaixador teria dito que seria o mais importante de sua carreira. Após ficar acordado quase a noite inteira para terminá-lo, ele desmaiou e foi confinado ao leito.

Muito fraco para discursar, enviou Nevile Butler, o segundo da embaixada, a Baltimore para ler o discurso em seu nome. O "poderoso pronunciamento"[24] de Lothian, como *Time* o chamou, repassou as decididas resistência e crença britânicas na vitória final e concluiu num comovente apelo ao povo americano: "Cabe a vocês decidirem se compartem nossas esperanças e que apoio nos darão para que elas se concretizem", declarou. "Nós estamos, creio eu, fazendo o possível. Desde maio, não nos esquivamos nem recusamos desafio algum. Se vocês nos apoiarem, não estarão dando apoio a quem desiste com facilidade. A questão depende agora daquilo que vocês decidirem fazer."[25]

Foi, escreveu Wheeler-Bennett "a despedida do embaixador da América, da Inglaterra e do mundo."[26] Enquanto Butler terminava a leitura do discurso naquela noite, Philip Lothian, aos cuidados de experiente médico da Christian Science, faleceu na embaixada britânica em Washington. Sua doença, causa dos frequentes surtos de sonolência, foi mais tarde diagnosticada como uremia, condição clínica causada pela retenção no sangue de substâncias tóxicas que deveriam ser eliminadas pelos rins — os do embaixador entraram em colapso.

A inesperada morte de Lothian foi um tremendo golpe para a América e para a Inglaterra. Roosevelt, que ainda navegava, enviou condolências a George VI expressando sua tristeza e abalo "imensuráveis" pelo passamento de um homem que chamou de "meu velho amigo".[27] A última mensagem pública de Lothian para a América — que a Inglaterra confiava na vitória, porém só se recebesse a generosa ajuda americana — fez eco para a carta de Churchill, que Roosevelt então analisava.

Depois de listar suas necessidades, que incluíam mais belonaves e outros materiais bélicos, assim como proteção para os navios mercantes ingleses, Churchill escreveu a Roosevelt: "Está chegando o momento em que não teremos mais condições de pagar em dinheiro pelo transporte e outros suprimentos. Creio que o senhor concordará que seria errado em princípio e mutuamente desvantajoso se [...] depois que o triunfo fosse conseguido com nosso sangue, a civilização salva e o tempo ganho para que os EUA estivessem totalmente armados contra qualquer eventualidade, ficássemos reduzidos quase aos ossos".[28]

Liberado do estresse cotidianos do cargo durante seu cruzeiro de duas semanas, Roosevelt teve bastante tempo para meditar sobre a carta de Churchill, o discurso e a morte de Lothian, e sua própria reação. O fato é que ele vinha cogitando por algum tempo a respeito de novas iniciativas políticas para auxiliar a Inglaterra. Dois meses antes, ponderara para um amigo: "Não seria possível para os Estados Unidos construir navios de carga e arrendá-los para a Grã-Bretanha?".[29] Pelo fim do cruzeiro, FDR delineou para Harry Hopkins o arrojado e inovador esquema que havia arquitetado — um programa abarcante que proporcionaria ao governo arrendar ou emprestar [*lend or lease*] material bélico a qualquer nação que o presidente considerasse vital para a defesa dos Estados Unidos.

Enquanto FDR trabalhava sobre seu plano, o nobre inglês que ajudara a inflamar a criação do Lend-Lease era lamentado em Washington e no país que julgava sua segunda terra natal. "Ele chegara aos EUA cinco dias antes de a guerra começar, quando suspeitávamos de tudo o que era propaganda estrangeira — em particular, inglesa", escreveu *Time*. "À morte dele, a preocupação do país era aumentar a ajuda à Inglaterra. Embora a história não vá creditar ao embaixador toda essa grande mudança, não há dúvida de que ele foi parte integral dela."[30]

Em Nova York, um motorista de táxi comentou com o passageiro: "Eu não achava que os americanos jamais iriam ter simpatia por um inglês, mas juro que todo o passageiro que hoje peguei fala em pesar pela morte de lord Lothian."[31] Um comentarista de rádio observou: "Ele era um marquês, mas fazia você esquecer isso; e também esquecer que era muito britânico".[32]

Em Washington, observadores silenciosos alinharam-se nas calçadas da Massachusetts Avenue assistindo à escolta de cavalaria dos EUA acompanhar o caixão coberto com a bandeira, da embaixada britânica até a Catedral Nacional, onde o funeral teve lugar. Milhares de pessoas, inclusive juízes da Suprema Corte, membros do Ministério e líderes do Congresso, compareceram ao serviço religioso, que contemplou uma prece especial implorando a Deus "proteção e desvelo pelo povo da Inglaterra. Nesta hora de grandes necessidade, proteja-os e salve-os da violência de seus inimigos".[33]

Na manhã seguinte, as cinzas de Lothian foram levadas para o Cemitério Nacional de Arlington, onde foram sepultadas, com honras militares, na base do mastro do USS *Maine*, o encouraçado cujo afundamento em Cuba, em 1898, ajudou a precipitar a Guerra Hispano-Americana. "Suavemente e com reverência, a urna foi colocada sobre uma bandeira dobrada do Reino Unido e transportada para a cripta a fim de repousar junto aos mortos do *Maine*", escreveu Eleanor Shepardson, americana amiga de Lothian, para as duas irmãs do marquês na Escócia. "Ele agora descansa em um país que o amou e nele acreditou."[34]*

Entrementes, na Inglaterra, a morte de Lothian foi considerada perda irreparável. Quando as notícias chegaram ao meu conhecimento, fiquei perplexo, como se uma bomba explodisse aos meus pés",[35] afirmou o ex-primeiro-ministro David Lloyd George. *The New York Times* publicou: "Não é exagero dizer que o falecimento de lord Lothian atingiu os círculos governamentais [em Londres] primeiro como importante desastre e, segundo, como perda pessoal".[36] Um comentarista de rádio assemelhou o impacto de sua morte ao afundamento de um encouraçado; um funcionário do governo disse que

*Em dezembro de 1945, as cinzas de lord Lothian foram trasladadas para a Escócia a bordo de um navio de guerra americano. (N.T)

foi pior do que a perda de um corpo de exército. A única "privação mais grave para a causa inglesa"[37] seria a morte de Churchill, declarou outro funcionário .

Em minuta de cabograma para Roosevelt sobre o falecimento de Lothian, Churchill inicialmente referiu-se ao nobre como "um dos maiores embaixadores que serviram nos Estados Unidos". Depois cortou "um dos" e mudou a frase para "nosso maior embaixador nos EUA".[38]

Como Churchill, Lothian havia conquistado seu maior triunfo naqueles tumultuados anos de 1940 e 1941. Na eloquente e triste eulogia que o líder inglês pronunciou na Câmara dos Comuns em memória do embaixador, referência especial foi a seguinte: "Não consigo deixar de pensar que um homem morrer no ápice de sua carreira, universalmente elogiado e admirado, falecer enquanto grandes questões ainda comandam o todo de seus interesses, ser levado de nosso convívio no momento em que podia vislumbrar a vitória final — não é o mais ininvejável dos destinos".[39] Diversos dos presentes julgaram que Churchill falava sobre si mesmo, bem como sobre o homem ao qual prestava tributo.

DOIS DIAS APÓS O FALECIMENTO DE LOTHIAN, FDR conduziu sua cadeira de rodas até o Salão Diplomático de Refeições da Casa Branca e tomou lugar por trás de grande escrivaninha coberta de microfones. Estava pronto para outra de suas "Conversas ao pé do fogo" com o povo americano, uma das mais significativas de sua presidência.

No linguajar simples e informal no qual era mestre, o presidente delineou para sua audiência de rádio o novo programa de ajuda que havia concebido e depois disse quão vital o programa seria para a segurança da América e da Inglaterra. "Jamais, desde Jamestown e Plymouth Rock, nossa civilização americana correu tanto risco como agora", disse ele. Se os ingleses forem derrotados, as potências do Eixo "controlarão os continentes da Europa, Ásia, África, Autralásia e os grandes mares. Ficarão em condições de carrear enormes recursos militares e navais contra este hemisfério. Não é exagero dizer que todos nós, em todas as Américas, viveremos sob a mira de uma arma — arma carregada de balas explosivas, tanto militares quanto econômicas".

Para evitar tão horrendo futuro, os Estados Unidos "têm de se transformar no grande arsenal da democracia", suprindo a Inglaterra e outras nações que combatem o inimigo com tudo o que necessitam. "Precisamos nos devotar a essa tarefa com a mesma determinação, o mesmo sentido de urgência, o mesmo espírito de patriotismo e sacrifício, como se mostrássemos estar em guerra."[40]

Um gênio em explicar a seu povo problemas difíceis e complexos, de modo que ele se identificasse plenamente com as questões, Roosevelt pavimentou assim o caminho para o anúncio do Lend-Lease quando, numa entrevista coletiva na Casa Branca, poucos dias mais tarde, fez a analogia com o caso do vizinho e da mangueira do jardim. O novo programa de ajuda, disse, era parecido com o empréstimo da mangueira a um vizinho cuja casa pega fogo. Uma vez dominado o incêndio, mangueira devolvida. Da mesma forma, suprimentos militares seriam consideravelmente mais benéficos aos Estados Unidos se empregados pela Inglaterra para derrotar a Alemanha e a Itália, em vez de ficarem ociosos por aqui. Quando a guerra terminasse — essa era a implicação de FDR — eles seriam mandados de volta à América. (A improbabilidade de que isso realmente ocorresse não foi mencionada.)

Mas havia um problema na analogia de Roosevelt com a mangueira do jardim, como o historiador Richard Snow destacou: "Se a casa do vizinho está pegando fogo, não só se empresta a mangueira, também se ajuda o vizinho a usá-la".[41] Nas suas "Conversas ao pé do fogo", o presidente cansou de sublinhar, como fizera repetidas vezes no início da guerra, que o principal objetivo daquela iniciativa, como de outras antes dela, era manter a América fora da guerra. "As chances serão bem menores de os Estados Unidos entrarem na guerra se fizermos agora todo o possível para auxiliar as nações que se defendem contra o ataque do Eixo", disse ele. "Pode-se tachar qualquer conversa sobre o envio de exércitos à Europa como deliberada inverdade."[42]

No esforço de conseguir apoio popular ao Lend-Lease, Roosevelt errou em não apresentar a inquietadora questão às cabeças tanto dos isolacionistas quanto dos intervencionistas. Mesmo com os suprimentos dos Estados Unidos, como poderiam as forças britânicas derrotar um inimigo cujo exército era dez vezes maior? O próprio FDR dissera que a preservação da democracia americana exigia a destruição de Hitler e do nazismo. Como poderia isso ser feito a menos que os Estados Unidos entrassem na guerra como beligerantes genuínos?

Acusando Roosevelt de hipocrisia, os líderes isolacionistas argumentaram que o Lend-Lease era apenas outra de suas furtivas e indiretas maneiras de levar o país à guerra. "Se a guerra não é nossa", declarou o senador Burton Wheeler, "como justificar o empréstimo [aos ingleses] de material e pedir-lhes que nos paguem de volta? Se a guerra *é* nossa, deveríamos ter a coragem de ir lá e lutar. Mas não é nossa guerra."[43]

Herbert Agar era intervencionista tão ardente quanto Wheeler era isolacionista; mesmo assim concordou com o senador que a ideia do Lend-Lease como garantia de paz para a América era "balela".[44] Quando Wheeler perguntou a Agar, durante o debate sobre o Lend-Lease, se ele não estava, de fato, trabalhando para uma guerra não declarada contra a Alemanha, Agar retorquiu: "Claro que não. Estou trabalhando para uma guerra declarada contra a Alemanha. Hoje, o Lend-Lease é o melhor que podemos conseguir".[45] Mais tarde, o editor do *Courier-Journal* escreveria: "Os oponentes ao projeto de lei e os fomentadores de guerra eram só quem tinha liberdade para dizer o que pensavam. Quando Roosevelt afirmou que a lei nos tornaria arsenal da democracia, nós dissemos que isso era desejo: jamais seríamos arsenal de coisa nenhuma até que entrássemos na guerra".[46]

Quatro figurões do governo lutaram pelo Lend-Lease — Henry Stimson, Frank Knox, o general George Marshall e o almirante Harold Stark. Em reunião pouco antes da lareira de Roosevelt, eles chegaram à conclusão, como Stimson anotou em seu diário: "Essa emergência dificilmente será transposta sem o país ser arrastado para a guerra."[47] Diversos meses antes, Knox escrevera para a esposa: "Quanto mais cedo declararmos guerra, mais cedo ficaremos prontos".[48]

Roosevelt, entretanto, deixou evidente a seus chefes militares e civis que eles não deveriam alardear essa opinião em público. Diferentemente da legislação da conscrição, a do Lend-Lease era iniciativa da Casa Branca, e aos seus defensores no governo foi dito que deveriam seguir a liderança do presidente e empregar argumentos dele quando fizessem depoimentos em Capitol Hill. Especialmente para Stimson e Knox, essas limitações impuseram doloroso dilema. Convictos de que a guerra se aproximava cada vez mais, eles tinham de insistir com membros céticos do Congresso que, uma vez aprovado o Lend-Lease, a paz continuaria a reinar na América.

A BATALHA NO CONGRESSO SOBRE o Lend-Lease foi, em diversos aspectos, uma repetição da batalha travada quatro anos antes no Projeto de Lei do governo para expandir e rarefazer a Suprema Corte. O líder da oposição nos dois casos foi Burton Wheeler, e uma questão-chave — o poder sem precedentes de legislar concedido a Roosevelt — foi também a mesma.

Além de dar um claro fim à neutralidade americana, o Lend-Lease atribuiria ao presidente a singular autoridade de decidir que países receberiam ajuda militar dos Estados Unidos, quanto dessa ajuda lhes seria dada, se — e como — a ajuda seria paga. Mais uma vez, os oponentes de Roosevelt levantaram a acusação de uma ditadura incipiente. Chamando o programa Lend-Lease de "monstruoso", o senador Hiram Johnson declarou: "Recuso-me a alterar a forma total de meu governo no que diz respeito à ilusória demanda de dar auxílio a um beligerante. [...] Cabe ao Congresso determinar agora se nosso governo vai funcionar como os dos Estados totalitários ou se transformar em membro do grupo de tais Estados".[49] Fazendo eco às alegações de Johnson, Philip LaFollette, ex-governador isolacionista de Wisconsin, argumentou que "a única reação do governo à ameaça do hitlerismo na Europa é criar, passo a passo, hitlerismo nos Estados Unidos".[50]

Por incendiárias que fossem essas afirmativas, nenhuma delas se aproximou da estridência da invectiva de Burton Wheeler. O democrata de Montana detestava Roosevelt — sentimento que FDR, cordialmente, retribuía — e estava disposto a frear o que via como insaciável sede de poder do presidente. Em despacho para seus superiores em Berlim sobre a batalha do Lend-Lease, Hans Dieckhoff, ex-embaixador do Reich nos Estados Unidos, informou: "Wheeler luta mais devido ao ódio pessoal que devota a Roosevelt do que por convicção objetiva".[51]

Pelo rádio e malhando o Lend-Lease, em janeiro de 1941, Wheeler investiu: "Jamais antes os EUA deram a um só homem o poder de desnudar essa nação de suas defesas". Então, referindo-se ao discutido programa agropecuário do governo de destruir plantações e matar gado para elevar preços, declarou: "O programa Lend-Lease-Give é o 'Triplo New Deal: vai enterrar um em cada quatro rapazes americanos".[52]

A incendiária declaração desencadeou uma tempestade política de fogo, como Wheeler imaginou que provocaria.* "Devo confessar", disse ele anos mais tarde, "que a observação soou algo cruel."[53] Roosevelt disse enfurecido aos jornalistas que aquela opinião foi "a mais inverídica, a mais vil e impatriótica já expressada". E acrescentou agressivamente: "Podem publicar que foi assim mesmo que eu disse."[54] A diatribe de

*Um grupo antiguerra de música folclórica lançou logo depois do comentário de Wheeler uma canção chamada "Plow Under" [Enterrar, em tradução livre]: *Instead of hogs it's men today Plow the fourth one under* [em vez de porcos agora vão enterrar homens um em cada quatro, em tradução livre]. (N.T.)

Wheeler deu o tom para a batalha de dois meses que grassou pelo país sobre o Lend-Lease e sobre o crescente envolvimento do país com a guerra — um debate que os candidatos presidenciais de 1940 se recusaram a fazer na campanha, cujo veneno e violência ultrapassou as paixões causadas no caso da conscrição. Os isolacionistas sabiam que aquela era a última chance importante de evitar que os Estados Unidos se tornassem um parceiro totalmente envolvido, pelo menos economicamente, com a luta da Inglaterra contra Hitler. Da perspectiva deles, a HR 1776 — número patriótico deliberadamente escolhido para a lei do Lend-Lease por seus autores na *House of Representatives*, a Câmara dos Deputados — significava renovada subserviência à Inglaterra, e não a declaração de independência insinuada pela numeração 1776.

Um número extraordinariamente grande de americanos — 91% em uma pesquisa — tomou conhecimento do Lend-Lease e, infelizmente para os isolacionistas, a maioria achou uma grande ideia. Segundo pesquisa Gallup, realizada logo após o "Conversas ao Pé do Fogo" de Roosevelt, 61% aprovavam o plano, enquanto só 24% se opunham. Consulta procedida mais de um mês depois mostrou 68% dos americanos favoráveis à ajuda à Inglaterra, mesmo com o risco de os EUA entrarem na guerra.

Porém, como os dois lados sabiam desde o embate sobre a conscrição, opinião pública a favor não se traduzia, necessariamente, em apoio congressista. Conscientes de que precisavam derrotar o Lend-Lease para contar com qualquer probabilidade realista de manter o país fora da guerra, os isolacionistas concentraram forças para um ataque geral. O Comitê Primeiro a América posicionou-se na vanguarda.

Nos primeiros quatro meses de sua existência, o Primeiro a América fizera relativamente pouco. O Lend-Lease foi o catalisador de que necessitava para incentivar um aumento gigantesco em sua filiação e fixar o movimento como organização líder anti-intervenção. Em semanas, centenas de novas sucursais pipocaram e dezenas de milhares de voluntários do Primeiro a América circularam petições anti-Lend-Lease, instalaram cartazes, organizaram comícios e inundaram Capitol Hill e a Casa Branca de cartas e telegramas. Em Washington, membros da direção do Primeiro a América se tornaram servidores não oficiais dos senadores e deputados isolacionistas, proporcionando-lhes pesquisas e preparando discursos contra a legislação proposta.

Como na conscrição, a correspondência ao Congresso era solidamente contra, sem semelhança com a opinião pública americana colhida nas pesquisas; com efeito, alguns parlamentares relataram o recebimento de até vinte vezes mais cartas contra o Projeto de Lei do que a favor. "A oposição botou-nos para correr aqui",[55] para Frank Knox admitiu Adlai Stevenson, líder do esforço pró-Lend-Lease em Chicago.

Alarmado com a intensidade da campanha do lobby isolacionista, Roosevelt recorreu à ajuda do Comitê White e do Grupo Century. Durante a campanha eleitoral, o presidente esquivara-se do contato com ambos. Irritara-se com a pressão deles e temera que o aberto e crescente intervencionismo dos dois grupos poderia causar-lhe danos políticos. Mas agora, usando Robert Sherwood como intermediário, apelou aos grupos por "todo o esforço",[56] como se recordou Herbert Agar, em prol do Lend-Lease.

As duas organizações agiram de pronto. Enquanto o Grupo Century trabalhava nos bastidores, solicitando editoriais de jornais e comentários de rádio favoráveis, o Comitê White competia com o Primeiro a América na enorme distribuição de panfletos, adesivos de para-choques, botões de lapela, cartazes e petições. Em todo o país, os dois lados bateram nas portas colhendo assinaturas e repassando material. Também organizaram fóruns e debates comunitários. Como Roosevelt observou, "a grande discussão" sobre o Lend-Lease "foi travada em todos os jornais, em todos as rádios, em todos os bares da nossa terra".[57]

O historiador Wayne Cole referiu-se ao debate nacional como "democracia em ação".[58] Isso ele de fato foi, apesar da alta dose de aspereza. Afirmando que o propósito da nova legislação era "a destruição da república americana",[59] o *Chicago Tribune* recusou-se a usar a expressão Lend-Lease, referindo-se, em vez disso, à "lei ditatorial da guerra"[60] em todos os seus editoriais, colunas e matérias noticiosas. O rival na cidade do *Tribune*, o *Chicago Daily News* de Frank Knox, acusou Robert McCormick e outros isolacionistas de "jogarem o jogo de Hitler".[61] O intervencionista de Louisville *Courier-Journal*, enquanto isso, comparava os oponentes congressistas do Lend-Lease aos comandantes de submarinos alemães, declarando que ambos tinham a intenção de evitar que ajuda chegasse à Inglaterra.

Enquanto o debate se alastrava, violento, pela nação, milhares de ativistas acorriam a Washington para aplicar botões em lapelas de políticos e expressar suas opiniões. Inimigos do Lend-Lease desfilaram na Pennsylvania Avenue, com bandeiras e pôsteres onde se lia "MATEM A 1776, NÃO NOSSOS RAPAZES." Uma organização denominada Mobilização

Americana pela Paz realizava piquetes, dia e noite, diante da Casa Branca, seus membros empunhando cartazes com a acusação a Roosevelt como fomentador de guerras. Um dos onipresentes grupos de mães da extrema direita também apareceu no lado de fora da Casa Branca portando um pergaminho enrolado. Quando os fotógrafos da mídia apontaram suas câmeras, as mulheres desenrolaram o pergaminho e foi possível ler numerosas citações de Roosevelt prometendo manter a América fora da guerra. Ato contínuo, as ativistas incendiaram o pergaminho e colocaram os restos enegrecidos dentro de um caixão funerário rotulado como "Cinzas das Promessas de FDR".[62]

Em Capitol Hill, mulheres vestidas de negro com véus cobrindo o rosto sentaram-se por dias no lado de fora do plenário do Senado, chorando e gemendo. Outras mantiveram a chamada "vigília da morte" nas galerias do Senado e da Câmara dos Representantes; durante um dos debates na Câmara, uma mulher trajando robe negro e máscara de caveira ficou de pé e gritou "A Morte é a Vencedora Final!"[63]

Membros de outro grupo de mães, cantando "Down with the Union Jack"[64] [Abaixo a bandeira do Reino Unido] organizaram uma greve sentadas no corredor externo do gabinete do senador Carter Glass, ferrenho intervencionista. A líder do grupo chamou de "traidor da república"[65] o democrata pela Virgínia, enquanto o senador berrava contra ela e suas seguidoras por fazerem "um barulho que envergonharia qualquer vendedora de peixe orgulhosa e autoconfiante".[66] Mais tarde, Glass solicitou ao FBI uma investigação para descobrir se aquelas "mães" tinham vínculos com a Alemanha ou com qualquer outro país. "Com muita probabilidade de acertar, acredito pertinente pesquisar se são realmente mães", acrescentou sarcasticamente o senador. "Para o bem da América, espero devotamente que não."[67]*

QUANDO COMEÇARAM AS AUDIÊNCIAS sobre o Lend-Lease, em janeiro de 1941, as sessões atraíram grandes plateias. O ambiente nas salas dos comitês nas duas Casas parecia o de eventos esportivos, com fãs aplaudindo os defensores de seus pontos de vista e vaiando os rivais.

*Em resposta às organizações de mães, "que estão dando a impressão que todas as mulheres são contra a guerra e contra a ajuda à Inglaterra," o Century criou seu próprio grupo de mulheres. Chamado Comitê Feminino por Ação, o grupo organizou redes informais de mulheres em todo o país para fazer pressão sobre membros do Congresso e reanimar a opinião pública. (N. T.)

Havia dois astros na longa lista de depoentes dos comitês: Charles Lindbergh, o mais famoso isolacionista do país, e o intervencionista, Wendell Willkie. Horas antes de Lindbergh aparecer ante o Comitê de Relações Exteriores da Câmara, em 15 de janeiro, longas filas que aguardavam a admissão ao recinto, serpenteavam na calçada externa do Edifício Longworth de Gabinetes. Quando o aviador entrou na cavernosa sala do comitê, foi saudado com vivas e aplausos pelas centenas de observadores que lotavam as instalações.

Os aplausos continuaram durante seu depoimento, acompanhados de vaias e assobios quando um congressista perguntou que lado ele desejava que ganhasse a guerra. "Nenhum dos dois",[68] replicou Lindbergh, causando novas e histéricas ovações. Asseverou que preferia uma paz negociada ao triunfo da Inglaterra ou da Alemanha, argumentando que "a vitória total de um dos lados resultaria em abatimento na Europa como jamais havia sido visto."[69]

Por notável que fosse a aparição de Lindbergh, no entanto, nem de longe se comparou ao drama e à controvérsia que cercaram o testemunho de Wendell Willkie, em 11 de fevereiro, ante o Comitê de Relações Exteriores do Senado. Bem antes de o dia amanhecer, multidões se reuniam fora do Edifício Russell de Gabinetes do Senado para o depoimento de Willkie, que só ocorreria à tarde. Quando ele chegou, o Salão Caucus, com seu pé-direito elevado e usado para conferências, estava lotado por cerca de 1.200 espectadores, mais do dobro de sua capacidade e o maior aglomerado que lá se juntou.

O depoimento do homem que tomou assento na mesa de testemunhas teve pouca similaridade com os discursos de Willkie na campanha presidencial. De acordo com todas as opiniões, ele se arrependeu amargamente de ter se rendido à conveniência e à tendência pela discórdia durante a campanha e prometeu que isso nunca se repetiria. Depois da eleição, além de oferecer o próprio apoio pessoal a Roosevelt como presidente, Willkie conclamou seus adeptos a se tornarem "uma oposição vigorosa, com leal espírito público, que não lutasse contra apenas porque era oposição."[70] Sublinhando a importância de acabarem os antagonismos políticos naquela ocasião de grande crise, comprometeu-se "a trabalhar pela unidade de nosso povo na concretização do esforço de defesa [e] no envio de ajuda à Inglaterra."[71]

A confirmação da atitude bipartidarista de Willkie irritou muito os líderes republicanos. Destacados membros do GOP eram firmes oponentes do Lend-Lease e esperavam o mesmo de Willkie. Apesar da derrota eleitoral, ele era muito popular em grande parcela do povo americano.

Mas o desejo republicano de uma frente compacta anti-Lend-Lease já se esboroara quando Willkie declarou seu apoio ao programa em janeiro. "Sob tais circunstâncias terríveis", dissera ele, "têm de se garantir poderes extraordinários ao executivo eleito. Democracia não se pode defender doutra maneira."[72] Mais ainda, ele atacou os que se opunham ao Lend-Lease no GOP, afirmando: "Se o partido consentir em ser apresentado ao povo americano como o partido isolacionista, jamais ganhará de novo o governo deste país".[73]

Tornando as coisas ainda piores, do ponto de vista da velha guarda republicana, Willkie anunciou que iria à Inglaterra, como representante pessoal de Roosevelt, para ver com os próprios olhos como estava se saindo o país assediado. O republicano Joseph Martin, que Willkie nomeara chefe do Comitê Nacional Republicano, suplicou que ele não fosse. "Roosevelt está tentando cooptá-lo", argumentou, afirmando que "isso não será bem recebido pelos republicanos."[74]

Tal súplica, contudo, foi pouca coisa comparada à reação dos republicanos. Willkie foi de pronto denunciado como vira-casaca e traidor pelos membros do partido; Robert McCormick chamou-o de "Quisling republicano".[75] Roy Howard, o dono isolacionista da cadeia de jornais Scripps-Howard, convidou Willkie para jantar e disse-lhe: "Todo o tempo e esforço que fiz para ajudá-lo foram jogados fora" e que seus jornais passariam agora a "estraçalhar sua reputação".[76] Willkie disse mais tarde a amigos que ficara calmo diante daquela explosão, "mas se Howard não fosse tão insignificante, eu teria pensado em nocauteá-lo".[77]

Segundo o colunista Raymond Clapper, a maior parte dos membros mais influentes do GOP "conspirava para se livrar de [Willkie]. Eles o odiavam mais do que a mr. Roosevelt".[78] Um deles, o ex-*chairman* do Comitê Nacional John Hamilton, desabafou: "Dos aproximadamente 190 membros republicanos na Câmara e no Senado, Willkie não conseguiria nem dez amigos, mesmo que sua vida dependesse disso".[79]

Em 19 de janeiro de 1941, na noite anterior à cerimônia de posse de FDR em seu terceiro mandato, o presidente encontrou-se com o homem que, três meses antes, fora inimigo feroz e que agora era seu aliado mais importante em política externa. Enquanto Roosevelt "gostou imediatamente de Willkie",[80] de acordo com a secretária do Trabalho Frances Perkins, o mesmo aparentemente não se deu com o ex-candidato republicano. Embora o encontro fosse cordial, Willkie não sucumbiu ao afamado charme de Roosevelt, a julgar pelas observações do colunista Roscoe Drummond do *Christian Science Monitor*. "Os incalculáveis serviços ao governo"[81] prestados pelo republicano, observou Drummond, eram mais por um senso de dever do que por qualquer afinidade com o presidente.

Outros ocupantes da Casa Branca pareceram estar tão interessados em Willkie quanto FDR. Em suas memórias, Eleanor Roosevelt lembrou-se que membros da equipe profissional de Roosevelt e funcionários da residência ficaram tão ansiosos para dar uma olhada em Willkie que fingiram obrigações a fim de passar pela sala onde o ex-candidato aguardava pelo presidente. Ela acrescentou, "Até eu teria ido"[82] se outras tarefas urgentes não tivessem me impedido.

A afabilidade e o magnetismo de Willkie causaram o mesmo efeito sobre o povo inglês. Ele fez um giro muito bem-sucedido pelo país na última semana de janeiro, pagando rodadas de drinques e jogando dardos num pub londrino, subindo em ruínas de prédios bombardeados, passando por uma fábrica de aviões e visitando abrigos antiaéreos durante incursões da Luftwaffe. Quando Churchill descobriu que Willkie estivera andando pela cidade sem usar capacete de aço, enviou ao ex-candidato presidencial seis daqueles capacetes e três máscaras contra gases. O jornais ingleses entusiasmaram-se com a visita; um dos exaltados editoriais tinha manchete: "Veni, vidi, Willie".[83]

Os americanos também seguiram avidamente a missão de Willkie na Inglaterra; nas palavras de um colunista de Washington, seu giro havia sido "mais excitante para o interesse nacional do que qualquer outra jornada empreendida por um membro da vida pública americana."[84] No início de fevereiro, com o debate sobre o Lend-Lease chegando a seu clímax e o resultado ainda incerto, o governo precisava muito do poder de Willkie como astro. O secretário de Estado Cordell Hull enviou-lhe cabograma solicitando que encurtasse a visita e retornasse a Washington para aparecer diante da Comissão de Relações Exteriores do Senado.

Concordando, Willkie chegou à capital americana apenas horas antes de seu agendado depoimento. Apesar de muito cansado em função da exaustiva viagem, ele foi fervoroso e afirmativo em suas declarações ao comitê de que o Lend-Lease oferecia "a última melhor chance para que evitemos a guerra" e que a Inglaterra aguentaria "firme e forte"[85] contra Hitler desde que recebesse a ajuda prometida e permitida pela legislação. "O povo da Inglaterra se encontra quase inacreditavelmente unido," acrescentou. "Milhões de seus integrantes preferirão morrer a entregar aquela ilha."[86]

Os isolacionistas do Comitê de Relações Exteriores do Senado foram hostis a Willkie. Um senador alfinetou-o sobre sua acusação de campanha de que o presidente planejava despachar jovens americanos para a guerra. Mexendo-se na cadeira e passando os dedos pelo cabelo, Willkie finalmente disse com fisionomia acabrunhada: "Lutei com todas as minhas forças para derrotar Franklin Roosevelt. E tentei não economizar golpes. Mas ele foi eleito presidente. E é agora meu presidente."[87]

As observações de Willkie arrancaram fortes aplausos e vivas em tom alto, bem como um dilúvio de editorais favoráveis nos jornais, muitos dos quais endossavam o Lend-Lease. "Qualquer que tenha sido a influência perdida entre os republicanos profissionais," escreveu o colunista do *Washington Post* Ernest Lindley, "foi mais do que compensado pelo aumento de prestígio entre os que votaram contra ele."[88] No dia seguinte ao que ele depôs, o Comitê de Relações Exteriores do Senado votou e aprovou por quinze a oito o projeto de lei.

Embora o resoluto apoio de Willkie à legislação tivesse influenciado diversos legisladores, a batalha pela aprovação do Lend-Lease nas duas Casas seria ainda difícil. Na Câmara ficou claro que, para conseguir a aprovação, o presidente teria de concordar com muitas emendas restritivas, inclusive a de dois anos para a vigência do programa. Roosevelt anuiu e, em 9 de fevereiro, a Câmara votou a favor por 260 a 165.

Os oponentes da legislação no Senado ainda esperavam frustrar o projeto. Pensavam em repetir o que acontecera com o pacote da Suprema Corte em 1937 e que o debate se estendesse por tempo suficientemente longo a fim de dar aos isolacionistas a chance de virar a opinião pública contra o Lend-Lease. Por mais de duas semanas, Burton Wheeler, Gerald Nye, Hiram Johnson e muitos outros assumiram a tribuna para longas e injuriosas arengas (algumas demoraram até nove horas) contra a proposta e contra os "plutocratas ingleses" não merecedores, os quais, afirmavam eles, seriam os beneficiários daquela generosidade.

O correspondente da CBS Eric Sevareid, que cobriu o prolongado e tedioso debate, desencantou-se com o jogo de cena que se desenrolava à sua frente. Três meses antes, ele servira em Londres, esquivando-se de bombas enquanto reportava a blitz; sabia, por ter presenciado, quão desesperadamente os ingleses precisavam da ajuda que era debatida no plenário do Senado. Pacifista nos seus dias de faculdade, Sevareid fora transformado pelas experiências nas coberturas dos ataques aéreos alemães contra a Inglaterra e, antes disso, pela queda da França. Convicto então da ideia de que a América tinha "de travar a guerra com todos os meios disponíveis",[89] espantava-se com o fato de poucos de seus compatriotas, em particular na Washington "arborizada e sonhadora"[90], partilharem de seu convencimento. Observar a procrastinação dos senadores isolacionistas, escreveu mais tarde, dava-lhe "ânsias de vômito".[91] Sevareid descreveu os senadores como "mascadores de fumo com ternos manchados de molho de carne, lagartos monstros barrigudos, que com a cabeça aninhada nas dobras da papada no queixo, cochilavam durante os outros discursos, depois se esforçavam para erguer seus corpos entorpecidos chamar o Tio Sam de *Uncle Sap* e despejar pela boca os velhos lugares-comuns sobre o rei George III, os débitos de guerra e sobre a França decadente". Eles foram, acrescentou Sevareid, "homens muito perigosos".[92]

Evidentemente, o governo Roosevelt também pensava assim. Preocupada com a possibilidade de os argumentos senatoriais convencerem a opinião pública americana de que os ingleses tentavam depenar os Estados Unidos, a Casa Branca exigiu que a Inglaterra liquidasse seu ativo industrial mais valioso na América — uma companhia têxtil chamada American Viscose — para provar que havia exaurido todas as suas opções financeiras antes de receber a assistência dos EUA. A American Viscose foi vendida a um grupo de banqueiros americanos que, prontamente, a revenderam por um preço muito mais alto.

Irado com o que considerou coerção arbitrária, Churchill escreveu a Roosevelt um cabograma, jamais enviado, dizendo que as demandas do governo "assumem o aspecto de um xerife a se apossar dos últimos bens de um desesperançado devedor. O senhor não se importará, tenho certeza, se eu disser que, caso não se posicione a nosso favor com todos os meios, salvo a guerra, não podemos garantir a vitória sobre a tirania nazista nem ganhar o tempo que o senhor precisa para se rearmar".[93] Para um de seus ministros do Gabinete, o primeiro-ministro explodiu: "Até onde posso ver, não seremos apenas depenados, também nos tirarão a carne até os ossos".[94] (Henry Stimson concordou com Churchill, escrevendo no diário: "Não estávamos dando dinheiro à Grã-Bretanha porque queríamos investir, mas [...] para garantir certa vantagem militar que ela nos proporcionou defendendo-se com vigor".[95])

Em retrospecto, é duvidoso que a venda forçada da American Viscose tenha causado muito impacto na opinião pública americana a qual, durante todas as avaliações do Congresso sobre o Lend-Lease, jamais vacilou em seu inabalável apoio à medida. Os isolacionistas no Senado não tiveram o tempo que desejavam, e seus colegas, juntamente com um crescente segmento do povo americano, começaram a demonstrar insatisfação com as manobras de obstrução praticadas pelos oponentes. Vaias, assobios e gritos de "Votem! Votem!"[96] eram então ouvidos no plenário do Senado cada vez que um dos inimigos do projeto de lei se levantava para falar. Depois que a Casa Branca concordou com mais algumas emendas, um Senado caindo de cansaço finalmente votou em 8 de março e aprovou o projeto por 60 a 31.

A despeito das "flexibilizações," a aprovação do Lend-Lease foi considerada enorme triunfo de Roosevelt; na realidade, foi um dos maiores sucessos de sua presidência. Ele não só concebera o plano revolucionário que teria papel vital para a vitória final dos Aliados, como também conduzira uma brilhante campanha para "vendê-lo" ao povo.

Ainda assim, lord Lothian e Wendell Willkie igualmente mereceram grande crédito. Não fosse a pressão do embaixador, talvez o presidente não gestasse o Lend-Lease na ocasião devida. E o apoio de Willkie, como demonstrado em seu depoimento no Senado, desempenhou papel importante na garantia de apoio popular, bem como nos votos de muitos membros do Congresso dos dois partidos.

Roosevelt, de sua parte, estava bem consciente do quanto devia ao seu ex-oponente. Quando Harry Hopkins, na presença do presidente e de Robert Sherwood, fez observação jocosa sobre Willkie, mais tarde na guerra, FDR "censurou-o com áspera reprimenda como jamais o vi fazer," escreveu Sherwood, o qual citou o presidente como tendo dito a Hopkins: "Nunca mais diga algo parecido com isso por aqui. Nem pense em fazê-lo. Você, mais do que ninguém, deveria saber que não teríamos o Lend-Lease, o Serviço Seletivo e um monte de outras coisas, se não fosse Wendell Willkie. Ele foi um enviado divino para este país quando mais precisávamos."[97]

A SANÇÃO PRESIDENCIAL DO LEND-LEASE marcou uma notável mudança no papel americano na guerra, assim como nos vínculos com a Inglaterra. Uma só penada deu fim à pretensa neutralidade dos EUA; não havia dúvida de que a América era então aliada da Inglaterra, apesar de aliada não beligerante. Os dois países estavam ligados por relação econômica sem precedentes que requeria de ambos trabalharem juntos para planejar e implementar a produção de defesa e alocações de material bélico. Em sentido muito real, começara a "relação especial."

Desconfortavelmente conscientes do quanto havia mudado o panorama, os isolacionistas começaram a repensar sua posição. Entre eles o senador Arthur Vandenberg, republicano por Michigan, que registrou em seu diário: "Demos o primeiro passo em um caminho do qual, a partir de agora, não podemos recuar. [...] Dissemos à Inglaterra, 'Vamos com você até a vitória final' — e seria inacreditavelmente desonroso para nós pararmos antes da participação total na guerra, se isso for necessário".[98] Apesar de ter combatido o Lend-Lease "do início ao fim," como disse a um amigo, Vandenberg decidiu que tinha de apoiar o programa: "Ele é agora lei na terra e não temos alternativa senão caminhar com ele".[99]

Compartindo tal opinião estava Kingman Brewster, que testemunhara contra o Lend-Lease ante o Comitê de Relações Exteriores do Senado. Imediatamente após a passagem da legislação, contudo, Brewster renunciou à posição no Primeiro a América. Explicando seu raciocínio a Robert Stuart, escreveu: "Gostemos ou não, a América decidiu quais são seus caminhos. [...] Um grupo nacional de pressão, portanto, não objetiva determinar política, mas sim obstruí-la. Não posso fazer parte de tal esforço".[100]

Outro jovem e destacado isolacionista também reviu sua posição. John F. Kennedy chegou à conclusão de que a Inglaterra precisava ser salva e de que os Estados Unidos tinham de ser o salvador. "O perigo de não darmos suficiente auxílio à Inglaterra, de não agitarmos o Congresso e o país na medida exata [...] é, para mim, tão grande quanto o perigo de entrarmos agora em guerra", escreveu ele. "Precisamos enxergar que a ameaça imediata para nós está na queda da Inglaterra [...] a América tem de continuar nesse caminho."[101]

Em Chicago, um dos mais notáveis membros do Primeiro a América — Sterling Morton — fez diversas perguntas aos seus colegas no comitê nacional do grupo: Com a política nacional estabelecida, será possível americanos leais continuarem em oposição ao seu governo? Não é tempo de engolirmos todas dúvidas e cerrarmos fileiras com o presidente?

O presidente do Primeiro a América, Robert Wood, respondeu às indagações de Morton com inequívoco *não*. Wood, que já estava pressionado pela Sears, Roebuck para sair do Primeiro a América, escreveu a seu perturbado amigo: "É verdade. Em certo sentido estamos agora em guerra, porém há uma vasta diferença na posição de amistoso não beligerante e na de beligerante ativo".[102] O Primeiro a América sofrera acachapante derrota, admitiu Wood, mas não havia ainda perdido a guerra para a intervenção. A organização continuaria lutando.

EM MEIO À RAIVA E AO JÚBILO quanto ao Lend-Lease, pouca atenção foi dada ao fato de que a América tinha um longo e agonizante caminho à frente antes de se transformar, de fato, no "arsenal da democracia". O general Friedrich von Boetticher anotou num cabograma a Berlim que a indústria americana não estava e não estaria ainda por muitos meses preparada para satisfazer as necessidades da Inglaterra. Funcionários dos EUA "querem passar a impressão ao mundo de que a ajuda americana começará imediatamente e com o maior ímpeto", escreveu Von Boetticher. "Com essa medida de propaganda, disfarçam o fato simples de que os Estados Unidos não são hoje capazes de proporcionar ajuda que possa influenciar decisivamente o curso da guerra."[103]

Na Inglaterra, Winston Churchill se encontrava infernizado por ideias similares. Aos membros do Parlamento, o primeiro-ministro enalteceu o Lend-Lease, chamando-o de "mais 'insórdida' ação na história de qualquer nação".[104] Em particular, todavia, não estava tão impressionado. Em vez de expressar sua apreciação a Roosevelt, escreveu abrupto bilhete ao presidente perguntando detalhes do plano e observando que ele não entraria em ação por alguns meses. Apreensiva com a aspereza da minuta de Churchill, a embaixada britânica em Washington instou para que abrandasse o tom e oferecesse agradecimentos indiscutíveis pela nova oferta de ajuda. O primeiro-ministro, relutantemente, concordou em expressar sua gratidão, mas continuou pessimista e ansioso. "Lembre-se, senhor presidente", escreveu ele, "não sabemos o que o senhor tem em mente, ou exatamente o que farão os Estados Unidos, e lutamos por nossa vida."[105]

Se Churchill soubesse da inércia que se abateria sobre Washington tão logo o Lend-Lease se tornou lei, teria enviado o cabograma como inicialmente rascunhado.

19

CORRIDA CONTRA O TEMPO

QUATRO DIAS APÓS SANCIONAR A LEI DO LEND-LEASE, Franklin Roosevelt foi à Associação dos Correspondentes da Casa Branca e declarou: "Nossa democracia entrou em ação. [...] Todo avião, todo instrumento de guerra que pudermos poupar agora, enviaremos para a Europa". Os que o ouviam impressionaram-se com o fervor e o senso de urgência do presidente, à medida que sublinhava a importância vital de seu novo esforço para salvar a Inglaterra e ajudar a derrotar Hitler. "Aqui em Washington", continuou, "pensamos em termos de velocidade, e velocidade agora. Espero que a expressão-chave — velocidade, e velocidade agora — ache caminho em cada lar desta nação."[1]

A energia e a combatividade de Roosevelt naquela noite pareceram para alguns na plateia as de um guerreiro vestindo a armadura para o combate. Para Raymond Clapper, o pronunciamento de FDR "foi um discurso de combatente sem tropa, afirmativa que um presidente podia ter feito depois de a guerra ser declarada".[2]

Mas aí... nada aconteceu. Como de hábito, depois de diversos outros discursos inflamados de Roosevelt, pouco se fez em seguida para transformar as palavras em realidade. A despeito da otimista previsão do presidente, nem Washington nem o restante do país ainda tinham descoberto as virtudes da rapidez. Houve retardos em cada esquina — empecilhos na criação de agenda para implementar o Lend-Lease, atrasos na produção de aviões, tanques, navios e outros materiais bélicos. Apesar de a produção relacionada à guerra, de fato, crescer, tal aumento era insignificante comparado com as necessidades militares conjuntas da Inglaterra e dos EUA. Para satisfazer essas necessidades, novos complexos industriais precisavam de construção imediata, a mão de obra imensamente expandida, e caminhos para solucionar o problema de falta crítica de algumas matérias-primas.

Mas nada disso poderia ser feito sem se atacar a raiz do problema, que um funcionário do governo descreveu como "a utopia de que possamos realizar o milagre da transformação industrial sem ferir alguém".[3] Com uma economia em recuperação, a indústria privada não se entusiasmava em impedir os consumidores de adquirir novos automóveis e outros artigos que eles demandavam — ou abrir mão dos lucros que geravam. E não havia órgão federal que pudesse forçá-la a isso. A Agência de Gerir a Produção não teve autorização para compelir empresas a transformar seus complexos manufatureiros para a produção de material bélico e para obrigá-las a empregar as matérias-primas em necessidades da defesa, e não na produção de bens civis de consumo. Sem convocação presidencial por urgência e sacrifício, o esforço geral de guerra que FDR preconisava não passaria de quimera.

Durante as semanas e meses cruciais decorridos logo após a passagem da lei do Lend-Lease, Roosevelt não pareceu propenso a fazer muita coisa para resolver o caso. Segundo Kenneth S. Davos, biógrafo de Roosevelt, estabeleceu-se "estranha, prolongada e extremamente perigosa pausa na liderança presidencial".[4] A lassidão se deveu, em parte, a uma série de enfermidades que afligiram Roosevelt ao longo da primavera e do início do verão de 1941. Pouco depois da aprovação do Lend-Lease, ele foi acometido de forte gripe, da qual não se livrou por muitos meses. Dizia-se também que sofria de hemorroidas que sangravam, assim como de pressão alta.

Submetido às obrigações debilitantes de mais de oito anos de mandatos presidenciais difíceis, FDR, demonstrava ser, por todos os sintomas, "um homem extraordinariamente cansado".[5] Durante jantares com assistentes próximos no ano anterior, ele de súbito ficava pálido e sem forças, e então perdia momentaneamente a consciência. Seu médico pessoal disse a assessores assustados que o presidente: "Sofrera um enfarte muito leve".[6]

Contudo, apesar de os problemas físicos terem certamente concorrido para sua letargia, ela também podia ser atribuída à frustração de ter ficado encurralado entre as pressões conflitantes de isolacionistas e intervencionistas. No fim da primavera, FDR ficou duas semanas preso ao leito, isolado de quase todas as pessoas, atacado, pelo que se disse, por persistente gripe. Robert Sherwood, que despachou rapidamente com ele naquele período, comentou com a secretária do presidente, missy LeHand, que ele nem espirrara nem tossira na presença do preparador de discursos. Com um sorriso, LeHand observou: "Ele sofre principalmente de pura irritação".[7]

Quaisquer que fossem as razões do torpor do presidente, ele causava nervosismo e apreensão em Washington e em todo o país. Um relatório do governo sobre a opinião pública corrente assinalou considerável insatisfação com o tratamento de FDR aos problemas domésticos e internacionais. "O único curso de ação mais desastroso do que não ter qualquer política é decidir-se por uma delas e depois fracassar em sua implementação," alertou editorial do *New York Herald Tribune*. "Os Estados Unidos adotaram sua linha de ação — toda a ajuda à Inglaterra que não seja a guerra. Chegou a hora de concretizá-la."[8]

Anos mais tarde, o colunista Marquis Child lembrou-se de que "uma névoa de confusão pairava, tão espessa quanto um cobertor, sobre tudo. Ninguém parecia ter poder ou vontade para dar forma e substância àquele vazio".[9] No início de abril, Henry Stimson registrou em seu diário: "Sinto muito ansiosamente que alguma coisa tem que ser feita na maneira de liderar aqui no centro do poder, e começo a ficar muito incomodado com a falta dela. [...] Não existe nenhuma liderança forte para orientar a mente das pessoas e mostrar o caminho".[10]

Para os ingleses, essa inércia não poderia ter vindo em pior ocasião. Não só eles perdiam a Batalha do Atlântico de 1941, como estavam perto de perder a guerra.

DEPOIS DE AGUENTAR SOZINHA quase um ano o poderio da maior máquina de guerra do mundo, a Inglaterra se encontrava em perigo mortal. Financeira, moral e fisicamente exaurido, seu povo "estava por um fio",[11] recordou-se o marechal de campo lord Alanbrooke, que comandava o Exército britânico em tempo de guerra.

À proporção que os dias de primavera se alongavam, as perdas marítimas no Atlântico aumentavam de forma astronômica. Os novos encouraçados alemães *Gneisenau* e *Scharnhorst* juntaram-se às alcateias de *U-boats* para a localização de navios mercantes britânicos. A quantidade de material bélico afundado em abril — aproximadamente 700 mil toneladas — foi mais que o dobro das perdas dos dois meses anteriores.

Numa só noite daquele mês, um bando de submarinos germânicos pôs a pique dez dos 22 navios de um comboio britânico. Para a Marinha alemã, o período ficou conhecido como "tempo feliz".[12]

Pouco depois da aprovação do Lend-Lease, um dos secretários particulares de Winston Churchill repassou ao primeiro-ministro o último de uma série de relatórios sobre a perda de navios mercantes. Quando o secretário observou "quão dolorosas" eram as notícias, Churchill fixou nele o olhar e exclamou: "Dolorosas? São apavorantes! Se continuarem, será o nosso fim".[13] Oficiais alemães dos altos escalões concordavam. O ministro do Exterior Joachim von Ribbentrop disse ao embaixador japonês em Berlim: "A Inglaterra vem experimentando sérios problemas para manter seu suprimento de alimentos. [...] O importante agora [é] afundarmos navios o suficiente para reduzir as importações inglesas abaixo do absoluto mínimo necessário à existência".[14]

Naquele período, a Inglaterra chegou tão perto da fome como jamais estaria durante a guerra, O racionamento de muitos itens de alimentação tornou-se draconiano; as pessoas ficaram limitadas, por exemplo, a 30 gramas de queijo, à quantidade mínima de carne por semana e a 250 gramas de geleia e de margarina por mês. Alguns alimentos, como tomate, cebola, ovos e laranjas, desapareceram quase completamente das prateleiras. Começou também o racionamento de roupa, e a maioria dos bens de consumo, de caçarolas a fósforos, ficaram quase impossíveis de achar.

O Exército britânico, enquanto isso, sofria um desastre atrás do outro. Em abril, a Alemanha varreu os Bálcãs, sobrepujando a Grécia e, depois de infligir pesadas baixas, destruiu as forças britânicas naquele país. Os ingleses recuaram para Creta, de onde, em maio, foram de novo expulsos pelos alemães.

No norte da África, uma fieira de prévios triunfos britânicos sobre os italianos na Líbia virou pó quando o marechal Erwin Rommel e seu *Afrika Korps* acorreram em socorro dos italianos. Em apenas dez dias, os alemães recuperaram quase todo o terreno que os britânicos haviam conquistado em três meses e empurraram os "Tommies" de volta para o Egito. A vitória de Rommel, que Churchill qualificou como "desastre de primeira magnitude",[15] foi uma calamidade estratégica para a Inglaterra, ameaçando seu acesso ao petróleo do Oriente Médio bem como seu controle do canal de Suez, duto vital para a Índia e para o restante do Extremo Oriente.

Durante aqueles amargos tempos, Churchill admitiu um denso "desencorajamento e desânimo"[16] no país. Disse na Câmara dos Comuns: "Creio que estamos lutando pela vida e sobrevivência dia a dia e hora a hora".[17] Dolorosamente consciente de que a única esperança de seu país era a intervenção americana, Churchill fez *lobby* junto a John Gilbert Winant, o novo embaixador da América em Londres, e a Averell Harriman, o administrador americano, também sediado na capital do Reino Unido, do Lend-Lease para a Inglaterra, com uma intensidade que beirou a obsessão. Ele desejava mais apoio, queria que a Marinha americana protegesse os comboios marítimos ingleses. Porém, acima de tudo, ansiava pela entrada dos Estados Unidos na guerra.

OS MAIS PRÓXIMOS DO PRESIDENTE, inclusive os chefes de Estado-Maior das forças singulares dos EUA, e a maioria do Ministério, partilhavam a angústia de Churchill. No mínimo, achavam necessária proteção aos comboios britânicos para interromper a perda hemorrágica de navios. "A situação está obviamente crítica no Atlântico", escreveu o almirante Harold Stark a um colega. "Em minha opinião, ela é desesperançada [a menos] que tomemos medidas fortes para socorrê-la."[18] Desde que a guerra começou, em setembro de 1939, Stark vinha preparando a Marinha para o combate, inclusive com o início do treinamento dos navios dos EUA para a guerra antissubmarina. O chefe das Operações Navais acreditava firmemente que a segurança americana requeria a sobrevivência da Inglaterra e desejava que fosse feito todo o necessário, até uma declaração de guerra, para materializá-la.

No entanto, por enérgico que fosse Stark ao instar o presidente a começar a missão de escoltas marítimas, foi o secretário da Guerra Henry Stimson, de 73 anos, quem demonstrou ser o mais renitente advogado da ideia. Por toda sua longa carreira de governo e em Wall Street, Stimson jamais hesitara em ser claro na defesa dessa linha de ação, por estar convicto de que era o certo a ser feito. Em suas memórias, Francis Biddle, que sucedeu Robert Jackson como ministro da Justiça no verão de 1941, observou que Stimson foi o colega de Gabinete que mais admirou. "Ele era leal ao presidente [...] mas o questionava", escreveu Biddle. "Para mim, foi figura heroica de sinceridade e força."[19]

Desde o dia em que se juntou ao governo, Stimson agiu como espora para Roosevelt, incitando-o a liderar em vez de seguir a opinião pública. Contudo, na questão da proteção de comboios, o presidente resistiu obstinadamente às tentativas de persuasão de Stimson, como o fez a todos os outros esforços nesse sentido. FDR havia anteriormente dito a repórteres que a missão de comboiar implicaria, quase inevitavelmente, atirar — e atirar "chega terrivelmente perto da guerra, não chega? Fica muito próximo da última coisa que temos em mente".[20] Tendo "vendido" o Lend-Lease ao povo americano como caminho para derrotar Hitler sem os Estados Unidos entrarem na guerra, ele não arriscaria envolvimento no conflito, em especial com os isolacionistas novamente no ataque.

Graças em grande parte às vitórias germânicas nos Bálcãs e no norte da África, os anti-intervencionistas, ainda tentando reorganização após a derrota no Lend-Lease, de repente se viram ressurgindo. Os americanos expressavam crescentes dúvidas sobre a capacidade das Forças Armadas britânicas para resistirem à Alemanha, bem como sobre as chances gerais de a Inglaterra sobreviver. Nas pesquisas de opinião pública, a porcentagem de pessoas que acreditavam ser mais importante ajudar a Inglaterra do que ficar fora da guerra caiu para pouco acima de 50% (embora começasse a crescer logo depois).

Entusiasmados com o pequeno aumento do sentimento antiguerra, Burton Wheeler, Gerald Nye e outros membros isolacionistas do Congresso começaram a viajar pelo país, discursando, especialmente em comícios organizados pelo Primeiro a América, contra o emprego de forças navais dos EUA para escoltar navios britânicos. A eles se juntou Charles Lindbergh, que pelo fim de abril descartara seus escrúpulos quanto a aliar-se a organizações e filiou-se ao Primeiro a América. Imediatamente tornou-se o astro do grupo.

Em discurso amplamente debatido, que escreveu para o *Sunday Express* de Londres, um influente comentarista americano de rádio, Raymond Gram Swing, declarou acreditar que Roosevelt poderia autorizar "comboios agora, desde que lhe fosse solicitado" pelo Congresso, mas que isso só seria aprovado por pequena margem. Swing, que era conhecido por ser confidente de FDR, continuou afirmando que uma votação apertada não seria suficientemente boa e que era necessário o apoio de pelo menos dois terços dos congressistas, pois se tratava de "questão de vida ou morte". Acrescentou que Roosevelt permanecia distante do assunto "comboios" porque qualquer intervenção de sua parte "comprometeria fatalmente sua posição no centro da unidade nacional; destruiria a si mesmo com figura simbólica em torno da qual uma sólida opinião nacional poderia se amalgamar".[21] Outros, de dentro ou de fora de seu governo, teriam que assumir a iniciativa.

O raciocínio de Swing, que era considerado também o de Roosevelt, não convenceu Stimson e outros aos quais o comentarista se referiu. Simplesmente não havia tempo, na opinião deles, para tal método demorado e politicamente seguro de conquistar a opinião pública. Os ativistas do governo acreditavam que Roosevelt havia superestimado demais a força do isolacionismo no país e no Congresso, que muito do poder de seus oponentes derivava de seu "respeito obviamente temeroso"[22] a ele emprestado.

Reforçando tal crença, havia relatórios de toda a nação dando conta da crescente preocupação pública com a falta de orientação e comando presidencial. O vice-presidente Henry Wallace escreveu que os fazendeiros em sua Iowa natal estavam prontos para uma "liderança mais vigorosa e definida".[23] Em conferência de governadores, que teve lugar em Washington, diversos líderes estaduais comentaram com Stimson e Frank Knox: "Seus eleitores estavam à frente do presidente e de seus representantes no Congresso, e prontos para fazer mais em prol da Inglaterra".[24] Em conversa com Stimson, o deputado James Wadsworth, mentor na Câmara da legislação da conscrição, disse pensar que "o povo estava ficando um pouco impaciente"[25] com Roosevelt. O presidente da Câmara Sam Rayburn e outros colegas parlamentares, acrescentou Wadsworth, pensavam da mesma forma.

Desconsiderando esses relatos, Roosevelt deixou evidente para seu velho amigo e ex-embaixador William Bullitt, que o pressionava, não ter planos para ação direta e potente contra a Alemanha. O presidente disse a Bullitt que esperava Hitler provocar um incidente que congregasse os americanos, sem importar quão improvável fosse tal provocação.

Depois de conversar com Harry Hopkins, o secretário do Tesouro Henry Morgenthau anotou em seu diário que Roosevelt e Hopkins: "Tateiam sobre o que fazer. Acham que alguma coisa tem que ser feita, mas simplesmente não sabem o quê. Hopkins disse [...] pensar que o presidente é avesso a entrar na guerra e prefere seguir a opinião pública a liderá-la".[26] Em meados de maio, Roosevelt disse a Morgenthau: "Estou esperando ser empurrado".[27]

MAS ADOLF HITLER NÃO ESTAVA DISPOSTO A EMPURRAR. Ele e Roosevelt agiam como cautelosos jogadores de xadrez numa partida em que as apostas eram extremamente altas. Os assessores pressionavam ambos a ser mais agressivos na Batalha do Atlântico, mas nenhum dos dois queria provocar incidente que levasse seus países à guerra.

Durante todo o ano de 1939 e com 1940 bem avançado, Hitler professou indiferença a qualquer ação que os Estados Unidos pudessem tomar em relação à guerra. "A América", desdenhou, "não é importante para nós."[28] Convencido de que suas forças derrotariam a Inglaterra tão facilmente como venceram a França e os Países Baixos, ele desconsiderou, não sem razão, qualquer possibilidade de envolvimento dos EUA. Mas quando a resistência britânica frustrou suas esperanças de um rápido conflito, o Führer frisou para seus subordinados a importância crucial de não se despertar o país que via como tigre adormecido. A Marinha germânica recebeu ordens para evitar qualquer embate no Atlântico que pudesse arremessar a América para a guerra.

Em setembro de 1939, depois de Roosevelt anunciar que forças dos EUA patrulhariam uma zona de neutralidade, que se estendia por trezentas milhas ao longo do leste do litoral americano, Hitler — para fúria do almirante Erich Raeder, seu chefe do Estado-Maior da Armada — proibiu que navios alemães atacassem embarcações naquela área. Pior ainda, da perspectiva de Raeder, foi o inflexível banimento de Hitler a respeito de qualquer ataque a navios americanos, independentemente de onde estivessem no Atlântico.

Ao longo do outono e do inverno de 1940, Raeder argumentou que os Estados Unidos, em função de seu crescente envolvimento com a sobrevivência da Inglaterra, haviam abandonado toda a pretensão de neutralidade, e seus navios deveriam ser considerados inimigos. Apesar de Hitler continuar resistindo aos apelos de seu almirante, até mesmo ele não podia ignorar o Lend-Lease e a importante alteração que o programa introduzia no papel da América no conflito. O Alto Comando do Exército alemão encarou o Lend-Lease como nada menos que "uma declaração de guerra à Alemanha".[29]

Em 25 de março de 1941, o governo alemão determinou uma significativa expansão da zona de combate naval da Alemanha em torno da Inglaterra, estendendo-a por diversas centenas de milhas para oeste no Atlântico, passando da Islândia e chegando perto da Groelândia. Nessa enorme extensão de mar, submarinos, navios e aviões alemães tinham liberdade para emprego irrestrito de suas armas contra navios mercantes e contra quaisquer neutros (americanos) que tentassem protegê-los. Porém, ao mesmo tempo, Hitler rejeitou a proposta de Raeder para atacar navios americanos que não estivessem escoltando comboios.

Roosevelt estudou a nova medida durante diversos dias, engajando-se em acirrados debates com seus assessores sobre a maneira de reagir. Stimson e outros intervencionistas do seu governo conclamaram o presidente a ordenar a imediata proteção de comboios pela Marinha americana.

Enquanto decidia sobre a matéria, FDR respondeu à provocação de Hitler com uma de sua autoria, anunciando, em 10 de abril, que o Exército e a Marinha criariam de imediato bases na Groenlândia para evitar futura ocupação germânica daquela vasta colônia dinamarquesa. Servidores americanos ponderaram que a Groelândia era, com efeito, parte do hemisfério ocidental e, como tal, estava sujeita à Doutrina Monroe, que proibia a intervenção por potências estrangeiras. Tal pleito não foi em grande parte questionado pela Alemanha.

Tal descaso ocorreu talvez porque Roosevelt, no fim, decidiu-se contra passo ainda mais provocador: ordenar que belonaves americanas escoltassem comboios britânicos. Contentou-se em expandir a zona de neutralidade de trezentas milhas para linha de demarcação além da metade do Atlântico, abarcando quase toda a Groenlândia e se sobrepondo a boa parcela da nova zona alemã de combate naval. Aviões e navios americanos tinham ordens para patrulhar essa imensa área e alertar os britânicos caso detectassem submarinos alemães ou ameaças de superfície.

Embora claramente elevando as apostas anteriores, tanto Roosevelt quanto Hitler permaneceram dispostos a minimizar os riscos de confronto direto das suas Forças Armadas. O presidente deixou claro que aviões e navios dos EUA não disparariam contra navios alemães a menos que fossem atacados primeiro. E, no fim de abril, Hitler repetiu suas ordens a Raeder para evitar embates com navios americanos.

O aumento da vigilância americana por certo foi útil aos ingleses, mas pouco fez para barrar a turbulência causada pelos *U-boats*. Como as patrulhas dos EUA estavam proibidas de engajamento armado com navios alemães, só os britânicos continuaram responsáveis pela segurança de seus comboios, e as perdas persistiram crescendo. Nas três primeiras semanas de maio, submarinos alemães puseram a pique navios mercantes britânicos dentro da área estendida pelos americanos.

Os anúncios de Roosevelt sobre as bases na Groenlândia e sobre o aumento do patrulhamento americano não conseguiram abrandar as conclamações em seu país por ações mais vigorosas. No início de maio, um residente de Los Angeles enviou uma irada carta para a Casa Branca ressaltando o que via como atitudes contraditórias e pusilânimes de FDR e da América relativas à guerra: "O povo americano, segundo o Gallup, acredita que o país deve arriscar a guerra, porém não, na verdade, chegar a travá-la. Não estamos em guerra com a Alemanha, mas a Alemanha é nossa inimiga. Usaremos a Marinha para 'patrulhar', mas não para 'comboiar'. Existe terrível perigo de a Alemanha vencer, mas Lindbergh é um traidor por dizer isso".[30]

EXTREMAMENTE DESAPONTADO COM a decisão do presidente de não empregar escoltas navais, Henry Stimson considerou vital que alguém falasse abertamente sobre o assunto. O alguém, decidiu, seria ele mesmo. Em 6 de maio, Stimson, em radiodifusão de âmbito nacional aprovada por Roosevelt (em perfeita conformidade com sua predileção de deixar que outros tomassem a iniciativa), pleiteou proteção naval dos EUA para cargas despachadas aos ingleses, realçando que o Lend-Lease não teria significado caso seus envios não chegassem aos destinos. Mas Stimson foi além. Alertou os americanos que a guerra poderia estar logo adiante para a nação e que eles precisavam entender as responsabilidades que teriam que assumir. "Não sou dos que julgam poder salvar a preciosa liberdade de nosso país sem sacrifícios", disse ele. "Não pode. A não ser que nós, de nossa parte, estejamos preparados para o sacrifício e, se necessário, para a morte; pela convicção de que a liberdade da América tem de ser salva, ela não será salva."[31]

Outras figuras-chaves do governo seguiram a linha de Stimson. Frank Knox afirmou em discurso: "Estamos na briga para ficar. [...] Declaramos que às nações agressoras não será permitida a vitória. Estamos, por inteiro, comprometidos em evitar tal triunfo. [...] Essa é a nossa luta".[32] Até mesmo o secretário da Agricultura Claude Wickard surgiu em cena, declarando: "É piada cruel e de mau gosto deixar o povo britânico acreditar que iremos ajudá-lo, quando temos apenas meias medidas em mente".[33] Em Nova York, Wendell Willkie recebeu ovação retumbante de multidão que o ouvia quando asseverou dramaticamente em lentas e pensadas palavras: "Queremos ... essas ... cargas ... protegidas".[34]

Os aplausos para Willkie e a chuva de cartas para Stimson em apoio ao seu pronunciamento revelaram, como o ministro da Guerra disse a Harry Hopkins: "O povo anseia por liderança, e não por mais conversas".[35] Em reunião com Knox. Harold Ickes e Robert Jackson, Stimson debateu a necessidade de fazer o presidente parar de vacilar e começar a agir. "Só sei que, para onde olho, apenas vejo descontentamento crescente com a falta de liderança do presidente", escreveu Ickes em seu diário. "Ele ainda terá o país ao seu lado caso o pegue e o lidere. Mas tal situação não durará muito tempo se ele não fizer alguma coisa."[36]

No início de maio, Ickes, sem o conhecimento de Roosevelt, viajou para Nova York a fim de comparecer a jantar promovido por intervencionistas, a maior parte deles membros do Grupo Century. Ickes disse-lhes que o governo vinha sendo "absolutamente inepto" em preparar o povo para a necessidade de ação e que, "como o governo fracassava nesse importante mister, cabia ao povo ou fazer o governo agir, ou agir ele mesmo na eventualidade de falta de liderança".[37] Mais tarde daquele mesmo mês, Ickes disse a um amigo que "se eu tivesse a visão de longo alcance e percebido um inativo e pouco inspirador presidente, não teria apoiado Roosevelt para um terceiro mandato".[38]

Stimson era o único membro do Gabinete com estatura moral e política para dizer cara a cara ao presidente que ele falhava na sua responsabilidade de liderar. Num encontro a sós com Roosevelt, no fim de abril, ele fez exatamente isso. Em vez em recorrer à opinião pública para decidir o que fazer, FDR tinha que orientar aquela opinião. "Alertei-o", anotou Stimson em seu diário, "que sem a liderança de sua parte, era inútil esperar que o povo tomasse voluntariamente a iniciativa de deixá-lo saber, ou não, que o seguiria."[39]Roosevelt recebeu com bom humor a reprimenda de Stimson, mas pouca ou nenhuma atenção deu a ela. Determinado em manter sua posição "no centro da unidade nacional", como dissera Raymond Gram Swing, o presidente ficava feliz em deixar que Stimson e outros advogassem mais poderoso intervencionismo. Mas ele não iria ainda fazê-lo. E, assim, persistiu a paralisia.

ENQUANTO O MINISTRO DA GUERRA E DIVERSOS DE SEUS COLEGAS insistiam com o presidente para que fosse mais agressivo, outras figuras do governo acreditavam que Roosevelt já fora longe demais na ajuda aos ingleses, arriscando a ameaça de guerra. Entre os que aconselhavam prudência estava Cordell Hull, que possuía o que um observador chamou de "aversão constitucional a ação vigorosa e decisiva".[40] Depois de reunião particularmente desanimadora com Hull no fim de maio, Stimson escreveu em seu diário que o secretário de Estado "só faz emitir sinais de derrotismo. [...] Tudo está indo de mal a pior",[41] era o que ele não parava de repetir. Outros integrantes importantes do Departamento de Estado, inclusive os secretários de Estado assistentes Adolf Berle e Breckinridge Long, se destacavam por sua anglofobia e atitudes antiguerra. Na realidade, Long, que muito trabalhou contra a entrada de judeus refugiados nos Estados Unidos no fim dos anos 1930 e início dos 1940, foi rotulado de "fascista"[42] por Eleanor Roosevelt.

Mais perturbadora ainda para Stimson era a resistência ativa de muitos oficiais de altas patentes do Exército e da Marinha contra um esforço geral para salvar os ingleses. O general George Marshall, que rapidamente se tornava o mais respeitado líder militar do país, desempenhou papel complexo nas batalhas internas geradas pela questão. Marshall depusera a favor do Lend-Lease e apoiara a ideia de proteção dos EUA aos comboios britânicos, mas seu raciocínio nos dois casos era de auxiliar o esforço de defesa americana, e não de ajudar a Inglaterra. Na questão do Lend-Lease, ele dissera ao Congresso que o vasto incremento na produção de guerra seria muito benéfico também para as Forças Armadas dos EUA; se a Inglaterra fosse derrotada, a expansão da capacidade industrial americana proporcionaria armas e outros materiais bélicos adicionais para a defesa do país e do restante do hemisfério ocidental. Quanto aos comboios, Marshall acreditava que proporcionar escoltas navais ajudaria a robustecer as defesas hemisféricas, além de manter a Inglaterra no combate por tempo suficiente para que a América se armasse de maneira conveniente.

Ao mesmo tempo, o chefe do Estado-Maior do Exército resistia à noção de que os Estados Unidos deveriam entrar na guerra. Testemunhando ante comitê no Congresso, observou: "Não acredito que existam pessoas nos EUA mais unânimes no seu fervoroso desejo de evitar envolvimento nessa medonha guerra do que os oficiais do Departamento da Guerra".[43] Marshall se opunha mais ainda ao plano de Roosevelt para uma divisão igualitária de armas e outros suprimentos entre as Forças Armadas britânicas e americanas, uma ideia ventilada por FDR pouco depois da eleição de 1940. "Seria esticar demais o conceito de isolacionista rotular Marshall como um deles," escreveram os historiadores J. Garry Clifford e Samuel R. Spencer Jr., "mas sua preocupação com a defesa do hemisfério ocidental e seu desejo de colocar as necessidades do rearmamento americano à frente da assistência aos Aliados eram compatíveis com a noção de uma América-Gibraltar do Comitê Primeiro a América".[44] Em suas memórias, o general Albert Wedemeyer, que montou robusta defesa de suas próprias crenças e atividades isolacionistas antes de a América entrar na guerra, escreveu que Marshall "entendeu que os interesses americanos estavam sendo colocados em risco pela política do presidente Roosevelt de estender todo o apoio possível a qualquer nação que combatesse"[45] o Eixo.

Marshall e seus assessores estavam convencidos de que, a despeito de seus melhores esforços, se os Estados Unidos fossem arrastados para a guerra, a única esperança de derrotar a Alemanha seria por meio do despacho de grande força terrestre americana para a Europa, com efetivo maior que 1 milhão de homens. Porém, na primavera de 1941, o Exército americano só possuía armas e equipamentos para menos de um décimo desse número de militares. Os altos escalões se apavoravam com a ideia de que metade do material bélico saído das fábricas dos EUA, escasso em quantidade como era, seria de pronto enviada para a Inglaterra.

Marshall e seu chefe do segmento aéreo, Hap Arnold, também achavam que se a América fosse forçada a entregar grande parte de seus aviões modernos para outros, o Corpo Aéreo do Exército ficaria incapacitado de defender o país ou de participar com efetividade em qualquer futuro conflito no além-mar. Arnold, com o apoio de Marshall, protestara, ostensiva, repetida e veementemente, contra a transferência de aviões manufaturados na América para a Inglaterra. Os dois generais ficaram em particular irritados com o plano de FDR de mandar para os ingleses 50% dos novos bombardeiros pesados da América, os poderosos B-17s, que ainda eram produzidos em quantidades relativamente pequenas. A certa altura, Marshall ordenou a Arnold "ver se existe alguma coisa a mais que ousemos fazer" a fim de evitar a implementação da "diretriz 50-50"[46] de Roosevelt.

Grenville Clark, lembrando-se do seu próprio desacordo com Marshall quanto à conscrição, pensava no chefe do Estado-Maior quando escreveu a Stimson sobre seu receio de "uma abordagem muito estreita de nossos militares — ênfase exagerada em defesa 'interna' e do 'hemisfério'; indevido valor dos chamados 'interesses americanos' e atitude defensiva contra as opiniões inglesas. [...] Se tal abordagem vencer será perder a guerra. Resistir a ela e destruí-la tem que ser o rumo".[47]

Ao longo de 1941, Marshall recebeu boa dose de inteligência militar preparada por oficiais antibritânicos e contra a guerra. Nos primeiros meses do conflito armado, ele levara para Washington talvez o oficial mais isolacionista de todo o Exército americano. Amigo próximo de Marshall, o general Stanley Embick já fora vice-chefe do Estado-Maior do Exército e chefe da Divisão de Planejamento de Guerra. Também era renitente anglófobo que julgava que a América tinha de se armar apenas para sua defesa. Servindo como vice-chefe, Embick alinhara-se abertamente com destacada organização pacifista, o Conselho Nacional para a Prevenção da Guerra. Em 1938, fizera circular cópias de discurso antiguerra do presidente do conselho entre seus colegas do Departamento da Guerra, que, entre outras coisas, advogava a aprovação de emenda constitucional que requeresse plebiscito nacional antes de o país entrar no conflito. Comandando então o III Exército, Embick, com 64 anos, havia recentemente declarado que os intervencionistas da América demonstravam: "Menor senso histórico do que o camponês mediano europeu".[48]

Em março de 1941, poucas semanas antes de Embick passar para a reserva, Marshall convocou-o ao Departamento da Guerra para que participasse de conversações anglo-americanas sobre possível ação combinada quando — e se — os Estados Unidos entrassem na guerra. Embick foi uma escolha interessante para aquele tipo de tarefa, levando-se em conta seu isolacionismo e bem conhecida aversão aos britânicos e a seu líder, Winston Churchill.

Durante as reuniões, as delegações americana e britânica concordaram, que caso os dois países se vissem combatendo juntos, o esforço principal seria contra a Alemanha, e não contra o Japão. Também decidiram que uma grande força-tarefa da Esquadra americana seria empregada para proteger os navios ingleses, ao mesmo tempo que até trinta submarinos dos EUA operariam contra os navios inimigos. Os ingleses ficaram felizes com o planejamento, mas ele não deu em nada, porquanto Roosevelt mostrou pequeno interesse em implementá-lo.

Um mês mais tarde, Marshall chamou Embick de volta a Washington. Dessa vez, Marshall queria que o amigo tomasse parte em debates de alta estratégia no Departamento da Guerra sobre o assessoramento que deveria ser dado pelo Exército ao presidente na eventualidade de ele ponderar sobre possíveis reações à expansão realizada por Hitler, em 25 de março, da zona de combate em torno da Inglaterra.

Sob grande pressão de Stimson, Knox, almirante Stark, Henry Morgenthau e outros membros de altos cargos no governo, Roosevelt tendia à decisão de ordenar proteção de comboios por parte da Marinha americana até a Islândia, talvez mesmo até a Inglaterra. Também decidira transferir boa quantidade de belonaves de Pearl Harbor para o Atlântico. Se as duas resoluções se materializassem, a possibilidade de guerra contra a Alemanha, como todo mundo sabia, aumentaria dramaticamente.

A pedido de Harry Hopkins, Marshall determinou que seus melhores estrategistas da Divisão de Planejamento de Guerra respondessem a duas questões: Seria medida estratégica coerente levar o país à guerra naquele momento? Seria possível adiar passo tão decisivo?

A resposta dos planejadores de guerra foi uma qualificada afirmativa para a participação dos EUA no esforço de guerra. Reconhecendo que a Marinha, de início, teria que aguentar o peso principal da luta, de vez que o Exército se encontrava muito fraco, os estrategistas de Marshall ainda achavam "altamente desejável" que os Estados Unidos entrassem na guerra "suficientemente cedo" para garantir a sobrevivência da Inglaterra. Um estado de guerra, disseram eles, despertaria o povo americano "para a gravidade da presente situação" e o congregaria "em coesivo esforço que, hoje, não prevalece. A produção de equipamento e o aprestamento de maneira geral seriam materialmente acelerados, e o governo Churchill sairia fortalecido".[49]

Em reunião com Marshall para debater o relatório, um dos planejadores, coronel Joseph McNarney, foi ainda mais direto sobre a necessidade da beligerância. "É importante", disse, "que comecemos a reduzir a capacidade de combate da Alemanha. Temos a Marinha sendo robustecida que pode fazer alguma coisa. Se esperarmos, acabaremos sozinhos [...] Posso ser considerado um 'cospe fogo', mas algo precisa ser feito."[50]

No curso da conversa, Embick entrou no gabinete. Pedida sua opinião, replicou que não concordava com nenhuma conclusão dos planejadores. Não só se opunha fortemente à entrada da América na guerra ("equivocado", disse ele, "do ponto de vista do Exército e da Marinha" e "da perspectiva do povo americano"[51]), como também era contra a ajuda militar ou econômica para a Inglaterra. Diferentemente dos membros da Divisão de Planejamento de Guerra, Embick não via a situação do Reino Unido como tão perigosa. Mesmo que fosse, acrescentou: "Se a crise atual resultar na queda do governo Churchill, melhor para os britânicos".[52] (O menosprezo de Embick por Churchill era bem conhecido; certa vez se referiu e ele como "fanfarrão muito tolo que deveria ser apeado do poder por não fazer a paz com os nazistas".[53])

Depois da reunião, Marshall levou Embick consigo até a Casa Branca, onde esse último repetiu para o presidente suas observações sobre o despreparo da América para a guerra e sobre as prováveis consequências danosas para o país se entrasse naquele conflito armado — ou, resumindo, sobre a inconveniência de se fazer qualquer coisa que provocasse a Alemanha. Em seguida àquela reunião, Roosevelt decidiu contra a ideia de escoltas navais para os comboios e resolveu, em vez disso, expandir o patrulhamento do Atlântico. Também cancelou a transferência de belonaves do Pacífico. Segundo diversos relatos, o assessoramento de Embick, que reforçou a natural propensão de FDR pela cautela, desempenhou papel importante em suas decisões.

Não tardou para que Marshall fizesse de Embick, de fato, seu principal assessor militar — uma escolha que produziria profundas consequências para a política militar americana, em particular com respeito à Inglaterra, durante toda a guerra.

EMBICK ESTAVA LONGE DE SER o único membro-chave da equipe de Marshall conhecido por sua inclinação antibritânica e isolacionista.

Confidente de Lindbergh, o coronel Truman Smith permaneceu também próximo do chefe do Estado-Maior do Exército, malgrado suas rusgas com a Casa Branca no ano anterior. Como a maioria de seus colegas da inteligência do exército, Smith não escondia sua crença de que a Alemanha logo venceria a Inglaterra e que a América deveria abandonar aquilo que via como desesperançada tentativa de salvar aquele país.

Apesar de Marshall ter instado Smith a se distanciar de Lindbergh, o coronel desconsiderou o alerta e continuou a se encontrar regularmente com o maior isolacionista do país para tramar estratégia antiguerra, enquanto, simultaneamente, servia como principal especialista em Alemanha para o chefe do Estado-Maior do Exército. Smith também não cortou suas relações com o general Friedrich von Boetticher, adido militar alemão em Washington, que informou aos seus superiores em Berlim que Smith estava "em ótima posição para saber o que o governo planeja e que, seguramente, fará o melhor, por meio de suas influentes amizades, para frustrar os planos do presidente".[54]

Durante todo o ano de 1941, Smith repassou informações militares a Lindbergh e a outros isolacionistas, inclusive ao ex-presidente Herbert Hoover. Em reunião com esse último, Smith disse que ninguém na inteligência do exército "via sentido em irmos à guerra", acrescentando que "nenhum membro do Estado-Maior queria o combate, mas não havia poder de influência sobre a situação". As pressões políticas sobre o general Marshall eram tão grandes," disse Smith a Hoover, que se ele fosse forçado a declarar em público suas atitudes quanto à guerra, o Estado-Maior "seria compelido a divulgar algum tipo de ambiguidade".[55]

Por meses, Smith distribuía aos pessimistas do governo relatórios da inteligência sobre as chances de sobrevivência da Inglaterra. Em meados de abril de 1941, segundo Stimson, Smith "pintou uma situação terrível no Mediterrâneo", prevendo a iminente derrota da Inglaterra na Grécia e no Oriente Médio e acusando o governo Churchill de "interferência desastrosa"[56] em assuntos militares ingleses. Um irado Stimson ordenou que Marshall alertasse Smith e outros da inteligência do Exército para que jamais fizessem tão "perigosa declaração"[57] de novo. Stimson disse então a Marshall: "O sucesso dos EUA depende da segurança da Armada britânica; a segurança da Armada britânica e sua preservação dependem da manutenção do governo Churchill. Por conseguinte, ao circular esses rumores ou comentários, [Smith e outros] atacam a segurança vital dos Estados Unidos, e isso não aceito".[58]

Marshall disse depois a Stimson que havia cumprido suas ordens. Não obstante, Stimson cedo recebeu outro relatório sombrio de Smith sobre as possibilidades da Inglaterra, que incluía mais comentários injuriosos a respeito de Churchill e seu governo. O secretário da Guerra explodiu, gritando para Marshall: "Não aguento mais", e determinando que o chefe do Estado-Maior fizesse algo para barrar a "influência pró-germânica"[59] que permeava a divisão de inteligência do Exército. Depois que Marshall gritou de volta, defendendo seus subordinados, os dois se acalmaram; Marshall disse que pensaria sobre o que Stimson dissera e debateria o novamente assunto com o secretário. Se essa prometida conversa ocorreu, não se sabe. Caso tenha acontecido, pouco resultado conseguiu, pois os relatórios da inteligência do Exército persistiram difamando a Inglaterra e seu primeiro-ministro.

Truman Smith e diversos de seus colegas da inteligência do Exército também deram forte e tácito apoio ao Comitê Primeiro a América, assim como o fizeram muitos oficiais de altas patentes da força. O ex-subsecretário de Estado William Castle, muito chegado a Lindbergh e chefe da sucursal de Washington do Primeiro a América, registrou em seu diário que muitos militares da ativa o procuraram para oferecer seus entusiastas endossos ao trabalho do comitê. Entre eles estava o general Levin Campbell, assistente do chefe da Logística do Exército, que supervisionava o planejamento e a construção de novas fábricas de material bélico por todo o país. As expressões de apoio de Campbell sinalizaram "a atitude, raramente expressa por ser perigosa, de grande parte dos oficiais superiores da Marinha e do Exército", escreveu Castle. "Eles não querem entrar nesta guerra e não gostam de como as coisas estão sendo conduzidas."[60] Um almirante disse a Castle: "Praticamente toda a Marinha está comigo. Mas eles não podem dizer nada em público. [...] Deu-me uma lista dos almirantes que concordavam e com os quais valia a pena conversar".[61]

O almirante provavelmente exagerava o espraiamento da postura antiguerra na Marinha, mas não há dúvida de que ela estava bem espalhada nos altos escalões da força. (O almirante Stark era notável exceção.) Um assessor da Casa Branca afirmou a Roosevelt que muitos oficiais navais de altas patentes viam o ativo intervencionismo de seu chefe civil, Frank Knox, com "grande alarme".[62] Knox, de sua parte, admitiu para um de seus sócios "que estava bastante perturbado por descobrir oficiais da Marinha dos Estados Unidos muito derrotistas em seus pontos de vista".[63] O secretário da Marinha descreveu para Stimson "como teve que lutar contra a timidez de seus próprios almirantes quanto a qualquer medida mais agressiva [...] como todos os seus assessoramentos e estimativas previam o fracasso da Inglaterra".[64]

Por mais difícil que fosse a situação em seu próprio Departamento da Guerra, Stimson concordou que a posição de Knox era pior. "Alguns dos oficiais navais são bem mais teimosos, beirando a insubordinação, dos que os que trabalham comigo",[65] escreveu Stimson no diário.

MALGRADO TODAS AS SUAS TENTATIVAS, o presidente não conseguia ignorar a crescente pressão do povo e dos servidores intervencionistas dentro do seu próprio governo para que tomasse ações mais enérgicas em prol da Inglaterra. Uma pesquisa encomendada pelo governo sobre a imprensa revelou à Casa Branca, no início de maio, que considerável percentagem dos jornais do país era agora ostensivamente crítica à falha de FDR na formatação da opinião pública. Segundo os editorialistas desses jornais, existia substancial "apatia, confusão e acanhamento"[66] no seio do povo americano, graças à aparente falta de confiança de Roosevelt em sua capacidade de entender o que precisava ser feito e reagir para salvar a Inglaterra e derrotar Hitler.

De acordo com a pesquisa, a maioria do povo passara a acreditar que a proteção naval proporcionada pelos EUA aos navios mercantes britânicos era essencial para a sobrevivência da Inglaterra. O relatório conclamava o presidente a tornar o assunto mais claro para seus concidadãos — recomendação fortemente reiterada por diversos de seus assessores.

Em resposta, Roosevelt decidiu fazer outro discurso, seu primeiro pronunciamento importante desde o "Conversas ao Pé do Fogo" sobre o Lend-Lease cinco meses antes. O discurso, a ser feito pelo rádio com amplitude nacional, foi agendado para 14 de maio e, depois, adiado para 27 do mesmo mês, aumentando ainda mais o nível de tensão e suspense. Rumores sobre o conteúdo circularam em Washington. O presidente anunciaria o começo dos comboios, afirmavam alguns deles. Não, respondiam outros, ele planejava solicitar ao Congresso que anulasse a Lei da Neutralidade. Ainda outros asseveravam que Roosevelt pediria uma declaração de guerra ao Congresso.

FDR foi inundado com conselhos de todo o país sobre o que deveria dizer; mais de 12 mil cartas foram entregues na Casa Branca no período de três dias. Um dos que pressionaram foi Henry Stimson, o qual, em bilhete muito rude, fez o possível para incitar a determinação do presidente. O povo americano, escreveu Stimson: "Necessita que o senhor o lidere e guie [...] e seria desastroso se o senhor o desapontasse". O secretário da Guerra adicionou que, "expedientes e meias medidas" já não bastam, que os americanos não deveriam ser solicitados a travar a guerra por causa de "acidente ou equívoco" no Atlântico. "Ele tem que ser levado a essa momentosa resolução por sua liderança."[67]

Por diversas semanas, os intervencionistas militantes do círculo de Roosevelt o vinham exortando a proclamar ilimitado estado de emergência, decisão executiva que lhe permitiria o exercício de ampla gama de poderes de guerra. Enquanto trabalhava no pronunciamento com a ajuda de seus dois principais preparadores, Robert Sherwood e Sam Rosenman, FDR não mencionou a declaração de emergência; após diversas minutas, os preparadores, por iniciativa própria, incluíram tal situação. Quando Roosevelt examinou o texto, disse com sorriso maroto: "Alguém por aqui tomou algumas liberdades?".[68] Sherwood e Rosenman reconheceram que tinham, porém pensaram que era aquilo que o presidente realmente queria dizer. FDR ficou calado por instantes. Depois ponderou: "Sabem vocês? Restam apenas poucos cartuchos de munição, a menos que o Congresso nos autorize a produzir mais. Essa declaração de emergência ilimitada é um desses poucos cartuchos, e muito importante. Seria essa a hora certa para empregá-lo, ou deveríamos esperar que as coisas piorassem — como certamente piorarão?". [69] Os preparadores de discurso não responderam, e a declaração permaneceu no discurso.

Na noite de 27 de maio, Roosevelt falou à nação a partir do Salão Leste da Casa Branca. Estimados 85 milhões de americanos, mais de 65% da população e a maior audiência de rádio da história até então, ligaram seus aparelhos para ouvi-lo.

Em termos altamente ilustrativos, Roosevelt expôs o grande perigo que ameaçava os Estados Unidos se a Inglaterra fosse derrotada. Os nazistas "estrangulariam" economicamente o país; trabalhadores americanos "teriam que competir com o trabalho escravo no restante do mundo. [...]. O fazendeiro americano conseguiria por seus produtos exatamente aquilo que Hitler resolvesse dar. [...] Estaríamos permanentemente gastando nossos recursos em armamentos".

Mas, declarou FDR, ele e seu governo jamais permitiriam que isso acontecesse. O presidente declarou estado nacional de ilimitada emergência e prometeu ajuda em escala total para a Inglaterra. "O despacho dos suprimentos necessários para o Reino Unido é imperativo", afirmou, "e todas as pertinentes medidas adicionais para garantir a entrega serão tomadas". Com grande ênfase, acrescentou: "Isso pode ser feito. Isso tem que ser feito. Isso será feito".[70]

Foram palavras apaixonadas e galvanizadoras, e, para grande parte da audiência, elas soaram "quase como uma convocação às armas".[71] Telegramas começaram a despencar sobre a Casa Branca mesmo antes de Roosevelt terminar de falar e, para seu alívio e satisfação, eles eram, como disse a Sherwood, "95% favoráveis!"[72] (Sempre que fazia importante discurso político ou anunciava nova iniciativa, como o Lend-Lease ou a troca dos contratorpedeiros, FDR parecia surpreso quando o povo reagia positivamente. Segundo os que o cercavam, ele sempre pensava assumir risco bem maior do que o real.)

Sherwood escreveria mais tarde que a mídia e o povo americano entenderam o discurso do presidente de 27 de maio como: "Solene compromisso. A entrada dos Estados Unidos na guerra contra a Alemanha era agora inevitável e até mesmo iminente."[73] Em editorial, *The New York Times* exaltou FDR por desferir "golpe poderoso pela liberdade", adicionando que "a incitação do país [...] seria aprovada por vasta maioria do povo".[74] Porém, em todos os comentários, pouco foi dito sobre fato de Roosevelt não ter se comprometido com futuras ações".

No dia seguinte à fala, mais de duzentos repórteres lotaram o gabinete de Roosevelt, ávidos por conhecer detalhes sobre o que seria feito. Mas estavam fadados ao desapontamento. Como com frequência ocorrera antes, o presidente, tendo falado grosso, recuou de qualquer noção de beligerância. Não existiriam comboios, pelo menos por enquanto; nem anulação da Lei de Neutralidade; nenhum combate. Além disso, Roosevelt disse não ter planos "no tempo presente"[75] para expedir decretos necessários a fim de colocar em vigor a emergência ilimitada que acabara de proclamar.

Em todo o país, o sentimento foi de abatimento. O pronunciamento do presidente, publicou a *Life*, foi clara promessa de ação: "'Às suas marcas!' ele havia determinado à nação, para o início de uma corrida. [...] 'Preparar!', atentem para o maior esforço da história. Então, enquanto o povo esperava ansioso nos blocos de partida, ele enfiou o revólver no coldre e foi passar o fim de semana em Hyde Park".[76]

Os ingleses, enquanto isso, perdiam a paciência. Um jornal de Londres, o *News Chronicle*, não se restringiu no primeiro parágrafo de editorial dirigido aos Estados Unidos: "Queremos vocês nesta guerra ao nosso lado. Combatendo. Agora".[77] Sobre a indecisão americana, o *Daily*

Mirror de Londres publicou exasperado: "Eles parecem ter assumido residência permanente na beira do precipício. [...] Não percam o próximo e tenso capítulo desse excitante drama na semana seguinte [...] no mês seguinte [...] em qualquer data posterior [...] nunca".[78]

No fim de maio, uma publicação quase-oficial, *Jane's All the World's Aircraft*, declarou por meio de seu editor, que os Estados Unidos haviam prometido apoiar a guerra "até o último *inglês*".[79] Em desconforto, funcionários do Ministério da Produção Aeronáutica se apressaram em dizer que não tinham conexões com a revista, e sua direção afirmou que o insulto seria apagado.

Para os servidores dos EUA em Londres, Washington — na sua falta de desejo em encarar a possível derrota da Inglaterra — parecia de outro planeta. "Não consigo entender a atitude de avestruz da América", fumegou Averell Harriman a um amigo. "Ou temos ou não temos interesse no resultado desta guerra. [...] Caso tenhamos, por que não compreendemos que, com cada adiamento da participação direta [...] assumimos o tremendo risco de a guerra ser perdida?"[80]

"Toda a coisa será uma corrida contra o tempo", escreveu em seu diário o general Raymond Lee, adido militar dos EUA em Londres. "É uma questão de nosso apoio chegar com tempo suficiente para reforçar o que gradualmente se transforma em causa perdida."[81]

20
UM PONTO DE VISTA TRAIDOR

A LETARGIA DO PRESIDENTE CLARAMENTE NÃO SE ESTENDEU a respeito dos inimigos políticos — fato que Robert Sherwood descobriu quando ajudou Roosevelt a escrever um discurso dias apenas depois da aprovação do Lend-Lease. Na opinião de Sherwood, o pronunciamento deveria ser feito em ocasião para celebrar o triunfo do governo. Contudo, não foi assim que o presidente raciocinou.

Anunciando que ia "ser realmente duro com esses caras",[1] Roosevelt, pálido e cansado, desfiou o que Sherwood mais tarde chamou de ataque "virulento e vingativo" contra os que se opuseram ao seu esforço para ajudar a Inglaterra, referindo-se iradamente a "certo colunista" e a "certo senador", bem como a "certos oradores republicanos". Sherwood se surpreendeu. Jamais vira o presidente em tão raivoso estado de espírito, nunca o vira "perder a calma [...] ficar um pouquinho nervoso ou deixar de ser escrupulosamente cauteloso na presença de subordinados".

Depois de cerca de uma hora ditando um "dossiê de rancores" para um estenógrafo, FDR parou de repente e, sem uma palavra, deixou a sala. Sherwood assustado procurou de imediato Harry Hopkins para lhe contar o ocorrido. Hopkins disse *en passant* ao preparador de discursos para não se preocupar: tinha certeza de que o presidente estava botando para fora toda aquela "irritante bílis"[2] e que não tinha a intenção de usá-la em discurso.

Hopkins tinha razão, mas só quanto ao discurso. Roosevelt estava furioso com os inimigos isolacionistas e, de 1941 em diante, despendeu suas energias em guerra sem quartel para destruir a credibilidade e a influência deles. "Se 1940 foi o início de violenta corrida de bigas, 1941 foi seu brutal clímax", lembrou-se Ernest Cuneo, servidor regular do partido democrata. "Uma vez ultrapassada a barreira eleitoral, FDR livrou-se das roupas convencionais, afivelou bem o capacete, e partiu para a briga."[3]

Inicialmente, o presidente esperara que a aprovação do Lend-Lease marcaria o fim da influência dos isolacionistas, que os americanos então se uniriam em apoio ao novo papel do país como aliado não beligerante da Inglaterra. Muitos agiram assim. Porém, enquanto o movimento intervencionista indubitavelmente ganhava terreno pela primavera de 1941, o isolacionismo, apesar de consideravelmente enfraquecido, permanecia sendo inconteste força, e seus obstinados adeptos prometiam lutar contra Roosevelt até o fim.

Vezes sem conta, o presidente e seus aliados realçaram a necessidade de união nacional — nos seus termos. Em discurso pós-Lend-Lease, FDR insistiu que o tempo das dissensões e questionamentos acabara: "O governo de vocês tem o direito de esperar de todos os cidadãos que tomem parte no trabalho comum de nossa defesa conjunta — participem deste momento em diante".[4] Os que continuavam discordando foram criticados como bitolados, egoístas, militantes e não patrióticos. De acordo com Roosevelt, eles ajudavam, "inconscientemente na maioria dos casos", o trabalho dos agentes do Eixo no país, que buscavam "dividir nosso povo em grupos hostis, destruir nossa unidade e despedaçar a vontade de nos defendermos". FDR prosseguiu: "Não acuso tais cidadãos americanos de agentes estrangeiros. Mas os acuso de fazer exatamente o tipo de trabalho que os ditadores desejam que seja realizado nos Estados Unidos."[5]

Quanto à tática de Roosevelt, o historiador Richard Steele observaria mais tarde: "O que o presidente atacava [...] não era a deslealdade, mas a dúvida de uma minoria de americanos concernente às origens e propósitos da guerra. Em vez de focar diretamente nessas dúvidas, supostamente uma tarefa difícil da educação, FDR preferiu descontruí-las e descartá-las".[6] O estratagema de Roosevelt — questionar o patriotismo de seus críticos e acusá-los de dar ajuda e incentivo ao inimigo — seria empregado por diversos presidentes posteriores, inclusive Lyndon Johnson, Ronald Reagan e George W. Bush, quando enfrentaram a oposição às suas próprias políticas externas.

O historiador Wayne Cole, acadêmico do movimento isolacionista, escreveu sobre aquele período: "Teoricamente, a liberdade de expressão prevalecia em questões de política externa, porém, na prática, por volta de 1941, qualquer indivíduo que professasse o não-intervencionismo era suspeito e tinha que se preparar para ter sua reputação manchada e ver questionadas sua inteligência e até sua lealdade".[7]

Sem surpresas, os principais alvos da campanha anti-isolacionismo foram o Primeiro a América e seu mais famoso membro, Charles Lindbergh. A decisão do aviador de se afiliar à organização em abril de 1941 foi verdadeira bênção para o Primeiro a América, que experimentava queda no número de associados e na captação de recursos financeiros após a derrota no Lend-Lease. Ambos passaram a crescer nem bem o general Robert Wood anunciou a designação de Lindbergh para o conselho nacional do Primeiro a América. Falando sobre o aviador, Wood declarou: "Ele emergiu como líder genuíno de nosso ponto de vista e é acompanhado por imensidão de pessoas desse país".[8] O jornalista H.R. Kinckerbocker afirmou que a reputação de Lindbergh podia ter se enodoado no ano anterior, mas "como ele tinha alguma coisa que havia se enraizado tão profundamente na América, tal reputação ainda não fora perdida por completo [...] ele se destaca em influência acima de outros isolacionistas. [...] Lindbergh é, estou convencido, principalmente responsável pela longa hesitação deste país em entrar na guerra para salvar a vida da nação".[9]

Roosevelt também acreditava honestamente nisso. De acordo com o historiador Kenneth S. Davis, o presidente se convencera de que Lindbergh controlava o equilíbrio do poder no movimento isolacionista: "Ao manter unificado um núcleo sólido, o qual, de outra maneira, se desintegraria em função das óbvias tensões, e por confundir e dividir uma significativa minoria de pessoas [...] ele se tornava capaz de neutralizar as ações efetivas do governo. Em decorrência, Lindbergh deveria ser amordaçado".[10]

Poucas semanas depois de Lindbergh se juntar ao Primeiro a América, o grupo, reenergizado, recebeu centenas de milhares de novos membros. Sempre que ele discursava nos comícios do Primeiro a América, multidões se reuniam para aplaudi-lo. Era tão popular nas fileiras da organização que chegou a ser usado como prêmio de afiliação: o Primeiro a América anunciou que a sucursal que demonstrasse maior aumento no número de associados teria o privilégio de ser palco para pronunciamento posterior de Lindbergh.

Tudo isso inquietava o presidente e seus auxiliares. Preocupavam-se particularmente com a continuada atração dos jovens por Lindbergh, tais como os estudantes de Yale que haviam fundado o Primeiro a América. Dorothy Thompson, renitente suporte do presidente depois das eleições de 1940, chegou a ponto de assemelhar os interesses dos universitários americanos por Lindbergh e suas ideias com o movimento da Juventude Hitlerista de adoração ao Führer.

Todavia, ao mesmo tempo em que o Primeiro a América alcançava o pico de seu fortalecimento em virtude da afiliação de Lindbergh, também ficava sujeito a mais críticas exatamente por causa do aviador. Ironicamente, um dos mais abertos antagonistas de Lindbergh durante aquele período foi Robert Sherwood, que se rebelara contra as críticas amargas de Roosevelt aos seus oponentes. Pouco antes de começar a trabalhar na Casa Branca, Sherwood, em pronunciamento pelo rádio para ouvintes canadenses, referiu-se ao homem que antes considerara herói como "bajulador de Adolf Hitler", que esposava "um ponto de vista traidor" e que se devotava "à defesa da causa de Hitler".[11] Por pouco não chamando Lindbergh de nazista, Sherwood acabou fazendo isso, de fato, num discurso posterior em reunião do Comitê White, no qual rotulou Lindbergh como "simplesmente um nazista, com o desdém olímpico do nazismo por todos os processos democráticos".[12]

A Casa Branca recrutou longa lista de membros do Congresso e de funcionários do governo para se juntar a Sherwood em seu aviltamento de Lindbergh. O principal representante do presidente foi o secretário

O secretário do Interior Harold Ickes cumprimenta, em Washington, Anthony Eden, ex — e futuro — ministro britânico do Exterior.

do Interior Harold Ickes, que claramente saboreou a tarefa, lembrando repetidas vezes às suas audiências que havia sido o primeiro a atacar o aviador por aceitar a medalha alemã em 1938. Um homem "que tinha a genialidade para [...] ir direto à jugular do oponente",[13] como observou Francis Biddle, Ickes ficou tão obcecado com Lindbergh que mantinha um arquivo indexado e com anotações sobre todos os artigos e discursos do adversário.

Em pronunciamento de 1940, Ickes surrou Lindbergh como "fascista nato" e "apaziguador errante que abjetamente entregara sua espada mesmo antes de ordenado a fazê-lo".[14] Em fevereiro de 1941, ele disse que Lindbergh e seus seguidores "eram *quislings* que, aparentando patriotismo, de maneira covarde espetariam nossos fuzis no chão e deixariam nossos aviões no solo para que o hitlerismo pudesse mais facilmente nos subjugar".[15] Dois meses mais tarde, em ataque mais devastador, Ickes acusou Lindbergh de ser "o companheiro de viagem número um dos nazistas" nos EUA e "o primeiro americano a erguer bem alto o estandarte pró-nazismo". No mesmo discurso de abril, ele se referiu ao bem conhecido livro de Anne Lindbergh, *The Wave of the Future* como "a Bíblia de todo americano nazista, fascista, germânico e apaziguador".[16]

Apenas dias após a declaração de Ickes, o próprio FDR decidiu atacar Lindbergh de frente. Até então, ele vinha fazendo referências desdenhosas oblíquas ao aviador e à sua esposa. Encorajado por Sherwood, havia, por exemplo, citado o livro de Anne Lindbergh em seu discurso de posse do terceiro mandato, declarando: "Há pessoas crentes de que [...] tirania e escravidão são a poderosa onda do futuro, e que a liberdade é maré vazante. Os americanos sabem que isso não é verdade".[17]

Porém, no começo da primavera de 1941, Roosevelt estava certo de que aquilo que Ickes lhe dizia sem parar era real — que Lindbergh era um "fascista consciente e cruel", motivado por seu ódio ao presidente e disposto a "abocanhar todo o poder".[18] Pelo fim de abril, FDR convocou ao seu gabinete um senhor chamado John Franklin Carter, chefe de pequena e secreta unidade de pesquisa e inteligência que o presidente havia criado na Casa Branca. Formado em Yale e com uma coluna publicada em diversos jornais, Carter, com sua diminuta equipe de pesquisadores, coletava informações sobre uma gama de assuntos para o presidente, desde opinião pública até dados sobre oponentes de Roosevelt. Naquela vez, FDR determinou a Carter que coligisse material sobre os *copperheads* da Guerra Civil, nortistas com simpatias pró-sulistas críticos do presidente Lincoln e da guerra.

Quando Carter cumpriu a tarefa, o secretário de Imprensa de FDR, Steve Early, disse aos repórteres credenciados na Casa Branca, que se na próxima entrevista eles levantassem a indagação do porquê Lindbergh, ao contrário de muitos outros oficiais da reserva, ainda não fora convocado para o serviço ativo, talvez tivessem uma interessante resposta.

Em 25 de abril, um repórter fez a pergunta e a pronta resposta de Roosevelt tomou a forma de uma lição de história. Durante a Guerra Civil, disse ele, alguns foram deliberadamente impedidos de servir ao Exército americano por causa de suas atitudes derrotistas. Dentre eles, destacaram-se os *copperheads*, liderados por um senador de Ohio chamado Clement Vallandigham, que fez "violentos discursos"[19] contra o governo Lincoln e declarou que o Norte jamais venceria um conflito contra o Sul. Preso e banido para a Confederação, Vallandigham foi para o Canadá e, depois, retornou ao Norte, onde continuou agitando. Pressionado a julgá-lo por traição, Lincoln decidiu não fazê-lo.

Quando os repórteres indagaram se o presidente estava igualando Lindbergh a Vallandigham, a resposta foi sim. No mesmo conceito, ele mencionou os apaziguadores da Guerra Revolucionária que tentaram persuadir George Washington a deixar Valley Forge, argumentando que os ingleses não podiam ser derrotados. Nenhum jornalista na entrevista coletiva aparentemente pensou em mencionar que a analogia entre Lindbergh e os derrotistas de outrora falhava em pelo menos um aspecto: em abril de 1941, os Estados Unidos não estavam ainda em guerra.

A denúncia de Roosevelt sobre Lindbergh ocupou as manchetes das primeiras páginas em todo o país, com muitas reportagens realçando que o presidente só faltara chamar o aviador de traidor. As observações de FDR desencadearam nova onda de ataques públicos contra Lindbergh. Em Charleston, West Virginia, um juiz federal, apesar do juramento feito diante do grande júri, propôs a condenação de Lindbergh por criticar a política externa de Roosevelt. "Diz-se que temos liberdade de expressão neste país", declarou o juiz, "mas afirmo que a ninguém deveria ser permitido atacar nosso governo, especialmente nesses dias." E acrescentou: "Tipos como Lindbergh destroem a América".[20] Em carta do início de junho para a redação do *New York Times*, um leitor chamou Lindbergh de "verme"[21] e demandou que fosse preso sob a acusação de traição e incitamento à revolução.

A observação anti-Lindbergh de Roosevelt e a reação a ela receberam consideráveis críticas, mesmo da parte de ilustres intervencionistas. Embora as opiniões de Lindbergh sobre política externa fossem similares às advogadas pela propaganda nazista, ele jamais favoreceu o nazismo para a Alemanha ou para qualquer outro país, inclusive os Estados Unidos. Com efeito, ele se opunha à ideia de qualquer governo ou partido estrangeiro influenciando a América. Como *Life* sublinhou: "Nada existe registrado ou disponível como prova para mostrar que Lindbergh é claro seguidor da linha do Partido Nazista ou tem hoje quaisquer contatos com líderes ou agentes alemães. Talvez Lindbergh pareça pró-nazista porque praticamente todas as pessoas são antinazistas".[22]

De acordo com relatório do governo enviado a FDR: "Tem havido bastante reação desfavorável na imprensa ao ataque verbal desfechado pelo presidente contra [Lindbergh]. [...] Argumenta-se que os excessos presidenciais com personalidades diminui a unidade nacional".[23] Wendell Willkie disse esperar "que o governo acabe esses constantes e amargos ataques. [...] A democracia deve funcionar por meio de ordenados e pensados debates, e não mediante insultos de adolescentes. Nada pode contribuir tanto para a desunião como tais ataques."[24] Discursando dias depois em comício intervencionista em Nova York, Willkie censurou a audiência por vaiar e assobiar toda a vez que o nome de Lindbergh era citado: "Paremos de vaiar um cidadão americano", disse ele. "Estamos aqui nessa noite, homens e mulheres de todas as crenças e partidos, não para desancar nossos compatriotas. Queremos todos eles. Guardemos nossos apupos para Hitler."[25]

Lindbergh, de sua parte, ficou inusitadamente abalado pelo ataque do presidente. Ele vinha por muito tempo se caracterizando pelo que a esposa qualificou como "imóvel e tolerante despreocupação" quanto às críticas, tendo certa vez dito a um repórter que só ficava apreensivo sobre "o futuro bem-estar de meu país, de minha família e de meus concidadãos. Em relação a essas coisas, os nomes com que se é chamado fazem muito pouca diferença".[26]

Mas aquele não foi um ataque político, pensou o aviador: o presidente dos Estados Unidos havia diretamente questionado sua lealdade e contestara sua honra. "Que felicidade posso eu ter opondo-me à entrada de meu país numa guerra em que *não acredito*, quando bem mais ditoso eu ficaria em combater por meu país em guerra na qual *acredito*", registrou o aviador amargamente em seu diário. "Ah, se os Estados Unidos pudessem estar no lado *certo* de uma guerra inteligente! *Há* guerras que vale a pena travar, mas se nos metermos nessa, só traremos desastres para o país."[27]

Depois de matutar por diversos dias quanto ao que devia fazer, Lindbergh escreveu carta a Roosevelt demitindo-se do seu posto. "Tomo essa decisão cercado do mais profundo pesar", disse ao presidente, "pois minha relação com o Corpo Aéreo é uma das coisas que têm mais significado em minha vida. Só a coloco abaixo do meu direito de cidadão de falar livremente aos meus compatriotas e de debater com eles as questões de guerra e paz que confrontam nosso país nesta crise".[28]

Naquilo que a colunista Doris Fleeson denominou de "esse novo e crepitante capítulo da rixa Roosevelt-Lindbergh",[29] Steve Early criticou acidamente o aviador por liberar para a imprensa sua carta a FDR ao mesmo tempo em que a enviava à Casa Branca. Foi uma tática, observou Early, que Lindbergh empregara em 1934 quando despachou carta a Roosevelt atacando o cancelamento dos contratos do correio aéreo. Então, em outra ferroada em Lindbergh, Early especulou se ele iria "devolver a condecoração ao sr. Hitler".[30] Segundo relato de um jornal sobre o comentário de Early, ele "acabara de deixar o gabinete do presidente", e ninguém duvidou de que o autor da tirada fora FDR.[31]

Muitos na imprensa acusaram tanto Roosevelt quanto Lindbergh de impensável e petulante comportamento. "Não existem provas para justificar a comparação feita pelo presidente do sr. Lindbergh ao senador Vallandigham", publicou em editorial *The New York Times*. "Nem é qualquer americano, do soldado raso ao oficial-general, da ativa ou da reserva, suficientemente grande para assumir a posição de não servir ao seu país porque foi, como acredita, injustamente repreendido por seu comandante em chefe ou por qualquer outro superior."[32] O incidente, disse a *Life*, deixou "gosto amargo na boca da América. O presidente desfechou desnecessário insulto. O Águia Solitária renunciou em desnecessária explosão de raiva".[33]

ATÉ AQUELE PONTO, OS PRONUNCIAMENTOS DE LINDBERGH haviam sido relativamente ponderados e objetivos, evitando, na maior parte das vezes, ataques pessoais. Isso mudou, porém, depois da investida da Casa Branca. Seus discursos se tornaram muito mais agressivos, ácidos e demagógicos, com constantes e estridentes críticas a Roosevelt e a outros membros do governo. Especificamente, ele acusou o presidente de minar a democracia e o governo representativo.

A democracia, disse Lindbergh em comício do Primeiro a América em Minneapolis, "não existe hoje, mesmo em nosso próprio país".[34] Denunciou o que chamou de "governar por subterfúgio" e acusou Roosevelt de negar aos americanos a "liberdade de informação — o direito de

Charles Lindbergh dirige-se a uma apinhada plateia em comício do Primeiro a América em Fort Wayne, Indiana.

um povo livre saber aonde estava sendo conduzido pelo governo".[35] No Madison Square Garden de Nova York, o aviador afirmou, que durante a campanha eleitoral de 1940, aos votantes fora dada "quase a mesma chance" de expressar suas opiniões em política externa "que os alemães receberiam caso Hitler estivesse concorrendo contra Göring".[36]

Quando, em um pronunciamento, ele clamou por "novas políticas e nova liderança"[37] para o país, seus críticos o acusaram de querer derrubar o governo Roosevelt. Lindbergh negou veementemente essa intenção e, pela primeira e última vez em sua campanha antiguerra, expediu uma declaração explicitando o que quis dizer. Em telegrama para o *Sun* de Baltimore, que solicitara o esclarecimento, ele disse: "Nem eu nem ninguém no Comitê Primeiro a América advogamos atos que fujam aos preceitos constitucionais". Em explicação adicional bastante tensa, Lindbergh insistiu que sua conclamação por mudança na liderança realmente era dirigida ao movimento intervencionista — "a liderança da oposição que nós (a nação) temos seguido nos últimos meses".[38]

Com Roosevelt e Lindbergh dando o tom, o debate sobre o envolvimento da América na guerra tornou-se cada vez mais virulento.

"Indivíduos, dos dois lados, encontraram dificuldade para identificar entre os oponentes pessoas honestas apenas com opiniões diferentes",[39] observou o historiador Wayne Cole. Os ataques de ambos os lados foram mais pessoais, cruéis e destrutivos. Foi mais fácil encarar os adversários não como equivocados, e sim como diabólicos e talvez motivados por considerações egoístas, antidemocráticas ou mesmo subversivas.

A esposa do jornalista Raymond Clapper aprendeu logo como o debate se tornara brutal quando seu marido começou a receber centenas de cartas "imundas e profanas", ameaçando a vida dele e a dos dois filhos, simplesmente por advogar em sua muito publicada coluna o despacho de mais ajuda à Inglaterra. Certo dia, Olive Clapper recebeu pelo correio um presente embrulhado. Quando abriu, encontrou miniatura de caixão preto contendo esqueleto de papel e a inscrição "Seu marido".[40]

Os jornais e revistas intervencionistas facilmente se rivalizaram com seus antagonistas — o *Chicago Tribune*, os jornais de Hearst e os de Scripps-Howard — nos assaltos insultuosos aos oponentes. Quando o *San Francisco Chronicle* publicou caricatura mostrando o senador Gerald Nye agitando uma bandeira do Primeiro a América a bordo de um vagão ferroviário rotulado como "Nazista", o *Tribune* de Robert McCormick referiu-se a Roosevelt e seus adeptos como "velhos gordos, histéricos senis [...] que devotam suas energias fomentando guerras para que outros homens combatam".[41] A *Time*, entrementes, denominava o Primeiro a América de coleção de "inimigos dos judeus, inimigos de Roosevelt, inimigos da Inglaterra, coughlinistas, politiqueiros e demagogos".[42] Em editorial, o *Chicago Daily News* intuiu que as posições assumidas pelo Primeiro a América haviam proporcionado incentivo e ajuda ao inimigo, o que, afirmava o jornal, constituía traição.

Tomando também parte no jogo das culpas estava um homem que cedo emergiria como um dos mais queridos autores de livros infantis — o incomparável dr. Seuss. Theodor Geisel — seu nome real — trabalhava então como caricaturista para o *PM*, diário de Nova York com tendência esquerdista e intervencionista. De acordo com o editor e dono do *PM*, Ralph Ingersoll, os isolacionistas eram "inimigos da democracia" e, portanto, seu jornal tinha "a obrigação especial — e o privilégio — de denunciá-los".[43]

Graduado por Dartmouth, Geisel já havia publicado dois livros infantis — *King's Stilts* e *Horton Hatches the Egg* — quando começou a trabalhar para o *PM* em 1941. Empregando sutileza afiada e engraçados animais surrealistas que se tornaram marcas registradas de seus livros, as caricaturas de Geisel alfinetavam os líderes do Eixo e os isolacionistas da América. Disputando com Hitler o troféu de seu personagem favorito estava Charles Lindbergh.

Em uma das caricaturas, Lindbergh é mostrado dando tapinhas na cabeça de um dragão nazista. Em outra, um grupo de avestruzes (o avestruz era o símbolo de Geisel para o isolacionismo) desfila pela rua carregando cartaz onde se lê "Lindbergh para presidente em 1944!" enquanto diversas figuras sinistras, encapuzadas de negro e rotuladas como "fascistas dos EUA", seguem a procissão com cartazes próprios: "Sim, mas para que esperar até 1944?".[44] Ainda em outra caricatura, uma sorridente baleia dá cambalhotas no topo de uma montanha, cantando: "Estou salvando meu escalpo/ Cantando alto nos Alpes/ Queridíssimo Lindy! Ele me deu a ideia!"[45]

O Primeiro a América era também alvo frequente da satírica arte de Geisel. Uma de suas caricaturas de 1941 mostra certa mãe, tachada de "Primeiro a América", lendo o livro *Adolph the Wolf* para suas assustadas crianças. Na nuvem está escrito "[...] e o lobo devorou as crianças e cuspiu seus ossos [...] mas eram crianças estrangeiras, não tem importância".[46]

Graças à embaraçosa crítica dirigida ao Primeiro a América por Geisel e outros, um bom número de membros mais moderados da organização a deixou e, em diversas sucursais, houve muita propensão para a extrema direita. Afiliados de grupos periféricos como a União Nacional de Justiça Social, do Padre Coughlin, passaram a ser crescente parcela das plateias do Primeiro a América, apupando qualquer menção a Roosevelt, a Winston Churchill ou a Wendell Willkie, e aplaudindo ataques de oradores contra os ingleses e os "banqueiros internacionais", bem como os que afirmavam que a Inglaterra perdia a guerra.

Para reforçar seu argumento de que a Inglaterra deveria negociar com a Alemanha, Lindbergh disse em um dos comícios que os britânicos corriam o risco da fome e que suas cidades estavam sendo "devastadas pelos bombardeios".[47] O cavernoso salão logo explodiu em vivas atordoantes. Noutro comício em que discursou, diversos membros da plateia entoaram refrões de "Enforquem Roosevelt!" e "*Impeachment* para o presidente!".[48] Como outros líderes do Primeiro a América, Lindbergh condenou tais extravasamentos de ódio, mas suas reprimendas pouco ou nenhum efeito tiveram. De acordo com o historiador Geoffrey Perret, "Lindbergh se tornou, a contragosto, o queridinho dos piores elementos do isolacionismo".[49]

DURANTE ESSE TEMPO, O MOVIMENTO INTERVENCIONISTA também era perturbado por rancorosa batalha entre a moderação e o radicalismo. Tal luta terminou igualmente com a derrota dos moderados, bem como com a repentina renúncia de seu líder, William Allen White, como chefe do comitê que fundara na primavera de 1940.

Por meses, White vinha se desentendendo com os intervencionistas mais extremados de sua organização, muitos dos quais membros do Grupo Century. Apesar de ter batalhado bastante por uma ajuda total à Inglaterra, o editor de 72 anos permanecia irredutível em sua crença de que a América deveria ficar fora da guerra. "Que direito tem um velho de dizer aos jovens para irem combater e perder a vida?", escreveu White a Robert Sherwood. "Sempre fui refreado pelo temor e dúvida de um idoso no que respeita a altear a voz em prol da guerra. De sementes assim cresce a infelicidade, e a tragédia frutifica."[50]

Mas, com a Inglaterra à beira do abismo, crescente número de afiliados do comitê de White perdia a paciência com esses escrúpulos e hesitações. O Grupo Century era ainda mais ostensivo em seu desdém pelo desejo de moderação e civilidade de White. Em carta ao editor Arthur Sulzberger do *New York Times*, White se queixou que o "radical" Grupo Century "vem me dando mais dores de cabeça e mais tem me deixado acordado até altas horas do que todos outros fatores do meu trabalho".[51]

Pelo fim de 1940, o racha entre os intervencionistas se transformou num cisma, demonstrado pela suja contenda entre White e a maioria dos membros da sucursal de Nova York quanto ao papel que a organização deveria ter nas eleições parlamentares de 1940. A maioria da sucursal acreditava que o Comitê White deveria apoiar os candidatos que apoiassem dar ajuda à Inglaterra e trabalhassem para derrotar os contra. White, por outro lado, argumentava pelo não-partidarismo. Arraigado republicano, ele sabia que a maior parte dos membros isolacionistas do Congresso era de afiliados ao seu próprio partido e estava disposto a não fazer coisa alguma que prejudicasse suas chances de vitória.

A disputa chegou ao seu ápice quando militantes de Nova York formaram um grupo para se opor à eleição de Hamilton Fish, o arqui-isolacionista parlamentar republicano que representava o estado. A organização anti-Fish usou o escritório da sucursal do comitê em Nova York como quartel-general, levando observadores a acreditar que o comitê estava por trás do esforço para derrotar Fish.

Enviando enérgica carta ao parlamentar, White descomprometeu-se de qualquer conexão com a campanha contra ele, acrescentando: "Apesar de você e eu discordarmos sobre alguns temas da campanha, espero, como republicano, que estejamos unidos no apoio à chapa do GOP de cima a baixo, em todos os distritos e em todos os estados".[52] Deixou claro para Fish, um velho amigo, que ele podia fazer uso daquela carta como bem lhe aprouvesse. Fish tornou a carta pública de imediato — e foi reeleito. Espantados com o apoio ostensivo de White ao obstinado opositor da causa do comitê, muitos do grupo questionaram iradamente onde estava a lealdade de seu líder: com seus companheiros republicanos ou com a sobrevivência da Inglaterra e a derrota da Alemanha nazista.

Esse entrevero logo foi seguido por controvérsia a respeito da direção futura do comitê. Desconsiderando o julgamento de White, o conselho executivo do grupo expediu declaração em dezembro de 1940 conclamando Roosevelt a acelerar a mobilização de guerra e a assumir responsabilidade pela manutenção do "cordão vital entre o Reino Unido e a América",[53] o qual, em circunstância alguma, deveria ser cortado. Na realidade, o conselho insistia no emprego de escoltas navais dos EUA para os navios mercantes britânicos, caso todas as outras medidas fracassassem. White, que se opunha ao comboiamento, inquietou-se com o fato de o comitê "estar dando um passo muito longo"[54] à frente da opinião pública e do presidente. De sua residência no Kansas, ele levou ao conhecimento de outros líderes do comitê suas profundas apreensões.

Poucos dias depois, White soube que o editor Roy Howard pretendia publicar artigo nos jornais Scripps-Howard atacando-o e aos membros de seu grupo como advogados da guerra. Desgastado com seu trabalho no comitê, exasperado com aqueles que chamava de "fomentadores guerreiros radicais" e preocupado com a declinante saúde de sua esposa, White achou que aquilo tudo passara do ponto. Notificou Howard que a premissa para sua história era completamente falsa: "A única razão neste mundo de Deus pela qual estou nessa organização é para manter a América fora da guerra. [...] Corre uma balela por aí que eu e o comitê somos a favor do envio de escoltas [o que é] coisa muito tola porque comboiar, a menos que se atire, é perfumaria, e não é ocasião de atirar agora — ou nunca". E White acrescentou seu disparo de despedida: "Se eu estivesse preparando um lema para o Comitê de Defesa da América pela Ajuda aos Aliados, ele seria 'Os Yankees NÃO Estão Chegando'".[55] Ele deu permissão a Howard para publicar a carta.

A divulgação da missiva surpreendeu os colegas de White no conselho executivo, assim como nas fileiras do grupo. Seus chefes, com efeito, estavam comprometidos com uma política à qual eles resistiam teimosamente: a oposição à participação dos EUA na guerra, independentemente do destino da Inglaterra. "O mal-entendido quanto à sua entrevista com Howard está repercutindo nacionalmente e, a menos que possamos chegar logo a um acordo sobre a declaração, nosso movimento está ameaçado de desastre",[56] expressou-se para White em telegrama urgente o diretor executivo do comitê, Clark Eichelberger.

Mas não havia mal-entendido, e os isolacionistas se movimentaram de pronto para capitalizar aquele óbvio racha no movimento intervencionista. "Mr. White prestou inestimável serviço ao país ao esclarecer sua posição e a de seu comitê", disse Charles Lindbergh. "A mim parece aconselhável aceitar essa declaração pelo que ela vale e dar-lhe boas-vindas ao campo dos 'isolacionistas'".[57]

O regozijo dos isolacionistas com a carta de White foi tão grande quanto a fúria despertada entre os intervencionistas. Fiorello La Guardia, prefeito de Nova York, acusou White de "agir como Laval típico",[58] referindo-se ao pró-germânico ministro do Exterior da França de Vichy. Em carta que tornou pública, La Guardia sugeriu a White que "continue como *chairman* do Comitê para Defender a América pela Ajuda aos Aliados com Palavras e o restante de nós se juntará ao Comitê para Defender a América pela Ajuda aos Aliados com Feitos".[59]

A sucursal do Comitê White em Nova York logo convidou La Guardia para ser seu *chairman* honorário. "Se alguém estava procurando pela melhor maneira de chutar mr. White", escreveu para Roosevelt o sócio da J.P. Morgan, Thomas Lamont, "nada viria mais a calhar do que a sucursal de Nova York aplaudir a carta hostil do prefeito La Guardia".[60]

White percebeu tudo. Em 1º de janeiro de 1941, renunciou ao cargo de *chairman* do comitê nacional. Seis meses antes, sua presença na função ajudara a conquistar o apoio do país para a assistência, mas sua moderação agora parecia coisa ultrapassada. Ele queixou-se a um amigo que o comitê estava sob o controle de intervencionistas cabeças-duras, "e não há como expulsá-los. [...] Simplesmente não posso continuar à frente de uma organização que dança como os índios pela guerra".[61]

Com a renúncia de White, Lewis Douglas, membro atiçador do Grupo Century, tornou-se a figura mais influente do comitê. "O que for necessário para garantir a derrota do Eixo", escreveu ele, "será a política do comitê."[62] Isso, fez questão de esclarecer, incluía a possibilidade — e mesmo a probabilidade — de guerra.

Membros do Grupo Century, nesse meio tempo, dissolviam sua organização no começo de 1941, acreditando que sua efetividade estava limitada pela falta de estruturas de raiz e de apoio financeiro de ampla base. Vários membros do grupo cedo criaram uma nova e mais agressiva entidade chamada de Luta pela Liberdade (FFF) [Fight For Freedom, na sigla em inglês]. Entre os fundadores da organização estavam Herbert Agar e seu colega do *Courier-Journal* de Louisville, Ulrich Bell, que se tornou o diretor executivo do grupo.

O Luta pela Liberdade, que esposava a direta intervenção das Forças Armadas dos EUA, foi mais incisivo em suas demandas e inflamado em seus ataques aos opositores do que fora o Grupo Century. Seu *chairman* — Henry Hobson, bispo episcopal de Cincinnati — fez a apresentação do grupo em 19 de abril de 1941, declarando que os Estados Unidos "estavam na posição covarde e imoral de solicitar a outros que fizessem o supremo sacrifício pela vitória que reconhecíamos como essencial para nós. No momento em que aceitarmos que estamos em guerra, ficaremos em paz conosco mesmos".[63] Em carta aberta ao general Robert Wood, poucos meses mais tarde, Hobson acusou o Primeiro a América de se tornar "o primeiro Partido Fascista na história desta nação" e disse a Wood que "chegou a hora de você desmobilizar seu aparelho de terror e ódio nazista".[64]

Quando o *chairman* de uma filial do Primeiro a América em Connecticut desafiou seu correspondente do Luta pela Liberdade para um debate público sobre política externa, o representante do FFF replicou que "ao invés de gastar dinheiro com um salão", o Primeiro a América "deveria alugar um avião e uns paraquedas, e [lançar] os senhores Lindbergh, Wheeler, Taft e outros [...] na Alemanha de Hitler, que vem sendo por eles muito ajudada. [...] Em nossa primeira luta pela liberdade conseguimos nos livrar de Benedict Arnold. Nesta luta pela liberdade, vamos nos ver livres de todos os Benedicts Arnolds".[65]

Um *Quem é Quem* das elites acadêmicas, de negócios e culturais e dos membros da Luta pela Liberdade incluía Wendell Willkie, Grenville Clark, Lewis Douglas, membros da família Rockefeller e os presidentes de Harvard, Mount Holyoke e Smith. Também eram do grupo os escritores Maxwell Anderson, Edna Ferber, George S. Kaufman, Moss Hart, Edna St. Vincent Millay e Dorothy Parker. A principal fonte d'água da organização era o restaurante exclusivo "21", um de cujos donos, Mac Kriendler fazia parte do conselho nacional da Luta pela Liberdade

Kriendler deixava evidente com quem estavam suas simpatias. Os doadores para a organização tinham a garantia de boas mesas no "21", ao passo que conhecidos isolacionistas eram barrados na entrada. Hamilton

Fish conseguiu certa vez burlar a barreira, mas foi identificado e confrontado pelo irmão de Kriendler, Jack, também sócio, na saída. "Mr. Fish, receio não gostar do senhor e de sua política", disse Jack Kriendler. "Pessoalmente, agradeceria se o senhor não viesse mais aqui."[66]

O Luta pela Liberdade seguiu a linha do Comitê White na organização de extensa rede de sucursais em todo o país que circulavam petições, recrutavam editores de jornais locais para apoiar a causa e patrocinavam comícios e campanhas de cartas para o Congresso. O novo grupo mantinha ligações estreitas com a Casa Branca; seus líderes tinham encontros diários com Robert Sherwood, cuja esposa trabalhara como voluntária no QG do FFF, e com outros membros da equipe de FDR. Por solicitação de Ulric Bell, o secretário de Imprensa Steve Early autorizou datilógrafos da Casa Branca a compilarem listas de malas diretas para a organização com nomes e endereços de cartas de intervencionistas enviadas ao presidente.

O Luta pela Liberdade também colaborava cerradamente com uma organização chamada Amigos da Democracia, que provou ser ainda mais militante que o FFF. Organizado pelo reverendo Leon Birkhead, ministro unitarista de Kansas City, o Amigos da Democracia contratou jornalistas e investigadores independentes para se infiltrar em grupos extremistas de direita e em organizações antiguerra a fim de observar e fazer divulgação de suas atividades.

No início de 1941, a organização de Birkhead publicou panfleto muito caro sobre o Primeiro a América intitulado "A Correia de Transmissão Nazista", que qualificou o grupo como "front nazista [...] por meio do qual os apóstolos do nazismo espalham suas ideias antidemocráticas por milhões de lares".[67] Dezenas de milhares de cópias do panfleto, que recebeu ampla publicidade, foram distribuídas pelas filiais do Luta pela Liberdade em todo o país.

Logo depois, Birkhead buscou contribuições de membros do FFF para "uma campanha que estigmatizasse Lindbergh como nazista".[68] O fruto foi outro panfleto, dessa vez acusando o aviador de ser "uma ameaça muito real para nosso estilo democrático de vida" e um futuro "Hitler americano".[69] Quando Lindbergh falou para um comício lotado do Primeiro a América em Nova York, em abril de 1941, mais de cem membros do Amigos da Democracia distribuíram folhetos anti-Lindbergh e fizeram piquetes no lado de fora. Dúzias de policiais, muitos a cavalo, passaram a noite apartando brigas entre intervencionistas e milhares de adeptos do Primeiro a América que se agrupavam nas ruas próximas.

No selvagem clima político do país, cenas como aquela se tornavam comuns. Rápidos comícios em esquinas surgiam pelos dois lados em Nova York e em outros centros urbanos. Supostamente, deveriam instruir os passantes sobre as questões em debate, mas quase sempre degeneravam em ataques verbais e desforço físico. "Um novo tom histérico anda berrando na oratória", reportou certo jornalista. "Agitadores organizados nessas reuniões sempre provocam brigas. Os oponentes se insultam mutuamente de 'judeus' e 'nazistas'."[70]

No início do verão de 1941, um comício do Luta pela Liberdade na escadaria da Igreja Episcopal St. Thomas, na Quinta Avenida de Manhattan, resultou em tumulto violento. Poucos quarteirões adiante, hordas de pessoas deixavam um comício do Primeiro a América no Carnegie Hall e chegaram ao local em que uma multidão ouvia um orador intervencionista em esquina próxima. A perturbação tomou vulto e diversas pessoas sairam feridas na consequente desordem.

No decurso de 1941, a intolerância crescente atingiu seriamente as operações do Primeiro a América e de outros grupos antiguerra. Em Miami, Atlanta, Pittsburgh, Los Angeles, Seattle e outras importantes cidades, Primeiro a América teve negada permissão para reunir-se em locais públicos como parques e auditórios. No Brooklyn, o presidente do time de baseball Dodgers recusou-se a permitir o uso do Campo Ebbets pelo grupo. Em Oklahoma City, a câmara da cidade revogou unânime a licença ao Primeiro a América de ocupar o auditório municipal para um encontro com a participação de Lindbergh. (Que ocorreu num parque fora da cidade.)

A oposição a Lindbergh se tornara tão estridente e as ameaças à sua segurança tão frequentes, que policiais o protegiam em todas as cidades onde aparecia. Eles vasculhavam os cômodos em que o aviador estaria e guardas eram postados ao longo de seus itinerários e nos salões em que falaria. Lindbergh tornava mínima sua exposição, surgindo apenas pelo tempo necessário ao pronunciamento e rapidamente ia embora.

Em diversas cidades, bibliotecas baniram livros sobre ele, ruas com seu nome foram renomeadas, e monumentos e placas, removidos. Em Nova York, o Lafayette Hotel — outrora propriedade de Raymond Orteig, rico empresário cujo prêmio de 25 mil dólares ajudara a difundir o histórico voo de Lindbergh — retirou da parede de seu restaurante a bandeira que Lindbergh levara na sua jornada transatlântica. Quando um repórter perguntou ao filho de Orteig, então dono do hotel, por que a bandeira havia desaparecido, o homem respondeu dando de ombros: "Muitos prós e contras", disse ele. "Quando a colocamos lá em 1927, todos se orgulhavam dela, mas agora ele se meteu em política e, ultimamente, quando as pessoas notavam a bandeira, começavam logo a discutir. Então, pareceu-nos melhor retirá-la."[71]

Mesmo em sua casa de Long Island, Lindbergh e sua família ficaram cercados, como observou a esposa, por "amargura, suspeita e ódio".[72] No seu diário, Anne registrou: "Estou enojada deste lugar. Não temos mais qualquer privacidade por aqui; as pessoas telefonam o dia inteiro — elas sabem onde estamos. Chegam a aparecer sem antes telefonar e ficam nos observando na casa e no jardim. A praia fica tão apinhada de gente (avessa a nós) que não ouso mais descer até lá. Sinto-me encurralada — nos fins de semana não passeio por medo de encontrar pessoas".[73]

Em meados do verão de 1941, Charles e Anne Lindbergh mudaram-se de novo, dessa vez para pequena casa alugada em parte isolada e varrida pelo vento de Martha's Vineyard, ilha ao largo de Massachusetts. A mudança da família desencadeou imediata avalanche de cartas para o FBI alertando para potenciais perigos. Declarando que Martha's Vineyard era uma "base perfeita para invasão alemã", o autor de uma das cartas demandou saber: "O que está sendo feito para proteger essa ilha? Quem está vigiando esse homem que ama tanto os alemães e a Nova Ordem?".[74] Outro correspondente escreveu: "A maioria de nós apreciaria saber que 'americanos inimigos' estão sendo tão controlados quanto os suspeitos alemães e japoneses. [...] Como Martha's Vineyard é lugar facilmente acessível por embarcação vinda de fora, seria a localização ideal para gente cujas simpatias estão com a Alemanha".[75]

O FATO É QUE O FBI JÁ TRAZIA Lindbergh sob acurada vigilância. Pouco antes de ele e Anne se mudarem para Martha's Vineyard, o aviador descobriu por meio de um conhecido do Primeiro a América que o FBI vinha grampeando por meses o telefone deles. Os agentes que repassaram a informação eram "amistosos"[76] para com Lindbergh, disse o conhecido, mas também eram obrigados a cumprir ordens.

Segundo William Sullivan, funcionário de alta hierarquia do FBI por mais de trinta anos, Roosevelt solicitou a J. Edgar Hoover, no início de 1941, que desencadeasse novas investigações nas atividades de destacados oponentes do Lend-Lease. O presidente "fez também com que vigiássemos os que eram contra a entrada na Segunda Guerra Mundial", escreveu Sullivan em suas memórias, "exatamente como governos posteriores fizeram com que mantivéssemos observação cerrada sobre os que se opunham ao conflito do Vietnã".[77]

Enquanto Robert Jackson e seu sucessor como ministro da Justiça, Francis Biddle, fingiam não ver, o FBI grampeou cerca de cem telefones de indivíduos e organizações em 1941. Nem todos os servidores do governo, contudo, concordavam com a operação. Quando Hoover solicitou a James Fly, *chairman* da Comissão Federal de Comunicações (FCC, na sigla em inglês), para monitorar os telefonemas internacionais entre os EUA e países do Eixo, Fly recusou-se sem rodeios a fazê-lo, invocando proibições do Congresso e da Suprema Corte quanto ao "grampo" em fios. Fly também rechaçou firmemente os esforços do governo para introduzir legislação que legalizasse tal atividade em determinadas circunstâncias.

O desacato do *chairman* do FCC enraiveceu tanto Hoover quanto o presidente que, abruptamente, rebateu as objeções de que o "grampo" do telefone era clara violação da privacidade. "Não acho", escreveu Roosevelt a Fly, "que qualquer um de nós tem condições de entravar a legislação [...] entrando em emaranhado de tecnicalidades."[78] Hoover, de sua parte, acusou Fly de atrapalhar o FBI em seus esforços para proteger o país contra a subversão. Ele comentou tais alegações com seu amigo próximo, Walter Winchell, que prontamente as publicou.

NAQUELES TUMULTUADOS ANOS PRÉ-PEARL HARBOR, o FBI não era a única entidade do governo cujas investigações causavam questões problemáticas sobre a violação de liberdades civis. O Comitê da Câmara dos Representantes sobre Atividades Não Americanas (HUAC, sigla em inglês) embarcou em semelhantes operações. Porém, em vez de esquadrinhar grupos isolacionistas e organizações fascistas endógenas, seus principais alvos foram os liberais, os esquerdistas e o governo Roosevelt.

O HUAC fora criado em 1934 como comitê especial para investigar grupos extremados pró-nazistas e outros da ala direita nos Estados Unidos. Um ano depois de encerrar suas atividades, ele foi ressuscitado pelo Congresso em 1938, quando presidido pelo deputado Martin Dies, democrata do Texas, de extrema direita e anti-New Deal, que além de adorar uma publicidade se opunha à imigração, à organização do trabalho, aos intelectuais e às mudanças sociais de quase qualquer espécie.

Embora a missão especificada para o comitê fosse investigar tanto atividades fascistas quanto comunistas nos Estados Unidos, Dies focou apenas no que considerava extensa presença comunista nos sindicatos e no governo federal. A partir de suas primeiras audiências em 1938, o parlamentar do Texas trabalhou duro para pintar o New Deal como parte de vasta conspiração comunista.

Naquele mesmo ano, Dies clamou pela renúncia de Harry Hopkins, Harold Ickes, da secretária do Trabalho Frances Perkins e de seus "muitos seguidores de esquerda" que "se alinham na insanidade política do socialista ao comunista".[79] Seu comitê promoveu investigações amplamente divulgadas no Projeto Federal do Teatro, que financiara o teatro e outras apresentações artísticas ao vivo em âmbito nacional durante a Depressão — atividade que desembocou no cancelamento do projeto. Em 1940, Dies publicou um livro intitulado *The Troyan Horse in America* [O Cavalo de Troia na América, em tradução livre], declarando que Eleanor Roosevelt "vem sendo o mais valioso ativo que as organizações do Cavalo de Troia do Partido Comunista possuem".[80]

Ainda que desaprovasse as difamações lançadas por Dies contra sua esposa e adeptos, FDR tentou apaziguar o parlamentar, cuja perseguição aos vermelhos e atividades anti-imigração ganhavam bastante suporte no Congresso e, segundo as pesquisas, também entre grande parte do povo. Na tentativa de aquietar Dies, FDR concordara, no início de 1939, em alimentá-lo com detalhes confidenciais sobre o pagamento de impostos das pessoas que depunham ante seu comitê e em ordenar investigações do FBI sobre diversas organizações-alvos de Dies.

Mas os esforços de Roosevelt pela conciliação não conseguiram colocar Dies na linha. Em 1939, ele começou a publicar nomes de alegados comunistas e companheiros de viagem no governo — mais de quinhentos no total — sem prova nenhuma de base das acusações. Segundo o historiador Robert Griffith: "Martin Dies revelou mais nomes em um só ano do que [o senador Joseph] McCarthy em toda a sua vida".[81] Griffith, que escreveu extensamente sobre a investigação de McCarthy a respeito de supostos comunistas no começo dos anos 1950, anotou: "O comitê de Dies foi a vanguarda de todo o espectro de slogans, técnicas e mitologias políticas que mais tarde seriam denominados 'macarthismo'".[82]

Os liberais, muitos dos quais aplaudiram as primeiras medidas para abrandar os que investiam contra o presidente e se opunham à sua política externa, viram-se então atacados. Checagens nos bastidores foram ordenadas para os candidatos a posições no governo, e o Departamento de Justiça preparou uma lista das organizações subversivas cujos afiliados ficavam então impedidos de ocupar cargos federais.

Diversos governos estaduais e municipais acompanharam o federal. Em Nova York, a legislação determinou a demissão de mais de sessenta professores das faculdades do Brooklyn, da Hunter e da City, depois que foram denunciados como comunistas. Diversas escolas secundárias em Nova York foram também expurgadas de suspeitos professores comunistas.

Talvez o mais gritante exemplo de submissão à atmosfera repressiva daqueles tempos tenha sido a decisão de 1940 da American Civil Liberties Union (ACLU) [União Americana das Liberdades Civis] de excluir de sua liderança e de suas equipes qualquer pessoa que pertencesse a "organização política que apoie a ditadura totalitária em qualquer país".[83] Como resultado desse dogma, a ACLU, que sempre fora contrária à ideia de culpa por associação, tentou que um membro feminino do conselho de diretores apresentasse voluntariamente sua renúncia por ser comunista. Como ela se recusou, foi expulsa da organização.

21

DER FÜHRER AGRADECE SUA LEALDADE

Em meados de 1941, um outrora poeta chamado George Sylvester Viereck tornou-se dos homens mais cerradamente vigiados na América. Naturalizado cidadão dos EUA, Viereck era então publicitário-chefe da Alemanha nazista no país. Por anos, ele assessorara o ministro alemão do Exterior sobre a situação da opinião pública americana e sobre o estado de espírito em Capitol Hill com respeito ao Reich. No curso de seu trabalho, cultivara a amizade de diversos membros isolacionistas do Congresso, inclusive do deputado Hamilton Fish e do senador Ernest Lundeen, republicano por Minnesota. No fim de 1939, com dinheiro alemão, Viereck organizara um grupo antibritânico chamado "Comitê Faça a Europa Pagar seus Débitos de Guerra". Lundeen foi nomeado *chairman* do grupo.

Por mais de um ano, Viereck, que trabalhava em estreita ligação com o *chargé d'affaires* alemão, Hans Thomsen, vinha sendo monitorado de perto pela inteligência britânica e pelo FBI, ambas as agências que também mantinham atenta observação sobre o Comitê Primeiro a América e sobre os isolacionistas em Capitol Hill. Aliados nesse esforço estavam o Luta pela Liberdade e outros grupos intervencionistas, bem como a Liga Antidifamação, organização judia para combater o antissemitismo, a intolerância e outras discriminações.

Por meio de intermediários americanos, a BSC estabelecera contatos muito estreitos com diversas organizações intervencionistas, repassando-lhes informações colhidas por seus agentes e, em alguns casos, subsidiando-as. Segundo a história oficial da BSC, os britânicos se alinharam com o Luta pela Liberdade, cujos escritórios ficavam no mesmo edifício do Rockefeller Center em que estavam os da BSC, para perturbar os comícios do Primeiro a América e desacreditar seus oradores. Quando o senador Gerald Nye falou numa dessas reuniões, em setembro de 1941, em Boston, membros do Luta pela Liberdade vaiaram-no, importunaram-no e distribuíram milhares de panfletos acusando-o de apaziguador e simpatizante nazista. Também pagaram anúncios anti-Nye publicados nos jornais de Boston. Na ocasião em que Hamilton Fish apareceu em comício do Primeiro a América em Milwaukee, um membro do Luta pela Liberdade aproximou-se do deputado enquanto ele falava e entregou-lhe um cartão onde estava escrito: "Der Führer agradece sua lealdade".[1] Alertados de antemão, fotógrafos de noticiosos capturaram imagens do aturdido congressista, publicadas depois por jornais de todo o país.

Outra tática utilizada pelo FBI, pela BSC e por grupos privados de intervencionistas era infiltrar agentes no Primeiro a América e em outras organizações isolacionistas. Segundo todos os relatos, a Liga Antidifamação, sob a direção de seu advogado em Nova York, Arnold Forster, era muito eficiente em tal tarefa. "Quando se tratava de direita radical", observou um historiador, "Forster possuía uma das melhores operações de coleta de informações do país, com espiões por todos os cantos."[2]

Durante os anos 1930 e começo dos 1940, a Liga Antidifamação [ADL, sigla em inglês] penetrou em organizações como Primeiro a América, Liga Germano-Americana e as chamadas organizações de mães, bem como nos gabinetes de diversos membros isolacionistas do Congresso. O propósito da intrusão, disse Forster, era descobrir se os indivíduos e os grupos: "Estavam proporcionando ajuda e incentivo, conscientemente ou não, às facções antijudias e pró-nazistas dentro de nossas fronteiras".[3]

Um dos operadores mais eficazes da ADL era uma americana de nome Marjorie Lane, a qual, como a maioria dos agentes da organização, não era judia. Por diversos anos, Lane operou clandestinamente como voluntária para diversos grupos femininos extremistas de denominações como "Mulheres pelos EUA" e "Nós Mães nos Mobilizamos pela América". Durante o dia, ela datilografava, atendia telefonemas e recepcionava visitantes nos escritórios dessas organizações; à noite, utilizando câmera fotográfica sofisticada, tirava fotos de cartas e documentos comprometedores. Forster repassava todo esse material para o FBI e a BSC, assim como para colunistas amigos como Drew Pearson e Walter Winchell. Na realidade, Forster era tão relacionado com Winchell que chegou a escrever, com bastante frequência, colunas para ele sobre a direita antissemita.

Em suas investigações no Primeiro a América, nenhum dos grupos adversários encontrou evidências definitivas sobre as ligações diretas de seus líderes com a Alemanha. Não obstante, em outros aspectos, a organização se mostrou suscetível à acusação das organizações intervencionistas de que era "correia de transmissão nazista". Diversos de seus mais ativos oradores tinham vínculos com o governo alemão, com destaque para Laura Ingalls, uma aviadora recordista que só perdia em celebridade para Amelia Earhart. Filha de rico empresário nova-iorquino, Ingalls, em 1935, tornou-se a primeira mulher a voar sem escalas entre as duas costas dos EUA. No ano anterior, ela ganhara o Troféu Harmon como aviadora mais famosa do ano.

A reputação de Ingalls, no entanto, virou notoriedade quando ela sobrevoou a Casa Branca, em setembro de 1939, e lançou sobre a residência presidencial milhares de panfletos antiguerra. Ardorosa isolacionista, era frequente oradora em reuniões e comícios do Primeiro a América; foi mais tarde revelado que Ingalls recebeu dinheiro da embaixada alemã em Washington para fazer isso. Seu principal contato na embaixada — um agente nazista chamado barão Ulrich von Gienanth — supostamente teria dito a ela: "A melhor coisa que você pode fazer por nossa causa é continuar apoiando o Comitê Primeiro a América".[4] Em 1942, Ingalls foi presa pelo FBI por não se registrar como agente alemã e sentenciada a dois anos de prisão. Apesar de os líderes do Primeiro a América argumentarem que as atividades pró-germânicas de Ingalls e de uns poucos outros membros "não deviam ser exageradas além de suas reais proporções",[5] não havia dúvida de que a organização ajudara a criar seus próprios problemas a esse respeito por ser bem menos que rigorosa na segregação de pessoas assim.

Diversos legisladores isolacionistas acabaram sendo igualmente alvos fáceis. Em 1940, os britânicos desvendaram um esquema, arquitetado por George Sylvester Viereck, para distribuição gratuita de propaganda antiguerra e antibritânica, bem como de outros materiais, por meio da franquia de correspondência dos congressistas isolacionistas.

Segundo as regras de franquia do Congresso, aos seus membros era permitido enviar discursos próprios e outros extratos do *Congressional Report*, boletim oficial dos debates e de outros procedimentos em Capitol Hill, sem pagar a postagem. Eles também estavam autorizados a mandar robustos pacotes e artigos franqueados a uma terceira pessoa, que então os podia endereçar e enviar de graça pelo correio.

De acordo com a história contada pela BSC, Viereck fizera amizade com George Hill, servidor de nível subalterno que trabalhava para o deputado Hamilton Fish, o qual providenciava para que os discursos isolacionistas pronunciados por deputados e senadores fossem inseridos no *Congressional Record* e então republicados. Milhares dessas republicações eram compradas pelo Comitê Faça a Europa Pagar seus Débitos de Guerra e por outros grupos apoiados pelos alemães, que então os empacotavam e enviavam para outras partes do país. De lá, eles eram mandados pelo correio para milhares de americanos por meio de vasta variedade de malas diretas. Nas palavras da história oficial da BSC, "quase parecia que o Congresso havia se transformado em departamento de distribuição de propaganda alemã".[6]

No início de 1941, os britânicos usaram companheiros americanos a fim de chamar a atenção pública para a operação de franquia. O Luta pela Liberdade também se juntou à campanha, acusando Burton Wheeler, Gerald Nye, Hamilton Fish e outros membros do Congresso de, deliberadamente, permitirem que seus privilégios de franquia fossem usados por grupos pró-Alemanha e antissemitas. Poucos meses mais tarde, Viereck foi preso, condenado e mandado para presídio por sonegar informações sobre suas atividades, quando se registrou como agente estrangeiro pelo Departamento de Estado. George Hill, entrementes, era indiciado por perjúrio em tribunal federal, visto que mentira quando questionado sobre sua relação com Viereck.

O governo, entretanto, não entrou com ação na Justiça contra os deputados e senadores cujas franquias foram utilizadas. Em relatório do Departamento de Justiça emitido depois da guerra, John Rogge, procurador do governo que investigou o caso, indiciou quatro legisladores, inclusive Fish e o senador Ernest Lundeen por terem ativamente colaborado com Viereck na operação de franquia.* Rogge listou vinte outros membros do Congresso, inclusive Nye e Wheeler, que foram "usados"[7] por Viereck. Não houve provas, disse ele, de que nenhum dos vinte soubesse que Viereck estava por trás do esquema ou de que houvesse de dinheiro alemão.

*Em 31 de agosto de 1940, Lundeen morreu, com 24 outros passageiros, em desastre de avião comercial ocorrido perto das montanhas Blue Ridge, na Virgínia. Duas semanas após a morte de Lundeen, o colunista Drew Pearson reportou que o senador, ao qual chamava de "radical isolacionista pró-germânico", estava sendo investigado pelo FBI, na ocasião do desastre aéreo, por colaboração com o Reich. Pearson levantou também a possibilidade de sabotagem no avião. Nenhuma das duas alegações jamais foi provada. (N.T.)

Fish, Wheeler, Nye e outros assumiram a tribuna do Congresso para se defender; todos se declararam inocentes ou iludidos e inocentaram o uso de suas respectivas franquias. "Membros do Congresso, que se opõem aos pontos de vista do governo, teriam pouca ou nenhuma oportunidade de expor suas opiniões",[8] caso não tivessem a possibilidade de enviar material franqueado, declarou Wheeler. Fish, de sua parte, disse que o estardalhaço era esforço para "enodoar"[9] os que tentavam manter a América fora da guerra.

Por inocentes que fossem os legisladores em termos legais, o escândalo da franquia lançou dúvidas sobre a integridade e o patriotismo dos parlamentares, dúvidas que nunca mais os abandonaram.

A VIDA TAMBÉM ESTAVA SE TORNANDO consideravelmente mais difícil para Hans Thomsen e seus colegas alemães nos Estados Unidos. Funcionários da embaixada alemã estavam sob estrita vigilância do FBI, assim como empregados do Reich em Nova York e em outras cidades americanas. Em Washington, diplomatas alemães passaram a praticamente proscritos das atividades das embaixadas e de outras funções sociais. Em mensagem ao ministro alemão do Exterior, Thomsen queixou-se da "permanente e crescente campanha de ódio à Alemanha",[10] acrescentando que "o governo do Reich e seus representantes oficiais [são mostrados] como o inimigo público número 1 para a opinião pública americana".[11]

Até Friedrich von Boetticher teve problemas. O adido militar alemão acreditou por longo tempo que a perspectiva antiguerra e antibritânica que imperava no seu círculo de amigos do Departamento da Guerra acabaria emergindo como política do governo. Mas se tornava cada vez mais evidente, para grande desapontamento de Von Boetticher, que ele estava equivocado. Alguns de seus amigos americanos esquivavam-se então de qualquer associação pública com ele; era politicamente incorreto ser visto em sua companhia. Por ordem do general George Marshall, a prática de Von Boetticher de repassar telegramas e outros relatórios da Luftwaffe, com estimativas infladas sobre as possibilidades alemãs, à inteligência americana também foi descontinuada.

Em 6 de junho de 1941, o governo Roosevelt ordenou o repatriamento de todos os funcionários consulares alemães nos Estados Unidos, bem como o das equipes de diversas mídias, de propaganda e de agências comerciais alemãs, sob a alegação de que estavam envolvidas com "atividades incompatíveis com suas legítimas funções"[12] — ou seja, espionagem.

Thomsen, contudo, atribuiu as expulsões "ao dilema no qual o governo americano se encontra referente aos pedidos urgentes de ajuda feitos pela Inglaterra. Como o país ainda não está, no momento, pronto para proporcionar ajuda mais concreta [...] o governo emite palavras e utiliza atos fortes contra as potências do Eixo".[13]

Berlim retaliou ordenando a expulsão de todo o pessoal dos consulados americanos na Alemanha. Todavia, Hitler não rompeu as relações diplomáticas com os Estados Unidos: a embaixada alemã em Washington continuou funcionando, do mesmo modo que a embaixada americana em Berlim. "Tendo recebido essas medidas agressivas", declarou o Ministério da Propaganda, "o governo do Reich não aceitará mais provocações."[14]

Então, um mês depois do repatriamento dos servidores do governo alemão, o FBI prendeu mais de duas dúzias de pessoas, a maioria cidadãos dos EUA nascidos na Alemanha, acusadas de espionagem e sabotagem. Aquele era o pior pesadelo de Thomsen. Repetidamente ele implorara a Berlim que não mandasse espiões e sabotadores para os Estados Unidos, escrevendo: "Não posso alertar com mais urgência contra esse método"[15] e que "essas atividades são o caminho mais certo para colocar a América em ação ao lado de nossos inimigos e para destruir os últimos vestígios de simpatia pela Alemanha".[16]

Apesar de o Ministério do Exterior prezar a opinião de Thomsen, o diplomata foi informado de que a divisão de inteligência do exército germânico, a *Abwehr*, tinha "razões militares obrigatórias"[17] para coletar informações nos Estados Unidos e continuaria a fazê-lo. Na verdade, ela o vinha realizando pela maior parte dos anos 1930, com substancial ajuda de empresas americanas, as quais não demonstravam grandes preocupações, ao menos até 1940, em vender para os alemães artigos militares vitais como pilotos automáticos, giroscópios e até sistemas de controle para canhões antiaéreos.

Thomsen tinha boas razões para reclamar sobre os agentes da *Abwehr* e os de outras agências alemãs de inteligência que operavam na América. Na maior parte, eram desastrosos no trabalho. Essas operações, escreveu Thomsen aos superiores: "Caracterizam-se pela ingenuidade e irresponsabilidade descuidada, além de, coroando tudo, carecerem de qualquer tipo de coordenação".[18]

Em todos os anos da espionagem pré-guerra, os agentes alemães se vangloriaram de apenas um feito notável: aquisição dos planos para a fabricação do visor de bombardeio Norden, revolucionário desenvolvimento tecnológico que permitia aos bombardeiros atingir alvos industriais com precisão cirúrgica. Em 1937, Hermann Lang, imigrante alemão que trabalhava na Indústria Norden de Manhattan, entregou projetos técnicos que copiara a Nikolaus Ritter, major da *Abwehr* sediado nos Estados Unidos. Os planos foram contrabandeados em um transatlântico alemão e levados ao Reich, onde engenheiros os utilizaram para manufaturar sua própria versão do visor. No final, contudo, o dispositivo revelou-se inútil para a Alemanha, que preferiu empregar os visores já em produção no país e com o qual seus bombardeadores estavam mais familiarizados.

Dois anos após a abordagem de Lang, Ritter conseguiu outro promissor recrutado — um cidadão americano nascido na Alemanha e chamado William G. Sebold, que viajava ao Ruhr em visita à mãe, quando a Gestapo o coagiu a operar como espião. Assumido por Ritter, Sebold foi mandado a uma escola de espionagem em Hamburgo. No fim do treinamento, recebeu nome falso, passaporte forjado e foi despachado para Nova York como radioperador, encarregado de transmitir para Hamburgo os relatórios de diversos agentes da *Abwehr* que viviam na área.

Sebold, cujo codinome era "Tramp", provou ser tão bom em seu trabalho que a *Abwehr* determinou-lhe transmitir mensagens de diversos outros agentes, inclusive Hermann Lang. Ele cumpriu a ordem instalando um escritório no Edifício Knickerbocker, no centro de Manhattan, que se tornou local de reuniões de aproximadamente vinte espiões cujas informações Sebold deveria repassar para a Alemanha.

Sem que os operadores alemães soubessem, suas conversas com Sebold a respeito de feitos passados e planos futuros estavam sendo gravados por microfones e câmeras clandestinas do FBI. Sebold, o competente radioperador, era, como se viu depois, agente duplo, cooptado por servidores americanos na Alemanha tão logo fora subornado pela Gestapo, e passara a espionar para o FBI assim que chegou de volta à América. Suas mensagens para a Alemanha eram, na realidade, transmitidas por agentes do FBI, que eliminavam qualquer material que pudesse ser lesivo aos interesses dos EUA, assim como repassavam contrainformação para a *Abwehr*. As mensagens chegadas da Alemanha alertavam o FBI sobre os futuros alvos da inteligência da *Abwehr* e sobre os recrutamentos de novos operadores.

Na rede de espiões desbaratada por prisões em julho de 1941, Hermann Lang foi um dos detidos. Junto com seus companheiros, Lang foi considerado culpado de espionagem e sentenciado a longa pena de prisão. William Sebold foi testemunha-chave do governo no julgamento dos componentes da rede.

O desmanche da rede foi um baque para a Alemanha e motivo de exasperado cabograma de Hans Thomsen, do tipo "eu não disse", para Berlim: "A maioria das pessoas, provavelmente todas, envolvidas nesse *affair* eram totalmente despreparadas para operações dessa espécie. [...] Pode-se supor que as autoridades americanas já sabiam há muito tempo a respeito da rede, a qual certamente não nos foi de grande valia considerando-se a ingenuidade e, por vezes, o comportamento totalmente estúpido dessas pessoas".[19]

Apesar disso, a inépcia e a incapacidade dos agentes alemães deixaram de ser mencionadas pelo FBI quando a agência trombeteou para o público americano seu triunfo no desbaratamento da rede. Em determinada ocasião, Hoover disse privadamente que a Alemanha: "Hoje confia bem mais na propaganda do que na espionagem".[20] Segundo o ministro da Justiça Robert Jackson, "os nazistas jamais contaram com círculos de espionagem e sabotagem bem organizados neste país".[21]

De fato, os Estados Unidos nunca lidaram com ameaça séria de subversão interna antes ou durante a guerra. Mas o povo americano não soube disso, pois sempre lhe afirmavam o oposto. De acordo com o FBI e a Casa Branca, o arrebanhamento dos espiões alemães foi inquestionável prova de que enxames de quintas-colunas e de agentes inimigos operavam intensamente em todo o país.

OCORRE QUE OS ALEMÃES NÃO FORAM os únicos na lista de alvos de J. Edgar Hoover no verão de 1941: ele também mirava em aliados anteriores, William Stephenson e a BSC. Malgrado todo o auxílio que a agência britânica prestara ao FBI, inclusive suprindo algumas das provas que condenaram a rede alemã de espiões, as relações entre Hoover e Stephenson começaram a azedar. O diretor do FBI tornou-se crescentemente preocupado com a pretensa intromissão dos ingleses em atividade que, por direito, eram da alçada de sua agência. Por exemplo, ficou muito insatisfeito com as ações de espionagem da operadora da BSC Amy Pack e, por isso, manteve-a sob constante monitoramento e grampeou seu telefone. Hoover se incomodou também com o papel de Stephenson na ajuda à criação da Office of Strategic Services (OSS) [Agência de Serviços Estratégicos, em tradução livre], primeira agência centralizada de inteligência da América, que Hoover encarou como rival do FBI.

Praticamente desde o dia em que chegou aos EUA, Stephenson defendeu a criação de uma entidade americana semelhante à BSC, com a

O diretor da OSS William Donovan condecora o espião-mestre William Stephenson, chefe da Organização Britânica de Segurança, com a Medalha do Mérito, mais alta honraria americana a civis naquela ocasião.

qual ele e outros agentes da inteligência britânica pudessem colaborar no planejamento de operações sigilosas contra o Eixo em todo o mundo.

Seu parceiro americano na empreitada era William Donovan, multimilionário advogado de Wall Street, que fora assistente do advogado-geral da União no governo Coolidge e, antes disso, combatente muito condecorado na Primeira Guerra Mundial. Oficial de famoso regimento do Exército americano — o "Fighting 69th" — Donovan ganhara o apelido de "Bill o Selvagem" [Wild Bill] por seus feitos em tempos de guerra e fora agraciado com três das mais altas condecorações da nação por valor, inclusive a Medalha do Mérito. Ele era amigo próximo e aliado político de Frank Knox, que convencera Roosevelt em 1940 a enviar Donovan em diversas missões secretas à Europa e ao Oriente Médio, inclusive uma à Inglaterra para detectar a capacidade de sobrevivência daquele país. Donovan, que era membro do Grupo Century, reportou de volta a FDR com uma resposta afirmativa e solicitou o envio imediato de toda a ajuda possível aos ingleses.

Tendo conhecido Donovan durante a Grande Guerra, Stephenson o contatou logo que chegou à América, e os dois cedo criaram cerradas ligações pessoais e profissionais. Para os respectivos auxiliares, o alto e enérgico Donovan passou a ser chamado de "Big Bill", enquanto o baixo e delgado Stephenson se tornou mais conhecido como o "Little Bill".

Até 1941, as funções de coleta de informações na América ficaram dispersas entre diversas agências dos EUA, incluindo o FBI e os Departamentos da Guerra, da Marinha e de Estado. Com a assistência de Stephenson, Donovan convenceu Roosevelt, em julho daquele ano, a criar nova organização chamada Office of Coordinator os Information (COI) [Agência do Coordenador de Informações] e a torná-lo seu diretor. Antecessor da OSS, a COI recebeu a incumbência de não só coletar inteligência contra inimigos dos EUA, reais ou potenciais, como também de promover propaganda subversiva e operações de sabotagem, agindo assim como correspondente da BSC.

Desde o dia de sua concepção, Stephenson foi o verdadeiro padrinho da COI, ajudando a organizar seu QG e suas operações no campo, proporcionando instalações de treinamento e instrutores para seus agentes, e repassando para Donovan "fluxo regular de informações secretas [...] inclusive material altamente confidencial não comumente circulado fora do governo britânico".[22] Como o próprio Donovan reconheceu mais tarde: "Bill Stephenson nos ensinou tudo o que passamos a conhecer sobre inteligência estrangeira".[23]

Em Londres, Desmond Morton, elo de Churchill com a inteligência britânica, escreveu: "Um fato ultrassecreto do qual o primeiro-ministro tem consciência, mas o mesmo não ocorre com todas as pessoas envolvidas, é que, efetivamente, a segurança dos EUA vem sendo feita, mediante solicitação do próprio presidente, pelos britânicos. [...] É, por conseguinte, essencial que tal fato não seja conhecido devido ao furioso clamor que seria provocado pelos isolacionistas".[24]

As relações estreitas entre as operações de Stephenson e de Donovan, é evidente, não eram segredo para J. Edgar Hoover, que estava tão enfurecido quanto qualquer isolacionista pudesse ficar. Ele não apenas se ressentia com a criação de organização rival de inteligência como detestava Donovan, o qual lhe devotava recíproco sentimento. Os dois haviam colidido repetidas vezes no início dos anos 1920, quando Donovan servia como assistente do advogado-geral da União. A certa altura, Donovan instara o advogado-geral Harlan Stone a demitir Hoover. Stone ignorou o conselho, e Donovan conquistou um inimigo por toda a vida.

Na sua batalha contra a BSC (e, com efeito, contra Donovan), Hoover contou com a ajuda de poderoso aliado — o secretário assistente de Estado Adolf Berle, ligação da inteligência do Departamento de

Estado com a Casa Branca, o FBI e com outras agências de coleta de informações dentro do governo. Um dos cérebros originais convocados por Roosevelt, Berle, ex-professor de Direito na Columbia University, era tanto antiguerra quanto antibritânico, denunciando o que chamava de arquivo inglês de "meias verdades, má-fé e intriga pelas costas do Departamento de Estado e do próprio presidente".[25]

No início da primavera de 1941, Hoover informou a Berle que os britânicos, como Berle explicou mais tarde ao subsecretário de Estado Sumner Welles, instalaram nos Estados Unidos: "Uma polícia secreta e um serviço de inteligência em escalas totais [que] atuam em todos os campos das informações políticas, financeiras, industriais e, provavelmente, militares. [...] Tenho razões para acreditar que grande parte do que vem sendo feito provavelmente viola nossas leis de espionagem".[26]

Com a ajuda de Hoover, Berle deu início a incansável campanha para anular a maior parcela de toda a operação de Stephenson. Os dois servidores apoiaram a proposta de legislação do senador Kenneth McKellar, democrata pelo Tennessee, que impunha sérias restrições ao trabalho de todos os agentes estrangeiros, amigos ou não, nos EUA, inclusive a demanda para que eles revelassem seus arquivos ao FBI.

A BSC contra-atacou, designando um agente para "jogar lama"[27] em Berle e, alegadamente, grampear seu telefone. Quando Hoover descobriu o monitoramento, disse a Stephenson que queria ver o agente fora do país às seis horas daquela mesma noite. Embora Stephenson professasse "surpresa e horror quanto a qualquer de seus homens fazer uma coisa assim",[28] ele cumpriu a determinação do chefe do FBI.

Pouco depois de Pearl Harbor, a proposta de lei de McKellar foi aprovada pelo Congresso e enviada para a sanção presidencial; Donovan, a pedido de Stephenson, persuadiu Roosevelt a vetá-la. Uma versão posterior emendada, em que, especificamente, a BSC era excluída das restrições, foi aprovada e sancionada pelo presidente.

Como Hoover e Berle provavelmente sabiam, FDR jamais concordaria em castrar uma organização que havia provado ser tão útil em sua luta contra o que considerava inimigos seus e do país, fossem estrangeiros ou não.

22
ONDE ESTÁ ESSA CRISE?

No verão de 1941, o moral no Exército americano chegara quase ao fundo do poço. Os rapazes convocados no ano anterior falavam em abandonar à revelia o serviço, outros levantavam até a possibilidade de motim. Em aquartelamento do Mississippi, recrutas que assistiam a um noticioso cinematográfico vaiaram bem alto quando imagens do presidente Roosevelt e do general George Marshall apareceram na tela.

Ali estavam os jovens conscritos cavando latrinas de campanha, descascando batatas e em infindáveis instruções de ordem unida e manejo de armas, tudo por miseráveis trinta dólares ao mês, enquanto amigos de suas cidades natais ganhavam de seis a sete vezes mais em empregos nas fábricas de material bélico. Para quê? Não havia guerra e, apesar do que o presidente dissera em seu discurso de 27 de maio, também parecia não existir emergência nacional. Quem tivesse olhos podia ver que a vida seguia normalmente fora dos campos de treinamento. "Onde está crise?", resmungou um recruta. "Tudo o que vejo é gente com mais grana do que tinha antes, e mais grana para os que já se davam bem."[1] Por que ele e outros se sacrificavam quando mais ninguém o fazia? Na verdade, que diabos eles estavam fazendo ali?

Parecia não haver resposta. "Até onde se podia perceber", observou a *Life*, "o Exército não tem objetivo. Não sabe se irá ou não combater, ou quando e onde. Se os políticos dos EUA estabeleceram algum objetivo militar, não o deixaram claro para o Exército. Isso se reflete na instrução, que não é orientada por qualquer situação militar verdadeira".[2]

O claudicante programa de mobilização do país revelava a mesma falta de direção. Roosevelt continuava a recusar a indicação de um "chefão" para a produção de guerra, e a administração do esforço continuava caótica. As indústrias da defesa estavam infestadas de greves e carências. Os burocratas do governo se engalfinhavam com empresários trazidos para Washington com a finalidade a ajudar na mobilização do esforço de guerra. Servidores do Exército, da Marinha e do Corpo Aéreo brigavam entre si por fatias maiores da pizza das alocações de recursos financeiros. Como observou o ministro da Justiça Francis Biddle: "As disputas passavam ao país um senso de desunião, um sentimento de que o governo não sabia para aonde ia".[3]

Em agosto, a *Fortune* publicou que a América "não apenas capengava" para se tornar o arsenal da democracia que FDR visualizara; ela "fracassava espetacularmente, em nove diferentes modos e nove lugares distintos". Entre os problemas, dizia a revista, há o fato de que aos americanos "ainda não foi dito o que precisa ser feito para vencer".[4]

A questão-chave continuava sendo a mesma de meses: Qual era o objetivo-chave do país naquela luta? Seria apenas uma defesa das Américas e a ajuda à Inglaterra — ou seria participação ativa no conflito? Fosse o que fosse: "A gente lá de cima precisa nos dar rapidamente o diacho de alguma coisa na qual possamos cravar os dentes e nela acreditar — antes que seja tarde demais",[5] declarou um soldado.

Um ansioso Henry Stimson começou a especular se já não era muito tarde. "Hoje à noite estou me sentindo mais contra tudo do que nunca", anotou em seu diário no início de junho. "Não está claro se o país tem consciência de que é preciso enfrentar essa emergência. Se somos realmente poderosos, sinceros e devotados o suficiente para fazer face aos alemães está virando cada vez mais um problema atual e de vulto."[6]

De acordo com as pesquisas, a maioria dos americanos continuava a apoiar aquilo que, à primeira vista, parecia diametralmente oposto ao papel que seu país deveria desempenhar. Numa das Gallups, três quartos dos entrevistados responderam positivamente quando perguntados se eram favoráveis à guerra caso não houvesse outra maneira de derrotar o Eixo. Oitenta por cento disseram pensar que os EUA, no fim, participariam do conflito. Todavia, quando indagados se o país já deveria entrar na guerra, os mesmos 80% afirmaram que não.

Essas opiniões, contudo, não eram tão contraditórias como aparentavam. Compreensivelmente, os americanos relutavam em mergulhar em conflito armado, a menos que o julgassem necessário. E, até então, não estavam convencidos de que era. Segundo Stimson e outros intervencionistas, era obrigação do presidente associar as ideias de modo a mostrar a situação geral ao povo e persuadi-lo de que, para derrotar Hitler, os EUA precisavam adotar *logo* medidas arrojadas. Entre os que esposavam essa posição estava Hadley Cantril, sociólogo que se tornara, de fato, analista pessoal de pesquisas de opinião para Roosevelt.

Em 1940, Cantril criara a Divisão de Pesquisa de Opinião Pública na Universidade de Princeton para estudar posturas do povo em questões políticas e sociais. Ele trabalhou em estreito contato com a organização de George Gallup, também sediada em Princeton, Nova Jersey, que realizava o trabalho de campo com as pessoas. A equipe de Cantril ajudava a formular as perguntas para os entrevistadores do Gallup e fazia suas próprias análises dos dados coletados. Ferrenho liberal e fiel a FDR, Cantril ofereceu seus serviços à Casa Branca, deixando claro que faria qualquer coisa possível para que as pesquisas trabalhassem em prol das necessidades do presidente: "Podemos conseguir informação confidencial em tópicos que o senhor sugira, acompanhar os sentimentos inerentes a determinantes de opinião que deseje ver testados, e proporcionar-lhe respostas para todas as questões levantadas".[7]

Durante todo o ano seguinte, Cantril usou a operação do Gallup a fim de conseguir respostas para perguntas específicas formuladas pela Casa Branca, a qual, por seu turno, fez uso delas para elaborar a estratégia política do governo. Cantril realçava repetidas vezes aos assistentes presidenciais a necessidade de sigilo a respeito do acesso privilegiado de Roosevelt aos resultados das pesquisas e do envolvimento do próprio pesquisador no projeto. "Como todas essas perguntas estavam nas pesquisas mais recentes do Gallup", escreveu Cantril à assessora de FDR, Anna Rosenberg, em maio de 1941, "espero que você e seu amigo [o presidente] não deixem que outros em Washington tenham conhecimento delas. O velho problema dos direitos autorais — mais o fato de que se certos senadores souberem disso espernearão muito com Gallup, e a confiança em mim desse último poderá ficar abalada".[8]

Poucas semanas após o discurso de FDR declarando ilimitada emergência nacional, um intrigado Roosevelt perguntou a Cantril por que o povo, nas mais recentes pesquisas, não parecia mais tão entusiasmado com o que ele dissera quanto estava imediatamente após o pronunciamento. A principal razão, replicou Cantril, foi que Roosevelt "falhara em não indicar nenhuma nova política ostensiva que o povo pudesse rapidamente conceituar, e que a 'emergência nacional' pouca coisa significara para as pessoas porque não demandou alteração alguma na vida cotidiana".

E continuou: "Nenhum acréscimo na atitude intervencionista, causada pela rádio transmissão presidencial, terá continuidade a menos que o discurso anuncie ou seja logo seguido por ação".[9]

Cada vez que o presidente propusera medida ousada, como o Lend-Lease ou a troca dos contratorpedeiros, a ampla maioria dos americanos o apoiara, destacou Cantril. E ele tinha certeza de que a maior parte do povo daria suporte outra vez a FDR se ele ordenasse as escoltas marítimas ou outras atitudes mais extremadas para ajudar a Inglaterra, mesmo que isso significasse grande sacrifício da parte do povo. "Tentei destacar esse ponto dúzias de vezes", afirmou Cantril em memorando para Anna Rosenberg, "mas parece que há pouca conexão entre a informação que todos nós coletamos e a formulação de política".[10] Reforçando o ponto de vista de Cantril, George Gallup observara antes que "a melhor maneira de influenciar a opinião pública" em determinado assunto é "fazer mr. Roosevelt falar sobre ele e manifestar-se a favor."[11]

Na opinião de Cantril, Roosevelt enfrentava maior risco político por *não* agir do que por conclamar novas iniciativas para auxiliar a Inglaterra. O conselheiro previa enormes ganhos republicanos na eleição vindoura para o Congresso, decorrentes da insatisfação popular com a ausência de forte liderança presidencial. Empregando letras maiúsculas para ressaltar a situação, Cantril escreveu para Rosenberg: "O QUE O POVO DESEJA É SABER O QUE TEM DE FAZER".[12]

Roosevelt, contudo, recusava-se a aceitar a argumentação de Cantril. Quanto mais favoráveis eram os resultados das pesquisas em apoio a ele e às suas políticas, menos o presidente parecia acreditar neles. FDR se mostrava bem mais influenciado por suas próprias avaliações pessimistas sobre a opinião pública, que ele via refletidas nas palavras e ações do diminuído, mas ainda potente, bloco isolacionista do Congresso.

Insistindo que a maior parte dos americanos ainda não se conscientizara dos "fatos da vida"[13] sobre a guerra, a despeito da substancial evidência em contrário, Roosevelt relutava em testar sua liderança numa definitiva confrontação com seus oponentes. Embora Robert Jackson e outros que cercavam o presidente acreditassem que ele, nas palavras de Jackson: "Poderia ir mais à frente no desbordamento do Congresso [...] em relação à opinião pública",[14] FDR discordava. Achava, disse seu preparador de discursos Samuel Rosenman, que "não era o momento para se distanciar muito do povo; nem oportunidade para sofrer derrota no Congresso pelas mãos dos isolacionistas".[15]

Em carta a Winston Churchill, lord Halifax, que substituíra lord Lothian como embaixador britânico, explicou o dilema de Roosevelt como o presidente o via: "Seu problema perpétuo é seguir um curso entre (1) o desejo de 70% dos americanos de se manter fora da guerra; e (2) a vontade de 70% dos americanos de fazer qualquer coisa para derrotar Hitler, mesmo que isso implique guerra. O presidente afirmou que, se instado a declarar guerra, não conseguiria a autorização para tanto, e a opinião pública se voltaria contra ele".[16]

ENTRE OS CONFUNDIDOS PELOS MESES DE INÉRCIA de Roosevelt esteve o governo alemão. Menos de duas semanas após o discurso em que o presidente cuspiu fogo em 27 de maio, chegou a notícia de que um submarino alemão pusera a pique o navio americano de carga *Robin Moor* no sul do Atlântico, fora da zona de guerra declarada pela Alemanha. Violando convenções internacionais, o comandante do submarino embarcou a tripulação do *Robin Moor* em botes salva-vidas, com escassas água e alimentação, e sem transmitir pelo rádio sua posição para navios que pudessem estar próximos. Os tripulantes ficaram à deriva no mar por dezenove dias até que foram resgatados em 9 de junho.

Hitler e seus asseclas se preocuparam que o naufrágio — descumprimento direto das ordens de Hitler para distanciamento dos navios dos Estados Unidos — pudesse levar a América à guerra ou, pelo menos, resultar na proteção naval dos EUA aos comboios. Os intervencionistas americanos, inclusive os do círculo íntimo do presidente, conclamaram-no a retaliar ordenando à Marinha que começasse de imediato as escoltas. Porém, para alívio germânico, Roosevelt reagiu com bastante moderação, determinando o fechamento dos consulados alemães nos Estados Unidos e congelando os ativos das potências do Eixo.

Quando a crise amainou, Hitler deixou claro para o almirante Erich Raeder, que pelos meses seguintes sua Marinha tinha que evitar mais incidentes daquele tipo. Não deveria atacar quaisquer navios dentro ou fora da zona de combate, a menos que evidentemente caracterizados como inimigos. E em hipótese alguma navios americanos seriam alvos.

A razão para a cautela de Hitler tornou-se óbvia em 22 de junho de 1941 quando 2 milhões de soldados alemães executaram ataque-relâmpago à União Soviética. Quase ninguém acreditava que os russos pudessem aguentar mais do que seis ou sete semanas. Mas, aos olhos dos intervencionistas americanos, aquele período de tempo, por mais curto que fosse, proporcionava a oportunidade perfeita para dramático aumento na ajuda aos ingleses. "Pela primeira vez desde que Hitler soltou seus cães de guerra pelo mundo, temos a chance, autêntica dádiva divina, de determinar o resultado deste conflito mundial", declarou Frank Knox pelo rádio em âmbito nacional. "Enquanto ele estiver de costas, temos que responder ao seu evidente menosprezo com poderoso golpe que pode — e irá — mudar toda a perspectiva mundial."[17]

Knox, Henry Stimson e Stark pressionaram Roosevelt a ordenar imediata proteção naval para todos os navios mercantes em rota no Atlântico. Stark admitiu para FDR que tal ação: "Quase certamente nos envolveria com a guerra", mas acrescentou que "demasiado retardo poderia ser fatal para a sobrevivência da Inglaterra".[18] Em 2 de julho, FDR, para deleite de Stark e de outros, ordenou o preparo de planos para que navios dos EUA começassem as missões de escolta na semana seguinte. Contudo, poucos dias depois, pensando melhor, ele revogou a ordem.

Como homem que gostava de manter abertas suas opções pelo maior tempo possível, Roosevelt decidiu esperar para ver como os eventos iriam se desenvolver. Diferentemente de seus conselheiros, ele ainda não estava convencido de que a situação era urgente. De sua perspectiva, Hitler havia aliviado a pressão sobre a Inglaterra ao invadir a Rússia, concedendo ao governo dos EUA um pouco mais de tempo para avaliar a situação e decidir o que fazer. Prudentemente, Roosevelt acompanhou a iniciativa de Churchill de prometer assistência aos russos, porém, enquanto o primeiro-ministro hipotecava imediata e total solidariedade, o presidente foi de início vago sobre a extensão da assistência americana e sobre a ocasião em que ela começaria.

Tal hesitação não surpreendeu. FDR enfrentava forte oposição dos isolacionistas, muitos dos quais, como Charles Lindbergh, eram ferozmente antissoviéticos. Em comício do Primeiro a América realizado em São Francisco, o aviador declarou que ao mesmo tempo em que se opunha a alianças dos EUA com estados estrangeiros, ele "preferiria mil vezes ver meu país aliado à Inglaterra, ou mesmo à Alemanha com todos os seus erros, do que com a crueldade, o ateísmo e barbarismo que imperavam na URSS".[19] Não surpreendeu que observação tão provocadora causasse outra onda de ataques virulentos contra ele.

Mas a oposição à ideia de ajuda à Rússia não se confinava apenas aos isolacionistas. Bom número de americanos, inclusive alguns que apoiavam as políticas de FDR, repudiava o auxílio à ditadura comunista de Josef Stalin. O senador Harry Truman, por Missouri, discursou para multidão e disse: "Se virmos a Alemanha vencendo, precisamos ajudar a Rússia, e se a Rússia estiver ganhando, precisamos ajudar a Alemanha; dessa forma, deixemos que eles se matem o máximo possível".[20]

Oficiais dos altos escalões do Exército estavam entre os mais vocais oponentes da ajuda a Stalin e seu país. Muitos partilhavam a apaixonada antipatia de Lindbergh pela URSS e pelo comunismo e resistiam fortemente ao envio de material bélico, tão necessitado por suas próprias forças singulares, para um país considerado inimigo.

Não obstante, quando Roosevelt finalmente se juntou a Churchill, em agosto, prometendo enviar aviões, carros de combate, caminhões e outros equipamentos para Stalin, a maioria dos americanos, vendo a Alemanha como um perigo iminente bem maior para os Estados Unidos do que a Rússia, deu suporte à decisão do presidente.

APESAR DE AINDA RESISTINDO À IDEIA das escoltas navais, Roosevelt tirou proveito da preocupação de Hitler com a Rússia naquele verão para fazer outro movimento no tabuleiro do xadrez do Atlântico. Por meses, Churchill clamava pelo envio de tropas dos EUA para a Islândia, ex-território dinamarquês no norte do Atlântico estrategicamente localizado próximo às rotas dos comboios entre o Canadá e a Inglaterra. O Reino Unido ocupara a ilha pouco depois de a Dinamarca ser tomada pela Alemanha em 1940, e Churchill ansiava por transferir as tropas britânicas de lá para campos de batalha no Oriente Médio.

Em 8 de julho, 4 mil fuzileiros navais americanos desembarcaram na Islândia. Em declaração para o povo americano, Roosevelt explicou que sua decisão era puramente medida defensiva, assumida para evitar que os alemães utilizassem a ilha subártica: "Como base naval ou aérea para eventuais ataques ao hemisfério ocidental."[21] Já que a Islândia está situada a cerca de 6 mil quilômetros de Nova York, era natural que alguns considerassem tal raciocínio um tanto bizarro.

Mesmo assim, a reação pública foi favorável. E isso causou certo espanto em Roosevelt, o qual, como ocorria com frequência, se preparara para um "clamor vitriólico".[22] Na sua edição de 4 de agosto, a *Life* foi sarcástica: "A votação de entre 70 e 80% dos americanos contra a guerra não foi ainda capaz de impressionar o presidente. Mas os 61% de aprovação à ocupação da Islândia pareceram mostrar que eles estão prontos para seguir a liderança de FDR".[23]

A ação de FDR na Islândia foi vista por muitos como tentativa de aplacar os intervencionistas americanos e de robustecer o moral dos ingleses, e não como deliberado passo na direção da guerra. Hans Thomsen assegurou aos seus superiores em Berlim, que o presidente não tinha interesse "numa guerra total com todas as suas consequências".[24] Como Thomsen julgava, Roosevelt provavelmente continuaria tomando ações paliativas, tais como o fechamento dos consulados alemães e a ocupação da Islândia, "as quais, na essência, comprometerão muito pouco a América e não representarão perigo imediato".[25]

Apesar disso, ninguém podia negar que a tomada da Islândia pelos EUA era desafio direto à Alemanha, concorrendo substancialmente para aumentar a guerra anterior de nervos no Atlântico. Em 8 de julho, o comandante da flotilha alemã de submarinos solicitou permissão para atacar navios americanos ao largo do litoral da Islândia. Hitler, entretanto, reiterou sua ordem para que embarcações dos EUA não fossem postas a pique, mesmo dentro da zona de combate. "É absolutamente essencial que todos os incidentes com os Estados Unidos sejam evitados", foi dito à Marinha germânica. "A atitude da Alemanha em relação à América tem que permanecer, por conseguinte, como antes: não deixar que ela seja provocada e evitar qualquer desentendimento."[26]

Quando o almirante Raeder protestou com Hitler que a presença dos EUA na Islândia deveria ser vista como ato de guerra, o Führer replicou que: "Ansiava bastante por adiar a entrada dos Estados Unidos na guerra" até que as forças alemãs derrotassem a Rússia, o que, afirmou ele, deveria durar um ou dois meses. Conseguido isso, ele "também se reservava o direito de tomar ação severa contra os Estados Unidos".[27]

APESAR DE SATISFEITOS COM A DECISÃO de sediar tropas na Islândia, Stimson, Knox e outros intervencionistas do governo ficaram profundamente decepcionados pelo que viram como hesitação no emprego de escoltas navais de comboios. Entretanto, constatou-se depois, o desembarque de fuzileiros na Islândia proporcionou uma porta dos fundos para a introdução de proteção limitada de comboios no Atlântico.

As forças americanas na Islândia precisariam ser supridas com alimentos, armas e outras necessidades transportadas dos Estados Unidos por navios americanos e islandeses. Esses navios, por seu turno, necessitariam de escoltas navais dos EUA, que seriam autorizadas a destruir quaisquer "forças hostis que ameaçassem tal navegação".[28] O fato foi que os comboios supridores das bases na Islândia e os destinados à Inglaterra zarpavam dos mesmos portos no Canadá e seguiam rotas idênticas — uma coincidência vantajosa para o almirante Stark. Com permissão de FDR, o chefe das operações navais organizou cronograma dos comboios americanos de modo que alguns deixassem o Canadá ao mesmo tempo que os britânicos e canadenses destinados ao Reino Unido; ao navegarem juntos, todos tinham a proteção da Marinha americana.

Em meados de julho, todos os navios amigos que rumavam para ou da Islândia eram escoltados por belonaves americanas. Stark disse aos seus subordinados e aos ingleses que: "Tudo deve ser feito com a maior tranquilidade possível".[29] Ainda assim, como bem sabia o chefe naval, aquela situação por certo não perduraria por muito tempo. Em semanas, talvez dias, as forças navais alemãs e americanas tendiam a colidir.

A GRANDE ESCALADA DO RISCO DE GUERRA, no entanto, não era acompanhada por igualmente dramático crescimento da mobilização da defesa. Apesar de a produção da indústria ter crescido cerca de 30% no ano anterior, com a fabricação de aviões aumentando 158% e a de navios 120% esses números eram insignificantes comparados com as vastas demandas e necessidades das Forças Armadas americanas, inglesas e, agora, também russas. Como citou o colunista Raymond Clapper: "O nosso ainda é um arsenal de armas de brinquedo".[30]

Dos 7 bilhões de dólares alocados para a assistência do Lend-Lease à Inglaterra, só cerca de 2% haviam atingido os britânicos sob a forma de suprimentos, a maioria ovos em pó, carne enlatada, grãos e outros tipos de alimentos. Tão desanimadora era a situação que, em julho de 1941, William Whitney, funcionário americano do Lend-Lease sediado em Londres, pediu as contas em função do fracasso americano de não conseguir fazer mais. "Estamos iludindo os povos dos dois lados do Atlântico ao fazermos com que eles pensem que existe hoje um fluxo constante de material bélico do Lend-Lease cruzando o Atlântico, quando na realidade tal fluxo é muito pequeno, quase nenhum", escreveu Whitney em sua carta de demissão. "Minha opinião é que o governo [...] deveria mostrar ao Congresso e ao povo que, enquanto nos vangloriamos de ser, ao lado da Inglaterra, inimigos de Hitler, realizamos desgraçadamente pequeníssima parcela de nossa obrigação."[31]

A economia americana em vigorosa expansão ainda era devotada a necessidades civis; automóveis e outros artigos dispendiosos jamais tinham alcançados tal produção e a maioria dos americanos nunca teve antes melhor estilo de vida. Antoine de Saint-Exupéry resumiu muito bem, quando perguntado em jantar formal, em Nova York, o que a América poderia fazer pelo esforço de guerra. "Pelo que se pode ver", respondeu o escritor francês, "o país de vocês destina 90% do potencial industrial à manufatura de bens de consumo que o povo gosta — em outras palavras, carros e chiclete — e 10% para barrar Hitler. Quando essas percentagens se inverterem haverá esperança."[32]

Saint-Exupéry exagerava — mas não muito. Não querendo abrir mão de seus lucros com bens de consumo, muitas empresas resistiam à conversão de seus complexos para a produção bélica. Gananciosas a ponto de não dividir os espantosos lucros com seus empregados ou dar-lhes outros benefícios, até as indústrias de material bélico, como a aeronáutica, sofreram grande debandada nos empregos. A escassez de máquinas-ferramentas e de matérias-primas, como alumínio e aço, cresceu espantosamente; certos estaleiros ficaram ociosos por falta de aço.

Em março de 1941, Harry Truman desencadeou uma investigação do Senado, que revelou extensas deficiências no programa de defesa, inclusive fraude, superfaturamento e mão de obra desqualificada em indústria e negócios privados. "Estamos proclamando para o mundo [...] que vivemos numa bagunça",[33] declarou desgostoso o senador Tom Connaly, membro do comitê de Truman. A menos que os EUA intensifiquem sua mobilização, alertou um relatório do governo, sua produção de guerra será ultrapassada pelas da Inglaterra e do Canadá em um ano.

Para muita gente, a única maneira de acertar a confusão seria a nomeação de um único servidor do governo com autoridade para estabelecer prioridades e preços, bem como para forçar os fabricantes. Mas o presidente nem queria ouvir falar nisso. Avesso à delegação de poder, ele insistia em deter o controle administrativo do esforço de defesa, mesmo que, demasiadamente atarefado com outros assuntos prementes, não conseguisse tempo para genuínas condução e liderança daquele esforço.

Muito pressionado por Stimson e outros, FDR por fim cedeu, em julho de 1941, em substituir a claudicante Agência de Gerenciamento da Produção por uma nova Câmara para Alocação e Prioridades do Suprimento. Apesar de Roosevelt continuar com a palavra final no programa de defesa, pôde estabelecer prioridades e alocações de recursos financeiros para a aquisição de matérias-primas tanto para a defesa quanto para a produção civil. Não tardou para que a nova agência anunciasse planos para o racionamento de borracha e o corte de 50% na produção de automóveis, geladeiras e máquinas de lavar.

Devagar, a produção bélica passou a melhorar. Mais tanques começaram a deslizar nas linhas de montagem e acelerou a manufatura de aviões e navios. Mesmo assim, como reconheceu anos mais tarde o *chairman* do Gerenciamento Donald Nelson "1941 passará à história como o ano em que quase perdemos a guerra antes de, por fim, entrarmos nela".[34]

Contribuindo com seu quinhão para esse cenário de pesadelo havia a clara possibilidade de o Exército americano cedo entrar em colapso.

—•—

QUANDO O CONGRESSO APROVOU A LEI DA CONSCRIÇÃO em setembro de 1940, limitou o tempo de serviço dos convocados a doze meses — compromisso com o qual o general Marshall relutantemente concordara. Em consequência, o efetivo recrutado para o serviço estava fadado a perder 70% dos homens no início do outono de 1941. Com a guerra se aproximando celeremente dos Estados Unidos, o Exército quase se desintegraria quando o país mais dele necessitava.

A lei, contudo, continha uma cláusula que era verdadeira válvula de escape: o tempo de serviço poderia ser estendido se o Congresso julgasse que havia ameaça aos interesses nacionais. Em julho, Marshall declarou em alto e bom som que "essa emergência já existe agora".[35] Para os parlamentares, não poderia haver pior notícia. Por semanas, eles vinham sendo afogados por cartas e telegramas de convocados irados e ressentidos, bem como de seus pais, insistindo que os jovens, à custa de grandes sacrifícios financeiros e outros, haviam cumprido seu ano de contrato e então tinham que retornar aos seus lares e seus empregos.

Depois de entrevistar convocados em um dos quartéis, um jornalista da *Life* reportou em agosto de 1941 que 50% deles ameaçavam desertar se não fossem licenciados quando seu ano de serviço terminasse. Para aonde olhasse, observou o correspondente, ele viu as grandes letras OHIO escritas a giz, que significavam "Over the Hill in October" [Dar o fora em outubro, em tradução livre]. Nas palavras do artigo da *Life*, os homens "não querem combater porque não veem nenhuma razão para isso. Sendo assim, não entendem em absoluto por que estão em aquartelamentos do Exército. Existe forte sentimento anti-Roosevelt."[36]

Enfastiados e inquietos, os recrutas se queixavam do treinamento rudimentar, ou quase nulo, para o combate e da falta de armas modernas. Nos exercícios, caminhões tinham pintada a palavra TANK dos dois lados para representar os inexistentes carros de combate, pedaços de cano faziam o papel dos canhões anticarro e tripés de madeira substituíam os morteiros de 60 mm. "Os rapazes aqui odeiam o Exército", resmungou um recruta. "Não têm espírito combativo, salvo entre eles mesmos quando caindo de bêbados."[37] Outro rugiu: "Ao diabo com Roosevelt, Marshall e o Exército, em especial com este buraco nojento!".[38]

O estudo da *Life* sobre a deterioração do moral no Exército causou considerável agitação em Washington e em todo o país. Servidores do Departamento da Guerra o consideraram muito exagerado — crença partilhada pelo editor do *New York Times* Arthur Sulzberger, que determinou ao seu jornal uma investigação própria. Durante dois meses, Hilton Howell Railey, experimentado correspondente militar e amigo chegado de Sulzberger, entrevistou mais de mil soldados em sete fortes e aquartelamentos do Exército. Quando começou a avaliação, Railey, como Sulzberger, tinha certeza de que o estudo da *Life* fora grosseiramente desmedido. Quando a terminou, julgou que havia subestimado demasiadamente o problema.

Assustado com a conduta dos soldados nas saídas de fim de semana em Camp Polk, na Luisiânia, Railey os pintou como: "Um bando de indisciplinados", dizendo que, se fosse policial militar, "talvez tivesse detido uns 5 mil praças, inclusive muitos dos oficiais [...] por flagrantes violações dos regulamentos".[39] Quase todos os soldados que entrevistou expressaram grande aversão pelos oficiais e pelo governo de FDR, com "mais de 90% não acreditando na palavra dele".[40] Um soldado disse a Railey que o governo "não nos ilude. [...] Estão nos levando para uma guerra da qual deveríamos ficar fora".[41]

Em vez de publicar o alarmante relatório de Railey, Sulzberger ordenou que ele fosse deixado de lado — decisão que, quando mais tarde revelada, provocou uma torrente de críticas sobre o que muitos viram como autocensura do *Times* e relações promíscuas com o governo. O editor manteve-se firme, declarando que agira "no interesse público".[42] Pessoalmente, ele entregou cópias das descobertas de Railey a Roosevelt e Marshall, garantindo-lhes que: "Eu, de minha parte, não sugiro que seja dado a Hitler um presente sobre o fato de que o moral é baixo em nossas Forças Armadas".[43] Depois de ler o relatório, Henry Stimson anotou em seu diário que a causa do problema do moral estava clara: "Vimos tentando treinar um Exército para a guerra sem declaração de guerra pelo Congresso e sem que o país veja perigos diante dele".[44]

Para agravar mais a situação existia o difundido sentimento de que o governo iria quebrar sua promessa de enviar os convocados para casa após um ano de serviço militar. No debate parlamentar, que precedera a aprovação da conscrição, defensores da lei deram pouca ênfase às cláusulas que permitiam a extensão do tempo de serviço. De qualquer maneira, membros do Congresso, já de olho nas eleições de 1942, nem queriam ouvir falar no assunto. O presidente da Câmara dos Deputados Sam Rayburn e o líder da maioria John McCormack disseram a Stimson que uma lei que estendesse o tempo da convocação jamais passaria na Casa. Até os congressistas mais comprometidos no apoio ao governo, afirmaram os dois, encaravam tal legislação como quebra de contrato moral entre o governo e os alistados. Nas palavras do deputado James Wadsworth, republicano por Nova York que dera suporte à moção original de conscrição e apoiara sua extensão: "A iniciativa foi pintada como um escândalo, como ruptura de fé. Todos diziam que não havia necessidade dela, ainda estávamos em paz".[45]

Quando Marshall e Stimson apertaram Roosevelt pela primeira vez, no início da primavera de 1941, para propor a lei de extensão da convocação, o presidente, alerta para o clamor público que se seguiria, hesitou. Por fim, pelo término de junho, FDR, visivelmente relutante, propôs a medida, mas não a endossou em público. Foi deixado para os ombros de Marshall o peso de fazê-la ser aprovada pelo Congresso.

Como membro do governo, o chefe do Estado-Maior do Exército fez diversas visitas a Capitol Hill para "vender" a extensão. Insistindo que o perigo para o país era real e iminente, ele observou sem rodeios para um dos comitês: "Não consigo entender como alguém possa captar o que acontece [...] e não concorde que tomemos aquelas medidas por mim recomendadas".[46] Em particular, disse a auxiliares que se a convocação não fosse estendida, "seria a maior das tragédias. [...] Estamos em situação muito delicada".[47] Quando os legisladores levantaram as reclamações dos recrutas quanto a incômodos e inconveniências, Marshall disparou que aqueles homens eram soldados e não podiam esperar ser tratados como se estivessem em casa. "Não podemos ter um clube político e chamá-lo de Exército",[48] asseverou o general.

Embora os argumentos de Marshall tivessem balançado alguns membros do Congresso, muitos ainda resistiam. Um veterano assessor parlamentar disse ao chefe do Exército que nunca em seus quarenta anos de Capitol Hill presenciara tamanho medo de uma proposta de lei. Pressionado por Marshall e Stimson, Roosevelt por fim concordou em explicar ao povo e ao Congresso o porquê de a lei ser tão necessária.

Em vibrante pronunciamento pelo rádio de 21 de julho, o presidente declarou que o perigo para o país era "infinitamente maior hoje" do que fora um ano antes, quando a lei da conscrição foi aprovada. "Nós americanos não podemos nos dar ao luxo de brincar com nossa segurança",[49] disse ele. Embora entendendo que a extensão do tempo de serviço implicava sacrifícios pessoais, FDR alertou claramente que a consequência de não fazê-lo seria a desintegração das Forças Armadas dos EUA.

Como muitas vezes no passado, o povo reagiu positivamente à exortação do presidente por ação. Segundo pesquisas de opinião conduzidas logo depois do discurso de FDR, pouco mais da metade dos americanos eram agora favoráveis à extensão da convocação dos recrutas. Correram rumores de que alguns congressistas estavam repensando suas oposições. "A corrente", festejou Stimson, "está forte a nosso favor."[50]

Os isolacionistas adversários do governo, nesse meio tempo, trabalhavam febrilmente para resistir à corrente. Apesar de o Primeiro a América não ter assumido posição oficial sobre a extensão do tempo de serviço — formado por West Point e general da reserva, Robert Wood vivia dilema sobre a questão — outros membros e integrantes da equipe da organização aconselhavam privadamente que os afiliados se opusessem à lei. "Sugiro pessoalmente que vocês envidem todo o esforço para barrar a passagem da proposta de extensão da conscrição", escreveu um servidor do órgão para sucursais do Primeiro a América. "Acho que podemos ganhar essa luta e, se conseguirmos, será um tremendo golpe nas forças do governo."[51]

Enquanto as duas Casas se preparavam para debater a proposta, os onipresentes grupos de mães acamparam em Washington mais uma vez. Mulheres trajando vestidos e véus negros jorraram suas costumeiras lágrimas e soltaram os usuais gemidos nos bancos da sala de espera logo ao lado do plenário do Senado, tornando a vida desconfortável para qualquer senador que por lá passasse. À noite, empunhando velas acesas, elas continuavam o pranto no lado de fora das casas dos parlamentares defensores do prolongamento. Mas a tática rendeu muito pouco. Em 7 de agosto, o senado, por 45 a 30, aprovou a legislação.

Na Câmara dos Representantes, graças aos argumentos de Marshall, tanto Sam Rayburn quanto John McCormack finalmente lançaram seus pesos em apoio à medida da extensão, porém muitos de seus colegas democratas não o fizeram. No início de agosto, McCormack relatou que dos 267 democratas da Casa, cerca de 60% se opunham à proposta, enquanto algumas dezenas ainda estavam indecisas.

Nos dois lados do corredor crescia o entusiasmo quanto a uma emenda republicana que colocasse todos os convocados na categoria de reservistas ao fim do ano de serviço e concedesse a Roosevelt autoridade para convocá-los de volta ao serviço militar se julgasse necessário. Como observou Stimson, o objetivo da emenda era óbvio — transferir a responsabilidade pela ação impopular do Congresso para FDR e então, caso o presidente ordenasse o prolongamento, "ser o primeiro a saltar sobre a jugular de Roosevelt".[52] Em seu diário, Stimson chamou os patrocinadores da emenda de "covardes",[53] acusação difícil de ser contestada. Por anos, os congressistas críticos de Roosevelt o denunciavam como ditador. No entanto, quando lhes era oferecida a oportunidade de exercer suas próprias autoridades, eles se esquivavam de assumi-las.

Rayburn, que fora *Speaker* da Câmara por menos de um ano, tomou a responsabilidade de conduzir a proposta de lei por meio de todos os meandros da Casa. Baixo e calvo, porém exsudando atitude poderosa, aquele solteiro de 59 anos já servia por 29 na Câmara, quatro deles como líder da maioria. Ela era o amor de sua vida, e ele dela conhecia todos os desvãos melhor do que ninguém. Como o assessor da Casa Branca James Landis observou, Rayburn: "Era especialista nos procedimentos — e conhecia muito bem aquilo que motivava os seres humanos".[54] Com sua integridade sem mácula e temperamento estourado, o *Speaker* era figura intimidadora para muitos de seus colegas — segundo o mantenedor da ordem na Casa, alguns congressistas ficavam: "Medrosos ao conversar com ele"[55] — mas também despertava profundo respeito e, em alguns membros, grande afeição.

Como *chairman* do Comitê Interestadual e de Comércio Exterior da Câmara no início e meados dos anos 1930, Rayburn tivera papel crucial na aprovação do New Deal, promovendo cinco medidas capitais do governo, inclusive a da Comissão de Valores Mobiliários e a Lei dos Serviços Públicos, fazendo-as tramitar por meio da Casa. Porém, por mais que contasse com a confiança de FDR, os dois sempre mantiveram uma relação problemática. Como outros líderes parlamentares, Rayburn jamais frequentou o círculo íntimo de assessores do presidente e pouca influência teve na formulação de políticas do governo. Produto do Texas rural, ele era desdenhado pelos jovens intelectuais do New Deal formados nas universidades da Ivy League como não sendo "um de nós".[56] Para Henry Wallace, Rayburn queixou-se de que "o presidente não lhe dava suficiente atenção".[57] Achava, disse o assessor da Casa Branca Jonathan Daniels, que "seu aconselhamento não era desejado".[58]

No entanto, Rayburn permaneceu leal a Roosevelt — lealdade que se estendeu à política externa de FDR. Embora só tivesse saído dos EUA por duas vezes na vida, para curtas viagens ao Canal do Panamá e ao México, ele sempre foi ardoroso internacionalista, convicto de que o destino da América estava totalmente ligado aos de outras nações. Na ocasião, convencido por Marshall de que a extensão da convocação era vitalmente importante para a segurança dos EUA, devotou todos os seus formidáveis talentos à tarefa de vê-la aprovada.

Ao longo de três dias de acirrados debates na Casa, Rayburn abriu mão da posição de *Speaker* para outros. Vagou pelos corredores e pelas salas de reuniões de Capitol Hill agarrando lapelas de colegas para dizer-lhes: "Preciso de seu voto. Desejo que você fique do meu lado porque isso significa muito para mim".[59] Foi uma convocação à qual vários deputados cederam em parte porque muito deviam a Rayburn; como líder da maioria, ele contemplara democratas com uma cornucópia de favores, inclusive ótimas indicações para comissões e andamento favorável de legislação. Agora, entediam eles, era hora de retribuição.

Quando a proposta foi levada ao plenário da Câmara, em 12 de agosto, para votação, as galerias estavam lotadas por soldados uniformizados e figuras de negro dos grupos de mães. A atmosfera era de pura tensão. Ao sentar-se na cadeira de *Speaker*, Rayburn não tinha noção se ele e James Wadsworth haviam arrebanhado apoio suficiente para a aprovação da medida. Para vencer, era necessário atrair vinte ou mais votos republicanos, trabalho freneticamente realizado por Wadsworth. Apesar de o GOP se opor formalmente à legislação, o líder da minoria Joseph Martin, que pessoalmente julgava ser a extensão necessária, dissera aos seus colegas republicanos para: "Seguir suas próprias consciências quanto ao assunto".[60] Mas os isolacionistas da Câmara previam que não mais do que um dúzia de republicanos votariam a favor, e o líder dos democratas Pat Boland disse a Rayburn que não tinha a menor ideia da quantidade de votos republicanos com que poderiam contar.

Quando o primeiro-secretário da Câmara deu início à votação, a apuração ziguezagueou contra e a favor. No espaço da galeria reservado à imprensa, repórteres comparavam suas anotações: alguns davam a vitória à extensão, outros achavam que ela seria derrotada. Só concordavam numa coisa: a margem do triunfo seria apertadíssima.

Depois de ler os nomes de todos os deputados, o secretário examinou a lista pela segunda vez, repetindo o nome dos que não haviam ainda votado. Quando terminou o escrutínio, ele escreveu os números em uma folha de papel e a entregou a Rayburn. Antes que o *Speaker* pudesse anunciar os resultados, um deputado democrata levantou-se solicitando que fosse ouvido. Quando Rayburn deu-lhe a palavra, o deputado mudou seu voto de "sim" para "não" — procedimento permitido até que a apuração final fosse anunciada. Rayburn baixou o olhar para o papel; com aquela alteração, a votação seria 203 a favor da proposta e 202 contra. Foi então que outro deputado se ergueu. Antevendo que a sorte da medida corria perigo, Rayburn ignorou o deputado, que passou a agitar energicamente seus braços, e, em vez disso, deu a palavra a um vice-líder republicano que solicitou recontagem dos votos (medida rotineira para determinar se cada voto individual foi corretamente registrado).

A solicitação era a corda de salvação para Rayburn, e ele a agarrou firmemente. De imediato, o *Speaker* anunciou a apuração, declarando "a proposta foi aprovada",[61] e ordenando a recontagem. Só então os opositores da lei perceberam que tinham sido vencidos pela manobra. Pelos estatutos da Casa, uma vez anunciado o resultado e com a recontagem sendo procedida, nenhum deputado ou deputada podia mudar seu voto. A recontagem não detectou erros, e o pandemônio se instalou no plenário. Republicanos irados disparam para o local da presidência da Câmara demandando que Rayburn ordenasse uma reconsideração. Os defensores da lei explodiram em vivas e aplausos enquanto, nas galerias, as "mães" urravam ferozmente. Em meio à cacofonia, o *Speaker*, com fisionomia serena, acionava compassadamente seu martelo conclamando ordem. Em função da maestria de Rayburn na administração dos esotéricos procedimentos da Casa, um Exército com efetivo aproximado de 1,4 milhão de homens foi preservado. Quatro meses mais tarde, os japoneses bombardearam Pearl Harbor.

Dos 203 representantes que votaram a favor da proposta, 21 eram republicanos, os quais, graças ao intenso lobby de James Wadsworth, ajudaram a vitória pela margem *de um só voto*. Wadsworth, por seu turno, atribuiu a estreiteza da margem na apuração à "covardia"[62] dos deputados em face da eleição vindoura. Como se para provar a argumentação de Wadsworth, um congressista escrevera a colegas pouco antes da votação: "Se você não tomar cuidado, sua pele de político, que lhe é muito íntima e estimada, ficará curtindo na porta do celeiro".[63]

Apesar de a frágil margem na votação da Câmara ter sido um choque para Washington e grande parcela do restante do país, ela dificilmente espelhava o generalizado estado de espírito do povo americano. As pesquisas de opinião ainda revelavam maioria favorável à extensão. Bem verdade que número expressivo dos 65 democratas, que votaram contra a medida, pessoalmente queriam que ela fosse aprovada, porém, como observou Wadsworth, foram pusilânimes para assumir um risco político. Foi dito que alguns esperavam a aprovação fácil da proposta mesmo sem o apoio deles e que se surpreenderam com a apertada margem.

Entre os severamente chocados com a vitória pela diferença mínima estavam Winston Churchill e os líderes militares britânicos que, na oportunidade da votação na Câmara dos Representantes, se reuniam com

Roosevelt e seus chefes de Estados-Maiores em Placentia Bay, ao largo da Terra Nova. Os ingleses tendiam a assemelhar sua forma parlamentar ao muito diferente sistema americano da separação dos poderes. Se tal votação tivesse lugar na Câmara dos Comuns, o governo Churchill, atrelado como estava à Casa, provavelmente teria caído.

Roosevelt não corria tal perigo, mas as notícias de Washington decerto não o animaram a tomar qualquer ação nova ou dramática para ajudar os inglesess. Rejeitou os apelos de Churchill para entrar na guerra, se bem que prometeu a ele que "se tornaria mais e mais provocador"[64] na Batalha do Atlântico. Como primeiro passo nessa direção, concordou em formalizar a oficiosa proteção naval dos EUA, que era dada aos comboios ingleses e aos americanos, até a bem distante Islândia.

Após retornar para casa, Churchill escreveu sombriamente ao filho: "Muitos dos que admiram o presidente acham que, a despeito de sua amabilidade e boas intenções, ele só age em consonância com a opinião pública, e não a lidera nem molda".[65] Quando FDR convocou entrevista coletiva para garantir ao povo que a reunião da Terra Nova não levara os EUA para mais perto da guerra, Churchill despachou telegrama para Hopkins sobre o desanimador efeito que a declaração de presidente provocara no povo e governo britânicos, os quais, disse ele, experimentavam "onda de depressão". O primeiro-ministro fechou a mensagem com velado alerta: "Se 1942 tiver início com a derrota da Rússia, e a Inglaterra de novo sozinha, toda a espécie de perigo pode surgir".[66]

De volta a Washington, Roosevelt reclamou para os repórteres contra o que via como apatia do povo em relação ao esforço de guerra dos EUA. O problema do país, afirmou FDR, é que "americanos demais ainda não concluíram que temos uma guerra a ganhar e que, para tanto, a luta será dura".[67] Na opinião de muitos do círculo próximo a Roosevelt, ele ainda não atinara que uma causa importante para a inércia do povo americano era o fato de ele próprio não prepará-lo e liderá-lo.

Pouco depois da votação da extensão do serviço militar, Marshall escreveu a FDR: "O povo tem estado tão confuso quanto aos fatos e à lógica da situação [...] que alguma coisa tem que ser feita para levá-lo a entender a emergência nacional e a necessidade de um Exército muito bem preparado. Dentro do Departamento da Guerra, fazemos o melhor para contrabalançar tal fraqueza no front doméstico, mas como ele é inerente à população civil [...] ação imediata se faz necessária".[68]

Roosevelt respondeu: "O senhor tem algumas ideias?".[69]

23

PROPAGANDA... COM GROSSA CAMADA DE AÇÚCAR

BURTON WHEELER ESTAVA CANSADO DE PERDER. Desde o começo da guerra, ele e seus colegas isolacionistas vinham colecionando derrotas em todas as batalhas legislativas que travaram sobre o papel da América no conflito. Um motivo importante para aqueles fracassos, acreditava, era a polarização da mídia contra ele e seus aliados, que impedia a chegada de suas mensagens ao povo. Por meses, Wheeler reclamou do quanto era difícil para os militantes antiguerra conseguir uma cobertura justa e equitativa; a imprensa, em sua opinião, dava liberdade de ação ao governo Roosevelt para formatar o debate. O democrata de Montana era particularmente crítico dos noticiários cinematográficos e dos filmes, aos quais acusava de fixação em temas pró-britânicos e pró-guerra.

Depois do discurso de Roosevelt anunciando o Lend-Lease, em dezembro de 1940, Wheeler reagira com apaixonada e detalhada oposição ao plano. Os noticiosos do cinema ignoraram sua resposta e deram considerável atenção ao pronunciamento do presidente. "Poderiam os senhores ser suficientemente gentis para me informarem quando, se é que um dia, pretendem divulgar minha resposta?", perguntou Wheeler à Paramount News, uma das maiores produtoras cinematográficas do país. "E o que, caso pensem assim, tencionam fazer para apresentar os dois lados da controvérsia na legislação atualmente discutida que envolve diretamente a questão da guerra e da paz?"[1] Denunciando a indústria do cinema de fomento à propaganda de guerra, Wheeler levantou a possibilidade de uma legislação restritiva, a menos que os produtores do cinema começassem a demonstrar "atitude mais imparcial".[2]

Como fator mais importante para a criação de cultura de massa do país, Hollywood era vista por Wheeler e outros líderes isolacionistas como ameaça poderosa. Pouca dúvida havia sobre a influência dos filmes: mais da metade do povo americano ia pelo menos uma vez por semana ao cinema no fim dos anos 1930 e início dos 1940. "Temos realmente dois sistemas educacionais na América", publicou a *Christian Century*, "o sistema escolar público e os filmes".[3]

Em agosto de 1941, o senador Gerald Nye atiçou as chamas que seu colega de Senado havia inflamado. Chamando os estúdios cinematográficos as "mais gigantescas máquinas existentes de propaganda de guerra,"[4] Nye solicitou imediata investigação do Senado sobre o que considerava o conluio de Hollywood com o governo Roosevelt. "A tela prateada se inunda com um filme após outro projetado para nos incitar um estado de histeria de guerra", declarou o republicano por Dakota do Sul em comício realizado pelo Primeiro a América em St. Louis. "A verdade é que em 20 mil cinemas dos Estados Unidos, nesta noite, se realizam reuniões guerreiras de massa."[5]

Por mais exaltadas que fossem as observações de Nye, nem se comparavam à característica incendiária de seus comentários sobre os chefes dos estúdios cinematográficos por ele responsabilizados pela situação — homens que haviam emigrado da "Rússia, da Hungria, da Alemanha e dos Países Bálticos" e eram "naturalmente suscetíveis" a "emoções raciais". O senador claramente se referia a Louis B. Mayer, a Samuel Goldwyn, aos irmãos Warner e a outros titãs judeus do cinema, que segundo Nye, "tinham vindo para nossa terra e se naturalizado", enquanto "alimentavam violenta animosidade contra certas causas estrangeiras".[6] Tão frustrado quanto Wheeler e outros isolacionistas com a reação negativa da mídia à crença deles, Nye não apenas declarava guerra a Hollywood como também despertava o fantasma do antissemitismo.

Poucas horas antes de seu discurso em St. Louis, Nye aliou-se ao senador Bennett Champ Clark, do Missouri, na proposta de resolução do Senado que instasse por uma investigação formal na propaganda cinematográfica e radiofônica. Burton Wheeler, sendo *chairman* do Comitê de Comércio Interestadual do Senado, encaminhou a proposta a um subcomitê chefiado por outro destacado isolacionista, o senador D. Worth Clark, de Idaho, o qual, por seu turno, agendou audiências de imediato.

Chegara a vez de Hollywood ocupar o palco central na batalha isolacionistas *versus* intervencionistas.

OCORRE QUE A ALEGAÇÃO dos senadores a respeito da inclinação da indústria do cinema pela Inglaterra e pelos intervencionistas eram em grande parte verdadeiras. Dúzias de filmes ilustrando os malefícios da Alemanha nazista, elogiando a resistência da Inglaterra à carnificina alemã e até propondo o envolvimento dos EUA na guerra foram exibidos nas telas entre setembro de 1939 e dezembro de 1941.

Em meados de 1941, lord Halifax escreveu a um colega de Londres que os filmes na América "Fazem muito bom trabalho por nossa causa".[7] A reação entusiasmada dos amantes de cinema nos EUA aos filmes americanos como *A Yank in the RAF* [Um yankee na RAF, em tradução livre] e *International Squadron* [Esquadrilha Internacional, em tradução livre], e aos documentários ingleses como *London Can Take It!* e *This Is England*, provava a tese de Halifax. Em cooperação cerrada com o governo, os estúdios também produziam curtas-metragens promovendo o fortalecimento de então na defesa e incitando os jovens americanos a se alistarem nas Forças Armadas.

E mais ainda, expressivo número de proeminentes figuras de Hollywood dera seu aval pessoal à cruzada intervencionista. Walter Wanger, notável produtor independente e presidente da Academy of Motion Picture Arts and Sciences (Academia de Artes e Imagens em Movimento) era ativo membro do Grupo Century e de seu sucessor, o FFF. Também associados a esta última eram os diretores Howard Hawks e William Wyler, e os atores Douglas Fairbanks Jr., Humphrey Bogart, Helen Hayes, Burgess Meredith, Melvin Douglas e Edward G. Robinson. Magnatas dos estúdios como Darryl Zanuck e Jack Warner faziam vultosas doações à organização.

Em 1941, muitos em Hollywood já eram antigos militantes do ativismo político. Cinco anos antes, potencializados pela crescente ameaça da Alemanha nazista, centenas de roteiristas, diretores, atores e produtores haviam se juntado para formar a Liga Antinazista de Hollywood, que se tornou ponto focal da atividade liberal intervencionista na comunidade cinematográfica. Com a intenção de elevar a conscientização política naquela indústria, a liga patrocinou comícios, grandes encontros e campanhas de envio de cartas em prol de uma vasta gama de causas, desde o apoio às forças legalistas na Guerra Civil Espanhola ao combalido Projeto do Teatro Nacional na sua luta contra o Comitê de Atividades Antiamericanas na Câmara dos Representantes, presidido por Martin Dies.

O Primeiro a América, ao contrário, encontrava enorme dificuldade para arregimentar membros na capital do cinema. Uma das poucas figuras de realce de Hollywood que defendeu a causa isolacionista foi a atriz Lilian Gish, que se entrou no comitê nacional do Primeiro a América. Em outubro de 1941, no entanto, Gish abandonou a organização depois de informar a Robert Wood que os produtores não a contratariam enquanto ela fosse afiliada ao grupo do general da reserva.

Contudo, a questão do sentimento intervencionista de Hollywood era bem mais complexa do que Gerald Nye e outros críticos isolacionistas a pintavam. Apesar de grande parcela da comunidade criativa de Hollywood ter, de fato, se tornado politicamente engajada pelo fim dos anos 1930, os que na verdade detinham o poder para a produção de filmes — os donos de estúdios — relutavam, até época bem avançada da contenda sobre a entrada dos EUA na guerra, em utilizar seus produtos para promover qualquer causa, fosse política ou não. A primeira película explicitamente antinazista — *Confessions of a Nazi Spy* [Confissão de um espião nazista, em tradução livre], da Warner Brothers — só foi exibida em maio de 1939, anos depois que os noticiários cinematográficos, o rádio, os jornais e as revistas começaram a prestar atenção aos infortúnios causados pelo regime de Hitler. Outros produtores aguardaram até meados de 1940 para se juntar ao antifascismo; mesmo quando o fizeram, esses filmes eram percentagem pequena da produção anual dos seus estúdios.

Ao longo da relativamente pequena existência da indústria do cinema, os produtores — ciosos de seus lucros e preocupados com pressões de grupos particulares e com a censura governamental — fizeram de tudo para evitar confusão. Buscaram, em especial, não melindrar os mercados externos, responsáveis por pelo menos metade de suas receitas anuais. Nos anos 1930, Alemanha e Itália eram as grandes plateias dos filmes americanos, e os donos de estúdios envidavam todos os esforços para não irritar de modo algum os líderes totalitários daqueles países.

Robert Sherwood se conscientizou dessa postura quando sua peça vencedora do prêmio Pulitzer, *Idiot's Delight* [Este mundo louco, em tradução livre], foi comprada em 1936 pela produtora Metro-Goldwyn--Mayer. Tanto antiguerra quanto antifascista, *Idiot's Delight* se desenvolve em pequeno hotel italiano na fronteira com a Suíça e foca em grupo de viajantes internacionais lá reunido quando a Itália lança um ataque aéreo de surpresa contra Paris. Para não criar problemas com a Itália, o dono da MGM, Louis B. Mayer, determinou que o cenário da história mudasse para um país não identificado em que as pessoas falavam esperanto em vez de italiano. Também não haveria menção ao fascismo. O cônsul italiano em Los Angeles deu aprovação final ao roteiro, e a MGM realizou pré-estreia especial do filme para autoridades do governo da Itália.

Quando Sherwood, autor do roteiro, foi perguntado se tivera alguns colaboradores, melancolicamente retrucou: "Sim, Mussolini."[8] Descaracterizado e anódino, *Idiot's Delight* foi sovado pela crítica quando finalmente exibido no começo de 1939. E, malgrado todas as providências da MGM para aplacar as sensibilidades italianas, o governo italiano acabou proibindo o filme, como também o fizeram os da Espanha, França, Suíça e Estônia.

O sistema de autocensura de Hollywood, personificado pela Agência Hays e seu código de produção, também desempenhou papel crucial para retirar questões sociais e políticas dos filmes. Contratado pelos donos de estúdios, em 1922, para limpar a indústria cinematográfica após uma série de escândalos sexuais de Hollywood, Will Hays, administrador-geral da correspondência de Warren Harding, restringiu impiedosamente a exibição de sexo, violência e mazelas sociais da América nas telas. "A questão da ordem pública, do bem público, de evitar o inflamatório, o prejudicial ou o subversivo", escreveu Hays com atenção para a minúcia, "é um problema permanente de responsabilidade social imposto sobre os que produzem, distribuem e exibem filmes".[9]

No início da guerra em 1939, Hays instou os donos de estúdios a observar a mais estrita neutralidade no conflito armado, alertando-os de que filmes sobre a guerra poderiam desencadear regulamentação federal e espírito guerreiro na nação. "O objetivo principal das imagens em movimento", alertou aos chefões, "é diversão".[10] O também conservador Joseph Breen, responsável pelo código de produção, informou aos estúdios que eles tinham de respeitar "os justos direitos, a história e os sentimentos de todas as nações",[11] inclusive Alemanha e Itália.

Àquela altura, a maioria dos proprietários de estúdios não se dispunha a questionar. Louis B. Mayer, por exemplo, "achava que os filmes deveriam ser válvula de escape para as chatices do mundo", observou Edward G. Robinson, "e não deveriam conter mensagens, a não ser de amor e passadas em mansões de pedra onde viviam belas mulheres e homens másculos, em suma, os verdadeiros desígnios de Deus".[12] Nas palavras do diretor roteirista Jesse Lasky Jr., "éramos especialistas em fechar os olhos para a realidade, próxima ou distante".[13]

Mas havia outro fator a influenciar, que todos admitiam, mas poucos falavam abertamente sobre ele. Como Nye apresentara cruamente, a maior parte dos donos de estúdios era constituída por judeus de descendência europeia central ou do leste. Porém, em vez de suscitarem "emoções raciais", como o senador asseverara, a maioria se esforçava ao máximo para esconder seu passado judaico e para se mesclar na torrente da sociedade americana. E isso não era muito fácil, levando-se em conta a forte propensão antissemita então prevalecente nos Estados Unidos. Os proprietários da indústria cinematográfica temiam que a produção de filmes antinazistas, em especial os que focavam na perseguição judia, pudessem ocasionar uma reação contrária aos "judeus fomentadores de guerras", a qual, por seu turno, despertaria indesejável atenção para seus próprios históricos e identidades.

Segundo pesquisa do fim dos anos 1930, 60% dos americanos concordavam com declarações que pintavam os judeus como sovinas e desonestos, e 72% se opunham à entrada de mais judeus nos EUA. "Os judeus são, em certa dose, ainda estrangeiros", escreveu a seu editor inglês o romancista Raymond Chandler, morador de Los Angeles e bem relacionado com Hollywood. "Vivi em bairrro judeu e presenciei a circuncisão de um deles; muito deprimente."[14]

GRAÇAS À EXCESSIVA TIMIDEZ dos estúdios importantes em relação a enredos ligados à guerra, os amantes americanos de cinema tiveram, na maior parte dos anos 1930, apenas vaga ideia do que acontecia além-mar por meio dos noticiários cinematográficos, que antecediam os filmes pelos quais tinham saído de casa. Por meia década, as principais companhias de noticiosos, não sujeitas ao sistema de autocensura, passaram a exibir cada vez mais histórias relacionadas a Hitler e Mussolini e sobre a ameaça que eles representavam para a paz na Europa.

De todos os serviços de noticiários filmados, *March of Time*, produto do império de Henry Luce, era de longe o mais antinazista e pró-britânico. Ao contrário dos competidores, ele acrescentava dramatização à narração e à película, criando nova e poderosa maneira de fazer jornalismo cinematográfico que os detratores tachavam de polarizado e inflamável.

Em 1938, *March of Time* provocou tormentas de controvérsias com um curta-metragem intitulado *Inside Nazi Germany* [Por dentro da Alemanha nazista, em tradução livre], que mostrava, entre outras coisas, a polícia arrebanhando judeus e rapazes pichadores escrevendo slogans antissemitas nos prédios. "Quando a criança germânica chega à idade de entender umas poucas coisas, deixa de ser um indivíduo e é ensinada que nasceu para morrer pela pátria-mãe",[15] declarava o locutor do filme em tom sensacionalista. Enquanto os funcionários alemães protestavam contra sua exibição, e a cidade de Chicago o bania, milhões de americanos lotavam cerca de 5 mil cinemas de todo o país para ver o filme.

Nos três anos seguintes, a maioria dos produtos do *March of Time* foi sobre a crise europeia. Antifascista declarado, o serviço também defendeu, de forma aberta, maior comprometimento americano na guerra.

Por volta de 1939, Hitler e Mussolini voltaram sua atenção para Hollywood, restringindo muito a exibição de filmes americanos em seus países e, assim, diminuindo bastante a receita estrangeira dos estúdios. Restando a Inglaterra como mercado lucrativo de filmes na Europa, o caminho se tornou claro para os grandes estúdios: juntarem-se aos noticiosos na apresentação da ameaça nazista. Mas o único estúdio a agir assim em 1939 foi a Warner Brothers, especializada por muito tempo em filmes com temas explicitamente políticos e sociais. Em maio daquele ano, a Warner exibiu *Confessions of a Nazy Spy*, mostrando agentes germano-americanos, em associação com Joseph Goebbels, tentando conseguir poder para os nazistas nos EUA. Descoberta no último minuto, a conspiração é desbaratada pelo FBI e pela polícia de Nova York. Na cena final, o promotor municipal, no julgamento dos agentes, instrui o júri — ou seja, o povo americano — sobre os perigos do isolacionismo.

Em Washington, o diplomata alemão Hans Thomsen oficiou reclamação séria ao Departamento de Estado pelo tema antialemão de *Confessions*. Fez o mesmo após a exibição, em 1940, de *The Mortal Storm* [Tempestades d'alma], da MGM, relato forte, ainda que melodramático, da ascensão do nazismo na Alemanha e suas terríveis consequências para um professor judeu e sua família. Estreado em junho de 1940, pouco antes da queda da França, *The Mortal Storm* foi o primeiro de uma série de produções antinazistas de Hollywood, que começou após a *blitzkrieg* alemã na Europa Ocidental. Como a *Life* observou com sarcasmo: "Tão rápidos são os estúdios nas filmagens de ofensas contra Hitler [...] que nenhum visitante de Hollywood pode se sentar numa lanchonete de estúdio sem ter um vilão em uniforme nazista ao seu lado".[16]

Dois meses mais tarde, quando bombas alemãs começaram a despencar sobre Londres, os americanos lotaram cinemas para assistir ao excitante filme de ação sobre espiões cuja história, como a de *The Mortal Storm*, era perturbadoramente semelhante à vida real. O filme, intitulado *Foreign Correspondent* [Correspondente estrangeiro], foca em Johnny Jones, repórter jornalístico em Nova York que, no começo do filme, pouca ou nenhuma atenção dá à crescente crise na Europa. Contudo, depois de transferido para Londres, Joel McCrea, no papel de Jones, é lançado num mundo surreal de assassinatos, quinta colunas e sanguinários espiões nazistas. Não mais apático quanto ao perigo alemão para o mundo, ele se transforma em ferrenho defensor da causa antinazista.

Na última cena do filme, Jones, em meio a uma incursão aérea da Luftwaffe sobre a capital inglesa, faz apaixonada transmissão pelo rádio para ouvintes de seu país, na verdade concitando-os a abandonar seu isolacionismo e ir em socorro de uma Europa seriamente ameaçada. Com luzes piscando ao seu lado e sirenes antiaéreas uivando em torno, ele declara: "Todo esse barulho que vocês escutam [...] é a morte chegando a Londres. Vocês podem ouvir as bombas caindo sobre as ruas e casas. Não mexam no dial — esta é uma grande história e vocês participam dela. [...] As luzes se apagaram por todos os cantos, exceto na América. Mantenham essas luzes acesas. [...] Apeguem-se às suas, pois elas são as únicas que ainda brilham no mundo".[17]

Foreign Correspondent foi produzido por Walter Wanger, o mais ostensivo advogado do intervencionismo em Hollywood. Filho de prósperos imigrantes judeus alemães e formado por Dartmouth, Wanger era um dos poucos bem-sucedidos produtores independentes da indústria cinematográfica. Ele não se desculpava por usar seus filmes como armas ideológicas, deixando evidente que seu objetivo em *Foreign Correspondent* era "sacudir os EUA para conscientizá-los da ameaça que forçosamente enfrentariam caso virassem as costas para a Europa".[18]

Alfred Hitchcock foi outro aberto defensor da utilização de filmes com fins políticos. No seu caso, a motivação foi promover a causa de sua nativa Inglaterra. Hitchcock foi apenas um dos muitos cidadãos britânicos de destaque em Hollywood que trabalharam em estreita cooperação com o governo inglês para estimular a Inglaterra e seu esforço de guerra. Quando as hostilidades começaram em 1939, lord Lothian incitou os membros da vasta colônia cinematográfica, entre eles os atores Cary Grant, Ronald Colman e Cedric Hardwicke, a permanecer onde estavam em vez de voltar para sua terra. "A presença do forte núcleo de atores ingleses em Hollywood é da maior importância para nossos interesses", escreveu Lothian a lord Halifax, "em parte porque eles estão sempre fomentando a causa britânica numa comunidade muito volátil, que, de outro modo, seria deixada à mercê dos propagandistas alemães, e porque a produção de filmes com intensos enredos ingleses é uma das melhores e mais sutis formas de propaganda britânica".[19]

Apesar de alguns atores mais jovens, inclusive David Niven, ignorarem o conselho de Lothian e voltarem para a Inglaterra a fim de se alistar, a maioria ficou na América. E a eles se juntou um influxo de diretores e escritores britânicos, muitos recrutados pelo seu governo para servir em Hollywood. Em 1940, Alexander Korda, *émigré* húngaro, que se tornou famoso produtor e diretor da Inglaterra, chegou para fazer *That Hamilton Woman* [Lady Hamilton, a divina dama], filme de época sobre o *affair* entre Emma Hamilton e lord Nelson, o almirante inglês que derrotou as forças de Napoleão na Batalha de Trafalgar.

Estrelando Laurence Olivier e Vivien Leigh, o filme, como Korda ostensivamente reconheceu, era "Propaganda... com grossa camada de açúcar",[20] tendente a sublinhar os paralelos entre a luta da Inglaterra contra a cruzada de Napoleão pelo domínio do mundo e a batalha de então contra outro conquistador europeu. Em certo momento, Nelson declara para seus colegas almirantes: "Não se pode fazer a paz com ditadores. É mister destruí-los. Vamos varrê-los da Terra!".[21] Em Nova York e em outras cidades com fortes simpatias pelo intervencionismo, essas palavras instigantes em geral desencadeavam ovações nas plateias.

Churchill gostou tanto de *That Hamilton Woman* que o assistiu diversas vezes e teria convocado Korda para fazer mais do que apenas filmes pró-britânicos. De acordo com Korda, ele trabalhou cerradamente com William Stephenson, amigo próximo, a pedido do primeiro-ministro, estabelecendo escritório no Rockefeller Center e agindo como intermediário entre o governo inglês e os operadores da Coordenação de Segurança Britânica. Embora não exista evidência oficial de tal cooperação, Churchill conferiu em 1942, sem explicar, título de *sir* a Korda.

Alguns dos mais conhecidos romancistas e autores teatrais britânicos também fizeram sua parte pela Inglaterra. Dois dos roteiristas que trabalharam em *Foreign Correspondent*, por exemplo, foram R.C. Sherriff, cuja pungente peça sobre a Primeira Guerra Mundial, *Journey's End*, se tornou um clássico, e James Hilton, que escreveu os muito vendidos romances *Goodbye, Mr. Chips* e *Lost Horizon* (ambos também adaptados para o cinema: *Adeus, mr. Chips* e *Horizonte Perdido*).

Sherriff e Hilton, particularmente adeptos da evocação da imagem de uma Inglaterra idealizada e inspiradora, também ajudaram a escrever *Mrs. Miniver* [Rosa da esperança], sobre as experiências de uma família da classe média alta dos subúrbios de Londres nos tempos de Dunquerque e da blitz. Tremendo sucesso, *Mrs. Miniver*, com o relato da determinação e coragem britânicas em meio à catástrofe, comoveu os corações de milhões de americanos. Churchill o qualificou como: "Propaganda com o mesmo valor de cem encouraçados".[22] Porém, como o diretor de *Mrs. Miniver*, William Wyler, observou, seu filme, como o *That Hamilton Woman*, não era imagem realista do conflito. Wyler, que se autodenominava "fomentador de guerras" e disse que fizera *Mrs. Miniver* porque "me preocupava com o isolacionismo americano", ainda assim admitiu que a película "apenas arranhou a superfície da guerra".[23]

Com efeito, mesmo os filmes mais duros como *Confessions of a Nazy Spy* e *The Mortal Storm* apenas rasparam de leve na realidade da guerra. Com uma notável exceção, nenhum filme de Hollywood do fim dos anos 1930 e início dos 1940 deixou claro, por exemplo, que os judeus eram os alvos principais da perseguição nazista. Nas produções de Hollywood, era possível condenar o nazismo, mas inaceitável fazer menção específica ao antissemitismo. Em *The Mortal Storm*, a clara destruição de uma família judia na Alemanha, a palavra "judeu" nunca é pronunciada.

A decisão de contornar a questão foi tomada pelos donos de estúdios, receosos de que o levantamento do tema em filmes causasse onda ainda maior de antissemitismo nos Estados Unidos. Tal apreensão foi ainda reforçada por uma visita a Hollywood, no fim de 1940, de Joseph P. Kennedy, embaixador americano isolacionista na Inglaterra e também ex-chefão da indústria cinematográfica. Em almoço com cerca de cinquenta altos executivos daquela indústria, na maioria judeus, Kennedy alertou seus ex-colegas sobre o perigo que os cercava e aos seus companheiros judeus caso continuassem "a usar seus filmes como meio para promover ou demonstrar simpatia à causa das democracias contra os ditadores".[24] Esses filmes, disse ele, serviam apenas para destacar o controle judeu sobre a indústria cinematográfica, o qual, por sua vez, poderia desencadear reação antissemítica contra Hollywood.

Só uma figura de realce da comunidade do cinema menosprezou esses temores: Charlie Chaplin. Seu filme de 1940, *The Great Dictator* [O grande ditador] foi o único produto da Hollywood daquela época a apontar o antissemitismo como objetivo principal da ideologia de Hitler. Em grande parte lembrado nos dias de hoje pela imagem satírica que fez de Hitler e Mussolini como bufões boquirrotos, *The Great Dictator* realça também sem dó a selvageria nazista contra os judeus.

Chaplin, que não era judeu e produzia e dirigia seus próprios filmes, sofreu incessante pressão para abortar o projeto do filme desde o dia em que foi pela primeira vez anunciado. Contundente correspondência lhe foi enviada, e até a Casa Branca, que o encorajara a produzi-lo, alertou

Chaplin de que o filme provavelmente seria enorme fracasso. Ledo engano: ele se tornou estrondoso sucesso de bilheteria e, como se viu depois, o mais lucrativo de Chaplin, sendo hoje considerado um clássico.

INTERESSANTE FOI QUE O FILME de maior impacto sobre os americanos antes de Pearl Harbor nada teve a ver com antissemitismo, nazistas, britânicos ou Segunda Guerra Mundial. Em vez disso, mostrou a verdadeira história de um fazendeiro do Tennessee chamado Alvin York, que em 1917 se viu forçado a conciliar seu forte pacifismo com o que outros lhe diziam ser seu dever patriótico: lutar na Primeira Guerra Mundial.

Recrutado pelo Exército, York, excelente atirador, por breve momento cogitou se tornar consciente insubmisso antes de, por fim — e relutantemente — concordar em servir. Durante a ofensiva Meuse-Argonne, na França, ele liderou ataque contra um ninho inimigo de metralhadoras, sob intenso fogo, para capturar 132 alemães e matar 28. Pela façanha, York foi agraciado com a Medalha do Mérito e, quando retornou, virou um dos maiores heróis americanos em tempo de guerra.

Por anos, York resistiu à ideia de um filme sobre seus feitos, porém, em 1940, finalmente cedeu à persistência do produtor Jesse Lasky Jr. Com a ajuda dos roteiristas Howard Koch e John Huston, Lasky se dispôs a fazer da história de York uma parábola para os tempos de então, contando o dilema entre a antipatia da América pela guerra e a necessidade de combater para preservar as veneradas liberdades e os princípios respeitados pelo país. Durante o processo da filmagem, na vida real de York, que retivera seu pacifismo após a Grande Guerra e falara ostensivamente nos anos 1930 contra o envolvimento em outro grande conflito armado, ele se converteu ao intervencionismo.

Exibido no verão de 1941, *Sergeant York* [Sargento York], com Gary Cooper no papel principal, teve badalada estreia na cidade de Nova York. Entre os presentes estavam York, o general John Pershing, Eleanor Roosevelt, Wendell Willkie, Henry Luce e o general Lewis B. Hershey, diretor do Serviço Militar. Quatro semanas mais tarde, Washington promoveu sua própria *première*, dando a *Sergeant York* a distinta aura de filme sancionado pelo governo. Uma escolta militar de honra acompanhou York da Union Station até a Casa Branca, onde Roosevelt lhe disse — e aos repórteres — que ficara "eletrizado"[25] com o filme. Na manhã seguinte à exibição, que fora presenciada por membros do Congresso, líderes militares e altos funcionários governamentais, York pronunciou a oração diária de abertura dos trabalhos no Senado.

O filme ultrapassou em muito as esperanças do governo, sensibilizando milhões de americanos, que se engalfinhavam com o mesmo dilema que perturbara York vinte anos antes. A mensagem da película, como observou o historiador David Welky, era que "os homens têm de lutar pela [...] liberdade, a independência e a democracia, e intuía que chegara a hora de combater de novo por elas".[26] Para os jovens frequentadores que poderiam se inspirar com as ações de York na tela e se alistar, o Exército preparou um livreto de oito páginas com detalhes da vida do herói.

Sucesso espetacular, *Sergeant York* foi a maior bilheteria de cinema nos EUA em 1941. O filme foi indicado para oito Oscars e ganhou dois, inclusive o de melhor ator para Gary Cooper.

EM 9 DE SETEMBRO DE 1941, o senador D. Worth Clark bateu com um cinzeiro de vidro em vez de usar o martelo protocolar para dar início às audiências do Senado a respeito das acusações de que a indústria cinematográfica, nas palavras do senador Gerald Nye: "Tentava estontear a América com propaganda para conduzi-la à guerra".[27] Os depoimentos receberam ampla publicidade, e cerca de quinhentos espectadores apinhavam o salão de audiências naquela manhã, alguns de pé em cadeiras para ter melhor visão dos acontecimentos. Eles tinham comparecido não só para testemunhar o esperado tiroteio de palavras entre os executivos dos estúdios e os membros do subcomitê, todos, menos um, rematados isolacionistas, mas também para dar uma olhada no famoso consultor jurídico da indústria — Wendell Willkie.

Willkie, que se associara a uma banca de advocacia de Nova York logo após sua derrota eleitoral, supostamente recebeu 100 mil dólares (aproximadamente 1,5 milhão de dólares em valores atuais) por seus serviços. Embora quantia vultosa, não havia dúvida de que os estúdios teriam de volta a justa recompensa. Gênio em relações públicas, Willkie sabia usar extraordinariamente bem as audiências no Congresso para promover sua própria causa, como demonstrara no início dos anos 1930 na batalha contra Roosevelt a respeito da Tennessee Valley Authority.

Assistido por verdadeira junta de advogados dos estúdios e coordenando sua estratégia com a Casa Branca, Willkie aconselhou os executivos da indústria a partir para o ataque. Deu-lhes uma lição de mestre sobre como fazê-lo, soltando um causticante comunicado pré-audiências para a imprensa no qual denunciou o assalto do subcomitê contra a indústria cinematográfica como antiamericano e antissemita e o acusou de tentar extinguir liberdades humanas básicas.

Segundo Willkie, Hollywood não pedia desculpas por sua oposição a Hitler e aos nazistas. Aludindo aos comentários de Nye sobre as raízes judias dos titãs da indústria, Willkie sustentou que os executivos do cinema eram americanos profundamente arraigados e que apenas um traidor poderia duvidar de sua lealdade. Argumentou que os isolacionistas tentavam intimidar Hollywood para que fizessem filmes que espelhassem tão somente suas próprias perspectivas, o que era grosseira violação das liberdades civis americanas. "É um pequeno passo na direção dos jornais, revistas e outros periódicos", declarou Willkie. "E, para a da liberdade da imprensa, basta outro pequeno passo para coibir que os indivíduos expressem aquilo que acreditam."[28]

Graças à argumentação de Willkie, o subcomitê ficou de pronto na defensiva antes mesmo de as audiências começarem. Ao questionar o propósito dos senadores em promover a investigação, o ex-candidato à presidência dos EUA conseguiu "posicionar seus clientes ao lado de Deus e do país, e seus adversários, no outro extremo", escreveu David Welky. "Fazer oposição a Hollywood era ser contra os Estados Unidos. Questionar suas motivações correspondia a abraçar o nazismo."[29]

No primeiro dia dos depoimentos, Willkie sentou-se ao lado de uma mesa na lateral do salão, estrategicamente próxima do grande contingente da imprensa que cobria o evento. Antes, D. Worth Clark dissera-lhe que ele estava autorizado a fazer perguntas aos depoentes assim como aos membros do subcomitê, mas o representante de Idaho mudou de ideia depois que Willkie expediu o incendiário comunicado à imprensa. Se Clark pensou poder calar o loquaz consultor jurídico da indústria do cinema, estava muito enganado, como logo constatou.

Para seu desprazer, Clark também descobriu que um de seus cinco membros do painel, o senador Ernest McFarland, era, na realidade, aliado de Willkie. Democrata calouro pelo Arizona, McFarland era conhecido como intervencionista, mas nunca fora particularmente vocal sobre o assunto e mantivera relações cordiais com Nye, Clark, Wheeler e outros isolacionistas do Oeste. Considerando McFarland domesticável apoiador de Roosevelt, Clark o nomeara para o subcomitê como insignificante concessão aos intervencionistas. Ocorreu que o enérgico senador natural do Arizona odiava as opiniões isolacionistas de seus colegas senadores e não perdeu tempo para deixar isso patente. Seu alvo inicial foi o primeiro depoente, Gerald Nye.

Durante seu testemunho, o senador por Dakota do Sul pouco fez para se ajudar. Ferroado pelas acusações de antissemitismo disparadas por Willkie, ele leu um arrazoado de 41 páginas negando que: "Intolerância e preconceitos de raça e religião tivessem algum papel nas audiências" e declarando que se opunha a "injeções de antissemitismo [...] nas ações e pensamentos de americanos". Porém, logo em seguida, contrariou tudo o que havia antes dito ao fulminar os executivos do cinema, afirmando: "Nascidos no exterior e motivados por ódios contra o Velho Mundo, eles infestam os filmes dos EUA com a mais tenebrosa propaganda que jamais vi". De acordo com Nye: "Muitos americanos acreditam que nossos cidadãos judeus de bom grado lançariam o país e os filhos de nossa nação nessa guerra estrangeira".[30] Ao estimular tal atitude, asseverou o senador, os judeus americanos contribuíam para o crescimento do antissemitismo nos Estados Unidos.

No questionamento de Nye, McFarland quis saber o que o senador e seus colegas esperavam alcançar com aquele inquérito sobre a indústria cinematográfica. Nye não conseguiu dar uma resposta. Nem teve capacidade para responder às perguntas de McFarland sobre os filmes de guerra que Nye considerara mais abomináveis, chegando a reconhecer: "É uma de minhas terríveis deficiências assistir a um filme essa noite e não ser capaz de lembrar nem do título amanhã de manhã".[31]

Percebendo a brecha, McFarland a explorou: "O senhor assistiu ao *Flight Command* [Asas nas trevas]?", indagou ao republicano.

"Creio que não, senador."

"*That Hamilton Woman*?"

"Não, não vi."

"*Man Hunt* (A caçada)?"

"Acho que não."

"*Sergeant York*?"

"Penso que não."

"*Escape* (Escapada)?"

"Poderia o senhor contar parte da história para ajudar-me a lembrar?"

"*Confessions of a Nazy Spy*?"

Nye poderia ter assistido a esse, mas o confundiu com *I Married a Nazi*: "Pelo amor de Deus, não posso lhe dizer qual dos dois".[32]

Logo ficou, de forma embaraçosa, bastante claro que Nye não havia assistido a nenhum dos filmes, que ele e seus colegas isolacionistas consideravam tão condenáveis, com a única exceção do *Great Dictator*. McFarland alfinetara Nye, escreveu mais tarde a *Hollywood Reporter*:

"Como um censor trabalhando sobre *Lady Chatterley's Lover* [O amante de lady Chatterley]".[33]

O duelo verbal unilateral entre McFarland e Nye deu o tom para o restante das audiências. Os senadores isolacionistas evidentemente não haviam feito o trabalho de casa e, portanto, passaram uma impressão ridícula. Despreparados para debater os filmes que eram seus alvos, eles também se mostraram vagos quanto aos objetivos da investigação. A inépcia deles ajudou a alimentar a suspeita de que a única razão para as audiências era conseguir publicidade para a causa isolacionista.

Willkie, de sua parte, driblou a tentativa de Clark para silenciá-lo fazendo frequentes comentários sussurrados para repórteres próximos, os quais anotavam tudo o que ele dizia e depois encaixavam aquelas observações em suas reportagens. Ele também pegou o microfone diversas vezes para fazer intervenções improvisadas. No terceiro dia de depoimentos, Willkie realçou que até então os testemunhos não tinham provocado nenhuma proposta de legislação, o que era, afinal de contas, o motivo ostensivo para a instalação do subcomitê de investigação.

Não causou surpresa o fato de as audiências estarem fadadas ao fracasso. Os comentários de Willkie sobre tentativa de censura ecoaram por todos os jornais do país, muitos dos quais a condenaram como caça às bruxas. Segundo o *Buffalo Courier-Express*, as audiências foram "um ataque frontal contra a garantia constitucional da liberdade de expressão".[34] Exasperado, o *Milwaukee Journal* indagou dos senadores: "Eles desejam a produção de alguns filmes pró-Hitler? Querem a exibição de filmes antidefesa? Afinal, o que eles desejam?".[35]

Até o Primeiro a América considerou as audiências um desastre. "Certos aspectos da investigação são tão impalatáveis que questiono a conveniência de se dar mais publicidade a ela",[36] escreveu a um colega Ruth Sarles, diretora da sucursal do grupo em Washington.

Enfrentando uma tempestade de críticas e zombarias, o subcomitê suspendeu, sem explicações, os trabalhos após uma semana. As audiências jamais foram retomadas.

A VITÓRIA DE HOLLYWOOD SOBRE OS ISOLACIONISTAS incentivou os que lá trabalhavam a permanecer na linha de frente dos debates nacionais sobre questões políticas litigiosas. Como David Welky observou, o ativismo da indústria contra ditadores nos anos pré-guerra foi sua "estreia política".[37] A partir de então, as figuras líderes de Hollywood não tiveram escrúpulos para fazer suas vozes ouvidas em questões importantes, nacionais ou internacionais.

Tendo ajudado a moldar a opinião pública de modo a favorecer a entrada da América na guerra, a indústria cinematográfica trabalharia em estreito contato com o governo Roosevelt durante o conflito. Muitos de seus membros militariam bastante pela campanha de reeleição do presidente em 1944, e, diversas vezes, donos de estúdios produziriam filmes solicitados pela administração, como por exemplo *Mission to Moscow* [Missão em Moscou], que derramou louvações sobre o aliado da América em tempo de guerra — a União Soviética.

Por anos, a comunidade do cinema tinha sido tudo aquilo que os conservadores no Congresso e alhures odiavam — predominantemente de esquerda em sua orientação política e inequivocamente pró-FDR e pró-New Deal. Não admira, portanto, que quando o conservantismo voltou ao poder depois da guerra e com a morte de Roosevelt, um dos primeiros de seus alvos foi a indústria cinematográfica.

Com a União Soviética transformando-se de aliada em antagonista e o primeiro arrepio da Guerra Fria fazendo-se sentir no país, o FBI e o Comitê de Atividades Antiamericanas da Câmara dos Representantes lançariam uma investigação sobre a influência comunista em Hollywood. O inquérito resultaria na prisão e na inclusão em listas negras de escritores, diretores, atores e produtores, a maioria dos quais havia afiado os dentes na campanha pré-guerra de Hollywood contra os ditadores. Quem tivesse se manifestado em desfavor de Hitler e Mussolini passaria a correr o risco de perder seu ganha-pão. A era gélida iria perdurar por mais de uma dúzia de anos, danificando e arruinando centenas, se não milhares, de vidas.

24

PREPARANDO TERRENO PARA O ANTISSEMITISMO

Logo após o início das audiências no Senado sobre cinema, Charles Lindbergh entregou à esposa cópia de discurso que pretendia pronunciar em comício do Primeiro a América agendado para Des Moines. Ao lê-lo, a ansiedade de Anne foi aumentando a cada página. Sabia, entretanto, qualquer preocupação que expressasse provavelmente teria pouca consequência. Apesar de ser a única pessoa em quem Lindbergh confiava o bastante para deixar que lesse e comentasse minutas de seus discursos e artigos, com frequência ele não seguia o conselho da esposa. "Houve diversas ocasiões em que desejei que ele alterasse pronunciamentos", lembrou-se ela mais tarde. "Muitas foram as coisas que eu quis que Charles não dissesse."[1]

Por exemplo, Anne pedira-lhe, em maio, que não clamasse por "novas políticas e nova liderança" para o país, ponderando que tal linguajar poderia ser interpretado como incitamento à insurreição. Lindbergh ignorou a solicitação e, como ela previu, o discurso foi veementemente condenado. Da mesma forma, após a invasão da União Soviética pela Alemanha, a esposa aconselhou que ele não fizesse as inflamáveis observações de que preferia aliança dos EUA com a Inglaterra ou com a Alemanha a uma com os soviéticos. Mais uma vez, ele desconsiderou o pedido. Não o importava o que outras pessoas pensavam. *Ele* acreditava sua causa justa, e isso bastava.

Esse novo discurso, na opinião de Anne, foi ainda mais provocador que os anteriores. O pronunciamento, disse-lhe ela, desencadearia um alvoroço. Porém nada que a esposa expressou fez diferença. Cada vez mais sensível e desconfiado, Lindbergh estava convicto de que o governo de FDR tentava calá-lo. Também tinha certeza de que a América se encontrava prestes a entrar na guerra, e ele se dispunha a disparar uma última salva de tiros antes que Washington o silenciasse de vez.

A alimentar o complexo de perseguição de Lindbergh existiam os incessantes ataques de Harold Ickes, cada um mais abrasivo que o outro. O secretário do Interior estava obcecado com a ideia de que Lindbergh tramava assumir o poder do país. Sobre sua *bête noire*, Ickes escreveu a Roosevelt: "Suas ações têm sido de frio cálculo com o fito de abocanhar o poder para si mesmo — o que ele denomina de 'nova liderança'".[2]

Tendo estudado Lindbergh em detalhes, Ickes decidiu que talvez conseguisse ferir o piloto mais dolorosamente se tocasse na sua aceitação, em 1938, de medalha conferida por Hermann Göring. Em um pronunciamento atrás do outro, ele não chamava Lindbergh pelo nome, e sim de "Cavaleiro da Águia Germânica".[3] Em 14 de julho de 1941, Ickes desferiu golpe mais brutal ainda, acusando o "ex-coronel Lindbergh" de visitar a Alemanha pré-guerra por causa de sua afinidade com o nazismo e de mentir quando disse que viajara para lá a pedido dos militares dos EUA. Lindbergh, declarou Ickes, era devotado ao regime de Hitler e considerava altamente a medalha dele recebida: "Ele preferiu ficar de posse da Águia Germânica. O posto de coronel de nosso Exército, ele devolveu ao presidente dos Estados Unidos". Lindbergh, acrescentou Ickes, era "uma ameaça para este país e para suas instituições livres".[4]

Tanto Charles quanto Anne Lindbergh ficaram profundamente irritados com o ataque de Ickes, que a esposa qualificou como "eivado de mentiras, calúnias e falsas insinuações do princípio ao fim".[5] No passado, Lindbergh não respondera às investidas de Ickes, mas finalmente resolveu que já aguentara o bastante. Convicto de que Roosevelt estava por trás daquilo tudo, decidiu se queixar com o presidente. "Não tenho nada a ganhar em controvérsia com homem da espécie de Ickes", escreveu em seu diário. "Mas se eu puder imputar a Roosevelt as ações de Ickes, o resultado será decisivo."[6]

Em carta a FDR, que também distribuiu para a imprensa, Lindbergh descreveu as circunstâncias de suas viagens à Alemanha e da concessão da medalha por Göring. Os militares dos EUA, disse, pediram-lhe para que avaliasse os desenvolvimentos aeronáuticos germânicos, e o embaixador dos EUA o instara a comparecer ao jantar oficial em que o chefe da Luftwaffe o surpreendera com a condecoração. "Senhor presidente", declarou Lindbergh, "dou-lhe minha palavra que não tenho ligações com nenhum governo estrangeiro [...] abrirei de boa vontade meus arquivos para investigação pelo senhor ordenada. Se persistirem dúvidas em sua mente, solicito-lhe a oportunidade de responder a qualquer acusação."[7] Acrescentou julgar que Ickes devia-lhe um pedido de desculpa.

Mas não recebeu essa desculpa. A única reação do governo foi uma nota do secretário de Imprensa Steve Early descartando a missiva, que havia sido publicada nas primeiras páginas dos jornais do país, como manobra publicitária barata. Ickes, por seu turno, vibrou porque sua aguilhoada havia feito Lindbergh "gemer",[8] revelando a vulnerabilidade e a ingenuidade política do aviador. "Pela primeira vez, ele se deixou levar para a defensiva",[9] exultou Ickes em seu diário.

Ao mesmo tempo, a tática do secretário de "derrubar e queimar" também recebeu suas críticas. "A liberdade de expressão não merece ser tratada como tal se a reação mortal dos altos escalões da administração a ela for a penalidade por seu exercício", expressou em editorial um jornal de Omaha, Nebraska, após o pronunciamento de Ickes de 14 de julho. "Se a maneira de Ickes resolver as disputas for adotada, acabaremos todos lutando uns contra os outros com machadinhas."[10]

O secretário do Interior recebeu uma avalanche de cartas, muitas denunciando a acidez do discurso. Entre elas, chegou uma longa e apaixonada missiva de Miles Hart, democrata de Oswego, no Kansas, que disse ser contra o isolacionismo de Lindbergh e acreditar que a América tinha que entrar na guerra. Porém, escreveu Hart, Lindbergh tinha todo o direito de expressar aquilo em que acreditava e "nós temos o direito de escutá-lo sem sermos incomodados pelas explosões daqueles que nos querem esconder suas opiniões por razões estranhas. [...] Você não responde aos seus argumentos chamando-o de tolo. [...] Tem uma série de boas razões para refutar as assertivas dele. Por que não as usa?".

Hart continuou dizendo que se ressentia com "esse negócio de questionar os motivos de cada pessoa que, seja pelo que for, discorda do governo. [...] O povo americano enfrenta grandes problemas. Não podemos resolvê-los em atmosfera de histeria e de difamação pessoal. Temos que conhecer os fatos e depois decidir, com calma e razão, aquilo que devemos fazer. [...] Você e seus companheiros, inclusive mr. Roosevelt, já se divertiram por tempo suficiente. A cidade pega fogo e é hora de vocês deixarem seus brinquedinhos de lado e começarem a trabalhar para combater o incêndio".[11]

LINDBERGH PREPARARA POR SEIS MESES SEU DISCURSO de setembro antes de proferi-lo. Em diversas falas anteriores, ele mencionara o que chamava de "elementos poderosos",[12] que tentavam catapultar a América para a guerra, porém se refreara e não mencionara os nomes desses elementos. Convencido então de que o envolvimento dos EUA era "praticamente inevitável" e de que "um incidente para nos envolver poderia surgir a qualquer dia",[13] o aviador decidiu que precisava identificar tais "poderosos elementos" — uma última e desesperada medida para alertar os americanos sobre o perigo que eles representavam.

Os três grupos que destacou como "fomentadores de guerra"[14] foram o governo Roosevelt, os ingleses e os judeus americanos. Reservou suas críticas mais duras para FDR e seus auxiliares e, em longo discurso, leu só três parágrafos sobre a influência judaica. Porém, como Anne sabia, foram esses últimos comentários que desencadearam a tempestade.

Lindbergh começou a falar sobre os judeus dizendo que entendia o porquê de seu desejo que a América entrasse na guerra e derrotasse a Alemanha. A perseguição nazista "seria suficiente para fazer inimigos amargos em qualquer raça. Pessoa nenhuma com noção de dignidade pode perdoar"[15] o que se passa com os judeus na Europa.

Apesar disso, disse o aviador, os judeus precisavam entender que se o país entrasse em guerra, eles seriam os primeiros a sentir as consequências, que, sublinhou, causariam violenta onda de antissemitismo no país. "Tolerância é uma virtude dependente da paz e do poderio. A história mostra que não sobrevive na guerra e na devastação."[16]

Insistindo que não atacava nem judeus nem britânicos, Lindbergh afirmou que admirava ambos os grupos. Sua objeção estava no fato de líderes das "duas raças [...] por razões [...] que não são americanas, quererem nos envolver na guerra. Não podemos culpá-los por buscar ajuda para o que veem como interesses próprios, mas também temos que cuidar dos nossos. Não podemos permitir que paixões e preconceitos de outros povos conduzam nosso país à destruição". Os judeus, continuou, representam especial "perigo para este país" em vista dos "vultosos ativos que possuem e da influência que exercem em nossa indústria cinematográfica, nossa imprensa escrita, nosso rádio e no nosso governo".[17]

Depois de ler o discurso, Anne, afogada "em melancolia sombria",[18] rogou ao marido que não o fizesse. Era perfeitamente aceitável criticar o governo Roosevelt e os britânicos, disse ela, mas não percebia ele que suas ilações a respeito dos judeus os "segregavam como um grupo", por conseguinte, "preparando terreno para antissemitismo"?.[19] Exatamente como os nazistas haviam feito na Alemanha, ele rotulava os judeus como uma raça distinta cuja própria agenda era antiética para os interesses de seu país. Segundo a retórica de Lindbergh, eles eram primeiro judeus e, depois, americanos. Em suma, eram "os outros".

Quando Anne disse a Charles que suas observações seriam lidas como "assédio aos judeus",[20] ele retrucou que não desejava fazer isso e que não era antissemita. Com ambas as afirmativas, Anne concordava: "Jamais ouvi meu marido contar uma piada de judeus", escreveu ela a uma amiga. "Nunca o ouvi dizer qualquer coisa desabonadora sobre eles".[21] Mesmo assim, afirmou ela, seu discurso era, "no mínimo inconscientemente, um lance de antissemitismo" e que "as forças antissemitas, exultantes, se unirão e ele".[22] E disse ainda que preferiria ver a América na guerra a vê-la "sacudida por antissemitismo violento".[23]

Desnorteado com os surtos de Anne, Lindbergh rejeitou todos os seus argumentos. A única razão para ele fazer o discurso, disse o marido, era identificar para o povo americano as forças que estavam por trás da propaganda para conduzir o país à guerra, com a esperança de inocular as pessoas contra a febre da guerra. Em vez de tentar despertar paixões, ele queria que a América analisasse a situação racionalmente.

Anos mais tarde, Anne descreveu para um entrevistador "o desentendimento terrível" que tivera com o marido sobre o discurso de Des Moines. "Ele simplesmente não acreditava em mim," disse ela. "Não podia entender",[24] o que eu dizia. Sem encontrar serventia para os tons dos temperamentos e das sensibilidades de outros, ele achava que as opiniões que sustentava estavam quase sempre corretas e que ele tinha o direito — mais que isso, a obrigação — de expressá-las, independentemente das consequências para si mesmo ou para outros. Lindbergh julgava coragem aquela obstinação, não excesso de confiança. Explicando certa vez que não tinha desejo de entrar na política, ele declarou: "Prefiro dizer aquilo que tenho vontade de expressar a medir palavras para avaliar a provável popularidade delas".[25]

Por certo a visão sombria de Lindbergh sobre a América influía em sua crença de que os judeus nos EUA enfrentariam perseguição em tempo de guerra. A tolerância e a liberdade individual, disse ele a amigos, sumiriam no país; ele anteviu "revolução sangrenta" se a guerra chegasse à América, "levantes de grande violência por toda a nação".[26]

Ao mesmo tempo, seu antissemitismo, por mais inconsciente que fosse, estava patente. Acreditava piamente que os judeus exerciam desproporcional e malsã influência na vida americana, em especial na imprensa escrita, no rádio e nos filmes. "Uns poucos judeus adicionam força e caráter a um país, porém causam demasiado caos", escreveu em seu diário em abril de 1939. "E estamos recebendo judeus em excesso."[27] Em julho de 1941, afirmou a um conhecido que a influência dos judeus sobre a mídia ia acabar destruindo-os. "Em vez de agir no interesse do país em que vivem e no da maioria de sua plateia, eles operam no interesse — ou no presumido interesse — da raça deles."[28]

Tais perspectivas estavam longe de ser incomuns na América daquele tempo. William L. Langer, historiador de Harvard que foi mais tarde coautor de uma história em dois volumes sobre a política externa americana nos quatro anos que precederam Pearl Harbor, sustentou quase a mesma posição numa palestra em 1939 na Escola Superior de Guerra dos EUA. "Deve-se encarar o fato de que nossos mais importantes jornais americanos são controlados por judeus, e suponho que, se fosse judeu, eu me sentiria em relação à Alemanha nazista da mesma maneira que a maioria judaica se sente, e seria quase inevitável que o noticiário fosse polarizado nesse sentido", disse Langer. Especificando *The New York Times*, cujos donos eram judeus, Langer declarou que o jornal dava "grande destaque" à "menor agitação que ocorra na Alemanha (e, afinal de contas, muitas agitações ocorrem num país de 70 milhões de habitantes). [...] As demais notícias são tratadas sem muito atropelo ou descartadas com um dar de ombros. Assim, de maneira sutil, a imagem que se recebe é a de que não existe nada de bom na Alemanha".[29]

Nos anos 1930 e no início dos 1940, o antissemitismo ostensivo era característica marcante na vida dos EUA, como na de muitos países. Só depois do término da Segunda Guerra Mundial e das revelações do Holocausto foi que a maior parte da sociedade americana passou a considerar inaceitável o preconceito aberto contra os judeus.

O influxo de milhões de imigrantes judeus da Europa Oriental contribuiu bastante para espraiar o antissemitismo na América no início do século XX. Como a intolerância tradicionalmente floresce em tempos de intranquilidade econômica e de mudanças sociais desestabilizadoras, não surpreende que a Grande Depressão e seus inerentes tumultos tenham proporcionado outro fértil caldo de cultura para a intolerância contra os judeus. "Os transtornos econômicos estão cobrando seu preço", observou

Arnold Foster, da Liga Antidifamação. "As pessoas necessitam de um bode expiatório para as agruras da Depressão."[30]

Nenhuma classe social na América foi poupada pelo vírus do antissemitismo. Ele infectou advogados de Wall Street e gente do campo, estadistas de renome e populistas extremados. Em almoço de 1939 em Washington, ao qual compareceram destacados servidores do Departamento de Estado e parlamentares, o debate centrou-se na questão dos refugiados judeus. Um dos convidados — ex-ministro batista que virou parlamentar — observou satírico: "Não costumo criticar o Senhor, mas acho que ele afogou o grupo errado no mar Vermelho".[31]

A maioria das faculdades e universidades dos EUA, inclusive quase todas as da Ivy League, adotou sistema de cotas para a aceitação de judeus. Os relativamente poucos judeus admitidos quase sempre encontravam o clima que Kingman Brewster classificou de "antissemitismo subliminar".[32] Como estudantes de Yale, Brewster, McGeorge Bundy e uns poucos outros patrocinaram campanha em 1938 a fim de ajudar judeus alemães que imigravam para os Estados Unidos. A reação dos seus colegas Yalies foi decepcionante. Como Bundy escreveu no *Yale Daily News*: "Um grupo demasiadamente grande disse: 'Não gostamos de judeus. Já existe bastante deles em Yale. Para que trazer mais?' Isso não é argumento. É intolerância e preconceito".[33]

Os judeus americanos que frequentaram universidades encontraram portas ainda mais fechadas depois do bacharelado. A maioria foi impedida de frequentar prestigiosas universidades para a especialização e a pós-graduação, em especial em Medicina e Direito. Muitas das empresas mais importantes e bancas de advocacia se recusaram a empregá-los; não lhes era permitido viver em determinados bairros; era-lhes impedida a filiação a clubes privados, inclusive country clubs; também não podiam se hospedar em muitos hotéis e pousadas.

Em diversos órgãos governamentais, em especial dos Departamentos de Estado e da Guerra, o antissemitismo era espraiado. Os altos escalões do Departamento de Estado eram dominados por ricos e bem relacionados egressos da Ivy League, que resistiam à contratação de judeus e tornavam a vida bem difícil para os que conseguiam passar pela peneira. Também difamavam os judeus em suas conversas rotineiras, como deixa claro o diário do subsecretário de Estado William Castle.

Ele mesmo ferrenho antissemita, Castle escreveu sobre os frequentes encontros sociais dos servidores antigos do Departamento de Estado em que a malhação nos judeus era a maior parte da conversa. Descrevendo um jantar formal do início de 1940, Castle observou: "Temo que muitas coisas desagradáveis foram ditas sobre os judeus, portanto foi conveniente o grupo não ser muito grande".[34] Entre os convidados naquela noite estava Hugh Wilson, ex-embaixador dos EUA na Alemanha, cujos próprios preconceitos contra os judeus eram bem conhecidos.

Embora não fosse diplomata de carreira, o secretário-assistente de Estado Adolf Berle também era notado por sua antipatia pelos judeus. Depois da queda da França, Berle atacou sem misericórdia em seu diário as tentativas do juiz da Suprema Corte Felix Frankfurter, que era judeu, de persuadir Roosevelt a dar mais ajuda à Inglaterra. "O grupo judeu, onde seja encontrado", escreveu Berle, "não apenas é pró-ingleses, como também sacrificaria os interesses americanos pelos britânicos — quase sempre sem nem saber disso."[35]

Muitos militares americanos de altas patentes exibiam preconceito semelhante. Em 1938, o general George van Horn Moseley, ex-vice-chefe do Estado-Maior do Exército e um dos mais condecorados oficiais dos EUA, advogou a esterilização obrigatória de judeus refugiados da Alemanha nazista antes que pudessem entrar nos Estados Unidos. "Só dessa forma poderemos proteger nosso futuro",[36] declarou Moseley.

Esposando também opiniões antissemitas estavam os dois oficiais do exército especialistas em Alemanha que serviam no Departamento da Guerra — o coronel Truman Smith e seu amigo major Albert Wedemeyer, designados para a Divisão de Planejamento de Guerra pouco depois de frequentarem por dois anos a Escola de Estado-Maior alemã, em Berlim. Conforme julgava Wedemeyer, judeus eram por natureza corrosivos, maquinadores e egoístas, o que os tornava "suspeitos, desagradáveis e incompatíveis"[37] com quaisquer outros grupos. Wedemeyer desenvolveu a aversão pelos judeus em sua estada em Berlim, onde percebeu, pela primeira vez, como Roosevelt era influenciado pelos interesses judaicos. Depois da Segunda Guerra Mundial, Wedemeyer, à época vice-chefe do Estado-Maior do Exército, afirmou que os assessores judeus do presidente — entre eles Samuel Rosenman, Felix Frankfurter e Henry Morgenthau — "fizeram o possível para espalhar veneno e ódio contra os nazistas e para incitar Roosevelt contra os alemães".[38] Motivados por interesses egoístas, aqueles judeus e outros, disse ele, ajudaram a tornar infalível a entrada da América na guerra.

Wedemeyer reiterava uma acusação comum dos anos pré-guerra — que FDR trouxera para Washington um enxame de judeus radicais para ajudá-lo a governar. Alguns oponentes do presidente chegaram a dizer que ele próprio era judeu. Duas alegações falsas. Embora advogados, economistas e outros profissionais judeus fossem, de fato, importantes fontes de talento e expertise em administração, os judeus eram menos de 15% dos indicados de alto nível no governo Roosevelt.

Ainda assim, essa quantidade, apesar de pequena, era bem mais elevada que o número de judeus empregados em altos cargos dos negócios e da indústria privada. Nos anos 1930, o governo federal — em especial os órgãos que lidavam com a reforma social e econômica — constituía verdadeiro foco de bons empregos para judeus com graduação acadêmica, que tendiam a ser fortes defensores do New Deal.

A despeito da firme resolução do presidente em proporcionar empregos vitais e outras oportunidades para os judeus, ele, juntamente com sua família e seus auxiliares não judeus, não se livrou do que seu biógrafo Geoffrey Ward denominou de "aberto e quase universal"[39] antissemitismo do establishment do Leste. T.H. Watkins, biógrafo de Harold Ickes, escreveu que o presidente "tinha um modo de pronunciar a palavra 'hebreu' com tom de tal superioridade que, mesmo com a passagem de décadas, ainda produz o efeito de giz arranhando o quadro-negro".[40]

Pelo menos uma vez, FDR vocalizou o mesmo sentimento expresso por Lindbergh — que os judeus eram intrusos na sociedade americana e precisavam ter seus comportamentos vigiados. Em almoço com Leo Crowley, economista católico que acabara de receber cargo importante no governo, Roosevelt observou: "Leo, você bem sabe que este é um país protestante e que os católicos e judeus aqui estão por consentimento. A decisão é sua em concordar com tudo o que desejo".[41] O presidente pode muito bem ter qualificado o comentário como piada, mas havia na observação um fundo de verdade.

Até Harold Ickes, conhecido no governo como o mais rigoroso crítico do antissemitismo, alertou os judeus para serem cautelosos. No discurso de novembro de 1938, no qual fez seu primeiro ataque a Lindbergh, Ickes advertiu judeus afluentes "a exercitar extrema prudência na aquisição de suas fortunas e a ser absolutamente escrupulosos em seu comportamento social. Um erro cometido por milionário não judeu reflete-se apenas sobre si mesmo, mas um passo em falso de um judeu rico tem consequências para toda a sua raça. Isso é cruel e injusto, mas um fato a ser enfrentado".[42]

Muitos, se não a maioria, dos judeus concordaram com a ideia de pouca exposição, em particular quanto à guerra. "Os judeus da América estão tranquilos e esperam pelo melhor", assim Isaiah Berlin, respeitado mestre de Oxford, que trabalhava para o governo britânico em Nova York, escreveu aos seus pais judeus russos em julho de 1941: "Eles estão, sobretudo, temendo ser tachados de fomentadores de guerra e de estarem agindo por interesse próprio, e não interesse americano".[43]

Em sua maior parcela, os judeus americanos permaneceram quietos quando confrontados com uma das questões mais agonizantes com que a comunidade judaica teve que lidar naquela ocasião: a controvérsia sobre a permissão ou não para que mais judeus europeus emigrassem para os Estados Unidos. Segundo Arnold Forster: "Mesmo organizações judias importantes em Nova York, receosas de uma epidemia de antissemitismo, ficaram muito silenciosas sobre a crise dos refugiados".[44]

No fim dos anos 1930 e início dos 1940, milhares de judeus desesperados faziam filas diárias na frente dos consulados dos EUA na Alemanha, na Áustria e em outros países controlados pelos nazistas para requerer vistos. Contudo, com a pouca vontade na América de lhes proporcionar um meio de escapar, quase todos foram rechaçados.

A maioria dos americanos, inclusive no Congresso e no Departamento de Estado, era fervorosamente contra a admissão de mais refugiados. Cerca de dois terços dos entrevistados por uma pesquisa da *Fortune* concordaram com a afirmação:"Nas circunstâncias atuais, devemos manter [imigrantes] fora daqui".[45] Como publicou *Time* em março de 1940: "O povo americano não tem mostrado até agora inclinação por fazer coisa alguma pelos refugiados do mundo, salvo ler sobre eles".[46]

Os americanos temiam que novo influxo de refugiados significasse menos empregos para nascidos no país. Também receavam que agentes nazistas pudessem ser infiltrados entre os imigrantes — uma ideia enfatizada por Roosevelt e J. Edgar Hoover nos seus alertas sobre quinta-colunas. Indubitavelmente, o antissemitismo era fator de peso no fomento ao estado de espírito anti-imigração. Quando circulou uma proposta, após o pogrom da *Kristallnacht* de 1938, de admissão de 10 mil crianças judias da Alemanha, mais de dois em cada três americanos se manifestaram contra a ideia. A Inglaterra, no total, aceitou 9 mil, enquanto os Estados Unidos receberam apenas 240. O insignificante número foi contraste gritante com a reação dos americanos à ideia de proporcionar um santuário para as crianças britânicas a fim de escaparem dos riscos da Batalha da Inglaterra e da blitz. Pesquisa do Gallup estimou que de 5 a 7 milhões de famílias dos EUA demonstraram desejo de acolher jovens britânicos evacuados ao longo da guerra.

Apesar da simpatia de Roosevelt pelas privações dos refugiados judeus, ele pouco fez de concreto para ajudá-los antes e durante a guerra.

Como Arnold Foster viu a situação, "FDR desapontou os judeus em sua hora mais grave. [...] A triste verdade [foi] que, ao longo do Holocausto, Roosevelt manteve a catástrofe dos judeus em lugar bem baixo da sua lista de prioridades". Na inércia, contudo, ele não foi muito diferente da maioria dos americanos.[47]

O fato é que Lindbergh estava sem dúvida certo na crença de que a maior parte dos judeus americanos defendia a causa inglesa e muitos desejavam que os Estados Unidos entrassem na guerra. Porém ele estava tristemente errado ao alegar que organizações judaicas eram os principais "fomentadores da guerra" entre o povo americano. Bem verdade que judeus de destaque eram membros dessas organizações intervencionistas, como o Grupo Century e o Luta pela Liberdade, mas eles constituíam pequena minoria da afiliação a tais grupos, que, em sua maior parte, era formada por gente da classe alta e protestantes da Costa Leste. Em julho de 1941, o *chargé d'affaires* alemão, Hans Thomsen, garantiu ao seu Ministério do Exterior que por medo de bodes expiatórios, "os círculos judeus de visão mais ampla evitam tomar parte ativa no incentivo à guerra e deixam isso para os mais esquerdistas no ministério de Roosevelt e para a propaganda britânica".[48]

A alegação de Lindbergh de que os judeus dominavam a mídia também se mostrou equivocada. Menos de 3% dos editores de jornais nos EUA eram judeus, e desses muitos tendiam a ser extremamente cautelosos no gerenciamento da questão do envolvimento dos EUA na guerra. Caso típico era o de Arthur Sulzberger, editor do *New York Times*, o qual, apesar de propenso ao intervencionismo, foi bem menos ostensivo do que os editores dos *Herald Tribune*, *PM*, *Post* e outros jornais de Nova York. Em setembro de 1941, Sulzberger disse a Valentine Williams, servidor da propaganda britânica que trabalhava para William Stephenson, que: "pela primeira vez em sua vida ele lamentou ser judeu porque, com o crescimento da onda de antissemitismo, ficava incapacitado de defender a política anti-Hitler do governo tão vigorosa e universalmente como gostaria". O dono do *Times* acrescentou: "Seu patrocínio seria atribuído pelos isolacionistas à influência judaica e isso faria com que perdesse bastante de sua força".[49]

ANNE LINDBERGH NORMALMENTE acompanhava o marido em suas viagens pelo Primeiro a América, porém não foi com ele a Des Moines, cidade que já prenunciava ser um dos lugares mais hostis em que Lindbergh discursara. Exceção no vastamente isolacionista Meio Oeste, Iowa

— estado natal do vice-presidente Henry Wallace — abrigava grandes bolsões de sentimento intervencionista, fomentado pelo *Des Moines Register* dos irmãos Cowles, jornal líder no estado. Pouco antes da fala de Lindbergh, o editor do *Register*, que também era *chairman* da sucursal de Des Moines do Luta pela Liberdade, chamou Lindbergh de "inimigo público número 1 nos Estados Unidos", acrescentando que se ele "fosse um agente pago pelo governo alemão, não poderia fazer melhor serviço pela causa de Hitler".[50] No dia do discurso, o *Register* publicou uma caricatura editorial em sua primeira página mostrando Lindbergh fazendo discurso à frente de diversos microfones, enquanto Hitler e Mussolini, sentados defronte, aplaudiam freneticamente. A legenda acima da caricatura dizia: SUA MELHOR PLATEIA.[51]

Carrancudo e visivelmente tenso quando assomou na tribuna do Des Moines Coliseum, Lindbergh foi saudado com um misto de vivas, aplausos e vaias, acompanhados com interrupções esparsas ao falar, vindas da plateia de mais de 8 mil espectadores. No seu pronunciamento, transmitido para toda a nação, ele precedeu seus ataques aos "fomentadores de guerra" denunciando a maneira como ele e outros isolacionistas — e também a causa que defendiam — eram tratados pela mídia. "Os noticiários cinematográficos," disse, tinham "perdido toda a aparência de objetividade. [...] Uma campanha de difamação estava instituída contra os indivíduos que se opõem à intervenção. Os termos quinta-coluna, traidor, nazista, antissemita eram lançados sem cessar sobre quem quer que ousasse sugerir que a entrada na guerra não ia a favor dos melhores interesses dos Estados Unidos".[52]

Quando Lindbergh chegou ao clímax de seu discurso, os aplausos claramente sobrepujaram as vaias. Sua menção aos ingleses, ao governo Roosevelt e aos judeus como principais instigadores da febre guerreira fez com que a audiência se colocasse de pé e, como ele registrou depois em seu diário: "Qualquer oposição existente foi completamente sobrepujada pelos que nos apoiavam".[53]

Aos seus ouvintes, Lindbergh asseverou que os três grupos citados vinham trabalhando por meses para envolver o país na guerra "sem que percebêssemos" e agora tentavam criar "uma série de incidentes que nos arrastarão para o presente conflito". Mesmo assim, embora a América estivesse no limiar da guerra, "ainda não é tarde demais para ficarmos fora". Lindbergh conclamou os que o ouviam, no auditório e pelo rádio, a contatar membros do Congresso, "o último bastião da democracia e do governo representativo neste país".[54]

Ele reservou seus ataques mais ferozes a Roosevelt e seus assessores, a quem acusou de: "usar a guerra para justificar restrições ao poder do Congresso e assumir procedimentos ditatoriais".[55] No entanto, como Anne temia, seus comentários sobre os judeus constituíram a única parte do discurso que despertou atenção. Poucos dias depois do pronunciamento, ela escreveu em seu diário: "A tempestade está começando a ficar forte"[56] — sob todos os aspectos, uma gigantesca subestimação. As observações de Lindbergh semearam um furacão de ira que varreu o país e desferiram um golpe quase mortal no movimento isolacionista. "Raramente um discurso público na história da América produziu tanto furor e provocou tantas críticas ao orador quanto o de Lindbergh em Des Moines",[57] escreveu o historiador Wayne Cole.

Quase todos os jornais e revistas da nação atacaram o aviador. *The New York Herald Tribune* qualificou seu discurso como "um apelo às forças sinistras do preconceito e da intolerância".[58] Em caricatura intitulada "Espalhando a Querida Sujeira de Goebbels," o *PM* desenhou Lindbergh sentado em cima de uma vagão ferroviário contendo "lixo nazista antissemita".[59] A revista *Liberty* chamou-o "o homem mais perigoso da América". Antes de Lindbergh, escreveu a revista: "Líderes do antissemitismo eram fanáticos pequenos e vulgares desonestos mandando circulares obscenas pelos correios. [...] Agora tudo mudou. [...] Ele, o famoso, surgiu em público e soltou a língua ferina escancarando o que os descontentes apenas sussurravam".[60]

Entre os críticos de Lindbergh estavam importantes jornais isolacionistas, que apenas dias antes o haviam coberto de louvores. A imprensa Hearst enxovalhou "seu discurso destemperado e intolerante",[61] enquanto o *Chicago Tribune* investia contra a "impropriedade"[62] de seus comentários sobre os judeus.

Em Nova York, Wendell Willkie, que antes havia apoiado o direito de Lindbergh de falar contra as políticas do governo, qualificou o discurso "a fala mais antiamericana feita em meu tempo por qualquer pessoa de reputação nacional". Willkie adicionou: "Se o povo americano permitir o surgimento de preconceito de raça nesse momento crucial pouco merece desfrutar da democracia".[63]

Para os intervencionistas, o discurso de Lindbergh foi uma dádiva divina. Nem Roosevelt tampouco Harold Ickes fizeram comentários públicos, mas nem precisaram: a reação nacional já era de grande ultraje. O único funcionário da Casa Branca a passar recibo ao pronunciamento foi Steve Early, que tão somente disse que pensava haver "extraordinária similitude" entre as observações de Lindbergh e as "efusões de Berlim dos últimos poucos dias".[64]

Os isolacionistas, por sua vez, se mostraram dolorosamente conscientes do estrago provocado em sua causa. O Congresso Mantenha a América Fora da Guerra, cujos membros geralmente eram pacifistas liberais, escreveu que o discurso de Des Moines "mais havia feito para atiçar as chamas do antissemitismo e empurrar judeus de 'cima do muro' para o campo da guerra do que mr. Lindbergh podia imaginar".[65] A direção do Congresso do Movimento tornou claro seu "profundo desacordo" com "as ilações de Lindbergh que os cidadãos americanos de origem ou religião judaica constituem um grupo separado e distanciado do restante do povo americano, ou que eles reajam como um grupo separado, ou que eles sejam unânimes por nossa entrada na guerra europeia".[66]

O líder socialista Norman Thomas, um dos fundadores do Congresso, ficou tão furioso com o discurso que cortou todos os vínculos com o Primeiro a América e com Lindbergh, de quem fora muito próximo no passado: "O nosso amigo Lindbergh não nos causou enorme dano?", escreveu Thomas a um amigo. "Honestamente, não acho que Lindbergh é um antissemita, mas julgo que ele é um grande idiota. [...] Nem todos os judeus são pela guerra, e os judeus têm o direito de batalhar por ela, da mesma forma que nós temos o direito de militar contra o conflito. [...] É uma extraordinária pena que [...] o coronel não aceite conselhos sobre relações públicas, da mesma forma que ele esperaria um amador em aviação aceitar conselhos de um piloto mais experiente".[67]

Lançado em redemoinho pelo discurso, o Primeiro a América ficou dividido sobre como reagir. Em carta a Robert Wood, o membro do comitê executivo Sterling Morton comentou as inflamatórias observações de Lindbergh dizendo: "Não existe povo que tenha mais direito de se opor a Hitler e ao que ele fez do que o judeu, e tal povo tem todo o direito de usar sua influência em favor da guerra, se assim desejar".[68]

Robert Stuart e John T. Flynn, chefe da sucursal do Primeiro a América em Nova York, instaram com vigor a organização a uma forte denúncia do antissemitismo. Flynn, que não discordava das declarações de Lindbergh sobre judeus, apesar disso chamou o discurso de "estúpido" e disse que ele "tinha nos dado terrível pontapé na canela. Isto simplesmente cola o rótulo de antissemita em toda a luta isolacionista [e] nos deixa vulneráveis à acusação de perseguição racial".[69]

Outros líderes do Primeiro a América, no entanto, apoiaram o que Lindbergh falou, e o próprio aviador recusou retratar-se ou modificar qualquer de seus comentários. Avesso a condenar o mais popular isolacionista da América — "o coração de nossa batalha",[70] como um membro do Primeiro a América o descreveu — e enfrentando falta de consenso sobre o que fazer, a organização limitou-se a uma declaração vaga negando que ela ou Lindbergh fossem culpados de antissemitismo. O documento não satisfez ninguém e deu mais munição para as acusações dos intervencionistas contra o grupo. Lessing Rosenwald, cuja família era dona da Sears, Roebuck e que outrora fez parte do comitê nacional do Primeiro a América, exigiu que Robert Wood repudiasse em público o discurso de Lindbergh. Como Wood não o fez, Rosenwald terminou sua antiga amizade com o *chairman* da Sears. A ferida jamais cicatrizou.

Apesar das recriminações lançadas sobre Lindbergh, umas poucas pessoas falaram em sua defesa. Um deles foi um estudante de dezenove anos da Cornell University chamado Kurt Vonnegut, que escreveu apaixonada coluna pró-Lindbergh no jornal da faculdade atacando os "que jogam lama" por incitarem ódio contra "um patriota leal e sincero". Vonnegut, cujas experiências de 1945 como prisioneiro de guerra americano na cidade alemã de Dresden, devastada por bombardeios dos Aliados, levariam-no a escrever o romance-ícone Slaughterhouse-Five [Matadouro Cinco], era, em 1941, isolacionista militante, que acreditava que a América tinha que permanecer o mais afastada possível da guerra. "Os Estados Unidos são uma democracia, e é em prol disso que eles dizem que combateremos", escreveu Vonnegut. "Que monumento se quer erguer em honra a tal ideal — um berro para silenciar Lindy. [...] Lindy, você é um rato. Lemos isso em algum lugar, portanto tem que ser verdade. Dizem eles que você, Lindy, deve ser deportado. Nesse caso, guarde um espaço para nós no barco."[71]

Outros, embora não defendessem os comentários de Lindbergh, acusaram de hipocrisia os que os atacaram. Apesar de depreciar as observações do aviador, Norman Thomas declarou que ele "não era um antissemita como alguns se aproveitaram da oportunidade para criticá-lo".[72] Em editorial, a *Christian Century* registrou sarcasticamente: "Uma centena de saguões de clubes e de hotéis ressoaram com denúncias contra Lindbergh na manhã seguinte ao seu discurso de Des Moines — clubes e hotéis que fecham suas portas para os judeus".[73]

O dr. Gregory Mason, *chairman* das filiais do Primeiro a América nas ricas cidades de Greenwich e Stamford, em Connecticut, argumentou da mesma forma em carta aos seus correspondentes do Comitê White no sul do estado. Segundo Mason, diversos membros de destaque do

Comitê White e do Luta pela Liberdade da região eram membros de: "Clubes sociais exclusivos que não permitem de modo algum a afiliação de judeus. Pegue-se ao acaso qualquer reportagem de jornal local sobre a frequência ao Bundles em festa britânica ou a uma feira de artigos de segunda mão em prol da RAF, e será constatada alta percentagem de nomes de ricos arrogantes que esnobariam socialmente um judeu da mesma forma que evitariam um leproso".[74]

Todavia, apesar de haver grande dose de verdade nas alegações de Mason, elas não alteravam o fato de que as observações de Lindbergh em Des Moines foram indubitavelmente antissemíticas e que causaram incalculável prejuízo à causa do isolacionismo. Elas desviaram a atenção da questão principal, que era o envolvimento da América na guerra e, como Anne receava, encorajaram os antissemitas dos EUA a se pronunciar mais abertamente.

O Primeiro a América sempre tivera problemas com o antissemitismo, porém nos dias e semanas que se seguiram ao discurso de Des Moines, a questão se transformou em explosiva crise. Milhares de cartas, muitas delas flagrantemente antissemitas, despencaram sobre os quartéis-generais do grupo. Um correspondente escreveu: "Necessitamos de milhares de homens e mulheres corajosos para livrar este país dos JUDEUS, que já tomaram o controle dele".[75]

A reação do Primeiro a América à fala de Lindbergh e seu erro em não condenar o antissemitismo não deixaram dúvidas, no outono de 1941, que a organização havia se desviado demais do caminho que seus jovens fundadores em Yale haviam idealizado para ele, apenas um ano antes.

APESAR DE LINDBERGH NÃO PARECER afetado, ao menos na aparência, pela acusação de antissemitismo, o fantasma do discurso de Des Moines iria perseguir sua esposa e filhos por décadas. "Não é estranho", escreveu Anne a um amigo, "que ele não alimente ódio, ódio algum, e, mesmo assim, provoque aversão e a espraie?"[76] Anos depois, Anne disse em entrevista: "Não posso culpar as pessoas por interpretarem erradamente [o que ele falou]. Entendo por que os judeus não gostam dele".[77]

Reeve Lindbergh, a única dos filhos do casal Lindbergh a escrever e falar publicamente sobre a família, engalfinhou-se com as explosivas palavras do pai durante grande parte de sua vida adulta. Soube pela primeira vez a respeito do discurso quando frequentava Radcliffe no início dos anos 1960, depois que pais de diversos amigos começaram a tratá-la estranhamente e de o companheiro de quarto de um rapaz que ela namorava dizer-lhe que não se importaria com a presença de Reeve, mas jamais apertaria a mão de seu pai.

Quando Reeve manifestou surpresa por tal antagonismo, sua melhor amiga na faculdade recomendou-lhe ler o discurso de Lindbergh em Des Moines. Ela ficou arrasada. "Ainda posso sentir a doentia tontura que experimentei", escreveu anos depois, "debruçada sobre aquelas páginas e palavras."[78] Quando criança, Reeve lera o diário de Anne Frank e conhecera a horrível dimensão do Holocausto. Entendeu então as implicações das observações do pai para "tantas pessoas".[79]

Atônita, Reeve não pôde deixar de pensar que aquele não era o pai que conhecia — homem que nunca fizera observação antissemita em sua presença, que jamais contara pilhérias de judeus ou expressara difamação como aquelas que ouvira nos lares dos amigos, onde era ensinado às crianças que tais termos eram "repelentes e impronunciáveis".[80]

A confusão de Reeve cedo se transformou em vergonha e raiva. Ela esgrimiu com a questão do que seu pai tencionou dizer — e, no processo, envolveu-se com o tema do antissemitismo. "Será que ele de fato acreditava que, simplesmente e sem paixão, 'expôs os fatos', como mais tarde afirmou, sem perceber que tão somente a moldura da declaração reverberava com ressonância antissemítica? E se ele realmente pensava assim, não era aquilo em si uma forma, por mais inocente que ele pudesse julgá-lo, de antissemitismo inconsciente? Existiria, de fato, essa coisa de antissemitismo inocente e inconsciente? [...] Teria o Holocausto criminalizado para sempre uma atitude que era previamente aceitável e alastrada pela população não judaica deste país e de outros? [...] Ou se tratava meramente de jogo semântico e negação do óbvio?"[81]

Reeve concluiu que seu pai fizera o que sempre fez: "Identificando a situação como a via [...] e depois a esclarecendo à sua maneira lógica, para então lidar com seus argumentos de modo bastante ordenado. [...] Ele falou para o povo americano sobre isolacionismo, sobre os prós e contras da guerra, sobre a perseguição de judeus na Alemanha, da mesma maneira que falava para seus filhos sobre independência e responsabilidade, ou sobre os sete sintomas da ulceração pelo frio, ou sobre o visual punk. O que pensaria então? Como pudera ser tão insensível?".[82]

Quando Reeve pediu à mãe informações sobre o vergonhoso discurso, Anne disse que Lindbergh se recusara a acreditar nela ao alertá-lo que seria rotulado como antissemita se o pronunciasse. Reeve ficou pasma: em sua experiência, seu pai sempre ouvira a mãe. Mas esse não era o caso quando ele era mais jovem, replicou Anne. Ele amadurecera ouvindo apenas a si mesmo e acreditando só no seu julgamento: sua sobrevivência como piloto dependera em seguir seus próprios instintos. "Se ele tivesse ouvido os outros", disse Anne à filha, "nunca teria chegado a Paris."[83]

ENQUANTO OS CRÍTICOS DE LINDBERGH se apressavam em lançar insultos contra ele no rescaldo do discurso de Des Moines, havia uma notável exceção — sua sogra.

O silêncio de Elizabeth Morrow nada tinha a ver com afrouxamento de seu compromisso com a causa intervencionista; com efeito, o contrário é que era verdade. Então intransigente defensora da entrada da América na guerra para salvar a Inglaterra e o resto do mundo das garras da Alemanha, ela era *chairwoman* honorária da divisão feminina do Luta pela Liberdade, a mais extremada das organizações intervencionistas.

Em 21 de novembro de 1941, mrs. Morrow fez pronunciamento de âmbito nacional pelo rádio explicando o racional de suas opiniões pró-guerra: "Considero tão desastrosas para nós as consequências de uma vitória da Alemanha que acredito que este país deveria, se necessário, entrar em guerra total para evitar tal triunfo".[84] Porém, ao fim da fala, ela mudou de forma repentina o foco para uma questão que, obviamente, lhe causava intensa preocupação — o enlamear e os crescentes insultos que estavam destruindo não só sua família, mas o país como um todo.

Apelando para seus amigos intervencionistas, mrs. Morrow disse: "Esperar desesperadamente que possamos ser não apenas bons combatentes, mas lutadores justos. Existem cidadãos honestos, conscienciosos e honrados crentes de que nosso envolvimento na guerra europeia não ajudará a defesa nacional e não preservará o estilo americano de vida que tanto prezamos. Precisamos respeitar a sinceridade de seus pontos de vista apesar de discordarmos deles".[85]

Com considerável emoção em sua voz, ela continuou: "'Fomentador de guerra' é um epíteto horrível, porém 'impatriótico' e 'antiamericano' são igualmente adjetivos desagradáveis. Quando se tratar de motivações, deixemos a onisciência a cargo de Deus".[86]

25

ELE NÃO CONDUZIRIA O PAÍS PARA A GUERRA

No outono de 1941, um novo super-herói encantava os leitores de histórias em quadrinhos de todo o país. A edição de estreia do *Capitão América*, cuja capa mostrava o protagonista com suas vestes em vermelho, azul e branco derrubando Adolf Hitler com um direto no queixo, vendeu cerca de 1 milhão de exemplares. Devotado a salvar os Estados Unidos dos nazistas e de outras ameaças, o *Capitão América* rapidamente assumiu seu devido lugar no panteão dos super-heróis.

Anos mais tarde, Joe Simon, cocriador do *Capitão América*, admitiu sinceramente que ele e seu colega Jack Kirby fizeram uma declaração política com seu novo personagem dos quadrinhos: ambos acreditavam que os Estados Unidos tinham que entrar na guerra para dar fim ao reino de terror da Alemanha nazista. "Os opositores da guerra estavam muito bem organizados", disse Simon. "Queríamos também dar nossa opinião."[1]

O novo e popular gibi estava longe de sozinho na propensão intervencionista. Naquela ocasião, muitas histórias em tiras de jornais lançavam seus personagens principais na ação contra o Eixo. No *Li'l Abner*, o Ferdinando de Al Capp, os vilãos de Dogpatch eram óbvias caricaturas de líderes germânicos. Os quadrinhos de *Joe Palooka* [Joe Sopapo], que antes mostravam os britânicos como decadentes apaziguadores de monóculo, os caracterizavam então como combatentes de ânimo heroico contra os nazistas.

Leitores de jornais, que se preocupavam com outras coisas além de tiras de quadrinhos, encontravam lembretes da guerra em quase todas as páginas. De acordo com análise do governo sobre a imprensa, a maior parte dos jornais dos EUA agora apoiava a política intervencionista de Roosevelt, com crescente quantidade endossando imediata participação americana na guerra. Mais de trezentos jornais procediam assim, inclusive o *New York Post*, o *New York Herald Tribune*, o *San Francisco Chronicle*, o *Plain Dealer* de Cleveland, *The Atlanta Constitution* e o *Courier-Journal* de Louisville.

Muitos dos livros mais vendidos em 1941 também abordavam temas da guerra. O *Berlin Diary* de William Shirer ocupava lugar de destaque entre os de não ficção, como também uma coleção dos discursos de Churchill e *This Is London*, compilação do programa de rádio de Londres feita por Edward R. Murrow. Na ficção, *Mrs. Miniver,* coleção de histórias baseadas no filme amplamente popular de mesmo nome, e *Random Harvest*, de James Hilton, estavam no topo da lista.

Não havia como negar que a guerra imprimira marca bem evidente na consciência nacional. Uma página inteira da *Vogue* foi dedicada a modelos posando em frente a um avião destinado a Londres, repleto de *Bundles for Britain* [pacotes para a Inglaterra, em tradução livre]. A companhia de cosméticos Elizabeth Arden começou a anunciar o batom "V" de vitória. Em Newark, São Francisco e outras cidades importantes, houve exercícios de blecaute, com fiscais voluntários vagando pelas vizinhanças e mandando as pessoas apagarem as luzes. Na cidade de Nova York, mais de 62 mil residentes se apresentaram voluntariamente para o novo programa de defesa civil do prefeito Fiorello La Guardia.

Parlamentares que voltaram do recesso de verão afirmavam que muitos de seus eleitores haviam mudado de opinião quanto à guerra, com alguns distritos isolacionistas se tornando "moderados, e agora moderados intervencionistas".[2] Em sua convenção anual, a *American Legion*, outrora fervorosamente isolacionista, clamou pelo abandono da Lei da Neutralidade e por um plano "para travar guerra com o inimigo".[3]

Um repórter da *Life* viajou para Neosho, no Missouri, cidadezinha ao pé da vertente ocidental dos montes Ozarks, para pesquisar opiniões. Depois de entrevistar dezenas de residentes, chegou à conclusão de que a maioria dos habitantes, se bem que republicanos e "conservadores em quase tudo",[4] decidira que o país tinha de entrar na guerra.

"Eu odiaria ver nossos rapazes levados ao combate, e eu tenho um de dezenove anos", disse C.W. Crawford, moedor de farinha, "mas se a Inglaterra não puder vencer sem eles, precisamos mandá-los [...] temos que fazer a nossa parte". Glen Woods, dono de mercearia e prefeito de

Neosho, observou: "Não consigo ver como podemos ajudar intervindo ativamente e não posso antever como conseguiremos conviver com nossas consciências se não o fizermos". Glenn Wolfender, editor do semanário da cidade, disse ao repórter da *Life* que ele e outros moradores de Neosho viraram intervencionistas devido à convicção moral de que a América precisava dar um fim a Hitler. "Quando se toma [de tal convicção], acaba-se capacitado a realizar qualquer coisa mais forte nesse mundo", acrescentou Wolfender. "Talvez isso sirva um pouco para vocês das grandes cidades, e não tome isso como ofensa, por favor."[5]

Outra pesquisa realizada no outono de 1941 mostrou que 75% dos que se definiram como republicanos apoiavam a política externa de FDR. Menos de 20% do povo americano admitiam ser isolacionistas e 72% julgavam "derrotar o nazismo" como "a maior tarefa que o país enfrentava". O pesquisador Elmo Roper reportou: "O desejo de emprego de nossas Forças Armadas cresceu ainda mais do que a tendência nominal pela intervenção. [...] Têm-se agora grandes maiorias a favor do uso de todas as forças singulares de nossos militares — se necessário".[6] De Chicago, Graham Hutton, funcionário da propaganda britânica, escreveu: "Os isolacionistas travam estridente e obstinada ação de retaguarda, mas sem qualquer chance de sucesso".[7]

A impressão generalizada era, então, que os americanos estavam preparados para a guerra. Mesmo assim, ainda receavam saltar para hostilidades totais. Segundo as pesquisas, de 75 a 80% da população continuavam se opondo a uma declaração de guerra à Alemanha.

Entrementes, notícias dos fronts sobre o conflito, se tornavam cada vez mais alarmantes. Depois de varrer grande extensão da Rússia, os alemães agora ameaçavam Moscou e iniciavam o cerco de Leningrado. Temeroso de que os soviéticos entrassem logo em colapso e os germânicos voltassem de novo sua fúria contra a Inglaterra, Winston Churchill desesperava-se por um inequívoco envolvimento da América.

Como o historiador Geoffrey Perret observou, um cenário estranho se instalava em Washington e no restante da América naquele outono: "Homens adultos se empurravam e se acotovelavam, provocando e atiçando uns aos outros, falando em ousadias, mas tremendo por dentro." Era "uma visão triste", acrescentou Perret, "pessoas à deriva pela ausência de objetivo seguro para ancorar seus desejos".[8]

Então ocorreu o inusitado caso do *Greer*.

EM 4 DE SETEMBRO, O CONTRATORPEDEIRO americano *Greer* navegava para Reykjavik, a capital da Islândia, quando foi informado por um avião inglês de patrulha que um submarino alemão fora localizado uns quinze quilômetros à frente. Só duas semanas antes, a Marinha americana autorizara suas belonaves baseadas no Atlântico a escoltar os navios mercantes amigos em toda a região atlântica até a Islândia, inclusive os de carga que se dirigiam à Inglaterra e à Rússia. A partir de lá, a proteção seria proporcionada pela Royal Navy. Os navios americanos receberam também permissão para destruir quaisquer submarinos ou atacantes de superfície alemães que ameaçassem os comboios mercantes.

Como o *Greer* não escoltava navios mercantes quando foi alertado sobre o submarino, não teve permissão para abrir fogo. Sua única opção foi seguir o inimigo e reportar sua localização para os ingleses, o que fez por mais de três horas. Em certa ocasião, um avião inglês de patrulha lançou várias cargas de profundidade, sem nenhum efeito visível.

Por fim, o comandante do submarino alemão julgou que já tinha suportado o suficiente. Aparentemente supondo que as cargas de profundidade haviam partido do *Greer*, ele disparou dois torpedos contra o *destroyer* americano. O *Greer* desviou-se deles e, tendo sido atacado, lançou em resposta suas próprias cargas de profundidade. Na confrontação, nenhum dos dois navios de guerra sofreu danos ou baixas.

Uma semana mais tarde, FDR fez uso do incidente para ampliar as regras de engajamento a fim de permitir que navios da Marinha americana atirassem assim que vissem quaisquer navios do Eixo, representassem ou não ameaças aos navios mercantes. Em 11 de setembro, por meio de pronunciamento pelo rádio, o presidente fez a acusação de que o submarino alemão tinha "atirado primeiro contra o *destroyer* americano sem alertá-lo e com o deliberado objetivo de pô-lo a pique".[9] (O que era verdade, mas o presidente não mencionou outros detalhes do incidente: as cargas de profundidade lançadas pelo avião inglês contra o U-boat e o rastreamento de três horas que o *Greer* realizara precedendo o ataque.)

Descrevendo os disparos contra o *Greer* como "pirataria", FDR, usando o mais duro linguajar até então, censurou os submarinos e navios de superfície alemães como "cascavéis do Atlântico" que constituíam uma "ameaça para as livres rotas marítimas dos altos mares" e "desafio para nossa soberania". Insistiu que sua ordem de "atirar ao avistar" não significava ato de guerra, e sim medida defensiva tomada em águas vitais para a segurança americana: "Quando se vê uma cascavel pronta para o bote, não se espera que ela ataque, a esmagamos antes. [...] Chegou a hora da defesa ativa".[10] Na sua radiodifusão, o presidente também falou de passagem sobre sua decisão anterior de proporcionar escolta naval dos EUA para todos os navios mercantes até a Islândia.

Durante os meses seguintes, contratorpedeiros americanos operaram em condições de combate escoltando catorze comboios, no total de 675 navios, através do Atlântico Norte. A Marinha americana foi, assim, a primeira força singular do país a entrar na guerra, mas ainda não declarada.

A maior parte dos oficiais subalternos e das tripulações da esquadra não partilhava da anglofobia e do isolacionismo de seus superiores em altos cargos. Quando os cinquenta contratorpedeiros velhos foram entregues à Royal Navy no ano anterior, os marujos ingleses, deliciados, constataram que seus correspondentes americanos estocavam os navios com luxos com os quais não estavam acostumados em sua marinha, inclusive cigarros, cobertores, lençóis, bifes e bacon. Os oficiais navais americanos: "Diziam abertamente o quanto desejavam levar eles mesmos os navios e se juntar a nós na luta contra os hunos",[11] disse o vice-almirante britânico sir Guy Sayer.

No fim de setembro de 1941, o primeiro comboio inglês oficialmente escoltado por navios americanos foi passado à proteção da Royal Navy ao sul da Islândia. O comandante do comboio, contra-almirante inglês E. Manners e o líder do grupo de escolta, comandante Morton Deyo da Marinha americana, trocaram mensagens de agradecimentos e desejos de boa sorte quando se despediram. "Por favor, aceite minhas congratulações", sinalizou Manners, "[...] por tomar conta de nós tão bem, e meus agradecimentos por toda a ajuda e assessoramento. Desejo-lhe sucesso, com a melhor das viagens e boa caça". Deyo sinalizou de volta: "Sendo esta nossa primeira missão de escolta, sua mensagem é apreciada em dobro. Como na última guerra, sei que nossos marujos estarão se vendo bem de perto. [...] Espero que nos encontremos de novo".[12]

ENQUANTO GRASSAVA O DEBATE sobre o envolvimento dos EUA na guerra, a força naval combinada no Atlântico, que incluía cerca de 10 mil americanos, já os engajara em combate. Pelo menos duas dezenas de cidadãos das Estados Unidos voluntários na Royal Navy serviam como oficiais a bordo de navios britânicos escoltando comboios da Islândia até a Grã-Bretanha. Eles tinham origens em diversificados históricos e profissões — médicos, vendedores de iates, publicitários e corretores de imóveis, entre outros — mas todos haviam crescido apaixonados marinheiros. Um dos americanos da Royal Navy — Edwin Russell, graduado por Princeton cujo pai era dono do maior jornal de Nova Jersey, o *Star-Ledger* de Newark — acabou se casando com lady Sarah Spencer Churchill, filha do duque de Marlborough e prima de Winston Churchill.

Diversas centenas de americanos haviam partido para a Inglaterra a fim de se alistar na Royal Air Force, sete dos quais voaram durante a Batalha da Inglaterra. Tantos cidadãos dos Estados Unidos se tornaram, de fato, pilotos da RAF, que acabaram formando unidade própria: o Eagle Squadron [Esquadrão Águia]. Mais de 5 mil americanos serviam em unidades do Exército e da Força Aérea canadense sediadas na Inglaterra, enquanto algumas dezenas se alistavam no Exército inglês.

Entre os voluntários no Exército britânico estavam cinco jovens Ivy Leaguers, que deixaram suas salas de aula em Dartmouth e Harvard para lutar pela causa inglesa. Um dos cinco era Charles Bolté, líder em Dartmouth, que no decurso de um ano fora de ardente pacifismo a igualmente feroz crença no intervencionismo. Em abril de 1941, Bolté publicara carta aberta ao presidente Roosevelt na primeira página do jornal diário de Dartmouth. "Já esperamos demais", escreveu ele. "Sabemos que a Grécia caiu e, na mesma radiodifusão, tomamos conhecimento de que os EUA estão enviando alguns navios para a Inglaterra — 'pequenos navios, vinte lanchas torpedeiras'. É dissimulação em meio à tragédia. [...] Não produzimos canhões, tanques, aviões e bombas suficientes. Não suprimos os navios. [...] Não equipamos os homens. [...] Agora pedimos ao senhor que mande pilotos, mecânicos, marujos e soldados americanos para combater onde eles necessitarem. [...] Pedimos ao senhor que faça de nós homens melhores travando a guerra."[13]*

O governo britânico entendeu rapidamente o valor propagandístico de jovens americanos lutando e morrendo pela Inglaterra enquanto seu próprio país permanecia impassível. Como escreveu um oficial: "Cada americano que se alista nas Forças Armadas da Coroa vale seu peso em ouro".[14] Jornais na Inglaterra e nos Estados Unidos publicavam histórias gloriosas sobre os voluntários americanos, e a BBC as apresentava em diversos de seus programas, como também Ed Murrow na CBS.

Contudo, poucas eram as histórias sobre os milhares de outros americanos na linha de frente — os marinheiros da Marinha Mercante e da Marinha americana então na Batalha do Atlântico, travada através de 4

*Bolté perderia uma perna combatendo com os ingleses em El Alamein, e dois de seus colegas Ivy Leaguers morreriam em ação pouco antes da vitória dos Aliados no norte da África. (N. T.)

mil quilômetros de mares gélidos e traiçoeiros. Em qualquer dos dias, quatro ou cinco comboios navegavam para a Inglaterra ou retornavam para a América, protegidos por longas fieiras de cinzentos contratorpedeiros dos EUA. A maior operação de transporte de carga da história.

Zarpando de portos da Nova Escócia e de Halifax, as diversificadas e improvisadas frotas eram em geral compostas por trinta a quarenta navios-tanques e cargueiros — alguns tinindo de novos, outros velhos e enferrujados. Para as escoltas, era enervante missão acompanhar e pastorear tal variedade de navios, tão diferentes em tamanho, tonelagem, velocidade e capacidade de manobra, e mantê-los em formação tão cerrada quanto possível.

Nas vastidões acinzentadas e onduladas do oceano, localizar navios inimigos de superfície já era bastante difícil, mas detectar submarinos com sonares primitivos era enganador — mais arte que ciência. Na maioria das vezes, a súbita e brilhante explosão de navio mercante era o primeiro e único sinal de que U-boats rondavam por perto.

O clima também provou ser formidável inimigo. Os comboios seguiam rotas no Atlântico Norte caracterizadas pelo clima infernal, em especial no inverno. E mais, o outono e o inverno daquele ano foram os piores de que se tem memória. Os navios e suas tripulações eram quase diariamente castigados por frio inclemente, por uivantes e cortantes ventos e por gigantescas ondas que varriam conveses e penetravam violentamente por escotilhas abertas, tornando a vida miserável para os que estavam a bordo. Não era incomum serem vistos navios encobertos por camadas de gelo e cegos pela neve. Nevoeiros espessos eram sempre perigosos, aumentando bastante o risco de colisões.

No outono de 1944, nada de pessoal da maioria dos americanos estava em jogo na guerra. Mas esse não era o caso dos familiares dos marinheiros americanos em missões de escolta. Centenas de mulheres e crianças se mudaram para Portland, no Maine, base da Esquadra do Atlântico da Marinha americana, para se juntar aos maridos e pais quando eles retornavam de suas arriscadas jornadas. Um jornalista observou: "Em Portland, as pessoas falam sobre a guerra no tempo presente". Repleta de "mulheres à espera", é "a cidade dos EUA mais perto da guerra".[15]

Boatos e ansiedades rondavam Portland. No arriscado jogo de gato e rato do Atlântico Norte, quais seriam as primeiras baixas do país?

A RESPOSTA VEIO NA NOITE de 16 de outubro, nas águas congelantes do sudeste da Islândia. Um comboio protegido pela Royal Navy e rumando para a Inglaterra foi atacado por alcateia de U-boats. Depois de receberem SOS do comboio, cinco contratorpedeiros americanos baseados na Islândia zarparam em seu socorro. Na batalha confusa que se seguiu, um dos destroieres, o *Kearney*, foi atingido por torpedo alemão. Onze marinheiros foram mortos pela explosão e 22 ficaram feridos.

As notícias sobre as primeiras mortes de americanos chegaram a Washington justo quando o Congresso debatia a proposta de FDR de permitir que os navios mercantes dos EUA fossem armados e também deixar que transportassem suas cargas, através das zonas alemãs de guerra, até portos ingleses e de outros de países beligerantes. A legislação era, com efeito, a revogação de diversas cláusulas da Lei da Neutralidade.

Em 27 de outubro, o presidente fez um de seus mais duros discursos até então, condenando o ataque ao *Kearney* e declarando: "Em face desse mais novo e maior desafio, nós americanos limpamos os conveses e assumimos nossos postos de combate".[16] Mas nenhuma nova ação resultou de suas palavras guerreiras.

Durante a Conferência do Atlântico, Roosevelt dissera a Churchill que planejava "esperar por um incidente que justificasse o início das hostilidades".[17] Fizera declarações similares para diversos de seu círculo mais íntimo. Para Churchill e outros, pareceu que o ataque ao Kearney era exatamente o que FDR aguardava. O presidente, no entanto, obviamente não entendeu assim. Não havia dúvida de que a maioria dos americanos apoiava FDR em sua prometida firmeza. Em uma das pesquisas, quase dois terços dos entrevistados disseram aprovar sua política de "atirar ao avistar". Segundo outras pesquisas, mais de 70% da população concordavam com a escolta dos EUA aos comboios. Claramente preparados para combater, se necessário, os compatriotas de Roosevelt tinham, como ele observara, assumido os postos de combate. Agora, como escreveu um historiador, "esperavam pelas ordens de batalha [que] seu comandante em chefe hesitava em expedir. [...] A eles se dissera, vezes sem conta e com palavras fervorosas, que a sobrevivência da América exigia a derrota de Hitler. Mas a ação do Executivo sugerida pelas palavras por ele expressas, não se tomava".[18]

As pessoas desejavam que FDR as liderasse, mas ele parecia aguardar que elas o liderassem. O resultado, mais uma vez, foi a paralisia.

DURANTE AQUELES DIAS E SEMANAS DE TENSÃO, o presidente centrou seus esforços na aprovação pelo Congresso das revisões da Lei da Neutralidade, outro passo intermediário na direção da guerra. Na verdade, ele vinha sendo fortemente pressionado a tomar medidas mais agressivas. Diversos jornais intervencionistas conclamavam pela revogação completa da Lei da Neutralidade, como também o fez a American Legion em sua convenção de setembro.

Por meses, Wendel Willkie também o conclamava a revogar a lei, que o ex-candidato presidencial chamava de: "Peça de hipocrisia e deliberada autoilusão".[19] Reclamando da lassidão do governo, Willkie o acusou de "praticar sua usual linha de ação em momentos críticos — consultar pesquisas, lançar balões de ensaio, fazer com que seus integrantes expressassem declarações que outros pudessem negar — o mesmo curso que havia levado o povo a tantos mal-entendidos e confusões".[20] Depois do ataque ao *Kearney*, Willkie disse com todas as letras aos repórteres: "Os Estados Unidos já estão em guerra e por algum tempo", acrescentando que o povo americano devia "abandonar a esperança de paz".[21]

Assim que Roosevelt enviou sua mensagem ao Congresso buscando alterações na Lei da Neutralidade, Willkie persuadiu três senadores republicanos a apresentarem moção pela revogação de toda a lei. A seu pedido, mais de trezentos republicanos de destaque de quarenta estados assinaram carta solicitando aos legisladores do GOP o apoio à moção. Milhões de republicanos, declarava a carta, estão dispostos: "A varrer a terrível mancha do isolacionismo obstrutor da face de seu partido".[22] Dois senadores democratas, Carter Glass e Claude Pepper, se aliaram aos três colegas republicanos para a revogação total. Mas os líderes democratas do Congresso, seguindo a liderança da Casa Branca, optaram apenas por abolir as cláusulas do armamento dos navios mercantes e da entrega das cargas em portos beligerantes.

De novo, a maioria do país deu claro suporte à proposta do presidente. De acordo com pesquisa do Gallup, 81% dos americanos eram favoráveis ao armamento dos navios mercantes e 61% apoiavam a ideia de permitir que eles transportassem suprimentos até a Inglaterra. Porém Roosevelt, outra vez, prestou mais atenção à oposição da enfraquecida, mas resolutamente rabugenta minoria no Congresso. Insistia em dizer que a legislação não fosse vista como desafio direto à Alemanha, e sim como simples defesa dos direitos americanos.

Seus opositores, que então se resumiam ao núcleo do isolacionismo, rejeitaram essa argumentação. Naquilo que foi sua campanha final de lobby, o Primeiro a América, embora bastante debilitado pelo discurso de Lindbergh em Des Moines, combateu ferozmente as propostas da Casa Branca. No dia em que a moção foi enviada ao Congresso, Robert Wood condenou a medida como equivalente: "a uma licença impressa para o afogamento dos americanos do mar".[23] Ele e sua organização ponderaram que a revisão da Lei da Neutralidade arremessaria o país imediatamente na guerra.

Numa carta intitulada "A crise chegou", a liderança do Primeiro a América instou as sucursais locais a inundarem Capitol Hill com cartas e telegramas contra a proposta. "Lutaremos", declarava a carta, "como o faríamos uma declaração de guerra." Deveria ser dito a todos os congressistas, afirmava a missiva, que um voto favorável à moção seria considerado voto "para enviar marinheiros americanos à morte. Eles têm que ser lembrados que o povo americano os responsabilizará por fazer, por meio de subterfúgio, aquilo que não ousam fazer abertamente".[24]

Contra-atacando, o presidente, em seu discurso de 27 de outubro, fez um anúncio que sacudiu o país. Ele estava de posse, disse, de um mapa secreto alemão mostrando como o Reich pretendia moldar a América do Sul e grande parte da Central em cinco Estados vassalos. Também falou sobre detalhado plano nazista para abolir todas as religiões existentes no mundo, substituindo-as pela Igreja Internacional Nazista.

O mapa mencionado por Roosevelt era, de fato, um esboço das aerovias nas Américas do Sul e Central, que retraçava a área em quatro Estados e uma colônia, todos sob mando germânico. No mapa, a rede proposta para o tráfego aéreo alemão tinha linhas que levavam a Natal, cidade com porto no nordeste do Brasil, e ao Panamá.

O general Marshall e outros militares americanos de altas patentes se preocupavam com a possibilidade de uma força alemã ser transportada do litoral oeste da África para a costa leste do Brasil a fim de, avançar na direção do canal do Panamá. Na realidade, a Divisão de Planejamento de Guerra do Exército, na própria semana do discurso de FDR, alertara que a ameaça germânica ao Brasil permanecia extremamente séria.

Não surpreendeu, portanto, que a revelação de Roosevelt disparasse alarmes em seu governo e na nação. Repórteres clamaram por informações adicionais da Casa Branca e pediram para ver o mapa. O presidente recusou, alegando que se ele fosse tornado público colocaria em risco sua fonte, que qualificou como "indubitavelmente confiável".[25]

Funcionários alemães, todavia, reclamaram o direito de refutar. Quatro dias após o discurso de Roosevelt, o ministro germânico do Exterior

Joachim von Ribbentrop negou a existência de tal mapa, declarando que tanto o mapa quanto o documento referente ao extermínio das religiões do mundo eram: "Falsificações da mais grosseira e deslavada espécie".[26] A declaração de Ribbentrop fora precedida por minuciosa busca pelo governo alemão para descobrir se documentos como aqueles haviam sido realmente produzidos. Nada fora encontrado.

Pelo menos naquela vez, o Reich dizia a verdade; o mapa, como se constatou depois, foi criação da Coordenação da Segurança Britânica de William Stephenson. Em sua história oficial, a BSC inventou que agentes da sua vasta rede sul-americana haviam interceptado mensageiro alemão e descobriram o mapa em seu malote. Na verdade, tratava-se de falsificação, produto de uma unidade clandestina da BSC sediada no centro de Toronto e denominada Estação M, que recebera a missão de forjar cartas e outros documentos.

Enviado para Nova York, o mapa fora entregue a William Donovan, que, por sua vez, passou-o para Roosevelt. Segundo o secretário assistente de Donovan, portador do documento até a Casa Branca, nem seu chefe nem o presidente sabiam que ele era falso. Como isso pode ter sido realmente o que ocorreu, alguma dose de verdade deve ser emprestada aos alertas que outros membros do governo faziam sobre a possibilidade de os ingleses tentarem transmitir documentos falsos à administração, visando a seus próprios interesses. No início de setembro, o subsecretário-assistente de Estado Adolf Berle informou ao subsecretário Sumner Welles: "A inteligência britânica está muito ativa em fazer as coisas parecerem perigosas" na América do Sul, acrescentando que "temos que ficar um pouco em guarda contra certos sustos".[27]

Não se pode avaliar quão influente foi o anúncio de FDR sobre o mapa na votação do Congresso. É possível que as notícias a respeito do *Kearney* tivessem provocado mais impacto naqueles propensos a votar pelas revisões da Lei da Neutralidade. Enquanto isso, os legisladores que se inclinavam pelo voto contra a medida, eram sugestionados não só pelos milhares de telegramas e cartas antirrevisão que despencavam em seus gabinetes, com também por seu próprio senso de raiva contra Roosevelt por não fazer o bastante para conter a persistente inquietação na indústria aeronáutica e em outros complexos fabris.

Na Capitol Hill e por todo o país, se alastravam crescentes demandas por legislação que banisse greves durante tempos de emergência nacional — demandas que o governo pró-trabalhadores de Roosevelt odiava atender. No começo de novembro de 1941, Henry Stimson registrou em seu diário: "O sentimento de que o presidente tem sido brando demais com os sindicatos produziu no Congresso muita ira e relutância para aprovar qualquer coisa que ele queira, a menos que seja mais severo com os trabalhadores".[28]

Como haviam feito no combate a todas as medidas anteriores de intervencionismo, os isolacionistas do Senado obstruíram o processo pelo tempo que puderam, ocupando interminavelmente a tribuna com pronunciamentos contra mudanças na Lei da Neutralidade. Numa intervenção de oito horas feita em dois dias, Burton Wheeler lançou virulento alerta na direção de seus colegas pró-governo: "Vocês que seguem cegamente a política do governo, vocês que, fustigados e vergastados, levarão o país à guerra — vocês o conduzirão ao inferno!".[29] Um dos visados por Wheeler, o senador Claude Pepper, anotou melancolicamente em seu diário: "Indiferença trágica ainda aparente no Congresso. A democracia será salva no último momento, se é que será".[30]

Ainda no início de novembro, o Senado finalmente aprovou a medida por relativamente pequena margem: 50 a 37. A despeito dos ingentes esforços de Willkie, apenas seis republicanos votaram a favor. Poucos dias depois, a Câmara seguiu o Senado, aprovando as alterações em outra votação apertada: 212 a 194.

O fato de o estado de espírito antitrabalhista no Congresso ter sido fator relevante na estreiteza da vitória não pareceu fazer muita diferença para FDR. Seu único foco foi o fato de, mais uma vez, uma proposta intervencionista do governo passar apertada pelo Congresso. A votação, decerto, nada concorreu para melhorar seu profundo apego à cautela.

Em meio do continuado "*Sturm und Drang*" [tempestade e ímpeto] em Washington chegou a notícia de outro ataque a destroier americano no Atlântico — mais calamitoso ainda do que o do *Kearney*. Em 31 de outubro, ao largo da costa da Islândia, o *Reuben James* foi posto a pique e 115 membros da tripulação morreram. O contratorpedeiro, da época da Primeira Guerra Mundial, ganhou assim a funesta distinção de ser a primeira belonave dos EUA perdida na Segunda Guerra Mundial.

POUCAS SEMANAS ANTES DO AFUNDAMENTO, Wallace Lee Sowers, marinheiro a bordo do *Reuben James*, escrevera aos pais sobre suas angustiantes experiências até então na proteção de comboios. Descreveu como um submarino havia atacado seu navio bem tarde de uma gélida noite, como o *Reuben James*, carinhosamente chamado por Sowers de "essa lata velha", tinha se esquivado dos torpedos e rumado em busca de sobreviventes de navios mercantes ingleses não tão sortudos. "Não encontramos nenhum",[31] escreveu o jovem marujo. Ele disse aos pais que esperava estar em casa pelo Natal.

O *Reuben James* era, de fato, uma "lata velha", embarcação antiquada com velhos canhões que quase sempre emperravam. Antes de ir para o estaleiro a fim de ser reformado, entretanto, o comandante do destroier recebera ordens para realizar uma última escolta de comboio até a Islândia. Em 23 de outubro, ele e quatro outros contratorpedeiros zarparam de Halifax acompanhando bom número de navios mercantes. Em rota, os navios-escoltas receberam diversos sinais de detecção de U-boats. Na noite de 31 de outubro, os submarinos por fim atacaram. Um deles disparou um único torpedo contra o *Reuben James*, atingindo-o a meia-nau e o partindo em dois. Enquanto grandes chamas alaranjadas se elevavam ao céu, o destroier ia a pique em questão de minutos.

Wallace Lee Sowers e outros rapazes que morreram representavam uma seção reta da sociedade americana, com origens em pequenas cidades da Luisiânia e do Alabama, como também em grandes metrópoles, como Nova York e Chicago. O pai de um deles, Lloyd LaFleur, farmacêutico no Texas, disse aos repórteres após receber a notícia da morte do filho: "Acho que os Estados Unidos deveriam entrar na guerra e varrer para sempre os submarinos germânicos dos mares. Se eu fosse mais moço, gostaria de ajudar nessa missão".[32]

Os funcionários alemães esperaram a reação dos EUA ao afundamento com grande temor, convencidos de que Roosevelt o usaria como pretexto para cortar relações com a Alemanha e declarar guerra. Mas FDR não fez nada disso. Para consternação de seus auxiliares, ele nem expediu uma declaração condenatória. O torpedeamento do *Reuben James*, os assessores estavam seguros, era o incidente que o presidente aguardava. Por que não agiu?

Harold Ickes apresentou a Roosevelt uma carta de velho amigo salientando que, apesar de só o Congresso ter o poder para declarar guerra, o presidente, como comandante em chefe das Forças Armadas, tinha autoridade para travar guerra defensiva. Um ponto interessante, disse FDR, mas o amigo de Ickes não entendia era que, "se tratava simplesmente de uma questão de oportunidade". O secretário do Interior escreveu tristemente em seu diário: "Aparentemente, o presidente vai esperar. [...] Só Deus sabe por quanto tempo". [33] Entrementes, o almirante Stark queixava-se a um amigo: "Nossa Marinha já está em guerra no Atlântico, mas o país parece não perceber isso".[34] Em vez de um clamor popular nos Estados Unidos, demandando que Roosevelt vingasse "nossos rapazes," a reação predominante pareceu ser de apatia. Mas a sensação era de que, em seu estado de ânimo de resignação fatalista, o povo americano simplesmente seguia a liderança de seu presidente.

Angustiado pelo fato de ninguém parecer sensibilizado com mais de cem jovens marinheiros perderem a vida, o cantor folclórico Woody Guthrie escreveu a letra de uma canção chamada "O afundamento do *Reuben James*". A música se transformou em sucesso sertanejo, e milhões de americanos decoraram seu comovente refrão:

Diga-me quais eram os nomes, diga-me os nomes,
Você tinha um amigo no bom Reuben James*?*[35]

Em Londres, Winston Churchill estava quase no fim de sua esperança emocional. Ele protestava com seus subordinados sobre a paralisia da América e sobre a má vontade de Roosevelt para fazer alguma coisa. Em discurso na Câmara dos Comuns, declarou: "Nada é mais perigoso em tempo de guerra do que viver na atmosfera temperamental das pesquisas Gallup ou ficar medindo a pulsação e tirando a temperatura. [...] Só existe uma obrigação, só uma linha segura de ação, e ela é estar certo e não ter medo de fazer ou dizer o que se acha correto".[36]

Roosevelt, que certa vez se descreveu como "malabarista",[37] sempre teve grande orgulho de seu domínio da improvisação e da manipulação. No entanto, como Robert Sherwood mais tarde escreveu: "Não lhe restavam mais truques. A cartola da qual ele tirara tantos coelhos estava vazia".[38] Na calmaria da América, Sherwood observou: "Era vista a terrível imagem de uma grande nação que havia perdido toda a capacidade de iniciativa e, por conseguinte, repousava em estado de flácida impotência para que seus potenciais inimigos decidissem onde, quando e como a ação seria realizada".[39]

Como diversos outros auxiliares próximos do presidente, Sherwood havia muito tempo suspeitava de que a indecisão de Roosevelt em tomar a iniciativa era em grande parte devida à sua intransigente crença de que "qualquer que fosse o perigo, ele não conduziria o país para a guerra".[40] Fazendo eco para tal opinião, Samuel Rosenman escreveu mais tarde: "A última coisa que [FDR] queria, então ou em qualquer momento antes de Pearl Harbor, era uma declaração formal de guerra quer contra Hitler ou os japoneses, quer de iniciativa deles".[41] O ex-ministro da Justiça Robert Jackson, que conhecia Roosevelt desde que ele era governador do estado de Nova York, disse a um entrevistador que FDR sempre tivera "grande fé em que alguma coisa aconteceria para acertar a situação. Ele achava que por manobra diplomática, ou por qualquer outra, tudo acabaria bem".[42] De acordo com Herbert Agar: "Os historiadores que insistem que Roosevelt sempre soube para aonde ia [...] ou não estavam presentes durante aqueles meses sombrios ou esqueceram as ambiguidades da política democrática".[43]

Durante os dois anos anteriores, Roosevelt vinha fazendo malabarismos com as ameaças tanto do Japão quanto da Alemanha, tentando evitar ao máximo hostilidades totais com ambos. Com sua atenção focada na ofensiva alemã, em especial no Atlântico, Roosevelt tencionava, como disse a seus assessores: "Mimar os japoneses por algum tempo". Como ele visualizava, uma luta contra o Japão seria: "A guerra errada, no oceano errado e na oportunidade errada".[44]

O que Roosevelt, aparentemente, não esperava era que os japoneses, diferentemente de seus aliados no Eixo, se mostrassem bastante receptivos à ideia de confrontação com os Estados Unidos — em seus próprios termos e o muito em breve.

26

O MAIOR "FURO" DA HISTÓRIA

DESDE QUE OS JAPONESES TOMARAM A MANCHÚRIA EM 1931, as tensões entre o Japão e os Estados Unidos aumentaram irreversivelmente. Os nipônicos, decididos a expandir seu Império, lançaram uma invasão em enorme escala contra a China em 1937, bombardeando cidades, massacrando centenas de milhares de civis e assumindo o controle de Xangai e outros portos importantes ao longo do litoral. Evidentemente em missão de estabelecer hegemonia no Extremo Oriente, o Japão constituía então ameaça vital e direta aos interesses americanos, ingleses e holandeses na região.

De início, os Estados Unidos condenaram a agressão do Japão, como outras potências ocidentais, mas nada fizeram para combatê-la. O governo Roosevelt enfrentava um dilema: apesar de reconhecer o crescente perigo que o Japão representava para os Estados Unidos, Washington concluiu que a ameaça da Alemanha nazista era muito maior e mais imediata. Como a América, naquela ocasião, se encontrava incapacitada de defender o Atlântico e o Pacífico ao mesmo tempo, julgou-se melhor ignorar deliberadamente os nipônicos enquanto se ajudava os britânicos a rechaçar a Alemanha.

O Japão dependia dos Estados Unidos para muitos de seus mais importantes materiais estratégicos, de modo que o governo recorreu às sanções econômicas como instrumento preliminar para restringir Tóquio e pressioná-la a alterar ou renunciar ao seu programa expansionista. Os japoneses, todavia, não pretendiam ceder em questões que consideravam vitais para o futuro do país.

Estava evidente que os dois países estavam em rota de colisão. Na primavera de 1940, Washington deixara que seu acordo de comércio com o Japão, já com vigência de cinquenta anos, expirasse — para Tóquio, mau presságio. Poucos meses depois, o governo americano impôs embargo a todas as exportações de sucata selecionada de ferro e aço, bem como de gasolina de aviação de alta octanagem, para os japoneses.

O Japão reagiu assinando Pacto Tripartite com Alemanha e Itália em setembro de 1940, todos os signatários acordando, que se qualquer um deles fosse atacado, os outros acorreriam em seu auxílio. Washington respondeu à provocação barrando a exportação de qualquer sucata metálica para o Japão. Três meses mais tarde, interrompeu os despachos adicionais, inclusive de máquinas-ferramentas.

Petróleo — o mais essencial de todos os materiais estratégicos para os japoneses — foi a única exportação que não cessou. Mais de 80% dos suprimentos de combustíveis para os nipônicos vinham da América, e um embargo seria devastador para as operações militares do país, bem como para sua economia. Por meses, o governo Roosevelt manteve em reserva sua mais poderosa arma econômica, não apenas para obter considerável vantagem na confrontação, mas também porque o presidente e Cordel Hull receavam que o banimento da preciosa matéria prima fizesse com que os nipônicos conquistassem territórios ricos em petróleo na Ásia, inclusive as Índias Orientais Holandesas, o conjunto de ilhas no Pacífico que hoje é a Indonésia.

Entretanto, ao tentar "mimar os japoneses por algum tempo", como FDR queria, ele e seu governo entraram em confronto com o povo americano, crescente parcela do qual queria que o governo apertasse os parafusos de uma vez por todas contra os nipônicos. "Parece não existir resistência emocional tão feroz contra uma guerra no Pacífico quanto a demonstrada contra uma guerra na Europa",[1] publicou a *Life* no começo de 1941. Um conflito contra o louvado Exército alemão, na mente de muitos americanos, significaria milhões de baixas em seu país. A guerra com o Japão, por outro lado, parecia luta mais apropriada, provavelmente confinada aos mares, que a Marinha americana facilmente venceria.

Tal confiança — bastante equivocada, como mais tarde se confirmou — derivava em parte da ideia racista de que o "perigo amarelo" japonês podia ser facilmente derrotado pela raça branca, moral e fisicamente superior. Entre os que favoreciam uma política mais dura dos EUA contra o Japão estavam os líderes isolacionistas do país, inclusive Charles Lindbergh e o senador Burton Wheeler. Os americanos faziam suas suposições sobre o Japão sem saber coisa alguma a respeito do país e de seu povo. E pouquíssima ajuda eles recebiam por parte da mídia dos EUA, a qual, focada como estava na guerra da Europa, quase ignorara os eventos na Ásia e no Pacífico durante os dois anos anteriores.

O governo americano, particularmente os militares, também subestimava o nipônico, desconsiderando a força de sua Marinha e desprezando a capacidade combatente de seu Exército, o qual em quatro anos de guerra não declarada não fora capaz de assumir controle completo da China. Funcionários da administração enganavam a si mesmos acreditando que a Esquadra dos EUA no Pacífico, sediada em Pearl Harbor, não teria dificuldade em negar o Pacífico Ocidental ao Japão.

Para Tóquio, a ameaça implícita do embargo do petróleo era uma espada de Dâmocles suspensa sobre a cabeça. As reservas nipônicas de petróleo mal durariam mais dois anos; nessa ocasião, os Estados Unidos estariam próximos de seu objetivo de organizar uma esquadra para dois oceanos. O Japão, portanto, só tinha duas escolhas: guerra iminente ou reversão de suas políticas externa e militar. Essa segunda opção era inaceitável para os líderes do país.

No verão de 1941, forças japonesas ocuparam a Indochina, importante fonte de borracha, e demandaram bases militares do estrategicamente localizado Sião (hoje, Tailândia). Não havia dúvida na mente de ninguém que as possessões inglesas e holandesas no Extremo Oriente — Malásia, Birmânia, Cingapura, Hong Kong e Índias Orientais Holandesas — corriam perigo. Em reação, Roosevelt anunciou congelamento imediato de todos os ativos japoneses nos Estados Unidos. Naquelas condições, compras adicionais nipônicas de bens americanos, inclusive petróleo, teriam que ser autorizadas por comitê governamental. Embora o congelamento não representasse embargo direto do petróleo, suas implicações horrendas para o Japão estavam claras.

Depois de fazer forte lobby pelo embargo do petróleo, muitos jornais dos EUA aplaudiram o que consideraram o fim do: "Apaziguamento" de Tóquio por parte do governo. "Não nos enganemos", declarou o *New York Post*, "os EUA têm que aplicar implacavelmente sua força arrasadora."[2] O *PM*, enquanto isso, se rejubilava, já que "a corda estava, finalmente, em volta do pescoço do Japão. [...] Durante algum tempo, ele pode espernear e revidar, mas no fim só vai gemer e capitular".[3]

O presidente, contudo, não tinha a intenção de dar a ordem para um automático corte do petróleo. Ele desejava manter abertas as alternativas, e os japoneses, na mesa de negociações. Não obstante, os funcionários do Departamento de Estado apertaram o congelamento de tal forma que nenhuma exportação de importância, inclusive de petróleo, foi autorizada para o Japão. O comércio nipo-americano cessou abruptamente, e a crise, que Roosevelt esperava postergar o máximo, ficou então na soleira da porta.

No fim de novembro de 1941, tanto o governo dos Estados Unidos quanto o da Inglaterra esperavam um potente ataque japonês para qualquer momento, com o Sião e a Malásia como prováveis alvos. No encontro da Terra Nova, Churchill apelara a Roosevelt que se juntasse a ele no alerta ao Japão de que quaisquer futuras incursões na Ásia enfrentariam forças britânicas ou americanas. Mas Roosevelt rechaçou a expedição de tão rude ultimato. Se o golpe fosse desferido em território não americano, como a maioria dos observadores esperava que fosse, o primeiro-ministro britânico temia que o presidente e o povo dos EUA evitariam a entrada em combate deixando, a Inglaterra sozinha para enfrentar dois poderosos inimigos: Alemanha e Japão.

O povo americano, entrementes, se mostrava um tanto indiferente em relação ao que se passava. "Ninguém se preocupava", escreveu um jornalista. "Ninguém falava sobre os japoneses no Pacífico. Tudo isso sinalizava apenas uma coisa: que os americanos não tinham medo dos japoneses."[4] Talvez fosse verdade. Mas a falta de concentração dos americanos só podia ser explicada pelo fato de que outra notícia de realce havia, pelo menos temporariamente, despertado sua atenção.

Em 4 de dezembro, o *Chicago Tribune* de Robert McCormick e o *Washington Times-Herald*, editado por uma prima de McCormick, Cissy Patterson, causaram ondas de choque de proporções sísmicas por toda a Washington oficial. Sob enorme e gritante manchete "Revelados planos de guerra de FDR",[5] a primeira página do *Tribune* e a do *Times-Herald* foram devotadas à publicação de alegado "planejamento de guerra total" do governo — documento ultrassecreto da administração delineando os planos de uma confrontação geral com a Alemanha.

De acordo com a história, escrita pelo correspondente do *Tribune* em Capitol Hill, Chesly Manly, os planos previam o emprego de uma força expedicionária americana, com efetivo aproximado de 5 milhões de homens, em "esforço supremo final",[6] numa invasão de escala gigantesca da Europa ocupada pela Alemanha, por volta de julho de 1943. No fim, dizia o artigo, as Forças Armadas dos EUA teriam mais de 10 milhões de combatentes. Manly escreveu que o relatório no qual baseara a história: "Representa decisões e compromissos que afetam os destinos de povos de todo o mundo civilizado".[7] Se acurado, o artigo também apresentava o presidente dos EUA como rematado mentiroso.

Washington entrou em parafuso. O *Times-Herald* esgotou a edição daquele dia em uma ou duas horas, e o expediente em diversas repartições públicas foi interrompido. Repórteres cercaram a Casa Branca demandando explicações e foram imediatamente encaminhados para o Departamento da Guerra. Lá, um lívido Henry Stimson declarou que, apesar de o documento vazado por Manly ser genuíno, o repórter havia, completa e talvez deliberadamente, interpretado erroneamente seu objetivo. Tratava-se, afirmou Stimson, de um conjunto de estudos incompletos do Estado-Maior que "jamais foram compilados e chancelados como um programa de governo".[8] Em suma, era plano contingente, avaliando o estado de aprestamento das Forças Armadas dos EUA e as várias opções abertas na eventualidade de seu envolvimento na guerra.

O ministro da Guerra, tão furioso como ninguém o vira antes, investiu contra McCormick e sua prima por publicarem matéria tão sensível. "O que se poder pensar sobre o patriotismo de um homem ou de um jornal", disparou o secretário, "que se apossa desses estudos confidenciais e os torna públicos para inimigos da nação?".[9]

O que Stimson não revelou foi que os planos haviam sido formulados apenas alguns meses antes. Esse fato — que não existia avaliação detalhada sobre o que os Estados Unidos deveriam fazer para derrotar o Eixo às vésperas de Pearl Harbor — era, em certo sentido, tão surpreendente quanto o próprio conteúdo do documento.

Por mais de ano, Stimson, Knox, Marshall, Stark e outros servidores do governo envolvidos com a mobilização da defesa insistiam com o presidente para que estabelecesse diretrizes políticas claras e específicas para os objetivos da América na guerra. Que papel o país teria no conflito? Deveria simplesmente defender suas fronteiras e aquelas dos latino-americanos vizinhos? Ou deveria formular planejamento para intervenção total, inclusive organizando maciça força expedicionária?

Com o passar dos anos, os militares dos EUA foram desenvolvendo uma série de planos hipotéticos para possíveis conflitos futuros. No início de 1940, o almirante Stark formulara planejamento próprio, conhecido como Plano *Dog* [Cão], que focava na possibilidade de uma guerra em duas frentes na Europa e no Pacífico. O plano de Stark advogava a guerra defensiva limitada contra o Japão enquanto dava prioridade à derrota da Alemanha e Itália. Ele constituíra a base para os debates entre os militares americanos e britânicos que tiveram lugar em Washington em março do mesmo ano. Roosevelt, todavia, recusou comprometer-se com o Plano *Dog*, da mesma forma que não concordou em apor sua assinatura em qualquer proposta abrangente e de longo prazo. "Este é um período de fluidez", disse ele a Frank Knox. "Não dou autorização para o que possa acontecer além de 1º de julho de 1941."[10]

A relutância de FDR em assinar diretrizes bem definidas e seu hábito de mudar com frequência as prioridades da produção deixavam loucos seus chefes militares. "Uma hora o presidente quer quinhentos bombardeiros em um mês, e isso altera a programação", rosnou Marshall. "A seguir, deseja tantos tanques que também mudam o programa por inteiro. O presidente jamais se sentará conosco e falará sobre um programa completo, fazendo com que tudo avance ao mesmo tempo."[11]

Sem um plano concreto para seguir, a produção de defesa dos EUA permaneceu lenta e errática; o fluxo de material bélico para a Inglaterra continuava gotejando, e a entrega de armamentos à União Soviética quase não passava de promessa. Em memorando de palavreado duro para Stimson, o subsecretário da Guerra Robert Patterson, encarregado da mobilização militar, perguntou com que diacho os Estados Unidos poderiam esperar se armar e cumprir seus compromissos com outras nações sem um plano minucioso e bem pensado para fazê-lo.

Armado com o memorando de Patterson, Stimson finalmente convenceu o presidente a agir. Em 9 de julho, ele instruiu Stimson e Knox a preparar um plano com "os requisitos gerais da produção para derrotar nossos potenciais inimigos".[12] Por fim, com o primeiro tempo do jogo quase acabando, o Exército e a Marinha receberam autorização para planejar avaliações abrangentes sobre possíveis inimigos e teatros de operações, sobre os efetivos e as organizações das forças singulares dos EUA e sobre os recursos financeiros e industriais necessários para as necessidades da defesa da América e de seus potenciais aliados.

Suprema ironia foi o fato de o homem selecionado para dirigir tão complexo estudo, denominado Programa *Victory* [Vitória], ser ninguém menos do que o major Albert Wedemeyer, um dos oficiais mais isolacionistas do Exército americano. Recém-designado para a Divisão de Planejamento de Guerra por Marshall, Wedemeyer assim se tornou, como escreveu em suas memórias: "O planejador de uma guerra que eu não queria".[13] No fim dos anos 1930, ele passara dois anos frequentando a Escola Superior de Guerra da Alemanha, em Berlim, e admitiu que "começara a ver aquele país sob uma luz bem diferente da maioria de

O General Albert Wedemeyer após a Segunda Guerra Mundial.

seus contemporâneos".[14] Aceitara por completo a opinião do III Reich de que: "Uma conspiração comunista de amplitude mundial, centrada em Moscou"[15] era a principal causa das tensões e conflitos globais, e que "a busca germânica por *Lebensraum* estava longe de ameaçar o mundo ocidental da mesma maneira"[16] que o comunismo. Descartando o tratamento brutal nazista dispensado aos países que derrotava, Wedemeyer descreveu o *Lebensraum* simplesmente como: "Um movimento nacional para conquistar espaço vital [de] povos mais atrasados".[17]

Os pontos de vista pró-alemães de Wedemeyer eram considerados extremados mesmo em ambiente que não fosse decididamente crítico aos militares germânicos. Ele escreveu anos mais tarde: "Alguns de meus companheiros oficiais e amigos [no Departamento da Guerra] me consideravam simpatizante do nazismo. [...] Talvez por vezes eu tivesse sido muito sincero e indiscreto na expressão de minha convicção de que não deveríamos nos envolver na guerra".[18]

A despeito de tudo isso, Wedemeyer cumpriu sua missão de planejamento. Como militar profissional, observou, não tinha o direito de tomar decisões relativas à paz ou à guerra. "Minha missão era antecipar desdobramentos e formular planos continuados de modo que meu país estivesse preparado para qualquer contingência que o destino, os políticos, ou líderes sedentos de poder [isto é, Roosevelt] pudessem precipitar."

Também era obrigação sua, afirmou, formular: "Planos objetivando colocar nossos inimigos de joelhos com a maior brevidade possível".[19]

Por quase três meses, Wedemeyer e sua pequena equipe trabalharam virtualmente 24 horas por dia na sua gigantesca tarefa. Peneiraram uma enormidade de prioridades e necessidades, inclusive pormenores envolvendo treinamento, equipamento, armamentos, navios, aviões, viaturas pesadas e milhares de outros itens requeridos para a defesa. O resultado foi assombrosa e presciente análise, que acabou servindo para o planejamento básico das Forças Armadas dos EUA e para a mobilização ao longo de toda a guerra. Anos mais tarde, Robert Sherwood chamaria o Programa *Victory* de: "Um dos mais extraordinários documentos da história americana, por traçar a estratégia básica de uma guerra global antes de o país nela se envolver".[20]

No estudo, Wedemeyer e seus auxiliares declararam que a Inglaterra sozinha não era capaz de derrotar a Alemanha, e que, para o Eixo ser batido, os Estados Unidos teriam de entrar na guerra. Uma vez no combate, seu objetivo principal tinha de ser "a completa derrota militar da Alemanha [...] mantendo o Japão controlado e na dependência de futuros desdobramentos". Frisando que apenas força naval e força aérea, raramente venceriam guerras importantes",[21] os autores do Programa *Victory* deixaram patente que a derrota da Alemanha e do Japão ia requerer força terrestre americana maciça. A data que Chesly Manly sustentou estar fixada para o início da invasão americana da Europa — 1º de julho de 1943 — era, na realidade, quando, pelas estimativas de Wedemeyer, os Estados Unidos estariam totalmente preparados para agir.

O estudo do Programa *Victory* foi o rude toque do despertardor para a preguiçosa mobilização do país. Ele avaliava que a produção para a defesa devia dobrar, ao custo de, ao menos, 150 bilhões de dólares para atender às necessidades dos EUA e de seus parceiros no Lend-Lease. "A vitória decisiva sobre as potências do Eixo", afirmava a análise, "exigirá uma demanda industrial que poucos têm a capacidade de entender."[22]

Graças ao Programa *Victory*, a Casa Branca e o restante da administração finalmente se confrontaram com a inflexível realidade que os "negócios como de hábito" não era mais uma opção. Nas palavras de Donald Nelson, funcionário-chave na mobilização para a defesa, "o plano revolucionou nossa produção e pode ter sido muito bem um decisivo ponto de inflexão".[23]

Em meados de setembro, cópias do longo relatório ultrassecreto foram entregues a Stimson, Knox, Marshall, Stark e a poucas outras figuras de importância, todos eles conscientizados de que não deveriam revelá-lo a ninguém. Em 25 de setembro, Stimson entregou pessoalmente uma cópia a FDR. Depois de ouvir o resumo do programa, Roosevelt discordou de uma de suas conclusões. "Ele receia a menor suposição de termos que invadir [...] e esmagar a Alemanha", escreveu Stimson em seu diário. "Julga que isso desencadearia reação muito má." O secretário da Guerra replicou dizendo acreditar que a entrada dos EUA na guerra "ajudaria muito a produção e reforçaria a psicologia do povo".[24] Quanto a esse argumento, registrou Stimson, FDR "concordou plenamente".

No entanto, Roosevelt jamais assinou formalmente o plano. Aparentemente, ainda se apegava à esperança de que os Estados Unidos poderiam ter a capacidade de participar do conflito sem ter que enviar um exército à Europa. Mais ou menos na ocasião em que recebeu o relatório do Programa *Victory*, FDR, na realidade, sugeriu a Stimson e Marshall que o tamanho do exército fosse diminuído de maneira a ajudar o pagamento de mais equipamentos para Inglaterra e Rússia.

Apesar disso, o presidente enviou a Capitol Hill uma solicitação de 8 bilhões de dólares como verba suplementar para aquisições militares a fim de aumentar a velocidade da produção de defesa. O Congresso examinava exatamente a proposta de Roosevelt quando o *Chicago Tribune* e o *Washington Times-Herald* soltaram sua bomba do Programa *Victory*.

ENQUANTO WEDEMEYER E SUA EQUIPE trabalhavam no relatório pelo fim do verão e início do outubro de 1941, McCormick tentava achar um modo de prejudicar o lançamento de um novo matutino em Chicago, criado especificamente para ser o rival intervencionista do *Tribune*.

O *Sun* de Chicago era ideia de Marshall Field III, neto e herdeiro de Marshall Field, magnata das lojas de departamentos. No ano anterior, Field financiara o surgimento em Nova York do *PM*, diário também intervencionista. Ele queria agora duplicar o feito em sua cidade natal.

Field foi encorajado para sua empreitada por dois dos mais figadais inimigos de McCormick: o presidente dos Estados Unidos e o secretário da Marinha Frank Knox, dono do jornal vespertino de Chicago, o *Daily News*. Knox, que alugara os três andares mais altos do edifício do *Daily News* para Field e permitira que este último usasse as rotativas do seu jornal, jactou-se para sócios do Chicago Club: "Bem, agora pegamos o *Tribune*. Marshall Field vai lançar seu jornal amanhã com o apoio de todo mundo, do presidente para baixo".[25] Segundo o *Daily Mail* londrino, a chegada do *Sun* representava: "A última grande iniciativa para torpedear o isolacionismo"[26] na América.

Membros da sucursal do Luta pela Liberdade em Chicago distribuíram *bottons* de lapela com o slogan "Chicago precisa de um matutino",[27] e também panfletos com uma suástica no topo do prédio do *Tribune* onde também se lia "Bilhões para a defesa, mas nem dois centavos para o *Tribune*".[28] Um comício anti-*Tribune* na South Michigan Avenue desandou em pancadaria, com os oponentes de McCormick destruindo máquinas de vendas do *Tribune* e queimando exemplares do jornal.

McCormick, de sua parte, estava disposto a fazer de tudo para arruinar o primeiro dia do *Sun* e se vingar de FDR e Knox. Meses antes da data de lançamento do jornal, 4 de dezembro, o editor do *Tribune* ordenara ao seu gerente-geral e à filial de Washington que tentassem achar um "furo" sensacional para desviar a atenção do nascimento do *Sun*.

Chesly Manly, o correspondente que levantou a história, era empedernido conservador, crente de que o governo Roosevelt estava infestado de "comunistas ateus".[29] Em Capitol Hill, as melhores fontes de Manly eram legisladores, a maior parte deles isolacionistas, tão implacavelmente opositores do presidente e de suas políticas quanto ele. Quando Manly produziu seu relato sobre o Programa *Victory*, vazado por fonte anônima, luzes vermelhas se acenderam em toda a hierarquia do *Tribune*. O editor-chefe J. Loy Maloney ficou inquieto com a revelação de segredos militares vitais e altamente sensíveis que obviamente seriam muito valiosos para os inimigos dos Estados Unidos. Walter Trohan, correspondente do jornal na Casa Branca, comungava das preocupações de Maloney. Embora igualmente anti-New Deal, Trohan acreditava que Manly iludia deliberadamente os leitores ao desvendar o Programa *Victory*, nitidamente plano hipotético, que poderia ser modificado em função dos desdobramentos da guerra. As dúvidas dos subordinados não provocaram impacto nenhum no jubiloso McCormick, que qualificou o Programa *Victory* como "o maior 'furo' da história".[30] A publicação do relatório não só obliterou totalmente o lançamento do *Sun*, como McCormick esperava, mas também desferiu golpe potencialmente devastador na credibilidade e no prestígio de Roosevelt e seu governo.

Em 5 de dezembro, a primeira página do *Times-Herald* estampou grande manchete: "Revelação de plano de guerra sacode a capital, põe em risco a lei de alocações para o exército; rebuliço no Congresso". No Senado, Wheeler declarou que a história provava o que ele e outros isolacionistas vinham dizendo por muito tempo — que o presidente tentava com astúcia levar o país à guerra e que suas promessas de manter o país fora dela não passavam de mentiras. O senador democrata por Montana asseverou que apresentaria moção para que fosse instalada investigação sobre as origens do plano secreto.

Ruth Sarles, diretora em Washington do Primeiro a América, escreveu para colega que, apesar de o Programa *Victory* "ser o tipo de plano que qualquer Departamento da Guerra prepararia se estivesse atento, podemos nos aproveitar do vazamento caso façamos com que ele vingue. [...] Se o senador Wheeler apresentar a proposta de comissão de inquérito [...] como prometeu, temos que lhe dar o máximo de apoio".[31]

Stimson e Knox, enquanto isso, insistiam que McCormick e outros executivos do *Tribune* e do *Times-Herald* deveriam ser processados e punidos, em companhia dos ainda desconhecidos vazador ou vazadores do governo. "Nada mais impatriótico ou lesivo aos nossos planos de defesa poderia ter sido concebido",[32] fumegou Stimson. Ele disse a companheiros do Departamento da Guerra que todos os esforços deveriam ser envidados para "livrar-nos desta infernal deslealdade que temos agora trabalhando no Primeiro a América e nesses jornais da família McCormick".[33] Em reunião do Gabinete de 4 de dezembro, o ministro da Justiça Francis Biddle disse crer que os executivos dos jornais poderiam ser enquadrados na Lei da Espionagem de 1917.

De início, FDR concordou com a ideia de processar McCormick e outros, mas logo pensou melhor, instruindo seu secretário de Imprensa, Steve Early, a soltar uma declaração afirmando que o governo não questionaria o direito de os jornais "publicarem notícias",[34] independentemente de quão inexatas pudessem ser. FDR, contudo, autorizou que o FBI e o Exército investigassem sobre a fonte do vazamento.

Repórteres e editores do *Tribune* foram interrogados, seus telefones de casa e do escritório, grampeados. Walter Trohan pediu a um tenente da polícia de Washington, que era seu amigo, que checasse seu telefone de casa à procura de dispositivos de gravação. Depois de verificar, o tenente disse a Trohan que "jamais vira coisa tão completa, que eu tinha até os grampos grampeados".[35] Segundo o correspondente do *Tribune*, suas conversas telefônicas eram gravadas pelo FBI, pelos serviços de inteligência do Exército e da Marinha, e até, de alguma forma, pela Liga Antidifamação. Malgrado toda a intromissão nos negócios do *Tribune*, os investigadores do FBI não conseguiram descobrir as origens do vazamento. Mesmo submetido a rigoroso interrogatório, Manly recusou-se a revelar como obtivera o relatório do governo.

Não é de admirar que, dada sua bem conhecida inclinação isolacionista, o maior suspeito no caso fosse Albert Wedemeyer, o arquiteto do Programa *Victory*. Quando Wedemeyer chegou à repartição da Divisão de Planejamento de Guerra na manhã de 4 de dezembro, toda a conversação cessou de forma abrupta. Sua secretária, que evidentemente havia chorado, entregou-lhe um exemplar do *Times-Herald*. Ele viu que estava com grandes problemas assim que leu a manchete da primeira página. "Eu não ficaria mais abalado e atônito se uma bomba tivesse caído sobre Washington",[36] lembrava mais tarde.

Motivos para ataques contra Wedemeyer eram muitos: sua intensa oposição ao envolvimento dos EUA na guerra; seu conhecimento íntimo do plano secreto; seu tempo de estudos militares passado na Alemanha; seu casamento com a filha de outro notável isolacionista, o general Stanley Embick; e sua relação próxima com Truman Smith, com o Primeiro a América e com Charles Lindbergh, que conhecera durante uma das visitas do aviador à Alemanha. Stimson recebeu carta anônima acusando Wedemeyer e o sogro. Diversos colegas de farda de Wedemeyer disseram ao FBI acreditar que ele fosse o vazador. A agência, conta Wedemeyer, "caiu sobre mim como urubus no antílope abatido".[37]

No relatório sobre Wedemeyer, o FBI anotou: "Ele é tido como pró-germânico em sentimentos, pronunciamentos e simpatias. [...] Travou acirradas discussões com colegas oficiais do Departamento da Guerra a respeito de sua antipatia pelos programas internacionais do governo. [...] Pessoalmente, viajou pela Alemanha com o coronel Lindbergh. Recebeu socialmente o coronel Lindbergh em Washington, como também foi recebido pelo coronel".[38] O relatório acrescentou que Wedemeyer tirara quatro dias de licença em setembro de 1941 para ir a evento do Primeiro a América em Nova York onde Lindbergh discursou.

Wedemeyer não negou nada disso. Admitiu sua proximidade com Lindbergh: "Eu o respeito e concordo com muitas de suas ideias referentes à nossa entrada na guerra".[39] Disse também que era favorável a muitas das opiniões do Primeiro a América e que, com frequência, compareceu às reuniões do grupo, porém nunca uniformizado. No entanto, os interrogadores e investigadores do FBI não conseguiram encontrar qualquer vínculo do militar com o vazamento, e Wedemeyer não cansou de proclamar veementemente sua inocência. Mais tarde, o FBI o inocentou totalmente.

Enquanto isso, escondido à vista de todos, se encontrava o intermediário que recebera cópia do Programa *Victory* e a repassara a Manly

— nada mais nada menos do que o próprio Burton Wheeler, que pleno de indignação, apresentara no plenário do Senado proposta de investigação sobre a origem do vazamento. Ninguém o implicou naquela ocasião, e só com a publicação de sua autobiografia, em 1962, o próprio Wheeler revelou que fora ele o vazador.

Segundo o senador, o relatório foi-lhe entregue pelo mesmo capitão das Forças Aéreas do Exército* que lhe vinha repassando informações confidenciais por mais de um ano. Durante o debate sobre o Lend-Lease no começo de 1941, o capitão fornecera a Wheeler estatísticas mostrando que a Força Aérea do país ainda carecia de aviões modernos — informação que Wheeler usara em discurso para protestar contra o plano de Roosevelt de entregar aeronaves e outros armamentos à Inglaterra. Em setembro de 1941, o capitão disse a Wheeler que as Forças Armadas, por solicitação de FDR, haviam formulado plano-mestre para uma "gigantesca Força Expedicionária Americana".[40] Quando o senador pediu para ver o plano, o capitão dissera que ia ver o que poderia fazer.

Menos de dois meses depois, ele apareceu na residência de Wheeler com "um documento grosso como um livro comum, embrulhado em papel pardo e rotulado 'Programa *Victory*'. Quando Wheeler perguntou se ele não tinha medo de "entregar o segredo mais bem guardado de Washington" a um senador, o oficial retrucou: "O Congresso é um dos poderes da nação. Julgo que ele tem o direito de saber o que se passa no Executivo quando o assunto tem a ver com vidas humanas".[41]

Wheeler, que vinha sendo por anos uma das fontes de Chesly Manly, convidou o repórter do *Chicago Tribune* à sua casa, onde os dois leram o relatório, assinalaram suas seções mais importantes e fizeram cópias taquigrafadas delas por uma das secretárias de Wheeler. Mais tarde, na mesma noite, Wheeler devolveu o documento ao capitão para que pudesse levá-lo de volta ao Departamento da Guerra na manhã seguinte.

O senador por Montana raciocinou sobre sua não autorizada revelação de segredos militares reivindicando que o povo tinha o direito de saber: "O que o esperava se entrássemos na guerra — e o fato de que provavelmente nela entraríamos".[42] No entanto, se ele estava tão fortemente ansioso por partilhar a informação, por que não fez no plenário do Senado, em vez de repassá-la a um repórter? Em sua autobiografia, ele pleiteou ter pensado em entregar o relatório ao Comitê de Relações

*O Corpo Aéreo do Exército dos Estados Unidos (USAAC) mudou de denominação para Forças Aéreas do Exército dos Estados Unidos (USAAF) em junho de 1941. (N.T.)

Exteriores do Senado, mas resolveu que não o faria porque receou que os intervencionistas do comitê o enterrassem.

Desculpa esfarrapada. Wheeler claramente não tinha a intenção de assumir a responsabilidade pela ação, como também não o tinha o oficial de alta patente por trás do vazamento. De acordo com Wheeler, Walter Trohan e servidores do FBI, esse oficial era o general Henry "Hap" Arnold, comandante das Forças Aéreas do Exército dos EUA.

No seu livro, Wheeler não cita o nome de Arnold — ou de qualquer outro — pelo vazamento. Mas disse a Wedemeyer depois da guerra que o chefe das Forças Aéreas "tornou disponível" o estudo para ele por meio de "um de seus subordinados de postos inferiores".[43] Segundo Wedemeyer, o senador acrescentou que Arnold: "Não aprovava esse negócio de ir à guerra até que ele constituísse uma Força Aérea, e que ele faria de tudo para retardar essa organização".

Arnold já havia criado a reputação de engenhoso vazador — "Só perdendo para Roosevelt",[44] disse Walter Trohan — e de adepto das briguinhas burocráticas internas. Antes em sua carreira, ele repetidas vezes se rebelara contra ações e decisões de superiores; após uma dessas indisciplinas, fora exilado para o Panamá por algum tempo. Em março de 1940, FDR ameaçou transferi-lo para Guam se ele continuasse com aquelas manobras de zona de retaguarda.

O comandante das Forças Aéreas submergiu depois de sua confrontação com Roosevelt, porém continuou seu apaixonado lobby por mais e melhores aviões. Ele se opunha em particular ao programa Lend-Lease, acusando seus criadores de deixarem vazias as prateleiras das Forças Aéreas e tornando evidente que era contra entrar em guerra enquanto essas prateleiras não estivessem totalmente estocadas. No outono de 1941, Arnold ressaltou que apenas dois esquadrões de bombardeiros e três grupos de caças estavam operacionais.

De acordo com diversos relatos, Arnold e outros de sua força também se iravam pelo que viam como erro do Departamento da Guerra em não reconhecer o papel vital do poder aéreo, dando como exemplo cortes na alocação de recursos do Programa *Victory* para a Força Aérea.

Os altos escalões das Forças Aéreas se opunham vigorosamente à ênfase dada pelo relatório a uma vasta força terrestre e se queixavam da ostensiva e generosa alocação de recursos para a construção de mais contratorpedeiros, porta-aviões, submarinos e outros navios para a Marinha. "Logo de saída houve um forte desacordo", admitiu Wedemeyer, "não só no lado industrial, como também nas implicações estratégicas.

A Marinha iria apropriar-se de várias missões".[45] Fazendo eco a tal ponto de vista, Stimson observou: "Todo o esforço da Marinha era para [...] pôr tudo de nosso [isto é, Exército e Forças Aéreas] atrás de tudo dela".[46] Para acabar com isso, disse Wedemeyer, "Arnold lutaria, e lutaria muito bem".[47] Ao vazar o relatório, ele levaria seu caso ao Congresso a ao povo americano, esperando estancar em seus trilho o Programa *Victory* — e a espécie de guerra que ele propunha.

Oficialmente, o caso ficou sem solução. Contudo, em 1963, Frank Waldrop, que fora gerente-editor do *Washington Times-Herald* na ocasião do vazamento, afirmou que um servidor de alto cargo do FBI lhe dissera depois da guerra que a agência descobrira o culpado no prazo de dez dias. De acordo com Waldrop, o servidor — Louis Nichols, assistente de diretor da agência — o descreveu como: "Um general de muito renome e de valiosa importância para a guerra", cuja motivação fora revelar as "deficiências relativas do poder aéreo"[48] no plano. Em entrevista posterior com o historiador Thomas Fleming, Waldrop citou Nichols dizendo: "Quando chegamos a Arnold, saímos da jogada".[49]

Ao longo dos anos, houve especulação por parte de Fleming e de outros que fora o próprio presidente quem vazara o Programa *Victory* como um ferrão para espicaçar Hitler a declarar guerra aos Estados Unidos. Os que esposavam essa hipótese realçavam que FDR parecia relutar em perseguir o culpado, e se de fato o culpado *foi* Arnold, o presidente e Marshall não tomaram medidas contra ele. Todavia, mesmo sem Burton Wheeler e Louis Nichols identificarem Arnold como o vazador, a hipótese de culpa de FDR parece muito improvável. Na ocasião, o Japão estava claramente prestes a entrar na guerra, e a noção de que o presidente, tão prudente no passado, de súbito se encorajou a ponto de travar um conflito em duas frentes não é muito convincente. Nas palavras de Frank Waldrop, era difícil imaginar Roosevelt "jogando lenha na fogueira".[50]

É igualmente importante notar que a identificação de Arnold procedida pelo FBI foi, supostamente, feita poucos dias antes de os EUA entrarem na guerra. Para o governo, criar um senso de unidade nacional era de fundamental importância. Mesmo que implicasse acobertar um ato do comandante das Forças Aéreas que muitos viam como impatriótico e desleal, que assim fosse.

EM 5 DE DEZEMBRO, DIA EM QUE APARECEU A HISTÓRIA de Chesly Manly, foi entregue a Roosevelt uma mensagem interceptada do governo japonês a sua embaixada em Washington. Depois de ler o beligerante despacho, que fora decriptografado pelos analistas dos EUA, o presidente observou sombriamente: "Isso quer dizer guerra".[51]

Os nipônicos, é claro. se movimentavam. Dois vastos comboios navais haviam sido identificados ao largo da costa chinesa, mas ninguém sabia aonde rumavam. A inteligência especulava que podiam se dirigir para o Sião, a Malásia, Cingapura ou Índias Orientais Holandesas.

A ideia de que o Havaí pudesse ser o alvo era descartada por quase todos no governo Roosevelt e, de resto, também no país. Ponderou-se que as Filipinas pudessem correr perigo, mas a hipótese de que Pearl Harbor estava ameaçada era considerada ridícula, em grande parte devido a enorme distância entre o Havaí e o Japão. Isso ocorria a despeito de diversos alertas de oficiais da inteligência da Marinha, que os japoneses poderiam precipitar a guerra com os Estados Unidos mediante ataque sorrateiro a Pearl Harbor. Com efeito, Frank Knox, no início de 1941, expedira memorando declarando: "As inerentes possibilidades de um desastre de vulto na Esquadra ou em base naval [em Pearl Harbor] recomenda tomar com a rapidez possível medidas, que aumentem o aprestamento conjunto do Exército e da Marinha para rechaçar [tal] incursão".[52] Pouca atenção, no entanto, foi dada ao memorando de Knox ou, para falar francamente, a qualquer outro alerta, muitos dos quais dados no começo de dezembro.

O fato foi que outra força-tarefa naval nipônica, sem o conhecimento dos nervosos servidores americanos e britânicos, também navegava em alto-mar. No início da manhã de quarta-feira, 26 de novembro, os clangores de âncoras sendo levantadas e de motores de navios entrando em funcionamento encheram o ar de um porto bem guardado e controlado pelos japoneses nas ilhas Kurilas. Sob o manto de pesado céu nublado e de neve revolta, uma poderosa esquadra de encouraçados, porta-aviões, contratorpedeiros, submarinos e navios-tanques zarpou em direção a Pearl Harbor.

27

VAMOS DAR UMA SURRA NELES

Para muitos americanos, o começo daquele dia foi o de um típico domingo de verão. Igreja pela manhã, seguida por belo repasto ao meio--dia. Então, talvez uma soneca, leitura do jornal, bom passeio de carro ou ouvir o programa de rádio semanal da CBS com a nova Orquestra Filarmônica de Nova York.

Como outros nova-iorquinos em 7 de dezembro de 1941, Aubrey e Con Morgan, com seu hóspede da ocasião, John Wheeler-Bennett, sintonizaram o rádio no popular programa *Filarmônico* das três da tarde para ouvir o *Segundo Concerto para Piano de Brahms*, executado por Arthur Rubinstein. Em Boston, Arthur Schlesinger Jr., formado em Harvard, fez o mesmo. Durante um intervalo, a audiência do concerto ouviu o locutor da CBS John Charles Daly entrar com uma sensacional notícia — os japoneses haviam bombardeado Pearl Harbor. Naquele momento, escreveu mais tarde Schlesinger: "Acabou uma era".[1]

Foi também o fim do debate sobre a entrada dos Estados Unidos na guerra. E, como ocorreu, o ataque a Pearl Harbor mostrou o erro dos argumentos daqueles que participaram da discussão. Como observou o colunista Marquis Child: "Os mais ousados intervencionistas subestimaram lamentavelmente o poder atacante do Japão. Os isolacionistas viram sua principal justificativa — que nenhuma potência estrangeira queria atacar-nos em nossa própria esfera — em completo nocaute diante deles".[2]

O presidente Roosevelt, em meio a uma conversa com Harry Hopkins na Casa Branca, recebeu a notícia ao telefone. "Não!"

— exclamou FDR. Sentado imóvel, ficou por diversos minutos de olhar perdido na distância. Finalmente, parecendo despertar, telefonou a Cordell Hull, depois ditou o primeiro boletim de notícias sobre o ataque. Ao longo da tarde e da noite, o presidente recebeu um rio de novos despachos atualizando os danos em Pearl Harbor e detalhando outros ataques nipônicos na Ásia e no Pacífico.

Lutando para começar a lidar com o desastre, Roosevelt passou a impressão "de muito estressado e esgotado", escreveu mais tarde a esposa. "Mas estava completamente calmo. Sua reação a qualquer grande evento sempre foi tranquila. Se fosse alguma coisa ruim, ele se tornava quase um *iceberg*, nunca deixando transparecer a menor emoção."[3] Outros, contudo, tiveram lembranças ligeiramente diferentes de FDR naquele dia. Sua secretária, Grace Tully, recordou-se de achá-lo raivoso, tenso e excitado, enquanto o ministro da Justiça Francis Biddle o descreveu "Profundamente abalado, mais sério do que jamais o vi".[4]

No começo da noite, convocou membros do Gabinete e líderes congressistas à Casa Branca. Refletindo sobre o amargor do debate pré--Pearl Harbor, FDR recusou permissão para que o deputado Hamilton Fish, líder republicano no Comitê de Relações Exteriores da Câmara, participasse. Outro parlamentar isolacionista, o senador Hiram Johnson, só foi incluído no último minuto. A irritação atingiu índices elevados na reunião. Pondo-se de pé como se impulsionado por uma mola, um ruborizado senador Tom Connaly socou a mesa com o punho e exclamou: "Como eles nos pegaram de calças na mão, senhor presidente?". Com a cabeça baixa, Roosevelt disse em tom quase inaudível, "Não sei, Tom. Simplesmente não sei".[5]

Henry Stimson formulou a mesma pergunta: como puderam as forças armadas dos EUA, "alertadas por muito tempo e de prontidão, serem apanhadas tão completamente de surpresa?".[6] Mas a autópsia, as explicações e as desculpas teriam de esperar. A tarefa agora era formular a declaração de guerra ao Japão. Para isso, Stimson mandou chamar Grenville Clark, o arquiteto da conscrição, que o servia como assessor sem vencimentos. Clark pôs-se imediatamente a trabalhar na minuta do documento.

A guarda da Casa Branca foi reforçada, cortinas de blecaute apressadamente instaladas nas janelas da mansão do Executivo e canhões antiaéreos entraram em posição nos tetos dos velhos prédios dos departamentos de Estado, da Guerra e da Marinha nas vizinhanças. Os motoristas que retornavam de seus passeios dominicais notaram soldados guardando as pontes de Washington. Os mais observadores puderam ver uma das afamadas cerejeiras japonesas que cercavam a Tidal Basin caída no chão, provavelmente cortada por algum irado cidadão.

O exterior da Casa Branca ficou apinhado de gente até tarde da noite. Muitas pessoas se juntaram no Lafayette Park, do outro lado da rua, enquanto outras se acotovelavam e espremiam o rosto contra as altas grades de ferro na frente da mansão. Durante a noite nevoenta, o silêncio foi periodicamente quebrado pelo espontâneo entoar de canções patrióticas, com "Deus Salve a América" uma das favoritas.

Por volta da meia-noite, FDR convidou o âncora do noticiário da CBS, que estava de licença no país vindo de Londres, para juntar-se a ele no gabinete presidencial. Lá estava William Donovan, chefe da nova agência de inteligência do governo dos Estados Unidos. À base de sanduíche e cerveja, Roosevelt descreveu aos visitantes as assustadoras perdas em Pearl Harbor — os oito encouraçados postos a pique ou muito danificados, as centenas de aviões destruídos, milhares de pessoas mortas, feridas ou desaparecidas em ação. O presidente manteve a raiva sob controle até falar sobre a aviação: "Destruída no solo. Deus meu!", bradou, esmurrando a escrivaninha. "No solo!". Como Murrow lembrou-se depois, "a ideia parecia machucá-lo".[7]

A certa altura, o presidente fez uma pergunta a Murrow e Donovan, que os dois consideraram muito curiosa. Acreditavam eles, em função do ataque japonês ao território dos EUA, que o povo americano daria apoio a uma declaração de guerra? Ambos foram firmes em suas garantias de que os compatriotas de FDR se congregariam de fato em torno dele.

CHARLES E ANNE LINDBERGH ESTAVAM EM MARTHA'S VINEYARD, passando um dia calmo com os filhos, quando souberam da notícia. Desde o tempestuoso discurso de Lindbergh em Des Moines, ele não falara muito em público. Nas poucas aparições que fez, pareceu indiferente à crítica quase universal às suas observações em Iowa. Em pronunciamento de outubro em Fort Wayne, Indiana, por exemplo, reclamou que a livre expressão estava morta na América e sugeriu que Roosevelt podia até cancelar as eleições de 1942 para o Congresso.

Nenhum desses tipos de frase estava na declaração que Lindbergh soltou pouco depois de saber sobre o ataque japonês. "Caminhamos à beira da guerra por muitos meses", disse. "Agora ela chegou e temos de enfrentá-la como americanos unidos, independentemente de nossa atitude no passado. [...] Se essa política foi ou não inteligente, nosso país foi atacado pela força das armas, e com a força das armas temos de retaliar". Continuou: "Precisamos agora despender todo esforço para erigir os maiores e melhores Exército, Marinha e Força Aérea do mundo".[8]

Dito isso, Lindbergh permaneceu calado. Recusou-se a atender seu telefone, que não parou de tocar, a responder ao dilúvio de telegramas de antigos adeptos e detratores, e a dar entrevistas para os repórteres. Depois de dois agitados anos, o mais famoso isolacionista na América abandonou subitamente a arena pública.

Outros isolacionistas de proa fizeram eco à conclamação de Lindbergh pela união. Num almoço, por paradoxal que parecesse, com jornalista de Londres e um servidor da propaganda britânica, Robert McCormick desculpou-se quando ouviu a notícia do ataque. "Os japoneses bombardearam Pearl Harbor", declarou ele. "Preciso deixar meus convidados e escrever um editorial que congregue o país contra a agressão."[9] No *Tribune* do dia seguinte, o editorial de primeira página começava: "Todos nós, deste dia em diante, temos uma única missão: atacar com todo o nosso poderio para proteger e preservar a liberdade americana que todos veneramos".[10] Ao lado do editorial uma caricatura mostrava Tio Sam de pé ao lado de John Bull (a socada e pomposa figura com que os caricaturistas costumavam caracterizar a Inglaterra) enquanto os dois observavam um monstro rotulado como "Segunda Guerra Mundial" levantando-se de seu túmulo. "Desta vez, John" — dizia o Tio Sam — "temos de enterrar o monstro mais fundo."[11]

A reação do senador Burton Wheeler ao ataque foi curta e grossa: "Vamos dar uma surra neles".[12] O deputado Hamilton Fish disse aos seus colegas isolacionistas: "Acabou o tempo de debate. Começou o de ação. [...] Só existe uma resposta para o traiçoeiro ataque do Japão — guerra até a vitória".[13] O Primeiro a América, enquanto isso, exarava uma declaração instando seus membros a se unirem no esforço de guerra e a dar apoio a FDR comandante-em-chefe. E a organização então fechou as portas para sempre. "Lembro-me de ter ficado doente", disse Robert Stuart anos mais tarde. "Não só por causa dos estragos em Pearl Harbor, mas pelo que significavam. Acabara o jogo."[14]

O senador Gerald Nye foi o único líder isolacionista a ter uma reação esquisita a Pearl Harbor. Ele esperava nos bastidores a hora de se apresentar para discurso em comício do Primeiro a América, em Pittsburgh, quando alguém lhe deu a notícia. Em vez de procurar confirmação, ele deu continuidade ao pronunciamento antiguerra até que um repórter subiu ao palco e entregou-lhe uma nota dizendo que os japoneses haviam acabado de declarar guerra aos EUA. Olhando para o papel, Nye anunciou para sua plateia: "A pior notícia que recebi em vinte anos para transmitir", então, inacreditavelmente, terminou o discurso como estava escrito, acrescentando apenas um comentário: "Foi isso exatamente o que a Grã-Bretanha preparou para nós. [...] Fomos manobrados pelo presidente para entrar nisso". Quando repórteres o cercaram depois do discurso, o senador lamentou-se: "Tudo me parece muito suspeito".[15]

Ao mesmo tempo, os ingleses exultavam. Marion de Chastelain, que trabalhava para William Stephenson em Nova York, correu de seu apartamento para o escritório na Coordenação de Segurança Britânica tão logo soube das novas. Chegou no momento em que servidores do consulado japonês da cidade, no mesmo prédio do Rockefeller Center em que funcionava a BSC, saíam escoltados por autoridades americanas. Pelo resto da tarde e entrando pela noite, Chastelain e outros membros do órgão brindaram com champanhe a nova aliança anglo-americana.

Na Inglaterra, Winston Churchill recebeu a notícia do ataque enquanto jantava em Chequers, casa de campo do primeiro-ministro, com o embaixador americano John Gilbert Winant e com o administrador do Lend-Lease em Londres Averell Harriman. Mais cedo naquele dia, Churchill, tomado pelo receio de iminente ofensiva japonesa, perguntara a Winant: "Se eles declararem guerra a nós, vocês declararão guerra a eles?". O embaixador replicou: "Não tenho resposta para isso, senhor primeiro-ministro. Só o Congresso, pela Constituição do país, tem autoridade para declarar guerra".[16] Churchill calou-se por um instante, e Winant sabia o que ele pensava: um ataque nipônico contra território britânico na Ásia forçaria uma guerra em duas frentes, sem a possível corda de salvamento lançada pelos Estados Unidos.

Naquela noite, o primeiro-ministro — exausto, emburrado e obviamente deprimido — não tinha coisa alguma para dizer a ninguém, algo raro. Pouco antes das 21 horas, o valete de Churchill trouxe à sala de jantar um rádio portátil, que levantava uma tampa para ser sintonizado, de modo que o líder britânico e seus convidados pudessem ouvir o noticiário da BBC. De início, as notícias pareceram rotineiras: comunicados de guerra no começo, seguidos por algumas insignificâncias internas. Então, no fim, uma breve e pouco emotiva frase: "Notícia recém-chegada dá conta que aviões japoneses incursionaram sobre Pearl Harbor, a base americana no Havaí".[17]

Com isso, Churchill correu para a porta, exclamando: "Devemos declarar guerra ao Japão!". Winant saltou da cadeira e correu atrás dele. "Meu bom Deus", disse pegando-o pelo braço, "o senhor não pode declarar guerra só por uma notícia do rádio". Churchill parou e, olhando para o embaixador, como à procura de resposta, perguntou: "O que devo fazer?". Quando Winant disse que telefonaria para Roosevelt de imediato, Churchill foi rápido: "Também quero falar com ele".

Poucos minutos depois, FDR estava na outra ponta da linha. "Senhor presidente, o que é isso sobre o Japão?" — indagou Churchill. Roosevelt respondeu: "Eles nos atacaram em Pearl Harbor. Estamos agora no mesmo barco".[18] Naquela noite, escreveu Churchill mais tarde, ele "dormiu o sono dos justos", convencido de que agora "tínhamos ganhado a guerra. A Inglaterra viveria".

NA VERDADE, CHURCHILL, EM SUA CONVICÇÃO de que tudo terminaria bem, colocava o carro um pouco à frente dos bois. No dia seguinte, Roosevelt solicitaria ao Congresso declaração de guerra só ao Japão, sem mencionar Alemanha ou Itália. A maior parte de seus assessores o instou a declarar guerra contra todas as potências do Eixo, com Stimson ponderando corretamente que a Alemanha empurrara o Japão para atacar os Estados Unidos. Mas o presidente resistiu, detectando, disse ele: "Uma tardia distinção em algumas parcelas do povo entre guerra contra o Japão e guerra contra a Alemanha".[19]

No começo da tarde de 8 de dezembro, Roosevelt, envolto em pelerine azul-marinho naval, foi conduzido a Capitol Hill. Guardado por dúzias de fuzileiros navais com baionetas caladas, o Capitólio parecia praça de guerra. Cabos de aço, estendidos entre postes no lado de fora do edifício, mantinham distantes as pessoas que se aglomeravam naquele dia muito frio para participar do histórico evento.

Apoiado no braço do filho James, FDR, com ar cansado e grave, subiu lentamente os degraus até a tribuna da Câmara dos Representantes. O imenso plenário — lotado por parlamentares, membros da Suprema Corte, diplomatas estrangeiros, integrantes do Ministério e outros servidores-chaves do governo — explodiu em aplausos e vivas. Na galeria, Eleanor Roosevelt e Edith Wilson, viúva do outro único presidente dos Estados Unidos em cujo mandato o país se envolvera em guerra mundial, tudo observavam.

A solicitação por parte de Roosevelt de declaração de guerra durou no máximo seis minutos, mas deixou indelével impressão nos que a ouviam na

Casa Branca, assim como nos milhões de americanos colados a seus rádios naquela tarde. Desde sua primeira sentença, caracterizando 7 de dezembro como "dia marcado pela infâmia",[20] o presidente, com a voz inflamada que mal disfarçava o ódio, sublinhou a raiva que dele e de seus concidadãos se apossara em função do "vil" ataque, e não deixou dúvida sobre a determinação da nação em se vingar. Na conclusão do discurso, os legisladores de ambos os partidos se ergueram de um salto em estridente ovação.

Meia hora depois da fala de Roosevelt, o Senado votou por unanimidade pela guerra contra o Japão. A cena na Câmara foi um pouco mais turbulenta. Uma deputada, Jeannette Rankin, representante republicana de Montana e primeira mulher eleita para o Congresso, deixou patente para os colegas antes da decisão que votaria "Não", a exemplo do que fizera em 1917, quando a América entrou na Primeira Guerra Mundial. Republicanos da Casa tentaram dissuadi-la, mas Rankin, com seus 61 anos e pacifista de toda a vida, que discursara em diversos comícios do Primeiro a América, permaneceu irredutível. Enquanto o líder da maioria na Câmara, John McCormack, lia a resolução sobre a guerra, ela se levantou e gritou: "Senhor presidente, objeto". Sam Rayburn cassou-lhe gelidamente a palavra: "Não pode haver objeção", declarou ele, gesticulando para que McCormack prosseguisse.

Dando vivas e batendo os pés no assoalho, congressistas dos dois partidos bradavam: "Voto! Voto!". Acionando seu martelo, Rayburn conclamou por ordem, e McCormack instou a Casa a proclamar voto unânime pela resolução. Rankin levantou-se de novo e pediu a palavra a Rayburn. "Sente-se!", berrou um congressista, enquanto a deputada exclamava: "Levanto questão de ordem".[21] Rayburn a ignorou, e o secretário, em voz alta para abafar os repetidos apelos de Rankin pela palavra, anunciou o resultado. A votação final foi 388 a um.

O colunista Marquis Child, presenciando a caótica cena da galeria da imprensa na Casa, escreveria depois: "A mim pareceu que aqueles que tentaram coagir [Rankin] a votar 'Sim' foram tolos. Um solitário 'Não' foi demonstração para o mundo que, mesmo no crítico momento de um ataque, não tornávamos obrigatório o falso voto *Ja* da ditadura".[22]

A resolução foi assinada por Rayburn às 15h15; pelo vice-presidente Henry Wallace, em nome do Senado, dez minutos depois; e, às 16h10, pelo presidente Roosevelt. Os EUA estavam oficialmente em guerra.

Na noite seguinte, a luz do topo do Capitólio foi apagada, e assim ficaria até o fim da guerra.

POR TRÊS LONGOS DIAS, A INGLATERRA contemplou a horrorosa perspectiva de guerra tanto na Europa quanto na Ásia, com os Estados Unidos envolvidos apenas com essa última. Nada se escutava de Berlim. Hitler havia se esforçado ao máximo por mais de um ano para evitar hostilidades contra a América. E se ele continuasse com tal postura? Assumiria o presidente, por fim, a iniciativa? Caso contrário, como poderia a Inglaterra se aguentar?

Segundo os termos do Pacto Tripartite, o ataque japonês a Pearl Harbor não obrigava Alemanha e Itália a irem à guerra contra os Estados Unidos: o tratado se aplicava apenas a situações em que os signatários fossem vítimas de ataque. No curso daqueles dias do começo de dezembro, discussões azedas foram travadas nos altos escalões do governo alemão se a América deveria ser adicionada ao não à lista de inimigos da Alemanha. Diversos auxiliares de Hitler o assessoraram a não fazer isso. Agrupados contra eles estavam o ministro do Exterior Joachim von Ribbentrop e outros, argumentando que a Alemanha havia muito tempo buscava o envolvimento do Japão na guerra, seduzindo-o com a promessa de que se os nipônicos se engajassem na guerra com os Estados Unidos: "A Alemanha, é claro, se juntaria imediatamente a tal guerra".[23]

No final, Hitler resolveu a questão. Por meses, ele vinha aconselhando paciência, a despeito do que via como repetidas provocações por parte dos Estados Unidos. Por dentro, fervia de raiva e ódio contra Roosevelt e seu país. A agressão japonesa a Pearl Harbor, que ele tachou de "ponto de inflexão",[24] o liberou para fazer o que desejara por longo tempo.

Em 11 de dezembro, Hitler apareceu ante o Reichstag para declarar guerra aos Estados Unidos. Em resposta, Roosevelt enviou resolução ao Congresso solicitando a proclamação de guerra contra Alemanha e Itália. Dessa vez, Jeannette Rankin decidiu abster-se, e as duas Casas votaram unanimemente a favor.

Por cerca de um ano, muitos servidores do governo alemão estavam convictos de que Roosevelt se preparava para entrar no conflito a qualquer momento. Adiar a declaração de guerra contra a América ao tempo de Pearl Harbor seria postergar o inevitável. Mas seria isso verdade? O que teria acontecido se Hitler não declarasse guerra aos EUA ou se os japoneses não atacassem solo americano?

O presidente Roosevelt assina a declaração de guerra contra a Alemanha em 11 de dezembro de 1941.

Quando se leva em conta, que mesmo depois de Pearl Harbor, Roosevelt aparentemente se encontrava inseguro quanto ao apoio público a uma declaração de guerra, é difícil acreditar que um ataque japonês contra possessões britânicas ou holandesas no Pacífico forçaria o governo americano a solicitar tal declaração, pelo menos àquela altura. Em reunião na Casa Branca antes de Pearl Harbor, FDR dissera duvidar que os Estados Unidos fossem à guerra mesmo que o Japão acabasse atacando as Filipinas, território dos EUA com forte presença americana. Numa situação dessas, os temores de Churchill quanto a uma guerra em duas frentes poderiam muito bem se materializar.

E se Hitler não tivesse resolvido, num surto de raiva, declarar guerra aos Estados Unidos, as chances teriam sido muito grandes de o Congresso e o povo americano pressionarem o presidente a dar as costas a uma guerra não declarada contra a Alemanha no Atlântico e, em vez disso, a focar na derrota do Japão, o único país que havia, com efeito, atacado os Estados Unidos. Sendo assim, a remessa de material bélico para a Inglaterra e a Rússia diminuiria drasticamente ou mesmo seria interrompida, e a Alemanha teria grande possibilidade de derrotar os dois países.

Felizmente para os Aliados, nenhum desses cenários se realizou. Dean Acheson foi muito feliz quando observou: "Ao menos nossos inimigos, com estupidez sem precedentes, esclareceram nossas dúvidas e incertezas, resolveram nossos dilemas e uniram nosso povo para o longo e árduo caminho que os interesses nacionais exigiam".[25] FDR não precisava ter ficado preocupado com o estado de ânimo nacional depois de Pearl Harbor. Em vez de desmoralizar a América, como o governo nipônico esperava, o ataque provocou exatamente o oposto: congregou o país. "A guerra chegou como grande alívio, como um terremoto ao reverso, que apenas com um só terrível safanão, colocou tudo o que estava distorcido e inarticulado de volta no lugar", escreveu a *Time* em sua primeira edição pós-Pearl Harbor. "As bombas nipônicas finalmente trouxeram união para os Estados Unidos."[26]

Com o Congresso e o povo americano agora solidamente em seu apoio, o presidente Roosevelt livrou-se de sua cautela pré-Pearl Harbor, acabou com sua deferência a Capitol Hill e emergiu novamente como o líder destemido que fora nos primeiros dias do New Deal. Demonstrando calma e renovado senso de confiança, disse numa entrevista coletiva de 9 de dezembro: "Agora estamos nesta guerra. E estamos para valer — entraremos com tudo. Cada homem, mulher ou criança é um parceiro na mais tremenda empreitada de nossa história americana".[27]

Naquele dia — e por muitos depois — milhares de jovens americanos apinharam os locais de seleção para se alistar nas Forças Armadas. Soldados em licença se apresentaram prontos para o serviço e começaram o treinamento com inusitada urgência. Em Washington, todos os oficiais receberam ordens para trocar os trajes civis por uniformes militares completos. Como um divertido observador comentou, os corredores do Edifício do Material Bélico: "Ficaram repletos de oficiais [trajando] uniformes e peças deles que datavam de 1918. [...] Majores estavam fardados com uniformes que haviam comprado quando segundos-tenentes. [...] Uma feira de antiguidades convocada para a guerra".[28]

Após meses de indecisões, a indústria dos EUA engrenou marcha de alta velocidade, trabalhando 24 horas por dia, sete dias na semana, para produzir armas, canhões, navios, tanques e outros equipamentos e suprimentos que terminariam desempenhando papel crucial na vitória final. Foi dito aos americanos que deviam se acostumar a viver sem carros, refrigeradores e outros artigos de grande porte durante a guerra. Um operário de um complexo fabricante de bombardeiros na Califórnia observou que antes de Pearl Harbor "a maioria de nós trabalhava com a energia para manufaturar aviões como se estivéssemos produzindo cinzeiros — apenas o suficiente para agradar ao patrão".[29] Depois, a produção aumentou vertiginosamente.

AO LONGO DOS TRÊS ANOS E MEIO de participação dos EUA na guerra, somente uma das medonhas previsões isolacionistas sobre o país em tempos de hostilidades armadas realmente ocorreu: a preocupação, vocalizada em particular pelos liberais, de que entrar na guerra resultaria em restrições aos direitos e liberdades civis, desaceleração nas reformas do New Deal e ressurgência do sentimento conservador.

Para consternação dos liberais, o governo passou a dar mais atenção ao fomento do esforço de defesa do que ao avanço das mudanças sociais e econômicas. Como disse o próprio presidente Roosevelt: "O dr. New Deal" teve de dar lugar ao "dr. Win the War" [Vencer a Guerra, em tradução livre]. O governo demonstrou nova disposição para dar aos negócios o que eles queriam, permitindo lucros espantosos aos fornecedores de material bélico. O país em si começou a se inclinar para a direita, alijando os esquerdistas do Congresso nas eleições de 1942 e passando *de facto* o poder aos conservadores. Os republicanos ganharam sete assentos no Senado e 44 na Câmara. "Pessoas comuns tornaram-se mais conservadoras agora", comentou um historiador, "porque finalmente têm algo a conservar".[30]

As liberdades civis também apanharam. Apesar de a vasta maioria dos americanos viver durante a Segunda Guerra Mundial sem muitas limitações nas suas liberdades constitucionais, mais de 100 mil nipo-americanos na Costa Oeste foram abruptamente removidos de seus lares, negócios e fazendas no início de 1941 e confinados em desolados campos de internamento durante toda a guerra. Foi, declarou a ACLU: "a pior violação por atacado dos direitos civis de cidadãos americanos em nossa história".[31]

Poucos meses mais tarde, o ministro da Justiça Francis Biddle, sucumbindo às pressões do presidente, indiciou 28 fascistas americanos com a acusação de sedição. Os acusados, inclusive o líder dos Camisas Prateadas, William Dudley Pelley e o organizador político pró-nazista Gerald L.K. Smith, tinham continuado, mesmo depois de Pearl Harbor, a expressar opiniões antiguerra, antigoverno e antissemitas em jornais e boletins que transpiravam ódio.

No começo de 1942, Biddle disse a Roosevelt, que embora as ideias expressas nas publicações fossem de fato repulsivas, elas e aqueles que as esposavam não representavam perigo imediato para a América e para o esforço de guerra. Biddle acrescentou que seria extremamente difícil, segundo a legislação vigente, provar a acusação de sedição contra fascistas nativos. Nenhum deles, disse Biddle, era acusado de advogar a derrubada do governo pela força. Roosevelt, entretanto, queria que eles parassem suas atividades, e Biddle por fim cedeu. O Departamento da Justiça os acusou de conspirarem com a Alemanha para estabelecer um governo fascista nos Estados Unidos ao solaparem o moral e a lealdade das Forças Armadas.

O caso foi um fiasco desde o início. Salvo pelas odiosas emanações que costumavam disseminar, os acusados tinham pouco em comum. Na realidade, muitos nem se conheciam reciprocamente — fato muito inconveniente quando se tenta achar provas de conspiração. Batalhando para conseguir evidências, o Departamento de Justiça só conseguiu levar o caso a julgamento em abril de 1944. A ação se arrastou por oito meses — até que o juiz presidente faleceu e o julgamento foi anulado. O governo indiciou de novo os acusados em 1945, justo quando a guerra caminhava para o fim. No ano seguinte, um tribunal de apelação recusou o indiciamento, qualificando-o como subversão da justiça.

Embora fosse relativamente pequeno o número de americanos cujos direitos civis se viram violados durante a guerra, essas transgressões permanecem sendo inquietante lembrete da fragilidade das liberdades constitucionais em face da insegurança nacional e do medo. "O teste da proteção dos direitos fundamentais não é o respeito a eles em tempos de paz, e sim quanto são defendidos em tempos de perigo", observou o historiador Geoffrey Perret. "Por esse critério, a experiência de tempo de guerra pode ser descrita em justiça como um desastre para dezenas de milhares de americanos."[32]

PARA O RESTANTE DA NAÇÃO, contudo, a experiência de tempo de guerra foi bem mais positiva. "Nenhuma guerra é 'boa'", escreveu o historiador David Reynolds, "mas a guerra para a América foi boa tanto quanto possível."[33]

Antes de Pearl Harbor, Charles Lindbergh, Burton Wheeler e outros líderes isolacionistas previram a morte de milhões de jovens americanos na eventualidade do envolvimento dos EUA. As baixas totais se aproximaram de 417 mil — grande e trágica quantidade, não há dúvida, mas, de longe, a menor taxa de baixas entre os principais países beligerantes, pois, em comparação com eles, a população civil dos EUA foi poupada das devastações e sofrimentos generalizados. Não houve bombardeios contra o território continental contínuo dos EUA, não morreram civis inocentes, não houve a destruição de milhões de residências.

Ao contrário dos temores de Robert Wood e de outros isolacionistas de que a guerra significaria o colapso da economia dos EUA e do capitalismo, ela na verdade deu um fim à Depressão e promoveu crescimento econômico real. Graças à explosão dos negócios, a taxa de desemprego caiu de 14% para menos de 2% nos três anos e meio da guerra. A renda anual dos americanos cresceu mais de 50%, e muitos no país passaram a ganhar salários com os quais nunca sonharam. Depois de passar algum tempo numa cidade que progredia avassaladoramente, um jornalista reportou: "Se a guerra terminasse hoje com nossa vitória, a massa de habitantes daqui diria com absoluta sinceridade que a guerra teria sido a melhor coisa que lhes aconteceu na vida".[34]

As antevisões de Lindbergh e de outros, de que a entrada dos EUA na guerra dispararia sublevações de massas e violentos surtos de antissemitismo, também se mostraram infundadas. Apesar de ter havido, de fato, exemplos de inquietação interna — o levante racial de 1943 em Detroit, no qual 34 pessoas morreram, foi evento expressivo — eles foram relativamente raros. E embora os baderneiros do padre Coughlin continuassem a atacar judeus em Nova York, Boston e em outras grandes cidades, não houve o espraiamento do antissemitismo. Na verdade, com a revelação, ao fim do conflito armado, da morte de milhões de judeus nos campos de concentração nazistas, o antissemitismo ostensivo na América começou a recuar.

As notícias sobre o Holocausto expuseram, de uma vez por todas, a superficialidade do argumento de Lindbergh de que a guerra era uma colisão de estados imperialistas rivais, com os dois lados não merecendo o apoio dos Estados Unidos. Porém, bem antes do conhecimento da extensão total do Holocausto, o povo americano descobriu uma causa comum na crença de que combatia uma guerra justa e necessária para salvar a Civilização Ocidental. Ao fazê-lo, aglutinou-se como nunca na história. "Foi uma coisa preciosa", escreveu Geoffrey Perret, "sentimento forte de genuína comunidade."[35]

Muito do crédito por esse senso de união tem de ser conferido ao debate público de dois anos sobre a guerra, que a despeito do indescritível azedume, ajudou a instruir os americanos a respeito da necessidade de se prepararem para entrar na guerra. Os prós e contras do envolvimento dos EUA — sem falar no significado de cada fato importante, da troca contratorpedeiros-bases, passando pela conscrição e chegando ao Lend--Lease — foram explorados e ponderados nas repartições do governo, nos saguões do Congresso, no rádio, na imprensa escrita e nos lares e casas de negócios de todo o país. Igualmente importantes foram os papéis-chave desempenhados pelos cidadãos da sociedade civil — dos universitários às mulheres e aos peculiares frequentadores de Wall Street, na tentativa de ajudar a influenciar seus concidadãos. Foi exemplo robusto, se bem que tumultuado, de democracia em ação.

O resultado, como observou *The Army and Navy Journal* em novembro de 1945, foi que, "quando os japoneses nos atacaram, e quando seus aliados do Eixo na Europa nos declararam guerra, a nação estava mais bem preparada, espiritual e militarmente do que jamais estivera para qualquer outra guerra em nossa história".[36]

28

O QUE SE SEGUIU

Nos dias após Pearl Harbor, Charles Lindbergh, esperando que tudo lhe fosse perdoado, fez o que pôde para retornar ao serviço ativo nas Forças Aéreas do Exército. Ingenuamente, como se viu depois, acreditava que sua oposição anterior a Roosevelt pudesse torná-lo "de mais valor [para o governo], e não de menos. Minha impressão é que a união necessária para guerra bem-sucedida demanda todos os pontos de vista apresentados em Washington".[1]

Lindbergh perguntou a Hap Arnold, com quem permaneceu em estreito contato, o que ele achava da ideia. Arnold repassou a indagação à Casa Branca. Em vez de ele mesmo fazer um comentário público, Roosevelt e seus assessores colocaram Arnold no meio da controvérsia, que logo espocou sobre a readmissão de Lindbergh.

Apesar da visível culpa pelo vazamento do Programa *Victory*, Arnold conseguira continuar no cargo. O desastre de Pearl Harbor e a entrada dos EUA na guerra sustaram a investigação do FBI sobre o vazamento, e embora os investigadores acreditassem Arnold o culpado, nenhuma medida adicional se tomou. Revelar que seu papel havia exposto diferenças fundamentais dentro do governo era situação que a Casa Branca, determinada a mostrar união em tempo de guerra, ansiava por evitar.

Funcionários dos EUA só souberam depois da guerra que o vazamento do Programa *Victory* tinha levado o alto comando militar da Alemanha a insistir com Hitler por um recuo na Rússia. Em vez de focar no front oriental, argumentaram os chefes militares alemães em dezembro de

1941, a Alemanha deveria estabelecer lá uma forte linha defensiva e manobrar mais de cem divisões para a missão de vencer a Inglaterra e assumir o controle de toda a área mediterrânea, inclusive do canal de Suez, antes da esperada invasão americana da Europa em meados de 1943. Fora a recomendação do Alto Comando implementada, provavelmente não teriam ocorrido os desembarques Aliados no norte da África em 1942 e, muito possivelmente, nenhuma vitória deles na Europa.

De início, Hitler concordou com essa radical alteração na estratégia, mas depois de Pearl Harbor, decidiu-se contra ela. Uma importante retirada da Rússia não era necessária e estava descartada, declarou ele. Fixados pelas forças japonesas no Pacífico, os EUA, previu Hitler, não representariam agora ameaça de vulto às posições alemãs no Ocidente.

Desconhecedor das fatídicas consequências do vazamento, o general George Marshall, na opinião de Albert Wedemeyer, trabalhou como principal defensor de Arnold na confusão resultante. Perguntado pelo biógrafo de Arnold, Murray Green, se Marshall teria mantido seu biografado na função caso sua culpa ficasse provada, Wedemeyer replicou: "Penso que sim. Creio que ele subordinaria qualquer coisa à vitória na guerra". E acrescentou: "Muitos militares achavam que o general Marshall sabia quem era [o culpado] e deveria ter sido mais rigoroso, sem se importar com o atingido. Eu me inclino por essa atitude".[2]

Quanto a FDR, embora anuísse em manter Arnold no cargo, não era avesso a tornar a vida incômoda para ele de tempos em tempos. Resolveu então fazê-lo naquela ocasião, autorizando seus auxiliares a informar à imprensa a notícia do requerimento de Lindbergh pela readmissão no serviço ativo e a aconselhando a procurar Arnold para melhores esclarecimentos. Quando a mídia assim procedeu, um surpreso comandante das Forças Aéreas deixou claro julgar que a oferta de Lindbergh deveria ser aceita. Ela "sinaliza uma mudança definitiva em sua posição isolacionista", disse Arnold, "e expressa seu profundo desejo de ajudar o país com a capacitação que adquiriu no treinamento de muitos anos".[3]

A declaração de Arnold amealhou algum apoio, inclusive o do *New York Times*. "Não pode haver a menor dúvida de que a oferta de mr. Lindbergh será aceita", publicou o *Times* em editorial. "Será aceita não apenas como símbolo de nossa recém-descoberta união e meio efetivo de enterrar o passado, [mas] também porque mr. Lindbergh pode ser útil ao país. [...] Não há como se duvidar de seu grande conhecimento aeronáutico e de sua imensa experiência como piloto. Nem nós duvidamos de que ele cumprirá seu dever em honra a si mesmo e ao país."[4]

Porém muitos outros discordaram, como FDR inquestionavelmente sabia quando tornou pública a oferta. Grande fluxo de correspondência anti-Lindbergh chegou à Casa Branca — e foi rapidamente encaminhado para o gabinete de Arnold. O chefe das Forças Aéreas ficou chocado com a virulência de muitas das mensagens. Uma carta das típicas expressava: "Nosso filho está servindo às Forças Armadas, e não queremos Quisling algum nas costas dele".[5]

Ficou cada vez mais óbvio que o governo não tinha a intenção de aprovar o requerimento de Lindbergh. Sem surpresas, o elemento encarregado de oficiar a negativa foi Harold Ickes, que, a exemplo do inspetor Javert em *Les Misérables,* de Victor Hugo, dava continuidade à implacável perseguição de sua presa. Pouco antes de Pearl Harbor, Ickes assinara contrato com um editor de Nova York para escrever *um* livro selvagemente crítico sobre o aviador, com o título provisório de *Why Hitler Sounds Like Lindbergh* [Por que Hitler fala como Lindbergh, em tradução livre]. Depois de os Estados Unidos entrarem na guerra, Ickes relutantemente concordou com o editor que o livro fosse deixado de lado em prol da unidade nacional. No entanto, três anos depois, o ministro do Interior instou por sua publicação, declarando: "Sou da forte opinião de que não se deve deixar Lindbergh sair praticamente incólume".[6] (O livro nunca foi publicado.)

Ickes mostrou-se particularmente vingativo no período que se seguiu a Pearl Harbor. Em memorando a FDR, do início de 1942, insistiu que Lindbergh tencionava derrubar o governo e que, se fosse permitido que se tornasse herói de guerra, "esse leal amigo de Hitler"[7] emergiria como catalisador de todos os oponentes de Roosevelt. "Seria um trágico desserviço à democracia americana", ponderou Ickes, "dar a um de seus mais amargos e mais cruéis inimigos a chance de construir um histórico militar. [...] Ele deve ser sepultado no ostracismo."[8] Em sua resposta, o presidente disse que concordava: "De coração" com "o que você diz sobre Lindbergh e o potencial perigo do homem".[9]

Henry Stimson recebeu o encargo de ser o mensageiro da má notícia para Lindbergh. Em tensa reunião no gabinete de Stimson, o secretário da Guerra informou ao aviador que não se dispunha a conceder posição de comando a alguém que "não tem demonstrado [...] fé na justeza de nossa causa", acrescentando não crer que tal pessoa pudesse "travar a guerra com suficiente agressividade".[10] Em resposta, Lindbergh disse que não repudiaria sua opinião de que a entrada na guerra era um erro. Porém, disse também, agora que a decisão sobre a guerra fora tomada, ele a apoiaria e estava ansioso por ajudar da maneira que pudesse. Stimson, entretanto, permaneceu irredutível. Não podia ser nem seria oferecida função a um homem cuja lealdade, aos olhos de muitos, ainda era questionável.

Assim banido do serviço às Forças Armadas, Lindbergh conversou com diversos velhos amigos da indústria aeronáutica sobre a possibilidade de trabalhar para eles como consultor civil para o desenvolvimento e teste de novos bombardeiros e caças. Inicialmente, os executivos ficaram entusiasmados — afinal, Lindbergh se envolvera no projeto e produção de aviões desde antes de seu histórico voo para Paris — mas, um a um, eles foram abandonando a iniciativa. Juan Trippe, presidente da Pan American Airways e amigo de longa data de Lindbergh, disse-lhe que "obstáculos havia no caminho".[11] A Casa Branca, explicou Trippe: "Ficou irada com ele só por levantar a ideia" e lhe disse não querer Lindbergh "relacionado de forma alguma com a Pan American".[12] Com bilhões de dólares em jogo em contratos da defesa, nenhum fabricante de aviões podia se dar ao luxo de incomodar a Casa Branca, admitindo Lindbergh.

Ninguém, retifico, menos Henry Ford. Por anos, um dos mais ardentes isolacionistas do país, Ford presidia então florescente império manufatureiro para a defesa, produzindo motores, tanques, jipes, viaturas de Estado-Maior e aeronaves, sobretudo os bombardeiros B-24 que eram fabricados na Willow Run, a linha de montagem de aviões da Ford com 1 milha de comprimento nas cercanias de Detroit. O governo precisava de Ford tanto quando esse necessitava dos negócios oficiais, e logo o industrial deixou claro que pouco se importava com o que diriam funcionários públicos se ele contratasse Lindbergh como consultor técnico.

Por mais de um ano, Lindbergh trabalhou para melhorar o projeto e o desempenho dos aviões preparados pela Ford, inclusive o B-24 e o caça P-47, conhecido como *Thunderbolt*. Realizando dezenas de voos de testes, ele pilotou o P-47 a altitudes extremamente elevadas para verificar o efeito das condições atmosféricas tanto sobre os pilotos quanto sobre as aeronaves. Como consequência de seu estudo, a Ford modificou o projeto dos *Thunderbolts* e dos equipamentos de oxigênio, melhoramentos que, segundo a Força Aérea, aprimoraram a operação do avião e ajudaram a salvar a vida de muitos pilotos. Mais tarde, ainda com a guerra grassando, Lindbergh trabalhou como consultor na United Aircraft Corporation, onde desempenhou papel vital no projeto e desenvolvimento do *Corsair*, novo caça da Marinha e dos Fuzileiros Navais, que podia decolar tanto de porta-aviões como de bases terrestres.

Ao longo dos três anos e meio de guerra, Lindbergh frustrou a previsão dos críticos que seu objetivo era derrubar o presidente. Deliberadamente, ficou fora da política e da visão pública, evitando comentários sobre o progresso da guerra e não expressando nenhuma crítica a FDR e às suas políticas. Ele havia "entrado de propósito nos campos técnicos", disse a amigos, de modo a poder dar seu "máximo apoio"[13] ao esforço de guerra do país e não ser de novo arrastado para a controvérsia política.

Desde seu retorno da Europa, na primavera de 1939, todos pensavam que Lindbergh, no fim, acabaria concorrendo em eleição para cargo público. "Entre a maioria dos amigos de Lindbergh", publicou a *Life* em agosto de 1941, "é fato aceito que ele tomará parte mais ativa na política, relacionada ou não com a guerra. Dizem que ele será 'forçado a fazê-lo' para provar que vem sendo correto em suas ideias; que, consciente ou inconscientemente, sabe que tem que permanecer 'na linha de frente'".[14] Em novembro de 1941, Dorothy Thompson asseverou que se encontrava "absolutamente certa"[15] de que Lindbergh formaria um novo partido e faria qualquer coisa ao seu alcance para se tornar presidente. Na realidade, bom grupo de políticos, inclusive Burton Wheeler e William Borah, o incentivaram a fazer exatamente isso.

Todavia, sempre que tal ideia surgiu, Lindbergh a rejeitou: "Acho que não tenho jeito, por temperamento ou por vontade, para o campo da política ativa", escreveu a Robert Wood no fim de 1941. "Estive nesse campo nos últimos dois anos só por causa da extrema emergência de tempo de guerra confrontada por meu país."[16] Atuar na arena política, afirmou ele, o forçaria a abrir mão da independência que tanto prezava — a capacidade de dizer e fazer exatamente o que pensava. Então, numa declaração que é chave para que ele seja entendido, afirmou: "Pessoalmente, prefiro a aventura e a liberdade de ir tão distante do centro quanto meus pensamentos, ideais e convicções me conduzam. Não gosto de ser contido pela questão de influenciar a massa do povo ou pelo desejo de estrita segurança. Tenho de admitir não ter desculpa para o fato de que prefiro a aventura à segurança, a liberdade à popularidade, e a convicção à influência".[17] Anne disse mais tarde a um repórter: "Não creio que Charles [...] alguma vez quis ser um líder na acepção de atrair seguidores, popularidade e de criar um movimento que dirigisse. Charles nunca correu atrás de coisas assim. Ele teve causas que promoveu, mas as promoveu sozinho".[18]

Enquanto Lindbergh permanecia *persona non grata* nos altos escalões do governo Roosevelt durante toda a guerra, seus amigos militares continuavam fiéis a ele. No começo de 1941, alguns o encorajaram a viajar como consultor civil pelo teatro de operações do Pacífico, onde poderia testar aviões e fazer recomendações para melhorias nos projetos. Quando ele respondeu que a Casa Branca jamais permitiria, eles replicaram: "Por que a Casa Branca teria de saber isso?".[19]

Poucas semanas depois, trajando uniforme de oficial da Marinha, mas sem insígnias, Lindbergh partia com destino ao Pacífico e sem o conhecimento de Roosevelt, Frank Knox ou Henry Stimson. Durante os cinco meses seguintes, o paisano de 42 anos voou cerca de cinquenta missões de combate contra os japoneses em aviões da Marinha, dos Fuzileiros e das Forças Aéreas, enquanto comandantes de esquadrões e oficiais de altas patentes fingiam não ver. Nessas missões, que incluíram patrulhas, escoltas, bombardeios a grandes altitude e de mergulho, ele derrubou pelo menos um Zero japonês e quase foi abatido. Como se pôde comprovar depois, as sugestões de Lindbergh para alterações nas aeronaves melhoraram a eficiência dos aviões em que voou; no caso do P-38 *Lightining*, suas recomendações aumentaram em quinhentas milhas o alcance da aeronave em operações.

Segundo todos os relatos, Lindbergh experimentou grande felicidade ao longo de todos aqueles perigosos e excitantes momentos. Nas fotos dele tiradas durante o período, o aviador quase sempre estampa um sorriso no rosto. Voar com os militares, escreveu Anne, "fez dele um novo homem — fê-lo rejuvenescer". Lindbergh criou amizades verdadeiras com alguns dos jovens aviadores com quem voou, muitos dos quais eram vinte anos mais novos. Certa manhã, quando ele foi um pouco lento para recolher o trem de pouso após decolar para missão, um de seus jovens compatriotas falou rindo pelo rádio: "Lindbergh! [...] Levante as rodas! Você não está voando o *Spirit of St. Louis*!".[20] Segundo a filha Reeve, Lindbergh estava em seu elemento: "Tudo era muito bem organizado, e havia uma espécie de camaradagem, nada da tensão e da confusão do resto do mundo".[21]

Depois da guerra, mesmo alguns dos mais ácidos críticos de Lindbergh admitiram que ele se inocentara muito bem. Robert Sherwood, por exemplo, reconheceu em *Roosevelt e Hopkins*, seu livro vencedor do prêmio Pulitzer, que o homem outrora denunciado como "nazista" e "bajulador de Hitler" tinha, de fato, "prestado inestimável serviço como piloto civil".[22]

Para a esposa de Lindbergh, todavia, pouco de bom houve na guerra. Com o marido distante durante grande parte dela, Anne ficou com a obrigação de criar as quatro crianças (uma filha, Anne, nascera em 1940, e um filho, Scott, em 1943) em casa alugada num subúrbio de Detroit. No sul do Pacífico, Lindbergh conseguira escapar do ódio que cercava seu isolacionismo. Na solidão de Detroit, Anne continuava assombrada pelo passado.

Quando a editora Harcourt, Brace publicou pequeno romance de sua autoria, intitulado *The Steep Ascent* [A subida íngreme, em tradução livre], no verão de 1943, o Book-of-the-Month Club recusou-se a incluí-lo na lista de possíveis seleções, explicando que muitos leitores ameaçaram cancelar a afiliação se o livro fosse escolhido. Relutantemente admitindo que vasta parcela do público leitor não compraria qualquer livro da autora do *The Wave of the Future*, a Harcourt, Brace limitou a tiragem de *The Steep Ascent* a 25 mil exemplares, bem menor do que as dos livros anteriores.

Já desanimada com a perpétua nuvem sob a qual ela parecia estar, Anne ficou devastada ao saber, em agosto de 1944, da morte de Antoine de Saint-Exupéry, que se juntara às forças dos Franceses Livres em 1943 e desaparecera um ano depois em voo de reconhecimento sobre o sul da França a fim de mapear o terreno para os vindouros desembarques dos Aliados.* Apesar de ela ter passado apenas três dias com Saint-Exupéry em 1939, o encontro com o francês mudara sua vida. Ela escrevera *The Steep Ascent* como "uma carta para ele", afirmou, acrescentando que ele "falava 'minha linguagem' melhor do que qualquer pessoa que conheci, antes ou mesmo depois dele". E adicionou: "De que serve escrever se ele não pode ler — talvez, quem sabe — em alguma outra ocasião — em outro lugar?".[23]

Por semanas, ela permaneceu anestesiada pelo pesar, frequentemente caindo em crises de choro. A morte de Saint-Exupéry, escreveu ela, foi tão pesarosa quanto a perda de um filho ou irmã. Na oportunidade, Anne censurou a si mesma por sentimento tão forte sobre um homem com o qual estivera tão pouco tempo. Ela não era nem esposa nem amante, reconheceu, nem mesmo amiga íntima. Porém, depois de reler os registros em seu diário sobre aquele marcante fim de semana, concluiu que as lembranças que tinha sobre a ligação afetiva que criou com Saint-Exupéry eram genuínas.

Derramando melancolia no diário, Anne registrou: "Estou triste por não podermos nos encontrar nunca mais. Estou triste por ele jamais ter tentado nos ver, embora entenda; estou triste porque a política e a selvageria da batalha antiguerra e o fulgor da publicidade, da calúnia e da mistura de dor, feridas e mal-entendidos sobre meu livro fizeram com que não nos encontrássemos novamente. Estou triste por nunca

*Durante sua estada de dezoito meses nos Estados Unidos, Saint-Exupéry escreveu dois livros, *Flight to Arras* e sua obra-prima, *O Pequeno Príncipe*. (N.T.)

ter conseguido o prazer de saber se ele nos perdoou, ou não, por nossa postura, se perdoou-me por meu livro".[24]

Antes ela descrevera Lindbergh como seu "sol".[25] Saint-Exupéry parece que o substituiu. Charles, para Anne, era agora "Terra",[26] enquanto Saint--Exupéry era "Sol, Lua, ou estrelas que iluminam a Terra, que tornam o mundo e toda a vida mais belos. Agora a Terra está escura e não é mais bonita. Vou andando por ela aos tropeços e sem alegria".[27]

CHARLES LINDBERGH NÃO FOI O ÚNICO líder isolacionista a experimentar a rejeição da Casa Branca depois que a América entrou na guerra. Robert Wood, *chairman* do Primeiro a América, também teve recusada sua solicitação de retorno ao serviço ativo. Hap Arnold, bom amigo de Wood, intercedeu por ele junto a Roosevelt, dizendo precisar da ajuda de seu ex-chefe da Logística para aprimorar o sistema de suprimento das Forças Aéreas. O presidente não se comoveu: "Não acho que o general Wood deva trajar uniforme novamente", disse ele a Arnold. "Ele já está muito idoso e, no passado, demonstrou aprovação demasiada pelos métodos nazistas."[28] Mas se Arnold desejasse empregar Wood como assessor civil, acrescentou FDR, não faria objeção. Arnold de imediato convocou Wood para trabalhar, despachando-o para bases da USAAF na Europa, no Oriente Médio e no Pacífico, a fim de checar as operações de suprimento e fazer recomendações para sua melhora. No fim da guerra, o *chairman* da Sears Roebuck recebeu a Legião do Mérito, condecoração militar por serviço excepcional.

Os jovens fundadores do Primeiro a América, todavia, não enfrentaram a mesma hostilidade que os mais idosos de destaque. Robert Stuart, que frequentara centro de preparação de oficiais, recebeu comissão na Reserva do Exército, foi designado para o serviço ativo logo depois de Pearl Harbor e chegou a major, servindo no Estado-Maior do general Dwight D. Eisenhower, sediado em Londres. Entrou em ação na França em seguida ao Dia D. Kingman Brewster, Gerald Ford, Sargent Shriver e Potter Stewart foram todos para a Marinha. Brewster se tornou piloto, enquanto Stewart serviu em navios no Atlântico e no Mediterrâneo; Ford e Shriver cumpriram missões no Pacífico. Shriver foi ferido na Batalha de Guadalcanal.

Mesmo antes de Pearl Harbor, o estado de espírito nos *campi* da maioria das faculdades já havia mudado para o intervencionismo. Ex--militantes antiguerra se alistaram aos magotes quando a guerra estourou, entre eles Neal Anderson Scott, cujo discurso de formatura no Davidson

College, em 1940, como de resto muitos pronunciamentos em cerimônias semelhantes daquele ano, proclamaram que "os ianques 'não' estavam chegando". Scott, suboficial da Marinha, foi morto em 1942 durante a Batalha de Santa Cruz, no sul do Pacífico.

ENTREMENTES, OS OFICIAIS DE ALTOS POSTOS, que atuaram contra as políticas intervencionistas do presidente antes de Pearl Harbor, não sofriam perseguições e, em alguns casos, graças ao general George Marshall, recebiam funções importantes de tempo de guerra.

Em setembro de 1941, uma junta de saúde do exército determinou a passagem obrigatória para a reserva do coronel Truman Smith em função de sua diabetes. Marshall, que vinha efetuando uma renovação no corpo de oficiais do Exército americano — livrando-se de muitos idosos por questões de saúde — lamentou ter que dizer a Smith que não poderia mais protegê-lo. Logo depois de passar à reserva, Smith se tornou ativo defensor do Primeiro a América, relacionando-se ostensivamente com Lindbergh e com outros líderes do grupo. Apesar disso, tão logo os Estados Unidos entraram na guerra, Marshall reconvocou Smith como principal assessor do Exército sobre a Alemanha. Se Marshall tivesse sido designado comandante das forças dos Aliados que invadiram a Europa, como esperava, tencionava levar Smith para Londres como auxiliar-chave. (O general Eisenhower recebeu, em lugar de Marshall, o comando das forças do Dia D.) Embora Marshall não tivesse conseguido promover Smith a general de brigada, providenciou para que seu fiel assistente recebesse a Medalha por Distinção em Serviço no fim da guerra "por sua contribuição ao esforço de guerra da nação", descrita como "de grande significado".[29]

Embora Smith, de acordo com todos os depoimentos, tenha servido a seu país com lealdade durante a guerra, ele e sua esposa continuaram ardentes opositores a Roosevelt. Quando os dois souberam, em abril de 1945, da morte de FDR, "caíram na gargalhada", abraçaram-se alegremente e a um amigo, que levantou "os braços bem para o alto com indisfarçável satisfação", escreveu Katharine Smith em memórias não publicadas. "O diabólico morreu! Sei muito bem quão certos estávamos por odiá-lo amargamente. Não há malefício, externo ou interno, que não possa ser retraçado diretamente às suas políticas. Nosso declínio e nossa degeneração derivam desse homem e de sua esposa socialista, cega e gananciosa."[30]

Enquanto isso, o general Stanley Embick, que se opusera à ajuda à Inglaterra e à participação dos EUA na guerra até Pearl Harbor, emergia como, supostamente, o mais poderoso e o mais influente estrategista do Exército na Segunda Guerra Mundial. No outono de 1942, Marshall nomeou Embick representante do Exército no Comitê Conjunto de Análise Estratégica, um grupo de oficiais antigos que assessorava a Junta de Chefes de Estados-Maiores sobre decisões políticas e estratégicas relacionadas à guerra. Segundo um historiador, o comitê às vezes tinha "tanta influência"[31] quanto à própria Junta. Embick era em geral considerado a força dominante no Comitê.

Embick se opôs firmemente à estratégia britânica — encetar as primeiras ofensivas dos Aliados contra a Alemanha no norte da África e em outras áreas do perímetro europeu em vez de focar em invasão da França através do canal da Mancha. O comitê de análise estratégica, sob a direção de Embick, descreveu a intenção dos ingleses como esquema para proteger seu império e preservar o equilíbrio do poder na Europa.

Muito influenciado pelas opiniões de Embick, Marshall deixou clara para FDR sua oposição à invasão do norte da África pelos Aliados em 1942 — posição que o presidente, no fim, contrariou. Para Marshall, "suspeitas sobre os desígnios imperiais britânicos sob a liderança de Churchill eram levantadas em todos os planos do tempo de guerra",[32] escreveu o historiador Stanley Weintraub. Até mesmo Marshall admitiu depois do conflito que "demasiado sentimento antibritânico [existia] no nosso lado, mais do que deveria. Nosso pessoal estava sempre pronto a denunciar a 'pérfida Albion'".[33]

Outro dos críticos da Albion foi o tenente-coronel Albert Wedemeyer, genro de Embick e arquiteto do Programa *Victory*, o qual, como planejador do exército, também rechaçava veementemente as operações no Mediterrâneo. Depois de desempenhar papel-chave no planejamento da invasão da Normandia, Wedemeyer, a quem o historiador John Keegan chamou "um dos mais intelectuais e visionários cérebros militares que a América produziu",[34] foi transferido para o teatro de operações do Extremo Oriente, onde serviu como chefe do Estado-Maior de lord Louis Mountbatten, comandante supremo aliado no Sudeste Asiático. Em 1944, Wedemeyer foi nomeado comandante das forças dos EUA na China. Estava convencido de que sua designação para a Ásia foi pedido veemente de Winston Churchill e dos ingleses que, ressentidos com suas incessantes críticas à estratégia deles, persuadiram Roosevelt a a transferi-lo.

E depois houve Hap Arnold, sobrevivente do vazamento do Programa *Victory*, que também materializou o que se dispunha a fazer: organizar a força aérea mais poderosa do mundo. Em quatro anos, sua força singular explodiu de alguns milhares de homens e poucas centenas de aviões obsoletos para efetivo aproximado de 2,4 milhões de homens e 80 mil modernas aeronaves. Convicto de que o bombardeio estratégico podia ganhar a guerra quase sozinho, Arnold esperava provar aquilo em que acreditava havia muito tempo: que o poder aéreo era bem superior ao de qualquer força singular. Estava equivocado nas duas suposições.

Como Marshall repetira muitas vezes e Wedemeyer ressaltara no Programa *Victory*, o conflito na Europa não seria vencido sem maciços contingentes de força terrestre. Apesar de as Forças Aéreas de Arnold muito contribuírem para a vitória final, o preço humano, no solo e no ar, foi gigantesco e sangrento. No fim da guerra, as operações aéreas dos EUA na Europa experimentaram mais baixas do que todo o Corpo de Fuzileiros Navais nas arrastadas campanhas do Pacífico.

O homem, que mais que qualquer outro cidadão comum, ajudou a unir o país por trás da ideia de ajudar a Inglaterra e se opor à Alemanha passou quase toda a guerra promovendo a importância da cooperação internacional após a guerra. Apesar de recusar uma tentativa de FDR para que assumisse cargo no governo, Wendell Willkie, que um jornal rotulou de "estridente e patriótico despertador",[35] se tornou uma espécie de embaixador itinerante para Roosevelt, viajando por todo o globo terrestre para se encontrar com chefes de Estado, militares e cidadãos proeminentes dos Aliados. Aonde fosse, falava sobre o significado de um mundo unido e democrático, livre das nódoas do totalitarismo, do imperialismo e do colonialismo.

Em 1943, Willkie publicou o livro *One World* [Um mundo só] expondo seus pontos de vista internacionalistas. O trabalho se tornou um tremendo *best-seller* e ajudou a incentivar na opinião pública a ideia de Nações Unidas pós-guerra, mas que também tornou o autor uma das figuras mais controversas dentro do partido republicano. Tachando Willkie de "lacaio de Roosevelt",[36] a velha guarda conservadora do GOP jamais o perdoou por seu liberalismo, que abrangia fortes protestos contra a discriminação no país. Quando os violentos levantes raciais irromperam em Detroit, em junho de 1943, Willkie desancou republicanos e democratas por ignorarem o que denominou "questão do negro".[37] Em sua opinião: "O desejo de privar alguns de nossos cidadãos de seus direitos — econômicos, civis ou políticos — tem a mesma motivação básica que a mente fascista quando ela procura dominar todos os povos e nações. É essencial que a eliminemos em nossa casa bem como no estrangeiro".[38]

Willkie sonhava vencer a indicação para concorrer à presidência em 1944, mas os chefões do partido esmagaram sua pretensão. Nem mesmo o convidaram para a convenção em Chicago, embora ele tivesse amealhado mais votos em 1940 do que qualquer candidato republicano na história. A influência de Willkie se fez sentir da mesma maneira em Chicago: o GOP adotou plataforma internacionalista, que chamou de "Participação responsável dos Estados Unidos em uma organização cooperativa pós-guerra entre nações soberanas para prevenir agressões militares e alcançar a paz permanente".[39]

No fim de setembro de 1944, Willkie disse a um amigo: "Se pudesse escrever meu epitáfio e tivesse que escolher entre as duas opções, 'Aqui jaz um presidente desimportante', ou 'Aqui jaz pessoa que contribuiu para salvar a liberdade em momento de grande perigo', eu escolheria essa última".[40] Poucos dias depois, Willkie, cujos apetites pelo cigarro, pela bebida e pela comida eram tão prodigiosos quanto seu idealismo, faleceu de ataque do coração. Tinha 52 anos.

Segundo *The New York Times*, a morte de Willkie mergulhou o país "em profundo pesar".[41] Em editorial, o *Times* declarou: "Seu partido e seu país têm com esse homem um débito que os anos não saldarão. [...] A tristeza pelo fim de seu trabalho será sentida onde a liberdade for venerada. Saudamos um grande americano".[42] Roosevelt louvou Willkie pela "tremenda coragem — seu atributo dominante".[43] Ecoando tal perspectiva, um jovem líder negro chamado Channing Tobias declarou: "Como negro, lamento a morte do mais corajoso e aberto defensor dos direitos de meu povo desde Lincoln".[44] Segundo Harry Bridges, líder esquerdista do sindicato dos estivadores da Costa Oeste: "Wendell Willkie foi o único homem na América que provou preferir ser correto a ser presidente".[45]

ENQUANTO WILLKIE SE ESQUIVOU DE emprego governamental, como sempre palmilhando caminho próprio, muitos de seus colegas intervencionistas juntaram-se à administração federal. Elmer Davis, do Grupo Century, tornou-se chefe da Agência de Informação de Guerra (OWI), o braço de propaganda do esforço de guerra americano. Robert Sherwood foi nomeado diretor do ramo de além-mar da OWI, onde ajudou a criar a

Voice of America [Voz da América], rede estatal de rádio que transmitia noticiário internacional diário para países de todo o mundo. Herbert Agar, enquanto isso, trabalhava na equipe do embaixador dos Estados Unidos na Inglaterra, John Gilbert Winant, e depois foi indicado para chefiar o escritório em Londres da OWI. Agar divorciou-se da esposa para casar como uma inglesa e permaneceu no Reino Unido pelo restante da vida.

Em 1941, Henry Luce, que declinou de servir ao governo para continuar à frente do seu império de revistas, qualificou o século XX o "século americano",[46] no qual os Estados Unidos finalmente atingiriam seu destino de líderes do mundo. Seu sentimento combinava internacionalismo com ferrenho nacionalismo — e até mesmo imperialismo — que ressoaria cada vez mais forte nos americanos comuns, bem como nos que moldavam a política externa americana.

Os arquitetos do papel dos Estados Unidos cada vez mais abrangente e envolvedor no mundo de pós-guerra incluiriam o membro do Grupo Century Dean Acheson e os assessores de Henry Stimson e Frank Knox antes e durante a guerra — John McCloy, Robert Lovett, James Forrestal e Robert Patterson. Esses "sábios", como vieram a ser conhecidos, estavam determinados a criar uma Pax Americana, a visão de que o futuro do país, nas palavras de seus biógrafos Walter Isaacson e Even Thomas, demandava "a reformulação do papel americano tradicional [...] e a reestruturação do equilíbrio de poder global".[47] Reformulação que levaria às guerras do Vietnã e do Iraque, entre outros futuros conflitos.

AO MESMO TEMPO EM QUE SEUS ADVERSÁRIOS no pré-guerra trabalhavam para estender a influência da América depois da Segunda Guerra Mundial, os isolacionistas de maior destaque da nação se engajavam em batalha muito diferente. Lutavam para recuperar sua reputação, esforço que para muitos seria debalde. Como Geoffrey Perret observou sobre os isolacionistas: "Coletivamente, em geral seriam considerados estúpidos, perigosos, reacionários pró-nazistas ou, no mínimo, gente cega para a realidade dos novos tempos e para a ameaça à segurança do país".[48]

Em 1944, os senadores Gerald Nye e Bennett Champ Clark, assim como o intransigente inimigo de FDR, o deputado Hamilton Fish, não conseguiram se reeleger. Dois anos depois, o senador Burton Wheeler também foi derrotado. O senador Robert Taft faria mais duas tentativas para conseguir a indicação presidencial republicana; seu fracasso foi em grande parte atribuído à sua postura isolacionista.

Entretanto, isolacionistas pré-guerra, como o gênio da publicidade Chester Bowles, conseguiram apagar o passado. Malgrado sua ativa participação no Primeiro a América, Bowles, democrata liberal, tornou-se, em rápida sucessão, chefe da Agência de Administração dos Preços em tempo de guerra, governador de Connecticut, membro da Câmara dos Deputados, embaixador dos EUA na Índia e no Nepal e, finalmente, subsecretário de Estado no governo Kennedy. Quanto ao Primeiro a América, Bowles parece ter sofrido uma espécie de amnésia. Não citou a afiliação ao grupo em suas memórias, nem o assunto veio à baila em suas sabatinas para confirmar nomeações. Nenhuma das cartas que trocou com Robert Wood, Robert Stuart e com outros líderes do Primeiro a América estão entre seus documentos em Yale.

Em sua autobiografia, Gerald Ford, embora admitindo um flerte com o isolacionismo em Yale, também não menciona seu envolvimento com o Primeiro a América; esse assunto jamais foi levantado em sua posterior carreira política. Da mesma forma, Kingman Brewster não sofreu consequências de longo prazo por sua participação como fundador do Primeiro a América — papel não citado no seu obituário de 1988 preparado por *The New York Times*.

Sargent Shriver foi uma das poucas pessoas relacionadas com o Primeiro a América que não teve escrúpulos em discutir publicamente seu isolacionismo pré-guerra. "É verdade, pertenci ao Primeiro a América", respondeu ao autor de carta que demandou saber a extensão de seu envolvimento. "Afiliei-me ao movimento porque acreditava na ocasião que podíamos ajudar a conseguir um acordo justo para a guerra na Europa se nos mantivéssemos fora dela. A história provou que minha avaliação estava errada, nem pela primeira nem pela última vez. Nenhuma das pessoas que conheci na organização expressou quaisquer pontos de vista, entre os que pude ouvir, de que éramos pró-germânicos ou antissemitas. Posso entender como pessoas com tais inclinações apoiaram o Primeiro a América, exatamente como pessoas com opiniões pró-russas ou comunistas poderiam apoiar organização intervencionistas naqueles tempos."[49] Mais tarde, Shriver diria a um jornalista: "Eu quis poupar vidas americanas. Se esse é um motivo ignóbil, estou perfeitamente às ordens para ser condenado".[50]

Robert Stewart, que depois da guerra progrediu em sua carreira dentro da Quaker Oats Company, chegando a CEO e a *chairman* do Conselho de Administração da empresa, certa vez foi perguntado se em alguma ocasião organizara reunião dos participantes do Primeiro a América.

"Não", replicou ele. "Há ainda sensibilidades ao fato de o mundo pensar que nós somos os bandidos."[51]

MENOS DE UM MÊS ANTES DO FIM DA GUERRA NA EUROPA, Franklin D. Roosevelt faleceu de hemorragia cerebral em Warm Springs, na Geórgia. A morte do presidente, anotou o biógrafo de Lindbergh, A. Scott Berg: "Não afetou da noite para o dia a atitude oficial de Washington em relação ao aviador. Demorou uma semana".[52]

No fim de abril de 1945, Charles Lindbergh surgiu de trás da cortina do ostracismo político. Convocado a Washington, ele foi solicitado a se juntar a uma missão à Europa, patrocinada pela Marinha, a fim de estudar os desenvolvimentos alemães no campo das aeronaves de alta velocidade. Com a morte de Roosevelt, ele frisou: "A vingança de Washington praticamente desapareceu no que me diz respeito".[53] Mais tarde, o aviador diria a um entrevistador que fora como o sol finalmente aparecendo por trás das nuvens.

Bem no fim dos anos 1940 e com os 1950 já adiantados, Lindbergh serviu como assessor especial da Força Aérea dos EUA (como as Forças Aéreas do Exército dos EUA foram rebatizadas em 1947) e da Junta de Chefes de Estados-Maiores, trabalhando em bom número de projetos com foco nos foguetes, nos mísseis e no programa espacial. Como consultor e diretor da Pan American Airways, também realizou frequentes viagens de negócios à Europa, à Ásia e à América do Sul.

Em 1954, o presidente Dwight D. Eisenhower readmitiu Lindbergh na Reserva da Força Aérea, como general de divisão. O sucessor de Eisenhower, John F. Kennedy, foi outro admirador de Lindbergh. Como Kingman Brewster e Robert Stuart, Kennedy idolatrava o aviador desde sua infância; igualmente isolacionista na faculdade, o futuro presidente muito apreciava a postura antiguerra de Lindbergh. Além disso, ambos comungaram de alta distinção literária: ganharam o prêmio Pulitzer de biografia — Lindbergh em 1954 pelo *Spirit of St. Louis*, relato autobiográfico de seu voo a Paris, e Kennedy em 1957 por *Profiles in Courage*.

Por conseguinte, não foi surpresa quando Jacqueline Kennedy começou a planejar uma das mais deslumbrantes reuniões oficiais já promovidas na Casa Branca — um jantar em homenagem ao ministro francês da Cultura André Malraux, em abril de 1962 — seu marido insistiu para que Charles e Anne Lindbergh fossem os primeiros convidados. Lindbergh foi o conviva que: "O presidente Kennedy fez mais questão que comparecesse", disse mais tarde sua esposa, "por causa do apreço que tinha pelo casal".[54] Sabendo quão refratários eram os Lindberghs às aparições públicas, os Kennedys os convidaram para passar a noite na Casa Branca a fim de que não fossem importunados por jornalistas. Em bilhete de agradecimento a Kennedy após o evento, Lindbergh escreveu: "Fomos embora com profundo sentimento de gratidão — mais ainda — de estímulo".[55]

Malgrado as honras e agrados de que foi alvo, Lindbergh nunca foi capaz de afastar a sombra de seu problemático passado pré-guerra. Disse, por exemplo, a amigos que se sentia "muito constrangido"[56] sempre que ia à Inglaterra. "Mesmo depois de todos esses anos", afirma um inglês que o conheceu, "ele teme que alguém o vá atacar [...] por sua postura em relação à Inglaterra na Segunda Guerra Mundial".[57]

Indubitavelmente, Lindbergh foi responsável por boa parte da controvérsia surgida nos anos pós-guerra sobre seu isolacionismo. Até o fim de sua existência, ele jamais admitiu estar errado em qualquer coisa que tivesse dito ou feito. Diferentemente de Anne, que reconheceu: "Sermos muito cegos, em especial no começo, para os terríveis malefícios do sistema nazista",[58] ele nunca expressou uma só palavra de remorso ou desculpa por sua atitude não crítica quanto aos horrores do regime de Hitler. Quando foram publicados em 1970 seus diários de tempos de guerra, Lindbergh desafiadoramente assemelhou o extermínio por atacado de judeus perpetrados pelos nazistas a outros crimes de guerra, inclusive à brutalidade de alguns soldados americanos contra prisioneiros japoneses. E ainda insistiu que os Estados Unidos cometeram erro ao entrar na guerra.

"Como muitas pessoas civilizadas desse país e do estrangeiro, ele não conseguiu captar o radicalismo demoníaco do nazismo", escreveu o *New York Times* sobre Lindbergh e seus diários. "Mesmo vendo tudo meio século depois, ele se mostra incapaz de entender o que se passou. [...] Não há comparação entre malfeitos individuais de soldados americanos em relação a japoneses mortos ou capturados e a política governamental alemã, friamente planejada e sistematicamente executada, de extermínio ou escravidão de judeus, eslavos e outra gente 'inferior'. [...] O mundo não é o que os americanos — ou quaisquer outros — gostariam que fosse, e sim o melhor daquilo que existiria se os Estados Unidos não tivessem ajudado a derrotar o militarismo alemão e japonês. [...] Se é possível dizer que valeu a pena travar uma guerra e ganhá-la, essa foi a Segunda Guerra Mundial."[59]

Apesar de Lindbergh partilhar das mesmas opiniões dos conservadores anticomunistas que "para derrotar Alemanha e Japão, apoiamos as ameaças maiores da Rússia e da China", ele jamais foi envolvido na cruzada do senador Joseph McCarthy contra os comunistas no governo, como o foram Burton Wheeler, Robert Wood, Albert Wedemeyer e Truman Smith. Todos eles, salvo Lindbergh, se destacaram também em outras causas da extrema direita nos anos 1950 e 1960; Wedemeyer, por exemplo, trabalhou como consultor para os editores de uma revista publicada pela John Birch Society. Ao contrário, no auge do macarthismo, em 1952, Lindbergh, ferrenho independente e imprevisível como de hábito, votou no democrata liberal Adlai Stevenson para presidente.

Com a idade, Lindbergh foi abandonando muitos de seus antigos interesses, inclusive o foco na tecnologia moderna, em especial na sua relação com a Aeronáutica. Em 1928, quando começou a cortejar Anne, ele lhe disse que seu sonho mais acalentado era "acabar com os preconceitos entre nações unindo-as por meio da aviação".[60] Nos anos posteriores, embora o avião tivesse aproximado os povos do mundo no sentido técnico: "o avião havia mais do que contrariado tal conquista por meio do cruel bombardeio que executou na guerra",[61] escreveria o aviador mais tarde. Tanto militar quanto ecologicamente, acrescentou: "Testemunhei a ciência que eu venerava e o avião que amava destruindo a civilização para a qual eu ansiava que eles servissem".[62]

Na última década de sua vida, Lindbergh se lançou na batalha para evitar que o homem destruísse a natureza, envolvendo-se em campanhas para salvar as baleias, os búfalos selvagens, as águias e outras espécies em perigo de extinção. "Se eu tivesse que escolher", diria ele pouco antes de morrer, "preferiria pássaros a aviões."[63]

QUANDO LINDBERGH RETORNOU DE SUAS AVENTURAS de tempo de guerra no Pacífico, sua esposa, a exemplo de muitas outras de militares combatentes, mudara bastante. Forçada a desempenhar muitos deveres durante as longas separações nos três anos anteriores, Anne Lindbergh tornara-se mais forte e bem mais autoconfiante.

Em Detroit, ela conseguira moldar, pela primeira vez em anos, uma vida satisfatória para si mesma. Tomou lições de pintura e escultura na Academia Cranbrook de Arte, uma colônia de artistas nos arrabaldes da cidade, e tornou-se íntima de muitos de seus membros, entre eles o arquiteto finlandês Eero Saarinen e o escultor sueco Carl Miles. Quase todos os seus novos amigos, observou ela, eram europeus, com os quais se identificou, emocional e intelectualmente, muito mais do que com a maioria dos americanos.

Saindo finalmente da sombra de Lindbergh, Anne encontrou comunidade própria, para a qual podia "apresentar seu verdadeiro *self*", registrou em seu diário, "como jamais o fiz em qualquer outro grupo de pessoas. [...] Seguramente, não no meu casamento, porque os grupos que frequentamos nunca foram de *minhas* pessoas. Nos grupos políticos e nos de aviação naturalmente todos procuravam por C. Porém, aqui sou permanentemente eu mesma — e eles gostam de mim!".[64]

Menos de um ano antes do fim da guerra, os Lindberghs se mudaram de volta para o leste, para uma casa alugada em Westport, Connecticut, onde começaram a viver cada vez mais apartados. Ocupada com os cinco filhos (Reeve, a mais nova, nasceu em outubro de 1945), Anne não mais participava das andanças nômades do marido. Do mesmo modo que em Detroit, ela formou seu próprio círculo de amigos — "artistas, escritores, dançarinos, por vezes, psicólogos ou professores", lembrou-se Reeve, "mas não com muita frequência, homens de negócios e aviadores".[65] Lindbergh, de sua parte, viajava sem parar. Quando longe, raramente se comunicava com a família e, quase sempre, não dizia onde estava e quando voltaria. "Ele gostava de ser misterioso",[66] recordou-se um dos filhos. Em carta a amigo depois da guerra, Anne escreveu: "Charles bate em casa e logo sai. Está nesse ano, creio, em sua quarta ou quinta volta ao mundo". Frequentemente não estava em casa no Natal e em outras celebrações familiares. Após um feriadão, Anne escreveu-lhe que, no dia do Ano Novo: "Praticamos um jogo em que tentamos adivinhar onde você estava".[67]

Quando voltava, Charles vinha com um senso de excitação e energia, porém também, como observou a sogra, com uma tensão "terrível".[68] No seu diário, Elizabeth Morrow registrou: "Ele tem que controlar tudo, tudo o que é feito na casa".[69] Pai amoroso, mas exigente, Lindbergh passava, quando em casa, considerável tempo brincando com os filhos, porém estava sempre lhes ensinando alguma coisa ou os disciplinando. Aborrecido com a florescente independência de Anne, recriminava-a às vezes. Quando se aproximava a hora de ele viajar novamente, escreveu Reeve Lindbergh, havia "um sentimento de alívio na família, uma exaltação meio contida, uma sensação de se respirar mais livremente e um quase palpável relaxamento na disciplina".[70]

Engalfinhada com desapontamentos e conflitos no matrimônio, Anne procurou um analista. Ela também se tornou muito próxima do residente do hospital da família em Nova York, que a encorajou a falar sobre a depressão, a raiva e a tristeza que mantivera represada em si mesma por tantos anos. Durante o período de autoanálise, ela passou bom tempo meditando sobre a batalha que travara consigo mesma durante a maior parte de sua vida — pensou sobre a maneira de conservar identidade própria enquanto desempenhava as obrigações de filha, esposa e mãe.

No fim dos anos 1940, começou a gozar de um período sabático de seus deveres familiares, alugando uma cabana rústica na ilha Captiva, ao largo do litoral da Flórida, onde caminhava horas pelas praias catando conchas. No curso de seus passeios, as linhas gerais de um livro formaram-se em sua cabeça. Ela não mais escrevera desde a traumática experiência de guerra com *The Wave of the Future* e *The Steep Ascent*. "Fiquei muito abalada", reconheceu mais tarde. "Tão chocada que resolvi parar de escrever. Posso entender por que [*The Wave of the Future*] foi mal interpretado. [...] Mas minha reação foi a seguinte: se me expresso tão pobremente, não devo continuar escrevendo."[71]

O livro que tinha então em mente, no entanto, não se relacionava em absoluto com a guerra ou com o isolacionismo. Focaria as questões que ela e muitas outras mulheres enfrentavam, em meio ao malabarismo de tantos deveres e papéis, ao mesmo tempo que tentaria equacionar "como permanecer um todo no turbilhão das atividades da vida; como seguir em equilíbrio a despeito das forças centrífugas que tentam tirá-las do centro; como continuar fortes".[72]

Com reflexões líricas sobre infância, idade, amor, casamento, amizade e necessidade de cuidar de si mesma, *Gift from the Sea* [Dádivas do mar, em tradução livre] foi publicado em 1955 e logo se tornou grande sucesso da história editorial dos EUA. Ficou na lista *best-sellers* do *New York Times* por dois anos, o número um durante o primeiro deles. Vendeu mais de 5 milhões de exemplares em seus primeiros vinte anos de existência; hoje, mais de cinquenta anos após sua primeira edição, continua vendendo bem.

No *Gift from the Sea*, Anne afirma que as mulheres têm que, periodicamente, se afastar de suas miríades de responsabilidades — "das atividades circenses que nós mulheres realizamos todos os dias de nossas vidas" — para buscar a solidão de modo a recarregarem as energias criativas e nutrir-se espiritualmente. "Se é função da mulher suprir, ela precisa ser reabastecida também."[73]

Realçando a importância das mulheres no desenvolvimento de relações mutuamente frutíferas com outros, ela dá um exemplo dessa relação com sua própria vida — não com seu marido, mas com a irmã Con. Durante uma das temporadas na Flórida, Anne relata em seu livro, sua irmã chegou para ficar por uma semana. Ao descrever a maneira com que ela e Con desempenharam juntas os trabalhos diários de cuidar da casa, Anne realça a força e o conforto da união das duas: "Trabalhamos juntas fácil e instintivamente, sem encostar uma na outra ao irmos para lá e para cá naquela faina toda. Conversávamos enquanto varríamos, enquanto secávamos roupas, enquanto jogávamos o lixo fora, falando sobre pessoas, livros ou lembranças. [...] Agíamos ao longo do dia como dançarinas, sem necessidade de nos tocarmos além de levemente porque, por instinto, nossos movimentos eram no mesmo ritmo".[74]

O extraordinário sucesso do livro, no entanto, pareceu não trazer para Anne muita alegria ou satisfação. Ela se sentiu desconfortável sob os holofotes, que mais uma vez nela focaram; "fama", escreveu Anne em seu diário, "torna inconveniente a vida que se leva".[75] O que mais a importunava, todavia, era a impressão de "não experimentar"[76] os sentimentos expressos no livro. Apesar de o *Gift from the Sea* ter ajudado incontável número de mulheres a reavaliar suas necessidades, desejos e relacionamentos, sua autora tinha considerável dificuldade em seguir seus próprios conselhos. Certo dia do verão de 1956, depois que Charles anunciou abruptamente que faria de novo outra longa viagem, Anne registrou no diário que se sentia: "Bastante triste e abandonada". E então fez a irônica observação: "Como isso espantaria minhas leitoras do *Gift from the Sea*! O quê? Não gosta de ficar sozinha?!".[77]

Ano e meio depois, ela escreveu ao marido de um hospital de NY onde se recuperava de cirurgia no joelho: "Onde você está? Esperei por você todos os dias das duas semanas passadas. Sei que foi operação trivial, mas acho que você devia passar por aqui para me levar para casa".[78]

Com o casamento se tornando cada vez mais problemático, Anne registrou: "As agonias da mente & emoções" e a "permanente amargura" que sentia com as longas e frequentes ausências de Charles e com sua "incompreensão e hostilidade"[79] em relação a ela quando estava em casa. Nas palavras de Scott Berg: "O casamento dos Lindberghs se transformou num caso unilateral, à disposição de Charles quando ele resolvia partilhar. Nas ocasiões em que o casal estava junto, ele esperava que as atenções de Anne fossem todas voltadas para sua pessoa".[80]

No vigésimo aniversário de casamento, ela extravasou seus sentimentos em ensaio de diário que intitulou "Juramentos de matrimônio explicados após vinte anos". Antes de casar-se com Lindbergh, Anne, deslumbrada com o astro, o descreveu como "o último dos deuses" e "um cavalheiro de armadura fulgurante". Seus explícitos juramentos mostraram que ela abandonara havia muito tempo tal imagem romântica e de contos de fadas. O ensaio incluía declarações como: "Desde que descobri que você não é perfeito, não o venero [...] não prometo obedecê-lo [...] não vejo o casamento como solução para nenhum de meus problemas".[81]

Na sua raiva e frustração, Anne recorreu ao analista, dr. Dana Atchley em busca de consolo. "Dana me tirou do buraco [...] manteve-me viva",[82] anotou ela. A relação íntima entre médico e paciente desabrochou em intenso *affair*. Em 1956, Anne alugou pequeno apartamento em Nova York onde podia se refugiar para escrever, receber amigos e ter encontros com Atchley. A certa altura, ela chegou a cogitar o divórcio, mas no fim desistiu da ideia. Embora tão "pessimamente acasalados"[83] quanto ela e Charles eram e tão "abandonada e desprezada"[84] quanto se sentia, Anne não conseguiu força para cortar os vínculos que os uniam.

Parece que Lindbergh não soube do envolvimento de Anne com Atchley; mas o fato é que ele também descobriu interesses particulares durante suas incessantes viagens. Sua vida pós-guerra sem ter que dar explicações a ninguém e distante da família, pareceu nele despertar novo vigor. O analista de Anne disse-lhe acreditar que Lindbergh, então com cinquenta e poucos anos: "Fazia de tudo para fugir da velhice".[85]

Apesar de provavelmente correta, essa premissa era só a ponta do *iceberg*. Desde 1957 até sua morte em 1974, Lindbergh levou uma vida secreta extraordinária por sua audácia. Naqueles dezessete anos, ele procriou nada menos do que sete filhos com três diferentes mulheres, todas alemãs, e fez frequentes visitas às crianças e às amantes nas casas que para elas providenciou na Alemanha e na Suíça.

Sua primeira enamorada foi Brigitte Hesshaimer, chapeleira que conheceu em Munique. Depois teve caso com a irmã de Brigitte, Marietta, a qual, como Brigitte, era mais de vinte anos mais nova do que Lindbergh. Sua terceira relação foi com Valeska, uma secretária alemã cujo sobrenome nunca foi revelado e que o ajudou em suas ligações de negócios germânicos. Os sete filhos europeus de Lindbergh — três com Brigitte, dois com Marietta e dois com Valeska — nasceram entre 1958 e 1967.

A vida clandestina do aviador só veio à luz em 2003, quase trinta anos após sua morte e dois depois do falecimento de Anne. A notícia foi um tremendo choque para os familiares, amigos e conhecidos, embora uma amiga chegada de Anne tivesse dito a Reeve que sua mãe, supostamente, sentira a premonição de que alguma coisa andava fora dos eixos. "Ela sabia", afirmou a amiga, "mas não sabia *o que* sabia."[86]

Lindbergh envidou o máximo esforço para que sua vida sigilosa assim se mantivesse enquanto fosse vivo. Suas amantes disseram aos filhos que o pai era famoso escritor americano chamado Careu Kent, em missão secreta, e que eles não podiam revelar seu nome para ninguém. Quando as mulheres escreviam para Lindbergh, as cartas eram enviadas para caixas postais, cujos números ele mudava regularmente.

Os filhos de Brigitte, que descobriram a verdadeira identidade do pai e a tornaram pública depois do falecimento da mãe, foram os únicos descendentes de Lindbergh a falarem abertamente sobre as visitas do aviador à mãe e a eles, que ocorriam quatro vezes ao ano. Lindbergh fazia panquecas, lembraram-se, e os levava aos parques de diversões. "Ficávamos sempre muito felizes quando ele aparecia", disse um dos filhos. "Realmente ele deixava a sensação de que vinha por nossa causa."[87]

Atingida por outra bomba sobre o passado do pai, Reeve Lindbergh e seus descendentes esforçaram-se para dar sentido ao que era incompreensível. Como pôde Lindbergh — "o severo árbitro da conduta moral e ética em nossa família",[88] anotou Reeve — ter, por décadas, violado virtualmente todos os padrões que desejava que eles seguissem?

Uma possível explicação pode ser o desejo diversas vezes expresso por Lindbergh de ter pelo menos uma dúzia de filhos, talvez para compensar o isolamento e a solidão que experimentou como filho único. Anne tinha quarenta anos quando deu à luz Reeve, a sexta criança, e não teria mais nenhuma. As sete crianças adicionais que teve com as amantes materializaram o desejo de uma prole de doze. (O assassinado Charles Jr. seria o décimo terceiro.)

Ainda seguidor da pseudociência da eugenia, que defendia a procriação seletiva para garantir o domínio do "sangue europeu" do Norte e do Oeste, Lindbergh aparentemente também se interessou em perpetuar sua própria genética europeia do Norte. (Reeve Lindbergh recordou-se de como seu pai costumava incutir na cabeça dos filhos a importância da escolha dos parceiros com genes bons.) Se ele se inclinou por ter filhos fora do casamento, como obviamente parece, que melhores parceiras poderia ter, da sua perspectiva nórdica, do que as alemãs, definitivamente arianas? Todavia, havia um problema importante com essa hipótese:

tanto Brigitte quanto a irmã sofriam de tuberculose na espinha dorsal, o que as tornava espécies fisicamente imperfeitas.

Ao constituir famílias com essas três outras mulheres, Lindbergh pode também ter sido tentado pela oportunidade de criar um universo paralelo de vida, onde podia disfarçar sua identidade de uma das mais famosas pessoas do planeta e tinha a possibilidade de ir e vir ao seu bel-prazer, permanecendo apenas alguns dias em cada um dos lares, sem comprometimentos duradouros. Reeve Lindbergh ofereceu outra abordagem da situação: "Um dos primeiros pensamentos que me ocorreu a respeito de tal arranjo fazia certo sentido. Nenhuma mulher podia conviver com ele por muito tempo".[89]

No começo, Reeve foi consumida pela raiva contra a duplicidade e a hipocrisia de Lindbergh. Pouco depois de saber sobre seus meios-irmãos, ela escreveu em seu diário: "Essas crianças nem mesmo sabiam quem ele era! Ele usou pseudônimos com elas. (Para protegê-las, talvez? Para se proteger, decididamente!)"[90] Mas nos anos seguintes, durante os quais visitou todas os sete novos irmãos e irmãs, ela fez uma espécie de paz com seu impenetrável pai, convencida de que jamais o conheceu realmente. "Pertencer à minha família é, por vezes, um melodrama", observou ela, "com uma linha histórica que é, ao mesmo tempo, poderosamente convincente e totalmente desconcertante".[91]

Reeve certa vez sonhou ter dito a Lindbergh que todos os seus filhos — na Europa e na América — haviam sido feridos pelo que ele fizera. No sonho, o pai não replicou a queixa. "Simplesmente não a captou", observou ela. "Naquele momento, percebi que sabia a verdade a respeito de meu pai. [...] Com todos os seus dons e talentos, ele veio ao mundo sem uma peça específica do equipamento de ouvir e, fosse lá o que fosse, essa peça era crítica para o entendimento completo do sofrimento das outras pessoas."[92]

Ao saber mais detalhes sobre a vida secreta de Lindbergh, Reeve se surpreendeu com o fato de que "todas as ligações humanas íntimas que meu pai teve durante seus anos finais foram fraturadas pelo sigilo. Ele não podia ser totalmente aberto com quem o amasse na face da terra. [...] O que permanece em mim é um senso de inexprimível solidão".[93]

Havia um lugar, no entanto, em que Lindbergh podia escapar dessa solidão, onde podia esquecer, ao menos por alguns minutos, as complicações e demandas de sua estranha e conflituosa vida. O lugar onde ele podia atrasar o relógio e experimentar de novo a aventura — a absoluta e completa alegria — de sua juventude, voando baixo sobre as ondas, tocando uma nuvem, passando bem alto sobre uma montanha.

Diversas vezes por ano até morrer, Lindbergh viajou a Washington para visitar o prédio do Smithsonian Arts and Industries. Com o rosto pálido e vincado, cabelos escasseando, não era mais reconhecido pela maioria dos turistas. Contudo, sempre tomava a mesma precaução, parando discretamente atrás de um estande da exposição. De lá, ficava olhando atentamente para o *Spirit of St. Louis*, pairando alto no ar acima dele.

Finis

AGRADECIMENTOS

EM TODOS OS MEUS LIVROS, TRABALHEI DURO PARA DAR VIDA à gente e aos períodos históricos sobre os quais escrevi. Obviamente, para fazer isso, um autor precisa encontrar boas fontes de material; na pesquisa para *Roosevelt & Lindbergh*, fui suficientemente feliz para descobrir tesouros de informações. Os relatos de jornais e revistas contemporâneos foram generosos ao revelarem instigantes detalhes sobre o estado de ânimo no país ao longo dos dois anos que antecederam a entrada dos Estados Unidos na Segunda Guerra Mundial. Ainda mais importantes foram os conteúdos, muitas vezes surpreendentes e provocantes, encontrados em cartas, boletins, diários e outros documentos pessoais de personagens de relevo, ou nem tanto, deste trabalho.

Minha profunda gratidão é dirigida aos bibliotecários e arquivistas que muito me ajudaram na pesquisa. Eles são os genuínos mantenedores da história, e o entusiasmo que demonstram, assim como o abnegado trabalho que realizam, podem ser classificados como *hero*icos. Destaco, entre eles, Bob Clark, arquivista-chefe da Biblioteca Franklin D. Roosevelt, e sua equipe, que simplesmente são os melhores no que fazem. Tenho também enorme débito de gratidão à equipe da Divisão de Manuscritos da Biblioteca do Congresso, bem como aos arquivistas da Hoover Institution, das bibliotecas da Harvard's Houghton, da Baker e da Smith College's Sophia Smith Collection. Agradecimentos especiais igualmente expresso ao dr. Edward Scott e a dra. Mary Elizabeth Ruwell, por garantirem meu acesso aos arquivos da Academia da Força Aérea, e ao dr. Russell Flinchum, arquivista da Century Association Archives Foundation, pela generosa partilha dos materiais sobre o Grupo Century.

Uma palavra de agradecimento aos escritores e acadêmicos cujo trabalho precursor me ajudou imensamente na feitura deste livro. Eu gostaria de citar especialmente A. Scott Berg, cuja magistral biografia de Charles Lindbergh é recurso essencial para quem se disponha a escrever sobre Lindbergh; o dr. J. Garry Clifford, por seus impressionantes conhecimentos sobre Grenville Clark e a conscrição em tempo de paz; o dr. Wayne S. Cole, inquestionável sumidade no movimento isolacionista pré-guerra na América; e Richard Ketchum, cuja história/memórias dos anos 1938-41 foi valiosa fonte de informações.

Sou grato também a Elizabeth M. Pendleton, Rachel Cox, Fisher Howe, Margaret Shannon, dr. Raymond Callaham e Roger Cirillo.

Agradeço a todos da Random House, em particular à minha estupenda editora, Susanna Porter, pelo inabalável apoio e orientação e por criar ambiente essencialmente acolhedor e intelectual para os escritores. Gail Ross, minha agente por quase vinte anos, foi excelente como sempre nos seus aconselhamentos, representação e amizade.

Sobretudo, meu profundo amor e gratidão a Carly, minha filha e assessora sem igual sobre mídia social, e ao meu marido, Stan Cloud, cuja edição de *Roosevelt & Lindbergh* ajudou-me a torná-lo um livro melhor, e cuja parceria comigo, tanto profissional quanto pessoal, vem sendo a alegria de minha vida.

Lynne Olson

NOTAS

INTRODUÇÃO

1. Gore Vidal, *The Last Empire: Essays 1992–2000* (Nova York: Doubleday, 2001), p. 138.
2. Geoffrey C. Ward, *A First-Class Temperament: The Emergence of Franklin Roosevelt* (Nova York: Harper & Row, 1989), p. 315.
3. Walter S. Ross, *The Last Hero: Charles A. Lindbergh* (Harper & Row, 1976), p. 212.
4. Thomas M. Coffey, *Hap: The Story of the U. S. Air Force and the Man Who Built It* (Nova York: Viking, 1982), p. 157.
5. Arthur M. Schlesinger Jr., *The Coming of the New Deal, 1933–1935* (Boston: Houghton Mifflin, 2003), p. 455.
6. Charles A. Lindbergh, *The War Times Journals of Charles A. Lindbergh* (Nova York: Harcourt Brace Jovanovich, 1970), p. 187.
7. Arthur M. Schlesinger Jr., *A Life in the Twentieth Century: Innocent Beginnings, 1917–1950* (Nova York: Houghton Mifflin, 2000), p. 249.
8. Eric Sevareid, *Not So Wild a Dream* (Nova York: Atheneum, 1976), p. 195.
9. Entrevista de Arthur M. Schlesinger Jr., "Lindbergh," *American Experience*, PBS.
10. Anne Morrow Lindbergh, *War Within and Without: Diaries and Letters of Anne Morrow Lindbergh, 1939–1944* (Nova York: Harcourt Brace, 1980), p. xvii.
11. Schlesinger, *A Life in the Twentieth Century*, p. 241.
12. Entrevista de George Marshall com Forrest Pogue, Marshall Foundation, Lexington, Va., www.marshallfoundation.org/library/pogue.html.
13. *Ibid.*
14. Diário de Adolf Berle, 22 de setembro de 1939, Documentos de Berle, FDRPL.
15. Roger Butterfield, "Lindbergh", *Life*, 11 de agosto de 1941.
16. William S. Langer e S. Everett Gleason, *The Challenge to Isolation: 1937–1940* (Nova York: Harper, 1952), p. 203.
17. Forrest C. Pogue, *George C. Marshall: Ordeal and Hope, 1939–1942* (Nova York: Viking, 1966), p. 23.
18. Herbert Agar, *The Darkest Year: Britain Alone, June 1940–June 1941* (Garden City, N.Y.: Doubleday, 1973), p. 56.
19. Robert Sherwood, *Roosevelt and Hopkins: An Intimate History* (Nova York: Harper, 1948), p. 355. EDIÇÃO BRASILEIRA, *Roosevelt e Hopkins: Uma História da Segunda Guerra*, Nova Fronteira, UNB, UniverCidade, Rio e Brasília, 1998.
20. Nicholas John Cull, *Selling War: The British Propaganda Campaign Against American "Neutrality" in World War II* (Nova York: Oxford University Press, 1995), p. 185.

CAPÍTULO 1: UM GALAHAD MODERNO

1. Charles Lindbergh, *War Times Journals*, p. 222.
2. *Ibid.*, p. 319.
3. A. Scott Berg, *Lindbergh* (Nova York: Berkley Books, 1999), p. 5.
4. Reeve Lindbergh, "The Flyer — Charles Lindbergh", *Time*, 14 de junho de, 1999.
5. Frederick Lewis Allen, *Only Yesterday: An Informal History of the 1920's* (Nova York: Perennial, 2000), p. 189.
6. *Ibid.*, p. 191.

7. Kenneth S. Davis, *The Hero: Charles A. Lindbergh and the American Dream* (Garden City, N.Y.: Doubleday, 1959), p. 192.
8. Berg, *Lindbergh*, p. 121.
9. *Ibid.*, p. 159.
10. *Ibid.*, p. 170.
11. Davis, *The Hero*, p. 244.
12. Anne Morrow Lindbergh, *Hour of Gold, Hour of Lead: Diaries and Letters of Anne Morrow Lindbergh, 1929–1932* (Nova York: Harcourt Brace Jovanovich, 1973), p. 5.
13. Frederic Sondern Jr., "Lindbergh Walks Alone", *Life*, 3 de abril de 1939.
14. "Press v. Lindbergh", *Time*, 19 de junho de 1939.
15. Berg, *Lindbergh*, p. 308.
16. Anne Lindbergh, *Hour of Gold*, p. 249.
17. "Press v. Lindbergh", *Time*, 19 de junho de 1939.
18. Berg, *Lindbergh*, p. 340.
19. Roger Butterfield, "Lindbergh", *Life*, 11 de agosto de 1941.
20. Reeve Lindbergh, *Under a Wing: A Memoir* (Nova York: Simon & Schuster, 1998), p. 79.
21. Leonard Mosley, *Lindbergh* (Nova York: Dell, 1977), p. 184.
22. *New York Times*, 23 de dezembro de 1935.
23. Anne Morrow Lindbergh, *The Flower and the Nettle: Diaries and Letters of Anne Morrow Lindbergh, 1936–1939* (Nova York: Harcourt Brace Jovanovich, 1976), p. 17.
24. Charles Lindbergh, *War Times Journals*, p. 10.
25. Lynne Olson, *Troublesome Young Men: The Rebels Who Brought Churchill to Power and Helped Save England* (Nova York: Farrar, Straus & Giroux, 2007), p. 127.
26. *Ibid.*, p. 139.
27. Wayne S. Cole, *Charles A. Lindbergh and the Battle Against American Intervention in World War II* (Nova York: Harcourt Brace Jovanovich, 1974), p. 28.
28. Charles Lindbergh, *War Time Journals*, p. 11.
29. *Ibid.*, p. 147.
30. *Ibid.*, p. 9.
31. *Ibid.*, p. 22.
32. Lynne Olson e Stanley Cloud, *A Question of Honor: The Kosciuszko Squadron: Forgotten Heroes of World War II* (Nova York: Knopf, 2003), p. 92.
33. Truman Smith, *Berlin Alert: The Memoirs of* Truman *Smith* (Stanford: Hoover Institution Press, 1984), p. 60.
34. *Ibid.*, p. 68.
35. *Ibid.*, p. 89.
36. Anne Lindbergh, *Flower and the Nettle*, p. xxi.
37. Truman Smith, *Berlin Alert*, pp. 154–55.
38. Berg, *Lindbergh*, p. 375.
39. Olson, *Troublesome Young Men*, p. 64.
40. Cole, *Lindbergh*, p. 53.
41. *Ibid.*
42. Davis, *Hero*, pp. 378–79.
43. Sir John Wheeler- Bennett, *Special Relationships: America in Peace and War* (Londres: Macmillan, 1975), p. 131.
44. Charles Lindbergh, *War Times Journals*, p. 5.
45. Cole, *Lindbergh*, p. 29.
46. Anne Lindbergh, *Flower and the Nettle*, p. 83.
47. Charles Lindbergh, *War Times Journals*, p. 166.
48. Ronald Steel, *Walter Lippmann and the American Century* (Nova York: Vintage, 1981), p. 331.
49. Berg, *Lindbergh*, p. 382.

50. *Ibid.*, p. 361.
51. Lloyd Shearer, *Parade*, 13 de março de 1977.
52. Charles Lindbergh, *War Times Journals*, p. 115.
53. Dorothy Herrmann, *Anne Morrow Lindbergh: A Gift for Life* (Nova York: Ticknor & Fields, 1993), p. 236.
54. Charles Lindbergh, *War Times Journals*, p. 136.
55. "The Talk of the Town," *New Yorker*, 26 de novembro de 1938.
56. Entrevista de Murray Green com o general Arthur W. Vanaman, Documentos de Green, AFA.
57. Truman Smith, *Berlin Alert*, p. 134.
58. Cooper C. Graham, "Olympia' in America, 1938: Leni Riefenstahl, Hollywood and the *Kristallnacht*", *Historical Journal of Film, Radio and Television*, 1993.
59. Berg, *Lindbergh*, p. 380.
60. Roger Butterfield, "Lindbergh", *Life*, 11 de agosto de 1941.
61. Truman Smith, *Berlin Alert*, p. 134.
62. Entrevista de Robert Sherwood com Harold Ickes, documentos de Sherwood, HL.
63. T.H. Watkins, *Righteous Pilgrim: The Life and Times of Harold L. Ickes, 1874–1952* (Nova York: Henry Holt, 1990), p. 163.
64. *Life*, 2 de setembro de 1940.
65. Watkins, *Righteous Pilgrim*, p. 337.
66. Diário de Adolf Berle, 11 de setembro de 1940, Documentos de Berle, FDRPL.
67. *New York Times*, 19 de dezembro de 1938.
68. Harold Ickes para John Wheeler, 9 de maio de 1941, documentos de Ickes, LC.
69. Berg, *Lindbergh*, p. 380.
70. Anne Morrow Lindbergh, *Bring Me a Unicorn: Diaries and Letters of Anne Morrow Lindbergh, 1922–1928* (Nova York: Harcourt Brace Jovanovich, 1971), p. 216.
71. Anne Lindbergh, *Flower and the Nettle*, p. 470.
72. Berg, *Lindbergh*, p. 383.

CAPÍTULO 2: FOMOS TOLOS

1. Charles Lindbergh, *War Times Journals*, pp. 182–83.
2. Entrevista de Murray Green com o general Arthur A. Vanaman, documentos de Green, AFA.
3. Coffey, *Hap*, p. 10.
4. Richard M. Ketchum, *The Borrowed Years, 1938–1941: America on the Way to War* (Nova York: Random House, 1989), p. 103.
5. Henry H. Arnold, *Global Mission* (Nova York: Harper, 1949), p. 165.
6. *Ibid.*, p. 151.
7. Ketchum, *Borrowed Years*, pp. 86–87.
8. John Lamberton Harper, *American Visions of Europe: Franklin D. Roosevelt, George F. Kennan and Dean Acheson* (Cambridge: Cambridge University Press, 1994), p. 68.
9. Berg, *Lindbergh*, p. 388.
10. Langer e Gleason, *Challenge to Isolation*, p. 14.
11. Lynne Olson, *Citizens of London: The Americans Who Stood with Britain in Its Darkest, Finest Hour* (Nova York: Random House, 2010), p. 67.
12. Ketchum, *Borrowed Years*, p. 540.
13. Olson, *Citizens of London*, p. 19.
14. Milton Goldin, "'The Jewish Threat: Anti-Semitic Politics of the U S. Army", *H-Antisemitism*, fevereiro de 2001.
15. Alfred M. Beck, *Hitler's Ambivalent Attaché: Friedrich von Boetticher in America, 1933–1941* (Washington, D.C.: Potomac Books, 2005), p. 66.

16. Pogue, *Ordeal and Hope*, pp. 120–21.
17. Joseph Bendersky, *The "Jewish Threat": The Anti-Semitic Politics of the Exército americano* (Nova York: Basic Books, 2000), p. 275.
18. Beck, *Hitler's Ambivalent Attaché*, p. 132.
19. Philip Goodhart, *Fifty Ships That Saved the World: The Foundation of the Anglo-American Alliance* (Garden City, N.Y.: Doubleday, 1965), p. 15.
20. Ketchum, *Borrowed Years*, p. 128.
21. James MacGregor Burns, *Roosevelt: The Lion and the Fox* (Nova York: Harcourt, Brace & World, 1956), p. 352.
22. *Ibid.*, p. 354.
23. *Ibid.*, p. 262.
24. Wayne S. Cole, *Roosevelt and the Isolationists, 1932–1945* (Lincoln: University of Nebraska Press, 1983), p. 311.
25. Kenneth S. Davis, FDR: *Into the Storm, 1937–1940* (Nova York: Random House, 1993), p. 415.
26. *Ibid.*, pp. 450–51.

CAPÍTULO 3: ONDE ESTÁ MEU MUNDO?

1. Anne Lindbergh, *War Within and Without*, p. 4.
2. *Ibid.*
3. Anne Lindbergh, *Flower and the Nettle*, p. 47.
4. Anne Lindbergh, *Hour of Gold*, p. 311.
5. Anne Lindbergh, *Flower and the Nettle*, p. 462.
6. Anne Lindbergh, *War Within and Without*, p. 38.
7. Anne Lindbergh, *Bring Me a Unicorn*, p. xviii.
8. *Ibid.*
9. Berg, *Lindbergh*, p. 182.
10. Anne Lindbergh, *Bring Me a Unicorn*, p. 114.
11. Anne Morrow Lindbergh, *Locked Rooms and Open Doors: Diaries and Letters of Anne Morrow Lindbergh, 1933–1935* (Nova York: Harcourt Brace Jovanovich, 1974), p. 285.
12. Berg, *Lindbergh*,p. 184.
13. Davis, *Hero*, p. 274.
14. Anne Lindbergh, *Bring Me a Unicorn*, p. 82.
15. *Ibid.*, p. 178.
16. Julie Nixon Eisenhower, *Special People* (Nova York: Simon & Schuster, 1977), p. 127.
17. Anne Lindbergh, *Bring Me a Unicorn*, p. 135.
18. *Ibid.*, p. 194.
19. Anne Lindbergh, *Hour of Gold*, p. 3.
20. *Ibid.*
21. Anne Lindbergh, *Bring Me a Unicorn*, p. 219.
22. *Ibid.*, p. 139.
23. Berg, *Lindbergh*, p. 35.
24. Anne Morrow Lindbergh, *Against Wind and Tide: Letters and Journals, 1947-1986* (Nova York: Pantheon, 2012), p. 85.
25. Anne Lindbergh, *Bring Me a Unicorn, p. 219.*
26. *Ibid.*, p. 224.
27. *Ibid.*, p. 228.
28. Anne Lindbergh, *Hour of Gold*, p. 59.
29. *Ibid.*, p. 106.
30. Lauren D. Lyman, "The Lindbergh I Knew", *Saturday Evening Post*, 4 de abril de 1953.

31. Anne Lindbergh, *Hour of Gold*, p. 4.
32. Anne Lindbergh, *Locked Rooms*, p. 107.
33. Anne Lindbergh, *Hour of Gold*, p. 252.
34. Berg, *Lindbergh*, p. 330.
35. Anne Lindbergh, *Locked Rooms*, pp. 240–41.
36. Anne Morrow Lindbergh, *Dearly Beloved* (Nova York: Harcourt Brace & World, 1962), p. 33.
37. Berg, *Lindbergh*, p. 480.
38. Reeve Lindbergh, *Forward from Here: Leaving Middle Age — and Other Unexpected Adventures* (Nova York: Simon & Schuster, 2008), p. 204.
39. Harold Nicolson, *Diaries and Letters, 1930–1939* (Londres: Collins, 1969), p. 132.
40. Anne Lindbergh, *Locked Rooms*, p. 210.
41. Anne Lindbergh, *Against Wind and Tide*, p. 188.
42. Anne Lindbergh, *Flower and the Nettle*, p. 44.
43. Anne Lindbergh, *Locked Rooms*, p. 331.
44. *Ibid.*
45. *New Yorker*, 15 de outubro de 1938.
46. Berg, *Lindbergh*, p. 362.
47. Anne Lindbergh, *Flower and the Nettle*, p. xxv.
48. *Ibid.*, p. 421.
49. *Ibid.*, p. 101.
50. *Ibid.*, p. 554.
51. Anne Lindbergh, *War Within and Without*, p. 48.
52. Nigel Nicolson, ed., *Vita and Harold: The Letters of Vita Sackville-West and Harold Nicolson* (Nova York: Putman, 1992), p. 255.
53. Berg, *Lindbergh*, p. 330.
54. Anne Lindbergh, *Locked Rooms*, p. 221.
55. Mosley, *Lindbergh*, p. 196.
56. Anne Lindbergh, *Locked Rooms*, p. 223.
57. Anne Lindbergh, *Hour of Gold*, p. 37.
58. Anne Lindbergh, *Flower and the Nettle*, p. 11.
59. Wheeler-Bennett, *Special Relationships*, p. 75.
60. Reeve Lindbergh, *Under a Wing*, p. 143.
61. Anne Lindbergh, *Flower and the Nettle*, p. 154.
62. Robert Calder, *Beware the British Serpent: The Role of Writers in British Propaganda in the United States, 1939–1945* (Montreal: Queen's University Press, 2004), p. 24.
63. Burton K. Wheeler, *Yankee from the West* (Garden City, N.Y.: Doubleday, 1962), p. 43.
64. John E. Moser, "The Decline of American Anglophobia", palestra na Université de Rouen, novembro de 2002.
65. Mark Lincoln Chadwin, *The War Hawks: American Interventionists Before Pearl Harbor* (Chapel Hill: University of North Carolina Press, 1968), p. 7.
66. Calder, *Beware the British Serpent*, pp. 24–25.
67. Anthony Cave Brown, *"C": The Secret Life of Sir Stewart Graham Menzies* (Nova York: Macmillan, 1987), p. 328.
68. Olson, *Troublesome Young Men*, p. 157.
69. Sir Robert Bruce Lockhart, *Comes the Reckoning* (Londres: Putnam, 1947), p. 23.
70. *Ibid.*
71. Calder, *Beware the British Serpent*, p. 43.
72. *Ibid.*, p. 42.
73. Wheeler-Bennett, *Special Relationships*, p. 76.
74. Cull, *Selling War*, p. 60.

CAPÍTULO 4: VOCÊ NÃO CONSEGUIU OS VOTOS

1. Davis, FDR: *Into the Storm*, p. 490.
2. Ketchum, *Borrowed Years*, p. 212.
3. *Ibid.*
4. Sherwood, *Roosevelt and Hopkins*, p. 134.
5. Peter Kurth, *American Cassandra: The Life of Dorothy Thompson* (Boston: Little, Brown, 1990), p. 311.
6. Davis, FDR: *Into the Storm*, p. 457.
7. *Ibid.*
8. Joseph W. Alsop, *"I've Seen the Best of It": Memoirs* (Nova York: Norton, 1992), p. 141.
9. Davis, FDR: *Into the Storm*, p. 458.
10. *Life*, 27 de fevereiro de 1939
11. Samuel e Dorothy Rosenman, *Presidential Style: Some Giants and a Pygmy in the White House* (Nova York: Harper & Row, 1976), p. 268.
12. *Ibid.*, p. 350.
13. Robert A. Caro, *The Years of Lyndon Johnson: Master of the Senate* (Nova York: Vintage, 2003), p. 58.
14. *Ibid.*, p. 79.
15. Alsop, *"I've Seen the Best of It"*, p. 109.
16. Olson, *Citizens of London*, p. 20.
17. Caro, *Master of the Senate*, p. 65.
18. *Ibid.*, p. 67.
19. *Life*, 1º de janeiro de 1940.
20. Robert H. Jackson, *That Man: An Insider's Portrait of Franklin D. Roosevelt* (Oxford: Oxford University Press, 2003), p. 46.
21. Frederick Lewis Allen, *Since Yesterday: The 1930s in America* (Nova York: Perennial, 1986), p. 296.
22. Marquis W. Childs, *I Write from Washington* (Nova York: Harper, 1942), p. 127.
23. "Boss Isolationist", *Life*, 19 de maio de 1941.
24. Jeff Shesol, *Supreme Power: Franklin Roosevelt vs. the Supreme Court* (Nova York: Norton, 2010), p. 318.
25. "Boss Isolationist", *Life*, 19 de maio de 1941.
26. Childs, *I Write from Washington*, p. 186.
27. Watkins, *Righteous Pilgrim*, p. 621.
28. Alsop, *"I've Seen the Best of It"*, pp. 114–15.
29. Davis, FDR: *Into the Storm*, p. 100.
30. Wheeler, *Yankee from the West*, p. 425.
31. Francis Biddle, *In Brief Authority* (Garden City, N.Y.: Doubleday, 1962), p. 5.
32. Robert A. Caro, *The Years of Lyndon Johnson: The Path to Power* (Nova York: Knopf, 1982), p. 562.
33. Davis, FDR: *Into the Storm*, p. 107.
34. Wheeler, *Yankee from the West*, p. 278.
35. Ketchum, *Borrowed Years*, p. 174.
36. Rachel Maddow, *Drift: The Unmooring of American Military Power* (Nova York: Crown, 2012), p. 43.
37. Cole, *Roosevelt and the Isolationists*, p. 309.
38. Alsop, *"I've Seen the Best of It"*, p. 97.
39. Steel, *Walter Lippmann*, p. 382.

CAPÍTULO 5: ME APARECEU ESTA GUERRA

1. Charles Lindbergh, *War Times Journals*, p. 252.

2. Roger Butterfield, "Lindbergh", *Life*, 11 de agosto de 1941.
3. *Ibid.*
4. Charles Lindbergh, *War Times Journals*, p. 254.
5. *New York Times Magazine*, 30 de abril de 1939.
6. Charles Lindbergh, *War Times Journals*, p. 257.
7. *New York Times*, 16 de setembro de 1939.
8. "*Hero* Speaks", *Time*, 25 de setembro de 1939.
9. *New York Times*, 16 de setembro de 1939.
10. Cole, *Lindbergh*, p. 78.
11. Bendersky, *"Jewish Threat"*, p. 28.
12. *Ibid.*, p. 29.
13. *Ibid.*, p. 26.
14. Anne Lindbergh, *War Within and Without*, p. 48.
15. *Ibid.*, pp. 38–39.
16. Berg, *Lindbergh*, p. 397.
17. Murray Green, manuscrito não publicado, documentos de Green, AFA.
18. Walter Isaacson, *Einstein: His Life and Universe* (Nova York: Simon & Schuster, 2007), p. 475.
19. *New York Times*, 14 de outubro de 1939.
20. Davis, *Hero*, p. 391.
21. "Hounds in Cry", *Time*, 30 de outubro de 1939.
22. Thomas Lamont para *New York Times*, 14 de outubro de 1935, documentos de Lamont, BL.
23. Charles Lindbergh, *War Times Journals*, p. 269.
24. *New York Times*, 21 de outubro de 1939.
25. Charles Lindbergh, *War Times Journals*, p. 279.
26. Anne Lindbergh, *War Within and Without*, p. 65.
27. Vincent Sheean, *Dorothy and Red* (Boston: Houghton Mifflin, 1963), p. 255.
28. *Ibid.*, p. 173.
29. Kurth, *American Cassandra*, p. 163.
30. *Ibid.*, p. 281.
31. *Ibid*, p. 241.
32. *Ibid.*, p. 167.
33. "The It Girl", *New Yorker*, 27 de abril de 1940.
34. Kurth, *American Cassandra*, p. 242.
35. *Ibid.*, p. 312.
36. "The It Girl", *New Yorker*, 27 de abril de 1940.
37. "Hounds in Cry", *Time*, 30 de outubro de 1939.
38. Harold Ickes, *The Secret Diary of Harold L. Ickes*, vol. 3, *The Lowering Clouds, 1939–1941* (Nova York: Simon & Schuster, 1955), p. 20.
39. Anne Lindbergh, *War Within and Without*, p. 104.
40. *Ibid.*, p. 64.
41. Charles Lindbergh, *War Times Journals*, p. 282.
42. Kurth, *American Cassandra*, p. 313.
43. *Ibid.*
44. John Mason Brown, *The Ordeal of a Playwright: Robert E. Sherwood and the Challenge of War* (Nova York: Harper & Row, 1970), p. 96.
45. S. N. Behrman, "Old Monotonous", *New Yorker*, 8 de junho de 1940.
46. John Mason Brown, *The Worlds of Robert E. Sherwood: Mirror to His Times, 1896–1939* (Nova York: Harper & Row, 1965), p. 209.
47. *Ibid.*, p. 210.
48. *Ibid.*, p. 211.
49. Harriet Hyman Alonso, *Robert E. Sherwood: The Playwright in Peace and War* (Amherst: University of Massachusetts Press, 2007), p. 100.

50. *Ibid.*, p. 189.
51. *Ibid.*, pp. 203–4.
52. *Ibid.*, p. 190.
53. *Ibid.*, p. 194.
54. *Ibid.*, p. 200.
55. Brown, *Ordeal of a Playwright*, p. 45.
56. Brown, *Worlds of Robert E. Sherwood*, p. 235.
57. Brown, *Ordeal of a Playwright*, p. 96.
58. Diário de Sherwood, 15 de setembro de 1939, documentos de Sherwood, HL.
59. Brown, *Ordeal of a Playwright*, p. 48.
60. Diário de Sherwood 18 de setembro de 1939, documentos de Sherwood, HL.
61. Sherwood para William Allen White, 4 de outubro de 1939, documentos de Sherwood, HL.
62. Sherwood para William Allen White, 11 de dezembro de 1939, documentos de Sherwood, HL.

CAPÍTULO 6: ESTOU QUASE LITERALMENTE PISANDO EM OVOS

1. Ketchum, *Borrowed Years*, p. 470.
2. John DeWitt McKee, *William Allen White: Maverick on Main Street* (Westport, Conn.: Greenwood Press, 1975), p. 180.
3. Langer e Gleason, *Challenge to Isolation*, p. 220.
4. Ketchum, *Borrowed Years*, p. 227.
5. *Time*, 25 de setembro de 1939.
6. Sheean, "Reporter at Large", *New Yorker*, 7 de outubro de 1939.
7. Burns, *Roosevelt: The Lion and the Fox*, p. 396.
8. *Time*, 2 de outubro de 1939.
9. *Time*, 16 de outubro de 1939.
10. Agar, *Darkest Year*, p. 136.
11. *Life*, 2 de outubro de 1939.
12. Ketchum, *Borrowed Years*, p. 228.
13. Davis, *FDR: Into the Storm*, p. 500.
14. Ketchum, *Borrowed Years*, p. 228.
15. Cole, *Roosevelt and the Isolationists*, p. 330.
16. Margaret Paton-Walsh, *Our War Too: American Women Against the Axis* (Lawrence: University Press of Kansas, 2002), p. 53.
17. Burns, *Roosevelt: The Lion and the Fox*, pp. 397–98.
18. *Ibid.*, p. 398.
19. Ketchum, *Borrowed Years*, p. 229.

CAPÍTULO 7: PARANOIA PEGA

1. *Life*, 18 de setembro de 1939.
2. James C. Schneider, *Should America Go to War? The Debate Over Foreign Policy in Chicago, 1939–1941* (Chapel Hill: University of North Carolina Press, 1989), p. 35.
3. Ketchum, *Borrowed Years*, p. 299.
4. Langer e Gleason, *Challenge to Isolation*, p. 339.
5. Goodhart, *Fifty Ships*, p. 56.
6. Alonso, *Robert E. Sherwood*, p. 206.
7. *Ibid.*, p. 207.
8. *Ibid.*, p. 211.
9. "The Great Debate", *Time*, 13 de maio de 1940.

10. Davis, FDR: *Into the Storm*, p. 513.
11. *Ibid.*, p. 526.
12. Langer e Gleason, *Challenge to Isolation*, p. 272.
13. Pogue, *Ordeal and Hope*, p. 5.
14. Davis, FDR: *Into the Storm*, p. 538.
15. Burns, *Roosevelt: The Lion and the Fox*, p. 419.
16. *Life*, 27 de maio de 1940.
17. Ickes, *Secret Diary*, p. 188.
18. J. Garry Clifford e Samuel R. Spencer Jr., *The First PeaceTime Draft* (Lawrence: University Press of Kansas, 1986), p. 10.
19. Agar, *Darkest Year*, p. 169.
20. *Life*, 24 de junho de 1940.
21. Diário de Berle, 26 de junho de 1940, documentos de Berle, FDRPL.
22. Diário de Berle, 28 de agosto de 1940, documentos de Berle, FDRPL.
23. Gen. Albert C. Wedemeyer, *Wedemeyer Reports!* (Nova York, Henry Holt, 1958), pp. 17–18.
24. Clifford e Spencer, *First PeaceTime Draft*, p. 11.
25. Wheeler, *Yankee from the West*, p. 18.
26. Entrevista de Murray Green com a sra. Henry Arnold, documentos de Green, AFA.
27. Murray Green, manuscrito não publicado, documentos de Green, AFA.
28. Wheeler, *Yankee from the West*, p. 21.
29. Charles Lindbergh, *War Times Journals*, p. 348.
30. Diário de Castle, 19 de maio de 1940, documentos de Castle, HL.
31. *Ibid.*
32. *New York Times*, 20 de maio de 1940.
33. Anne Lindbergh, *War Within and Without*, 84.
34. Herrmann, *Anne Morrow Lindbergh*, p. 238.
35. Cole, *Lindbergh*, p. 128.
36. FDR para Henry Stimson, 21 de maio de 1940, President's Secretary File, FDRPL.
37. *New York Times*, 23 de maio de 1940.
38. *Ibid.*
39. *New York Times*, 27 de maio de 1940.
40. Richard W. Steele, *Propaganda in an Open Society: The Roosevelt Administration and the Media, 1939–1941* (Westport, Conn.: Greenwood Press, 1985), p. 70.
41. *Ibid.*
42. *Ibid.*, p. 72.
43. *Ibid.*, p. 69.
44. *New York Times*, 27 de maio de 1940.
45. Ickes, *Secret Diary*, p. 211.
46. "Under Strain", *Time*, 3 de junho de 1940.
47. Diário de Harold Ickes, 26 de maio de 1940, documentos de Ickes, LC.
48. *Ibid.*
49. *Ibid.*, 2 de junho de 1940.
50. Richard W. Steele, *Free Speech in the Good War* (Nova York: St. Martin's, 1999), p. 79.
51. *Ibid.*, p. 111.
52. *Ibid.*, p. 4.
53. *Ibid.*, p. 10.
54. Geoffrey Perret, *Days of Sadness, Years of Triumph: The American People, 1939–1945* (Nova York: Coward, McCann & Geoghegan, 1973), p. 95.
55. Steele, *Free Speech*, p. 85.
56. *Ibid.*, p. 121.
57. Jackson, *That Man*, p. 74.
58. Biddle, *In Brief Authority*, p. 108.
59. Steele, *Free Speech*, p. 30.

60. *Ibid.*
61. *Ibid.*, p. 32.
62. *Ibid.*, p. 34.
63. Diário de Berle, 21 de março de 1940, documentos de Berle, FDRPL.
64. Ickes, *Secret Diary*, p. 10.
65. Steele, *Free Speech*, p. 90.
66. *Ibid.*, p. 91.
67. *Ibid.*, p. 112.
68. Robert Justin Goldstein, *Political Repression in Modern America: From 1870 to the Present* (Cambridge, Mass.: Schenkman, 1978), p. 253.
69. Curt Gentry, *J. Edgar Hoover: The Man and the Secrets* (Nova York: Norton, 1991), p. 225.
70. *Ibid.*, p. 226.
71. Mosley, *Lindbergh*, p. 417.
72. Truman Smith, *Berlin Alert*, p. 33.
73. Esboço biográfico de Wedemeyer sobre Marshall, documentos de Wedemeyer, HI.
74. Truman Smith, *Berlin Alert*, p. 33.
75. *Ibid.*, p. 34.
76. Charles Lindbergh, *War Times Journals*, p. 352.
77. Anne Lindbergh, *War Within and Without*, p. 104.
78. *Ibid.*

CAPÍTULO 8: A ARTE DA MANIPULAÇÃO

1. Cull, *Selling War*, p. 80.
2. David Ignatius, "Britain's War in America", *Washington Post*, 17 de setembro de 1989.
3. Cull, *Selling War*, p. 4.
4. Sherwood, *Roosevelt and Hopkins*, p. 270.
5. Bill Macdonald, *The True Intrepid: Sir William Stephenson and the Unknown Agents* (Vancouver, B.C.: Raincoast Books, 2001), p. 239.
6. *Ibid.*, p. 225.
7. *Ibid.*, pp. 273–74.
8. *Ibid.*, p. 326.
9. H. Montgomery Hyde, *Room 3603: The Story of the British Intelligence Center in New York During World War II* (Nova York: Farrar, Straus, 1963), p. xi.
10. Macdonald, *True Intrepid*, p. 327.
11. William Stevenson, *Spymistress: The True Story of the Greatest Female Secret Agent of World War II* (Nova York: Arcade, 2007), p. 155.
12. British Security Coordination, *The Secret History of British Intelligence in the Americas, 1940–1945* (Nova York: Fromm International, 1999), p. xxv.
13. Gentry, *J. Edgar Hoover*, p. 282.
14. Macdonald, *True Intrepid*, p. 175.
15. British Security Coordination, pp. 19–20.
16. *Ibid.*, p. 20.
17. *Documents on German Foreign Policy 1918–45*, Série D, Vol. 10 (Washington, D.C.: U. S. Government Printing Office), p. 413.
18. *Documents on German Foreign Policy 1918–45*, Série D, Vol. 9 (Washington, D.C.: U. S. Government Printing Office), p. 626.
19. *Documents on German Foreign Policy 1918–45*, Série D, Vol. 12 (Washington, D.C.: U. S. Government Printing Office), p. 60.
20. *Ibid.*, p. 906.
21. *Ibid.*
22. F. Bradley Smith, *The Shadow Warriors: O.S.S. and the Origins of the C.I.A.* (Nova York: Basic, 1983), p. 39.

23. Ketchum, *Borrowed Years*, p. 187.
24. Lockhart, *Comes the Reckoning*, p. 29.
25. *Documents on German Foreign Policy 1918–45*, série D, vol. 12 (Washington, D.C.: U.S. Government Printing Office), p. 907.
26. *Documents on German Foreign Policy 1918–45*, série D, vol. 9 (Washington, D.C.: U.S. Government Printing Office), p. 43.
27. *Ibid.*, p. 559.

CAPÍTULO 9: ESTA GUERRA TEM A VER CONOSCO?

1. Ketchum, *Borrowed Years*, p. 351.
2. Olson, *Troublesome Young Men*, p. 316.
3. Ketchum, *Borrowed Years*, p. 319.
4. Olson e Cloud, *A Question of Honor*, p. 93.
5. Davis, *FDR: Into the Storm*, p. 558.
6. David Reynolds, *Lord Lothian and Anglo-American Relations, 1939–1940* (Filadéllfia: American Philosophical Society, 1983), p. 19.
7. Ketchum, *Borrowed Years*, p. 358.
8. Wheeler-Bennett, *Special Relationships*, p. 97.
9. Ketchum, *Borrowed Years*, p. 358.
10. David Kennedy, *Freedom from Fear: The American People in Depression and War, 1929–1945* (Oxford: Oxford University Press, 1990), p. 448.
11. Clifford e Spencer, *First PeaceTime Draft*, p. 45.
12. Langer e Gleason, *Challenge to Isolation*, p. 569.
13. James R. M. Butler, *Lord Lothian: Philip Kerr, 1882–1940* (Nova York: St. Martin's, 1960), p. 120.
14. "*Lord Lothian*'s Job", *Time*, 8 de julho de 1940.
15. *Documents on German Foreign Policy 1918–45*, série D, vol. 9 (Washington, D.C.: U.S. Government Printing Office), p. 339.
16. "The Great Debate", *Time*, 13 de maio de 1940.
17. Ketchum, *Borrowed Years*, p. 375.
18. *Life*, 3 de junho de 1940.
19. William Allen White, "Is Our Way of *Life* Doomed?", *New York Times*, 9 de setembro de 1940.
20. Langer e Gleason, *Challenge to Isolation*, p. 487.
21. Paton-Walsh, *Our War Too*, p. 82.
22. Mosley, *Lindbergh*, p. 263.
23. Elizabeth Morrow para Thomas Lamont, 25 de maio de 1940, documentos de Lamont, BL.
24. Anne Lindbergh, *War Within and Without*, p. 99.
25. *Ibid.*, p. 96.
26. *Ibid.*
27. Herrmann, *Anne Morrow Lindbergh*, p. 232.
28. Anne Lindbergh, *War Within and Without*, p. 97.
29. *Ibid.*, p. 100.
30. Paton-Walsh, *Our War Too*, p. 5.
31. Diário de Sherwood, 18 de janeiro de 1940, documentos de Sherwood, HL.
32. "Old Monotonous", *New Yorker*, 8 de junho de 1940.
33. Alonso, *Robert E. Sherwood*, p. 214.
34. Brown, *Ordeal of a Playwright*, pp. 85–86.
35. *Ibid.*, p. 87.
36. Oswald Garrison Villard para William Allen White, sem data, documentos de White, LC.

37. William Allen White para Sherwood, 14 de junho de 1940, documentos de Sherwood, HL.
38. Sherwood para William Allen White, 17 junho de 1940, documentos de Sherwood, HL.
39. Sherwood, *Roosevelt and Hopkins*, p. 167.
40. Steele, *Propaganda*, p. 100.
41. William Allen White para Herbert Bayard Swope, 31 de maio de 1940, documentos de White, LC.
42. Telegrama de William Allen White para FDR, 10 de junho de 1940, documentos de White, LC.
43. Ketchum, *Borrowed Years*, p. 355.
44. Clifford e Spencer, *First Peace Time Draft*, p. 55.
45. Francis Pickens Miller, *Man from the Valley: Memoirs of a 20th-Century Virginian* (Chapel Hill: University of North Carolina Press, 1971), p. 89.
46. Agar, *Darkest Year*, p. 145.
47. *Ibid.*, p. 56.
48. *Life*, 9 de outubro de 1939.

CAPÍTULO 10: POR QUE NÃO A DEFENDEMOS?

1. The Century Association, *The Century 1847–1946* (Nova York: The Century Association, 1947), p. 5.
2. *Ibid.*, p. 103.
3. *Ibid.*, p. 62.
4. Frederic S. Nathan, *Centurions in Public Service* (Nova York: The Century Association, 2010), p. 54.
5. William Manchester, *The Glory and the Dream: A Narrative History of America, 6. 1932–1972* (Boston: Little, Brown, 1973), p. 175.
6. Robert Sherwood, *This Is New York* (Nova York: Scribner's, 1931), p. ix.
7. *Ibid.*
8. *Ibid.*, p. xiii.
9. *Ibid.*, p. xii.
10. Manchester, *Glory and the Dream*, p. 167.
11. Alsop, *"I've Seen the Best of It"*, p. 35.
12. Allen, *Only Yesterday*, p. 203.
13. Alan Brinkley, *The Publisher: Henry Luce and His American Century* (Nova York: Knopf, 2010), p. 197.
14. *Ibid.*, p. 196.
15. Susan E. Tifft e Alex S. Jones, *The Patriarch: The Rise and Fall of the Bingham Dynasty* (Nova York: Summit, 1991), p. 162.
16. *Ibid.*
17. Agar, *Darkest Year*, p. 144.
18. *Ibid.*, p. 1.
19. Chadwin, *War Hawks*, p. 53.
20. "Reaction", *Time*, 27 de maio de 1940.
21. Robert T. Elson, *Time, Inc.: The Intimate History of a Publishing Enterprise, 1923–1941* (Nova York: Atheneum, 1968), pp. 373–74.
22. David Halberstam, *The Powers That Be* (Urbana: University of Illinois Press, 2000), p. 48.
23. Chadwin, *War Hawks*, p. 63.
24. Alan Brinkley, *Publisher*, p. 141.
25. Miller, *Man from the Valley*, p. 98.

CAPÍTULO 11: O MAIOR DE TODOS OS NOSSOS EMBAIXADORES

1. Wheeler-Bennett, *Special Relationships*, p. 66.
2. *Ibid.*
3. Butler, *Lord Lothian*, p. 260.
4. Priscilla Roberts, "*Lord Lothian* and the Atlantic World", *The Historian*, março de 2004, p. 105.
5. *Ibid.*
6. Butler, *Lord Lothian*, p. 144.
7. *Ibid.*, p. 261.
8. Wheeler-Bennett, *Special Relationships*, p. 72.
9. *Ibid.*, p. 73.
10. James Fox, *Five Sisters: The Langhornes of Virginia* (Nova York: Simon & Schuster, 2000), p. 156.
11. *New York Times*, 13 de dezembro de 1940.
12. *Ibid.*
13. Butler, *Lord Lothian*, p. 236.
14. *Ibid.*, p. 206.
15. Fox, *Five Sisters*, p. 435.
16. *Ibid.*
17. *Ibid.*, p. 204.
18. Butler, *Lord Lothian*, p. 3.
19. Fox, *Five Sisters*, p. 169.
20. Butler, *Lord Lothian*, p. 227.
21. Cull, *Selling War*, p. 20.
22. *Ibid.*, p. 33.
23. Butler, *Lord Lothian*, p. 277.
24. *Ibid.*, p. 258.
25. *Ibid.*, p. 277.
26. Cull, *Selling War*, pp. 63–64.
27. *Ibid.*, p. 34.
28. *New York Times*, 16 de janeiro de 1940.
29. Wheeler-Bennett, *Special Relationships*, p. 81.
30. *Ibid.*
31. *Ibid.*, p. 82.
32. *Ibid.*, p. 93.
33. Cull, *Selling War*, p. 61.
34. Ketchum, *Borrowed Years*, p. 352.
35. Butler, *Lord Lothian*, p. 281.
36. Winston S. Churchill, *Their Finest Hour* (Boston: Houghton Mifflin, 1949), p. 555.
37. Cull, *Selling War*, p. 109.
38. *Ibid.*, p. 73.
39. Ketchum, *Borrowed Years*, p. 377.
40. Reynolds, *Lord Lothian*, p. 20.
41. "*Lord Lothian*'s Job", *Time*, 8 de julho de 1940.
42. Butler, *Lord Lothian*, p. 291.
43. Joseph W. Alsop, *FDR: 1882–1945: A Centenary Remembrance* (Nova York: Viking, 1982), p. 203.
44. Cull, *Selling War*, p. 78.
45. Goodhart, *Fifty Ships*, p. 75.
46. Robert W. Merry, *Taking On the World: Joseph and Stewart Alsop — Guardians of the American Century* (Nova York: Viking, 1996), p. 84.
47. *Ibid.*

48. *Ibid.*, p. 85.
49. Agar, *Darkest Year*, p. 147.
50. *Ibid.*, pp. 148–49.
51. Goodhart, *Fifty Ships*, p. 160.
52. Agar, *Darkest Year*, p. 149.
53. Ickes, *Secret Diary*, p. 233.
54. Steel, *Walter LipPMann*, p. 385.
55. Agar, *Darkest Year*, p. 153.
56. Walter Isaacson e Evan Thomas, *The Wise Men: Six Friends and the World They Made* (Nova York: Touchstone, 1988), p. 135.
57. Dean Acheson, *Morning and Noon* (Boston: Houghton Mifflin, 1965), p. 165.
58. Isaacson e Thomas, *The Wise Men*, p. 85.
59. Acheson, *Morning and Noon*, p. 221.
60. Ketchum, *Borrowed Years*, p. 478.
61. Agar, *Darkest Year*, p. 154.
62. Butler, *Lord Lothian*, p. 295.
63. Agar, *Darkest Year*, p. 153.
64. *Ibid.*, pp. 152–53.
65. *Ibid.*, p. 150.
66. Chadwin, *War Hawks*, p. 79.
67. Alsop, *FDR: 1882–1945*, p. 203.

CAPÍTULO 12: O POVO RESOLVEU O PROBLEMA

1. Steve Neal, *Dark Horse: A Biography of Wendell Willkie* (Garden City, N.Y.: Doubleday, 1984), p. 69.
2. *Ibid.*, p. 120.
3. *Life*, 8 de julho de 1940.
4. Charles Peters, *Five Days in Philadelphia: The Amazing "We Want Willkie" Convention of 1940 and How It Freed* FDR *to Save the Western World* (Nova York: Public Affairs, 2005), p. 23.
5. Halberstam, *Powers That Be*, p. 60.
6. Kurth, *American Cassandra*, p. 320.
7. Biddle, *In Brief Authority*, p. 69.
8. *Ibid.*
9. Neal, *Dark Horse*, p. 25.
10. Peters, *Five Days in Philadelphia*, p. 35.
11. *Ibid.*, p. 21.
12. Goodhart, *Fifty Ships*, p. 106.
13. Marcia Davenport, *Too Strong for Fantasy* (Nova York: Pocket, 1969), p. 216.
14. Elson, *Time, Inc.*, p. 417.
15. Neal, *Dark Horse*, p. 68.
16. Elson, *Time, Inc.*, p. 417.
17. "President-Maker," *New Yorker*, 8 de junho de 1940.
18. Neal, *Dark Horse*, p. 69.
19. Donald A. Ritchie, *Reporting from Washington: The History of the Washington Press Corps* (Oxford: Oxford University Press, 2005), p. 135.
20. Neal, *Dark Horse*, p. 71.
21. Shesol, *Supreme Power*, p. 283.
22. Davenport, *Too Strong for Fantasy*, pp. 216–17.
23. Ketchum, *Borrowed Years*, p. 415.
24. Neal, *Dark Horse*, p. 75.
25. Ketchum, *Borrowed Years*, p. 424.

26. Raymond Clapper, "GOP's Chance," *Life*, 24 de junho de 1940.
27. Goodhart, *Fifty Ships*, pp. 106–7.
28. Neal, *Dark Horse*, p. 108.
29. Langer e Gleason, *Challenge to Isolation*, p. 670.
30. Neal, *Dark Horse*, pp. 97–98.
31. Sheean, *Dorothy and Red*, p. 312.
32. Peters, *Five Days in Philadelphia*, p. 99.
33. Neal, *Dark Horse*, p. 106.
34. Peters, *Five Days in Philadelphia*, p. 95.
35. Goodhart, *Fifty Ships*, p. 108.
36. *Ibid.*, p. 107.
37. Davenport, *Too Strong for Fantasy*, p. 228.
38. Neal, *Dark Horse*, p. 122.
39. *Ibid.*, p. 116.
40. Peters, *Five Days in Philadelphia*, p. 115.
41. Janet Flanner, "Rushville's Renowned Son-in-Law," *New Yorker*, 12 de outubro de 1940.
42. Neal, *Dark Horse*, p. 121.
43. Sherwood, *Roosevelt and Hopkins*, p. 174.
44. *Documents on German Foreign Policy 1918–45*, série D, vol. 9 (Washington, D.C.: U.S. Government Printing Office), p. 49.
45. *Ibid.*, p. 551.
46. Langer e Gleason, *Challenge to Isolation*, p. 669.
47. Ketchum, *Borrowed Years*, p. 426.
48. Neal, *Dark Horse*, p. 122.

CAPÍTULO 13: O CONGRESSO VAI FAZER UM ESCARCÉU

1. Jackson, *That Man*, p. 42.
2. Neal, *Dark Horse*, pp. 56–57.
3. Davis, *FDR: Into the Storm*, p. 533.
4. *Ibid.*
5. Jackson, *That Man*, p. 45.
6. Ickes, *Secret Diary*, p. 250.
7. Perret, *Days of Sadness*, p. 48.
8. Biddle, *In Brief Authority*, pp. 140–41.
9. Ickes, *Secret Diary*, p. 243.
10. Childs, *I Write from Washington*, p. 196.
11. Perret, *Days of Sadness*, p. 49.
12. Ernest Cuneo, autobiografia não publicada, documentos de Cuneo, FDRPL.
13. Ketchum, *Borrowed Years*, p. 463.
14. Rexford G. Tugwell, *The Democratic Roosevelt* (Garden City, N.Y.: Doubleday, 1957), p. 462.
15. John C. Culver e John Hyde, *American Dreamer: The Life and Times of Henry A. Wallace* (Nova York: Norton, 2000), p. 209.
16. Davis, *FDR: Into the Storm*, p. 599.
17. Ickes, *Secret Diary*, p. 272.
18. Ketchum, *Borrowed Years*, p. 464.
19. Culver e Hyde, *American Dreamer*, p. 221.
20. *Ibid.*
21. Biddle, *In Brief Authority*, p. 142.
22. *Life*, 29 de julho de 1940.
23. Peters, *Five Days in Philadelphia*, p. 152.
24. *Ibid.*

25. Ickes, *Secret Diary*, p. 266.
26. Cole, *Roosevelt and the Isolationists*, p. 395.
27. Goodhart, *Fifty Ships*, p. 182.
28. Burns, *Roosevelt: The Lion and the Fox*, p. 441.
29. Chadwin, *War Hawks*, p. 106.
30. Goodhart, *Fifty Ships*, p. 187.
31. Ketchum, *Borrowed Years*, pp. 479–80.
32. Olson, *Citizens of London*, p. 7.
33. Goodhart, *Fifty Ships*, p. 237.
34. Langer e Gleason, *Challenge to Isolation*, pp. 773–74.
35. Goodhart, *Fifty Ships*, p. 187.
36. Langer e Gleason, *Challenge to Isolation*, p. 775.
37. Olson, *Citizens of London*, p. 46.
38. *Ibid.*, p. 33.
39. Cull, *Selling War*, p. 109.
40. *Ibid.*, p. 110.
41. Wheeler-Bennett, *Special Relationships*, p. 84.
42. Beck, *Hitler's Ambivalent Attaché*, p. 168.
43. *Ibid.*
44. *Ibid.*

CAPÍTULO 14: PRIMEIRO, AMERICANO, DEPOIS, REPUBLICANO

1. Sherwood, *Roosevelt and Hopkins*, p. 157.
2. *Life*, 28 de agosto de 1939.
3. Clifford e Spencer, *First PeaceTime Draft*, pp. 21–22.
4. *Ibid.*, p. 41.
5. Ed Cray, *General of the Army: George Marshall, Soldier and Statesman* (Nova York: Norton, 1990), p. 195.
6. *Ibid.*, p. 7.
7. Pogue, *Ordeal and Hope*, p. 24.
8. *Ibid.*
9. Alsop, *"I've Seen the Best of It,"* p. 139.
10. Clifford e Spencer, *First Peace Time Draft*, p. 56.
11. Alsop, *"I've Seen the Best of It,"* p. 143.
12. Henry L. Stimson e McGeorge Bundy, *On Active Service in Peace and War* (Nova York: Harper, 1948), p. 308.
13. *Ibid.*, p. 311.
14. *Ibid.*, p. 312.
15. *Ibid.*, p. 317.
16. Clifford e Spencer, *First Peace Time Draft*, p. 64.
17. Stimson e Bundy, *On Active Service*, p. 320.
18. Ketchum, *Borrowed Years*, p. 564.
19. Clifford e Spencer, *First Peace Time Draft*, p. 89.
20. *Ibid.*
21. Stimson e Bundy, *On Active Service*, p. 330.
22. Biddle, *In Brief Authority*, p. 175.
23. Sherwood, *Roosevelt and Hopkins*, p. 164.
24. Susan E. Tifft e Alex S. Jones, *The Trust: The Private and Powerful Family Behind The New York Times* (Boston: Little, Brown, 1999), p. xix.
25. Meyer Berger, *The New York Times: 1851–1951* (Nova York: Simon & Schuster, 1951), p. 439.
26. *Ibid.*, pp. 439–40.

27. Davis, FDR: *Into the Storm*, p. 605.
28. Clifford e Spencer, *First PeaceTime Draft*, p. 84.
29. James Wadsworth, Oral History Collection, Columbia University.
30. Clifford e Spencer, *First Peace Time Draft*, p. 103.
31. *Ibid.*, p. 110.
32. *Ibid.*
33. *Ibid.*
34. Pogue, *Ordeal and Hope*, p. 60.
35. Cray, *General of the Army*, p. 170.
36. "Conscription," *Time*, 12 de agosto de 1940.
37. Clifford e Spencer, *First Peace Time Draft*, p. 284.
38. *Ibid.*, p. 97.
39. *Ibid.*, p. 217.
40. *Life*, 2 de setembro de 1940.
41. Clifford e Spencer, *First Peace Time Draft*, p. 170.
42. *Ibid.*, p. 171.
43. *Ibid.*, p. 174.
44. *Ibid.*, p. 175.
45. John G. Clifford, "Grenville Clark and the Origins of the Selective Service," *The Review of Politics*, janeiro de 1973.
46. William E. Coffey, "Isolationism and Pacifism: Senator Rush D. Holt and American Foreign Policy," *West Virginia History*, 1992.
47. Clifford e Spencer, *First Peace Time Draft*, p. 214.
48. Langer e Gleason, *Challenge to Isolation*, p. 682.
49. Clifford e Spencer, *First Peace Time Draft*, p. 193.
50. *Ibid.*, p. 194.
51. *Ibid.*, p. 201.
52. *Ibid.*, p. 203.
53. John G. Clifford, "Grenville Clark and the Origins of the Selective Service," *The Review of Politics*, janeiro de 1973.
54. *Ibid.*
55. Clifford e Spencer, *First Peace Time Draft*, p. 196.
56. Ketchum, *Borrowed Years*, p. 515.
57. Paton-Walsh, *Our War Too*, pp. 115–16.
58. Memorando de James Rowe para FDR, 14 de outubro de1940, President's Secretary's File, FDRPL.
59. Clifford e Spencer, *First Peace Time Draft*, p. 2.
60. Diários de Stimson, 29 de outubro de 1940, FDRPL.
61. Clifford e Spencer, *First Peace Time Draft*, p. 203.
62. Lewis B. Hershey, "Grenville Clark and Selective Service," em *Memoirs of a Man: Grenville Clark*, Norman Cousins e J. Garry Clifford, eds. (Nova York: Norton, 1975), p. 209.
63. Clifford e Spencer, *First Peace Time Draft*, pp. 224–25.
64. *Ibid.*, p. 225.
65. John G. Clifford, "Grenville Clark and the Origins of the Selective Service," *The Review of Politics*, janeiro de 1973.
66. Pogue, *Ordeal and Hope*, p. 62.
67. Clifford e Spencer, *First Peace Time Draft*, p. 5.

CAPÍTULO 15: OS YANKEES NÃO ESTÃO CHEGANDO

1. Sevareid, *Not So Wild*, pp. 62–63.
2. *Ibid.*, p. 64.

3. Chadwin, *War Hawks*, p. 9.
4. *Ibid.*
5. Sevareid, *Not So Wild*, p. 60.
6. Ruth Sarles, *A Story of America First: The Men and Women Who Opposed U. S. Intervention in World War II* (Westport, Conn.: Praeger, 2003), p. 250.
7. Geoffrey Kabaservice, *The Guardians: Kingman Brewster, His Circle, and the Rise of the Liberal Establishment* (Nova York: Henry Holt, 2004), p. 80.
8. Schlesinger, *A Life in the Twentieth Century*, p. 231.
9. Eileen Eagan, *Class, Culture, and the Classroom: The Student Peace Movement of the 1930s* (Filadélfia: Temple University Press, 1981), p. 214.
10. Schlesinger, *A Life in the Twentieth Century*, p. 245.
11. *Ibid.*
12. Ketchum, *Borrowed Years*, pp. 507–8.
13. *Ibid.*, pp. 508–9.
14. Kabaservice, *Guardians*, p. 70.
15. *Ibid.*, p. 74.
16. Sarles, *Story of America First*, p. xxii.
17. *Ibid.*, p. 213.
18. Kabaservice, *Guardians*, p. 77.
19. Ketchum, *Borrowed Years*, p. 513.
20. *Ibid.*
21. America First flyer, documentos de Sherwood, HL.
22. Kabaservice, *Guardians*, p. 75.
23. *Ibid.*, p. 74.
24. *New York Times*, 21 de setembro de 1940.
25. Introdução de Sherwood ao livro *Pastor Hall*, documentos de Sherwood, HL.
26. Cull, *Selling War*, p. 50.
27. Schneider, *Should America Go to War?*, p. 93.
28. Richard Norton Smith, *The Colonel: The Life and Legend of Robert R. McCormick, 1880–1955* (Boston: Houghton Mifflin, 1997).
29. *Ibid.*, p. 181.
30. *Ibid.*, p. xvi.
31. *Ibid.*
32. *Ibid.*, p. 263.
33. *Ibid.*, p. xvi.
34. *Ibid.*
35. *Ibid.*, p. 312.
36. *Ibid.*, p. xx.
37. *Life*, 1º de dezembro de 1941.
38. Richard Norton Smith, *Colonel*, p. 53.
39. Memorando da *Fortune*, 22 de julho de 1941, President's Secretary's File, FDRPL.
40. "Follow What Leader?," *Time*, 6 de outubro de 1941.
41. Allen, *Only Yesterday*, p. 156.
42. Howard B. Schaffer, *Chester Bowles: New Dealer in the Cold War* (Cambridge, Mass.: Harvard University Press, 1993), p. 28.
43. Gerald Ford para Robert Douglas Stuart, junho de 1940, documentos do America First Committee, HI.
44. Relatório do Comitê White sobre o Primeiro a América, documentos de William Allen White, LC.
45. Stacy A. Cordery, *Alice: Alice Roosevelt Longworth: From White House Princess to Washington Power Broker* (Nova York: Viking, 2007), p. 394.
46. Ward, *A First-Class Temperament*, p. 532.
47. Cole, *Lindbergh*, p. 120.
48. Mosley, *Lindbergh*, p. 278.

49. Sarles, *Story of America First*, p. 1.
50. *Ibid.*, p. 40.
51. *Life*, 1º de dezembro de 1941.
52. Sarles, *Story of America First*, pp. 50–51.
53. Neil Baldwin, *Henry Ford and the Jews: The Mass Production of Hate* (Nova York: Public Affairs, 2001), p. 145.
54. *Ibid.*
55. *Ibid.*
56. Sarles, *Story of America First*, p. 50.
57. Ketchum, *Borrowed Years*, p. 108.
58. Sevareid, *Not So Wild*, pp. 69–70.
59. *Life*, 8 de setembro de 1941.
60. Ketchum, *Borrowed Years*, p. 113.
61. *Life*, 8 de setembro de 1941.
62. *Ibid.*
63. Ketchum, *Borrowed Years*, p. 124.
64. William L. Shirer, *Berlin Diary: The Journal of a Foreign Correspondent, 1931–1941* (Nova York: Knopf, 1941), p. 213.
65. Mark Stevens, "Form Follows Fascism," *New York Times*, 31 de janeiro de 2005.
66. "Marauding Youth and the Christian Front: Anti-Semitic Violence in Boston and New York During World War II," *American Jewish History*, 1º de junho de 2003.
67. Sarles, *Story of America First*, p. 43.
68. *Ibid.*, p. 39.
69. Kabaservice, *Guardians*, p. 81.
70. *Ibid.*

CAPÍTULO 16: A PESTE BUBÔNICA ENTRE OS ESCRITORES

1. Berg, *Lindbergh*, p. 409.
2. Editorial do *Omaha Morning World Herald*, sexta-feira, 18 de julho de 1941, President's Official File, FDRPL.
3. Anne Lindbergh, *War Within and Without*, p. 136.
4. *Ibid.*, p. xxi.
5. *Ibid.*, p. 143.
6. *Ibid.*
7. *Ibid.*, p. 131.
8. *Ibid.*
9. *Ibid.*, p. 143.
10. Berg, *Lindbergh*, p. 406.
11. Roger Butterfield, "Lindbergh," *Life*, 11 de agosto de 1941.
12. Anne Morrow Lindbergh, *The Wave of the Future: A Confession of Faith* (Nova York: Harcourt Brace, 1940), p. 34.
13. Anne Lindbergh, *Flower and the Nettle*, p. 101.
14. Anne Lindbergh, *Wave of the Future*, p. 19.
15. *Ibid.*, pp. 11–12.
16. *Ibid.*, p. 29.
17. *Ibid.*, p. 34.
18. Anne Lindbergh, *War Within and Without*, p. 143.
19. *Ibid.*, p. 145.
20. Berg, *Lindbergh*, p. 406.
21. Herrmann, *Anne Morrow Lindbergh*, pp. 243–44.
22. Berg, *Lindbergh*, p. 407.
23. Schlesinger, *A Life in the Twentieth Century*, p. 242.

24. Anne Lindbergh, *War Within and Without*, p. 170.
25. Anne Morrow Lindbergh, "Reaffirmation," *The Atlantic Monthly*, junho de 1941.
26. Anne Lindbergh, *War Within and Without*, p. 359.
27. *Ibid.*, p. 148.
28. *Ibid.*, p. 171.
29. *Ibid.*, p. 172.
30. *Ibid.*, p. 23.
31. Berg, *Lindbergh*, p. 392.
32. Anne Lindbergh, *War Within and Without*, p. 161.
33. Roger Butterfield, "Lindbergh," *Life*, 11 de agosto de 1941.
34. *New York Times*, 27 de abril de 1941.
35. Roger Butterfield, "Lindbergh," *Life*, 11 de agosto de 1941.
36. *New York Times*, 29 de novembro de 1940.
37. Berg, *Lindbergh* p. 407.
38. Anne Lindbergh, *War Within and Without*, p. 105.
39. Wheeler-Bennett, *Special Relationships*, p. 130.
40. *Ibid.*, p. 131.
41. Reeve Lindbergh, *Under a Wing*, p. 146.
42. Roger Butterfield, "Lindbergh," *Life*, 11 de agosto de 1941.
43. Mosley, *Lindbergh*, pp. 280–81.
44. Cole, *Lindbergh*, p. 147.
45. Editorial do *Omaha Morning World Herald*, sexta-feira, 18 de julho de 1941, President's Official File, FDRPL.
46. Cole, *Lindbergh*, p. 145.
47. *Ibid.*
48. Diário de Castle, 12 de agosto de 1940, documentos de Castle, HL.
49. Cole, *Lindbergh*, p. 85.
50. Roger Butterfield, "Lindbergh," *Life*, 11 de agosto de 1941.

CAPÍTULO 17: UMA DESGRAÇA NACIONAL

1. Culver e Hyde, *American Dreamer*, p. 242.
2. Sherwood, *Roosevelt and Hopkins*, p. 187.
3. Davenport, *Too Strong for Fantasy*, p. 235.
4. Neal, *Dark Horse*, p. 132.
5. Davenport, *Too Strong for Fantasy*, p. 230.
6. Raymond Clapper, *Watching the World: 1934–1944* (Nova York: McGraw Hill, 1944), p. 160.
7. Harry Hopkins, memorando não assinado, documentos de Hopkins, FDRPL.
8. Ickes, *Secret Diary*, p. 212.
9. Culver e Hyde, *American Dreamer*, p. 213.
10. *Ibid.*, p. 237.
11. *Ibid.*, p. 235.
12. *Life*, 11 de novembro de 1940.
13. Culver e Hyde, *American Dreamer*, p. 235.
14. Neal, *Dark Horse*, p. 162.
15. Gentry, *J. Edgar Hoover*, p. 227.
16. Neal, *Dark Horse*, p. 163.
17. *Ibid.*
18. *Ibid.*
19. *Ibid.*
20. *Ibid.*, p. 164.
21. *Ibid.*, p. 159.

22. *Ibid.*, p. 160.
23. Culver e Hyde, *American Dreamer*, p. 237.
24. Neal, *Dark Horse*, p. 159.
25. *Ibid.*
26. Raymond Clapper, *Watching the World*, p. 161.
27. Neal, *Dark Horse*, p. 160.
28. Samuel I. Rosenman, *Working with Roosevelt* (Nova York: Harper, 1952), p. 222.
29. Culver e Hyde, *American Dreamer*, p. 135.
30. Neal, *Dark Horse*, p. 43.
31. Joseph E. Persico, *Roosevelt's Secret War: FDR and World War II Espionage* (Nova York: Random House, 2001), p. 41.
32. Rosenman, *Working with Roosevelt*, p. 238.
33. *Ibid.*
34. Robert Sherwood para FDR, 25 de janeiro de 1940, documentos de Sherwood, HL.
35. Robert Sherwood para Felix Frankfurter, 24 de janeiro de 1948, documentos de Sherwood, HL.
36. Alonso, *Robert E. Sherwood*, p. 221.
37. Davis, *FDR: Into the Storm*, p. 623.
38. Cole, *Roosevelt and the Isolationists*, p. 401.
39. Neal, *Dark Horse*, p. 167.
40. *Ibid.*
41. Sherwood, *Roosevelt and Hopkins*, p. 191.
42. *Ibid.*, p. 201.
43. Paton-Walsh, *Our War Too*, pp. 117–18.
44. Kurth, *American Cassandra*, p. 321.
45. *Ibid.*
46. *Ibid.*, p. 322.
47. Paton-Walsh, *Our War Too*, p. 116.
48. Sherwood, *Roosevelt and Hopkins*, p. 201.
49. Michael F. Reilly, *Reilly of the White House* (Nova York: Simon & Schuster, 1947), p. 66.
50. Walter Trohan, *Political Animals: Memoirs of a Sentimental Cynic* (Garden City, N.Y.: Doubleday, 1975), p. 83.
51. Elson, *Time, Inc.*, pp. 444–45.
52. Perret, *Days of Sadness*, p. 53.
53. *Ibid.*, p. 237.
54. Neal, *Dark Horse*, pp. 181–82.

CAPÍTULO 18: BEM, MENINOS, A INGLATERRA FALIU

1. *Life*, 24 de março de 1941.
2. Churchill, *Their Finest Hour*, p. 553.
3. Peters, *Five Days in Philadelphia*, p. 179.
4. *New York Times*, 12 de dezembro de 1940.
5. Reynolds, *Lord Lothian*, p. 43.
6. William S. Langer e S. Everett Gleason, *The Undeclared War: 1940–1941* (Nova York: Harper, 1953), p. 215.
7. Geoffrey Parsons para William Allen White, 2 de dezembro de 1940, documentos de White, LC.
8. William Allen White para Geoffrey Parsons, 5 de dezembro de 1940, documentos de White, LC.
9. *Life*, 16 de dezembro de 1940.
10. *Life*, 6 de janeiro de 1941.
11. Reynolds, *Lord Lothian*, p. 43.

12. Churchill, *Their Finest Hour*, p. 558.
13. Reynolds, *Lord Lothian*, p. 45.
14. *Ibid.*, p. 58.
15. *Ibid.*, p. 47.
16. Wheeler-Bennett, *Special Relationships*, p. 112.
17. *Ibid.*
18. *Ibid.*
19. *Ibid.*
20. *Ibid.*, p. 113.
21. Reynolds, *Lord Lothian*, p. 50.
22. Langer e Gleason, *Undeclared War*, p. 225.
23. Reynolds, *Lord Lothian*, p. 55.
24. "Death of Lothian," *Time*, 23 de dezembro de 1940.
25. Wheeler-Bennett, *Special Relationships*, p. 114.
26. *Ibid.*
27. Cabograma de Roosevelt para George VI, President's Personal File, FDRPL.
28. Churchill, *Their Finest Hour*, p. 566.
29. Kenneth S. Davis, *FDR: The War President, 1940–1943* (Nova York: Random House, 2000), p. 48.
30. "Death of Lothian," *Time*, 23 de dezembro de 1940.
31. Butler, *Lord Lothian*, p. 314.
32. *Ibid.*, p. 316.
33. "Death of Lothian," *Time*, 23 de dezembro de 1940.
34. Eleanor Shepardson para as irmãs de Lothian, documentos de Whitney Shepardson, FDRPL.
35. *New York Times*, 13 de dezembro de 1940.
36. *Ibid.*
37. *Ibid.*
38. Butler, *Lord Lothian*, p. 318.
39. Reynolds, *Lord Lothian*, p. 60.
40. Davis, *FDR: The War President*, pp. 82–83.
41. Richard Snow, *A Measureless Peril: America in the Fight for the Atlantic, The Longest Battle of World War II* (Nova York: Scribner, 2010), p. 115.
42. Agar, *Darkest Year*, p. 164.
43. Wheeler, *Yankee from the West*, pp. 26–27.
44. Agar, *Darkest Year*, p. 156.
45. *Ibid.*, p. 165.
46. *Ibid.*
47. Diários de Stimson, 14 de dezembro de 1940, FDRPL.
48. Agar, *Darkest Year*, p. 156.
49. Paton-Walsh, *Our War Too*, p. 134.
50. Wayne S. Cole, *America First: The Battle Against Intervention, 1940–1941* (Madison: University of Wisconsin Press, 1953), p. 55.
51. *Documents on German Foreign Policy 1918–45*, Série D, Vol. 12 (Washington, D.C.: U.S. Government Printing Office), p. 258.
52. Davis, *FDR: The War President*, p. 98.
53. Wheeler, *Yankee from the West*, p. 27.
54. Sherwood, *Roosevelt and Hopkins*, p. 229.
55. Schneider, *Should America Go to War?*, p. 84.
56. Agar, *Darkest Year*, p. 165.
57. Andrew Johnstone, "Private Interest Groups and the Lend-Lease Debate," *49th Parallel*, verão de 2001.
58. Cole, *Lindbergh*, p. 103.
59. Davis, *FDR: The War President*, p. 99.

60. *Ibid.*
61. Schneider, *Should America Go to War?*, p. 85.
62. David Brinkley, *Washington Goes to War* (Nova York: Knopf, 1988), p. 30.
63. Paton-Walsh, *Our War Too*, p. 148.
64. *Ibid.*
65. *Ibid.*
66. *Ibid.*
67. *Ibid.*
68. Davis, *Hero*, p. 398.
69. Davis, *FDR: The War President*, p. 110.
70. Ketchum, *Borrowed Years*, pp. 527–28.
71. Chadwin, *War Hawks*, p. 133.
72. Neal, *Dark Horse*, p. 187.
73. Davis, *FDR: The War President*, p. 100.
74. Neal, *Dark Horse*, p. 189.
75. Richard Norton Smith, *Colonel*, p. 403.
76. Memorando não assinado, President's Secretary's File, FDRPL.
77. *Ibid.*
78. Raymond Clapper, *Watching the World*, p. 166.
79. Neal, *Dark Horse*, p. 189.
80. *Ibid.*, p. 191.
81. Ketchum, *Borrowed Years*, p. 579.
82. Neal, *Dark Horse*, p. 193.
83. *Life*, 17 de fevereiro de 1941.
84. Neal, *Dark Horse*, p. 201.
85. Davis, *FDR: The War President*, p. 117.
86. Ketchum, *Borrowed Years*, p. 580.
87. Davis, *FDR: The War President*, p. 118.
88. Neal, *Dark Horse*, p. 206.
89. Sevareid, *Not So Wild*, p. 193.
90. *Ibid.*
91. *Ibid.*, pp. 196–97.
92. *Ibid.*, p. 197.
93. Olson, *Citizens of London*, p. 73.
94. *Ibid.*, pp. 73–74.
95. Langer e Gleason, *The Undeclared War*, p. 261.
96. Davis, *FDR: The War President*, p. 135.
97. Sherwood, *Roosevelt and Hopkins*, p. 355.
98. Ketchum, *Borrowed Years*, p. 582.
99. *Ibid.*
100. Kabaservice, *Guardians*, p. 83.
101. Nigel Hamilton, *JFK: Reckless Youth* (Nova York: Random House, 1992), p. 392.
102. Schneider, *Should America Go to War?*, p. 130.
103. *Documents on German Foreign Policy 1918–45*, série D, vol. 12 (Washington, D.C.: U.S. Government Printing Office), p. 365.
104. Olson, *Citizens of London*, p. 11.
105. *Ibid.*

CAPÍTULO 19: CORRIDA CONTRA O TEMPO

1. James MacGregor Burns, *Roosevelt: The Soldier of Freedom, 1940–1945* (Nova York: Harcourt Brace Jovanovich, 1970), p. 51.
2. Raymond Clapper, *Watching the World*, p. 269.

3. Langer e Gleason, *Undeclared War*, p. 437.
4. Davis, FDR: *The War President*, p. 152.
5. Ickes, *Secret Diary*, p. 459.
6. Davis, FDR: *Into the Storm*, p. 584.
7. Sherwood, *Roosevelt and Hopkins*, p. 293.
8. Langer e Gleason, *Undeclared War*, p. 223.
9. Childs, *I Write from Washington*, p. 217.
10. Diários de Stimson, 9 de abril de 1941, FDRPL.
11. Olson, *Citizens of London*, p. xiv.
12. Snow, *Measureless Peril*, p. 105.
13. Olson, *Citizens of London*, p. 5.
14. *Ibid.*, p. 6.
15. *Ibid.*, p. 85.
16. *Ibid.*, p. 86.
17. *Ibid.*
18. Steele, *Propaganda*, p. 114.
19. Biddle, *In Brief Authority*, pp. 184–85.
20. Burns, *Soldier of Freedom*, p. 89.
21. Davis, FDR: *The War President*, p. 173.
22. *Ibid.*, p. 172.
23. Burns, *Soldier of Freedom*, p. 91.
24. Diários de Stimson, 19 de janeiro de 1941, FDRPL.
25. Diários de Stimson, 25 de abril de 1941, FDRPL.
26. Langer e Gleason, *Undeclared War*, p. 456.
27. Ketchum, *Borrowed Years*, p. 589.
28. Kennedy, *Freedom from Fear*, p. 368.
29. Saul Friedlander, *Prelude to Downfall: Hitler and the United States, 1939–1941* (Nova York: Knopf, 1967), p. 175.
30. Perret, *Days of Sadness*, p. 79.
31. Stimson e Bundy, *On Active Service*, p. 370.
32. *Life*, 5 de maio de 1941.
33. *Life*, 19 de maio de 1941.
34. *Ibid.*
35. Diários de Stimson, 9 de maio de 1941, FDRPL.
36. Ickes, *Secret Diary*, p. 511.
37. *Ibid.*, p. 497.
38. *Ibid.*, p. 511.
39. Diários de Stimson, 22 de abril de 1941, FDRPL.
40. Langer e Gleason, *Undeclared War*, p. 696.
41. Diários de Stimson, 27 de maio de 1941, FDRPL.
42. Doris Kearns Goodwin, *No Ordinary Time: Franklin and Eleanor Roosevelt: The Home Front in World War II* (Nova York: Simon & Schuster, 1994), p. 174.
43. Cray, *General of the Army*, p. 153.
44. Clifford e Spencer, *First PeaceTime Draft*, p. 246.
45. Wedemeyer, *Wedemeyer Reports!*, p. 69.
46. Murray Green, manuscrito não publicado, documentos de Green, AFA.
47. Grenville Clark para Henry Stimson, 23 de dezembro de 1940, documentos de Sherwood, HL.
48. Ronald Schaffer, "General Stanley D. Embick: Military Dissenter," *Military Affairs*, 1973.
49. Mark Watson, *Chief of Staff: Prewar Plans and Preparations* (Washington, D.C.: Center of Military History, 1991), p. 389.
50. *Ibid.*, p. 390.
51. *Ibid.*
52. Ronald Schaffer, "General Stanley D. Embick: Military Dissenter," *Military Affairs*, 1973.

53. Leonard Mosley, *Marshall: Hero For Our Time* (Nova York: Hearst, 1982), p. 153.
54. Mosley, *Lindbergh*, p. 417.
55. Bendersky, *"Jewish Threat,"* p. 284.
56. Diários de Stimson, 14 de abril de 1941, FDRPL.
57. *Ibid.*
58. *Ibid.*
59. Diários de Stimson, 17 de abril de 1941, FDRPL.
60. Diário de Castle, 20 de setembro de 1941, documentos de Castle, HL.
61. Diário de Castle, 18 de dezembro de 1940, documentos de Castle, HL.
62. Relatório de John Franklin Carter para FDR, 11 de julho de 1941, President's Secretary's File, FDRPL.
63. Olson, *Citizens of London*, p. 68.
64. Diários de Stimson, 20 de junho de 1941, FDRPL.
65, Diários de Stimson, 17 de dezembro de 1940, FDRPL.
66. Steele, *Propaganda*, p. 116.
67. Stimson para FDR, 24 de maio de 1941, FDRPL.
68. Samuel e Dorothy Rosenman, *Presidential Style*, p. 384.
69. *Ibid.*
70. Davis, *FDR: The War President*, p. 186.
71. Sherwood, *Roosevelt and Hopkins*, p. 298.
72. *Ibid.*
73. *Ibid.*
74. Davis, *FDR: The War President*, p. 188.
75. *Ibid.*
76. *Life*, 16 de junho de 1941.
77. *Life*, 2 de junho de 1941.
78. *Ibid.*
79. *Life*, 14 de abril de 1941.
80. Olson, *Citizens of London*, p. 91.
81. *Ibid.*, p. 87.

CAPÍTULO 20: UM PONTO DE VISTA TRAIDOR

1. Sherwood, *Roosevelt and Hopkins*, p. 265.
2. *Ibid.*, p. 266.
3. Cuneo, autobiografia não publicada, documentos de Cuneo, FDRPL.
4. Steele, *Propaganda*, p. 117.
5. Davis, *FDR: The War President*, p. 83.
6. Richard W. Steele, "Franklin D. Roosevelt and His Foreign Policy Critics," *Political Science Quarterly*, primavera de 1979.
7. Cole, *Roosevelt and the Isolationists*, p. 418.
8. Cole, *Lindbergh*, p. 120.
9. Davis, *Hero*, p. 400.
10. *Ibid.*, p. 403.
11. Brown, *Ordeal of a Playwright*, p. 97.
12. Cole, *Lindbergh*, p. 147.
13. Biddle, *In Brief Authority*, p. 179.
14. Discurso de Ickes, 17 de dezembro de 1940, documentos de Ickes, LC.
15. Discurso de Ickes, 25 de fevereiro de 1941, documentos de Ickes, LC.
16. Cole, *Lindbergh*, p. 130.
17. Berg, *Lindbergh*, p. 407.
18. Ickes para FDR, documentos de Steve Early, FDRPL.
19. Davis, *Hero*, p. 403.

20. *Charleston Evening Post*, 26 de maio de 1941.
21. Charles Wolfert, cartas ao editor, *New York Times*, 5 de junho de 1940.
22. Roger Butterfield, "Lindbergh," *Life*, 11 de agosto de 1941.
23. Steele, *Propaganda*, p. 191.
24. Neal, *Dark Horse*, p. 212.
25. *Ibid.*
26. Ross, *Last Hero*, p. 319.
27. Charles Lindbergh, *War Times Journals*, p. 478.
28. Davis, *Hero*, p. 404.
29. *Washington Times-Herald*, 30 de abril de 1941.
30. *New York Times*, 30 de abril de 1941.
31. *Washington Times-Herald*, 30 de abril de 1941.
32. *New York Times*, 29 de abril de 1941.
33. *Life*, 12 de maio de 1941.
34. Roger Butterfield, "Lindbergh," *Life*, 11 de agosto de 1941.
35. Cole, *Lindbergh*, p. 189.
36. *Ibid.*
37. *Ibid.*
38. *Ibid.*, p. 190.
39. Cole, *Lindbergh*, pp. 140–41.
40. Olive Clapper, *Washington Tapestry* (Nova York: McGraw Hill, 1946), p. 250.
41. Joseph Gies, *The Colonel of Chicago* (Nova York: Dutton, 1979), p. 170.
42. Kabaservice, *Guardians*, pp. 80–81.
43. Richard H. Minear, *Dr. Seuss Goes to War: The World War II Editorial Cartoons of Theodor Seuss Geisel* (Nova York: New Press, 1999), p. 14.
44. *Ibid.*, p. 20.
45. *Ibid.*, p. 21.
46. *Ibid.*
47. Perret, *Days of Sadness*, p. 159.
48. Isabel Leighton, *The Aspirin Age: 1919–1941* (Nova York: Simon & Schuster, 1949), p. 211.
49. Perret, *Days of Sadness*, p. 159.
50. Brown, *Ordeal of a Playwright*, pp. 32–33.
51. White para Arthur Sulzberger, 10 de dezembro de 1941, documentos de White, LC.
52. Davis, FDR: *The War President*, p. 87.
53. *Ibid.*
54. *Ibid.*
55. *Ibid.*, p. 88.
56. Clark Eichelberger para White, 26 de dezembro de 1940, documentos de White, LC.
57. Cole, *Lindbergh*, pp. 137–38.
58. *Ibid.*, p. 138.
59. *Ibid.*
60. Thomas Lamont para FDR, 3 de janeiro de 1941, President's Official File, FDRPL.
61. Perret, *Days of Sadness*, p. 155.
62. William M. Tuttle Jr., "Aid-to-the-Allies-Short-of-War vs. American Intervention, 1940: A Reappraisal of William Allen White's Leadership," *Journal of American History*, março de 1970.
63. Paton-Walsh, *Our War Too*, pp. 154–55.
64. Justus Doenecke, *In Danger Undaunted: The Anti-Interventionist Movement of 1940–1941 as Revealed in the Papers of the America First Committee* (Stanford: Hoover Institution Press, 1990), p. 389.
65. Cole, *Lindbergh*, p. 150.
66. Marilyn Kaytor, *"21": The Life and Times of New York's Favorite Club* (Nova York: Viking, 1975), p. 96.

67. Cole, *Lindbergh*, p. 140.
68. *Ibid.*, p. 151.
69. *Ibid.*
70. *Life*, 29 de setembro de 1941.
71. Mosley, *Lindbergh*, p. 306.
72. Berg, *Lindbergh*, pp. 424–25.
73. Anne Lindbergh, *War Within and Without*, p. 210.
74. Herrmann, *Anne Morrow Lindbergh*, p. 259.
75. *Ibid.*
76. Charles Lindbergh, *War Times Journals*, p. 515.
77. William C. Sullivan, *The Bureau: My Thirty Years in Hoover's FBI* (Nova York: Norton, 1979), p. 37.
78. Steele, *Free Speech in the Good War*, p. 93.
79. Goldstein, *Political Repression*, p. 243.
80. *Ibid.*
81. *Ibid.*, pp. 243–44.
82. Robert Griffith, *The Politics of Fear: Joseph R. McCarthy and the Senate* (Amherst: University of Massachusetts Press, 1970), p. 32.
83. Goldstein, *Political Repression*, p. 262.

CAPÍTULO 21: DER FÜHRER AGRADECE SUA LEALDADE

1. British Security Coordination, p. 71.
2. Neal Gabler, *Winchell: Gossip, Power, and the Culture of Celebrity* (Nova York: Knopf, 1995), p. 295.
3. Arnold Forster, *Square One: A Memoir* (Nova York: Donald I. Fine, 1988), p. 57.
4. Cole, *America First*, p. 121.
5. *Ibid.*
6. British Security Coordination, p. 76.
7. Cole, *Roosevelt and the Isolationists*, p. 473.
8. *Ibid.*
9. *Ibid.*
10. *Documents on German Foreign Policy 1918–45*, série D, vol. 11 (Washington, D.C.: U.S. Government Printing Office), p. 337.
11. *Ibid.*, pp. 409–10.
12. Friedlander, *Prelude to Downfall*, p. 243.
13. *Documents on German Foreign Policy 1918–45*, série D, vol. 12 (Washington, D.C.: U.S. Government Printing Office), pp. 1035–36.
14. Friedlander, *Prelude to Downfall*, p. 244.
15. *Documents on German Foreign Policy 1918–45*, série D, vol. 9 (Washington, D.C.: U.S. Government Printing Office), p. 399.
16. *Ibid.*, p. 411.
17. Friedlander, *Prelude to Downfall*, p. 103.
18. *Documents on German Foreign Policy 1918–45*, série D, vol. 13 (Washington, D.C.: U.S. Government Printing Office), p. 99.
19. *Ibid.*, p. 98.
20. Persico, *Roosevelt's Secret War*, p. 43.
21. Jackson, *That Man*, p. 73.
22. Macdonald, *True Intrepid*, p. 78.
23. *Ibid.*, p. 82.
24. *Ibid.*, p. 68.
25. Diário de Berle, 13 de setembro de 1939, documentos de Berle, FDRPL.
26. Cull, *Selling War*, p. 145.

27. Macdonald, *True Intrepid*, p. 93.
28. Gentry, *J. Edgar Hoover*, p. 268.

CAPÍTULO 22: ONDE ESTÁ A CRISE?

1. Maj. Stephen D. Wesbrook, "The Railey Report and Army Morale 1941," *Military Review*, junho de 1980.
2. *Life*, 18 de agosto de 1941.
3. Biddle, *In Brief Authority*, p. 186.
4. Pogue, *Ordeal and Hope*, p. 157.
5. Maj. Stephen D. Wesbrook, "The Railey Report and Army Morale 1941," *Military Review*, junho de 1980.
6. Diários de Stimson, 2 de julho de 1941, FDRPL.
7. Michael Leigh, *Mobilizing Consent: Public Opinion and American Foreign Policy, 1937–1947* (Westport, Conn.: Greenwood Press, 1976), p. 73.
8. Hadley Cantril para Anna Rosenberg, maio de 1941, President's Secretary's File, FDRPL.
9. Hadley Cantril para Anna Rosenberg, 3 de julho de 1941, President's Secretary's File, FDRPL.
10. Leigh, *Mobilizing Consent*, p. 72.
11. J. Garry Clifford, "Both Ends of the Telescope: New Perspectives on FDR and American Entry into World War II," *Diplomatic History*, primavera de 1989.
12. Leigh, *Mobilizing Consent*, p. 73.
13. Langer e Gleason, *Undeclared War*, p. 444.
14. Jackson, *That Man*, p. 41.
15. Rosenman, *Working with Roosevelt*, p. 280.
16. Ketchum, *Borrowed Years*, p. 603.
17. Langer e Gleason, *Undeclared War*, p. 539.
18. *Ibid.*, p. 538.
19. Cole, *Roosevelt and the Isolationists*, p. 435.
20. David McCullough, Truman (Nova York: Simon & Schuster, 1992), p. 262.
21. Langer e Gleason, *Undeclared War*, p. 557.
22. *Ibid.*, p. 578.
23. *Life*, 4 de agosto de 1941.
24. *Documents on German Foreign Policy 1918–45*, série D, vol. 13 (Washington, D.C.: U.S. Government Printing Office), p. 103.
25. *Ibid.*
26. Friedlander, *Prelude to Downfall*, p. 258.
27. *Ibid.*
28. Langer e Gleason, *Undeclared War*, p. 579.
29. B. Mitchell Simpson, *Admiral Harold R. Stark: Architect of Victory* (Columbia: University of South Carolina Press, 1989), p. 89.
30. *Life*, 29 de setembro de 1941.
31. Olson, *Citizens of London*, p. 115.
32. Stacy Schiff, *Saint-Exupéry: A Biography* (Nova York: Knopf, 1995), p. 358.
33. Burns, *Soldier of Freedom*, p. 119.
34. Ketchum, *Borrowed Years*, p. 626.
35. *Life*, 28 de julho de 1941.
36. *Life*, 18 de agosto de 1941.
37. *Ibid.*
38. *Ibid.*
39. Maj. Stephen D. Wesbrook, "The Railey Report and Army Morale 1941," *Military Review*, junho de 1980.
40. *Ibid.*

41. *Ibid.*
42. *Ibid.*
43. *Ibid.*
44. Diários de Stimson, 15 de setembro de 1941, FDRPL.
45. James Wadsworth, Oral History Collection, CU.
46. Pogue, *Ordeal and Hope*, p. 151.
47. Entrevista de Marshall com Forrest Pogue, documentos de Marshall, Marshall Foundation, www.marshallfoundation.org/library/pogue.html.
48. Ketchum, *Borrowed Years*, p. 645.
49. Davis, *FDR, The War President*, p. 252.
50. Diários de Stimson, 21 de julho de 1941, FDRPL.
51. Cole, *Roosevelt and the Isolationists*, p. 437.
52. Diários de Stimson, 7 de agosto de 1941, FDRPL.
53. *Ibid.*
54. Caro, *Path to Power,* p. 323.
55. *Ibid*, p. 330.
56. D. B. Hardeman e Donald C. Bacon, *Rayburn: A Biography* (Austin: Texas Monthly Press, 1987), p. 233.
57. Caro, *Path to Power,* p. 596.
58. *Ibid.*
59. Hardeman e Bacon, *Rayburn*, p. 264.
60. *Ibid.*, p. 265.
61. *Ibid.*, p. 267.
62. Pogue, *Ordeal and Hope*, p. 152.
63. Langer e Gleason, *Undeclared War*, p. 574.
64. Olson, *Citizens of London*, p. 122.
65. *Ibid.*, pp. 122–23.
66. Langer e Gleason, *Undeclared War*, p. 734.
67. *Life*, 1º de setembro de 1941.
68. Maj. Stephen D. Wesbrook, "The Railey Report and Army Morale 1941," *Military Review*, junho de 1980.
69. *Ibid.*

CAPÍTULO 23: PROPAGANDA... COM GROSSA CAMADA DE AÇÚCAR

1. John E. Moser, "'Gigantic Engines of *Propaganda*': The 1941 Senate Investigation of Hollywood," *Historian*, verão de 2001.
2. David Welky, *The Moguls and the Dictators: Hollywood and the Coming of World War II* (Baltimore: Johns Hopkins University Press, 2008), p. 251.
3. *Ibid.*, p. 4.
4. Calder, *Beware the British Serpent*, p. 239.
5. Welky, *Moguls and the Dictators,* p. 293.
6. Neal Gabler, *An Empire of Their Own: How the Jews Invented Hollywood* (Nova York: Crown, 1988), p. 345.
7. Welky, *Moguls and the Dictators,* p. 274.
8. *Life*, 13 de fevereiro de 1939.
9. Welky, *Moguls and the Dictators,* p. 29.
10. *Ibid.*, p. 159.
11. *Ibid.*, p. 60.
12. *Ibid.*, p. 59.
13. *Ibid.*, p. 3.
14. Otto Friedrich, *City of Nets: A Portrait of Hollywood in the 1940's* (Nova York: Harper & Row, 1986), p. 47.

15. Alan Brinkley, *Publisher*, p. 187.
16. *Life*, 17 de junho de 1940.
17. Cull, *Selling War*, p. 112.
18. Calder, *Beware the British Serpent*, p. 248.
19. Cull, *Selling War*, p. 50.
20. Calder, *Beware the British Serpent*, p. 251.
21. *Ibid.*
22. Olson, *Citizens of London*, p. 236.
23. *Ibid.*
24. Welky, *Moguls and the Dictators*, p. 244.
25. *Ibid.*, p. 295.
26. *Ibid.*, p. 286.
27. Neal, *Dark Horse*, p. 213.
28. Welky, *Moguls and the Dictators*, p. 299.
29. *Ibid.*, p. 300.
30. *Ibid.*, p. 302.
31. *Ibid.*, p. 303.
32. *Ibid.*
33. Clayton R. Koppes e Gregory D. Black, *Hollywood Goes to War: How Politics, Profits and Propaganda Shaped World War II Movies* (Londres: Tauris, 1988), p. 44.
34. Welky, *Moguls and the Dictators*, p. 298.
35. *Ibid.*, p. 308.
36. *Ibid.*, p. 309.
37. *Ibid.*, p. 329.

CAPÍTULO 24: PREPARANDO TERRENO PARA O ANTISSEMITISMO

1. Eisenhower, *Special People*, p. 136.
2. Memorando sem data de Ickes para FDR, documentos de Stephen Early, FDRPL.
3. Mosley, *Lindbergh*, p. 294.
4. *New York Times*, 15 de julho de 1941.
5. Anne Lindbergh, *War Within and Without*, p. 210.
6. Charles Lindbergh, *War Times Journals*, p. 518.
7. Mosley, *Lindbergh*, p. 295.
8. Ickes, *Secret Diary*, p. 581.
9. *Ibid.*, p. 582.
10. Editorial do *Omaha Morning World Herald*, sexta-feira, 18 de julho de 1941, President's Official File, FDRPL.
11. Carta de Miles Hart para Ickes, 5 de julho de 1941, documentos de Ickes, LC.
12. Cole, *Lindbergh*, p. 158.
13. *Ibid.*
14. *Ibid.*, p. 160.
15. *Ibid.*, p. 171.
16. *Ibid.*
17. *Ibid.*, p. 172.
18. Anne Lindbergh, *War Within and Without*, p. 220.
19. *Ibid.*, p. 223.
20. *Ibid.*, p. 224.
21. *Ibid.*, p. 227.
22. *Ibid.*, p. 221.
23. *Ibid.*, p. 224.
24. Herrmann, *Anne Morrow Lindbergh*, p. 322.
25. Ketchum, *Borrowed Years*, p. 642.

26. Diário de William Castle, 11 de agosto de 1941, HL.
27. Berg, *Lindbergh*, p. 386.
28. Herrmann, *Anne Morrow Lindbergh*, p. 235.
29. Bendersky, *"Jewish Threat,"* p. 273.
30. Forster, *Square One*, p. 38.
31. Diário de Castle, 29 de janeiro de 1939, documentos de Castle, HL.
32. Kabaservice, *Guardians*, p. 66.
33. *Ibid.*
34. Diário de Castle, 30 de janeiro de 1940, documentos de Castle, HL.
35. Diário de Berle, 11 de outubro de 1940, documentos de Berle, FDRPL.
36. Bendersky, *"Jewish Threat,"* p. 250.
37. *Ibid.*, p. 238.
38. *Ibid.*, p. 274.
39. Ward, *First-Class Temperament*, p. 59.
40. Watkins, *Righteous Pilgrim*, p. 661.
41. Ward, *First-Class Temperament*, p. 255.
42. *New York Times*, 13 de dezembro de 1938.
43. Henry Hardy, ed., *Isaiah Berlin: Letters 1928–1946* (Cambridge: Cambridge University Press, 2004), p. 375.
44. Forster, *Square One*, p. 52.
45. Kennedy, *Freedom from Fear*, p. 415.
46. Perret, *Days of Sadness*, p. 97.
47. Forster, *Square One*, p. 51.
48. *Documents on German Foreign Policy 1918–45*, série D, vol. 13 (Washington, D.C.: U.S. Government Printing Office), p. 213.
49. Thomas E. Mahl, *Desperate Deception: British Covert Operations in the United States, 1939–1944* (Washington, D.C.: Brassey's, 1998), p. 53.
50. Cole, *Lindbergh*, p. 160.
51. Caricatura no *Des Moines Register*, 11 de setembro de 1941, documentos do America First, HI.
52. Sarles, *Story of America First*, p. 67.
53. Charles Lindbergh, *War Times Journals*, p. 538.
54. Cole, *Lindbergh*, p. 162.
55. *Ibid.*, p. 187.
56. Anne Lindbergh, *War Within and Without*, p. 225.
57. Cole, *Lindbergh*, p. 173.
58. *Ibid.*, p. 174.
59. Minear, *Dr. Seuss Goes to War*, p. 21.
60. Berg, *Lindbergh*, p. 428.
61. Cole, *Lindbergh*, p. 177.
62. *Ibid.*
63. Berg, *Lindbergh*, p. 428.
64. Cole, *Lindbergh*, p. 175.
65. *Ibid.*, p. 178.
66. *Ibid.*
67. Herrmann, *Anne Morrow Lindbergh*, pp. 262–63.
68. Sarles, *Story of America First*, p. xxxiii.
69. Welky, *Moguls and the Dictators*, p. 307.
70. Memorando não assinado de 19 de setembro de 1941, documentos do America First, HI.
71. Sarles, *Story of America First*, p. xxxiii.
72. *Ibid.*
73. *Ibid.*, p. 58.
74. Cole, *Lindbergh*, pp. 181–82.

75. *Ibid.*, p. 176.
76. Ketchum, *Borrowed Years*, p. 642.
77. Eisenhower, *Special People*, p. 136.
78. Reeve Lindbergh, *Under a Wing*, p. 214.
79. *Ibid.*
80. *Ibid.*, p. 203.
81. *Ibid.*, p. 202.
82. *Ibid.*, p. 215.
83. *Ibid.*, p. 216.
84. Paton-Walsh, *Our War Too*, p. 186.
85. *Ibid.*, p. 187.
86. *Ibid.*

CAPÍTULO 25: ELE NÃO CONDUZIRIA O PAÍS PARA A GUERRA

1. Bradford W. Wright, *Comic Book Nation: The Transformation of Youth Culture in America* (Baltimore: Johns Hopkins University Press, 2003), p. 36.
2. Ketchum, *Borrowed Years*, p. 622.
3. *Ibid.*
4. *Life*, 26 de maio de 1941.
5. *Ibid.*
6. Cull, *Selling War*, p. 185.
7. *Ibid.*
8. Perret, *Days of Sadness*, p. 191.
9. Langer e Gleason, *Undeclared War*, p. 745.
10. *Ibid.*
11. Goodhart, *Fifty Ships*, p. 198.
12. David Fairbank White, *Bitter Ocean: The Battle of the Atlantic, 1939–1945* (Nova York: Simon & Schuster, 2006), p. 134.
13. Rachel S. Cox, *Into Dust and Fire: Five Young Americans Who Went First to Fight the Nazi Army* (Nova York: New American Library, 2012), p. 9.
14. Olson, *Citizens of London*, p. 132.
15. *Life*, 24 de novembro de 1941.
16. Perret, *Days of Sadness*, p. 171.
17. Davis, FDR: *The War President*, p. 274.
18. *Ibid.*, p. 324.
19. Neal, *Dark Horse*, p. 213.
20. *Ibid.*, p. 214.
21. *Ibid.*, p. 215.
22. *Life*, 3 de novembro de 1941.
23. Cole, *America First*, p. 163.
24. Cole, *Roosevelt and the Isolationists*, p. 451.
25. Persico, *Roosevelt's Secret War*, p. 127.
26. *Documents on German Foreign Policy 1918–45*, série D, vol. 13 (Washington, D.C.: U.S. Government Printing Office), p. 724.
27. Cull, *Selling War*, p. 173.
28. Diários de Stimson, 13 de novembro de 1941, FDRPL.
29. Cole, *Roosevelt and the Isolationists*, p. 452.
30. Claude Denson Pepper, *Pepper: Eyewitness to a Century* (Nova York: Harcourt Brace Jovanovich, 1987), p. 107.
31. *Life*, 17 de novembro de 1941.
32. *Life*, 10 de novembro de 1941.
33. Ickes, *Secret Diary*, p. 650.

34. Ketchum, *Borrowed Years*, p. 606.
35. Snow, *Measureless Peril*, p. 141.
36. Olson, *Citizens of London*, p. 140.
37. Goodwin, *No Ordinary Time*, p. 137.
38. Sherwood, *Roosevelt and Hopkins*, p. 383.
39. *Ibid.*, p. 429.
40. *Ibid.*, p. 299.
41. Samuel e Dorothy Rosenman, *Presidential Style*, p. 384.
42. Jackson, *That Man*, p. 106.
43. Agar, *Darkest Year*, p. 168.
44. Olson, *Citizens of London*, p. 138.

CAPÍTULO 26: O MAIOR "FURO" DA HISTÓRIA

1. *Life*, 3 de março de 1941.
2. Langer e Gleason, *Undeclared War*, p. 652.
3. *Ibid.*
4. *Life*, 8 de dezembro de 1941.
5. Pogue, *Ordeal and Hope*, p. 160.
6. *Ibid.*, p. 161.
7. Gies, *Colonel of Chicago*, p. 189.
8. Wheeler, *Yankee from the West*, p. 35.
9. Pogue, *Ordeal and Hope*, p. 161.
10. Burns, *Soldier of Freedom*, p. 84.
11. Pogue, *Ordeal and Hope*, pp. 156–57.
12. FDR para Stimson, 9 de julho de 1941, President's Secretary's File, FDRPL.
13. Wedemeyer, *Wedemeyer Reports!*, p. 14.
14. *Ibid.*, p. 10.
15. *Ibid.*
16. *Ibid.*
17. Bendersky, *"Jewish Threat,"* p. 232.
18. Wedemeyer, *Wedemeyer Reports!*, p. 41.
19. *Ibid.*
20. Eric Larrabee, *Commander in Chief: Franklin D. Roosevelt, His Lieutenants, and Their War* (Nova York: Harper & Row, 1987), p. 121.
21. Langer e Gleason, *Undeclared War*, p. 739.
22. Kennedy, *Freedom from Fear*, p. 487.
23. Ketchum, *Borrowed Years*, p. 629.
24. Diários de Stimson, 25 de setembro de 1941, FDRPL.
25. Richard Norton Smith, *Colonel*, p. 410.
26. *Ibid.*, p. 414.
27. Schneider, *Should America Go to War?*, p. 168.
28. *Ibid.*
29. Ritchie, *Reporting from Washington*, p. 10.
30. Richard Norton Smith, *Colonel*, p. xxi.
31. Doenecke, *In Danger Undaunted*, p. 36.
32. Diários de Stimson, 4 de dezembro de 1941, FDRPL.
33. *Ibid.*
34. Gies, *Colonel of Chicago*, p. 192.
35. Trohan, *Political Animals*, p. 171.
36. Wedemeyer, *Wedemeyer Reports!*, p. 16.
37. Wedemeyer para Chesly Manly, 22 de agosto de 1957, documentos de Wedemeyer, HI.

38. Relatório do FBI sobre o vazamento do Programa *Victory*, documentos de Wedemeyer, HI.
39. Wedemeyer, *Wedemeyer Reports!*, p. 40.
40. Wheeler, *Yankee from the West*, p. 32.
41. *Ibid.*
42. *Ibid.*
43. Entrevista de Murray Green com Wedemeyer, documentos de Green, AFA.
44. Richard Norton Smith, *Colonel*, p. 415.
45. Entrevista de Murray Green com Wedemeyer, documentos de Green, AFA.
46. Stimson, *On Active Service*, p. 355.
47. Entrevista de Murray Green com Wedemeyer, documentos de Green, AFA.
48. Thomas Fleming, *The New Dealers' War: FDR and the War Within World War II* (Nova York: Basic, 2001), p. 27.
49. *Ibid.*, p. 28.
50. *I bid.*
51. Olson, *Citizens of London*, p. 143.
52. Berg, *Lindbergh*, pp. 555–56.

CAPÍTULO 27: VAMOS DAR UMA SURRA NELES

1. Schlesinger, *A Life in the Twentieth Century*, p. 261.
2. Childs, *I Write from Washington*, p. 242.
3. Ward, *First-Class Temperament*, p. 591.
4. Biddle, *In Brief Authority*, p. 206.
5. *Ibid.*
6. Diários de Stimson, 7 de dezembro de 1941, FDRPL.
7. Olson, *Citizens of London*, p. 146.
8. Davis, *Hero*, p. 555.
9. Cull, *Selling War*, p. 187.
10. Gies, *Colonel of Chicago*, p. 194.
11. *Ibid.*
12. Wheeler, *Yankee from the West*, p. 36.
13. Cole, *Roosevelt and the Isolationists*, p. 504.
14. Sarles, *Story of America First*, p. 215.
15. Ketchum, *Borrowed Years*, p. 783.
16. Olson, *Citizens of London*, p. 143.
17. *Ibid.*, p. 144.
18. *Ibid.*
19. Robert Dallek, *Franklin D. Roosevelt and American Foreign Policy, 1932–1945* (Nova York: Oxford University Press, 1995), p. 312.
20. Burns, *Soldier of Freedom*, p. 165.
21. Hardeman e Bacon, *Rayburn*, p. 276.
22. Childs, *I Write from Washington*, p. 244.
23. Langer e Gleason, *Undeclared War*, p. 910.
24. Ketchum, *Borrowed Years*, p. 791.
25. Manchester, *Glory and the Dream*, p. 260.
26. Perret, *Days of Sadness*, p. 203.
27. Burns, *Soldier of Freedom*, p. 172.
28. David Brinkley, *Washington Goes to War*, p. 91.
29. Perret, *Days of Sadness*, p. 255.
30. *Ibid.*, p. 213.
31. Biddle, *In Brief Authority*, p. 213.
32. Perret, *Days of Sadness*, p. 367.

33. Olson, *Citizens of London*, p. 229.
34. Perret, *Days of Sadness*, p. 213.
35. *Ibid.*, p. 215.
36. "U.S. at War," *Army and Navy Journal*, 2 de novembro de 1945.

CAPÍTULO 28: O QUE SE SEGUIU

1. Berg, *Lindbergh*, p. 437.
2. Entrevista de Murray Green com Wedemeyer, documentos de Green, AFA.
3. Davis, *Hero*, p. 416.
4. Berg, *Lindbergh*, p. 434.
5. Cole, *Lindbergh*, p. 213.
6. Ickes para James Henle, 28 de agosto de 1944, documentos de Ickes, LC.
7. Ickes para FDR, documentos de Stephen Early, FDRPL.
8. *Ibid.*
9. *Ibid.*
10. Murray Green, manuscrito não publicado, documentos de Green, AFA.
11. Berg, *Lindbergh*, p. 437.
12. *Ibid.*
13. Cole, *Lindbergh*, p. 222.
14. Roger Butterfield, "Lindbergh," *Life*, 11 de agosto de 1941.
15. Davis, *Hero*, p. 414.
16. Sarles, *Story of America First*, p. 118.
17. Charles Lindbergh, *War Times Journals*, p. 452.
18. Alden Whitman, "Life with Lindy," *New York Times Magazine*, 8 de maio de 1977.
19. Mosley, *Lindbergh*, p. 320.
20. Lauren D. Lyman, "The Lindbergh I Knew," *Saturday Evening Post*, 4 de abril de 1953.
21. Herrmann, *Anne Morrow Lindbergh*, p. 284.
22. Sherwood, *Roosevelt and Hopkins*, p. 155.
23. Anne Lindbergh, *War Within and Without*, p. 447.
24. *Ibid.*, pp. 449–50.
25. Joyce Milton, *Loss of Eden: A Biography of Charles and Anne Morrow Lindbergh* (Nova York: Harper Collins, 1993), p. 474.
26. *Ibid.*, p 447.
27. *Ibid.*
28. Cole, *Roosevelt and the Isolationists*, p. 509.
29. Truman Smith, *Berlin Alert*, p. 42.
30. Katharine Smith, autobiografia não publicada, documentos de Truman Smith, HI.
31. Mark A. Stoler, "From Continentalism to Globalism: Gen. Stanley D. Embick, the Joint Strategic Survey Committee and the Military View of American National Policy During the Second World War," *Diplomatic History*, julho de 1982.
32. Olson, *Citizens of London*, p. 152.
33. *Ibid.*
34. Obituário de Wedemeyer, *New York Times*, 20 de dezembro de 1989.
35. *Life*, 11 de agosto de 1941.
36. *Life*, 3 de novembro de 1941.
37. Neal, *Dark Horse*, p. 275.
38. *Ibid.*
39. Cole, *Roosevelt and the Isolationists*, p. 522.
40. Peters, *Five Days in Philadelphia*, p. 195.
41. *New York Times*, 9 de outubro de 1941.
42. *Ibid.*

43. *Ibid.*
44. *Ibid.*
45. *Ibid.*
46. Henry Luce, "American Century," *Life*, 17 de fevereiro de 1941.
47. Isaacson e Thomas, *Wise Men*, p. 407.
48. Perret, *Days of Sadness*, p. 160.
49. Scott Stossel, *Sarge: The Life and Times of Sargent Shri*ver (Washington, D.C.: Smithsonian Books, 2004), p. 58.
50. *Ibid.*
51. Sarles, *Story of America First*, p. 219.
52. Berg, *Lindbergh*, p. 463.
53. *Ibid.*
54. Herrmann, *Anne Morrow Lindbergh*, p. 299.
55. Berg, *Lindbergh*, p. 517.
56. Mosley, *Lindbergh*, p. xii.
57. *Ibid.*
58. Obituário de Anne Morrow Lindbergh, *New York Times*, 8 de fevereiro de 2001.
59. Mosley, *Lindbergh*, pp. 378–79.
60. Anne Lindbergh, *Bring Me a Unicorn*, pp. 204–5.
61. Berg, *Lindbergh*, p. 520.
62. "Lindbergh: The Way of a *Hero*," *Time*, 26 de maio de 1967.
63. Alden Whitman, "Lindbergh Speaks Out," *New York Times Magazine*, 8 de maio de 1977.
64. Anne Lindbergh, *War Within and Without*, p. 427.
65. Reeve Lindbergh, *Under a Wing*, p. 57.
66. Ross, *Last Hero*, p. 335.
67. Mosley, *Lindbergh*, p. xvii.
68. Berg, *Lindbergh*, p. 480.
69. *Ibid.*
70. Reeve Lindbergh, *Under a Wing*, p. 61.
71. Eisenhower, *Special People*, p. 140.
72. Anne Morrow Lindbergh, *Gift from the Sea* (Nova York: Pantheon, 2005), p. 23.
73. *Ibid.*, p. 20.
74. *Ibid.*, p. 92.
75. Anne Lindbergh, *Against Wind and Tide*, p. 144.
76. *Ibid.*
77. *Ibid*, p. 155.
78. *Ibid.*, p. 173.
79. Berg, *Lindbergh*, p. 497.
80. *Ibid.*, pp. 547–48.
81. Anne Lindbergh, *Against Wind and Tide*, pp. 54–55.
82. Berg, *Lindbergh*, p. 497.
83. *Ibid.*, p. 509.
84. Anne Lindbergh, *Against Wind and Tide*, p. 169.
85. Berg, *Lindbergh*, p. 510.
86. Reeve Lindbergh, *Forward from Here*, p. 21
87. "Lindbergh's Double *Life*," *Deutsche Welle*, 20 de junho de 2005.
88. Reeve Lindbergh, *Forward from Here*, p. 201.
89. *Ibid.*, p. 204.
90. *Ibid.*, p. 203.
91. *Ibid.*, p. 217.
92. *Ibid.*, pp. 217–18.
93. *Ibid.*, p. 218.

BIBLIOGRAFIA

MATERIAL DE ARQUIVO

Franklin D. Roosevelt Presidential Library

Documentos de Adolf A. Berle
Documentos de Francis Biddle
Documentos de Ernest Cuneo
Documentos de Stephen T. Early
Documentos de Harry Hopkins
Documentos de Franklin D. Roosevelt
Documentos de Whitney Shepardson
Diários de Henry L. Stimson (microfilme)

Biblioteca do Congresso

Documentos de John Balderston
Documentos de Harold L. Ickes
Documentos de William Allen White

Hoover Institution, Stanford University

Documentos do America First Committee
Documentos de Truman Smith
Documentos de Albert Wedemeyer

Oral History Collection, Columbia University

William Benton
Samuel Rosenman
James Wadsworth

Houghton Library, Harvard University

Documentos de William Castle
Documentos de Robert E. Sherwood

Baker Library, Harvard University Business School

Documentos de Thomas Lamont

Sophia Smith Collection, Smith College

Documentos de Anne Morrow Lindbergh

Documentos de Charles Lindbergh
Documentos de Elizabeth C. Morrow

Academia da Força Aérea (AFA)

Documentos de Murray Green

MATERIAL PUBLICADO

Acheson, Dean. *Morning and Noon*. Boston: Houghton Mifflin, 1965.

Agar, Herbert. *The Darkest Year: Britain Alone, June 1940–June 1941*. Garden City, N.Y.: Doubleday, 1973.

Allen, Frederick Lewis. *Only Yesterday: An Informal History of the 1920's*. Nova York: Perennial, 2000.

—. *Since Yesterday: The 1930s in America*. Nova York: Perennial, 1986.

Alonso, Harriet Hyman. *Robert E. Sherwood: The Playwright in Peace and War*. Amherst: University of Massachusetts Press, 2007.

Alsop, Joseph W. *FDR: 1882–1945: A Centenary Remembrance*. Nova York: Viking, 1982.

—. *"I've Seen the Best of It": Memoirs*. Nova York: Norton, 1992.

Arnold, Henry H. *Global Mission*. Nova York: Harper, 1949.

Baldwin, Neil. *Henry Ford and the Jews: The Mass Production of Hate*. Nova York: Public Affairs, 2001.

Beck, Alfred M. *Hitler's Ambivalent Attaché: Friedrich von Boetticher in America, 1933–1941*. Washington, D.C.: Potomac Books, 2005.

Bendersky, Joseph. *The "Jewish Threat": The Anti-Semitic Politics of the Exército americano*. Nova York: Basic Books, 2000.

Berg, A. Scott. *Lindbergh*. Nova York: Berkley Books, 1999.

Berger, Meyer. *The New York Times: 1851–1951*. Nova York: Simon & Schuster, 1951.

Biddle, Francis. *In Brief Authority*. Garden City, N.Y.: Doubleday, 1962.

Brinkley, Alan. *The Publisher: Henry Luce and His American Century*. Nova York: Knopf, 2010.

Brinkley, David. *Washington Goes to War*. Nova York: Knopf, 1988.

Brinkley, Douglas. *Gerald R. Ford*. Nova York: Times Books, 2007.

British Security Coordination. *The Secret History of British Intelligence in the Americas, 1940–1945*. Nova York: Fromm International, 1999.

Brown, Anthony Cave. *"C": The Secret Life of Sir Stewart Graham Menzies*. Nova York: Macmillan, 1987.

Brown, John Mason. *The Ordeal of a Playwright: Robert E. Sherwood and the Challenge of War*. Nova York: Harper & Row, 1970.

—. *The Worlds of Robert E. Sherwood: Mirror to His Times, 1896–1939*. Nova York: Harper & Row, 1965.

Bryce, Ivar. *You Only Live Once: Memories of Ian Fleming*. Frederick, Md.: University Publications of America, 1984.

Burns, James MacGregor. *Roosevelt: The Lion and the Fox*. Nova York: Harcourt, Brace & World, 1956.

——. *Roosevelt: The Soldier of Freedom, 1940–1945*. Nova York: Harcourt Brace Jovanovich, 1970.
Butler, James R. M. *Lord Lothian: Philip Kerr, 1882–1940*. Nova York: St. Martin's, 1960.
Calder, Robert. *Beware the British Serpent: The Role of Writers in British Propaganda in the United States, 1939–1945*. Montreal: Queen's University Press, 2004.
Cantril, Hadley. *The Human Dimension: Experiences in Policy Research*. New Brunswick, N.J.: Rutgers University Press, 1967.
Carlson, John Roy. *Under Cover: My Four Years in the* Nazi *Underworld of America*. Nova York: Dutton, 1943.
Caro, Robert A. *The Years of Lyndon Johnson: The Path to Power*. Nova York: Knopf, 1982.
——. *The Years of Lyndon Johnson: Master of the Senate*. Nova York: Vintage, 2003.
The Century Association. *The Century 1847–1946*. Nova York: The Century Association, 1947.
Chadwin, Mark Lincoln. *The War Hawks: American Interventionists Before Pearl Harbor*. Chapel Hill: University of North Carolina Press, 1968.
Chernow, Ron. *The House of Morgan: An American Banking Dynasty and the Rise of Modern Finance*. Nova York: Grove Press, 2010.
Childs, Marquis W. *I Write from Washington*. Nova York: Harper, 1942.
Churchill, Winston S. *Their Finest Hour*. Boston: Houghton Mifflin, 1949.
Clapper, Olive. *Washington Tapestry*. Nova York: McGraw Hill, 1946.
Clapper, Raymond. *Watching the World: 1934–1944*. Nova York: McGraw Hill, 1944.
Clifford, J. Garry. *The Citizen Soldiers: The Plattsburg Training Camp Movement, 1913–1920*. Lexington: University Press of Kentucky, 1972.
—— e Samuel R. Spencer Jr. *The First PeaceTime Draft*. Lawrence: University Press of Kansas, 1986.
Cloud, Stanley e Lynne Olson. *The Murrow Boys: Pioneers on the Front Lines of American Journalism*. Boston: Houghton Mifflin, 1996.
Coffey, Thomas M. *Hap: The Story of the U.S. Air Force and the Man Who Built It*. Nova York: Viking, 1982.
Cole, Wayne S. *America First: The Battle Against Intervention, 1940–1941*. Madison: University of Wisconsin Press, 1953.
——. *Charles A. Lindbergh and the Battle Against American Intervention in World War* II. Nova York: Harcourt Brace Jovanovich, 1974.
——. *Roosevelt and the Isolationists, 1932–1945*. Lincoln: University of Nebraska Press, 1983.
——. *Senator Gerald P. Nye and American Foreign Relations*. Minneapolis: University of Minnesota Press, 1962.
Conant, Jennet. *The Irregulars: Roald Dahl and the British Spy Ring in Wartime Washington*. Nova York: Simon & Schuster, 2008.
Cordery, Stacy A. *Alice: Alice Roosevelt Longworth: From White House Princess to Washington Power Broker*. Nova York: Viking, 2007.
Cousins, Norman e J. Garry Clifford, eds. *Memoirs of a Man: Grenville Clark*. Nova York: Norton, 1975.

Cox, Rachel S. *Into Dust and Fire: Five Young Americans Who Went First to Fight the Nazi Army*. Nova York: New American Library, 2012.
Cray, Ed. *General of the Army: George Marshall, Soldier and Statesman*. Nova York: Norton, 1990.
Cull, Nicholas John. *Selling War: The British Propaganda Campaign Against American "Neutrality" in World War II*. Nova York: Oxford University Press, 1995.
Culver, John C. e John Hyde. *American Dreamer: The Life and Times of Henry A. Wallace*. Nova York: Norton, 2000.
Dallek, Robert. *Franklin D. Roosevelt and American Foreign Policy, 1932–1945*. Nova York: Oxford University Press, 1995.
Daso, Dik Alan. *Hap Arnold and the Evolution of American Air Power*. Washington, D.C.: Smithsonian Institution Press, 2000.
Davenport, Marcia. *Too Strong for Fantasy*. Nova York: Pocket, 1969.
Davis, Kenneth S. *FDR: Into the Storm, 1937–1940*. Nova York: Random House, 1993.
——. *FDR: The New Deal Years, 1933–1937*. Nova York: Random House, 1986.
——. *FDR: The War President, 1940–1943*. Nova York: Random House, 2000.
——. *The Hero: Charles A. Lindbergh and the American Dream*. Garden City, N.Y.: Doubleday, 1959.
Dietrich-Berryman, Eric, Charlotte Hammond e R. E. White. *Passport Not Required: U.S. Volunteers in the Royal Navy, 1939–1941*. Annapolis, Md.: Naval Institute Press, 2010.
Doenecke, Justus. *In Danger Undaunted: The Anti-Interventionist Movement of 1940–1941 as Revealed in the Papers of the America First Committee*. Stanford: Hoover Institution Press, 1990.
Dunne, Gerald T. *Grenville Clark: Public Citizen*. Nova York: Farrar, Straus & Giroux, 1986.
Eagan, Eileen. *Class, Culture, and the Classroom: The Student Peace Movement of the 1930s*. Filadélfia: Temple University Press, 1981.
Eisenhower, Julie Nixon. *Special People*. Nova York: Simon & Schuster, 1977.
Elson, Robert T. *Time, Inc.: The Intimate History of a Publishing Enterprise, 1923–1941*. Nova York: Atheneum, 1968.
Feldman, Noah. *Scorpions: The Battles and Triumphs of FDR's Great Supreme Court Justices*. Nova York: Twelve, 2010.
Ferber, Edna. *A Peculiar Treasure*. Nova York: Doubleday, Doran & Co., 1939.
Fleming, Thomas. *The New Dealers' War: FDR and the War Within World War II*. Nova York: Basic, 2001.
Forster, Arnold. *Square One: A Memoir*. Nova York: Donald I. Fine, 1988.
Fox, James. *Five Sisters: The Langhornes of Virginia*. Nova York: Simon & Schuster, 2000.
Friedlander, Saul. *Prelude to Downfall: Hitler and the United States, 1939–1941*. Nova York: Knopf, 1967.
Friedrich, Otto. *City of Nets: A Portrait of Hollywood in the 1940's*. Nova York: Harper & Row, 1986.
Gabler, Neal. *An Empire of Their Own: How the Jews Invented Hollywood*. Nova York: Crown, 1988.

——. *Winchell: Gossip, Power, and the Culture of Celebrity.* Nova York: Knopf, 1995.
Gaines, James R. *Wit's End: Days and Nights of the Algonquin Round Table.* Nova York: Harcourt, 1977.
Gentry, Curt. *J. Edgar Hoover: The Man and the Secrets.* Nova York: Norton, 1991.
German Auswärtiges Amt. *Documents on German Foreign Policy 1918–45*, série D, vols. 9–13. Washington, D.C.: U.S. Government Printing Office, 1949.
Gies, Joseph. *The Colonel of Chicago.* Nova York: Dutton, 1979.
Ginsberg, Benjamin. *The Fatal Embrace: Jews and the State.* Chicago: University of Chicago Press, 1993.
Goldstein, Robert Justin. *Political Repression in Modern America: From 1870 to the Present.* Cambridge, Mass.: Schenkman, 1978.
Goodhart, Philip. *Fifty Ships That Saved the World: The Foundation of the Anglo-American Alliance.* Garden City, N.Y.: Doubleday, 1965.
Goodwin, Doris Kearns. *No Ordinary Time: Franklin and Eleanor Roosevelt: The Home Front in World War II.* Nova York: Simon & Schuster, 1994.
Griffith, Robert. *The Politics of Fear: Joseph R. McCarthy and the Senate.* Amherst: University of Massachusetts Press, 1970.
Gunther, John. *Roosevelt in Retrospect.* Nova York: Harper, 1950.
Halberstam, David. *The Powers That Be.* Urbana: University of Illinois Press, 2000.
Hamilton, Nigel. *JFK: Reckless Youth.* Nova York: Random House, 1992.
Hardeman, D. B. e Donald C. Bacon. *Rayburn: A Biography.* Austin: Texas Monthly Press, 1987.
Hardy, Henry, ed. *Isaiah Berlin: Letters 1928–1946.* Cambridge: Cambridge University Press, 2004.
Harper, John Lamberton. *American Visions of Europe: Franklin D. Roosevelt, George F. Kennan and Dean Acheson.* Cambridge: Cambridge University Press, 1994.
Herrmann, Dorothy. *Anne Morrow Lindbergh: A Gift for Life.* Nova York: Ticknor & Fields, 1993.
Hertog, Susan. *Anne Morrow Lindbergh: Her Life.* Nova York: Anchor, 1999.
Higham, Charles. *American Swastika.* Garden City, N.Y.: Doubleday, 1985.
Hogan, Michael J. e Thomas G. Paterson, eds. *Explaining the History of American Foreign Relations.* Cambridge: Cambridge University Press, 1991.
Hyde, H. Montgomery. *Room 3603: The Story of the British Intelligence Center in New York During World War II.* Nova York: Farrar, Straus, 1963.
Ickes, Harold. *The Secret Diary of Harold L. Ickes*, vol. 3, *The Lowering Clouds, 1939–1941.* Nova York: Simon & Schuster, 1955.
Isaacson, Walter. *Einstein: His Life and Universe.* Nova York: Simon & Schuster, 2007.
—— e Evan Thomas. *The Wise Men: Six Friends and the World They Made.* Nova York: Touchstone, 1988.
Jackson, Robert H. *That Man: An Insider's Portrait of Franklin D. Roosevelt.* Oxford: Oxford University Press, 2003.
Jeansonne, Glen. *Women of the Far Right: The Mothers' Movement and World War II.* Chicago: University of Chicago Press, 1996.

Kabaservice, Geoffrey. *The Guardians: Kingman Brewster, His Circle, and the Rise of the Liberal Establishment*. Nova York: Henry Holt, 2004.
Kahn, David. *Hitler's Spies: German Military Intelligence in World War II*. Nova York: Collier Books, 1985.
Kaytor, Marilyn. *"21": The Life and Times of New York's Favorite Club*. Nova York: Viking, 1975.
Kennedy, David. *Freedom from Fear: The American People in Depression and War, 1929–1945*. Oxford: Oxford University Press, 1990.
Ketchum, Richard M. *The Borrowed Years, 1938–1941: America on the Way to War.* Nova York: Random House, 1989.
Kimball, Warren F. *The Most Unsordid Act:* Lend-Lease, *1939–1941*. Baltimore: Johns Hopkins University Press, 1969.
Kluger, Richard. *The Paper: The Life and Death of the New York Herald Tribune*. Nova York: Knopf, 1986.
Koppes, Clayton R. e Gregory D. Black. *Hollywood Goes to War: How Politics, Profits and Propaganda Shaped World War II Movies*. Londres: Tauris, 1988.
Kurth, Peter. *American Cassandra: The Life of Dorothy Thompson*. Boston: Little, Brown, 1990.
Langer, William S. e S. Everett Gleason. *The Challenge to Isolation: 1937–1940*. Nova York: Harper, 1952.
——. *The Undeclared War: 1940–1941*. Nova York: Harper, 1953.
Larrabee, Eric. *Commander in Chief: Franklin D. Roosevelt, His Lieutenants, and Their War*. Nova York: Harper & Row, 1987.
Leaming, Barbara. *Jack Kennedy: The Education of a Statesman*. Nova York: Norton, 2006.
Lees-Milne, James. *Harold Nicolson: A Biography.* Londres: Chatto & Windus, 1980.
Leigh, Michael. *Mobilizing Consent: Public Opinion and American Foreign Policy, 1937–1947*. Westport, Conn.: Greenwood Press, 1976.
Leighton, Isabel. *The Aspirin Age: 1919–1941*. Nova York: Simon & Schuster, 1949.
Lindbergh, *Anne Morrow. Against Wind and Tide: Letters and Journals, 1947–1986*. Nova York: Pantheon, 2012.
——. *Bring Me a Unicorn: Diaries and Letters of Anne Morrow Lindbergh, 1922–1928*. Nova York: Harcourt Brace Jovanovich, 1971.
——. *Dearly Beloved*. Nova York: Harcourt Brace & World, 1962.
——. *The Flower and the Nettle: Diaries and Letters of Anne Morrow Lindbergh, 1936–1939*. Nova York: Harcourt Brace Jovanovich, 1976.
——. *Gift from the Sea*. Nova York: Pantheon, 2005.
——. *Hour of Gold, Hour of Lead: Diaries and Letters of Anne Morrow Lindbergh, 1929–1932*. Nova York: Harcourt Brace Jovanovich, 1973.
——. *Locked Rooms and Open Doors: Diaries and Letters of Anne Morrow Lindbergh, 1933–1935*. Nova York: Harcourt Brace Jovanovich, 1974.
——. *North to the Orient*. Nova York: Harcourt, Brace, 1935.
——. *War Within and Without: Diaries and Letters of Anne Morrow Lindbergh, 1939–1944*. Nova York: Harcourt Brace, 1980.
——. *The Wave of the Future: A Confession of Faith*. Nova York: Harcourt Brace, 1940.

Lindbergh, Charles A. *The WarTime Journals of Charles A. Lindbergh*. Nova York: Harcourt Brace Jovanovich, 1970.
Lindbergh, Reeve. *Forward from Here: Leaving Middle Age — and Other Unexpected Adventures*. Nova York: Simon & Schuster, 2008.
——. *Under a Wing: A Memoir.* Nova York: Simon & Schuster, 1998.
Lockhart, Sir Robert Bruce. *Comes the Reckoning*. Londres: Putnam, 1947.
——. *Giants Cast Long Shadows*. Londres: Putnam, 1960.
Lovell, Mary S. *Cast No Shadow: The Life of the American Spy Who Changed the Course of World War II*. Nova York: Pantheon, 1992.
Macdonald, Bill. *The True Intrepid: Sir William Stephenson and the Unknown Agents*. Vancouver, B.C.: Raincoast Books, 2001.
Maddow, Rachel. *Drift: The Unmooring of American Military Power.* Nova York: Crown, 2012.
Mahl, Thomas E. *Desperate Deception: British Covert Operations in the United States, 1939–1944*. Washington, D.C.: Brassey's, 1998.
Manchester, William. *The Glory and the Dream: A Narrative History of America, 1932–1972*. Boston: Little, Brown, 1973.
McCullough, David. Truman. Nova York: Simon & Schuster, 1992.
McKee, John DeWitt. *William Allen White: Maverick on Main Street*. Westport, Conn.: Greenwood Press, 1975.
Merry, Robert W. *Taking On the World: Joseph and Stewart Alsop–Guardians of the American Century.* Nova York: Viking, 1996.
Miller, Francis Pickens. *Man from the Valley: Memoirs of a 20th-Century Virginian*. Chapel Hill: University of North Carolina Press, 1971.
Milton, Joyce. *Loss of Eden: A Biography of Charles and Anne Morrow Lindbergh*. Nova York: Harper Collins, 1993.
Minear, Richard H. *Dr. Seuss Goes to War: The World War II Editorial Cartoons of Theodor Seuss Geisel.* Nova York: New Press, 1999.
Mosley, Leonard. *Lindbergh*. Nova York: Dell, 1977.
——. *Marshall: Hero for Our Time*. Nova York: Hearst, 1982.
Nathan, Frederic S. *Centurions in Public Service*. Nova York: The Century Association, 2010.
Neal, Steve. *Dark Horse: A Biography of Wendell Willkie*. Garden City, N.Y.: Doubleday, 1984.
Nicolson, Harold. *Diaries and Letters, 1930–1939*. Londres: Collins, 1969.
Nicolson, Nigel, ed. *Vita and Harold: The Letters of Vita Sackville-West and Harold Nicolson*. Nova York: Putman, 1992.
Olson, Lynne. *Citizens of London: The Americans Who Stood with Britain in Its Darkest, Finest Hour.* Nova York: Random House, 2010.
——. *Troublesome Young Men: The Rebels Who Brought Churchill to Power and Helped Save England*. Nova York: Farrar, Straus & Giroux, 2007.
—— e Stanley Cloud. *A Question of Honor: The Kosciuszko Squadron: Forgotten Heroes of World War II*. Nova York: Knopf, 2003.
Paton-Walsh, Margaret. *Our War Too: American Women Against the Axis*. Lawrence: University Press of Kansas, 2002.
Pepper, Claude Denson. *Pepper: Eyewitness to a Century*. Nova York: Harcourt Brace Jovanovich, 1987.

Perret, Geoffrey. *Days of Sadness, Years of Triumph: The American People, 1939–1945*. Nova York: Coward, McCann & Geoghegan, 1973.
Perry, Mark. *Partners in Command: George Marshall and Dwight Eisenhower in War and Peace*. Nova York: Penguin, 2007.
Persico, Joseph E. *Roosevelt's Secret War: FDR and World War II Espionage*. Nova York: Random House, 2001.
Peters, Charles. *Five Days in Philadelphia: The Amazing "We Want Willkie" Convention of 1940 and How It Freed FDR to Save the Western World*. Nova York: Public Affairs, 2005.
Pitt, Barrie. *The Battle of the Atlantic*. Alexandria, Va.: Time-Life Books, 1977.
Pogue, Forrest C. *George C. Marshall: Education of a General, 1880–1939*. Nova York: Viking, 1963.
——. *George C. Marshall: Ordeal and Hope, 1939–1942*. Nova York: Viking, 1966.
Reilly, Michael F. *Reilly of the White House*. Nova York: Simon & Schuster, 1947.
Reynolds, David. *Lord Lothian and Anglo-American Relations, 1939–1940*. Filadélfia: American Philosophical Society, 1983.
Ritchie, Donald A. *Reporting from Washington: The History of the Washington Press Corps*. Oxford: Oxford University Press, 2005.
Root, Oren. *Persons and Persuasions*. Nova York: Norton, 1974.
Rosenman, Samuel I. *Working with Roosevelt*. Nova York: Harper, 1952.
—— e Dorothy Rosenman. *Presidential Style: Some Giants and a Pygmy in the White House*. Nova York: Harper & Row, 1976.
Ross, Walter S. *The Last Hero: Charles A. Lindbergh*. Nova York: Harper & Row, 1976.
Roth, Philip. *The Plot Against America*. Boston: Houghton Mifflin, 2004.
Sarles, Ruth. *A Story of America First: The Men and Women Who Opposed U.S. Intervention in World War II*. Westport, Conn.: Praeger, 2003.
Schaffer, Howard B. *Chester Bowles: New Dealer in the Cold War*. Cambridge, Mass.: Harvard University Press, 1993.
Schiff, Stacy. *Saint-Exupéry: A Biography*. Nova York: Knopf, 1995.
Schlesinger, Arthur M., Jr. *The Coming of the New Deal, 1933–1935*. Boston: Houghton Mifflin, 2003.
——. *A Life in the Twentieth Century: Innocent Beginnings, 1917–1950*. Nova York: Houghton Mifflin, 2000.
——. *The Politics of Upheaval, 1935–1936*. Boston: Houghton Mifflin, 2003.
Schneider, James C. *Should America Go to War? The Debate Over Foreign Policy in Chicago, 1939–1941*.Chapel Hill: University of North Carolina Press, 1989.
Sevareid, Eric. *Not So Wild a Dream*. Nova York: Atheneum, 1976.
Sheean, Vincent. *Dorothy and Red*. Boston: Houghton Mifflin, 1963.
Sherwood, Robert. *Roosevelt and Hopkins: An Intimate History*. Nova York: Harper, 1948.
——. *There Shall Be No Night*. Nova York: Scribner's, 1940.
——. *This Is New York*. Nova York: Scribner's, 1931.
Shesol, Jeff. *Supreme Power: Franklin Roosevelt vs. the Supreme Court*. Nova York: Norton, 2010.
Shirer, William L. *Berlin Diary: The Journal of a Foreign Correspondent, 1931–1941*. Nova York: Knopf, 1941.

——. *The Rise and Fall of the Third Reich: A History of Nazi Germany.* Nova York: Simon & Schuster, 1960.
Simpson, B. Mitchell. *Admiral Harold R. Stark: Architect of Victory.* Columbia: University of South Carolina Press, 1989.
Smith, F. Bradley. *The Shadow Warriors: O.S.S. and the Origins of the C.I.A.* Nova York: Basic, 1983.
Smith, Jean Edward. *FDR.* Nova York: Random House, 2007.
Smith, Richard Norton. *The Colonel: The Life and Legend of Robert R. McCormick, 1880–1955.* Boston: Houghton Mifflin, 1997.
Smith, Truman. *Berlin Alert: The Memoirs of* Truman *Smith.* Stanford: Hoover Institution Press, 1984.
Snow, Richard. *A Measureless Peril: America in the Fight for the Atlantic, the Longest Battle of World War II.* Nova York: Scribner, 2010.
Steel, Ronald. *Walter Lippmann and the American Century.* Nova York: Vintage, 1981.
Steele, Richard W. *Free Speech in the Good War.* Nova York: St. Martin's, 1999.
——. *Propaganda in an Open Society: The Roosevelt Administration and the Media, 1939–1941.* Westport, Conn.: Greenwood Press, 1985.
Stevenson, William. *Spymistress: The True Story of the Greatest Female Secret Agent of World War II.* Nova York: Arcade, 2007.
Stimson, Henry L. e McGeorge Bundy. *On Active Service in Peace and War.* Nova York: Harper, 1948.
Stossel, Scott. *Sarge: The Life and Times of Sargent Shriv*er. Washington, D.C.: Smithsonian Books, 2004.
Sullivan, William C. *The Bureau: My Thirty Years in Hoover's FBI.* Nova York: Norton, 1979.
Tifft, Susan E. e Alex S. Jones. *The Patriarch: The Rise and Fall of the Bingham Dynasty.* Nova York: Summit, 1991.
——. *The Trust: The Private and Powerful Family Behind The New York Times.* Boston: Little, Brown, 1999.
Trohan, Walter. *Political Animals: Memoirs of a Sentimental Cynic.* Garden City, N.Y.: Doubleday, 1975.
Troy, Thomas F. *Wild Bill and Intrepid: Donovan, Stephenson, and the Origin of CIA.* New Haven: Yale University Press, 1996.
Tugwell, Rexford G. *The Democratic Roosevelt.* Garden City, N.Y.: Doubleday, 1957.
Vidal, Gore. *The Last Empire: Essays 1992–2000.* Nova York: Doubleday, 2001.
Voorhis, Jerry. *Confessions of a Congressman.* Westport, Conn.: Greenwood Press, 1970.
Waldrop, Frank C. *McCormick of Chicago: An Unconventional Portrait of a Controversial Figure.* Englewood Cliffs, N.J.: Prentice-Hall, 1966.
Ward, Geoffrey C. *A First-Class Temperament: The Emergence of Franklin Roosevelt.* Nova York: Harper & Row, 1989.
Watkins, T. H. *Righteous Pilgrim: The Life and Times of Harold L. Ickes, 1874–1952.* Nova York: Henry Holt, 1990.
Watson, Mark. *Chief of Staff: Prewar Plans and Preparations.* Washington, D.C.: Center of Military History, 1991.
Wedemeyer, Gen. *Albert C. Wedemeyer Reports!* Nova York: Henry Holt, 1958.

Weil, Martin. *A Pretty Good Club: The Founding Fathers of the U.S. Foreign Service*. Nova York: Norton, 1978.
Welky, David. *The Moguls and the Dictators: Hollywood and the Coming of World War II*. Baltimore: Johns Hopkins University Press, 2008.
Wheeler, Burton K. *Yankee from the West*. Garden City, N.Y.: Doubleday, 1962.
Wheeler-Bennett, Sir John. *Special Relationships: America in Peace and War*. Londres: Macmillan, 1975.
White, David Fairbank. *Bitter Ocean: The Battle of the Atlantic, 1939–1945*. Nova York: Simon & Schuster, 2006.
Winchell, Walter. *Winchell Exclusive*. Englewood Cliffs, N.J.: Prentice- Hall, 1975.
Worthy, James C. *Shaping an American Institution: Robert E. Wood and Sears, Roebuck*. Urbana: University of Illinois Press, 1984.
Wright, Bradford W. *Comic Book Nation: The Transformation of Youth Culture in America*. Baltimore: Johns Hopkins University Press, 2003.

ÍNDICE

Números de páginas em itálico e sublinhados referem-se a ilustrações

B

G

N

O

Y

Z

Este livro, composto na fonte Fairfield,
foi impresso em papel pólen natutal 70g/m² na Eskenazi.
São Paulo, agosto de 2022.